刑事裁判文书的写作方法

蔡智玉 著

The Writing Method of Criminal Judgment Documents

法律出版社
LAW PRESS·CHINA
北京

图书在版编目（CIP）数据

刑事裁判文书的写作方法 / 蔡智玉著. -- 北京 : 法律出版社, 2025. -- ISBN 978 - 7 - 5197 - 9792 - 8

Ⅰ. D926.13

中国国家版本馆 CIP 数据核字第 2025US0426 号

刑事裁判文书的写作方法
XINGSHI CAIPAN WENSHU DE XIEZUO FANGFA

蔡智玉 著

责任编辑 赵明霞 魏艳丽
装帧设计 汪奇峰

出版发行 法律出版社
编辑统筹 法商出版分社
责任校对 裴 黎
责任印制 胡晓雅
经　　销 新华书店

开本 710 毫米 × 1000 毫米 1/16
印张 35.25 **字数** 510 千
版本 2025 年 3 月第 1 版
印次 2025 年 3 月第 1 次印刷
印刷 北京盛通印刷股份有限公司

地址：北京市丰台区莲花池西里 7 号（100073）
网址：www.lawpress.com.cn
投稿邮箱：info@lawpress.com.cn
举报盗版邮箱：jbwq@lawpress.com.cn
销售电话：010 - 83938349
客服电话：010 - 83938350
咨询电话：010 - 63939796

书号：ISBN 978 - 7 - 5197 - 9792 - 8　**定价**：118.00 元

凡购买本社图书，如有印装错误，我社负责退换。电话：010 - 83938349

前　言

裁判文书是审判活动的最终成果，是人民法院代表国家对特定事件宣示法律决定并证明该决定合法、公正的法律文件。刑事判决书（裁定书）的主要任务有二：一是向被告人等当事人宣告判决结果；二是向社会宣告法律的执行情况。在这个意义上，一份合格的裁判文书应当达到两个目标：既能向当事人充分说明判决的依据和道理，努力促使当事人接受裁判结果，服判息诉，也能向社会说明法律如何调整社会关系，法院如何执行法律、传递法治的精神、展示公正的实现，让人民群众理解、认同判决，并更加直观地理解法律的意义。“判决书既是法院对特定个案裁判活动的书面记载，也是一种社会公共产品，其价值不在于高深的理论，而在于蕴含其中的能为人们感受到的裁判规则和基本道理。”[①] 刑事案件的裁判文书，既是公文写作，要符合统一的格式与体例，但同时也是法律规则、法治理念和具体案情相结合的产物，更是法官个人思维模式、写作习惯和具体案情相结合的产物，因此，裁判文书不能千篇一律，不应限制为统一的风格。裁判文书的制作过程，综合体现了法官的法治理念、法律素养、逻辑思维和语言表述等能力。

1999 年 4 月 30 日，最高人民法院印发《法院刑事诉讼文书样式》（样本），对一审、二审、再审的刑事判决书和刑事裁定书的体例、格式和制作要求作出明确规定。2001 年 6 月 15 日，最高人民法院办公厅《关于实施〈法院刑事诉讼文书样式〉若干问题的解答》，针对裁判文书制作中的一些具体格式处理问题作出了解答。刑事裁判文书从结构上讲，分为首部、事实、理由、裁判结果和尾部五个部分。其中首部主要是介绍审理法院名称和

① 于同志：《刑事判决的证据说理》，载《人民法院报》2017 年 11 月 22 日，第 6 版。

案号，公诉机关、被告人、其他当事人及诉讼参与人的基本情况，案件的由来和审理经过；事实部分主要包括控辩双方的意见及理由，经审理查明的事实，据以定案的证据等；理由部分主要包括对控辩意见的分析评判，判决的具体理由及法律依据；裁判结果主要介绍案件裁判结论；尾部主要是当事人诉讼权利介绍，合议庭成员介绍，裁判形成时间等。其中首部、裁判结果和尾部这三个部分都有固定格式遵循，唯有事实部分和理由部分需要文书制作者结合具体案情进行写作，可谓案各不同，千案千面，这也是本书重点关注的内容。

我国《刑事诉讼法》和最高人民法院《关于适用〈中华人民共和国刑事诉讼法〉的解释》针对案件复杂程度和被告人的认罪态度不同，分别设置了速裁程序、简易程序、认罪认罚案件的普通程序及不认罪案件的普通程序等不同的审理程序安排。其中，对于控辩双方就指控犯罪事实、指控罪名甚至量刑建议达成“合意”的案件，法庭调查环节和法庭辩论环节都有不同程度的简化安排，在裁判文书的制作中，当然也应当根据具体案件审判程序的特点，相应体现出“繁简分流”，一般不需要对证据审查判断、事实认定依据和法律适用情况做详细的阐释说明，不需要对裁判理由进行细致的论证，裁判文书就可以非常简单；而对于控辩双方争议较大、法律关系复杂、社会关注度高的一审案件、二审案件和再审案件，裁判文书必须对控辩双方争议的问题给予明确回应，必须详细阐释裁判定罪量刑的具体理由，以彰显法院裁判的正当性和权威性，裁判文书的写作就必须复杂一些。2018 年 6 月 1 日，最高人民法院印发《关于加强和规范裁判文书释法说理的指导意见》，从证据采信说理、事实认定说理、法律适用说理、自由裁量权说理等方面阐释了裁判文书释法说理的方式、方法，并明确了释法说理应遵循的技术规范、法律引用、裁判辅助论据、表达方式、语言规范。2021 年 1 月 19 日，最高人民法院印发《关于深入推进社会主义核心价值观融入裁判文书释法说理的指导意见》，全面规范了法官运用社会主义核心价值观释法说理的基本原则、基本要求、主要方法、重点案件等。这些都是我们在实践中制作裁判文书的基本遵循。

“法律决定的说服力和可接受性取决于证成的质量，最直接的表现就是大小前提是否明确以及论证过程是否有效。”① 实现裁判文书的宣示和证成功能，主要载体在于认定事实部分和裁判理由部分的写作。一份高质量的刑事裁判文书，应当具有严谨的事实认定、精准的证据表述、准确的法律适用、有力的裁判说理、规范的形式表达。受个人思维和写作习惯、案件数量的压力、案件自身的复杂程度等因素影响，在司法实践中，刑事裁判文书还是会存在这样或那样的问题：或者事实表述不全面、不准确、错误，或者引用证据不全、不准、不成体系，或者说理过于简单、不充分、针对性不强，或者适用法律的逻辑不恰甚至错误等。有些裁判文书受到当事人的诟病或反复申诉，有些裁判文书甚至引发社会舆论炒作。司法责任制改革赋予法官自主裁判的权力，但“自由裁量是一种权力，也是一种责任。法官不能因为自己有自由裁量的权力就随便作出判决，这是司法专横的表现”②。裁判文书作为案件证据采信、事实认定和法律适用的集中展示，是对法官自由裁量权的重要约束，即通过裁判文书的规范性、公开性来约束法官规范、合理地行使对案件的自由裁量权。因此，裁判文书的制作应当引起我们每一位法官的重视，在办案压力较大的情况下，通过繁简分流的方式区别对待，尽可能地提高文书质量，减少错误或者瑕疵，提升裁判过程及其结论的社会认同度。

---

① 宋菲：《基于法律方法的“裁判理由”建构》，载《法律方法》2020 年第 4 期。

② 张军：《法官的自由裁量权与司法正义》，载《法律科学（西北政法大学学报）》2015 年第 4 期。

目　录

CONTENTS

文书示例索引

第一章

刑事裁判文书事实部分的写作

认定事实是刑事判决的基础。全面准确地反映案件事实是论证判决结果有理有据的重要前提，对于实现裁判文书的宣示和证成功能有重要意义。按照《法院刑事诉讼文书样式》（样本）规定的格式，刑事裁判文书的事实部分又分为控辩主张及理由、审理查明事实、证据体系三个方面。在事实部分的写作中，文书制作者应当具备三个意识：一是逻辑意识。裁判文书事实部分的结构体现了一般的审判思路和判决逻辑，即一个案件的审理应当首先听取控辩双方意见，根据双方意见确定争议焦点，然后依据案件证据解决争议，明确法律事实，为下一步适用法律打下基础。这就要求法官对控辩意见进行认真研究，对案件证据体系进行认真审查，以求得事实认定严格符合逻辑规律。二是整体意识。裁判文书的各个部分不是相互割裂的独立存在，而是一个前后关联的有机整体。撰写裁判文书的时候要以双方争议贯穿整体，在写控辩意见时要想到突出双方的争议焦点；写查明事实的时候要知道哪些是争议事实，需要重点查明；在罗列证据的时候根据是否涉及两造争议而进行详略裁剪；最后撰写“本院认为”部分时根据争议焦点，结合证据、事实进行综合分析，使整个裁判文书前后呼应、逻辑严谨，而不是天马行空、无的放矢。三是放空意识。对控辩意见、查明事实、证据体系的写作不能先入为主，按固有成见表述相关内容，这样很容易走偏，陷入主观臆断；应当放空大脑，根据对卷宗的阅读、对证据的梳理、对控辩意见的分析归纳、合议庭成员的思想碰撞，在审查判断过程中不断修正、打磨自己的认识，不偏不倚地得出最终的判断和结论。

第一节　控辩主张及理由部分的写作

在刑事裁判文书中，控辩双方的主张及理由主要包括：检察机关（或自诉人）的控诉意见，被害人当庭发表的控诉意见，被告人的辩解及自我辩护意见，附带民事诉讼原告人的诉请意见及附带民事诉讼被告人的抗辩意见，辩护人、被害人及其亲属委托的诉讼代理人、附带民事诉讼当事人委托的诉讼代理人的辩护、代理意见。在文书写作实践中，最常见的问题有以下几个方面：

第一，对控辩双方的意见归纳不准、不全面或者过于简单，不能准确、全面地反映诉辩主张及理由。比如，某强奸案件中对被告人的自辩理由表述为“被告人×××对起诉书指控的犯罪事实和罪名有异议，认为其没有实施强奸行为”，被告人的辩解究竟是其没有与被害人发生性关系，还是双方系自愿发生性关系，其没有采用强迫手段？语焉不详，读来难以弄明白。

第二，对控辩意见没有进行归纳对比，没有明确双方争议焦点，甚至与后面的诉辩意见分析不能形成对应关系。从形式上看，控辩双方各说各话，不能显示出控辩交锋的焦点。

第三，对表述能力或者法律知识欠缺的当事人提出的意见总结不够，没有采用法言法语的规范性表述。

第四，厚此薄彼，对被告人及其辩护人意见的表述不重视，较为随意。有的裁判文书在表达检察机关意见时尚能分别列明“一二三四”，对于被告人辩护、上诉意见则简单地表述为“被告人辩护（上诉）称不构成犯罪或请求从轻处理”，对于被告人认为不构成犯罪或者应当从轻处理的具体理由则略过不写，或者一笔带过。

以上写作习惯，从形式上就没有体现出控辩双方的平等地位，有损法院作为审判机关的中立形象，给当事人及其辩护人、诉讼代理人没有受到法院认真对待的感受，不利于取信于人；而且控辩双方争议焦点不清楚，也不利于在判决理由部分有针对性地进行分析评价，难以达到说理充分的效果。裁判文书是审判结果的直接反映，也是当事人向法院讨得的“说法”。如果在这种“说法”中，连当事人的诉讼主张及理由都不能得到准确反映，如何让当事人感受到法院认真审查了其意见，又如何取信于当事人呢?

一、控辩意见部分的写作要求

在写作刑事裁判文书时，文书制作者应当站在中立的立场上，对控辩双方的主张及理由均给予准确、全面的反映。对于检察机关的意见，不但要写明起诉书指控的事实、罪名、量刑情节及量刑建议，还应根据具体案情，写明出庭检察员对被告人及其辩护人所提辩护观点的当庭回应；对于被告人、其他当事人及其律师的意见，应当结合被告人的自我辩护意见、民事诉状、控诉意见、上诉状、辩护词、代理词等书面意见及当事人、律师在庭审（提审）中口头发表的意见等，对证据采信、事实认定、罪名认定、量刑情节及案件裁判的主张及理由等进行总结、归纳，全面展示。

（一）控辩双方争议意见写作应当达到的标准

一是语言通畅，意思明确。当事人，无论是被告人还是被害人及其亲属，由于缺少法律专业知识或者表达能力欠佳，往往不能清晰、系统、准确并且法言法语地表达其主张及理由，其书面或口头意见可能词不达意，也可能没有条理。在归纳其诉辩主张时，就不能原封不动地照抄其原话，需要法官认真审查其表达载体，准确归纳其想要表达的意思，并以条理、规范、通畅的语言表达出来。

二是详略得当，全面反映。叙述控辩双方的主张及理由时应当尽可能详细些，并按照一定的逻辑进行归纳提炼。既不能照抄照搬一方提供的书面材料，对内容疏于整理，也要防止归纳过于简单，叙述过于抽象、笼统，反映不出个案特点和特殊情节。如果有意无意地遗漏、回避具体问题，更达不到释疑解惑，促使控辩双方接受、尊重裁判的目的。尤其是要贯彻“庭审实质化”的要求，既看双方提供的书面意见，更要看双方在法庭、讯问（询问）中的口头意见，综合归纳其实质意思。因为在庭审中控辩激烈交锋的情况下，诉讼参与人会根据庭审情况调整自己的发言内容，事先准备的意见未必再予提出，当庭思绪迸发形成的观点可能更有争辩性，这些丰富的信息才是控辩双方的法庭意见。如果简单依据庭前、庭后提交的书面材料概括双方的诉辩意见和观点，可能既不全面，也不能客观反映庭审真实情况。

三是层次分明，焦点集中。要将控辩双方的意见按照证据能否采信、事实如何认定、行为是否有罪及此罪彼罪、量刑情节存在与否及如何具体适用等几个方面，分别归纳双方的争议关键内容，这样才能为后面的事实查明及证据分析确定重点，为理由部分对控辩意见进行分析、评述确定目标，实现有的放矢，更精确地回应双方争议，而不是毫无章法地“乱放空炮”。尤其需要注意的是，对争议焦点的归纳应当尽量具体化，避免抽象化。比如不能笼统地表述“被告人认为不构成指控的犯罪”，而应当将其主张具体化为证明指控其犯罪行为的证据体系是否完备、关键证据能否采信，其主观上是否具备犯罪故意或者过失，其是否具备构成犯罪必需的明知，其是否符合犯罪构成的主体要件，行为是否造成了构成犯罪所必需的后果或者危险性，等等。“只有以法律事实为基本单位的具体化争点，才能有效发挥争点的导向功能。”①

---

① 杨惠惠、邵新：《裁判文书证据说理的实证分析与规诫提炼——以法发〔2018〕10号为中心》，载《法律适用》2020年第6期。

示例1-1-1　梁某良故意杀人案一审刑事附带民事判决书①（判决书叙述控辩意见应当包括当庭表述的内容）

本案中，被告人梁某良与妻子王某某发生争吵后，持菜刀砍伤王某某背部和左小腿等部位，又拿一瓶汽油倒在王某某身上并点燃。邻居拨打“120”急救电话，梁某良跟随急救车到医院，明知医生已报警后未离开医院，民警抓捕时无拒捕行为，依法应当视为自动投案。其在侦查阶段供述了犯罪事实，但在审判阶段对自己点燃汽油这一关键情节予以翻供。一审判决书表述检察机关意见时，不但表述了起诉书的书面内容，而且针对梁某良当庭翻供否认其有杀人事实的辩解，将出庭检察员的当庭意见明确表述出来。在总结被告人及其辩护人意见时，分别从犯罪的前因、犯罪行为和被告人的主观故意等方面进行归纳，控辩争议的重点就比较清楚。

海南省人民检察院第一分院指控：……（事实）针对上述指控，公诉机关当庭提供了相应证据予以证实。公诉机关认为，被告人梁某良无视国法，不能正确处理夫妻矛盾，采用刀砍火烧等非法手段致使被害人死亡，后果严重，其行为已触犯《中华人民共和国刑法》第二百三十二条之规定，应当以故意杀人罪追究其刑事责任。梁某良明知他人已经报案而没有逃离现场，且被捕时没有拒捕，可视为投案，但由于梁某良对其主要犯罪事实没有如实供述，不构成自首。提请法院依法惩处。

被告人梁某良辩称：(1) 在被害人王某某先动手殴打他的情况下才持刀砍伤王某某；(2) 往王某某身上倒汽油只是想吓唬她，不小心被她自己点燃了；(3) 案发前购买汽油是为了方便借用朋友的摩托车，不是为了报复王某某，没有杀人故意。其辩护人提出：(1) 被害人王某某感情出轨是导致本次事件的原因；案发当日，在对王某某多次警告和乞求无效之后，才导致梁某良作出过激行为；(2) 梁某良只是为了吓唬被害人王某某，让王服软而回心转意，没有要置王于死地的犯罪故意，本案应定为故意伤害罪。

---

① 杨万明主编、马岩副主编：《示范性刑事裁判文书评析》，人民法院出版社2017年版，第3-17页。

示例1-1-2 吴某被控合同诈骗、骗取票据承兑、骗取贷款二审宣告无罪案刑事判决书[①]（对辩护人意见从程序到实体分层叙述）

本案被告人吴某控制的长丰公司（轮胎销售企业）与兴源公司（轮胎生产企业）、平安银行（提供信贷服务）之间签订厂商银三方合作协议，但长丰公司将取得的部分汇票未按协议约定用于向兴源公司购买轮胎，而是从兴源公司取回自用。检察机关指控被告人构成合同诈骗罪、骗取贷款罪、骗取票据承兑罪，一审判决认定被告人构成骗取贷款罪，检察机关以被告人还构成合同诈骗罪提起抗诉，被告人以不构成骗取贷款罪提出上诉，控辩意见较为复杂。二审对检察员、辩护人的意见进行了详细叙述，尤其是对辩护人的意见，从程序方面的合议庭组成、非法证据排除及调取证据等程序违法，到实体方面的抗诉犯罪、原判认定犯罪是否成立等多项意见，分层次叙述了辩护意见，为后面判决说理部分的控辩意见评判提供了明确的目标。

广饶县人民检察院以“一审判决对合同诈骗1631.85万元的事实未予认定错误”为由提出抗诉。

原审被告人吴某以“没有向平安银行骗取贷款，平安银行没有陷入错误认识发放贷款，案涉贷款的用途、目的平安银行均明知，其不构成骗取贷款罪，应宣告无罪”为由，提出上诉。

二审审理中，东营市人民检察院派员支持抗诉并发表如下意见：1. 指控的1631.85万元系长丰公司与兴源公司、平安银行之间厂商银三方合作协议下的三张承兑汇票的敞口部分；三方合作协议要求协议下的承兑汇票只能用于厂商之间购买轮胎，长丰公司却违反协议将承兑汇票取回自用，上述三张承兑汇票是被长丰公司采取欺骗手段从兴源公司取回并占有、使用的承兑汇票中的一部分，最终由兴源公司对该部分钱款进行偿还；实质上就是长丰公司利用厂商银合同骗取银行对票据承兑，票据到期不能付款导致银行履行承兑责任而垫款，长丰公司用借款归还该部分垫款，又从银行贷款偿还了借

① 山东省东营市中级人民法院刑事判决书，（2019）鲁05刑终139号，第四届全国法院“百篇优秀裁判文书”。

款，最终由兴源公司在被欺骗的情况下，承担担保责任并偿还了该部分款项，造成了兴源公司的巨大损失，是明显的借用合同诈骗他人财物的行为，应当认定吴某的行为构成合同诈骗罪。2. 2014 年 7 月银储公司已因欠款被列为失信被执行人；于某证言也能证实，其曾与吴某说过银储公司的现状，但吴某仍然找到于某让其以银储公司的名义对其 3000 万元的流贷作担保，且提供了虚假的购销合同骗得贷款。银行工作人员吴某、张某 1 等人的证言也证实，合同担保人是吴某提供的，而吴某隐瞒事实向银行提供了不具备担保能力的银储公司。在贷款到期后，长丰公司仍无力归还银行贷款，经法院强制执行后仍未能归还，给银行造成巨额损失，吴某的行为构成骗取贷款罪。

上诉人吴某提出“1600 多万元包含在 5000 万元敞口内，与未认定为诈骗的 3000 多万元敞口的性质相同，不是诈骗；对借款 1600 多万元还银行贷款一事不知情，银行没有通知他本人，只是让公司的财务人员配合；当时来广饶是为了商谈还钱之事，既没骗兴源公司，也没骗银行”的辩解意见。

吴某辩护人提出如下辩护意见：1. 发回重审应由 3 名法官组成合议庭，一审合议庭由法官和陪审员组成违反法律规定。2. 公诉机关提交的税务资料、工矿产品购销合同、往来邮件等书证来源不明，其提交了非法证据排除申请，一审法院不启动非法证据排除程序，也未补正，而是直接作为证据使用，系程序违法。3. 其申请调取无罪证据并提交线索，一审法院不调取、不认证，系程序违法。4. 1631. 85 万元贷款的担保责任同时存在于吴某、余某 1、兴源公司、银储公司，是一完整的担保体，以兴源公司实际承担了担保责任认定吴某诈骗兴源公司错误，吴某不构成合同诈骗罪。5. 27 笔流动资金贷款是平安银行、兴源公司、长丰公司、银储公司共同商议的结果；一审判决认定 27 份流动资金贷款合同均是虚假合同，系事实认定错误；未执行到位的本金 2800 余万元的担保人为吴某、余某 1、银储公司，而非银储公司一方，仅凭失信说明认定银储公司不具备担保能力事实不清；平安银行对银储公司的经营状况和担保能力明知；以平安银行不能执行到位的财产来判定平安银行陷入吴某的欺骗手段是客观归罪，流动贷款是平安银行强烈要求且必须执行的方案，其并未陷入错误认识而放贷，吴某不构成骗取贷款罪。

示例1-1-3 黄某泉被控骗取贷款再审宣告无罪案刑事判决书[①]（叙述控辩意见时应涵盖当庭举证情况、质证意见和辩解辩护意见）

本文书虽然系再审刑事判决书，但对一审判决书的指控、辩解及辩护意见、双方举证质证、事实认定及定罪量刑有较详细的叙述，因此可以作为一审判决书写作方法的例证。检察机关指控被告人黄某泉在仅向一家制糖公司即粤侨公司供应1万余吨甘蔗的情况下，要求粤侨公司向其提供相当于3.5万余吨甘蔗的2500吨白糖调拨单及配套提单；黄某泉在明知这些提单无法实际提到白糖的情况下，将提单作为质押担保，从某农村信用合作社金湾分社（以下简称金湾农信社）骗取贷款500万元，导致案发时金湾农信社无法收回贷款本息；认为黄某泉的行为构成骗取贷款罪。被告人黄某泉及其辩护人均认为指控缺乏事实和法律依据，应宣告无罪，并且当庭也出示了证据。判决书对控辩双方意见均进行了较全面的叙述。

被告人黄某泉辩称：粤侨公司给其开22套提单，是其真实加工形成的，其持这些提单去银行贷款，粤侨公司开具证明说这些糖单只能提货、不能挂失，所贷款项人民币500万元均用于归还甘蔗款、化肥款及黄某笑借给农业服务站的借款，没有用于个人花销，不构成骗取贷款罪，公诉机关指控其犯罪的证据不足。本案属民事纠纷，公安机关插手干预，是非法的。

辩护人发表辩护意见称：起诉书指控黄某泉犯骗取贷款罪缺乏事实和法律根据，请求法院依法宣告黄某泉无罪。具体理由如下：

（一）指控黄某泉犯骗取贷款罪的证据不客观、不真实。

1. 粤侨公司内部人员的“证言”疑点重重，不能作为定案依据。……

（二）黄某泉在08-09榨季向粤侨公司提供了34 726.66吨甘蔗，所持的2500吨白砂糖提单是真实委托加工形成的基本事实清楚，证据确实、充分。

……

---

① 广东省高级人民法院刑事判决书，（2017）粤刑再6号，第二届全国法院“百篇优秀裁判文书”。

（三）黄某泉将本案2500吨白砂糖提单中的部分提单用作质押向金湾农信社贷款，不符合骗取贷款罪的构成要件。

……

被告人黄某泉及其辩护人当庭宣读、出示了以下证据材料：

……

公诉机关对黄某泉及其辩护人所提交的以上证据发表质证意见认为：……

可以看出，判决书对被告人黄某泉辩解意见的总结，重点反映了其向银行申请贷款所提供的财产凭证的真实性、贷款用于生产经营活动的正常性两个方面，来论证其行为不构成骗取贷款罪；对辩护人意见则从检察机关指控犯罪的证据不足、申请贷款质押物的真实性、贷款行为的合法性三个方面进行总结，其中第一项实质上是对检察机关出示证据的当庭质证意见，第二项、第三项则是对被告人贷款行为抵押真实性和行为性质的辩解；最后，对被告人、辩护人所提供证明无罪的证据及检察机关的质证意见也进行了具体叙述。可以说判决书全面地反映了控辩双方的意见。

示例1－1－4　童某连被控走私毒品一审宣告无罪案刑事判决书[①]（对控辩双方关于是否构成犯罪的争议理由均详细介绍）

在这个案件中，检察机关指控被告人携带毒品从机场入境，构成走私毒品罪；被告人辩称不知道携带的行李箱中夹带有毒品，不构成犯罪。控辩双方针对被告人主观上是否具有走私毒品的故意进行了深入的辩论，详细阐述了相关理由。一审判决书为了全面反映控辩双方的争议焦点，在表述控方意见时就没有简单地介绍起诉书的内容，而是将检察员当庭发表的详细意见予以介绍，当然对辩护人的辩论意见也进行了详细介绍。

广东省广州市人民检察院指控：2019年2月，为牟取非法利益，被告人童某连从广州前往荷兰王国帮助他人运送行李箱至泰王国。2019年3月2

① 广东省广州市中级人民法院刑事判决书，（2019）粤01刑初557号，第四届全国法院“百篇优秀裁判文书”。

日，被告人童某连乘坐 KA782 航班（香港至广州）从广州白云机场入境拟转机飞泰国，过海关时走无申报通道。海关人员依法对被告人童某连所带的两件托运行李（托运行李号：0160CX404450、0160CX404452）进行开箱查验，开箱查验前，被告人童某连确认行李为其本人所有，未帮他人托带任何物品。经查，海关人员从两件行李箱背部夹层缴获 3 包可疑药品，共净重 8134.55 克（经鉴定，3 包药品均检出 3、4－亚甲二氧基甲基苯丙胺，含量分别为 38.2%、32.8%、41.2%）。

为证明上述事实，公诉人当庭出示、宣读了受案登记表、立案决定书、现场勘查笔录、搜查笔录、扣押决定书、扣押清单、鉴定意见、视听资料、电子物证、证人证言、被告人供述等证据。公诉机关据此认为，被告人童某连无视中华人民共和国法律，走私毒品，其行为触犯了《中华人民共和国刑法》第三百四十七条第二款的规定，犯罪事实清楚，证据确实、充分，应当以走私毒品罪追究其刑事责任。被告人童某连受人指使走私毒品，系从犯，应当从轻处罚。提请本院依法判处。

出庭检察员支持公诉的意见认为，被告人童某连携带毒品从白云机场入境拟从广州转机飞泰国，其对行李箱内藏有毒品应当明知，其行为构成走私毒品罪。理由如下：（1）被告人童某连在过海关时走无申报通道，未向海关申报任何物品，其有多次出入境记录，应当知晓携带他人物品须申报的常识，故可推定其“应当知道”。（2）本案通过在行李箱夹层藏匿毒品和人力运输的方式，属于以高度隐蔽的方式走私毒品。（3）被告人童某连所获得的报酬不局限于额外的 5000 元，还应包括“客户给的花费”“免费旅游”“增长见识”“锻炼口语”等潜在回报，总费用大概在 23 000 元人民币左右，时间成本需要 10 天，属于为获取不同寻常的高额或不等值的报酬而携带、运输毒品的情形。（4）被告人童某连在荷兰均购买当地电话卡，行程须客户安排，须坐指定航班，不能乘坐廉价航班，交接物品方式非常隐蔽，明显违背合法物品惯常交接方式。（5）被告人童某连虽有稳定的工作，但收入不高，经济状况不理想，因此其可能为赚外快而忽视货物问题，有犯罪动机，属于放任的间接故意。（6）此前被告人童某连多次帮 JOJO 带货并不能证明所带货物合法，也不能证明其主观上不明知，更不能以曾多次带货本身作为其被蒙骗的证据。(7) 被告人童某连没有按照 JOJO 意思从荷兰直飞泰国，而是从荷兰飞广州再转其他航空公司飞泰国，不一定因为确信货物合法，也可能出于强烈的获利动机和侥幸心理，不能作为童某连确实不知道行李箱内有毒品、确属被蒙骗的证据。(8) 虽然被告人童某连并未亲眼看到行李箱内有毒品，但经过两次前往荷兰带货到泰国的过程，其对于货物状况、行程安排本身等存在的各种不合情理之处主观上是清楚的，对于箱内可能是毒品等违禁品应当有清楚认知，明知可能违法而依然为之，应当认定为放任的间接故意。

被告人童某连辩称：……

被告人童某连的辩护人提出：公诉机关指控被告人童某连涉嫌走私毒品罪事实不清，证据不足，应当依法判处被告人童某连无罪。理由如下：(1) ……

（二）控辩双方争议意见应当重点表述的内容

一般而言，控方意见包括检察机关指控被告人涉嫌构成犯罪的行为事实、认定事实的相关证据、指控被告人构成的罪名、相关量刑情节及量刑建议等，有些案件中还会有被害人或其亲属委托的诉讼代理人的控诉意见；被告人及其辩护人的意见则包括对控方证据能否采信的意见、对指控事实是否存在及是否准确提出的意见、证明自己无罪或者罪轻的证据、指控罪名能否成立的意见、是否存在有利于或不利于被告人的量刑情节的意见及对量刑的请求等。

对于案件有多个被告人、上诉人或者申诉人的，尤其要结合具体案情对辩解理由、辩护意见进行归纳、整理，既体现出共性意见，也体现出个性意见，避免重复累赘。对于重大、热点刑事案件，社会公众高度关注，不仅关注案件的裁判结果，更关心裁判结果的形成过程。在制作裁判文书时，更要注意准确、全面总结控辩双方的意见，并予以针对性的分析，既展示法院的公正性、中立性，又认真回应社会公众的关切。

示例1-1-5 赵某文故意杀人案二审刑事裁定书[①]（对被告人表述混乱的辩解意见应当进行归纳总结）

本案一审判决认定被告人赵某文、赵某军父子因与被害人赵某合、王某方就相邻地块的地界发生争议，分别持长柄砍刀和铁锨击打被害人赵某合、王某方，致二人死亡。一审判决后，二被告人均提出上诉。赵某文因文化水平和法律知识欠缺，所书写的上诉状比较混乱，二审法官在梳理其上诉状主要内容的基础上，通过当庭讯问，对其上诉理由进一步归纳总结，最终二审刑事裁定书对被告人赵某文的上诉理由进行了比较有条理而且准确的反映。

被告人赵某文辩解称：1. 认定其平时表现的证人证言均来源于与其有矛盾或与被害人系本家的人，内容与客观事实不符（关于证据采信问题，作者注，以下同）；2. 其主观上没有追求王某方死亡的故意，原判错误认定其系直接故意（关于罪名认定问题）；3. 其事先与赵某军没有合谋，不构成共同犯罪（关于要不要对另外一个人的行为承担责任的问题）；4. 王某方经常对赵某文进行言语刺激和辱骂，对本案发生存在过错，其系激情杀人（关于犯罪原因问题）；5. 其系主动投案，应构成自首（关于量刑情节问题）。

示例1-1-6 朱某建等贩卖、运输毒品案二审刑事裁定书[②]（对上诉意见分证据、事实、量刑等层次分述）

本案一审判决认定被告人朱某建多次到四川省购买大量甲基苯丙胺（冰毒）并贩卖给同案被告人司某秀、姬某伟、韩某朴等人，其中向司某秀贩卖甲基苯丙胺约15 000克，向姬某伟贩卖甲基苯丙胺约14 000克，向韩某朴贩卖甲基苯丙胺约3800克，以贩卖、运输毒品罪对朱某建判处死刑。二审裁判书针对朱某建的上诉意见，从证据采信、犯罪数量认定、犯罪原因、量刑轻重四个方面进行了归纳表述，对辩护人的类似意见未再赘述，仅就与上诉理由不重复的证据采信问题进行了表述，重点突出、层次清楚，有利于二审说理部分有针对性地进行分析评判。

---

① 河南省高级人民法院刑事裁定书，（2021）豫刑终18号。

② 河南省高级人民法院刑事裁定书，（2019）豫刑终194号。

原审被告人朱某建上诉称：1. 一审判决认定其贩卖毒品数量所依据的记账笔记是其吸毒后在意识不清情况下胡乱书写，内容并不真实（对关键书证内容真实性的辩解）；2. 一审判决认定其贩卖毒品的数量与司某秀、姬某伟、韩某朴等人供述的购买数量不一致，贩卖的部分物品不是冰毒而是果木肥料，对其贩卖毒品的数量、纯度均应进一步核实（对认定事实的辩解）；3. 其为偿还治疗强直性脊柱炎欠下的十几万元外债而贩卖毒品，系事出有因犯罪（对犯罪原因的辩解）；4. 其归案后如实供述，认罪态度较好，且系初犯、偶犯，一审判决量刑过重，请求从轻处罚（对一审判决量刑的辩解）。其辩护人除提出上述相同意见外，另辩护称：1. 一审判决认定朱某建贩卖毒品数量的事实不清，证据不足，对朱某建被查获时所携带冰毒的称重时间超出衡器的合格期限，无法反映毒品的真实重量，一审判决认定朱某建贩卖毒品数量所依据的记账笔记是复印件，不能作为证据使用；2. 朱某建贩卖给他人的毒品是否含有甲基苯丙胺成份，没有鉴定。

示例 1-1-7　黄某华故意伤害案二审刑事判决书[1]（对控辩意见一一对应进行叙述以充分反映控辩观点对抗情况）

本案中检察机关指控被告人伙同他人共同实施故意伤害致人死亡，且系主犯；被告人在一审中认罪认罚并签署具结书，一审法院根据检察机关量刑建议对其从轻判处有期徒刑十年；被告人又提出上诉，检察机关亦因此提出抗诉。二审判决书在“控辩双方意见”部分有两个值得借鉴的特点：一是对一审检察机关的抗诉意见和二审检察机关的出庭意见分别表述，体现了二审检察机关对一审检察机关抗诉意见的审查，符合最高人民检察院《人民检察院刑事诉讼规则》第 589 条第 4 款“上一级人民检察院支持或者部分支持抗诉意见的，可以变更、补充抗诉理由”的相关规定，对两个辩护人的意见也分别予以归纳叙述，体现了对每个辩护人各自独立诉讼主体地位的尊重；二是对每一方的意见，均按照证据、事实、程序（认罪认罚）、量刑情节等顺

---

① 广东省高级人民法院刑事判决书，（2020）粤刑终 986 号，第四届全国法院“百篇优秀裁判文书”。

序，依次叙述争议焦点问题，总结精练、层次清楚。比如，将被告人及其辩护人的意见归纳为对一审认定事实及证据的异议、共同犯罪中地位的认定、认罪认罚的适用、从轻情节的认定、量刑请求等焦点，并按照认识的客观规律逐一叙述；对一审检察机关的抗诉意见按被告人的罪行严重程度、一审量刑的依据（认罪认罚）及抗诉量刑建议三个层次来叙述；对二审检察机关的出庭意见按一审判决认定事实及证据、认罪认罚的适用、从轻情节的适用、量刑建议等四个方面进行叙述，展示了检察机关对被告人上诉理由的一一回应，体现了控辩平等原则。

广东省河源市人民检察院抗诉意见：黄某华参与作案主观恶性大，社会危害性极大（被告人罪行的严重程度）；检察机关在适用认罪认罚从宽制度中，已是最大限度建议法庭对黄某华从宽量刑有期徒刑十年，该判决之所以对黄某华判处有期徒刑十年，是依法适用认罪认罚从宽制度的结果（一审量刑的依据）；现黄某华上诉，意味着认罪认罚从宽的前提不复存在，则不应对其按认罪认罚从宽判处。综上，一审适用认罪认罚从宽制度判处黄某华十年有期徒刑，但由于黄某华上诉，失去原有的认罪认罚从宽依据，已不符合罪责刑相适应的刑法原则（抗诉量刑建议）。依照《中华人民共和国刑事诉讼法》第二百二十八条的规定，特提出抗诉，请依法判决。

广东省人民检察院出庭意见：在案证据足以证实黄某华持刀故意伤害他人并致人死亡的事实，本案犯罪事实清楚，证据确实充分，一审法院认定事实准确、定罪准确（一审判决认定事实及证据）；黄某华否认持刀砍人，系否认检察机关指控的犯罪事实，否认一审判决的事实，因此不认罪，对其不能再适用认罪认罚从宽制度，应在一审量刑基础上，酌情对其从重处罚（认罪认罚的适用）；黄某华案发后潜逃多年，被抓获后直至庭审前，一直拒不交代犯罪事实，在一审庭审以及二审庭审中仍一直否认持刀砍被害人，认罪态度不好，结合其犯罪情节、潜逃多年的事实，虽有赔偿被害人家属并获得谅解的情节，但对其从轻处罚幅度不宜过大（从轻情节的认定及适用）；对比同案人黄某雄被判处死缓的量刑，在不适用认罪认罚从宽前提下，对黄某华判处十年有期徒刑，明显畸轻。建议二审合议庭在一审判决量刑基础上，对黄某华酌情从重处罚（量刑建议）。

黄某华上诉提出：一审认定事实与客观事实不符，我在整个案发过程中都听从于别人，并未参与拿刀与同案人一起追砍被害人（对一审判决认定事实的异议）；我的行为就是开车逼停被害人并踢了一脚，应认定是从犯，从轻处罚（共同犯罪中地位）；我从来没有拿过刀，也没有供述过拿刀，不认可检察机关提出的判处十年有期徒刑的量刑建议，因在看守所关太久失去辨认能力，被辩护人欺骗签的认罪认罚具结书（认罪认罚的适用）；我认识到自己的错误，赔偿了被害人家属经济损失，案发至今没有危害社会。综上，一审量刑过重，请求二审从轻处罚（量刑请求）。

黄某华辩护人欧某安提出：在案证据不足以证实黄某华持刀砍被害人（对一审判决认定事实、证据的异议）；黄某华在共同犯罪中仅实施了担任司机截停被害人的辅助行为，是共同犯罪中的帮助犯，应认定是从犯予以从轻或减轻处罚（共同犯罪中地位）；黄某华主动赔偿被害人家属经济损失，取得被害人家属谅解；黄某华2011年11月15日投案自首后从未逃跑，和平县公安局2013年6月7日、12月16日两次传讯黄某华，其均有到案并积极配合调查，公安机关因自身原因不能提供到案笔录的后果不应由黄某华承担（从轻情节的认定）；黄某华一直对指控罪名、犯罪构成不持异议且认罪认罚；检察机关因为黄某华上诉所以抗诉，违背《中华人民共和国刑事诉讼法》第二百二十八条的规定（认罪认罚的适用）。综上，黄某华在一审同意适用认罪认罚程序，同时具有自首、从犯等量刑情节，恳请二审对黄某华减轻处罚（量刑请求）。

黄某华辩护人谢某苞提出：黄某华上诉是希望获取更宽大的处理，并非推翻其在一审作出的认罪认罚（认罪认罚的适用）；黄某华是共同犯罪中唯一赔偿被害人家属经济损失并获得谅解的，足见其知错能改；黄某华案发至今再没有违法犯罪活动，其投案被取保后反复被网上追逃并非故意逃避法律责任，是侦查机关没有及时履行职责的原因（从轻情节的认定）。综上，黄某华一直承认犯故意伤害罪，只是对量刑有意见，请求二审继续对其适用认罪认罚从宽制度，依法公正判决（量刑请求）。

示例1-1-8 孙某诈骗案驳回申诉通知书①（对辩解理由按事实认定、法律适用、审理程序、证据采信等分层归纳叙述）

这虽然是一个驳回申诉通知书，但文书制作者仍然十分重视对申诉人辩解、自我辩护意见的归纳叙述，值得借鉴。原生效判决认定申诉人孙某实际控制的金达航票务服务公司（以下简称金达航公司）接受旅客订单后，先在某航空股份有限公司（以下简称某航公司）网站购买低价的远期电子客票，再利用非法获得的某航公司订座系统工作号进入订座系统，将客票的出行日期更改为旅客实际需要的近期电子客票，从中获得的差价款数额特别巨大，因此法院以诈骗罪对孙某判处刑罚。孙某通过递送《申诉书》《给主审法官的一封信》《从犯罪构成要件分析本案不构成诈骗罪》《一些争议点、焦点问题》等多份材料，质疑生效裁判文书的合法性、正确性。文书制作者将申诉人的申诉理由按照二审认定事实错误、二审适用法律错误、二审程序违法和本案存在非法证据等四个方面进行提炼、概括，分别表明了申诉人的基本观点。如在事实认定错误这一基本观点之下，按犯罪构成要件的要素，分欺骗行为、作为犯罪对象的财物、因果关系、非法占有目的等方面，客观列举了申诉人的意见；在适用法律错误方面，将申诉人理由按罪与非罪、此罪与彼罪、轻罪与重罪区分的顺序进行归纳。通过这种归纳分类，为下一步的分析评判树立了靶子，明确了顺序。

你及代理人通过向本院递送《申诉书》《给主审法官的一封信》《从犯罪构成要件分析本案不构成诈骗罪》《一些争议点、焦点问题》《指出二审判决书的部分错误》等诉讼材料向本院提出你的申诉理由及请求。归纳概括以下几点：

1. 二审判决认定事实错误。控方并未提供证据证明金达航公司及你本人实施了欺骗某航公司或旅客的行为，也未证明某航公司或旅客产生了错误认识，并基于错误认识处分财产；控方也未证明某航公司遭受了财产损害及其

① 广东省高级人民法院驳回申诉通知书，（2017）粤刑申73号，首届全国法院“百篇优秀裁判文书”。

数额，以及金达航公司从旅客方面获利与某航公司在和金达航公司的交易中遭受损失之间存在因果关系；在案证据也无法证明你具有诈骗的故意及非法占有的目的。对某航公司所受损失的认定没有事实和法律依据。二审判决仅根据金达航公司获利人民币386万元及你使用了ICS工作号改期，就推定金达航或你本人实施了欺骗行为、某航公司遭受了经济损失及你具有非法占有目的的故意，证据明显不足。某航公司没有损失数额，本案没有危害后果。

2. 二审适用法律错误。你的行为不符合诈骗罪的犯罪构成。金达航公司作为合法的代理销售商，有权赚取机票差价款，有权收取并占有旅客支付的所有票价款，故占有涉案的人民币386万元差价款不属于非法占有。金达航公司获取的人民币386万元差价款是从市场中赚取利润的合法占有，而非从某航公司骗取的非法占有。金达航公司使用ICS工作号改期，不是使某航公司做出处分财产的行为，不能称之为诈骗罪的欺骗行为。某航公司既不是被骗人也不是被害人。改期行为也不能直接造成某航公司的财产损失，更达不到非法占有某航公司财物的目的。即使金达航公司用ICS工作号改期使某航公司遭受损失，但这与金达航公司赚取旅客的钱并无因果关系，不能用该386万元充当某航公司的损失额。本案某航公司损失未经评估，将机票差价款作为某航公司的损失错误。你不具有诈骗犯罪的故意和非法占有目的的排除意思。金达航公司不是某航公司的下属单位，其与某航公司是平等主体，违反ICS工作号规定更改日期后销售获利的行为只是违反金达航公司与某航公司的合同，在386万元差价款未支付给某航公司之前，双方存在债权债务关系，仅能按合同约定追究违约责任，而不应追究刑事责任。涉案的386万元差价款的所有权属于金达航公司，即使你非法占有，亦应构成职务侵占罪而非诈骗罪。金达航公司是在合法取得旅客的对价票款后，并将其实际控制下的资金用于生产经营开支，即使构成犯罪也只能是侵占罪而非诈骗罪。金达航公司使用ICS工作号更改机票日期，属于对计算机信息系统中存储、处理或者传输的数据进行修改的操作，即使构成犯罪，也只成立破坏计算机系统罪而非诈骗罪。即使本案构成犯罪也应为单位犯罪而非自然人犯罪。即使本案构成犯罪，亦应认定犯合同诈骗罪而非诈骗罪。

3. 二审程序违法。本案公诉机关指控你构成贪污罪，一审判决认定你犯贪污罪，二审判决改判你犯诈骗罪，却未重新开庭审理，也未书面或口头征询你的意见，违反我国刑事诉讼法的解释第241条第1款第2项及第2款规定，未依法保障当事人的诉讼权利，应重新审理。

4. 本案存在非法证据。《卖家金达航公司ID的淘宝订单》等是电子数据，并非书证，且取证主体是某航公司并非司法机关，违反我国刑事诉讼法的解释第93、94条电子数据的规定①，属于非法证据，应予排除。

示例1-1-9 赵某勇等被控虚开增值税专用发票再审宣告无罪案刑事判决书②（对多名被告人辩护人的共性辩护意见可归纳叙述）

本案原判认定多名原审被告人共同实施虚开增值税专用发票犯罪，多名原审被告人及其辩护人均认为不构成犯罪，再审判决书对各原审被告人及其辩护人的意见进行梳理、归纳，从犯罪主体、犯罪客体、犯罪的主观方面、犯罪的客观方面等方面分别进行了表述，做到逻辑严谨不重复，条理性很强。

鉴于原审被告单位山东省潍坊市寒亭区国家税务局及各原审被告人赵某勇、孙某平、赵某祥、林某金、付某永、王某国曾多次共同上诉、申诉，意见基本一致，且辩护人对彼此的辩护意见均表示认同，本院概括原审被告单位及各原审被告人的主要辩解理由及主要辩护意见如下：

1. 被告单位及各被告人不构成虚开增值税专用发票罪的犯罪主体。……

2. 被告单位及各被告人没有骗取国家抵扣税款的目的和犯罪故意。……

3. 被告单位及各被告人客观上没有实施虚开增值税专用发票的行为。……

---

① 此文书所引用法律条款分别为当时有效的2013年1月1日起实施的最高人民法院《关于适用〈中华人民共和国刑事诉讼法〉的解释》（以下简称《刑事诉讼法解释》）第93条、第94条、第241条，该三条内容分别为2021年3月1日起实施的《刑事诉讼法解释》第110条、第114条、第295条规定所吸收。

② 山东省青岛市中级人民法院刑事判决书，（2019）鲁02刑再11号，第三届全国法院“百篇优秀裁判文书”。

4. 被告单位及各被告人的行为不具有社会危害性和刑事违法性。……

5. 2015 年最高人民法院研究室答复公安部经济犯罪侦查局的复函（法研〔2015〕58 号）认为，行为人主观上并无骗取抵扣税款的故意，客观上未造成国家增值税款损失的，不宜以虚开增值税专用发票罪论处。……

示例 1-1-10　于某故意伤害案二审刑事附带民事判决书[①]（分类归纳控辩意见并与评判分析前后呼应）

这件发生在山东的“辱母案”，一审判决对被告人于某以故意伤害罪判处无期徒刑，在当时引发了社会舆论高度关注。在二审的庭审中，各方诉讼参与人也详细、充分地发表了大量意见，各方争议的问题也很多。二审判决书用相当大的篇幅较详细地表述了参加诉讼的各方主体（包括提起上诉的附带民事诉讼原告人及其诉讼代理人、被告人于某及其辩护人、出庭检察员、被害人及其诉讼代理人等的意见）。在具体写作时，通过对各方的书面材料和当庭发表的意见进行精心归纳和提炼，并按事实证据、行为定性、量刑、诉讼程序等方面分别进行了表述，并对各方在二审中提出的新证据予以说明。在后面的控辩意见分析部分，也是按照事实证据、行为定性、刑罚裁量、诉讼程序等四个方面，针对各方意见逐条进行了分析，前后对照、相互呼应，实现了层次清晰、布局合理、内容清楚、争点众多而丝毫不显凌乱的效果。

上诉人杜某 1、许某、李某 1、杜某 3、杜某 4、杜某 5、杜某 6 的上诉意见是：原判适用法律不当，应当支持其赔偿死亡赔偿金、被抚养人生活费的诉讼请求。

上诉人于某的上诉意见是：（1）原判认定事实不全面。没有认定吴某、赵某 1 此前多次纠集涉黑人员对苏某进行暴力索债，案发时杜某 2 等人对于某、苏某及其他员工进行殴打；苏某实际是向吴某借钱；杜某 2 受伤后自行驾车前往距离较远的冠县人民医院，未去较近的冠县中医院，还与医院门卫

① 山东省高级人民法院刑事判决书，（2017）鲁刑终 151 号，属于热点案件裁判文书。

发生冲突，导致失血过多死亡。(2) 原判适用法律错误、量刑畸重。其行为系正当防卫或防卫过当；其听从民警要求，自动放下刀具，如实供述自己的行为，构成自首。(3) 原判违反法定程序。被害人有亲属在当地检察机关、政府部门任职，可能干预审判，原审法院未自行回避。

上诉人于某的辩护人提出以下辩护意见：(1) 认定于某犯故意伤害罪的证据不足。公安机关对现场椅子是否被移动、椅子上是否有指纹、现场是否有信号干扰器、讨债人员驾驶的无牌或套牌车内有无枪支和刀具等事实没有查明；冠县公安局民警有处警不力之嫌，冠县人民检察院有工作人员是杜某2的亲属，上述两机关均与本案存在利害关系，所收集的证据不应采信；讨债人员除杜某7外都参与串供，且在案发当天大量饮酒，处于醉酒状态，他们的言词除与于某一方言词印证的之外，不应采信。(2) 于某的行为系正当防卫。从一般防卫看，于某身材单薄，虽持有刀具，但相对11名身体粗壮且多人有犯罪前科的不法侵害人，仍不占优势，杜某2等人还对于某的要害部位颈部实施了攻击，故于某的防卫行为没有超过必要限度；从特殊防卫看，于某的母亲苏某与吴某一方签订的书面借款合同约定月息2%，而吴某一方实际按10%收取，在苏某按书面合同约定利息还清借款后，讨债人员仍然以暴力方式讨债，根据《最高人民检察院关于强迫借贷行为适用法律问题的批复》，构成抢劫罪，于某捅刺抢劫者的行为属特殊防卫，不构成犯罪。(3) 即使认定于某构成犯罪，其具有如下量刑情节：属防卫过当、自首，一贯表现良好，缺乏处置突发事件经验；杜某2等人侮辱苏某、殴打于某，有严重过错；杜某2受伤后自行驾车前往距离相对较远的医院救治，耽误了约5分钟的救治时间，死亡结果不能全部归责于于某。辩护人当庭出示了讨债人员驾驶无牌或套牌车辆的现场监控录像截图、杜某2亲属系冠县人民检察院工作人员的网页截图、驾车从现场分别到冠县人民医院和冠县中医院的导航路线截图等3份证据材料。

山东省人民检察院出庭检察员发表以下出庭意见：(1) 原判对案件事实认定不全面。一是未认定于某母亲苏某、父亲于某1在向吴某、赵某1高息借款100万元后，又借款35万元；二是未认定2016年4月1日、13日吴某、赵某1纠集多人违法索债；三是未认定4月14日下午赵某1等人以盯守、限制离开、扰乱公司秩序等方式索债；四是未具体认定4月14日晚杜某2等人采取强收手机、弹烟头、辱骂、暴露下体、脱鞋捂嘴、扇拍面颊、揪抓头发、限制人身自由等方式对苏某和于某实施的不法侵害。(2) 原判认为于某持尖刀捅刺被害人不具有正当防卫意义上的不法侵害前提，属于适用法律错误。于某的行为具有防卫性质，但明显超过必要限度造成重大损害，属于防卫过当，应当负刑事责任，但应当减轻或者免除处罚。检察员当庭宣读、出示了新收集、调取的证人赵某2、李某2的证言，侦查实验笔录及行驶路线图，手机通话记录，计划外生育费收据及说明，接处警登记表及说明，有关于某1曾任冠县国税局柳林分局副局长、因不正常上班于2015年被免职的文件，吴某因涉嫌非法拘禁被立案侦查的立案登记表，鉴定机构资格证书、鉴定人资格证书复印件，以及证人苏某、张某1、马某、刘某、于某2、张某2、杜某7、张某3、朱某、徐某的补充证言，被害人程某的补充陈述，上诉人于某的补充供述等23份证据材料。

被害人杜某2近亲属委托的诉讼代理人提出以下意见：(1) 原判对作案刀具的认定定性不准、来源有误。于某使用的尖刀应属管制刀具，被害人郭某1陈述看见于某拉开衣服拉链从身上拿出刀具。(2) 原判定罪量刑不当。于某的行为构成故意杀人罪；民警处警时，不法侵害已经结束，于某的捅刺行为不具备正当防卫的前提条件，不构成正当防卫或防卫过当，应当维持原判量刑。(3) 应依法判令于某赔偿附带民事诉讼上诉人的全部经济损失。

被害人郭某1及其诉讼代理人、被害人严某的诉讼代理人提出以下意见：(1) 作案刀具来源不清。(2) 于某的行为不构成正当防卫或防卫过当，应当维持原判定罪量刑。

二、如何实现诉辩双方意见的恰当写作

裁判文书本质上是对庭审过程和成果的静态反映。对于诉辩双方的主张和理由，按照证据采信问题、事实认定问题、责任区分问题、法律适用问题、诉讼程序问题等类别，归纳出双方的争议焦点，既有利于法官在法庭调

查和法庭辩论中引导双方针对焦点问题充分阐述各自的意见，提高庭审的控辩对抗质量和效率，为法官作出裁判提供更多的思路，也有利于法官在裁判文书的写作中分类表述，有针对性地作出评判，体现裁判的严谨逻辑。要达到以上效果，案件主审法官可以按以下步骤进行：

首先，法官在开庭前要对案件卷宗进行审查，全面掌握案情。在一审案件中，法官在庭前根据检察机关指控事实，对犯罪构成要件、量刑情节等关键事实的相关证据进行审查，对证据体系薄弱点、可能产生的证据采信争议、事实认定争议做到心中有数，同时对被告人可能构成的罪名及量刑情节进行预判，为在庭审中尽快总结、归纳双方争议焦点奠定基础。在二审案件中，法官针对一审判决内容，结合上诉状，提前总结被告人对一审证据采信、事实认定、定罪量刑情节及法律适用等方面的不同意见，作为二审法庭调查和法庭辩论的重点。

其次，法官在主持法庭调查时，要引导被告人、上诉人针对案件事实中与定罪量刑有重要关联的事实情节，明确作出认可与否的陈述，从而为庭审调查确定重点；对案件事实认定的关键证据，必须单独质证，由被告人及其辩护人具体发表意见；对于控辩一方发表的意见，引导另一方给予回应，增强庭审的对抗性。

再次，在法庭辩论中，法官要对被告人等当事人加强释法，对条理性不强的当事人主动引导其从证据采信、事实认定、罪名认定、量刑情节及法律适用等方面分别发表意见；对控辩双方的意见及时进行归纳，总结出对案件定罪量刑有关键意义的争议焦点，引导双方进一步辩论，以充分了解双方的争议问题、具体意见及理由依据，为裁判文书写作奠定基础。

最后，法官在写作裁判文书时，要将控辩双方提交的书面材料及当庭口头发表的意见相结合，从案件证据采信、事实认定、行为定性、量刑情节、法律适用及诉讼程序等方面，总结双方的争议观点、具体理由等，综合予以叙述。

第二节　审理查明事实的写作

按照《法院刑事诉讼文书样式》（样本）要求，刑事裁判文书对审理查明事实的认定应当以犯罪构成要件为重点，兼叙影响定性处理的各种情节。“案件事实既包括直接关乎案件定性的关键事实、核心事实，也包括可能影响量刑的案件前因后果等方面的关联事实、边际事实，裁判文书应当坚持对影响案件定罪量刑的全部事实完整认定、表述。”① 对于一些舆论热炒、社会关注的热点刑事案件，裁判文书还应当注意回应公众关切，针对热点问题详细、具体、客观地写明相关事实，澄清网传的不实事实、情节，为案件的依法处理提供坚实的事实基础。“在一定程度上，越是全面细致地描写事实，越能够反映认定事实的科学性和逻辑性，亦越能够增加事实的客观性和真实性。”② 裁判文书公开回应人民群众的关切，消除社会公众的误解，也能起到展示法院审判公开、作风透明的效果，显现法院经得起人民群众检验的坦荡和决心。

一份合格的裁判文书，在审理查明事实的表述上应当做到内容全面、层次清晰、条理清楚、不显累赘，阅读后对案件事实发生及演变脉络能够清晰掌握、了然于心。这里针对自然人犯罪和单位犯罪分别举两个典型例子。

示例 1-2-1　张某安等生产、销售假药案二审刑事判决书③（经济犯罪案件按犯罪预备、犯罪实施、获利去向、共犯分工等顺序分层表述事实）

本案一审判决认定张某安伙同张某明、李某平、种某华等人在保健品中

---

① 于同志：《刑事判决的证据说理》，载《人民法院报》2017 年 11 月 22 日，第 6 版。

② 曹波：《德国刑事判决书说理方法探微——以马斯洛依故意杀人一案刑事判决书为视角》，载陈兴良主编：《刑事法评论》第 33 卷，北京大学出版社 2013 年版，第 323 页。

③ 陕西省高级人民法院刑事判决书，（2017）陕刑终 185 号，首届全国法院“百篇优秀裁判文书”。

非法添加西药成分后，在处方中作为药品销售给糖尿病患者，对各被告人均以生产、销售假药罪判处刑罚。一审判决后，张某安、张某明、李某平、种某华等人均提出上诉，对各自在犯罪过程中的分工、作用及参与犯罪的数额提出异议。二审判决围绕各被告人的定罪、量刑及上诉理由等关键问题，对案件事实进行了全面查明。

经审理查明：(犯罪预备)① 1993 年 9 月份，上诉人张某安成立陕西秦晋中医糖尿病研究所（以下简称糖尿病研究所），并取得了相应的食品流通许可证和保健品批准文号。2012 年 12 月份，张某安注册成立西安莲湖泽安中医诊所（以下简称泽安诊所），泽安诊所与糖尿病研究所为两块牌子一套人马。

（犯罪实施过程）期间张某安安排妻子张某莲（在逃）、上诉人张某明购买盐酸二甲双胍、格列本脲等西药原料，后又将添加的比例传授给张某明。张某安与张某明向糖尿病研究所生产的森健牌降糖冲剂（又名兴胰粉胶囊）、天富生牌桃红片、天富生牌菊花玉竹胶囊等保健品及食品中添加上述西药成分，并以坐诊、巡诊的方式将添加上述西药成分的保健品、食品开立在处方中当作药品销售给糖尿病患者，张某安带领李某平、种某华等人先后在陕西、山西、河南、河北、甘肃、辽宁、内蒙、山东等省的 30 余市、县租赁医院、诊所等进行宣传和巡诊，将上述添加了西药成分的保健品及食品作为药品进行销售。

（曾被查处情况）2013 年 3 月份，张某安等人在山西省长治市山西防爆电机（集团）有限公司职工医院巡诊期间，因将上述保健品、食品当作药品销售被长治市食品药品监督管理局查处，上诉人种某华受张某安指派到长治市食品药品监督管理局接受了处罚，获知他们在销售保健品及食品中添加有西药成分。

（逃避监管情况）为了逃避药监管部门的检查，2014 年张某安安排齐某

---

① 段首括号内文字并非判决书原有内容，而系编者为便于读者理解后文主要内容所加注，本书判决书中段首括号皆同。

红、于某（均另案处理）等人在山西省定襄县麻沟村一个废弃的锻造厂内继续生产森健牌降糖冲剂、天富生牌菊花玉竹胶囊等产品，并让齐某红在上述产品中添加盐酸二甲双胍等西药成分，通过快递将上述产品发至西安泽安诊所及各巡诊点进行销售。

（销售价格及获利去向）张某安等人销售“药品”时，对新患者按照保健品单价予以销售，对老患者不论用药量的多少，均按200元/月的价格收取费用。张某安还安排工作人员将就诊患者用“药”情况等信息全部录入电脑中存储。销售收入均被转入张某莲及张某东（张某安之子）的银行账户。

（共同犯罪中分工情况）在药品销售过程中，张某安负责给患者诊治，开具处方销售药品；李某平帮助誊写病例并协助张某安给患者开具处方；张某明受张某安的指使负责购买添加西药的原料，指导生产及协助张某安在西安诊所坐诊；种某华负责诊所及巡诊期间后勤管理。

（扣押重要物证、书证及鉴定情况）案发后，公安机关在西安市秦晋中医糖尿病研究所及西安市西郊×××佳苑13号楼张某安处扣押森健牌降糖冲剂9196瓶、天富生桃红片48瓶、天富生菊花玉竹胶囊16 820瓶及相关的电子储存资料。山西定襄警方查获并扣押了制造假药的原料、设备及部分成品药。经西安市食品药品检验所检验，扣押在案的森健牌降糖冲剂、天富生桃红片、天富生牌菊花玉竹胶囊均检出盐酸二甲双胍、格列本脲成分。另经陕西铭建司法会计鉴定所鉴定，自2013年3月至2015年5月，森健牌降糖冲剂销售金额2 258 113.2元、天富生桃红片销售金额5 260 907.35元、天富生菊花玉竹胶囊销售金额2 452 843.81元；扣押在案的森健牌降糖冲剂价值206 542.16元、天富生桃红片966.24元、天富生菊花玉竹胶囊338 923元。

（各被告人参与犯罪的数额）综上，自2013年3月至2015年5月期间，张某安生产、销售假药的金额为10 518 296.8元；张某明参与生产、销售假药的金额为10 518 296.8元；李某平参与销售假药的金额为10 136 157.8元；种某华自2013年5月至2015年5月期间参与销售假药的金额为8 456 470.43元。

这份二审刑事判决书，按照“(1) 犯罪预备——为实施生产、销售假药犯罪而先后成立研究所、诊所；(2) 犯罪实施——购买西药原料，在保健品、食品中添加西药成分，在坐诊、巡诊中作为药品销售给患者；(3) 曾被查处情况和逃避监管情况；(4) 销售价格及获利去向；(5) 共同犯罪分工情况；(6) 扣押重要物证（假药）、书证（销售电子记账）及鉴定情况；(7) 各被告人参与犯罪的数额”七个方面分别进行了叙述。其中，第 (1) (2) (3) 小节事实，主要对应案件的定罪，其中第 (3) 小节事实以曾被监管部门查处、处罚和生产地点位于“废弃的锻造厂”两个关键情节，对应被告人主观故意中“明知是在生产、销售假药”这一重要事实的认定。第 (4) (5) (6) (7) 小节事实，主要对应案件的量刑，作为生产、销售假药共同犯罪，犯罪数额和在共同犯罪中的作用是对被告人量刑的主要依据，亦是控辩双方的争议焦点，因此裁判文书针对全案和每名被告人都进行了专门查明；第 (4) 小节中的“获利去向”事实，还对应对扣押案外人名下财产的处置，为判决没收违法所得提供事实依据。可以说这份文书的事实认定与案件的法律适用基本实现了一一对应，达到了全面而又层次清晰、条理清楚、不显累赘的要求。

示例 1－2－2 | 陈某等违法运用资金案二审刑事判决书[①]（单位犯罪案件应当查明的重点事实）

违法运用资金罪是只处罚直接责任人员的单位犯罪。在单位犯罪中，从犯罪主体上讲，自然人被告人是否承担刑事责任取决于其在单位的具体职责及在单位犯罪过程中的具体作用；从犯罪客观行为表现来说，单位犯罪往往是通过表面上合法的市场经营、交易行为掩盖实际上的违法交易本质；从犯罪后果上讲，犯罪所得归属于单位还是归属于自然人个人是区别单位犯罪还是个人犯罪的重要依据。因此在单位犯罪裁判文书的制作中，对上述事实均应当做重点查明。本案中各被告人作为××人寿公司的主要管理人，将其公

① 北京市第二中级人民法院刑事判决书，(2018) 京 02 刑终 178 号，第二届全国法院“百篇优秀裁判文书”。

司资本金账户、保险产品资金专用账户内的数亿元资金，以购买灾备系统、支付投资预付款等名目转至其他公司，实际挪用给其股东公司的母公司使用。本案区别罪与非罪的关键是资金转出的性质属于正常投资还是资金拆借；区别单位犯罪与自然人犯罪（属于单位实施的违法运用资金罪还是各被告人共同实施的挪用资金罪）的关键在于犯罪所得的归属，且对实际量刑影响极大；各被告人是否承担刑事责任及责任大小的区分关键在于其在单位中的具体地位及职权职责。在各被告人均做无罪辩解的情况下，二审判决书从各被告人在单位中的职位和具体职责、资金转出的表面形式与实际目的、资金拆借收益的具体去向等几个方面分别进行了事实认定，为行为准确定性提供了清晰的事实依据。

（犯罪单位与涉案其他公司的关系）××人寿公司是2010年3月注册成立的民营保险公司。某某有限公司（以下简称某某公司）是××人寿公司的发起人和股东之一（持股比例为20%），同时某某公司是上市公司某某1高技术股份有限公司（以下简称某某1公司，现已更名为某某2股份有限公司）的全资子公司。

（被告人在犯罪单位中的职务和具体职责）上诉人（原审被告人）陈某原系××人寿公司的法定代表人兼董事长，负责××人寿公司的全面工作。上诉人（原审被告人）王某有时任××人寿公司董事、副总经理兼财务负责人，职责为负责财务管理、负责或者参与风险管理和偿付能力管理、参与战略规划等重大经营管理活动等。上诉人（原审被告人）胡某学于2012年5月至2014年3月先后担任××人寿公司风控信评部副部长、部长，负责投资业务的风控合规管理工作，同时系该公司固定收益部负责人。

（单位犯罪的表面合同情况）2011年12月16日，××人寿公司与上海某科通信科技有限公司（以下简称上海某科公司）签订《灾备系统一体化建设合同》，约定由上海某科公司为××人寿公司设计项目方案、代为建设机房、代购服务器、开发项目所需软件产品、提供技术支持和合同约定的其他服务。2012年5月20日，××人寿公司又与上海某科公司签订《投资顾问协议》，约定由上海某科公司为××人寿公司寻找与投资方向相关的项目，对××人寿公司项目进行初步论证、整理包装、与投资方进行前期沟通与交流等，同时约定如果需要项目的谈判保证金，××人寿公司应给予相应的短期资金周转支持，上海某科公司支付相应的利息。

（单位犯罪的实际目的及被告人的具体作用）2011年12月至2013年11月间，经陈某决定、王某有审核，××人寿公司以购买灾备系统、支付投资预付款等名目，先后将13笔该公司资本金账户、保险产品资金专用账户内的资金转至上海某科公司，累计金额为5.24亿元。上海某科公司收到××人寿公司上述资金后，在收款当日或次日，即将全部款项通过上海某晨实业有限公司（以下简称上海某晨公司）账户分别转入某某1公司实际管理控制的上海某润投资顾问有限公司（以下简称上海某润公司）、上海某众机械设备有限公司（以下简称上海某众公司）、上海某卓机械制造有限公司（以下简称上海某卓公司）、上海某某1科技发展有限公司（以下简称上海某某1公司）等账户。涉案资金的最终使用方为某某1公司（××人寿公司的股东公司某某公司的母公司），用于该公司“续贷”“倒贷”等资金周转。

（单位犯罪的收益去向）2013年2月至2013年11月，××人寿公司先后通过上海某晨公司回收款项9笔，部分款项记载有利息收入，累计回收金额5.27亿余元。××人寿公司转出的13笔资金，其中10笔共计4.95亿元从转出至收回的时间为4天至1个月，3笔共计2900万元从转出至收回的时间为8个月至1年2个月。

期间，上诉人（原审被告人）胡某学作为××人寿公司风控信评部负责人，在没有确认存在投资项目的情况下，经王某有授意，于2011年12月至2013年8月间，以购买灾备系统、支付投资预付款等名目多次发起付款申请，涉及资金共计2.54亿元。

关于裁判文书中“审理查明事实”部分的写作，一审刑事判决书和二审刑事裁判文书有较大的差别，分别来说明。

一、一审刑事判决书的事实部分写作

根据《刑事诉讼法》不告不理的原则，一审判决认定事实可能是支持检察机关指控事实，也可能是在检察机关指控事实的范围内减少部分事实的认定，但不能增加认定新的犯罪事实。在大多数情况下，一审法院经过开庭审理，认定的案件事实与检察机关起诉书指控事实基本上是一致的；在少数情况下，一审法院认定的主要事实与检察机关指控事实不一致。但无论是哪种情况，一审刑事判决书都需要在“审理查明事实”部分对案件事实重新进行全面表述。

因为一审刑事判决书的文书格式本身要求对法院审理查明事实重新表述，因此不应当拘泥于起诉书的表述，而应当根据法庭审理情况，在“经审理查明事实”部分，对案件发生经过进行叙述，按犯罪的背景、原因、过程、结果及事后情况等方面，全面叙述事实。一件事实，要显示其确切存在，必须具有时间、地点、人物、行为等基本要素。而作为一件犯罪事实，为了定罪量刑、适用法律的需要，除上述基本要素外，还要有行为动机、目的、预备、具体实施行为、行为后果等更多细节的查明和展现。在一审刑事判决书具体写作中，常见的问题有：

第一，对事实表述不够准确、全面，对定罪量刑有关键意义的情节没有表述清楚。

第二，多项事实的表述顺序不当，杂乱无章，不利于裁判者和读者掌握主要问题。

第三，对自首、立功等重要事实缺乏叙述或者表述不清。

第四，单位犯罪中对被告人的具体地位、作用事实表述不清楚、不准确甚至错误。

以下分别具体介绍恰当的写法。

（一）全面叙述案件事实

一审刑事判决书应当全面叙述案件事实，包括案件背景、案发原因、犯罪预备、案发时间、案发地点、犯罪手段、犯罪后果、事后表现等，形成事实与裁判的相互呼应。“全面认定、表述事实，还要注意保持案件事实与裁判认定、评判的各种情节相互呼应，保证定罪量刑的各种情节在裁判文书中均有相应的案件事实提供支撑，避免出现由于事实部分认定与表述的缺位、不足，导致后续裁判说理突兀、生硬，无的放矢，让人不知所云。”[①] 尤其是故意犯罪案件，要写明犯罪的预谋、预备、着手实施的过程、具体行为表现等。全面查明案件事实既是对被告人行为准确定性的前提，也有利于法官对被告人的人格特点作出客观判断，对量刑过程中自由裁量权的行使也有重要意义。“对其整体人格上之认识，对执行刑罚人员而言，亦极其重要，且在其于后来又犯罪时，在对其整体人格作判断时亦为不可或缺。”[②] 而这种认识的一个重要依据就是生效裁判文书。如果起诉书指控的案件基本事实准确，但不够全面充分，部分情节缺乏或者表述过于简单，一审刑事判决书应当予以重点查明。对待指控事实要有“扬弃”的立场和勇气，根据审理情况依法合理地取舍、评判，避免偷懒图省事、照搬照抄。以下对刑事裁判文书中“经审理查明事实”部分需要重点注意的问题加以介绍。

1. 案发原因和背景

案发原因，也就是促使被告人实施犯罪行为的原因，是故意犯罪案件中判断被告人犯罪动机和犯罪目的的重要依据，能够反映被告人主观恶性的大小，有时也涉及被害一方有无过错的认定，直接影响到对被告人的量刑，因此需要重点查明。有些案件的案发原因只需要从被告人一方来寻找，比如出于个人求财、牟利、私欲、玩乐等目的实施的犯罪。在因民间矛盾激化引发的案件中，则需要查清并写清楚双方矛盾的起因、激化的全过程，即前因和近因，或者说犯罪发生的直接原因和间接原因，从而能够准确界定被告人和被害人双方在纠纷发生、发展过程中的是非过错，为定罪量刑提供重要依据。在裁判文书的具体写作中，一般情况下的写法是在“审理查明事实”部分首先写明案件发生的原因，为后面犯罪事实的发生做铺垫。对于现有证据可以充分证明的前因，应当在刑事判决书中据实描述。对于仅有被告人供述辩解的作案原因，缺乏其他证据予以印证的，可以采用“据被告人称……”

---

① 于同志：《刑事裁判文书的构成要素分析》，载《法律适用》2024 年第 3 期。

② ［德］克劳思·罗科信：《刑事诉讼法》，吴丽琪译，法律出版社 2003 年版，第 466 页。

或者“被告人自认为……”的方式进行描述。另一种写法是在主要犯罪事实后以“另查明”的方式介绍犯罪前因。相比之下，前一种写法更加自然，符合事物发展的逻辑顺序，也符合一般人的阅读习惯。

以下两种情况，则不需要在“审理查明事实”部分先叙述案件发生的原因：（1）如果被告人辩解其实施犯罪有一定的原因，但其所表述的事由与案件发生并无直接因果关系，或者所述事实比较琐碎、毫无道理，因而不足以或者根本不能认定为被告人实施犯罪的真正原因，就不需要在“审理查明事实”部分先对其所辩解的犯罪原因作出介绍，可以在主要犯罪事实之后以“另查明”的模式说明其所辩解事实的前因后果，为后面对其所辩解的作案动机是否可信、合理并影响定罪量刑作出评价提供事实基础；（2）如果被告人所辩解的犯罪原因纯属捕风捉影、毫无根据，在“审理查明事实”部分不能作出相关事实不存在的认定，可以在评价被告人辩解、辩护意见时，引用相关证据说明其辩解并没有相关事实依据或者与在案证据相互矛盾，因而不予采纳。

案发背景，一般是指案件发生当时对于准确定罪量刑有参考意义的一些社会背景、传统文化、民情民俗等，这些因素影响法律事件发生、发展，在裁判文书中予以查明并作为量刑参考因素，能较好提升裁判结论的可接受性和认可度。比如渎职犯罪案件中，尤其是多因一果的案件中，被告人的具体职责、注意义务的来源等，对认定被告人是否负有注意义务，是否实施了违反职责的行为，主观上是否具有过失，最终评价其作为或者不作为是否构成犯罪，均具有重要意义。因此，在叙述案件事实时，应当先介绍与指控渎职行为相关的法律法规或者上级部门的政策性文件，作为背景事实。又如，拆迁纠纷引发的案件中有关部门实施的拆迁是否合法、是否已经基本兑现了补偿，新类型案件中国家对相关领域的指导政策等，危害安全生产案件中涉案生产经营单位曾经发生的事故、事故隐患或者被检查、整改情况等，均可能影响到对指控犯罪行为的判断与处理，应当在“审理查明事实”部分予以介绍。再如，贪污贿赂犯罪案件中被告人的主体身份也是其行为的重要背景，是犯罪构成要件的重要部分。对于被告人任职经历简单的，可以直接在被告人基本情况部分予以介绍；对于被告人任职经历比较复杂，贪污、受贿行为时间较长的，则需要在裁判文书中“审理查明事实”部分对其任职经历作出专门的查明，避免被告人基本情况部分过于冗长。

示例1-2-3 梁某良故意杀人案一审刑事附带民事判决书[①]（对犯罪发生的远因和近因均予叙述）

这是一个丈夫杀害妻子的案件，先看判决书关于犯罪前因的叙述：

经审理查明，被告人梁某良与被害人王某某婚后居住在屯昌县某宿舍，梁某良不满王某某经常在外面上网，怀疑王在外面有情人，两人为此经常吵架，梁亦曾殴打王。2010年王某某通过网络聊天认识了黎某某，2011年春节过后与黎某某一起去广州打工，至2011年11月份王某某从广州回家。

2011年12月22日下午，王某某到黎某某家吃饭，对梁谎称与同学在外聚会。梁某良打电话叫王某某回家，王某某答应，当晚9时许，梁再次打电话给王，王手机关机，梁很恼火，为了报复王某某，梁某良购买了一瓶汽油，并藏在其电动车后备箱内，接着继续寻找王某某未果。

这份判决书就从“前因”和“近因”两个方面对案件发生原因进行了介绍，“前因”即被告人与被害人发生矛盾的原因，是被告人怀疑其妻子在外有情人而经常吵架；“近因”即案发当晚二人矛盾激化的原因，是被害人外出与情人幽会且在电话中答应回家又关闭手机。

示例1-2-4 王某故意伤害案二审刑事判决书[②]（对被害人自认为的矛盾起因的叙述）

这是一个防卫过当的案件，被告人与被害人双方发生矛盾的起因、激化的过程，对于案件定性有着十分重要的意义。被害人李某在酒吧里穿行时路过被告人王某正在饮酒的桌边，“认为王某故意用眼睛瞪他”，即开始滋事，

① 杨万明主编、马岩副主编：《示范性刑事裁判文书评析》，人民法院出版社2017年版，第3-17页。

② 陕西省高级人民法院刑事判决书，（2018）陕刑终243号，第四届全国法院“百篇优秀裁判文书”。

这里使用“李某认为”的表述方式，旨在说明王某是否有不礼貌行为，并无其他证据予以证明，仅为被害人李某“自认为”的情况，如此表述，更为准确。

2017年12月10日晚，上诉人王某与朋友苗某在陕西省泾阳县××公园北门对面的××音乐酒吧内饮酒。当晚20时32分，被害人李某（殁年28岁）与朋友唐某1、唐某酒后来到酒吧。服务员王某1引导李某等三人经过王某、苗某的桌边时，李某推了一下王某桌边的沙发座椅。之后，李某认为王某故意用眼睛瞪他，从旁边桌上拿起烟灰缸上前质问王某，……

示例1-2-5 张某红故意杀人案二审刑事裁定书①（对犯罪原因、犯意产生、犯罪预备全面叙述）

本案被告人张某红因猜疑其妻子有婚外情而发生矛盾，因矛盾激化而产生杀人念头，又因案发前其妻子不让其回家而形成杀人犯意，事先准备凶器并埋伏在隔壁，最终实施了杀人行为。一审和二审裁判文书按被告人与被害人发生矛盾的原因、矛盾的激化、犯意的产生、犯罪预备、犯罪实施的时间顺序，依次进行表述，显示出较好的逻辑层次，有利于对案情的整体把握。

被告人张某红因长期猜疑妻子李某荣（殁年40岁）有婚外情、儿子张某和张某翔（殁年5岁）非自己亲生，导致二人时常发生家庭矛盾。2018年春节前，二人矛盾激化，张某红心生不满，产生了杀害李某荣的念头。3月的时候，因李某荣不让张某红回家，其下定决心杀害李某荣。张某红于4月8日购买了砍骨刀，4月9日潜入自家隔壁即安阳县柏庄镇××商贸城11栋5号监视李某荣。4月11日凌晨0时许，张某红携带砍骨刀，潜入位于××商贸城11栋6号的家中二楼，持刀朝躺在床上睡觉的李某荣的头面部等处猛砍，……

---

① 河南省高级人民法院刑事裁定书，(2019)豫刑终98号。

示例1－2－6 司某顺等贪污、诈骗、滥用职权案二审刑事判决书[①]（利用国家政策实施犯罪的事实部分应当先叙述政策背景）

本案上诉人司某顺伙同其妻子李某峰成立公司，并利用司某顺担任发展和改革局领导职务的便利条件，通过和其他企业签订虚假的节能服务合同，向发展和改革局及财政局申请并获得财政奖励资金。在这个案件中，国家和省有关部门对提供节能服务企业进行资金奖励的相关政策背景和运行办法非常重要，是判断被告人行为违法性的重要依据。为此，一审判决和二审判决均予以叙述，尤其是二审判决，不惜笔墨，运用相当篇幅对各级行政管理机关对节能服务合同实行资金奖励的条件、申报及审批程序进行了详细介绍，并将该业务与上诉人司某顺职务的相关性也进行了专门介绍，为后面的贪污、诈骗、滥用职权等犯罪事实提供了清晰的背景。

原审判决认定：2007年起，被告人司某顺任××市发改局党组成员、副局长，负责固定资产投资计划、工交能源计划、环资等工作。2007年，司某顺的妻子即被告人李某峰离岗创业，成立了湖北昀锦工程咨询有限公司（以下简称昀锦公司）。

2010年6月，财政部、国家发展改革委联合下发《合同能源管理项目财政奖励资金管理暂行办法》（以下简称《暂行办法》）文件，规定：财政奖励资金支持对象是实施节能效益分享型合同能源管理项目的节能服务公司。同时还规定申请财政奖励资金的合同能源管理项目必须符合“节能公司投资70%以上，并在合同中约定节能效益分享方式”等多个条件。该文下发到××市发改局后，司某顺与李某峰经共同分析，均认为能源服务公司以后可能会成为国家重点发展对象，遂于2010年7月7日以李某峰及女儿司某的名义注册成立了湖北省宝斯达节能技术服务有限公司（以下简称宝斯达公司），经营范围为节能改造项目的投资与技术服务。2010年9月，宝斯达公司聘请被告人曾某平为该公司员工，从事节能改造项目的相关管理工作。

① 湖北省襄阳市中级人民法院刑事判决书，（2019）鄂06刑终263号，第三届全国法院“百篇优秀裁判文书”。

一、贪污事实

……

二、诈骗事实

……

经二审审理查明，2010年6月3日，财政部、国家发展改革委根据《国务院办公厅转发发展改革委等部门关于加快推行合同能源管理促进节能服务产业发展意见的通知》规定，制定了《合同能源管理项目财政奖励资金管理暂行办法》（以下简称《暂行办法》），并以文件形式印发（文件号财建〔2010〕249号）。《暂行办法》的主要内容有：1. 该办法所称的合同能源管理，是指节能服务公司与用能单位以契约形式约定节能目标，节能服务公司提供必要的服务，用能单位以节能效益支付节能服务公司投入及其合理利润；2. 财政奖励资金支持的对象是实施节能效益分享型合同能源管理项目的节能服务公司；3. 申请财政奖励资金的合同能源管理项目须符合下述条件：（1）节能服务公司投资70%以上，并在合同中约定节能效益分享方式；……4. 资金申请和拨付要求：合同能源管理项目完工后，节能服务公司向项目所在地省级财政部门、节能主管部门提出财政奖励资金申请；……5. 地方财政部门和节能主管部门要建立健全监管制度，加强对合同能源管理项目和财政奖励资金使用情况的跟踪、核查和监督，确保财政资金安全有效；6. 节能服务公司对财政奖励资金申报资料的真实性负责等。

《暂行办法》印发后，湖北省财政厅、省发展改革委根据《暂行办法》的要求，结合本省实际，制定了《湖北省合同能源管理财政奖励资金管理实施细则》（以下简称《实施细则》，文件号鄂财建规〔2010〕15号）。2010年11月8日，湖北省发展改革委、财政厅又根据《暂行办法》、《实施细则》的要求印发了《关于组织申报2010年合同能源管理财政奖励项目的通知》（以下简称《申报通知》，文件号鄂发改环资〔2010〕1482号）。该通知除按照《暂行办法》、《实施细则》对申报项目的范围和条件提出要求外，对申报组织的要求是：由各县（市）发展改革局、财政局按照项目申报范围和条件要求，认真组织遴选，经严格初审后联合上报市（州）发展改革委、财政局；对申报材料的要求是：节能服务公司法人代表在合同能源管理项目资金申请报告上签字确认，并对申报节能量的真实性负责。

还查明，司某顺自2007年12月至案发任××市发展和改革局党组成员、副局长，负责固定资产投资计划、工交能源计划、环资等工作。李某峰系××市物价局干部，2007年11月离岗创业，成立了昀锦公司，该公司服务范围是规划咨询、编制项目建议书、编制项目可行性研究报告、项目申请报告、资金申请报告等。2010年6月，司某顺因工作关系见到上述《暂行办法》后，将该文件带回家给妻子李某峰看，司某顺认为节能服务可能会是国家以后发展的重点，其长期在发改局工作且分管工业项目，在人际关系和业务方面更有优势，且昀锦公司可以做申报资料，不必请其他咨询公司，二人经商量，于2010年7月9日以李某峰及其女儿司某的名义注册成立了宝斯达公司，该公司所登记的经营范围为水、电、气、煤节能产品的技术服务，对节能改造项目的投资，节能产品信息咨询，节能产品项目设计等。同年9月，受李某峰聘请，上诉人曾某平到宝斯达公司从事节能改造项目的相关管理工作。宝斯达公司与昀锦公司事实上是两块牌子、一套班子。

示例1-2-7 王某亚受贿、滥用职权案一审刑事判决书[①]（审批类渎职犯罪案件应对具体职责和审批条件作出认定）

本案被告人王某亚在担任原国土资源部矿产开发管理司副司长期间，先后两次在某矿区探矿权的转让或延续申请事项中，在缺少相关材料的情况下，违反规定签署同意的审核意见。判决书在认定事实中，首先介绍了王某亚所任职“矿产开发管理司”的具体职责，进而介绍王某亚本人所任副司长的具体职责，尤其是详细介绍了涉案行政许可事项上的具体工作流程及其审批环节；其次逐一列举了《矿产资源勘查区块登记管理办法》等相关行政法规、行政规章关于获得行政许可的具体条件；最后详细介绍了涉案矿区探矿权转让和延续申请的实际情况，可以说是依次递进、脉络清晰，从而为认定

① 湖南省邵阳市中级人民法院刑事判决书，（2017）湘05刑初83号，第二届全国法院“百篇优秀裁判文书”。

被告人在行政审批过程中具有渎职行为做好铺垫，也将一个专业性极强的探矿权行政许可审批问题以客观准确、通俗易懂的方式呈现出来。

（一）滥用职权事实

国土资源部矿产开发管理司（以下简称开发司）是国土资源部负责管理矿产资源（石油、天然气、煤层气除外）开发和探矿权、采矿权的职能部门。主要任务是承担矿业权审批登记发证的管理工作，承担矿产资源保护和保护开采特定矿种的管理事项，管理矿业权市场。

2005 年 6 月至 2010 年 9 月，王某亚任开发司副司长，分管矿业权审批工作。其中，2005 年 6 月至 2009 年 1 月分管综合处和探矿权处，2009 年 1 月至 2010 年 9 月分管金属矿产管理处和非金属矿产管理处。从 2005 年 6 月起，开发司负责对属于国土资源部审批的非油气探矿权的设立、转让、延续、注销、变更等相关申请进行受理、审查、登记发证。开发司实行严格的审批程序，分别由项目初审人、处长、分管副司长、司长进行严格审批。分管副司长王某亚的岗位职责：依法审查申请人提交的所有申请材料，并对申请材料填写是否完整准确，内容表述及结论是否符合规定进行审查；对《探矿权申请审查表》提出的意见以及依据是否符合有关规定进行审核，即依据矿产资源相关法律法规和国土资源部相关规范性文件规定对经初审人、处长审查签字的《探矿权申请审查表》初审意见进行审核，如果申请材料符合相关规定，就签字表示同意初审意见，将《探矿权申请审查表》和申请材料交由探矿权处提交司长签发。如果发现存在问题，就不会签字同意，将《探矿权申请审查表》和申请材料退回探矿权处。

《矿产资源勘查区块登记管理办法》（国务院令第 240 号）第六条规定，……

《探矿权采矿权转让管理办法》（1998 年国务院令 242 号）第五条规定，……

……

2003 年 12 月 24 日和 2004 年 4 月 26 日，经国土资源部批准，佳怡资源开发有限公司（以下简称佳怡公司）分别取得了湖南省某县五强溪田东矿区金矿普查矿产资源勘查许可证和湖南省某县五强溪田西矿区金矿普查矿产资源勘查许可证（以下简称田东、田西探矿权证）。……2005年4月5日，佳怡公司在董事长苏某珍的主持下召开了董事会，董事蒋某、张某峰出席了会议，决议关闭佳怡公司，……将田东、田西探矿权无条件退还给国家。2005年8月17日，佳怡公司到某某市工商局办理了公司注销手续，公司营业执照正副本、印章均予以缴销。

2006年上半年，许某国（另案处理）从原佳怡公司董事张某峰（另案处理）处获知佳怡公司解散，其名下的田东、田西探矿权即将交还给国家，遂合谋通过伪造探矿权转让、延续的相关申请材料以获取两探矿权。2006年5月，许某国、张某峰伪造了佳怡公司《企业法人营业执照（副本）》、《探矿权转让合同》、《关于探矿权遗失的说明》等申请资料，并在《探矿权转让申请书》、佳怡公司原《矿产资源勘查许可证》复印件上加盖了伪造的佳怡公司印章，以佳怡公司的名义向国土资源部申请批准田东、田西探矿权转让至许某国控制的金瑞石科技发展有限公司（以下简称金瑞石公司）。

2006年5月底，许某国将探矿权转让申请书等申请材料递交到开发司探矿权处后，……

2. 案发地点

地点是叙述一件事实发生的基本要素。刑事裁判文书在叙述案件事实时，对案发地点的具体、准确、全面描述也有着重要意义。根据指控犯罪的性质不同，案发地点在事实表述中的价值也不相同。

（1）有些案件中案发地点只是犯罪事实中的一个基本要素，具体案发地点的认定主要是为了显示事实认定的客观性。

（2）有些案件中案发地点对于评价案件相关人员具体行为的合理性、合法性有一定的意义，进而影响到被告人的责任大小，因此对案发地点的特定属性就必须给予介绍。比如被害人到被告人家滋事，被告人反抗致伤被害人，或者被告人到被害人家滋事，逞强斗狠，所反映出来的被告人主观恶性及责任大小就有极大差别。

（3）有些案件中案发地点的具体特征会影响到案件的定性甚至严重程度，关系到是否提升法定刑幅度。比如危险驾驶罪中的“道路”，如果醉酒后驾驶行为发生在封闭环境，就可能不构成犯罪；又如，强奸罪，强制猥亵、侮辱罪以及聚众斗殴罪如果发生在“公共场所”的话，就可能上升到加重刑的法定刑幅度内；再如抢劫罪、盗窃罪，如果发生在“户”内或者“公共交通工具”上，分别影响到上升法定刑幅度和行为定性。在具体案件中，就必须注重对行为发生地点的客观特征的描述。

对于上述第一种情形，案发地点的查清是为了证明认定案件事实的客观性。裁判文书中案发地点的认定强调准确性，要说明案发的具体地理方位。一般应以现场勘查笔录中记载的具体地点为准，并注意如果相关言词证据中关于案发地点的说法有差异时，应当在证据表述中作出必要的说明，以避免产生案发地点的争议。

对于上述第二种情形，案发地点的查清有利于对相关人员的行为是否合理合法作出评价。裁判文书中不但要对案发地点的地理方位叙述清楚，还要对该地点与相关人员行为相关的属性予以介绍。实践中经常容易忽视的是犯罪发生在被告人家或被害人家中，一些起诉书或一审判决就直接写在“被告人×××家”或“被害人×××家”发生了什么事，但被告人家或被害人家在什么地方却没有写清楚，应当按照现场勘查笔录中对现场位置的表述，写明“××××年×月×日，因何故被告人或被害人来至××市××区××路××院×号楼的×××家中或租住房中”，再叙述后来发生什么事。

对于上述第三种情形，案发地点的具体特征会影响到案件的定性甚至严重程度，关系到是否提升法定刑幅度。裁判文书中要注意对案发地点的具体物理特征和社会特征均作出详细描述，有利于对是否属于“道路”“国边境”“户”“公共交通工具”“公共场所”等定罪量刑要素进行评价。

示例1-2-8　|　俎某被控故意杀人宣告无罪案二审刑事裁定书①（正当防卫案件的事实部分应叙述被告人、被害人与案发地点的关系）

这是一个发生在被害人家的正当防卫案件，案发地点对于案件事实认定及定

① 山西省高级人民法院刑事裁定书，（2018）晋刑终95号，第三届全国法院“百篇优秀裁判文书”。

性均有一定意义，就必须专门写清楚，并将被告人出现在现场的理由也写清楚。

经审理查明：原审被告人俎某与王某系老乡关系。案发前，被害人林某1（男，殁年71岁）居住于山西省太原市××区××街××号楼×楼西户。2017年1月6日上午，林某1告知王某，称可以给俎某介绍对象，需要到林某1住处见面。次日上午11时许，俎某与王某共同来到林某1家……

示例1-2-9 黎某强危险驾驶案再审刑事裁定书[①]（危险驾驶案件的事实部分要写明行驶地点的特征）

危险驾驶罪主要侵害的是社会公共安全，即不特定多数人的生命健康和财产安全，其发生地点只能是具有公共交通功能的道路。《道路交通安全法》第119条第1项规定，“道路”，是指公路、城市道路和虽在单位管辖范围内但允许社会机动车通行的地方，包括广场、公共停车场等用于公众通行的场所。本案被告人醉酒驾驶的地点发生在派出所，是否具有“公共性”关系到其是否属于《道路交通安全法》规定的“道路”，进而关系到其是否满足危险驾驶罪构成要件中“犯罪地点”的要求，这是本案的一个争议焦点。一审判决书中对案发地点进行了较为具体的描述，即“绵阳市涪城区成绵路一巷绵阳市公安局涪城区分局××派出所”，并特别表明“内有居民楼房”，用意即在强调其虽然属于派出所内部，但仍允许该机关之外的机动车通行，可以认定为公共通行场所，并满足危险驾驶罪构成要件的地点要求。

四川省绵阳市涪城区人民法院一审判决认定，2017年6月5日23时许，被告人黎某强饮酒后到绵阳市涪城区成绵路一巷绵阳市公安局涪城区分局××派出所（以下简称××派出所）院内（内有居民楼房）欲挪动其事先由他人停放在此处的川BV×××3号小型轿车，在倒车时与院内住户停放的三辆小型轿车发生碰撞，造成四车受损的事故。

3. 主要行为事实

具体实施行为及后果一方面是确定被告人是否构成犯罪的主要依据，另

① 四川省高级人民法院刑事裁定书，（2019）川刑再18号，第三届全国法院“百篇优秀裁判文书”。

一方面也是判断行为人主观恶性大小的重要依据。在裁判文书中，应当对照犯罪构成要件，写明被告人的具体行为表现及造成的后果，尤其是能够反映其主观过错、违反义务规定、主观恶性大小、犯罪后果大小的要素，要清楚、准确、全面地作出叙述，多被告人案件还要写明各被告人在共同犯罪或接续犯罪中的具体分工和行为表现。比如暴力犯罪案件中被告人使用的工具特点、作用的具体部位，对于判断被告人主观上出于伤害的故意还是杀人的故意有重要意义。又如，被告人实施的致伤行为是一次性还是重复多次，是评价被告人主观恶性的重要依据，对量刑有重要影响。如果被告人先后捅刺十余刀或更多，或者被告人在中断一段时间后又实施二次伤害的，说明其行为没有节制或者手段比较残忍，反映出其主观恶性较大。再如，事故类犯罪案件中，被告人负有的法定职责、注意义务和相对应的客观行为表现，是认定其主观方面有无过失及失职、渎职行为与犯罪后果之间因果关系的主要依据，也应当详细写明。

示例 1－2－10　孙某某故意伤害案一审刑事判决书①（指控事实表述行为过程不全面时判决查明事实应予完善）

起诉书指控：2017年8月26日0时许，在××市××镇×××村“郏县正宗饸饹面”饭店内，被告人孙某某与被害人马某某发生口角并引起撕打，在撕打过程中孙某某从厨房内掂出一把不锈钢菜刀朝马某某右面部砍一刀，致马某某受伤。经鉴定，马某某损伤程度为轻伤二级。

证据显示：1. 在场三名证人证言证实，马某某用鞋子砸孙某某后，孙某某持啤酒瓶砸马某某头部，啤酒瓶当场破碎；被害人马某某陈述在撕打中孙某某用啤酒瓶朝其头部砸来，其用手护，啤酒瓶砸到其右眉骨和右手后破碎；马某某陈述的受伤部位与医院入院病历显示的马某某右侧眉弓有一不规则伤口、右手无名指及小指各有一横行伤口能够相互印证；2. 在场三名证人证言及被害人马某某陈述还证明双方发生撕打后，孙某某又从厨房持一不锈

---

① 因本例是作为问题案例出现，不表述案例真实来源，以避免引发争议。

钢菜刀砍向马某某面部，另有两名证人证明孙某某有掂刀而被二人夺下的情节，与入院病历及伤情鉴定所显示的马某某右侧面颊有一斜行较深创口相一致。

在这个案件中，在案证据能够显示被告人实际上有两个伤害行为，即先用啤酒瓶砸被害人的头部，后用菜刀砍被害人面部；被害人面部也有两处创口，一是右眉弓处的2.4厘米的创口，二是右侧面颊的4.7厘米创口。但是起诉书只笼统表述二人撕打及过程中的持刀伤害行为，可能是因为被害人右侧眉弓的创伤不构成轻伤，起诉书没有作为犯罪后果来看待，但被告人该行为对于判断二人纠纷中责任大小及其主观恶性大小均有一定意义，在制作一审判决书时就不能拘泥于起诉书的表述，对两次打击行为和两处创口均应当在事实部分写清楚，以全面反映被告人行为的全貌和造成的实际伤害。

示例1-2-11 孟某洋交通肇事案一审刑事判决书[①]（交通肇事案件应当写明事故各方的具体交通行为及违章情况）

在这个交通肇事案件中，起诉书指控的事件发生过程过于简单，仅叙述了事故相关人员的基本行为，看不出来各自有无违反交通法规，不利于对其责任的判断。而一审判决书在查明事实部分，就重点表述了被告人违规停靠车辆、打开驾驶室车门时未注意观察这两项违规表现，而另外两方事故参与人则属于正常行驶，从而使事故的责任方一目了然。另外，一审判决书还专门叙述了被告人的归案经过和事故后垫付医疗费情况，比较全面。

公诉机关指控：2019年4月21日7时许，在××市泉山区嘉美路碧水湾小学西侧，被告人孟某洋驾驶苏C×××××小型轿车临时停靠，打开左侧前门时将骑电动自行车经过该处的睢某、蒋某（2005年8月10日生）母女二人撞倒在地，驾驶苏C×××××号小型轿车的张某随即碾压到蒋某。被害人睢某、蒋某不同程度受伤。蒋某经抢救无效于当日死亡。经鉴定，……经××市公安局交通警察支队泉山大队认定，……案发后，被告人孟某

① 江苏省徐州市泉山区人民法院刑事判决书，（2019）苏0311刑初359号，第四届全国法院“百篇优秀裁判文书”。

洋……

经审理查明：2019 年 4 月 21 日 7 时 41 分许，被告人孟某洋驾驶苏 C×××××号小型轿车行驶至××市泉山区嘉美路碧水湾小学西侧，违规将车辆临时停靠在道路北侧的禁停区域内，打开驾驶室车门欲下车时未注意观察，适遇睢某骑行电动自行车搭载其女儿蒋某（2005 年 8 月 10 日生）沿道路右侧由东向西经过而被碰撞倒地，此时张某驾驶苏 C×××××号小型轿车同方向行驶随即赶到，而再次相撞发生事故，致被害人睢某、蒋某受伤。"120" 急救车接急救电话后，赶到现场将睢某、蒋某送××市中医院抢救，睢某受伤较轻，蒋某经抢救无效于当日死亡。经法医学鉴定，蒋某系交通事故致肺脏、脾脏、肾脏等脏器损伤，大失血死亡。经××市公安局交通警察支队泉山大队认定，被告人孟某洋承担事故的全部责任，张某及睢某、蒋某不承担事故责任。

事故发生后，被告人孟某洋当即电话报警，并在事故现场等候交通警察处理，到案后如实供述了自己的犯罪事实。案发后，被告人孟某洋先行支付医疗费、丧葬费合计人民币 80 000 元。

示例 1-2-12　杨某毅强奸案死刑复核刑事裁定书[①]（对被告人连续实施的多项暴力行为应当逐一叙述）

经复核确认：原审被告人杨某毅系广西壮族自治区灵山县××村村民，2007 年至 2018 年间，杨某毅多次骚扰、猥亵杨某甲、杨某乙等同村幼女。2018 年 10 月 4 日 12 时许，杨某毅见同村幼女杨某某（被害人，殁年 10 岁）独自一人到杨某毅家楼下的百香果收购点卖百香果，遂产生奸淫之念。当杨某某卖完百香果拿着一个红色蛇皮袋和卖果所得的 32 元钱回家时，杨某毅便携带一把折叠刀抢先到杨某某返家必经的瘦沙岭脚下一竹丛中守候。当杨某某走到竹丛时，杨某毅拦住杨某某并强行将其抱往瘦沙岭。上山途中，杨某毅强行脱下杨某某的裤子，杨某某反抗并大声哭喊，挣脱后往山下跑。杨

① 最高人民法院刑事裁定书，（2021）最高法刑核 78493152 号，第四届全国法院"百篇优秀裁判文书"。

某毅追上后，猛掐杨某某颈部致其昏迷。接着，杨某毅将昏迷的杨某某装进红色蛇皮袋，扛至瘦沙岭山顶并摔在地上，杨某某醒来从蛇皮袋里往外爬。杨某毅见状再次猛掐杨某某颈部，致其不能动弹。因杨某某眼睛未闭，杨某毅遂用折叠刀捅刺、挑破杨某某双眼眼球，并朝杨某某颈部捅刺数刀。随后，杨某毅对杨某某实施奸淫，并拿走杨某某卖果所得的32元钱。之后，杨某毅再次将杨某某塞进蛇皮袋中，用树藤捆扎袋口，以扔、踢、滚等方式带至瘦沙岭山脚。怕杨某某不死，杨某毅将蛇皮袋在一水坑中浸泡十余分钟，后将蛇皮袋提起，搬至附近鱼尾岭草丛中藏匿并逃离现场。……

这份复核裁定书在叙述被告人杨某毅的行为事实时，对其为实施强奸犯罪而采取掐颈、刺破眼球、捅刺颈部等暴力手段及奸淫之后将杨某某装袋捆扎，用扔、踢、滚等方式带下山，恐被害人不死又将其在水中浸泡，后抛尸于山林隐蔽处等连续性行为予以详细具体的描述，从而为评价其“犯罪手段特别残忍，犯罪情节特别恶劣”起到了很好的铺垫作用，提供了充分的事实基础。

（二）重视细节事实的叙述

裁判文书认定的案件事实属于法律事实，法律事实与客观事实是有区别的，但二者并不是对立的关系，法律事实的目标是向客观事实无限趋近。有一句众所周知的话叫“细节决定成败”。在裁判文书的事实表述中，既要注重对核心事实的认定，也要注意对案件关键细节的表述。“我们对案件的刻画越丰富，法律事实与客观事实之间的距离就会越来越近，要件事实就会越充分，从而依法作出的论断就会越有力。”① 案件发生过程中，有以下两类细节在裁判文书中应当作出重点表述。

1. 在案证据所反映出的、对法官形成内心确信有重要意义的细节

比如案件发生过程中犯罪人的眼镜一类的私人物品掉在现场，这样的细节看似对案件定罪量刑没有关系，但如果该情节由被告人先做出供述，再由

① 王国庆：《裁判文书的表达》，载《人民法院报》2023年11月10日，第7版。

现场勘查发现或者其他证据予以印证；或者通过现场勘查或其他侦查手段发现的相关物证，并根据这一线索确认了犯罪人，这些细节对于确认相关证据的证明力就有重要意义，有效地支持了法官对案件事实的“自由心证”。裁判文书在认定事实中对这些细节予以详细表述，会显著增强认定事实的客观性和可信度。

示例 1－2－13 | 马某新故意杀人案死刑复核刑事裁定书①（故意杀人案件中要将被告人留在现场的重要物证写入查明事实）

本案被告人马某新将其新婚妻子掐脖杀害后从家中逃离，因案发地点在二人独居家中、作案手段简单、作案时家中仅有二人等原因，没有目击证人、物证、痕迹等证据证明马某新与犯罪的联系。但被告人外逃前书写了一份“遗书”并留在现场，“遗书”对其作案的原因向家人进行了交代，是证明其犯罪的重要证据，因此对该情节作为认定事实的一部分予以重点介绍，有着重要价值。另外，被告人作案后外逃多年才被抓获，辩护人提出本案已过追诉时效的辩护意见，复核裁定书着重查明了公安机关的立案时间、上网通缉、被采取强制措施及潜逃外地情况等细节，从而为后面的诉讼时效分析奠定了事实基础。

经复核查明，被告人马某新与被害人许某系夫妻关系，二人于 1994 年阴历 11 月办理结婚仪式，婚后马某新因怀疑许某与他人有不正当关系，二人经常发生争吵。1995 年 2 月 8 日 15 时许，在辉县市占城镇×××村西北角被告人马某新家中东北卧室内，马某新因怀疑被害人许某与其他男人有不正当关系，再次与许某发生口角。在争吵过程中，马某新将许某按倒在床上，并用双手掐住许某的脖子，直至许某当场死亡。后被告人马某新留下“遗书”，从家中离开。经法医鉴定，被害人许某系被他人扼颈致死。

辉县公安机关于 1995 年 2 月 8 日对本案立案侦查，2002 年 4 月 1 日以涉嫌故意杀人犯罪对马某新上网追逃，2006 年 1 月 12 日又决定对马某新刑

---

① 河南省高级人民法院刑事裁定书，（2023）豫刑核 40329616 号。

事拘留。马某新于案发后一直潜逃陕西、内蒙古等地，于2023年3月27日在陕西省咸阳市秦都区中医药大学附属医院门诊处被公安机关抓获。

示例1－2－14 李某抢劫案二审刑事裁定书[①]（依靠现场人像比对定案的事实部分应当对被告人作案前后的衣着特征进行详细介绍）

本案被告人李某于凌晨在公路上尾随被害人吴某某，实施抢劫后逃离现场。案发后侦查人员通过对犯罪现场进行反向和正向视频追踪，确定犯罪嫌疑人于案发前20时许从“江南第一城”C区门口出发，经过多处后进入一网吧，0时29分从网吧离开，经过多处后发现并尾随被害人，作案后又拦乘出租车返回“江南第一城”C区门口。其中在网吧里面嫌疑人没有戴口罩，网吧监控拍到其清楚的正面照片，由此确定李某为犯罪嫌疑人并将其抓获。李某归案后拒不认罪，证明其作案的主要证据是现场及相关路线的监控视频，嫌疑人沿相关路线行走的侦查实验，现场监控中显示的嫌疑人、网吧中李某及侦查实验中李某人像的比对鉴定意见。因此，李某作案前后的衣着情况对案件事实认定有重要意义，一审判决书和二审裁定书在叙述事实时对此进行了着重介绍，并叙述了案发后扣押衣物情况，体现了前后呼应。

2018年5月1日20时许，上诉人李某上身着深色外套与深色T恤，T恤上有暗色印花，下身着深色裤子，离开江南第一城的家到重庆市万州区高笋塘，后步行至国本路的某网吧，从21时许上网至2018年5月2日凌晨30分左右离开。离开网吧时其面戴口罩，手拿蓝色雨伞，从国本路沿万××城墙、卫校步行至和平广场，然后乘车至渝东花园下车，再从渝东花园步行至青龙石附近。在同年5月2日凌晨1时45分左右，李某在北山枇杷坪大巴车站红绿灯路口尾随刚刚跟朋友分手提着手提包独自回家的被害人吴某某，1时49分左右，李某尾随吴某某经过北山某学校至北山大道某幼儿园对面的人行道时，趁被害人吴某某不备，从后面将其控制，并拖至路边一巷口内，以暴力相威胁将吴某某装有现金710余元的手提包抢走，随即逃离现场。李

① 重庆市第二中级人民法院刑事裁定书，（2020）渝02刑终35号，第四届全国法院“百篇优秀裁判文书”。

某于2018年5月21日被公安人员抓获归案。案发后，侦查人员从李某家中搜出其作案时穿的黑色外衣，胸前带有图案的T恤，以及蓝色雨伞一把。

2. 对案件争议焦点的论证有重要意义的基础事实情节

比如对于被告人在行为时是否具有全部或部分刑事责任能力，并非只要一方提出异议就必须启动司法精神病鉴定，而是需要先由法官对现有证据、事实进行审查判断，确定行为人是否可能缺乏辨认和控制能力，因而需要启动司法精神病鉴定以确定其是否具备全部或者部分刑事责任能力。如果法官判断不需要启动司法精神病鉴定，在裁判文书的查明事实部分，需要对被告人于犯罪前、犯罪过程中、犯罪后的具体行为表现进行具体表述，从而展示出其在整个行为过程中的认识能力和心理活动，为说理部分的分析认定奠定事实基础。

又如，涉及非法制造（生产）、销售、运输淫秽物品、枪支弹药、毒品、走私物品、文物、濒危或珍贵野生动物制品、假冒伪劣商品、侵犯知识产权商品等犯罪活动，行为人对行为对象是否明知是判断其主观上是否有犯罪故意的重要标准。有的案件中被告人供述承认主观上对行为对象的违法性有明知，而有的案件中，被告人辩解对行为对象的真实情况并不明知，对其主观认识事实就需要通过一些细节事实来作出判定，在判决书中对相关细节事实的描述就有重要意义。

再如，渎职犯罪案件，对被告人违反职责要求的行为，应当结合其具体职责的合规要求，对应写明其履职过程中的具体违规细节，而不能笼统地以“违反规定予以审批”等表述代替，后者不能反映被告人的实际履职情况，也难以为后面对辩护意见进行分析提供事实基础。

示例1-2-15　德国一起故意杀人未遂案的刑事判决书[①]（否定被告人丧失刑事责任能力的案件事实部分应当叙述具体行为细节作为支撑）

本案被告人与其同居女友萨尔茨分手，其将原因归咎于萨尔茨的现任男

① ［德］沃尔夫：《德国波恩州法院关于一起故意杀人未遂案的判决书》，冯军译，载冯军主编：《比较刑法研究》，中国人民大学出版社2007年版，第443-454页。

友即被害人斯旺革卡尔帕，因此在设法得到二人地址后前往该处对被害人实施了伤害。在法庭审理中，被告人所患的精神分裂疾病是否导致其丧失刑法意义上的认识能力和控制能力是审理的重点之一。刑事判决书围绕此问题，在叙述事实的过程中通过被告人在各个阶段的具体行为细节来反映其当时的主观心理状态。

为了不被发觉就到达被害人的家门口，被告人爬过隔离围墙，就这样到达内院。他从通向屋里的通风洞偷听了一下，听见了斯旺革卡尔帕（被害人——作者注）的声音，因此，他知道斯旺革卡尔帕在家里。为了准备好合适的退路，被告人先是从里面给铁门打开了一条缝。接着，他转移到放在内院的垃圾桶那里，以便他能够躲在垃圾桶的后面。

大约在21点15分，他按响了斯旺革卡尔帕的房屋门铃，但是他随后立即躲在垃圾桶的后面，以便看看谁会来开门。正在此时，被害人斯旺革卡尔帕的房东弗里德里希也从他同样通向内院的房门里出来了。他想把他停在街上的汽车开进内院。他发觉内院的大门只是虚掩着。在房里听到被告人按门铃声的女证人萨尔茨（被告人的前女友——作者注）打开了窗户，并问男证人弗里德里希是否按了门铃，他说没有。男证人则问了女证人萨尔茨内院大门开着的事，她回答说自己没有打开大门。但是，根据过去发生的麻烦，她怀疑被告人又出现在附近，并且怀疑是他打开了大门。因此，她关上了窗户。男证人弗里德里希把铁门完全打开，并走向他停在街上的小轿车，以便把它开进内院。

被告人利用这个时机，从垃圾桶后面跑出来。从围墙过道，他跑进男证人弗里德里希的花园，并从花园进入后面的地里，在地里的一棵大冷杉树下待了一会儿。然后，他又回到院子里，再一次从通风洞里偷听屋里的情况。等了一会儿，他重新跑过内院和男证人弗里德里希的花园，进入邻接的地里，以便再次仔细思考一下他的计划。在这一过程中，他发现男证人弗里德里希的阳台上有一满瓶啤酒，它是男证人弗里德里希为自己的女友放在那儿的。被告人担心这个瓶子可能在他将来逃跑时被用作攻击他的武器，因此，他就将它藏在另一个地方了。因为他知道在屋里有两条狗——一条狼狗和一条小雪山搜救狗，所以，他拿起一把扫帚，并取下了扫帚柄，以便能够在必要时用它来防御那些狗。

左手拿着扫帚柄，右手拿着刀，在2001年12月8日零点30分左右，他返回到内院。在那里，他开始执行他先前作出的计划，闯入被害人斯旺革卡尔帕锁住的房门，从房屋的走廊，冲向邻接的客厅。在那里，被害人斯旺革卡尔帕背对着门正坐在他的电脑旁。女证人萨尔茨和她的儿子坐在沙发上。

那条雪山搜救狗“雷洛”阻挠着被告人。就像所计划的那样，被告人用他左手里的扫帚柄赶着那条狗，同时用他右手里握着的刀刺了那条狗两次。

在此期间，被害人斯旺革卡尔帕跳了起来。女证人萨尔茨趴在上面保护着她的孩子。俩人都大叫着。斯旺革卡尔帕跳向沙发，想逃往大门方向。但是，被告人阻挡了他的去路。被告人毫不犹豫，挥动刀子，开始刺击斯旺革卡尔帕。被害人试图用他的手抵挡刀刺。当被害人抬起手臂时，被告人从腋下第三根和第四根肋骨之处将刀刃刺进了他的胸腔，刀刃直刺入被害人的肺部。……（受篇幅限制，具体行凶过程略——作者注）在继续刺击斯旺革卡尔帕的太阳穴时，刀刃终于折断了。

因为缺乏犯行工具，被告人不得不中断了继续实行。而且，正在此时，女证人萨尔茨跑进院里，并用她的催泪气手枪向空中开了——大喊“救命”地——三枪。此前，她已经用她的手机报告了警察。于是，被告人从男证人弗里德里希的花园逃进了邻接的地里。

被告人在邻接的地里待了一会儿之后，就回他自己的住处。到达那里之后，他发现房前有一辆他不熟悉的汽车，里面有两个穿便衣的男人。他马上推测到：里面会是两个因为他的行为而寻找他的警察。因此，他先是离开他住处的附近，并躲了起来。

稍后，他用随身携带的手机给警察打了电话，向警察叙述了所发生的事，然后，又根据警察的电话要求回到了他的住处。在2001年12月8日4点18分，他在住处被警官朗讷和警官蔡腾拘捕。在拘捕时，被告人给男警官朗讷的印象是平静和沉着。在进行一般性谈话时，他的回答是适当的和本身无矛盾的。

故事化的叙事手法是德国刑事判决书的一大特色，在一定程度上值得我们借鉴。在这个案件中，被告人本身患有因毒品引起的精神分裂性精神病——一种疾病性精神紊乱，这种疾病是否会导致其完全丧失“刑法典第20条意义上的认识能力和控制能力”①？这是影响被告人定罪及刑罚的重要事实。判决书在认定事实叙述中，在描述被告人客观犯罪行为的同时，对其在这个过程中的心理活动也进行了刻画。为实现其计划，被告人在到达被害人大门外后，本“可以不用钥匙，仅用那安装的门把手就可以打开铁门”，但被告为避免被发觉竟翻墙入院；“为了准备好合适的退路，被告人先是从里面给铁门打开了一条缝”；发现“弗里德里希的阳台上有一满瓶啤酒……被告人担心这个瓶子可能在他将来逃跑时被用作攻击他的武器，因此，他就将它藏在另一个地方了”；意识到被害人家里有两条狗，为保证计划顺利实现，“他拿起一把扫帚，并取下了扫帚柄，以便能够在必要时用它来防御那些狗……”过这一系列复杂的心理刻画，判决书完整重现了被告人行为时的内心状态和“机智”。“一系列的心理活动足以表明被告人在犯罪时并不缺乏对现实状况的理解，是具备认识能力的，这为其后的责任判定奠定了坚实基础，成为定罪量刑的重要根据。”②

示例1－2－16 | 童某连被控走私毒品一审宣告无罪案刑事判决书③（受雇运输毒品行为人对毒品性质认知的分析判断）

本案检察机关指控被告人童某连为牟利帮助他人运送行李箱，乘坐航班从广州白云机场入境，海关检查时从其携带行李箱的夹层中查获8100余克甲基苯丙胺毒品，其行为构成走私毒品罪。被告人辩解系受人委托运送服饰等样品，并不知道所携带行李箱夹层中有毒品，不构成犯罪。为了准确评价

① 此处指《德国刑法典》第20条，即“行为人行为时，由于病理性精神障碍、深度的意识错乱、智力低下或其他严重的精神病态，不能认识其行为的违法性，或依其认识而行为的，不负责任”。

② 曹波：《德国刑事判决书说理方法探微——以马斯洛依故意杀人一案刑事判决书为视角》，载陈兴良主编：《刑事法评论》第33卷，北京大学出版社2013年版，第323页。

③ 广东省广州市中级人民法院刑事判决书，（2019）粤01刑初557号，第四届全国法院“百篇优秀裁判文书”。

被告人的行为性质，一审判决书对被告人与委托人的认识及交往经过事实进行了全面叙述，重点描述了两个细节：一是之前的多次类似行为中“被告人童某连先垫付机票及食宿费用，后再收取费用及佣金”，此细节与多数受雇运输违禁品犯罪中雇主先支付交通、食宿等路途费用，成功后再支付报酬的做法不同；二是本次行为中“被告人童某连为了节省费用，私自将直飞泰王国的航班改为便宜几千元的阿姆斯特丹—香港—广州—曼谷路线”，此细节又与运输违禁品犯罪中尽可能缩短路线、规避检查的常态做法不同，从而为判断被告人的主观认知及心态奠定基础。

经审理查明，被告人童某连与JOJO相识之后，2014年5月25日至2015年8月14日期间，被告人童某连多次帮JOJO从广州带假发、口红、面霜、眉笔、内衣等样品到马来西亚、泰王国，并收取佣金。2018年11月6日，被告人童某连从广州前往荷兰王国，随后从荷兰王国乘机直飞泰王国，帮助JOJO的客户带货至泰王国，被告人童某连先垫付机票及食宿费用，后再收取费用及佣金。2019年2月22日，被告人童某连再次从广州前往荷兰王国准备帮助JOJO的客户带货至泰王国，JOJO要求被告人童某连从荷兰王国直接乘机到泰王国，但是，被告人童某连为了节省费用，私自将直飞泰王国的航班改为便宜几千元的阿姆斯特丹—香港—广州—曼谷路线。2019年3月2日，被告人童某连乘坐KA782航班（香港至广州）从广州白云机场入境拟转机飞泰王国，过海关时走无申报通道。海关人员依法对被告人童某连所带的两件托运行李进行开箱查验，从两件行李箱背部夹层缴获3包可疑药品，共净重8134.55克（经鉴定，3包药品均检出3、4-亚甲二氧基甲基苯丙胺，含量分别为38.2%、32.8%、41.2%）。

示例1-2-17 张某安等生产、销售假药案二审刑事判决书[①]（非法生产销售类犯罪主观明知的认定）

本案被告人张某安伙同被告人张某明将购买的西药原料添加到保健品、

---

① 陕西省高级人民法院刑事判决书，(2017)陕刑终185号，首届全国法院“百篇优秀裁判文书”。

食品中，又伙同被告人李某平、种某华在诊所或巡诊中作为药品销售给糖尿病患者，其中李某平负责誊写病例并协助开处方，种某华负责诊所及巡诊的后勤管理，二人是否知情所销售“药品”中含有非法添加成分，决定着其主观上是否明知是“假药”的判断。为此，二审刑事判决书在查明事实部分专门叙述了张某安等人在巡诊过程中曾经被监管部门查处及种某华受指派前往接受处罚的事实。

判决书具体内容见示例 1－2－1。

示例 1－2－18 | 王某亚受贿、滥用职权案一审刑事判决书[①]（渎职犯罪案件应对履行职责过程中的具体违规细节予以叙述）

本案被告人王某亚作为原国土资源部矿产开发司分管矿业权审批工作的副司长，经人介绍认识许某国并收受许某国贿赂后，先后三次在审核许某国实际控制企业的探矿权转让、延续申请过程中，在明知缺少矿产资源勘查情况报告、探矿权延续申请书等要件材料的情况下，或在明知涉及矿区探矿权年度检查不合格，原湖南省国土资源厅没有签署年检合格、同意等结论性意见的情况下，违反规定签署同意探矿权转让或者延续的审核意见，其行为系不正确履行职责的滥用职权行为。一审判决书在认定事实时，特别注重对涉及探矿权转让、延续审批过程细节的描述。比如在 2006 年的探矿权转让审批一事中，详细叙述了王某亚已经发现申请人提供的材料欠缺矿产资源勘查情况报告等关键材料并签批意见要求提供，与之后矿产处初审人再次提交签批时直接签字同意对比，显示出其不正确履行职责的情况；在 2008 年的两处探矿权延续审批一事中，对作为初审机关的原县国土局认为申请企业没有完成要求的勘查工作、复核的原省国土资源厅没有签署同意或合格的意见、文档中关键文件标注为“缺”等细节均予详细叙述，并与 2009 年的两处探矿权延续转让审批过程对比，对认定被告人王某亚不正确履行职责均有重要意义。

---

① 湖南省邵阳市中级人民法院刑事判决书，（2017）湘 05 刑初 83 号，第二届全国法院“百篇优秀裁判文书”。

2006年5月底，许某国将探矿权转让申请书等申请材料递交到开发司探矿权处后，……2006年8月30日，潜某德（负责项目初审，另案处理，作者注）在田东、田西《探矿权申请审查表》审查意见栏签名，……2006年8月31日，刘某（探矿处处长）在复查意见栏签名。2006年9月4日，被告人王某亚在复核意见栏写明要求申请人补充如下材料：（1）已缴纳探矿权使用费证件；（2）国土资源报公告勘查许可证丢失材料；（3）转让方写一个许可证丢失情况材料加盖公司章；（4）请探矿权处核查许可证发证情况并写在意见栏中；（5）矿产资源勘查情况的报告。……潜某德通知许某国补交矿产资源勘查情况报告，许某国因不能提交而没有提交。尔后，潜某德又重新打印了二份与2006年8月30日《探矿权申请审查表》内容相同的《探矿权申请审查表》，日期均仍为2006年8月30日，并在审查栏签名。9月13日，刘某在复查意见栏签名。9月15日，王某亚在复核意见栏签名，9月16日，开发司司长贾某海在审核意见栏签名。2006年9月16日，国土资源部向金瑞石公司颁发了田东探矿权证（证号0100000620184，期限自2006年9月16日至2007年12月24日）、田西探矿权证（证号0100000620185，期限自2006年9月16日至2008年4月26日）。……

田东、田西探矿权于2008年到期，许某国全权委托张某峰办理田东、田西探矿权延续审批手续。2007年12月19日，张某峰以金瑞石公司的名义向国土资源部提交田东矿区探矿权延续申请资料。其中，田东矿区《矿产资源勘查项目年度报告（2007年度）》载明沅陵县国土资源局2007年12月10日签署初审意见“该勘查项目是由中国人民武装警察部队黄金地质研究所承担的，具备资质条件。2006年10月25日向我局递交了开工报告，但自开工以来，尚只做地表的简易取样分析，未完成实施方案规定的实物工作，但无以采代探等违规行为”；怀化市国土资源局2007年12月12日签署复核意见“同意呈报”；省厅结论意见栏中没有湖南省国土资源厅意见、盖印及经办人签名。《探矿权延续申请审查表》载明……《田东矿区探矿权延续申请文档清单》载明：年度报告和勘查项目资金投入情况的会计报表材料名称前标注“缺”字。2008年2月13日，潜某德在《探矿权延续申请审查表》审查意见栏中签名，建议同意延续；2 月 15 日，刘某在复审意见栏中签名；2 月 16 日，王某亚在审核意见栏中签名；2 月 24 日，贾某海在签发意见栏中签名。2008 年 2 月 24 日，国土资源部向金瑞石公司颁发了田东探矿权证（证号 T01120080202000187，期限自 2008 年 2 月 24 日至 2009 年 12 月 24 日）。

2008 年 4 月 10 日，金岳瑞丰公司股东李某华以金瑞石公司的名义向国土资源部提交了田西矿区探矿权延续申请资料。其中，田西矿区《矿产资源勘查项目年度报告（2007 年度）》载明沅陵县国土资源局 2007 年 12 月 10 日签署初审意见“该勘查项目是由中国人民武装警察部队黄金地质研究所承担的，具备资质条件。2006 年 10 月 25 日向我局递交了开工报告，但自开工以来，尚只做地表的简易取样分析，未完成实施方案规定的实物工作，但无以采代探等违规行为”；怀化市国土资源局 2007 年 12 月 12 日签署复核意见“同意呈报”；2008 年 1 月 14 日省厅结论意见“据县局核查，该项目只做了地表简易取样分析”，加盖了湖南省国土资源厅地质勘查处的印章，没有经办人签名。《探矿权延续申请审查表》载明……2008 年 5 月 29 日，王某林在《探矿权延续申请审查表》审查意见栏中签名，建议同意延续；6 月 18 日，刘某在复审意见栏中签名；6 月 20 日，王某亚在审核意见栏中签名；6 月 22 日，贾某海在签发意见栏中签名。2008 年 6 月 22 日，国土资源部向金瑞石公司颁发了田西探矿权证（证号 T01120080602000493，期限自 2008 年 6 月 22 日至 2010 年 4 月 26 日）。

2009 年 11 月 24 日，金瑞石公司向国土资源部提交田东矿区探矿权延续申请资料。其中，田东矿区《矿产资源勘查项目年度报告（2008 年度）》载明沅陵县国土资源局初审意见“该探矿权人自 2008 年 5 月递交开工报告，之后能按勘查实施方案开展普查工作，一年来完成了最低勘查投入，无违规行为。同意呈报年检年审。年检合格”；怀化市国土资源局复核意见“年检合格”；省厅结论意见“同意”。《探矿权延续申请审查表》载明……2009 年 12 月 7 日，肖某评在《探矿权延续申请审查表》审查意见栏中签名，建议同意延续；12 月 9 日，金某中在复审意见栏中签名；12 月 9 日，王某亚在审核意见栏中签名；12 月 14 日，刘某和在签发意见栏中签名。2009 年 12 月 14 日，国土资源部向金瑞石公司颁发了田东探矿权证（证号T01120080202000187，期限自2009年12月25日至2011年12月24日）。

（三）多项犯罪事实要恰当排序和归纳

在案件有多起犯罪事实的情况下，即便起诉书认定事实本身没有问题，但如果认定事实顺序比较混乱或者总结不够，就会影响到对全案事实的整体把握和对各被告人犯罪情况的具体掌握。在写作时应当注意两点：一是在表述顺序上，按照先主要被告人后次要被告人、先主罪后次罪、先重要犯罪事实后次要犯罪事实，最后考虑时间顺序的原则对多起事实进行排序，以更为直观全面地把握被告人的犯罪事实。对于一个罪名多起事实的案件或者一人犯数罪的案件，根据案件具体情况，可以按照多项事实发生的时间先后顺序表述，也可以按照罪行主次的顺序表述，先叙述主要罪名或者主要罪行。对于多名被告人交叉实施多起犯罪事实的案件，一般应当以主犯、主罪为主线进行叙述。二是要有事实总结，即在叙述全部事实后，总结被告人的犯罪次数、犯罪全部后果、犯罪情节等，以“综上，被告人某某共实施（参与）抢劫（或其他犯罪）××次，致死（伤）××人，抢劫财物价值共计××元……”的形式，进行必要的总结和归纳，以利于把握犯罪团伙及个别被告人的整体犯罪情况。

在具体写作中，对于多人多事的案件，可以采用“总—分—综”的方式展开表述查明事实。首先是“总述”，概括多名被告人共同实施犯罪的事实，重点交代犯罪的时间、地点、手段、对象、后果等共性事实，比如毒品犯罪可以概括被告人购买毒品的主要来源，贩卖毒品的大致时间、对象、价格、手段等共性事实。其次是“分述”，根据案件具体情况，按照时间段不同或者交叉结合被告人不同，分别表述具体犯罪事实，对于时间集中、行为人集中、对象集中等有一定类似性的事实，也可进行一定程度的归纳表述。如果被告人对某一起犯罪事实是否存在提出异议，则应当对该起事实重点进行查明。最后是“综述”，总结表述各被告人分别参与犯罪的次数、对象的数量、造成的后果等，为后面的区别量刑提供依据。

示例 1－2－19 栾某丰等贩卖毒品案一审刑事判决书①（多人多次犯罪采用“总—分—综”模式叙述事实）

本案三被告人多次向他人贩卖毒品，一审刑事判决书采用“总—分—综”的模式叙述事实，首先，总述被告人贩卖毒品的基本行为模式；其次，在分述时对第一项事实详细介绍犯罪的具体手段及过程，对之后的类似事实只简述时间、地点、人物和数量等基本要素，未再重复具体细节；最后，再综述每个被告人参与贩卖毒品的数量，作为量刑的依据。

经审理查明，2012 年 9 月至 10 月期间，被告人栾某丰、任某军、胡某奇为非法获利，有分有合，以每克 600 元价格多次向范某丽（另案处理）贩卖冰毒。具体事实如下：

一、2015 年 9 月至 10 月期间，被告人栾某丰先后四次向范某丽贩卖冰毒共计 35 克，获赃款共计 21 000 元。其中被告人胡某奇参与二次，被告人任某军参与一次。

1. 2012 年 9 月，被告人栾某丰先后两次与范某丽在电话中商定向范某丽贩卖 5 克和 10 克冰毒后，被告人胡某奇按照栾某丰的指示驾驶车辆到齐齐哈尔市富拉尔基区富华园小区，将约定的冰毒交给范某丽并代收赃款 3000 元和 6000 元。栾某丰每次付给胡某奇 50 元酬劳。

2. 2012 年 9 月的某日和 10 月初的某日，被告人栾某丰在富拉尔基区乙区文化宫附近分两次共向范某丽贩卖冰毒 10 克，获赃款 6000 元。

3. 2012 年 10 月初的某日，被告人任某军在明知被告人栾某丰贩卖毒品的情况下，驾车将栾某丰由碾子山区载至乙区文化宫附近，栾某丰向范某丽贩卖 10 克冰毒，获赃款 6000 元。

二、被告人任某军见被告人栾某丰贩卖获利，遂提议与栾共同贩卖冰毒，任某军负责联系其在广东省珠海市的亲属韩某喜购买毒品，栾某丰负责贩卖毒品，利润平分。2012 年 10 月，任某军先后二次以每克 300 元的价格

---

① 杨万明主编、马岩副主编：《示范性刑事裁判文书评析》，人民法院出版社 2017 年版，第 52－61 页。

向韩某喜购买冰毒150克，并与栾某丰一起贩卖。

1.2012年10月12日，被告人任某军联系韩某喜购买50克冰毒，并与被告人栾某丰一起分数次全部贩卖给范某丽。

2.2012年10月20日，被告人栾某丰、任某军再次向韩某喜购买冰毒100克。同年10月28日，范某丽在公安机关监控下与栾某丰联系欲购买冰毒，栾某丰、任某军携带冰毒到乙区文化宫附近与范某丽交易时，被公安机关当场抓获并缴获冰毒30.03克，经鉴定，从中检出甲基苯丙胺成分，含量为64.7%。

综上，被告人栾某丰贩卖冰毒共185克，被告人任某军贩卖冰毒共160克，被告人胡某奇贩卖冰毒共15克。

示例1-2-20　彭某云等非法制造、买卖、邮寄枪支、弹药案一审刑事判决书[①]（链条式犯罪案件的事实叙述模式）

这个案件中，多名被告人交叉结合，分别形成“生产—销售—物流”的犯罪链条，长期实施非法制造、买卖、邮寄气枪及铅弹的犯罪活动。一审判决书采用“总—分—综”的方式展开表述查明事实，首先对各被告人在犯罪链条中的具体分工及交易关系进行总结表述，其次根据犯罪链条的位置不同，分述各个被告人的具体犯罪活动及犯罪过程中的相互协作关系，最后综述各被告人的具体犯罪数额，从而既体现各被告人在犯罪链条中的不同地位和作用，也让每个人犯罪的社会危害后果一目了然。

经审理查明：2016年上半年以来，被告人彭某云、王某刚、邝某各自通过自行加工或找厂家加工的方式制造气枪散件、气枪铅弹，并通过被告人刘某、陈某、胡某梁等人进行代理出售，由彭某云、王某刚、邝某等人直接寄运发货。具体如下：

1.2016年5月起，被告人彭某云找加工厂生产加工“秃鹰”“板球”等型号的气枪散件，在网络上接收订单，通过快递寄运给买家。同年10月左

① 浙江省宁波市中级人民法院刑事判决书，(2018)浙02刑初32号，第三届全国法院“百篇优秀裁判文书”。

右起，彭某云委托广东省东莞市某五金有限公司的被告人唐某国、唐某（另案处理）加工气枪散件，累计加工枪身4500余件、鱼骨护套等部件1000余件。同年10月、12月，彭某云先后租下广东省惠州市惠阳区××园5栋2901室、2805室，雇用“老五”（身份不明，另案处理）进行气枪散件的加工、装配、寄运。

2017年3月左右，被告人彭某云将被告人唐某国、唐某加工好的1000件枪身通过惠州安能物流寄往黄某1的温江阔展物流，在寄运途中该批枪身被公安机关查获，均系以压缩气体为动力枪支的零部件。同月7日，民警在××区德丰天汇园5栋2901室查获鱼骨护套样部件192件、枪机座子样部件926件、气筒样部件230件，在东莞市某五金有限公司查获鱼骨护套样部件173件，上述1521件枪支散件均系以压缩气体为动力枪支的零部件；同时，民警在天汇园5栋2901室查获“板球”气枪1支、手枪1支，均系以压缩气体为动力发射弹丸的枪支，具有致伤力。

2. 2016年下半年起，被告人陈某向被告人彭某云下单“秃鹰”套件1600余套，同年8月起向被告人刘某下单枪管200余根，在网上自行销售或通过代理销售。期间，被告人段某建为陈某转发买家收件地址或代理销售“秃鹰”套件500余套、枪管等10余件。2017年春节后，陈某、段某建将一批彭某云的“秃鹰”套件放置于四川省简阳市雄州大道阔展物流进行寄运，同年3月7日民警在该物流仓库查获剩余的“秃鹰”套件6套；同日，民警在简阳市陈某住处查获“秃鹰”气枪1支，系以压缩气体为动力发射弹丸的枪支，具有致伤力。

3. 2016年3月起，被告人刘某……

4. 2016年5月起，被告人邝某……

综上，被告人彭某云制造、买卖、邮寄枪支散件共计20 000余件（含枪身4500余件、气枪套件2000余套、被查获1521件散件）、整枪2支，折合660余支枪支；其中被告人刘某协助买卖、邮寄枪支散件2000余件，折合60余支枪支；被告人王某刚制造、买卖、邮寄枪支散件共计2200余件（含枪管2000余根、被查获枪管257根）、整枪1支，折合70余支枪支；……

（四）重视自首和立功事实的叙述

自首或立功是重要的法定量刑情节，对被告人的量刑有重要影响，无论是被告人还是被害人及其家属对此都比较关注。按照《法院刑事诉讼文书样式》（样本）要求，对自首、立功等情节的认定应当写在事实部分，并写明认定自首、立功等情节成立的证据。尤其是在控辩双方对是否构成自首、立功存在争议的情况下，更应当查明相关事实。

经审理查明被告人有自首或者立功事实的，一审判决书均应当在叙述被告人的犯罪事实后，另起一段写明被告人的自首事实或立功事实，为论理部分阐述法院的量刑理由提供一个事实基础。关于被告人的归案经过，应当按照时间顺序，重点写明犯罪嫌疑人的身份确定及归案过程，以及归案后是否如实供述其主要犯罪事实；关于被告人的立功表现，应当写明线索来源、揭发时间、查证情况、被揭发人处理情况等要素。

经审理认定被告人不构成自首或立功的，事实部分一般不再叙述相关事实。如果诉辩双方对被告人是否构成自首、立功存有争议，可以在评判诉辩主张时，采用夹叙夹议的方法，既引用证据叙述被告人所辩称自首或立功的实际客观表现，又引用法律规定论证其客观表现与自首立功的构成要件是否相符。

示例 1-2-21　中某信集团有限公司、邹某胜等集资诈骗、非法吸收公众存款案一审刑事判决书①（审理查明事实部分专门叙述被告人的归案经过及当庭供述情况）

经审理查明：（被告单位基本情况）② 自 2013 年起，被告人邹某胜以其本人和被告人龚某晶等为股东先后成立了以被告单位中某信集团有限公司为核心，包括中某信财富管理有限公司、上海 A 有限公司、Z 企业（有限合伙）在内的 15 家公司和 4 家有限合伙企业（以下统称为中某信系单位），并

---

① 上海市第一中级人民法院刑事判决书，（2017）沪 01 刑初 103 号，第二届全国法院“百篇优秀裁判文书”。

② 段首括号内文字由作者为便于读者理解后文要旨所加注，本判决书中段首括号皆同。

予实际控制。

被告单位鼎久公司于2013年3月成立，经营范围包括资产管理、投资管理等，法定代表人和实际控制人均系被告人宋某。

（犯罪过程）自2015年6月起，被告人邹某胜以非法占有为目的，决定以其实际控制的Z企业（有限合伙）、上海A有限公司、中某信财富管理有限公司等中某信系单位的名义，以债权转让招募有限合伙人入伙等为由，利用承诺9%—13%的预期年化保本付息收益和虚构Y公司等单位承担无限连带责任担保等方法为诱饵，指使自有业务团队和被告单位鼎久公司销售团队等通过随机拨打电话、发广告、宣讲会、业务员自带客户等方式向社会吸引630余名投资人购买中屿·通用新型城镇化发展基金等非法理财产品，非法集资2.48亿余元。至案发，造成上述被害人经济损失共计2.33亿余元。

（各被告人具体作用）在上述非法集资过程中，被告人龚某晶担任中某信集团有限公司董事长助理，在被告人邹某胜的指示下负责上传下达、保管合作协议等资料、召集并主持中高层管理会议、统计销售业绩、收付资金等事务。被告人蔡某、陈某荣、陈某英、胡某蕾、张某、祝某丹、黄某红、龚某等人负责中某信系单位销售理财产品工作。被告人施某虽非中某信系单位的员工，但挂靠在被告人胡某蕾名下介绍客户购买上述理财产品，并从胡某蕾处接收相应佣金。被告人宋某全面负责鼎久公司的经营管理业务。被告人蒋某连、周某昕、谢某、杜某负责鼎久公司的理财产品销售工作。鼎久公司、龚某晶、宋某、蒋某连、周某昕、谢某、杜某、蔡某、陈某荣、陈某英、施某、胡某蕾、张某、祝某丹、黄某红、龚某分别参与非法吸收资金3665万元、2.48亿余元、3665万元、1203万元、337万元、302万元、245万元、1884万元、1884万元、1884万元、3094万元、797万元、500万元、981万元、331万元、166万元。

（归案及当庭供述情况）案发后，被告人龚某晶、宋某、蒋某连、周某昕、谢某、杜某、蔡某、陈某荣、陈某英、施某、胡某蕾、张某、祝某丹、黄某红、龚某先后接公安机关电话通知后自行投案，除龚某晶在庭审中否认其参与起诉指控的事实外，其余14名被告人均能如实供述主要犯罪事实。

（退赃情况）在本案审理过程中，被告人蔡某、陈某荣、陈某英、施某、胡某蕾、祝某丹、黄某红、龚某分别退赃 18 万元、7 万元、17.73 万元、20.75 万元、19 万元、7.5 万元、5 万元、1 万元。

（五）单位犯罪中需着重叙述的事实

对于单位犯罪而言，其中需承担刑事责任的自然人仅限于直接负责的主管人员和其他直接责任人员，因此作为自然人的被告人，其在单位的职务、具体职责及在犯罪过程中的具体分工行为，决定其在单位犯罪中是否应承担刑事责任。在事实表述中，不但要有对被告单位情况的介绍，还要有自然人在单位的具体职责及在单位犯罪过程中具体行为表现的相关事实。前文所举陈某等违法运用资金案二审刑事判决书（示例 1－2－2）在事实表述中即用两个段落分别介绍了各被告人在犯罪单位中的职务和具体职责，在犯罪过程中的具体作用，为后面认定各被告人的刑事责任提供了依据。以下再举一例说明。

示例 1－2－22　中某信集团有限公司、邹某胜等集资诈骗、非法吸收公众存款案一审刑事判决书[①]（单位犯罪案件事实部分应写明自然人的具体作用事实）

具体内容见示例 1－2－21。

在这份判决书中，针对单位犯罪案件的特殊性，按照对被告单位基本情况，犯罪基本过程，各被告人在犯罪过程中的具体地位、作用及应承担责任的范围，被告人归案经过，当庭供述及退赃情况的顺序，叙述了相关事实，逻辑清晰自然。

（六）涉案财产事实不能忽视

涉案的财产一般可分为三种情况：一是用于犯罪的财物，即通俗所称的“犯罪工具”；二是犯罪所形成的违法所得或其转化的财物；三是被告人或被

---

① 上海市第一中级人民法院刑事判决书，（2017）沪 01 刑初 103 号，第二届全国法院“百篇优秀裁判文书”。

告单位所有的合法财产。在审理查明事实的表述中，对于扣押财产不能简单表述为相关财产“被扣押在案”，而应当根据判决对财产的处置意见，在事实部分着重叙述扣押财产与犯罪活动或被告人关系的相关事实。具体而言，对于拟作为犯罪工具予以没收的，在审理查明事实中应当写明相关财物在犯罪活动中得到使用的具体事实及其权属情况；对于犯罪所形成的违法所得或其转化的财物，根据犯罪性质不同，或者返还被害人，或者没收上缴国库，应当写明相关财物的来源、权属及变化情况；对于被告人或被告单位所有的合法财产，一般用于履行判决所确定的退赔被害人（或国家）损失及财产刑义务，需要重点写明财产的权属情况。最高人民法院《关于适用〈中华人民共和国刑事诉讼法〉的解释》（法释〔2021〕1 号）第 279 条第 1 款规定，“法庭审理过程中，应当对查封、扣押、冻结财物及其孳息的权属、来源等情况，是否属于违法所得或者依法应当追缴的其他涉案财物进行调查，由公诉人说明情况、出示证据、提出处理建议，并听取被告人、辩护人等诉讼参与人的意见”。第 280 条规定，“合议庭认为案件事实已经调查清楚的，应当由审判长宣布法庭调查结束，开始就定罪、量刑、涉案财物处理的事实、证据、适用法律等问题进行法庭辩论”。如果一项财产在法庭审理中未进行调查和辩论，在裁判文书的犯罪事实部分没有明确写明与案件的关系及相关证据，却在判项部分直接作出没收、返还或用于履行其他财产性判项等处置，即属于《刑事诉讼法》第 238 条第 5 项规定的“其他违反法律规定的诉讼程序，可能影响公正审判的”情形，应予发回重审。因此，在判决书认定事实部分，不能忽视对涉案财产与案件的关系及权属等事实的查明和叙述。

示例 1－2－23 ｜ 王某然贪污案二审刑事裁定书[①]（扣押财产应当写明系赃款、赃物或其转化物及合法财产的权属）

本案一审判决认定王某然贪污犯罪所得人民币 1024.63 万元并判决予以追缴，发还被害单位。裁判文书在审理查明事实部分就专门认定了案发后查

① 江苏省高级人民法院刑事裁定书，（2016）苏刑终 304 号，首届全国法院“百篇优秀裁判文书”。

扣财产数额及权属情况，为判决没收提供事实基础并为判决执行提供依据。

案发后，其亲属代为退缴人民币50万元，南京市某某区人民检察院追回并扣押赃款及孳息人民币655.24万元，查封上诉人王某然名下位于南京市建邺区嘉陵江东街××号9幢三单元206室及南京市江宁区汤山街道汤泉东路东湖丽岛×××幢房产两套。

示例1-2-24 王某等行贿、伪造公司印章、受贿案二审刑事判决书[①]（判决没收的具体财产的来源、性质应在查明事实部分写明）

本案被告人王某曾任某省有色地质勘查局下属中南公司的副总经理、总经理及局属后勤服务中心的副主任，一审判决认定2006年至2013年期间王某及其妻子傅某媛为感谢该局时任局长王某1在其夫妇二人工作安排、利用该局下属的中南公司资质对外开展业务等一系列事项上所给予的关照，先后为王某1支付购房款人民币35.79万元、购车款人民币30.5万元，构成行贿罪。一审判决认为王某于2020年调任后勤服务中心副主任后利用中南公司资质承包经营东莞分公司的收入是行贿取得的不正当财产性利益，遂对侦查过程中已扣押王某、傅某媛夫妻的资金560万元判决予以没收。王某上诉认为该560万元系其合法经营收入，不应没收。鉴于一审判决书审理查明事实中未涉及这一问题，二审判决书对此进行了专门查明。

二审经审理查明，原审判决认定上诉人王某、傅某媛犯行贿罪、伪造公司印章罪及上诉人王某犯受贿罪的事实清楚，证据确实、充分，二审对此依法予以确认。

另查明，2003年至2007年期间，王某、傅某媛承包经营东莞分公司，王某与中南公司于2005年7月25日签订内部承包协议书，约定承包经营期限暂订三年，时间自2004年1月1日起至2006年12月31日止；后于2006年下半年被提拔到中南公司任职副总经理。王某9（王某胞弟）与中南公司于2007年6月30日签订分支机构承包协议书，约定承包经营期限自2007年

---

① 湖南省岳阳市中级人民法院刑事判决书，（2017）湘06刑终397号，第二届全国法院“百篇优秀裁判文书”。

7月1日至2010年6月30日止；其中2007年1月1日至6月30日执行原分公司协议，保证金按每年10万元缴纳；每年承包人责任保证金为80万元，作为分支机构上缴公司的年度管理费。2010年王某调入省地勘局后勤服务中心担任副主任并兼任局工程安全处副调研员，后与局后勤服务中心于2010年3月31日签订《关于对外经营目标管理协议》，约定利用局属单位已有经营执照和相关证书独立自主、自负盈亏开展经营活动，每年定额向局后勤服务中心上交管理费80万元，并按工程总额的0.5%向证照单位上交工程管理费。中南公司于2013年12月31日发文通知，要求按照公司《关于停止分公司经营活动的通知》文件，及时收缴分公司所持有的公章、执照及人员证件，办理与分公司清账结算事宜。经司法鉴定，傅某媛、王某实际经营的东莞分公司在2010年至2013年经营期间，以总公司名义承建项目，共计收入39 504 620元，共计支出合计31 706 764.34元，经营净收益7 797 855.66元。

二、二审刑事裁判文书的事实部分写作

根据《刑事诉讼法》第233条规定，第二审人民法院应当就第一审判决认定的事实和适用法律进行全面审查。司法实践中，二审法院经审理后查明的事实，与一审判决查明事实相比，可分为以下三种情况。

第一种情况是经二审法院审理，认为一审法院认定的主要事实不能成立，在二审刑事判决书中“经二审审理查明事实”部分，就需要对案件事实进行重新认定，按照与前述一审判决书事实部分相同的写法，重新对审理认定的案件事实及相关证据予以叙述。具体写法在此不赘述。

第二种情况是二审法院审理后查明的案件事实与一审判决认定的事实完全相同，这是实践中遇到的多数情况。一般按照前繁后简的模式来叙述案件事实和证据，即在“原审判决查明事实”部分，对一审判决认定的相关事实和证据，予以相对详细的叙述；对于“经二审审理查明事实”部分，则可以简述为：“经二审审理，查明的事实与原判相同。认定事实的相关证据均经一审庭审举证、质证并经二审审查，证据的来源及形式合法，内容客观且能

证明本案事实，予以采信。本案事实清楚，证据确实、充分。”

第三种情况是一审判决认定事实本身没有问题，二审法院经审理认定事实与一审判决认定事实基本一致，但经二审审理，对案件事实的认定在一些细节上更加准确、具体、清楚或者全面。在这种情况下，二审刑事裁判文书中对“原审判决查明事实”部分如何表述案件事实？如何处理二审法院与一审法院在一些细节事实上的不同认定？二审是否必须完全照抄照搬一审判决的事实认定？笔者认为，实践中可以根据案件具体情形不同区别对待，分述如下。

（一）对原判在文字表述上存在的问题进行必要的修正

如果经二审审理认定事实与一审判决认定事实基本一致，相关证据也比较充分，在“经二审审理查明事实”部分，一般都表述为“经二审审理，查明的事实与一审相同”。在叙述“原审判决查明事实”部分时，则有两种观点：一种观点认为应当原封不动地复写一审判决书认定的事实；另一种观点认为根据案件具体情况，应当对一审判决书认定事实的表述进行必要的修改和完善，从而将审理法院对案件事实的审查情况有机地展现出来。笔者同意第二种观点，如果一审判决书在文字表达上存在一些问题，二审刑事裁判文书在叙述“原审法院查明事实”时，可以对一审判决书认定的事实在不改变原意的情况下做进一步的加工。

1. 一审判决书叙述事实过于烦琐，对于不属于构成要件的事实，或与定罪量刑关系不大的事实过分渲染，表述累赘，在这种情况下，二审刑事裁判文书应当进行一定的文字提炼，使案情发展的脉络更加清晰，案件主要情节更加醒目。比如贩卖毒品案件中，多起事实的交易双方、交易地点、交易方法相同时，在第一起事实详细表述交易细节后，之后的多起类似事实可以简述为“在某个时间，采用相同方式，再次交易毒品××克”，而没有必要再详细重复交易的细节。

2. 一审判决书叙述事实存在语法问题，或者用词用句不当，或者语法不当，二审刑事裁判文书可以换用更为准确的表达方式，使文书表达的意思更加清楚、准确。

（二）对原判多起犯罪事实重新进行梳理排序

一审判决书认定事实本身没有问题，如果认定的多起犯罪事实表述顺序混乱或缺乏体系性，二审裁判文书在叙述“原审判决查明事实”时，应予修正。

1. 一审判决认定犯罪事实顺序比较混乱，不利于把握案件主要问题的，二审刑事裁判文书可以在叙述事实时，按照先主要被告人后次要被告人、先主罪后次罪、先主要犯罪事实后次要犯罪事实，最后考虑时间顺序的原则重新排序，以更为直观全面地把握被告人的犯罪事实。

2. 一审判决对犯罪事实缺乏总结，不利于把握案件整体情况的，比如对于被告人有多次犯罪的或者有多名被告人的，如果一审判决书没有总结被告人的犯罪次数、犯罪全部后果、犯罪情节，没有分别归纳各被告人的具体犯罪情况，二审刑事裁判文书可以在叙述全部事实后，以“综上，原审被告人某某共实施（参与）抢劫（或其他犯罪）××次，致死（伤）××人，抢劫财物价值共计××元……”的形式，进行必要的总结和归纳，以利于把握犯罪团伙及个别被告人的整体犯罪情况。

示例1-2-25 | 杨某涛等贩卖毒品案二审刑事判决书[1]（一审判决对多人多事表述顺序混乱的，二审可重新整理排序）

这个案件涉及多个被告人、多起事实，为了更清晰地说明各被告人的犯罪事实及毒品的来龙去脉，二审判决在维持一审认定各被告人犯罪事实不变的基础上，按照先主要被告人后次要被告人、单一被告人涉及多项事实的按时间顺序叙述等模式，对查明事实进行了重述。

（一）2011年5至8月份，被告人杨某涛多次从广东省购买冰毒、麻古等毒品，除自己吸食之外，运到南阳市进行贩卖。

1. 2011年7月份，杨某涛安排被告人梁某丽乘坐出租车到西峡县高速站

① 河南省高级人民法院刑事裁定书，(2013) 豫法刑四终字第112号。

出口，卖给被告人张某10克冰毒；同年8月15日，杨某涛安排梁某丽将冰毒放置于盒子内交给出租车司机，由司机将毒品捎到西峡县交给杨某涛，杨某涛将10克冰毒卖给张某。

2. 2011年7月14日，被告人杨某涛在南阳市金沙滩宾馆卖给周某哲10克冰毒。

3. 2011年8月份，被告人杨某涛在南阳市海关加油站附近卖给陈某宝10克冰毒；几天后，杨某涛在南阳市仲景大桥南头卖给陈某宝10克冰毒。同年8月19日上午，陈某宝替袁某镇向杨某涛联系购买冰毒，杨某涛安排梁某丽到南阳市“大统百货”门口卖给袁某镇冰毒10克。

4. 2011年8月份，被告人杨某涛安排被告人梁某丽到南阳市枣林小学门口卖给张某梅1克冰毒。

5. 2011年8月19日上午，被告人杨某涛在南阳市中南宾馆卖给被告人刘某营68.7克冰毒（甲基苯丙胺含量为10—20%）、0.94克麻古（含量小于10%）。当天中午，刘某营乘车将所购毒品运往濮阳市，途中被公安机关查获。

6. 2011年8月份，被告人杨某涛安排被告人梁某丽将冰毒500余克运到南阳市贩卖。2011年8月19日，杨某涛、梁某丽被抓获，从杨某涛身上查获冰毒2.75克（甲基苯丙胺含量16.5%）、麻古0.41克（甲基苯丙胺含量2.22%），从杨某涛在海关家属院的租住房处查获冰毒456.48克（其中424.25克的甲基苯丙胺含量为11.34%，32.23克的含量为2.3%）、麻古25.37克（含量小于3%）；从梁某丽身上查获冰毒3.05克（甲基苯丙胺含量19.63%）。9月3日，公安机关从杨某涛在广东省大朗镇的租房处查获冰毒4.01克（甲基苯丙胺含量81.27%）；9月9日，公安机关从杨某涛在海关家属院的租住房处查获冰毒760.3克（甲基苯丙胺含量在70%以上）、麻古1170.8克（含量小于10%）。

（二）2011年6月份，在广东省东莞市大朗镇“天域酒店”附近的一座民房内，被告人金某超贩卖给被告人杨某涛冰毒26克，杨某涛以自己的700颗麻古做价4000元，尚欠金某超3000元。2011年8月26日，公安机关在广东省大朗"湘妃休闲会所"抓获金某超时，从其身上及在大朗美好家园的租住房内扣押冰毒 43.76 克（甲基苯丙胺含量高于或接近 70%）、海洛因 2.16 克（含量高于 70%）、麻古 14.83 克（甲基苯丙胺含量低于 10%）及手枪一支、子弹 5 枚。

（三）被告人张某所购毒品，除了自己吸食外，分别卖给王某京 3 小袋冰毒、李某章 3 小袋冰毒、李某 4 小袋半冰毒，共计约 10 克。2011 年 8 月 20 日，公安机关从张某身上及住处共查获冰毒 4.74 克、麻古 1.61 克。

（四）2011 年 8 月份被告人陈某宝卖给李某东 10 克冰毒，卖给蒋某全 4 克冰毒、10 粒麻古（约 0.94 克）；8 月 19 日晚上，陈某宝卖给崔某以、张某珊 1 克冰毒。

综上，被告人杨某涛贩卖毒品甲基苯丙胺共计 2550.76 克，其中，已经卖出的有 130.64 克，查获 2420.12 克，查获毒品中，甲基苯丙胺含量在 70% 以上的有 764.31 克，含量在 10—20% 之间的有 427 克，含量小于 10% 的有 1228.81 克；被告人梁某丽共贩卖毒品甲基苯丙胺 34.05 克，运输甲基苯丙胺 500 克；被告人金某超贩卖毒品甲基苯丙胺和海洛因共计 86.75 克；被告人刘某营贩卖、运输毒品甲基苯丙胺 69.64 克；被告人陈某宝贩卖毒品甲基苯丙胺 25.94 克；被告人张某贩卖毒品甲基苯丙胺 16.35 克。

需要指出的是，按照最高人民法院相关司法文件确定的毒品犯罪数额认定方法，对于能够证明行为人有贩卖毒品行为的，从其住所、车辆或身上查获的毒品一般应当认定为其贩卖毒品的数量，有确凿证据证明查获的毒品并非用于贩卖而是用于个人吸食或为他人保管的除外。① 虽然从被告人住所、车辆或者身上查获毒品，但如果没有证据证明被告人有贩卖毒品行为或者其持有毒品是为了贩卖，只能按照非法持有毒品罪或者窝藏、转移毒品罪认定。因此，对于贩卖毒品案件，同时查证有贩卖毒品行为事实和查获毒品事实的，一般应当先表述贩卖毒品事实，再表述从其家中或身上查获毒品的事实；对于查获毒品数量远大于有证据证明的贩卖毒品数量的，也可以先表述

① 参见最高人民法院 2023 年 6 月 26 日印发的《全国法院毒品案件审判工作会议纪要》。

查获毒品的相关事实，再表述其他贩卖毒品事实。

（三）补充叙述原判遗漏的重要情节

有的时候，一审判决书认定案件基本事实准确，但不够全面充分，比如缺少案发前因，被告人的行为手段、事后表现等情节表述过于简单，应当在“经二审审理查明事实”部分予以补充完善。但在写作二审刑事裁判文书时，如果在“经二审审理查明事实”部分将一审判决书认定的全部事实重新表述一遍，则显得过于累赘。可以采用以下方法处理：

一是如果相关情节恰恰是诉辩双方有争议的情节，因为相关证据已经在一审庭审中举证质证并在判决书中引用，二审裁判文书可以在“对上诉理由和辩护意见的评判”中，引用相关证据将相关事实表述出来，并采用夹叙夹议的方式对相关争议意见作出分析评判。

二是对定罪、量刑确实有重要意义的事实和情节，二审裁判文书也可以采用“经二审审理，除查明与一审认定一致的事实外，另查明……”的方式，将相关事实表述出来，并指出相关证据已经一审庭审举证、质证，予以采信。

示例 1－2－26 | 赵某军、赵某文故意杀人案二审刑事裁定书[①]（对定罪量刑有重要影响的事实二审可以专门查明）

一审判决认定：2020 年 6 月 15 日上午 10 时许，赵某军携带铁锨到杜庄村东的田地里与赵某合、王某方夫妇讨论土地界限问题，双方意见不一致。11 时 45 分，赵某文打电话询问赵某军为何没回家，赵某军称一会回去。后赵某文携带一把砍树刀骑电动车去杜庄村东田地里，并准备如果这次赵某合夫妇还找事，就拿刀砍了他们。见面后，双方就地界问题仍未能谈拢，赵某文辱骂赵某合、王某方，双方遂发生争吵，继而互相推搡、撕扯，赵某文从电动车上取出砍树刀，持刀用力砍击王某方头部，王某方倒地后，赵某文再次用刀拍打王某方头部。赵某合见状上前与赵某文争夺砍树刀，赵某军持铁

① 河南省高级人民法院刑事裁定书，(2021) 豫刑终 18 号。

锨抡打赵某合，赵某合被打中后转身跑开，赵某军继续持铁锨追打赵某合数十米，将赵某合打倒在地，后赵某军继续持铁锨猛击赵某合头部，致赵某合因头部严重颅脑损伤而当场死亡；王某方头部被打致严重颅脑损伤，后经送医院抢救无效死亡。

应当说，本案的一审判决书在认定事实时，对被告人赵某军和赵某文在犯罪过程中的具体行为有十分具体的表述，写得比较清楚。但这个案件的特点是有两个被告人、两个被害人，从表面上看，被告人赵某军及其父亲赵某文分别针对被害人赵某合和王某方实施了杀人行为，那么赵某军和赵某文是分别对自己的行为负刑事责任还是均应当对二被害人死亡的全部后果负刑事责任呢？对于一个因民间纠纷引发的案件来说，明确这一点对于准确量刑十分重要，事实上在二审庭审中二被告人也分别提出了不是共同犯罪的辩解。要准确判定二人的刑事责任，就必须查明被告人赵某军和赵某文在犯罪过程中对彼此的杀人行为有无帮助行为，二审针对这一问题做了进一步的查明，与说理部分对二人上诉理由的评判形成前后呼应。二审判决书是这样表述的：

经二审审理查明，原判认定上诉人赵某军、赵某文因地界纠纷共同故意杀害被害人赵某合和王某方，并在事后阻拦他人报信的主要事实清楚，证据确实、充分。二审进一步查明：赵某文到现场前，即在家中专门准备一把长1米有余、刀身长50余厘米并宽10余厘米、一面为刀刃一面为锯齿的巨型砍树刀，用编织袋包裹后放在所骑电动车上；在现场双方争吵并互相推搡后，赵某文即从其电动车上取出事先准备的巨型砍树刀，朝被害人王某方头部猛砍一刀，致王某方倒地，被害人赵某合见状上来夺刀，赵某文持砍树刀抡打赵某合而没有打中，赵某军即持铁锨拍打赵某合头部，赵某合逃跑，赵某文继续持砍树刀击打王某方头部数下；赵某军追赶赵某合70余米，边追边用铁锨击打赵某合，致赵某合倒地后继续用铁锨击打其头部数下，致其死亡。上述事实，有物证砍树刀和铁锨、现场勘查笔录及照片、DNA鉴定意见、尸体检验鉴定意见、二上诉人的供述和辩解、证人证言等证据予以证实，相关证据均经一审庭审示证、质证并经二审核实，来源及形式合法，内容客观并能证明本案事实，予以采信。

结合二审庭审进一步查明的事实，二审在评判二被告人关于不是共同犯罪的上诉理由时，进一步作出如下论证：

赵某文持刀用力砍击王某方头部，赵某合为救王某方上前夺刀，赵某军即持铁锨拍打赵某合头部，将赵某合赶走，赵某文借机继续打击被害人王某方，足以说明其二人对杀害王某方有共同故意；赵某文把王某方砍倒后，赵某合上来夺刀没有夺过去，赵某文又用刀抡打赵某合，赵某军也持铁锨打击赵某合头部，并追赶赵某合将其杀害，足以说明其二人均有杀害赵某合的故意；赵某文供述其去田地之前即起意“砍赵某合一家”，赵某军供述当时想“反正已经砍了王某方，干脆再拍死赵某合”，且二人作案后共同商议不施救二被害人，足以说明二被害人死亡的后果均未超出其共同故意。综上，赵某文和赵某军二人均有致死二被害人的故意，行为过程中相互配合，分别打击二被害人，致二人死亡，其二人系共同犯罪，均应对二被害人死亡的全部后果负责。

示例 1－2－27　黄某平受贿案二审刑事判决书①（多起事实时对一审、二审定性不同的事实专门进行查明）

本案检察机关指控被告人黄某平 14 次收受他人贿赂，其中第 14 次事实指控黄某平两次收受詹某 102 万元；一审判决认为其中 100 万元属于借款而不是受贿，仅认定黄某平收受詹某 2 万元。对此，检察机关提出抗诉，认为一审判决关于此节认定错误，适用法律不当。由于该事实是纪检监察机关对黄某平采取调查措施前已经掌握的事实，其他事实均系黄某平被采取调查措施后供述，因此该 100 万元是借款还是受贿，还直接影响到对黄某平能否认定为自首。对此关键事实，二审进行了重点查明。对于控辩双方无争议的其他事实，则以“经二审审理查明的其余事实和采信的证据与原判认定相同，本院予以确认”的方式一笔带过，繁简分明、重点突出。

---

① 四川省高级人民法院刑事判决书，（2016）川刑终 385 号，首届全国法院“百篇优秀裁判文书”。

二审审理查明：

一、经上诉人（原审被告人）黄某平帮助和关照，黄某平曾就读四川统计学校时的同学詹某任法定代表人的重庆天地人建筑劳务有限公司分别于2006年6月、2007年9月在黄某平负责的桥梁公司和川交公司先后承揽湘渝高速公路黔彭D18合同段部分桥梁工程、雅泸高速公路C12项目危岩清理和桥梁梁板预制安装工程。2007年10月，黄某平之妻李某1以借款买房为由，向詹某提出借款100万元，詹某遂安排其妻唐某通过银行转账方式转款100万元给李某1。2008年5月，黄某平口头提出归还100万元，詹某表示不用归还，后双方未再提及还款事宜。2009年春节前，詹某为感谢黄某平在其承揽工程中给予的帮助和关照，在黄某平家门口送给黄某平2万元。2010年，李某1因担心100万元之事被发现，遂自行书写一张向詹某借款100万元的借条放于自己家中，借条落款时间为2006年且小写数额书写为100万元。[①] 经黄某平帮助和关照，2010年12月，重庆天地人建筑劳务有限公司承揽的雅泸高速公路C12项目得以上调工程单价；2011年5月，重庆天地人建筑劳务有限公司承揽成德南高速公路LJ09标段三台工地梁板预制及安装工程项目。2011年9月，黄某平在其家附近将280万元左右现金交给詹某保管。后因李某1称买房需用款，2011年12月、2013年初，唐某通过银行转账方式先后转款共计152万元给李某1。经黄某平帮助和关照，2013年1月，重庆天地人建筑劳务有限公司承揽重庆两江新区鱼复工业园临时污水处理厂工程；2013年5月，重庆天地人建筑劳务有限公司承揽河北省张承高速公路承德段TJ3合同项目。2014年4月，黄某平为应对审计、调查将詹某邀至成都黄某平家中，双方商定将2007年的100万元对外统一口径为系詹某出借给黄某平。2014年5月，李某1将其书写的两张借条（一张2006年李某1借到唐某100万元、一张2013年11月16日李某1借到唐某152万元）寄给唐某，并于同月陆续通过银行转账方式转款252万元给唐某。

---

① 黄某平供述“借款100万元的借条是由李某1出具给唐某的虚假借条，将时间提前写成2006年，上面的小写金额都写错了”。该借条被提取在案。

上述事实，有经当庭举证、质证的下列证据证实：……

二、黄某平在办案机关对其宣布采取调查措施前，交代了办案机关已掌握的其收受詹某等人所送102万元的问题；在办案机关对其宣布采取调查措施后，主动交代了办案机关尚未掌握的其收受易某等13人所送543万元的问题；未检举揭发他人的违纪违法事实；能如实交代自己的违纪违法事实，配合调查，认错态度好；未向组织退缴违纪违法款，但交代了自己转移藏匿在他人处的赃款，由检察机关进行追缴暂扣。

上述事实，有经当庭举证、质证的四川省纪委关于黄某平在组织调查期间表现情况的函予以证实。

三、经二审审理查明的其余事实和采信的证据与原判认定相同，本院予以确认。

（四）对原判表述不准确的关键事实进行重述

一审判决书认定案件事实基本准确，但对案发前因、经过或者各被告人在共同犯罪中的分工、地位、作用等关键事实表述不准确、不清楚或者过于简单的，或者对二审控辩双方争议的焦点事实表述不具体、不精确、不完整的，可以按照“前简后繁”的模式来叙述事实。对一审认定的事实和证据予以简写，在“经二审审理查明事实”部分对案件事实重新表述，尤其是对案件关键事实进行重点、详细查明，并对案件证据体系根据证明需要重新进行罗列叙述。这种写法，可以全面地反映二审程序对全案证据材料的审查、认证，有利于二审法院对一审判决书事实认定的问题予以纠正和完善，并为二审说理奠定良好的事实基础。

示例1-2-28 | 俎某被控故意杀人宣告无罪案二审刑事裁定书[①]（二审裁定书对案发原因重新详细叙述）

这是一个正当防卫案件，一审判决被告人无罪，检察机关提出抗诉。二审虽然维持原判，但针对控辩双方的争议，二审裁定书对案件发生的背景和

① 山西省高级人民法院刑事裁定书，（2018）晋刑终95号，第三届全国法院“百篇优秀裁判文书”。

原因进行了更加全面、具体、准确的表述。

原判认定：2017 年 1 月 7 日，被害人林某 1 通过王某以给被告人俎某介绍对象为名，将俎某与王某约至其家中，至 13 时许，因未等到被介绍的对象前来，经林某 1 挽留，三人遂一起在家中就餐。期间林某 1 喝了两小瓶劲酒后开始无故辱骂俎某和王某。至 16 时许，王某因害怕乘机离开。俎某也欲离开时，因没能打开房门，被林某 1 拦住。林某 1 用拳头及家中的擀面杖殴打俎某的头面部，其眼镜也被打掉。俎某遂进行反抗并与林某 1 厮打在一起。……

（二审）经审理查明：原审被告人俎某与王某系老乡关系。案发前，被害人林某 1（男，殁年 71 岁）居住于山西省太原市××区西户。2017 年 1 月 6 日上午，林某 1 告知王某，称可以给俎某介绍对象，需要到林某 1 住处见面。次日上午 11 时许，俎某与王某共同来到林某 1 家。闲聊中，林称介绍的对象下午才能来，遂挽留俎某与王某在家中共同做饭、吃饭。午餐期间，林某 1 喝了两小瓶劲酒，并对俎某和王某无故辱骂。俎某与王某欲离开，被林某 1 阻止。至 15 时 50 分许，王某以上厕所为由趁机离开。俎某也欲离开时，因未能打开房门，被林某 1 拦住。林某 1 挥拳并用家中的擀面杖击打俎某的头面等部位，同时将视力残疾（残疾等级三级）的俎某的眼镜击落。厮打过程中，二人双双摔倒。俎某骑压在林某 1 身上，并用双手掐林某 1 颈部，林某 1 则用双手抓住俎某的头发不放。俎某拿起自己掉在地上的丝巾，绕在林某 1 的颈部勒，直至林抓其头发的手松开才放手。

可以看出，二审裁定书重点介绍被告人至被害人家的原因及被害人在案发前的种种异常表现，比如被害人邀请被告人到其家中与介绍的对象见面，却又称介绍的对象下午才能来，被害人挽留被告人及其朋友在家中吃饭并阻止被害人与朋友离开。这些情况，都足以说明被害人对被告人怀有歹意，为后面认定被害人对被告人实施不法侵害进行了必要的铺垫。

示例 1－2－29　王某故意伤害案二审刑事判决书①（双方对案件发生过程争议较大的，二审判决对事实进行详细重述）

这是一个防卫过当的案件，被告人与被害人双方发生矛盾的起因、激化的过程，对于案件定性有着十分重要的意义。二审法院认为一审判决认定事实过程不够全面、精确、充分，因此在二审刑事判决书中对案件事实进行了重述（见下表）。

原审判决认定	二审经审理查明
（案发背景）2017 年 12 月 10 日晚，被告人王某与朋友苗某在泾阳县××公园北门对面的××酒吧内喝酒。当晚 20 时 32 分，已喝过酒的被害人李某和两个朋友来到该酒吧。	（案发背景）2017 年 12 月 10 日晚，上诉人王某与朋友苗某在陕西省泾阳县××公园北门对面的××音乐酒吧内饮酒。当晚 20 时 32 分，被害人李某（殁年 28 岁）与朋友唐某 1、唐某酒后来到酒吧。
（1）[1]服务生引导李某等人经过王某喝酒的桌子时，李某认为王某用眼睛瞪了他，即上前质问并从旁边桌子上拿起一个烟灰缸扔到坐着的王某胸前，王某遂从桌子上抓起啤酒瓶起身与李某发生争执，双方朋友及酒吧工作人员遂即对二人进行劝阻，李某不听劝阻，抓起啤酒瓶准备应对，双方朋友分别从二人手中夺下啤酒瓶。接着，李某推倒现场沙发，再次抓起啤酒瓶上前继续争吵，并将手中的啤酒瓶用力在地上摔碎……	（1－1）服务员王某引导李某等三人经过王某、苗某的桌边时，李某推了一下王某桌边的沙发座椅。之后，李某认为王某故意用眼睛瞪他，从旁边桌上拿起烟灰缸上前质问王某，被唐某 1 从后面拉住，李某将烟灰缸扔到王某胸前并上前质问，王某从桌子上拿起一只啤酒瓶起身质问李某，苗某、唐某 1、唐某及王某 1 将王某、李某分开并进行劝阻，苗某和唐某 1 合力将王某手中啤酒瓶夺下，李某将酒吧内两个沙发座椅拉倒泄愤。 （1－2）王某在苗某等人劝说过程中，又拿起桌上一只啤酒瓶欲上前准备击打李某，被苗某、唐某 1 拦住，李某见状也从桌上拿起一只啤酒瓶欲上前，被唐某拉开并将啤酒瓶夺下。唐某上前劝说王某时，李某又从桌上拿起一只啤酒瓶上前与王某争执，被唐某从前方阻拦，苗某夺下王某手中啤酒瓶，李某为泄愤，将手中啤酒瓶用力摔在地上。

① 陕西省高级人民法院刑事判决书，（2018）陕刑终 243 号，第四届全国法院“百篇优秀裁判文书”。

续表

原审判决认定	二审经审理查明
(2－1)（李某）后递给王某一个啤酒瓶，并继续与王某纠缠。 (2－2) 20时36分11秒，双方朋友相继散开，李某再次递给王某一个啤酒瓶，自己也拿起一个啤酒瓶，与王某继续争吵并语言挑衅。	(2－1) 35分04秒，李某再次冲到王某跟前争执，苗某、唐某1对二人进行劝说，李某左手拿一只啤酒瓶递给王某，挑衅王某朝其头上击打，王某未接，李某右手持该啤酒瓶挥舞，苗某夺下李某手中的啤酒瓶，李某又从桌子上拿起一只啤酒瓶，先威胁苗某不得上前，后将该啤酒瓶放在桌子上…… (2－2)（李某）拿起桌子上另一只啤酒瓶强塞给王某进行挑衅，并再次从桌上拿起一只啤酒瓶威胁苗某不得上前，苗某、唐某1和唐某等人见劝解无效，先后转移至旁边休息。王某左手拿着李某强塞给其的啤酒瓶，面带笑意，多次抬右手意图安抚李某，均被李某用手打开。 (2－3) 36分08秒，李某第三次将手中啤酒瓶强塞到王某手中并挑衅王某砸其头部，自己从桌上拿起另外一只啤酒瓶，王某将两只啤酒瓶均拿在左手中，仍朝李某微笑解释。
(3) 接着，李某用手推搡了一下王某的脖子，王某随即用啤酒瓶击打李某头部、肩部，瓶身断开，双方厮打在一起。厮打中，王某持断开的啤酒瓶多次捅刺李某，致李某受伤倒地。	(3－1) 后李某用左手推搡王某颈部附近一下，王某呆立片刻后，将左手中一只啤酒瓶换至右手，用右手反握啤酒瓶朝李某头部、肩部等处砸击六下。 (3－2) 砸击第一下后，王某左手所持啤酒瓶掉落在地，李某抬右手准备用手中的啤酒瓶进行还击时，王某第二下又砸中李某头部，李某脚下打滑无法站稳，右手中的啤酒瓶掉落在地。 (3－3) 在砸击过程中，王某手中啤酒瓶破碎，王某遂右手持啤酒瓶断茬朝李某左胸部和左腋下捅刺两下。
(4) 20时36分50秒，李某倒地后仍抓住王某的上衣和头发，王某手持破碎的啤酒瓶，与李某撕扯在一起……	(4) 36分34秒，李某后退中被沙发座椅绊倒在地，双手抓住王某的上衣和头发，王某亦被拉倒在地，二人倒地撕扯中，王某右手持啤酒瓶断茬捅刺李某左背部一下，后持啤酒瓶断茬指着李某面部……

续表

原审判决认定	二审经审理查明
(5) 二人僵持片刻后，李某松开手，王某起身；20时37分20秒，李某起身走到酒吧大厅门口，蹲在门口处后躺倒在地。	(5) 僵持片刻后李某松手。二人起身并互有对话后，李某左手捂压左胸部走向酒吧大门，王某将手中啤酒瓶顺手放在旁边一沙发座椅上。37分20秒，李某走到酒吧门口蹲下，后躺倒在地，王某欲上前查看，被唐某1和唐某拦住。

〔1〕序号均为作者添加，目的是便于对照分析和理解。

这份二审刑事判决书在事实部分的表述具有以下优点：

一是注意细节。作为一个有正当防卫特征的案件，控辩双方就被告人是无限度防卫还是防卫过当等存在重大争议，对案件发生的具体过程进行详细的审查和表述，细致区分争斗双方在矛盾引发、矛盾激化、矛盾爆发、事后善后等阶段的各自不同行为表现，对案件准确定性意义重大，而且区分双方在不同阶段的是非过错，对量刑也具有十分重要的意义。这份二审刑事判决书，在查明事实部分不惜笔墨，将案件发生过程细分了至少五个阶段，并且在重要的前四个阶段事实中，仔细区分了参与人的具体行为事实。

(1) 在事件发生的第一阶段即李某主动挑衅王某、王某予以回应，后被双方朋友劝开的过程，又分为两个小节，详细介绍了“(1) 李某向王某丢烟灰缸—王某持啤酒瓶欲回应—双方朋友劝阻—李某拉倒两把椅子泄愤”“(2) 王某又持啤酒瓶回应—李某先后两次拿起啤酒瓶—双方朋友又劝开—李某逞强将啤酒瓶摔碎在地”的过程，充分反映了被害人李某在矛盾发生过程中始终是主动挑衅、诱发并反复激化矛盾，原审被告人王某亦不愿示弱的情况。

(2) 在第二阶段即李某持啤酒瓶继续纠缠王某、王某主动示好欲息事宁人的过程，又分为三个小节，详细介绍了李某三次拿啤酒瓶塞给王某，并持啤酒瓶威胁王某朋友不要上前干预，王某第一次不接，后两次接到后并未使用而是主动向李某微笑示好并试图安抚李某的过程，充分反映了被害人李某继续激化矛盾而原审被告人王某则回避李某挑衅并试图化解矛盾的情况。

（3）在第三阶段即双方实际厮打的阶段，详细表述了李某用左手推搡王某颈部附近一下，“王某呆立片刻后”开始用手中啤酒瓶还击李某，先朝李某头部、肩部砸击六下，其间啤酒瓶破碎后，又持啤酒瓶断茬朝李某左胸部和左腋下捅刺两下的过程。两相对比，反映了原审被告人王某反击行为与被害人李某攻击行为的明显差别。

（4）在第四阶段即双方倒地后继续厮打阶段，详细表述了李某双手厮打，而王某持啤酒瓶捅刺李某背部一下的情况，反映了原审被告人王某反击行为的持续进行。

与一审判决书相比可以看出：一审判决书虽然也基本反映了李某主动挑衅、王某被动反击的过程，但细节不够丰富，有些地方比如“（李某）后递给王某一个啤酒瓶，并继续与王某纠缠”“再次递给王某一个啤酒瓶，自己也拿起一个啤酒瓶，与王某继续争吵并语言挑衅”，有些含糊其词、语焉不详，并没有详细地表现李某第一次向王某递啤酒瓶但王某未接、李某持啤酒瓶威胁王某朋友苗某、王某含笑示好并解释等情况，反映事件发生过程不够全面；而二审刑事判决书事实表述更注重细节，也更全面反映事件发生过程，更有利于精确分析评价双方的责任，准确定性处理。

二是保持了中立性。本案是一个防卫过当的案件，被害人李某在矛盾的发生、激化过程中均负有主要责任，但原审被告人王某也并非完全无辜。二审刑事判决书在事件第一阶段如实反映了在李某首先挑衅下，王某亦不甘示弱，两次持啤酒瓶企图回应；在第二阶段则详细写明了双方朋友劝阻后，李某仍不甘心，数次主动挑衅，而王某则为了息事宁人主动示好的表现；在第三阶段则详细写明了王某开始还击后，持啤酒瓶打击、捅刺李某多个部位的过程。可以说二审刑事判决书认定事实客观中立，不偏不倚，能够较好地说服双方当事人。

三是前后对应。法院判决以事实为根据、以法律为准绳。法律的良好适用必须有事实清楚这一前提，在事实的查明、表述上，也必须紧扣所涉及法律关系的基本构成要件，完整予以反映，以使得法律适用与事实要素紧密结合，评价更为精准。在二审刑事判决书中，对事件发生过程尤其是每个细节的精确展示，都是为后面的细致分析、说理、评价服务。事实证明，本判决书也较好地实现了这一效果。

示例 1－2－30　梁某等抢劫案二审刑事裁定书①（一审判决对共同犯罪分工表述不清的二审裁定要进行重述）

本案是一个多被告人共同实施的抢劫案件，一审判决书认定事实仅笼统介绍了梁某、杨某文、王某、王某全等四人共同抢劫的事实，没有对各被告人在共同犯罪中的具体地位、分工及作用大小进行具体叙述，虽然在量刑时对各被告人进行了区分，但各被告人上诉时仍然对自己在共同犯罪中的具体地位提出了异议。针对这一情况，二审裁定书在"经二审审理查明事实"部分，对共同犯罪的各被告人从犯罪预谋到犯罪过程中的具体分工行为进行了详细表述，为说理部分准确认定各被告人在共同犯罪中的地位、作用奠定了基础。一审、二审裁判文书对事实的表述对比如下：

原审判决认定：2014 年 1 月 12 日 17 时许，被告人梁某、杨某文、王某、王某全经预谋以购买黄金摆件"金凤凰"为由，将卖家王某 1 约至兰州市东岗东路华辰宾馆，杨某文、王某、王某全身着警服，冒充警察用手铐将前来交易的王某 1 控制，从王某 1 车内拿走龙袍、针织对联等物，又以警察身份在兰州市南滨河东路百合花宾馆从薛某处"扣"走"金凤凰"摆件（价值 556 000 元）。之后被告人梁某、杨某文、王某、王某全等人将王某 1 挟持并控制在甘肃省庆城县玄马镇贯桥村一招待所内进行"审讯"。破案后追回赃物已发还失主。

经二审审理查明，上诉人梁某、杨某文经张某（另案处理）介绍联系与青海省西宁市人王某 1（经营工艺品店）欲进行黄金摆件"金凤凰"的交易，2014 年 1 月 11 日由上诉人王某全驾车，梁某、杨某文伙同上诉人王某从甘肃省庆阳市出发，于 1 月 12 日凌晨抵达兰州市入住城关区东岗东路"华辰宾馆"。当天下午 5 时许，梁某、杨某文等人商议强行劫走"金凤凰"

① 甘肃省高级人民法院刑事裁定书，（2016）甘刑终 66 号，首届全国法院"百篇优秀裁判文书"。

并商定了具体分工，亦告知了王某和王某全。后由梁某以买家身份在宾馆客房负责接洽王某1，其他人身着警服、携带手铐潜入客房卫生间藏匿。当张某将卖家王某1带至该宾馆与梁某洽谈时，杨某文、王某、王某全从卫生间冲出，冒充警察用手铐将王某1双手铐住带离客房控制在车上，从王某1车内搜查劫取龙袍、针织对联等物，又驱车赶至兰州市南滨河东路“百合花宾馆”王某1住处，以警察身份、配合破案为由从与王某1一同来兰州交易的朋友薛某处强行劫走“金凤凰”摆件。之后梁某、杨某文、王某、王某全等人将王某1带离兰州，驱车挟持至距离兰州五百多公里之外的甘肃省庆城县玄马镇贾桥村一招待所内进行“审讯”近30个小时，威胁其不能报案。1月14日上午王某1驾车离开庆城县，1月20日向兰州市公安局报案，2014年12月22日“金凤凰”摆件、龙袍、针织对联等物在梁某、杨某文在北京的住所被查获。

示例1-2-31 | 周某刚、胡某培等受贿、滥用职权、行贿案二审刑事判决书[1]（二审判决针对上诉理由对事实进行全面查明）

本案原判认定被告人周某刚、胡某培在担任经信局副局长、局长并负责煤炭资源整合、技改和关闭淘汰工作中，明知江远煤矿在技改期间发生透水事故已长期停产、实际无法继续改造并按规定已被关闭，帮助煤矿经营者钱某良虚假申报为正在合法进行生产的矿井，向上级申领“整顿关闭煤矿补助资金”960万元，并收受钱某良的钱款，分别构成滥用职权罪和受贿罪。一审判决后，周某刚、胡某培提出上诉，认为“该煤矿虽发生水害，但无证据证明该水害无法治理，采矿证过期并不能否定该煤矿的合法性，在上报该煤矿资料时并未隐瞒真相”“相关奖补政策不明确，江远煤矿符合领取奖补资金的条件”，因此不构成滥用职权罪。钱某良的辩护人依据上述理由认为“钱某良不是谋取不正当利益，不构成行贿罪”“即使江远煤矿不应获得奖补资金，钱某良亦不明知其获得的是不正当利益，其行贿行为发生在领取奖

① 四川省宜宾市中级人民法院刑事判决书，（2017）川15刑终30号，首届全国法院“百篇优秀裁判文书”。

补资金之后，与造成国家经济损失没有因果关系”。周某刚的辩护人还提出“周某刚系在侦查机关没有掌握其受贿事实下主动供述，构成自首”。而一审判决书对于相关事实缺乏查明，二审判决书对全案事实及证据体系进行了重新表述，而且具有逻辑清晰、层次分明、客观完整的特点，可谓裁判文书的典范。

一是针对职务犯罪的特点，分“被告人的职务及职责情况”“基本行为事实”“到案、供述及退赃情况”三部分表述查明事实。其中：(1)“职务及职责情况”不仅罗列了原审被告人的职务，还具体介绍了其职责范围包括“负责全县煤炭产业结构调整、煤炭资源整合、技改和关闭淘汰工作”，与本案涉及的职权行为遥相呼应。(2)“基本行为事实”部分的第一段主要描述涉案江远煤矿的基本情况，着重叙述了其在未获审批的情况下进行技改违规施工、造成透水事故无法抢救、相应证照已经过期、实际已被经营者关停的情况；第二段主要描述江远煤矿作为非法违规煤矿已按省政府要求关闭的情况，同时表明周某刚明知相关情况，为下一段的滥用职权事实提供前提事实，可谓承上启下；第三段主要描述省政府下发文件对整顿关闭煤矿进行奖励补助的对象明确为退出或关闭的合法生产矿井和在建矿井，而周某刚、胡某培明知江远煤矿不符合条件而予以审批，从而展现了其行为与滥用职权犯罪构成的符合性，另外描述了在此过程中钱某良与周某刚的行贿、受贿约定，与下一段事实相衔接；第四段是行贿、受贿事实的介绍。(3)“到案、供述及退赃情况”部分独立成段，作为量刑事实单独表述，体现了事实体系的完整性。

二是针对上诉、辩护意见，进一步详细查明了影响定罪、量刑的一些关键事实，体现了二审对案件事实的全面审查功能。包括：(1)补充查明了江远煤矿违规开展扩建并发生水患、因无科学有效的方案治理水患已经长期停产、根据有关文件江远煤矿属于限期关闭的非法违规小煤矿并已经被关闭、非法违规煤矿不属于奖补资金范围等事实，从而为认定周某刚、胡某培滥用职权帮助钱某良谋取不正当利益奠定了事实基础；(2)补充查明了钱某良在申领奖补资金过程中即与某市经信委煤炭科科长陈某6、被告人周某刚约定事后给予感谢费的数额、比例的事实，从而为认定钱某良主观上具有行贿故意奠定了事实基础；（3）补充查明了三被告人归案及供述情况，从而为评判其关于自首的上诉意见奠定了事实基础。

三是在证据体系的组织、构建上也极其用心。体现在：（1）与查明事实的层次相对应，分部分叙述了相关证据；（2）在犯罪事实部分，进一步按照证明方向对证据进行分组，按照涉案的江远煤矿违规施工造成严重后果、作为非法违规煤矿已被关闭、关闭后又修改原因申报奖补、是否符合奖补条件、原审被告人本人的供述与认识等五组，层层递进、环环相扣；（3）证据分组后，每组先归纳该部分证据能够证明的关键事实，罗列证据时按照证明力强弱、先客观后主观等原则，多而不繁、杂而不乱、重点突出，阅读体验感极好。因行受贿的事实双方并无大的争议，二审没有单独列举证据，而是涵盖在各原审被告人相互印证的供述中。

经审理查明：一、上诉人周某刚、胡某培等人的职务及职责情况

江某县经济商务和信息化局（以下简称“江某县经信局”）的职责包括组织实施全县煤炭产业结构调整、煤炭资源整合、技改和关闭淘汰工作。上诉人（原审被告人）胡某培于2007年2月至2014年3月任江某县经信局局长；上诉人（原审被告人）周某刚于2006年8月至2015年先后任江某县经信局副局长、经济管理师。胡某培、周某刚于2013年6月5日任江某县煤矿企业兼并重组工作领导小组成员，该领导小组办公室设在县经信局，由胡某培任办公室主任，周某刚任办公室副主任。

上述事实，有经一审、二审庭审质证确认的下列证据证实：

……

二、上诉人周某刚、胡某培受贿、滥用职权及上诉人钱某良行贿的事实

江某县红桥镇江远煤矿（以下简称“江远煤矿”）系上诉人（原审被告人）钱某良投资的私人独资企业，采矿许可证载明的生产能力为6万吨/年。2007年1月，四川省人民政府批准江远煤矿作为整合主体煤矿与江某县红桥镇五阁煤矿（以下简称“五阁煤矿”）进行资源整合，拟建规模9万吨/年，所取得的划定矿区范围预留期于2009年12月24日期满。2008年3月17

日，江远煤矿在“初步设计方案”、“安全专篇”均未获相关部门审批以及未依法取得“开工令”的情况下，违规进行矿井整合技改施工。施工过程中误揭穿矿井含水层发生透水事故导致井下全部被淹，经采取排水及钻孔封堵止水方案均告失败。2010 年，钱某良将其江远煤矿主体矿井封闭，并将部分地面设备撤除、变卖后未再启动治水工程，该煤矿处于关停状态。截至 2010 年 1 月 16 日，江远煤矿的营业执照、煤炭生产许可证、安全生产许可证、采矿许可证等相关证照均相继到期，且未在划定矿区范围批复有效期内换领该新矿区的采矿许可证。2010 年 6 月 22 日，江某县安全生产监督管理局向江远煤矿下达通知，限其在 2010 年 6 月 30 日前启动水患治理工程并在省煤炭资源整合办公室下达的开工启动时间完成相关行政审批手续，否则视为其自动退出煤炭资源整合，将提请县人民政府予以关闭。同年 9 月 26 日，江某县煤矿整合关闭领导小组办公室向宜宾市煤炭资源整合关闭办公室书面提出：江远煤矿至今无科学有效方案治理水患，建议在 2011 年对江远煤矿作关闭处理。但其后江远煤矿并未被政府关闭。

四川省人民政府于 2013 年 3 月 20 日下发川府发（2013）15 号《关于推进煤矿企业兼并重组的实施意见》规定，17 类“非法违规小煤矿”要予以关闭，其中第 7 类为“存在水害威胁等重大安全生产隐患，经论证在现有技术条件下难以有效防治”；同时规定 5 类资源整合技改项目要取消整合技改资格予以关闭，其中第 3 类为“在规定建设工期内不能完成项目建设的”；上列煤矿的关闭时间均为 2013 年 6 月底之前。2013 年 6 月 5 日，上诉人周某刚在经办江远煤矿关闭工作中，将该煤矿列为川府发（2013）15 号文件该 17 类非法违规矿井中的第 7 类，5 类资源整合矿井中的第 3 类，拟作为“存在水害威胁，不能按期完成项目建设的矿井”于 2013 年 6 月 30 日予以关闭，并报送宜宾市兼并重组领导小组办公室。后江远煤矿于 2013 年 6 月底被关闭。该煤矿部分证照是在其后注销，关闭验收时间为 2013 年 11 月。

2013 年 7 月 30 日，四川省煤矿企业兼并重组工作领导小组川煤重组发（2013）1 号《关于四川省整顿关闭煤矿补助（奖励）资金管理办法的通知》下发，宜宾市煤矿企业兼并重组工作领导小组依照该文件规定制定了本市的煤矿补助（奖励）资金管理办法。上述文件均规定，川府发（2013）15号《关于推进煤矿企业兼并重组的实施意见》确定的“非法违规煤矿”不属于奖补资金的范围。获得奖补资金的范围为主动退出和直接关闭或兼并重组关闭的“合法生产矿井和在建矿井”；补助标准年产量9万吨的为1100万元；年产量6万吨的为900万元。2013年8月2日，上诉人周某刚又将已关闭的江远煤矿关闭原因更改为“企业申请，直接关闭”，并作为生产能力为9万吨/年的在建矿井上报。上诉人钱某良在提交申领奖补资金资料前，与任宜宾市经济和信息化委员会（以下简称“宜宾市经信委”）煤炭科科长的陈某6（另案处理）约定，由陈某6帮助其获得奖补资金后其给予陈某6感谢费50万元。在提交奖补资金资料的过程中，因江远煤矿水患无法治理，无法取得当时的矿井井下图纸。为顺利获得奖补资金，经钱某良征求周某刚的意见后，周某刚在上报资料过程中安排钱某良将该煤矿2008年的井上、井下图纸的时间更改为2013年7月予以上报。在此过程中，钱某良还与周某刚约定获得奖补资金后给予周某刚5%的感谢费，并向周某刚提出也会给予胡某培相应感谢费。上诉人胡某培在对江远煤矿申报奖补资金进行初审时，明知该煤矿已长期关停、证照早已经过期的情况，仍然将江远煤矿作为生产能力9万吨的资源整合煤矿上报。同案人陈某6作为市经信委煤炭科科长进行了审核。2013年11月18日，周某刚、钱某良在江远煤矿的关闭验收表上签字确认其关闭到位。钱某良分别于2013年11月13日领取了省市财政关闭煤矿补助（奖励）880万元、2015年4月30日领取了80万元，共960万元。

获得上述奖补资金后，上诉人钱某良于2013年11月15日在江某县江安镇“成富金座”茶楼对面送给上诉人周某刚现金44万元；于当月在宜宾市南岸叙府路附近分两次送给同案人陈某6现金共50万元；2014年1月19日，在江安镇“成富金座”茶楼对面送给上诉人胡某培现金44万元；2015年4月30日，在江安镇“伴山青语”茶坊门口送给周某刚现金5万元。

上述事实，有经一审、二审庭审质证确认的下列证据证实：

（一）认定钱某良的江远煤矿未取得行政审批即开始煤矿扩建施工，在施工中发生水患经治理无效后放弃治理，监管部门提请于2011年将其关闭的证据。

1. 证实江远煤矿取得资源整合批复以及预留划定矿区批复的书证……

2. 证实开展煤矿扩建所需手续的书证……

3. 证实江远煤矿违规开展扩建并发生水患，经治理无效的书证……

4. 证实江远煤矿证照过期，主管部门提请将其关闭的书证……

5. 证实江远煤矿水患无法治理后，钱某良于2010年将煤矿关停的证人证言……

（二）认定上诉人周某刚将江远煤矿作为非法违规小煤矿以及应取消整合技改资格的煤矿上报，该煤矿在2013年6月底前已被关闭的证据。

……

（三）认定煤矿奖补资金的规定下发后，江远煤矿的关闭原因又予以更改，并作为符合奖补资金条件的煤矿上报的证据。

1. 证实江远煤矿在关闭煤矿奖补政策出台后又更改原因上报的书证……

2. 证实江远煤矿得到奖补资金960万元的书证……

（四）证实江远煤矿是否属于合法矿井、是否符合奖补资金条件的证人证言

……

（五）被告人及同案人的供述

1. 上诉人钱某良的供述……

2. 上诉人周某刚的供述……

3. 上诉人胡某培的供述……

4. 同案人陈某6的供述……

另查明，上诉人周某刚于2015年5月5日被带到检察机关接受调查，到案后其没有如实供述其作案事实，后于22日自书交代其收受钱某良49万元的事实。2015年5月4日，江某县人民检察院通知上诉人钱某良到检察院接受调查，同年5月16日其如实供述分别向陈某6、周某刚、胡某培行贿共计143万元的事实。上诉人胡某培于2015年6月11日主动到江某县人民检察院投案，并如实供述其收受钱某良现金44万元及涉嫌滥用职权的事实。

案发后，胡某培于2015年6月退缴了违法所得44万元；检察机关于2015年7月从其他单位代扣了周某刚用于投资的49万元；2015年9月至11月，钱某良家属代钱某良退缴及检察机关从钱某良投资的公司处扣押案款共960万元。

上述事实，有经一审、二审庭审质证确认的下列证据证实：

……

（五）原判认定部分事实不清的应做重点查明

一审判决书所认定的事实中，部分事实成立且双方无争议，部分事实双方争议极大且对案件定罪量刑有关键意义的，二审刑事裁判文书可以先叙述双方无争议的事实，对相关证据简要列举；再对双方有争议事实结合相关证据进行重点分析，论证能否成立。

示例1-2-32 | 黄某泉被控骗取贷款再审宣告无罪案刑事判决书[①]（对控辩双方有争议事实做重点查明）

本文书虽然系再审刑事判决书，但对二审判决书中“经二审审理查明事实”部分的写法仍有借鉴意义。该案检察机关指控被告人黄某泉在仅向粤侨公司供应1万余吨甘蔗的情况下，以借款420万元给粤侨公司为条件，要求粤侨公司向其提供相当于3.5万余吨甘蔗的2500吨白糖调拨单及配套提单，并在实际未借款给粤侨公司，明知这些提单无法实际提到白糖的情况下，将上述提单作为质押担保，从某市农村信用合作社金湾分社骗取贷款500万元，导致案发时无法收回贷款本息。被告人上诉及再审中均认为其提供给银行作为贷款抵押物的白糖调拨单及配套提单系真实加工形成，不构成骗取贷款罪。再审判决书针对控辩双方对案件事实经过各阶段的争议情况不同，采用分类表述的模式。

根据控（检）、辩（申）双方的意见及原一、二审和本院再审当庭宣读、出示和质证的证据，本院确认本案无争议的事实是：

---

① 广东省高级人民法院刑事判决书，（2017）粤刑再6号，第二届全国法院“百篇优秀裁判文书”。

……

以上事实，有粤侨公司工商登记资料、《甘蔗来料加工协议》……等在案证据证实，能够相互印证，足以认定。

根据控（检）、辩（申）双方的意见，本院确认本案的争议事实是：一是黄某泉是否答应借款人民币420万元给粤侨公司；二是黄某泉所持粤侨公司的提单是否为虚开的。综合分析认定如下：

（一）关于争议事实一

原公诉机关指控认定：2009年2月，被告人黄某泉与粤侨公司口头约定，由黄某泉借款人民币420万元给粤侨公司，粤侨公司提供2500吨白糖的调拨单及配套提单作为抵押担保。

原审被告人黄某泉对指控事实予以否认。

原一、二审判决、裁定对该事实没有明确认定，也没有明确否定。

经查，原公诉机关指控认定该事实所依据的主要证据是粤侨公司的报案报告和粤侨公司副总经理郑某、常务副总经理李某平、财务总监卢某、财务部经理张某想的证言。

本院认为，上述指控事实是否成立是认定原审被告人黄某泉所持提单是否虚开的基本前提，应当符合案件事实清楚，证据确实、充分的刑事证明标准，但现有证据尚未达到这一要求，理由如下：

1. 粤侨公司是涉案提单的出具者，与本案具有直接利害关系，前述证人均系粤侨公司的主管人员和直接责任人员，代表粤侨公司利益，也与本案具有直接利害关系，因此粤侨公司的报案报告及主管责任人员的证言仍属当事人陈述的范畴，其陈述内容本身属于证明对象，必须有其他证据证明是真实的，才能作为定案证据。……

……

（六）原判对自首或立功事实没有查清的应予查明

如果一审判决事实部分没有叙述自首、立功的相关事实，二审也应当予以补充完善，具体写法上可以采用两种方式：

一是在“经二审审理，查明被告人的犯罪事实与一审判决一致”之后，以“另查明”的方式将相关事实具体叙述。涉及认定自首的，写明被告人归案或交代司法机关未掌握犯罪事实的经过；涉及认定立功的，写明被告人对他人犯罪事实的揭发、查证情况或其他立功表现情况，从而为论理部分阐述法院的量刑理由提供事实基础。

二是在认定被告人不构成自首或立功的情况下，事实部分一般不再叙述相关事实。但如果诉辩双方对被告人是否构成自首、立功存有争议，可以在评判诉辩主张时，采用夹叙夹议的方法，既引用证据叙述被告人所称自首或立功的实际客观表现事实，又引用法律文件规定论证其客观表现与自首或立功的构成要件是否相符，最终得出是否构成自首或者立功的结论。

需要注意的是，关于被告人的归案经过，应当按照时间顺序，重点写明犯罪嫌疑人的身份确定及归案过程，以及归案后是否如实供述其主要犯罪事实；关于被告人的立功表现，应当写明线索来源、揭发时间、查证情况、被揭发人处理情况等要素。

示例 1-2-33 | 黄某华故意伤害案二审刑事判决书①（二审判决对有争议的自首事实专门查明）

这个案件属于共同犯罪，案发后部分犯罪人归案，被告人则被上网追逃两次，曾经有投案行为，又两次被取保候审、一次被逮捕，归案情况比较复杂。一审判决没有认定被告人黄某华构成自首，二审辩护人提出黄某华应构成自首的辩护意见。二审判决书就在二审审理查明事实之后，另起一段专门对原审被告人归案经过及归案后供述情况进行详细说明，为后面“裁判理由”部分对原审被告人是否构成自首进行分析评价奠定了事实基础。

（二审）经审理查明：2005 年 7 月 1 日凌晨 1 时许，……（叙述犯罪事实发生经过）

（另查明）黄某华因本案于 2005 年 7 月 7 日被上网追逃，2011 年 11 月

---

① 广东省高级人民法院刑事判决书，(2020) 粤刑终 986 号，第四届全国法院“百篇优秀裁判文书”。

14 日主动归案交代盗窃摩托车的情况，次日被公安机关取保候审，2012 年 11 月 15 日被解除取保候审，2012 年 11 月 23 日被上网追逃，2012 年 11 月 29 日被逮捕，2013 年 1 月 15 日被取保候审，2013 年 6 月 7 日、12 月 16 日经公安两次传讯均不到案，同年 12 月 19 日，和平县公安局作出没收黄某华取保候审保证金决定书，2019 年 8 月 7 日黄某华被公安机关抓捕归案。

第三节　证据部分的写作

“审查判断证据是司法裁判的逻辑起点，是事实认定的前提和基础。”① 现实生活中，客观存在的事实时过境迁，裁判者无法穿越时空去认识事实真相，只能依据诉讼程序法规定的证明方式和司法证明方法——证据和证据裁判规则，对客观存在的案发环境和相关物品痕迹、亲历者的记忆、科学研究或验证的意见等进行间接认识，从而对案件事实作出认定。我国《刑事诉讼法》第 55 条第 2 款规定了事实认定证据裁判规则的基本内涵：“证据确实、充分，应当符合以下条件：（一）定罪量刑的事实都有证据证明；（二）据以定案的证据均经法定程序查证属实；（三）综合全案证据，对所认定事实已排除合理怀疑。”一审刑事判决书应当写明控辩双方所提交的据以支持其控辩请求的相关证据，二审裁判文书多数情况下也要叙述原判采信并据以认定事实的相关证据。刑事裁判文书作为刑事审判活动的成果，应从三个方面落实证据裁判规则的要求：一是凡是裁判文书认定的事实，均应当有相关证据予以证明；反之，与案件事实无关的证据或者证据中与案件事实无关的内容在裁判文书中不需要表述。二是据以证明案件事实的证据均应当经法定程序审查，尤其是控辩双方有争议的证据，要在裁判文书中说明其取证过程和

① 杨惠惠、邵新：《裁判文书证据说理的实证分析与规诫提炼——以法发〔2018〕10 号为中心》，载《法律适用》2020 年第 6 期。

证据形式是否合法、内容是否客观真实、与本案案情是否相关；经审查认为不合法、不客观、无关联性的证据，不应在裁判文书中罗列。三是裁判文书在罗列证据时对现有证据之间的关联、印证关系应当进行分析并反映，从而形成支撑全案事实认定的证据体系或排除合理怀疑的证据链条。

作为法官，通过审理过程，对全案的证据体系有了一定的整理和认识，进而得出检察机关指控或一审判决认定事实的证据是否确实、充分的结论。当诉讼各方对证据存在争议，或案件证据相互矛盾、真伪不明时，法官必须对证据进行审查判断，去伪存真，对其中合法、客观并与案件相关的证据予以采信，为事实认定提供正当性根据。在裁判文书中列举、分析证据的目的正是公开展示庭审中的举证、质证及认证情况，将法官运用证据证明案件事实的完整思路呈现出来。当事人、诉讼参与人和社会公众也是通过对裁判文书中证据体系及其分析的阅读，得出证明被告人有罪及犯罪严重程度的证据是否达到确实、充分标准的结论。因此，如何恰当地表述证据体系，直接关乎裁判文书的质量和效果。“如果只是叠床架屋地罗列堆砌证据，那么受众往往是一篇读罢茫茫然，耗时费力地读完后仍然感觉一头雾水、不明就里。”① 如果控方当庭出示的证据主题不清或者逻辑混乱，一审判决仍对示证提纲照抄照搬，或者原审判决书列举证据不成体系而二审裁判文书仍然照抄照搬，就体现不出作为审判机关的法院对案件证据体系的审查判断情况，当事人或其他读者读后难以得出本案证据确实、充分的结论，诉讼各方难以理解事实的形成过程和正当裁判的理由，败诉一方难以服判息诉，法律效果和社会效果都不好。

在制作裁判文书时，文书写作者应当针对检察机关指控证据或一审判决书中列举的证据，根据证明案件事实以及评判诉辩意见的需要，进行一定的归纳、整理、调整和分析，从而使证据体系符合逻辑，证据内容准确精练，证据之间印证关系清晰，证据内在或外在矛盾得到排除或者合理解释，展示

① 罗灿：《刑事裁判文书证据说理的现实图景与完善路径》，载《中国应用法学》2022 年第 4 期。

出案件事实认定的客观性、公正性和准确性。从审判实践看，裁判文书写作在证据表述上的问题有以下几种表现：

第一，证据摘录不全面。有的裁判文书单纯罗列证据名称，缺乏证据内容和证明事项的介绍；有的裁判文书虽有证据内容的介绍，但遗漏证据来源、特征及关键性信息等，比如对与量刑事实相关的内容缺乏展示。

第二，证据摘录不中立，忽视一些有利于被告人的信息。证据中一些对被告人有利的信息，除非经过证据整体审查判断，予以证伪并排除，否则应当予以表述。

第三，证据与事实脱节，与裁判认定的案件事实不匹配。例如，对证据内容中一些不准确甚至错误的信息不加甄别，一律原样表述，从而出现表述证据内容与认定事实相矛盾的情况；对有些明显多余、对证明案件事实无用的证据材料也进行列举。

第四，在对具体证据的内容摘录和全案证据的整体处理上，存在繁简不分的问题。一审判决书原封不动地复制公诉人当庭提交的示证提纲，二审裁判文书则原封不动地复制一审判决书中的证据部分，不管是顺序还是内容都不作改动，“力求”原汁原味。

第五，证据列举顺序随意、混乱，简单堆砌，缺乏逻辑，不成体系，造成阅读困难。

第六，对证据内容的语言表述不清晰、不规范，层次不清楚，归纳不准确等。

第七，裁判文书据以定案的证据未经庭审出示、质证。未经庭审举证、质证的可能是单个证据，也可能是该证据的某些重要信息。

第八，对证据采信与否缺乏分析说理，单纯一句“以上证据形成证据锁链，事实足以认定”或者“以上证据相互印证，辩护意见与查明事实不符，不予采纳”予以概括。

针对上述问题，笔者从证据列举的顺序、证据内容的引述及证据认证三个方面，对证据部分的写作进行探讨。

一、证据列举的顺序

证据罗列是裁判文书证据表述的重要方面，也是一个案件证据体系的集中展示。《法院刑事诉讼文书样式》对证据的列举顺序没有统一规定，实践有以下几种写法：

第一，按照《刑事诉讼法》第50条关于“证据种类”的表述顺序，即（1）物证；（2）书证；（3）证人证言；（4）被害人陈述；（5）犯罪嫌疑人、被告人供述和辩解；（6）鉴定意见；（7）勘验、检查、辨认、侦查实验等笔录；（8）视听资料、电子数据。可称之为法定证据种类法。

第二，先写被告人的供述和辩解，再写证人证言，再写其他客观证据；或者反过来，先写客观证据，再写主观证据。可称之为主客观证据分列法。

第三，按案件侦破经过写，或者说按照公安机关侦查卷宗中证据的顺序，即先写报案登记表、立案决定书，再写现场勘查笔录、尸体检验鉴定意见、其他鉴定意见，再写证人证言及被害人陈述，最后写被告人供述等。可称之为侦破经过法或者侦查卷宗顺序法。

第四，按照犯罪构成要件排列证据，或者按照犯罪阶段即预谋、实施、后果三阶段来列举证据。可称之为构成要件法或者犯罪阶段法。

笔者认为，判决认定案件事实所依据的既不是某一个证据，也不是多个证据的简单堆集，而是由各个证据相互关联、印证、协作等作用下形成的系统性的证据体系。前者好比乌合之众，后者好比经过训练各有分工的合成军团，相比之下，当然是后者的作战能力（证明能力）更强。对于法官来说，构建一个案件的证据体系时，“要筛选证据，决定取舍哪些证据，避免不加区分地列明无关的、多余的、没有价值的证据；要精简证据，对于冗长琐屑的言词证据等要概括提炼；要归纳证据，对于证明对象相同的多个证据将其合并为一类；要排列证据，根据案件具体情况决定各组证据的先后展示顺序。证据过多的，还可以采取附表、附图、附录或者其他附件等多种表述方式，呈现构成证据链的全案证据或者证据目录”①。合格证据体系的构建，既要条理清晰，还要符合逻辑，更要体现控辩平等。一般而言，经审理认为指控事实成立的案件，可以按举证的诉讼主体不同分别列明，即首先列控方提出的证据，其次列辩方提出的证据，最后进行认证分析；经审理认为指控事实不能成立的案件，则可以按事实争议内容，针对指控犯罪事实的主要情节，分别列明控辩双方出示的证据、对方质证意见、法院分析及认定意见。

证据的具体组织方式可以说是法无定式，并没有法定或者约定俗成的规矩，而是取决于案件的罪名特点、具体证据情况、争议程度及事实认定的裁判结论。以下根据罪名和争议程度不同提供几种证据体系的组织方法，在实践中可以参考。

（一）故意杀人、伤害、抢劫等普通犯罪案件

可以根据案件侦破方式不同，证据之间相互关联、印证、协作的具体关系，按照“犯罪发现—犯罪嫌疑人的确定—主要证据—犯罪前因”的顺序，并结合证据的证明力大小来确定引用证据的顺序；也可以根据案情发展的脉络，按照“预谋犯罪—实施犯罪—掩饰犯罪—发现犯罪”的顺序来分阶段组织相关证据。具体而言：

1. 先发现尸体，根据关键物证确定嫌疑人，进而破案的。可以按照“报案人证言—现场勘查笔录—尸体鉴定意见—尸体身份的确认—现场提取物证的鉴定、辨认情况—证人证明被害人或被告人的活动情况—被告人供述”的顺序引用证据。需要说明的是：

（1）把报案人证言写在前面，是为了和现场勘查笔录相印证，证明现场的真实性以及现场勘查笔录所记载情况的真实性，写作中应注意现场勘查笔录内容要相对详细一些，要写明在现场发现的关键物证。

（2）尸体鉴定意见和确认尸体身份的证据先后叙述，是为了说明被害人的身份和死因，把尸体身份确认证据放在后面，是因为实践中往往是根据尸

① 罗灿：《刑事裁判文书证据说理的现实图景与完善路径》，载《中国应用法学》2022年第4期。

体检验中提取血样的鉴定来确定死者身份，如果发现尸体后通过亲友和其他熟悉人员的辨认确认了身份，也可以先写身份确定的证据，再写死因的证据。

（3）先写现场提取物证的鉴定、辨认，再写证人证明被害人或被告人的活动情况，是因为物证作为客观证据，证明效力客观、稳定，而证人证言作为主观证据，证明效力可能会发生变化，二者相互协作，相互印证，能更有力地证明被告人的作案事实。

（4）将被告人供述放在最后写，可以使读者通过对证据体系内其他证据的认知和解读，即可得出案件证据充分的结论，使“重证据而不轻信口供”这一裁判规则在裁判文书中得到充分体现。

2. 被害人或现场目击证人报案并证明案发经过，据此破案的。可以按照“被害人陈述、现场目击证人证言—对被告人的辨认笔录—现场勘查笔录—尸体鉴定意见—现场提取物证的鉴定意见—被告人供述”的顺序来叙述证据。按这种顺序组织证据，应注意以下几点：（1）被害人陈述和现场目击证人的证言要详细一点，因为证明全案的主要证据就是陈述、证言及辨认笔录，这两样本身即足以证明案件主要事实，其他证据只是起到补充证明作用；（2）现场勘查笔录如果没有发现有价值的物证，则可以简单介绍现场地点、尸体在现场的位置等，主要是印证被害人陈述或目击证人证言的真实性。

3. 被告人自首，从而得以破案的。又分为两种情况：（1）司法机关先发现有案件发生，但不知道犯罪嫌疑人是谁，此时被告人自首的，可以按照“现场勘查笔录—尸体鉴定意见—现场提取物证的鉴定意见—其他证人证言—被告人供述”的顺序来写，与第一种写法大致相同，不再详述；（2）案件的发生并不为司法机关所掌握，根据被告人供述发现尸体、赃物等相关物证，从而确认相关案件发生的，可以首先写被告人供述，其次写根据被告人供述、指认开展的现场勘查情况、取得的相关证据，最后写对尸体的鉴定情况等证据。因为这时被告人的供述具有主动、自愿、先供后证等特征，客观可信，证明力强，所以可以放在前面写。

4. 先写证明力强的证据，再写证明力弱的证据。案件中既有能够直接证明被告人和案件关联性的客观证据，又有证明被告人作案的言词证据，可以先写证明效力强的客观证据，再写证人证言或者辨认笔录等主观证据。因为客观证据证明力强、稳定性强，而言词证据或者辨认笔录往往掺杂证人的主观认识因素，证明力弱于客观不变证据。

示例1－3－1　程某某故意杀人案二审刑事裁定书①（故意杀人案件按侦破经过罗列证据）

本案的基本案情是公安机关接群众报案在县城的一条河里发现尸体，现场勘查时在岸边发现一辆摩托车，根据摩托车登记查找到被害人亲属，经亲属辨认尸体确认身份；又根据被害人的手机通话记录查找到其最后联系人是本案被告人，确定被告人为犯罪嫌疑人后抓捕归案，经讯问，其供述因矛盾杀人。二审刑事裁定书在证据表述时采用三条线来组织证据。

（1）先写报案人发现尸体后报案，再写现场勘查发现岸边有一辆摩托车，尸体检验鉴定意见证明系他杀，然后写被害人亲属对摩托车及尸体的辨认情况，证明被害人身份及死因；

（2）根据被害人手机通话情况、证人证明被害人的最后活动情况，从而确定原审被告人程某某是最后和被害人在一起的人；

（3）先写程某某对现场提取作案凶器的辨认情况，再写根据程某某供述对凶器来源的查证情况，最后是程某某的供述，这三样证据又是相互印证的。

这种证据罗列顺序，展现了“发现案件—发现嫌疑人—发现嫌疑人作案的证据”这一过程，一层一层地发现案件真相，符合认识规律。

示例1－3－2　张慧某故意杀人案二审刑事裁定书②（在犯罪暴露前主动投案的应先叙述投案及供述情况的证据）

被告人因与公婆有矛盾，携带一把三棱刮刀骑电动三轮车从自己娘家出

---

① 河南省高级人民法院刑事附带民事裁定书，（2013）豫法刑四终字第111号。

② 河南省高级人民法院刑事裁定书，（2020）豫刑终2257号。

发，到公婆家，将公婆杀害，后当场拨打“110”报警，供认犯罪事实并在现场等候抓捕。在证据书写顺序上，就先写了被告人的报警录音，强调其主动投案并如实供述作案事实。

（1）公安局出具的张慧某报警录音及110接处警信息表、派出所接处警登记表、民警徐某某出具的到案经过等书证证明……（公安机关接张慧某报案的时间及报案内容）

（2）现场勘查笔录及照片、提取痕迹及物证登记表、扣押清单等证明……（现场位置、尸体、血迹分布、作案凶器等情况）

（3）人身检查笔录、提取笔录、照片及物证登记表证明……（被告人张慧某的人身检查及提取血迹情况）

（4）被害人尸体的检验鉴定情况证明……（被害人的伤情、死因及凶器推断）

（6）物证、提取笔录、辨认笔录、鉴定意见证明……（凶器三棱刮刀一把及被告人到达现场的交通工具电动三轮车的提取、辨认、鉴定情况）

（7）DNA鉴定意见证明……（被告人身上血迹及现场血迹的来源情况）

（8）证人×××、×××的证言证明……（被告人与被害人矛盾的发生和发展情况）

（9）被告人张慧某的供述和辩解，……

示例1-3-3 王某金故意杀人、强奸案死刑复核刑事裁定书[①]（依赖关键证据定案的可以先写证明力最强的证据）

本案被告人王某金归案后供述在广平县×××乡×××村东南的东西土路的北侧强奸、杀害一妇女并埋尸于路南侧。公安机关在其指认的埋尸地点挖出一具白骨，白骨颈部有红色丝状布条缠绕并在颈部后侧打死结，经检验系机械性窒息死亡，与其供述能相印证；该尸骨经DNA鉴定系多年前亲属已经报案失踪的被害人张某甲。因此根据王某金指认进行现场勘查发现的尸

① 最高人民法院刑事裁定书，（2020）最高法刑核56971380号，第四届全国法院“百篇优秀裁判文书”。

骨，系证明其犯罪事实的最具有客观性也最具有证明力的证据，在证据体系中先行叙述出来，能够直接令读者产生本案足以定案的深刻印象。复核审裁定书就首先列举了现场勘查笔录、辨认现场笔录及照片等证据，尤其是重点描写了被告人王某金指认的具体强奸、埋尸地点及挖出尸骨颈部有红布条缠绕等细节；其次列举了尸体鉴定意见，确认死者系窒息死亡且下身所穿黑色裤子无腰带的细节，与被告人王某金供述强奸后掐被害人颈部并用其红色腰带将其勒死相印证；最后写 DNA 鉴定意见证实尸骨身份，与王某金供述被害人系同村王姓男子之妻相互印证。以上尸骨的发现、尸骨颈部有红色布条缠绕而裤子无腰带、尸骨的死因、尸骨的身份等关键情节均系先供后证，证明力极强。

经复核确认：

（一）1993 年 11 月 29 日上午，被告人王某金携带铁锨到河北省广平县×××乡××××村东地干活时，在××××村至××村之间××××桥北侧将途经此处的被害人张某甲（女，殁年 25 岁）挟持至×××乡×××村东南一变压器房南侧，对张某甲实施奸淫。王某金恐罪行败露，遂掐住张某甲的颈部，并用张某甲的腰带勒张的脖子。张某甲因被勒颈造成机械性窒息死亡。随后，王某金用铁锨将张某甲的尸体掩埋。

上述事实，有第一审、第二审开庭审理中经质证确认的下列证据证实：

1. 现场勘查笔录、辨认现场笔录及照片证实，被告人王某金指认广平县×××乡×××村东南的东西土路北侧变压器小房的南侧为强奸张某甲的地点，指认该东西土路南侧约 2.5 米处为掩埋张某甲尸体的地点。在王某金指认的埋尸地点挖出一具白骨，白骨颈部有红色丝状布条缠绕并在颈部后侧打死结，颅骨北 163 厘米处发现有腐烂白色雨鞋痕迹。

2. 尸体鉴定意见证实，尸体上身附着红色上衣，下身穿黑色长裤（未见腰带），舌骨左侧骨体骨折，死者颈部曾受钝性外力作用，符合勒颈致机械性窒息死亡。

3. 公安部（2020）公物证鉴字 229 号物证检验报告以及邯郸市公安局物证鉴定所邯公物鉴（法物）字（2020）0038 号鉴定书证实，根据被告人王某金指认从广平县×××乡×××村东南田间挖出的尸骨的肱骨所属个体是王某甲（张某甲之子）的生物学母亲，亲权指数4.04×104。

4. 证人王某乙（被害人张某甲丈夫）、张某丙证实，1993年农历十月十六（即1993年11月29日）上午，张某甲抱着一件黄大衣独自步行去××村娘家送大衣后失踪，张某甲当时穿粉红色上衣、系红色布腰带，脚穿白色胶鞋。辨认笔录证实王某乙辨认出根据王某金指认挖出的尸骨上的衣服是张某甲的衣服。

5. 证人郝某某证实，公安机关在我家的地中挖出了一具尸骨，当时我家收麦把麦子打了后，就把麦秸和麦糠堆在地北头路沿处。

6. 被告人王某金供述，在1992年或1993年农历十月到十一月的一天上午，我溜红薯走到××村与村东××××交叉桥北1公里的地方，见×××渠东沿土路上从南到北过来一名妇女，且周围没有人就想强奸她。这名妇女是本村5组一姓王的男子的媳妇、娘家是××村的，穿黄大衣、红色上衣，脚穿深腰胶鞋。我上前搂住她到东边变压器小房南侧的一堆玉米秆处，她当时挺害怕，说让我别害她。我将她拉到玉米秆北边偏西一点，让她把裤子脱了。后她把黄大衣铺在玉米秆上，我把她强奸了。我觉得她有点面熟，如果要告我就得坐牢，就掐她的脖子，抽出她的裤腰带勒她脖子直到不动。我看到她不动了，就用溜红薯的铁锨在变压器小房南侧麦秸垛东边稍南一点挖坑，将她拖到坑里，当时她的裤子在腿弯处，并把她的黄大衣、鞋扔到坑里，用土埋了。

综上，被告人王某金的供述及辨认现场情况与在案证据能相印证：(1）根据王某金的供述和指认在广平县×××乡×××村东南田间挖出一具尸骨，该情节有现场勘查笔录、辨认现场笔录予以证实。(2）其供述作案时间为1992年或1993年的农历十月到十一月的一天上午，被其强奸杀害的妇女是本村姓王的媳妇，娘家是××村的，穿着黄大衣、红色上衣和深腰胶鞋；与张某甲的丈夫王某乙、张某丙证明张某甲于1993年农历十月十六（即1993年11月29日）穿粉红色上衣、白色胶鞋去娘家××村送黄大衣后失踪的情节相印证，且与DNA鉴定意见证明挖出的尸骨是被害人张某甲以及现场勘查笔录证实尸骨颅骨北163厘米处发现有腐烂白色雨鞋痕迹的情节相印证。(3)其供述强奸后掐住被害人颈部并用她的红色腰带将她勒死；与现场勘查笔录证实张某甲尸骨脖子上有打结的红色丝状布条缠绕、尸体鉴定意见证明张某甲系勒颈致机械性窒息死亡的情节相印证。

(二)集资诈骗等破坏市场经济秩序犯罪案件

破坏市场经济秩序犯罪与普通刑事犯罪在证据体系上有较大区别，包括：(1)将被告人与指控事实关联起来的证据一般不是客观物证，而是证人或者同案被告人的言词证据；(2)书证在证据体系中占很大比重，即被告人实施犯罪行为过程中往往伴生了大量书证，对于证明被告人行为性质或在犯罪过程中的作用有重要意义。这就决定了在证据体系中要特别重视以上两种证据的运用。

1. 按“犯罪构成要件+其他量刑事实”的模式组织相关证据

示例1-3-4 | 善林(上海)金融信息服务有限公司、周某云等集资诈骗案一审刑事判决书[①](集资诈骗案件按犯罪构成要件构建证据体系)

本案检察机关指控被告人周某云组建、设立被告单位善林(上海)金融信息服务有限公司(以下简称善林金融公司)，并实际控制“善林系”企业，使用诈骗方法向全国62万余名投资人非法募集资金，至案发时未兑付25万余名被害人本金217.79亿元。被告单位善林金融公司、直接负责的主管人员周某云及其他直接责任人员均已构成集资诈骗罪。一审判决书采用五组证据，分别是犯罪主体、犯罪过程、具体手段、犯罪后果(非法所得去向)、案发经过等来证明案件事实，条理比较清楚。

上述事实，有公诉机关提交，并经法庭质证、认证的下列证据予以证实：

第一组证据，证明善林金融公司及下属、关联企业的组织架构、运营模

---

① 上海市第一中级人民法院刑事判决书，(2019)沪01刑初26号，第四届全国法院“百篇优秀裁判文书”。

式等情况。……

第二组证据，证明善林金融公司向社会公众非法募集资金的事实。

（一）善林金融公司非法募集资金行为的相关证据；……

（二）保障非法募集资金的相关公司管理制度；……

（三）被害人陈述、报案资料等证明参加善林金融公司经常活动的过程及造成的经济损失。……

第三组证据，证明善林金融公司在非法募集资金过程中，使用了虚构债权、虚假宣传等诈骗方法。……

第四组证据，证明善林金融公司非法募集资金的使用及去向。……

第五组证据，证明本案案发经过，查扣财物情况等。……

示例1-3-5 中某信集团有限公司、邹某胜等集资诈骗、非法吸收公众存款案一审刑事判决书①（根据证明方向分组使用书证和言词证据）

本案检察机关指控被告单位中某信集团有限公司（以下简称中某信公司）及其直接负责的主管人员构成集资诈骗罪，其他公司员工、合作公司及其员工构成非法吸收公众存款罪。一审刑事判决书采用四组证据证明案件事实：

上述事实，有公诉机关提交，并经法庭质证、认证的下列证据予以证实：

一、下列证据证实被告单位的基本情况和各名被告人的任职情况……

二、下列证据证实中某信系单位非法销售理财产品的事实……

三、下列证据证实本案非法集资的事实（中某信公司面向不特定社会公众推销理财产品的事实，作者注）……

四、下列证据证实本案案发情况、查扣情况、退赔情况……

第一组是关于被告单位及被告人基本情况的证据，重在证明被告单位的

① 上海市第一中级人民法院刑事判决书，（2017）沪01刑初103号，第二届全国法院“百篇优秀裁判文书”。

设立情况、各被告人在公司中的地位及在指控犯罪过程中的具体分工；第二组是关于中某信公司对外销售理财产品的具体情况的证据，重在证明相关理财产品的价值虚假，或者是所宣称的交易内容虚假，或者是交易已提前终止，或者是针对并无实际开展的交易发行理财产品；第三组是关于中某信公司以非法集资方式销售理财产品的相关证据，重在证明相关被告人通过开客户说明会、小区摆摊、随机打电话推销等方式，面向不特定社会公众销售理财产品；第四组是关于其他量刑情节的相关证据，重在介绍本案查扣财产情况、各被告人的归案经过及退赃情况。

在前三组证据的叙述中，每组证据都使用工商登记资料、公司内部管理文件、对外宣传资料、合作协议等相关书证，证人证言及被害人陈述，各被告人供述等来证明一个主题的相关事实；表面上看同一证人证言或被告人供述被拆分为多份证据，在每组证据里均有使用，但每组证据的证明主题非常明确，各证据之间的相互印证关系非常明确，可以说是“集中优势兵力”，证明效果非常好。判决书没有采用常见的“一、书证；二、被害人陈述；三、证人证言；四、被告人供述”的证据列举模式。后一种模式虽然看起来结构清楚，写作难度也小，但大量堆集同类证据，长篇累牍地叙述同一证据内容，既主题不清，也难以显示各证据之间的具体对应、印证关系，证明效果较差。

2. 按照有罪无罪的区分标准来组织证据

发生在市场经济领域的诈骗类犯罪，比如合同诈骗罪等，控辩双方经常会发生案件属于一般经济纠纷还是经济犯罪的争议，而区分被告人有罪无罪的关键，往往在于其主观上有无非法占有目的。行为人主观上是否具有非法占有目的，一般应从其有无实际履行合同或其他经济交易的能力、有无实际履行双方协议或者口头约定的行为、合同没有履行的原因、履行态度是否积极、行为人的事后态度等方面来判断。在犯罪事实的表述和证据的体系的组织上，也可以按照上述要素来分类表述证据。

示例1-3-6 高某被控合同诈骗、诈骗一审宣告无罪案刑事判决书[①]（对证明有罪和证明无罪的证据分别列举）

本案检察机关指控被告人高某控制的庆泰公司、名人公司、诗乐伯公司与被害单位永盛公司及有关银行签订"厂商银预付款融资三方合作协议"（以下简称厂商银协议），隐瞒没有实际履行能力的真相，骗取被害公司将根据协议收到的部分承兑汇票背书后交给其使用，最终使得被害单位承担高某公司未全额承付汇票产生的5000余万元敞口的还款责任。一审判决认为高某公司与被害人公司长期采用厂商银协议模式合同，对于违规操作双方均明知，未履行部分占总额比重较小，且被告人有归还欠款的主观意愿，因此认定高某公司具有非法占有目的未达到确实、充分的证明标准，指控犯罪不能成立。在具体组织证据时，判决针对高某公司的经营情况和双方之间协议的履行情况，采取分组方式列举证据，将证明同一类问题的证据列为一组，尤其是对涉及的银行一方、被害单位永盛公司一方、被告人高某公司一方的相关证人证言进一步分组列举，指向明确，避免逻辑混乱；同时对被害单位永盛公司诉讼代理人提交的证据及证明被告人有罪的质证意见、被告人高某公司辩护人提交的证据及证明被告人无罪的质证意见进行分组介绍，体现了平等对待。

公诉机关向法庭提交以下证据，并经法庭质证：

（一）关于高某公司经营及资产情况的证据……

（二）关于庆泰公司、名人公司、诗乐伯公司与永盛公司之间厂商银（保兑仓、动产融资差额回购）协议履行情况的证据

1. 厂商银（保兑仓、动产融资差额回购）协议及名人、庆泰、诗乐伯公司在民生银行南京分行、广发银行江宁支行、广发银行白马支行、南京银行热河支行开具承兑汇票明细、敞口情况及承兑汇票复印件，证实自2010年11月至2013年7月，高某公司、永盛公司及相关银行签订厂商银保兑仓、

① 山东省东营市中级人民法院刑事判决书，（2017）鲁05刑初10号，首届全国法院"百篇优秀裁判文书"。

动产融资差额回购协议共12份，其中8份协议已全部由出票人填平敞口履行完毕，4份未履行完毕，具体为：……

2. 南京银行提供的银行承兑汇票申请资料，证实……

……

14. 永盛公司相关工作人员的证人证言……

15. 高某公司相关工作人员的证人证言……

16. 相关银行工作人员的证人证言……

17. 被告人高某供述和辩解，证实……

（三）关于永盛公司与高某公司之间业务开展方面及2013年8月9日后永盛公司继续为高某公司发货情况的证据……

（四）综合证据……

诉讼代表人当庭提交涉案银行承兑汇票23张、……的证言，上述证据均来源于侦查卷宗，并经法庭质证。

诉讼代理人据此提出：……

辩护人当庭提交……等8组证据，并经法庭质证。经辩护人申请，证人延某某出庭作证，证实……

辩护人据此提出：……

（三）违法生产、销售类犯罪或走私类犯罪等组织性较强的犯罪案件

对于生产、销售伪劣产品、侵权商品，走私、制造、销售枪支、弹药、毒品、淫秽物品、假币等违禁品，以及假冒注册商标等侵犯知识产权犯罪，被告人所实施走私、生产、销售活动的组织性较强，按照“犯罪的预备—实施—发现”的顺序组织证据，脉络更为清晰、阅读更为顺畅。以生产、销售伪劣产品、侵权商品犯罪为例，可以按以下顺序组织证据：

1. 被告人采购生产设备、原料的相关证据，包括生产设备、原料提供人的证言和辨认笔录，双方的电话、短信、微信等通信记录，购买设备、原料的合同或销售凭证，被告人支付货款的相关证据等；

2. 被告人准备犯罪场所的相关证据，如场所提供人的证言及辨认笔录，

房屋租赁合同等，被告人支付生产场所水电费的相关证据，被告人对生产现场的指认笔录等；

3. 被告人组织生产的相关证据，包括生产人员的证言和辨认笔录，现场搜查笔录、勘验笔录，公安机关在现场提取的成品、半成品及生产设备、原料等；

4. 被告人销售产品的相关证据，包括购买人的证言和辨认笔录，双方签订的合同，购买人的付款记录，双方的账户交易明细等；

5. 被告人犯罪数量的相关证据，包括纸质和电子账目，司法会计鉴定，对现场成品、半成品的扣押笔录，对库房中的产品的扣押文书等；

6. 被告人犯罪所得的相关证据，包括对被告人本人及其控制账户的交易明细的查询、账户资金冻结手续，被告人及证人关于账户用途的言词等；

7. 各被告人在共同犯罪中地位、作用的相关证据，包括各被告人供述，知情人证言及其他证据。

示例 1－3－7 许某纬等假冒注册商标案一审刑事判决书[①]（按假冒产品的具体生产、销售过程组织证据体系）

本案的被告人许某纬组织非法生产、销售假冒“KIEHL’S”“LaboLabo”商标的化妆品，一审判决书的证据体系基本按照制假窝点的准备、在窝点查获产品情况、包装材料的采购、假冒商标的制造、产品原料的生产、产品的包装发货、产品的销售这样一个产品生产及销售链条来组织证据，较为完整地展现了制假、销假的犯罪过程，同时也展示了各被告人在共同犯罪过程中的具体地位和作用。

……

3. 被告人许某纬的供述与证人陈某某的证言、好运来大厦的《租借合同》相互印证，并能得到被告人张某柱、覃某华、张某宝、谢某、王某、黄某铖等人供述佐证，证实许某纬租赁广东省深圳市宝安区民主新村×巷10

① 上海市第三中级人民法院刑事判决书，（2019）沪03刑初55号，第三届全国法院“百篇优秀裁判文书”。

号、深圳市宝安区××路××大厦B栋3B层019号用作制假、销假生产、仓储窝点的事实。

4. 公安机关的《搜查证》《搜查笔录》《扣押决定书》《扣押清单》，侦查人员拍摄的关于涉案生产、仓储窝点现场及查获物品的刑事摄影照片，证实侦查机关于案发当日在上述生产、仓储窝点和被告人宁某飞处，查获假冒"KIEHL'S"、"LaboLabo"商标的各类化妆品、假冒商标标识，以及大量制假工具及半成品等的事实。

5. 公安机关调取的由注册商标权利人提供的《商标注册证》《核准续展注册证明》《未授权证明》《鉴定证明》《价格证明》等书证，证实涉案的"KIEHL'S""LaboLabo"商标均系合法注册商标且均在有效期内，公安机关在民主新村、××大厦窝点查获的标有"KIEHL'S""LaboLabo"商标的化妆品均为假冒注册商标的产品，以及假冒产品对应正品的市场参考价等事实。

6. ……证实耿某自2010年始至案发为许某纬生产不同规格的空白纸盒，秦某某自2014年9月至案发按照许某纬提供的样品为其生产各类塑料瓶和瓶盖等事实。

7. ……证实鲁某学于2016年始接受许某纬的委托，按照许提供的"KIEHL'S"正品商标及说明书原件，为许印制粘贴商标标识的事实。

8. ……证实2017年3月到案发期间，钟某彪受许某纬委托后，转委托宁某飞按照正品"KIEHL'S"商标印制假冒热转印商标标识，并将商标标识热转印到化妆品空瓶上的事实。

9. ……证实黄某铖根据许某纬提供的原装化妆品研发假冒化妆品原料配方，并通过刘某某公司生产、灌装涉案假冒"KIEHL'S""LaboLabo"商标化妆品原料的事实，上述化妆品数量明细、产品配方单还证实了黄某铖2017年下半年后生产原料的数量。

10. ……证实张某柱、覃某华、张某宝、谢某分别自2015年或者2016年开始为许某纬打工，在民主新村生产窝点对假冒"KIEHL'S""LaboLabo"商标化妆品进行灌装、贴标、装盒、打包、收发货等事实。

11. ……证实许某纬自2015年5月开始向王某、自2017年10月开始向李某销售假冒“KIEHL'S”商标系列化妆品的事实。

……

14. 上海司法会计中心有限公司出具的司法会计鉴定意见书证实涉案货款的进出明细和扣押物品的货值等事实。上海市食品药品检验所检验报告证实抽查送检的七个品种的假冒“KIEHL'S”化妆品经检验未发现有毒有害成分。

示例1-3-8 王某明、陆某弟污染环境、孙某林诈骗案二审刑事裁定书①（按照犯罪的预备、实施、情节、后果等证明方向不同分组列举证据）

本案基本事实为被告人孙某林虚构可以帮助承接某戒毒所在西山岛的宕口（采矿形成的积水坑）填埋工程，以向戒毒所缴纳费用为名骗得王某明、陆某弟25万元；被告人王某明、陆某弟通过不正当方式取得某戒毒所盖章的接收土方证明，自行变造添加二人所控制的锦鹿公司名称、土方数量及接收建筑垃圾等内容，之后据以接收他人送来的建筑垃圾并倾倒在西山岛一接近饮用水取水口的宕口内，产生环境污染。二审刑事裁定书在叙述证据时，将现有证据根据证明犯罪需要，按证明方向分组介绍，逻辑十分清晰。

一、认定本案污染环境事实的证据有：

（一）证明上诉人王某明、陆某弟擅自变造经某某戒毒所盖章的接收土方证明，并用于接收涉案垃圾的证据……

（二）证明上诉人王某明、陆某弟在宕口非法倾倒、填埋生活垃圾与建筑垃圾的混合物，现场产生异味的证据……

（三）证明涉案垃圾来源及接收价格的证据……

（四）证明涉案垃圾重量、成分及对环境影响的证据……

（五）证明本案造成公私财产损失的证据……

---

① 江苏省苏州市中级人民法院刑事裁定书，（2017）苏05刑终933号，首届全国法院“百篇优秀裁判文书”。

二、认定本案诈骗事实的证据有：

（一）证明上诉人孙某林主观上明知西山岛宕口不能填埋的证据……

（二）证明上诉人孙某林虚构承接宕口填埋工程需向某某戒毒所缴纳保证金的事实，并向王某明、陆某弟收取人民币25万元的证据……

（三）证明涉案25万元与绿化土工程、1200亩蟹塘工程、三个小鱼塘工程及孙某林辩解的其他工程无关的证据……

（四）证明涉案25万元被上诉人孙某林据为己有的证据……

三、与本案相关的其他证据

（一）证明锦鹿公司性质及各上诉人身份的证据……

（二）证明各上诉人归案及其他情况的证据……

（四）职务犯罪类案件

贪污、受贿、挪用公款及滥用职权、玩忽职守等职务类犯罪案件，被告人的犯罪行为往往与其具体职务行为密切相关，在构建证据体系时，应当首先列举被告人的身份、履职要求的证据，其次列举证明被告人的具体违反职责行为的证据，涉及赃款的还应当有关于赃款的来源、流转及去向的相关证据，最后以被告人本人的供述和辩解收尾，体现相互印证。尤其是受贿案件，不能仅仅以行贿人和受贿人的供证一致构建证据体系，还应有被告人为行贿人谋取不正当利益的具体证据，行贿款的来源、交接过程的相关证据，被告人对行贿款的处置、使用的相关证据，以印证行贿人证言及被告人供述的客观可信。

示例1-3-9　容某社受贿、滥用职权案一审刑事判决书[①]（受贿案件对请托事项的办理和贿款的来源、交接、去向分组列举相关证据）

一、被告人容某社的主体身份

1.2002年9月23日，容某社任马×县人民政府副县长、代理县长；……

---

① 广西壮族自治区玉林市中级人民法院刑事判决书，（2017）桂09刑初27号，首届全国法院“百篇优秀裁判文书”。

2. 2006 年 6 月 26 日，容某社任隆×县县委书记。3. 2009 年 11 月 23 日，容某社任南宁市××区委书记。4. ……

上述事实，有检察机关提交，并经法庭庭审质证、认证属实的下列证据证实：

……

二、受贿

……

（二）2006 年至 2011 年间，被告人容某社利用其担任马×县县长、隆×县委书记、南宁市××区委书记的职务便利，接受吴某 1 的请托，在拨付马×县委、政府综合楼工程款和南宁市××区八鲤工业区通用设备制造一期项目用地土方平整工程款，承揽隆×至小林二级公路工程第 NO. 1 合同段工程、隆×华侨管理区富侨大道六标工程等事项中提供帮助，分 12 次收受吴某 1 送给的现金 48.7 万元。

上述事实，有检察机关提交，并经法庭庭审质证、认证属实的下列证据证实：

1. 证人吴某 1 证言，证明 2005 年底，其经他人介绍认识时任马×县县长容某社。2006 年下半年，容某社做隆×县委书记后，为了与他搞好关系，找点工程项目来做，其逢年过节都会送钱给他，还帮他支付过 20.7 万元的房款。具体是：（1）2007 年 10 月份，容某社打电话跟其说，他在南宁会展中心附近买一套房子，还差一点钱，让其帮他付 20 万元左右房款，其向容某社表示没有问题。容某社就提供一个叫宁某 1 的工商银行账户给其，其转了 20 万元左右进去，转钱过后其就告诉他，事情已经办好了。（2）……

2. 证人李某 1（时任马×县财政局长）证言，证明马×县委、政府综合楼是 2005 年初新建的，中标单位是广西建工集团第一建筑工程有限责任公司，该项目的承建老板叫吴某 1。项目所有建设资金在县领导审批后由县财政局按工程进度从国库拨付。有时存在建设资金不足的问题，……

3. 证人罗某 1（时任隆×县交通局局长）证言，证明 2006—2007 年间，隆×县小林二级路项目招投标之前，时任隆×县委书记容某社打电话给其明确要求将该项目中的一个标段由吴某1来承建。还指示其要及时进行工程验收、拨付工程进度款给施工老板。

4. 证人黄某1（时任隆×县华侨管理区党工委书记）证言，证明2009年下半年的一天，时任隆×县委书记容某社给其打电话，要求其在华侨管理区市政道路工程建设上给予吴某1支持和帮助。……

5. 证人曹某（时任南宁市××区财政局局长）证言，证明2010年左右，时任××区委书记容某社曾经打电话向其打过招呼，要求其对××区龙岗片区的一个土石方工程项目及时支付工程款，这个项目是一个叫吴某1的老板做的，……

6. 证人宁某1证言，证明2003年左右，其购买了广西财政厅在南宁市××区竹溪大道搞的集资房，以其妻子严某的名义签订购房合同。2007年10月份左右，其将这套集资房转让给容某社，之后续交房款、车位款以及相关税费总共30万元左右一般都是容某社通过其交付的，他先把房款打到其交通银行的账户，其再转给房地产公司。经其辨认《交通银行零售客户交易清单，账号62×××87》，这是其交通银行账户流水清单，其中2007年10月25日发生的207 000元的交易是容某社打进来的购房款。其提供账号给容某社，他打款进来之后就通知其房款已经打进其账户了。其不认识吴某1这个人。

7. 马×县委、政府综合楼工程相关合同，拨付工程进度款、结算款的请示及阅批笺，领款单等书证，证明……吴某1在相关领款单上签字领款。

8. 广西建工集团第一建筑工程有限责任公司出具的情况说明，证明该公司2005年中标承建马×县委、政府综合楼工程，吴某1为项目合作者，负责该项目的经营管理。

9. 吴某1出具的关于马×县委、政府综合楼工程的情况说明，证明……

10. 隆×至小林二级公路工程第NO.1合同段合同文件、中标通知书、付款凭证，证明……

11. 企业变更通知书、广西土木建筑工程有限公司出具的说明，证明吴某1挂靠广西北流土木建筑工程有限责任公司承建隆×至小林二级公路工程第 NO. 1 合同段工程。广西北流土木建筑工程有限责任公司变更为广西土木建筑工程有限公司。

12. 吴某 1 出具的关于承建隆×至小林二级公路 1 标工程的情况说明，证明……

13. 隆×华侨管理区富侨大道六标工程建设工程施工合同，证明……

14. 吴某 1 出具的关于隆×华侨管理区富侨大道六标工程情况说明，证明……

15. 南宁市××区八鲤工业区通用设备制造一期项目用地土方平整工程施工合同，证明……

16. 南宁市××区八鲤工业区通用设备制造一期项目支付凭证，证明……

17. 吴某 1 出具的关于承建南宁市××区八鲤工业区通用设备制造一期项目用地土方平整工程的情况说明，证明……

18. 商品房买卖合同、支付房款凭证，证明宁某 1 以其妻子严某的名义向广西广房房地产开发公司购买南宁市竹溪大道 43 号竹溪苑 6 号住宅楼 19 层××号房，并向开发商支付了相关的房款。

19. 中国工商银行进账单、个人业务凭证，证明吴某 1 于 2007 年 10 月 24 日转账 207 000 元给宁某 1。

20. 中国工商银行电子银行回单，证明容某社妻子吴某 2 于 2016 年 3 月 22 日汇款 17 440. 5 元给广西广房房地产开发有限公司，用于补交竹溪苑小区 6 栋××号房办理房屋所有权证等费用。

21. 被告人容某社供述：2005 年其任马×县县长时某介绍与吴某 1 认识。2006 年至 2011 年间，其先后十一次收受吴某 1 送给的现金共 28 万元；另外，其还在 2007 年下半年接受吴某 1 帮其支付 20 万元左右的购房款。具体情况是：……吴某1 送钱及帮其支付购房款是因为其先后任马×县县长、隆×县县委书记、×× 区区委书记，为了得到其的关照和帮忙，也感谢其过去在协调工程款及为他获得工程项目上提供的帮助。其为吴某 1 提供的帮助主要是：……

可以看出，本案“经审理查明事实”部分先介绍了被告人的任职经历及相关证据，然后是具体介绍每一起犯罪事实和相关证据。在受贿罪事实的证据罗列中，第1项证据行贿人吴某1的证言，全面介绍了行贿人向被告人容某社请托的四个事项及行贿的具体经过；第2项证据马×县财政局局长李某1的证言和第7、8、9项书证证实了请托事项一的办理经过；第3项证据隆×县交通局局长罗某1的证言和第10、11、12项书证证实了请托事项二的办理经过；第4项证据隆×县华侨管理区党工委书记黄某1的证言和第13、14项书证证实了请托事项三的办理经过；第5项证据南宁市××区财政局局长曹某的证言和第15、16、17项书证证实了请托事项四的办理经过；第6项证据宁某1的证言和第18、19、20项书证证实了被告人容某社安排行贿人吴某1为其缴纳购房款的办理经过；第21项证据是被告人容某社的供述，全面供述了受贿及帮助行贿人谋取不正当利益的经过，与前面20项证据前后呼应并相互印证。整体上看，证明受贿事实的证据，既有行贿人和受贿人供证一致，又有证人证言及相关书证证实请托事项的办理情况及受贿财物的接受、使用情况，并分别与行贿人证言及受贿人供述相互印证，取得了较好的证明效果。

示例1-3-10　周某刚、胡某培等受贿、滥用职权、行贿案二审刑事判决书[①]（按查明事实的层次和具体证明方向对证据进行分组）

判决书具体内容及解读见本书文书示例1-2-31。

（五）控辩双方对事实经过争议较大的案件

控辩双方对案件事实争议较大的案件，或者是双方各自举证证明争议事实，或者双方对在案证据的证明方向争议较大。可以采用双方证据对比，用第三方证据印证的模式列举证据，也可以采用按照争议焦点顺序，逐个列明相关证据的模式来介绍证据。

---

① 四川省宜宾市中级人民法院刑事判决书，(2017) 川15刑终30号，首届全国法院“百篇优秀裁判文书”。

示例1-3-11 于某故意伤害案二审刑事附带民事判决书[①]（参与事实双方争议较大的分组列举并运用第三方证据对比甄别）

本案原审判决认为，被告人于某面对众多讨债人的长时间纠缠，不能正确处理冲突，持尖刀捅刺多人，致一人死亡、二人重伤、一人轻伤，其捅刺被害人不存在正当防卫意义上的不法侵害前提，构成故意伤害罪。于某的上诉认为：(1) 原判认定事实不全面，没有认定吴某、赵某1此前多次纠集涉黑人员对于某母亲苏某进行暴力索债，案发时被害人杜某2等人对于某、苏某及其他员工进行殴打的事实；(2) 杜某2受伤后自行驾车前往距离较远的冠县人民医院，未去较近的冠县中医院，还与医院门卫发生冲突，导致失血过多死亡；(3) 其行为系正当防卫或防卫过当。案发现场被害人一方的讨债人员有多人在场，被告人于某母亲苏某公司（源大公司）的员工亦有多人在场，双方言词证据针锋相对，二审判决书将双方争议内容全面展示，并运用第三方证言加以对比甄别。

上述事实，有经庭审举证、质证的下列五方面证据予以证明，本院予以确认。

一、被害人陈述、被告人供述和辩解

1. 被害人程某、郭某1、严某（均系讨债人员）陈述：……

2. 上诉人于某供述和辩解：……

二、证人证言

1. 证人苏某（被告人于某之母亲）的证言：……

2. 证人郭某2、杜某7、张某2、张某3、么某、李某3、苗某（均系讨债人员）关于2016年4月14日下午讨债过程的证言与被害人程某、严某、郭某1的陈述相印证。张某3还证明，于某持刀捅人，捅的都是当时离于某较近的人。么某还证明，当时不知道于某从哪拿把刀，说“别过来，过来攮死你”。杜某2以为于某不敢捅，向前靠近，于某朝杜某2捅了一刀。郭某1向前靠近于某，于某往前伸一下手，郭某1用手捂住后背。程某和严某应该

① 山东省高级人民法院刑事附带民事判决书，(2017) 鲁刑终151号。

都是朝于某跟前走被捅伤的。杜某7还证明，其驾车将杜某2等人送县人民医院，不到十分钟到医院门口，杜某2在车上已经休克，想尽快救治，就开车闯杆入内。过一两分钟，医生用小推车把杜某2推到医护室抢救。县人民医院是冠县最好的医院。

3. 证人于某2、刘某、马某、张某1（均系案发现场源大公司的员工，除马某外均系于某亲戚）的证言：……

4. 证人吴某、赵某1（纠集杜某2等向于某母子讨债的人员，均因涉嫌刑事犯罪另案处理）的证言：……

5. 证人张某4、卢某、康某（双方债务纠纷的旁证）的证言与赵某1、吴某的证言相印证。张某4还证明，赵某1第一次借给于某的100万元，都知道是吴某的；第二次借给于某35万元，有10万元是向其借的。卢某还证明，于某为欠吴某账的事，请其找吴某说和，双方同意于某将房子折抵60万元过户给对方，再还30万元即全部清账。康某还证明，吴某与于某对房子问题有分歧，吴某称是买卖，于某称是抵押。

6. 证人朱某（第二次出警到现场的民警）的证言：……

7. 证人宋某、郭某3（第二次出警到现场的辅警）的证言与朱某的证言相印证，并证明……

8. 证人徐某（第一次出警到现场的民警）的证言：……

三、视频资料、现场勘验、检查笔录、鉴定意见和有关书证材料

……

四、医疗证明和医生的证言

……

五、检察机关补充提取的证据

1. 聊城市人民检察院提取的银行转账凭证证明：2014年7月28日至2015年10月20日，苏某（被告人于某母亲——作者注）账户向赵某1（纠集本案被害人向苏某讨债的债主）账户共计汇款154万元；2015年11月2日至2016年1月6日，苏某账户向赵某1账户共计汇款29.8万元。

2. 聊城市人民检察院提取的通话清单证明：苏某于2016年4月13日10

时56分拨打110并通话，同日15时17分、17时31分、18时01分拨打063512345（市长热线）并通话；于某于2016年4月13日12时43分拨打110并通话，当日12时46分、14时37分、16时11分拨打063512345并通话。

3. 冠县公安局制作的侦查实验笔录证明：2017年4月10日22时31分至23时22分，侦查人员对从源大公司至相关医院抢救路线进行驾车实验。实验结果分别是到县人民医院6.9公里，用时约9分钟；到县中医院5.2公里，用时约7分钟。

这份判决书的证据列举方法有以下特点：

第一，按照“被害人陈述、被告人供述和辩解”“证人证言”“视频资料、现场勘验、检查笔录、鉴定意见和有关书证材料”“医疗证明和医生的证言”“检察机关补充提取的证据”等五个板块列举证据，按纠纷双方各自说辞、旁人证言、客观证据、补强证据的顺序罗列证据，在形式上体现了排列条理，符合争议较大案件的证据认识规律，也明确回应了公众的关切。

第二，贯彻了中立裁判立场，平等对待控辩证据，将各自的相关证据交替罗列。比如将被害人陈述与被告人供述和辩解放在一起对比表述。再如，在证人证言部分，先列举被告人于某之母苏某的证言后，随之表述伙同被害人共同向苏某、于某讨债的人员郭某2等人的证言，又列举苏某公司的在场人员于某2等人的证言，再列举纠集、指使讨债的债主吴某、赵某1的证言，再列举吴某、赵某1和苏某双方债务纠纷的中间见证人的证言，再列举两次接警并到达现场处警的公安人员的证言。一方面，相关证据一正一反，相互对比；另一方面在证人证言小体系里也体现了用旁证对纠纷双方的言词证据进行甄别、证伪的审查判断思路，符合社会公众的认知习惯。

第三，突出对新证据的认证。将检察机关补充提交，经当庭示证、质证后法院采纳的3份新证据单独列出，并较为具体地表述其证据内容，以展示二审庭审的实质化成果。这3份证据分别证明被告人于某母亲苏某作为借款方向出借方即雇用被害人讨债的赵某1还款的情况；于某母亲苏某在案发前一日因受到被害人一方通过软暴力等方式持续滋扰而向公安机关、市长热线等公权力部门请求救济的情况；公安机关针对于某辩护人所提出被害人一方人员自己耽误抢救的说法而开展的侦查实验等。这些情节既是社会舆论关注的重点，也对案件定性、量刑有重要意义，因此判决书予以重点展示。

第四，对内容类同的被害人陈述、证人证言等言词证据进行大幅归纳、合并，将证人单独证明的个性内容以“某某另证明”的模式引出，表述方法更加简练干脆，毫不累赘啰唆。

示例1－3－12　王某然贪污案二审刑事裁定书[①]（针对争议焦点分组列举证据）

本案被告人王某然利用其负责某广电集团部分频道广告经营的职务便利，在代表单位对外洽谈广告业务的过程中，虚增交易环节，谎称中汇公司、博川公司等系广电集团的广告代理公司，以中汇公司、博川公司的名义分别与广告客户和本单位签订合同，从中截留广告发布合同款项共计1000余万元。一审以贪污罪对王某然判处刑罚。二审中，王某然及其辩护人针对王某然的职务有无广告经营职责、相关广告业务归属于广电集团还是其控制的广告代理公司、王某然的手段有无贪污性质及王某然贪污的数额等多个方面均提出辩解意见。二审裁定书就针对争议焦点分四个方面组织证据，以避免产生众多证据简单堆砌、逻辑混乱、证明指向不清的情况。

上述事实，有经庭审举证、质证，本院予以确认的下列证据证实：

（一）关于上诉人主体身份的证据

1. 上诉人王某然的供述证明：……

2. 证人陈某3的证言证明：其担任××广电集团新闻频道总监。……（对王某然的工作职责进行介绍）

3. 证人钱某的证言证明：其担任生活频道主任，……（对王某然的工作职责进行介绍）

……（多名证人均证明王某然的职务及职责）

---

① 江苏省高级人民法院刑事裁定书，（2016）苏刑终304号，首届全国法院“百篇优秀裁判文书”。

12. 中共某某市委某某市人民政府关于组建××广播电视集团的通知、……等书证，证明××广电集团系国有单位。

13. 某某市机关事业单位进人计划凭证、……等书证，证明……（王某然进入××广电集团后的工作经历及任职情况）

14. 书证××广播电视台生活频道出具的情况说明两份，证明……（王某然的具体工作岗位职责）

15. 王某然的竞岗报名表、年度考核登记表等书证，证明……（王某然在向单位提交文件中自述的履职情况）

（二）关于广告传媒公司与××广电集团关系的证据

……

（三）关于王某然贪污手段的证据

1. 上诉人王某然的供述证明：……

2. 证人陆某1、……等人的证言证明：……（关于××广电集团公司禁止业务人员谈定广告业务后通过其他广告公司签订合同的内部要求）中汇公司、博川公司不是××广电集团的签约代理公司。

3. 证人刘某1、……等人的证言证明：……（王某然在××广电集团报销维护相关广告客户的费用）

4. 证人张某2、……等人的证言证明：……（案涉相关广告客户的工作人员证明王某然以××广电集团工作人员身份洽谈业务，不知道中汇公司、博川公司与王某然的关系，根据王某然的要求与中汇公司、博川公司签订合同，等等）

5. 证人陶某的证言证明：……（王某然借用其公司名义分别与广告客户及××广电集团签订合同，合同差价款均汇给王某然，等等）

……

11. ××广电集团出具的相关证明、广告代理证明、授权书等书证证明：……（王某然向广告客户提供的中汇公司、博川公司为××广电集团广告合作或代理公司的证明）

12. ××广电集团电视频道广告经营管理暂行规定、……等书证证明：……

（××广电集团关于广告经营业务的相关廉政规定）

（四）关于王某然贪污数额的相关证据

……

示例1－3－13 念某被控投放危险物质二审宣告无罪案刑事附带民事判决书①（根据争议焦点分组列举证据并将检辩双方证据予以对比）

本案是一个曾引发社会及舆论广泛关注的案件。一审判决认定被告人念某将鼠药投入邻居厨房的铝水壶中，邻居使用铝水壶中的水煮饭并洗菜，后邻居家母子四人出现食物中毒症状，两名孩子死亡；根据上述事实，以投放危险物质罪判处念某死刑。二审刑事附带民事判决书中，明确指出了控辩双方的争议焦点，对有疑问的证据分中毒食物部分的证据、中毒症状部分的证据、物证提取送检部分的证据、理化检验部分的证据、毒物来源部分的证据、作案工具部分的证据、供述部分等七个部分逐一进行了总结归纳，每一部分都分别介绍了检方出示的证据、辩方出示的证据。在此基础上，针对控辩双方的争议焦点，如被害人中毒原因、投毒方式、毒物来源、有罪供述进行了分析和评判。最后得出总体结论，即二被害人系中毒死亡，但原判认定致死原因为氟乙酸盐鼠药中毒依据不足，认定投毒方式的依据不确实，毒物来源依据不充分，与被告人的有罪供述不能相互印证，相关证据矛盾和疑点无法合理解释、排除，全案证据达不到确实、充分的证明标准，不能得出系被告人念某作案的唯一结论。

在此次二审两次法庭审理中，针对原判认定的事实，上诉人念某陈述了上诉理由，检、辩双方重点围绕被害人中毒原因、上诉人投毒方式、投放的毒物来源、上诉人供述情况等出示了证据，申请法庭依法通知了相关证人、鉴定人出庭作证，侦查人员出庭说明情况，专业人员出庭就理化检验报告和法医学鉴定意见提出意见。念某及辩护人、出庭检察员对上述出示的证据进

① 福建省高级人民法院刑事附带民事判决书，（2012）闽刑终字第10号。

行了质证，对证人、鉴定人、侦查人员和专业人员分别作了询问。被害人俞甲的诉讼代理人、念某的附带民事诉讼代理人、被上诉人丁某虾的附带民事诉讼代理人，分别发表了与检辩双方基本一致的意见。在审理过程中，法庭依法对有疑问的证据进行了核实。具体是：

（一）中毒食物部分的证据

检方出示被害人俞甲2006年8月8日陈述；……证人高某2006年7月30日证言。上述证据证实：2006年7月27日晚餐时，俞乙、俞丙、俞甲（三人系被害人——作者注，下同）吃了稀饭和青椒炒鱿鱼，丁某虾（系被害人）吃了稀饭和青椒，陈某娇和念某珠（二人系房东母女）吃了青椒炒鱿鱼。其中，鱿鱼由陈某娇使用丁某虾家铝壶中的水捞后，再由念某珠使用丁家的铁锅做成青椒炒鱿鱼，稀饭由丁某虾使用铝壶水和高压锅烹煮，之后壶水又多次使用并续水，最后俞乙往铝壶里添了水。

辩方出示证人陈某娇2006年7月28日2份证言，提出该2份证言证实其捞鱿鱼、丁某虾煮稀饭，均使用丁家的红桶里的水，系案发当天收集，可信度更高；陈某娇同年7月31日证言收集程序存在瑕疵，该证言及其之后的证言皆不可信。

（二）中毒症状部分的证据

……

（三）物证提取送检部分的证据

……

（四）理化检验部分的证据

……

（五）毒物来源部分的证据

……

（六）作案工具部分的证据

……

（七）供述部分

检方出示上诉人念某2006年8月7日、8日、9日、17日、18日、9月

25 日的供述，内容是：……。检方出示首次有罪供述过程的审讯录像，证实念某第 1 次交代投毒作案时的部分审讯经过；公安部物证鉴定中心的物证检验意见，证实该审讯录像光盘记载的内容未经过剪辑、整合技术处理；指认现场录像，证实念某辨认了购买鼠药地点和作案现场、演示了投毒过程、指认在货架上放鼠药的位置。

辩方出示公安部物证鉴定中心关于审讯录像光盘检验情况的说明函，提出该中心说明的其检验的审讯录像光盘内容未经过剪辑、整合技术处理，与内容中断的在案审讯录像不相符，在案的审讯录像与物证检验意见均不能作为定案依据。

二、证据内容的引述

关于证据内容的引述，有两种比较极端的做法：一种是引述证据的大部分内容，不管是现场勘查笔录、尸体鉴定意见还是证人证言或被告人陈述，裁判文书都大段引述原文，长篇累牍，这种写法的优点是内容全面，防止遗漏，缺点是重点不清，不知所云；另一种是简单列举证据，比如对于现场勘查笔录证明的现场情况或证人证明看到的案发经过都一笔带过，这种写法的优点是简便易写，万能通用，缺点是证据的主要证明方向不清，证明效果差。实践中有的裁判文书表述为“现场勘查笔录，证明本案现场周边方位及基本情况、提取物证情况”，可谓言之无物，毫无意义，哪怕现场没有提取到有效的物证，至少可以说明案件发生现场的具体位置，不然依据什么证明“经审理查明事实”部分认定的案发地点？

裁判文书中证据体系的功能主要有二：一是证明本案事实清楚，证据确实、充分；二是为后面诉辩理由的评判和案件处理意见的说理提供基础。因此引用证据也应服从和服务于以上两项功能。按照繁简分流原则，对被告人认罪且案件事实清楚，证据确实、充分的案件，鉴于控辩双方对指控事实及相关证据并无异议，证据具体内容及证据体系与案件说理的关系不大，为提高效率，裁判文书应当适当从简表述证据，可以只展示证据名称，不再罗列和说明当事人举证、质证过程，一般也不再展示证据详细内容，直接予以确认。对于被告人不认罪或控辩双方对事实认定有较大分歧的复杂、疑难案件，由于证据内容及证据之间的逻辑关系影响案件事实的认定，进而也影响案件的处理，裁判文书必须一一展示诉讼各方提供的证据，尤其是诉讼各方有争议的证据或者重要、关键的证据，不仅包括证据名称，还应当包括证据主要内容、证明对象等，并展示举证、质证、认证的过程。这种写法从短期效果看，有利于彰显裁判公正，从长期效果看，也能够助力于当事人服判息诉。这就要求在叙述证据内容时既不能照抄照搬，也不能过于简单，要做到既简明扼要，又能反映证明重点和证明方向，做到全面、准确、客观、中立且详略得当。

在复杂、疑难案件裁判文书的制作中，引述证据时应注意以下几点：一是根据裁判认定事实摘录证据内容，对证明案件基本事实有证明力的部分，应全面、具体叙述，对于证据内容中经审查认为不客观、不准确的部分则不予罗列，比如证人证言、被告人供述中不客观、不准确的部分，但被告人或辩护人以上述反向证据或证据反向部分作为辩解、辩护理由的，应当在文书中证据分析说理部分予以回应、评判；二是根据控辩争议摘录证据内容，对与证明诉辩理由能否成立有重要关系的部分，应重点、准确反映证据原意，必要时引用原文；三是根据案件裁判需要摘录证据内容，在引证证据内容时，应重点关注关乎事实认定、定罪量刑的关键性信息，对不重要的证据信息一笔带过。总之，要对证据内容进行取舍、加工，使之更为精练、准确，与裁判认定事实更加对应、契合。具体写法上应注意以下几点。

（一）根据证据与案件事实的关联性大小区别对待

证据总是相对于证明对象而存在，证据的关联性强调证据的内容应当与待证事实之间存在联系。在裁判文书中，对证明案件事实有用的证据应重点列举，对证明案件事实无用或意义极小的证据可以不列，这就是经过审理对证据关联性的审查结论。案件控辩双方在庭审中均有权出示证据以证明本方主张的事实，这些证据经过当庭质证、辩论后，具有合法性、真实性、关联性的证据才可以作为证明本案事实的证据。在裁判文书中要坚决舍弃无关的、多余的证据材料。

一审判决书不能不加区分地将卷宗中的证据全部列举在判决书中。在案件侦查过程中，公安机关不可能在取证前就对每项证据的证明力作出准确判断，因此有一些证据取得后，在审判中被发现并不能证明案件事实，这一类证据可以不写。比如在犯罪现场提取一枚烟头，经 DNA 鉴定系被害人所留，如果犯罪现场是被告人家，被害人并不在此居住，这个物证烟头及其鉴定意见就能够证明被害人在被告人家出现过，有很强的证明力，应当写入判决书；如果犯罪现场是被害人家，这个物证及鉴定就没什么证明力，没有必要再写出来。

二审裁判文书也不宜不加区分地将一审判决书所列证据全部照搬过来。二审应当对一审判决采信的证据进行必要甄别，对于与案件无关联性的证据，二审裁判文书就要删除；一审判决所列证据内容过于烦琐或者简单的，二审裁判文书应当适当地删减或者丰富证据内容；一审判决所表述的证据内容归纳总结不到位、有遗漏、不准确甚至错误的，二审裁判文书应当重新整理、归纳、总结，力求全面、准确、真实地反映证据实质内容。二审是对一审整个审理过程及结论的审查，而不是对一审裁判文书的审查；二审裁判文书是对整个案件的审查结论，而不是对一审裁判文书的审查结论；二审裁判文书所引述的一审定案证据，应当是经过一审审理过程中示证、质证、辩论后采信，据以定案并在一审判决书中列举的证据的实际内容，而不是一审判决书书面列举的证据内容。因此，二审裁判文书中引述一审定案证据时，按证据的有效内容进行表述，才真正符合诉讼法理及二审的实际审理结果。

（二）根据证据的具体证明方向和证明力来引述证据

引用证据内容既要全面，也要突出重点；要引用与案情有关系的内容，避免引用无关的内容；要依据证据中的关联性信息串联其他证据，注意反映出证据所证明内容与其他证据证明内容之间的关联性和印证性。有的裁判文书在介绍证据时，表述为“现场勘查笔录，证明现场相关情况”“微信聊天记录（或通话清单）反映被告人与×××的联系情况”，完全没有反映出证据中指向事实要素的关键信息，毫无意义。写作中，要注意以下几个具体问题。

一是对犯罪事实经过的基本要素和关键细节，在证据内容中均应予以反映。比如查明事实认定被告人“进入被害人某某家中，割断电话线”，那么在现场勘查笔录中就应当有是否发现电话线被割断及具体特征的记载，根据具体案情，在提取物证清单中应当有关于电话线被割断及具体物理特征的记载。如果出现案件关键事实缺乏相关证据的情形，就会产生相关事实能否认定的疑问。比如在第四届全国法院“百篇优秀裁判文书”唐某斌、严某等虚假诉讼案二审刑事裁定书①中，二审审理查明部分就提出：“原审法院查明的‘因巨龙广场长期停建，56 户拆迁户持续上访’的事实，无证据证实，本院不予确认，其余事实、证据与二审查明的事实一致，本院予以确认。”

二是能够形成证据链的证据应形成证据组合。这样可以更为全面、直观地反映证据的证明内容，加强证明效果。孤证、只能起印证作用的证据应单独写，起到补强证据体系的作用。比如将作案工具、作案工具的提取经过及扣押情况、作案工具上所附血迹或指纹的鉴定情况、被告人或被害人及其他证人对该物证的辨认情况等作为一组证据来叙述；将现场目击证人证明案件发生经过的证言与该证人对被告人或被害人的辨认笔录等作为一组证据来表述；毒品犯罪案件中将毒品的检查笔录、提取笔录、称重笔录、取样笔录等作为一组证据来表述。

示例 1 – 3 – 14 | 方某辉运输毒品案二审刑事裁定书②（将关键物证的检查、提取、扣押、鉴定等作为一组证据列举）

2. 第一次查获的毒品情况：

（1）现场检查、提取、封装笔录证实：2017 年 5 月 3 日 20 时 06 分至 20 时 42 分，公安人员在昆明市 × × 镇某路段，经检查后提取了方某辉所驾

① 参见四川省广元市中级人民法院刑事裁定书，（2020）川 08 刑终 52 号。

② 云南省高级人民法院刑事裁定书，（2021）云刑终 233 号，第五届全国法院“百篇优秀裁判文书”。

汽车内发现的褐色粉末状毒品可疑物7块。

（2）毒品称量、取样、扣押笔录及照片、计量检定合格证书证实：2017年5月4日00时19分至3时50分，公安人员经称量，7包可疑物净重6972.13克。

（3）理化检验报告及鉴定意见通知书证实：经鉴定，上述7包可疑物中均检出粗制吗啡（吗啡、可待因、罂粟碱、帝巴因）。

三是同一来源有多份证据的，应当列举法官采信的具体证据并明确说明原因。有的案件中，同一证人的证言、同一被告人的供述可能存在多份证据，不同时间形成的证据内容可能有差别，甚至冲突。如果裁判文书仅列举其中一份证据，而不提及有差别甚至矛盾证据的存在，难免缺乏说服力。在这种情况下，列举时应当说明所列举的是哪份证据，并在必要时说明为什么采信这份证据而没有采信相反证据，从而将法官对证据的审查判断和心证过程反映出来。

四是保持多份证据中对同一人物、地点、物品等表述的一致性。目的是减轻理解负担，增强印证效果。例如由于作证人与被害人或者被告人的关系、认知不同，多份言词证据中对被害人或者被告人的表述也不相同，有的表述为“那个穿黑衣服的人”，有的表述为“那个瘦高个子”，有的表述为“我堂哥”，有的表述为“我外甥”。为了显示证据之间的相互印证或关联，可以在作证内容中第一次出现叙述对象时对其身份进一步详细说明，表述为“我堂哥×××”或者“我堂哥×××，也即那个瘦高个子”等，或者根据作证人对被害人或者被告人的辨认情况，在特征描述“那个穿黑衣服的人”之后用括号的形式注明其正式身份——“经辨认即被告人×××或被害人×××”，以凸显证据之间的印证效果。又如，多个言词证据中对同一事发地点的描述，也可能由于个人表达习惯不同而有差异，有的表述为“××单位旁边”，有的表述为“××路与××路交叉口”，有的则表述为该地点的传统名称“××村”，为便于理解，也可以用括号备注的形式说明其同一性。再如，现场勘查笔录、扣押（提取、检查）笔录及清单、辨认笔录、鉴定意见中，对关键物证的表述应当一致，如果现场勘查笔录记载“发现并提取木柄单刃尖刀一把”，在扣押清单中登记为“匕首一把”，鉴定意见中表述为“水果刀一把”，就会出现是否为同一物品的疑问，影响作出同一认定的判断。司法实践中，发现在物证提取笔录、辨认笔录、扣押清单、取样笔录、鉴定意见等证据中的物证名称表述不一致的，应当要求侦查机关作出合理解释，并在裁判文书的证据内容表述中统一起来。

实践中，对于不同证据种类，内容写法也有不同的要求。

1. 勘验、检查笔录

现场勘验笔录是侦查机关对案发地点、重要物证发现地点等与案件有关系的地点进行勘查、检验所作的工作记录，包括现场概况及具体细节的记载、拍照、录像，将来还可能包括立体建模。检查笔录是侦查机关对被害人、犯罪嫌疑人的人身进行检查的工作记录，包括对所发现的某些与案件相关的特征、伤害情况和生理状态的记载、拍照及录像。勘验、检查笔录属于对客观情况的记载，是客观性证据，多数情况下对证明案件事实有重要意义，要高度重视，详细摘录证据内容。具体而言：（1）要写明现场的具体地点、方位，尤其是对事实认定的案发地点应予反映、证明；（2）要详细写明现场与案件事实相关的情况，比如现场的布局，打斗痕迹，在现场勘验中发现的血迹、行为痕迹（手印、足印、鞋印及打击痕迹等），犯罪工具等重要物证，等等，与被告人供述或认定的犯罪发生经过形成对应关系；（3）对现场勘验笔录与其他证据相印证或相矛盾的地方要详加摘录，便于在后面的证据分析和事实说理中引用。

示例 1-3-15 马某甲被控故意杀人一审宣告无罪案刑事附带民事判决书①
（对现场勘查笔录关键内容作详细叙述）

本案中，被害人吴某甲在自家经营的商店内遇害，于早晨被其妻子发现后报警。多年后公安机关通过指纹比对确定犯罪嫌疑人，并将其抓获。一审

---

① 宁夏回族自治区吴忠市中级人民法院刑事附带民事判决书，（2018）宁03刑初15号，第二届全国法院“百篇优秀裁判文书”。

刑事附带民事判决书对现场勘查笔录进行了详细叙述。

现场勘验检查笔录、现场平面示意图、现场照片、视听资料，证实案发现场位于吴忠市利通区金积镇阀门厂东侧某商店内；现场东邻某美发厅，美发厅东侧为录像厅；南接阀门厂大院；西靠阀门厂大院门；西为阀门厂值班室；现场北邻金积东大街；现场见：外侧 $83\times210\text{cm}^2$ 铁制门呈闭合状，门内侧距地面 103cm 处东侧边缘一白色金属制拉手，内侧 $80\times200\text{cm}^2$ 木质单扇门闭合，距地面 90cm 处板扣无异常。入室空间为 $3\times5\times3\text{m}^3$。门西侧距地面 107cm 处北墙面 $80\times180\text{cm}^2$ 木质玻璃窗，外侧有钢筋护栏，闭合无异常。门西侧靠窗置一 $48\times96\times77\text{cm}^3$ 乘风牌白色冰柜；冰柜东南角地面上放置柄长 54cm、口宽 9.4cm，全长 63cm 的铁铲。室内西北角置醋缸两个，其上西侧墙面上为货架，其上置货物无异常。门东侧靠东墙置放一长条木凳，上置纸箱 3 个，铁笼 1 个，无异常。距北墙 1.8 米靠东墙东西向置放 $42\times93\times230\text{cm}^3$ 木制三层玻璃柜台；柜台北侧地面距东墙 45cm 处散落日光灯管碎片（面积为 $2\times0.6\text{m}^2$）、启动器外层铝片 1 个、碎玻璃 2 片；距西墙 74cm，靠柜台北侧边缘置放北京牌锅巴一袋、玉米酥一袋；距北墙 100cm，靠西墙地面置放一瓶烟台雪梨罐头。东侧柜台上玻璃板距东墙 45cm，南侧边沿有 $75\times33\text{cm}^2$ 喷溅状血迹；距东侧 60cm，距南侧边沿 12cm 处有血指纹两枚；距东侧边缘 55cm，北侧边沿有泥足迹前掌（脚尖向里）。西侧柜台上置放小食品，食品袋上沾有泥土。距柜台 145cm 处房屋顶悬挂日光灯一个，无灯管。柜台西侧与西墙之间有 33cm 宽过道，过道地面上有血足迹数枚。西侧墙距地面 40cm，距北墙 150cm 处有 $30\times23\text{cm}^2$ 擦抹状血迹；距地面 170cm、距北墙 160cm 处有喷溅状血迹；距地面 102cm、距北墙 160cm、西墙面上有 $90\times95\text{cm}^2$ 玻璃窗，外层有钢筋护栏，内侧挂有蓝色花窗帘，其上有喷溅状血迹，呈半闭合状。距柜台南侧 100cm、靠西墙置 $1\times2\times0.4\text{m}^3$ 木质五层货架，货架上置放整齐无异常。距西墙 90m、柜台南侧地面上有 $120\times100\text{cm}^2$ 血泊，血泊上有酒瓶碎片（9 个酒瓶破碎：红星二锅头 3 个、宁沈啤酒瓶 1 个、水蜜桃瓶 1 个、烧刀子酒瓶 2 个、银川白酒瓶 1 个、种子酒瓶 1 个）。靠东墙置货架一个、货架第二层内纸箱上有喷溅状血迹；货架东北角地面上置放 6

瓶宁沈啤酒，水蜜桃1瓶，呈倾倒状。东侧墙面距地面60cm处有80×30cm²喷溅状血迹。货架南侧置0.2×0.8×0.5cm³木质单人床，床面铺盖混乱，床西侧置放纸箱、货物等，均无异常。

可以看出来，这份文书在表述现场勘查情况时，非常细致。

一是详细表述了现场的具体地点、现场外部的方位、现场内部的布局及现场可能与犯罪相关的各种细节，比如商店有两层门，内侧木门的板扣无异常，门西侧的窗户闭合无异常，这些细节可以用来说明犯罪人是正常进入室内，而不是通过暴力手段入室；① 又如，对现场柜台上的血指纹、泥足迹、喷溅状血迹，柜台南侧地面的血泊，西墙距地面40cm位置及170cm位置的喷溅状血迹，靠东墙货架第二层纸箱上的喷溅状血迹，东侧墙面距地面60cm位置的喷溅状血迹均详细介绍，可以推测犯罪人翻越柜台作案，被害人处于站立位置被打击、倒地后又被打击、在靠西墙位置和靠东墙位置均可能受到打击，因而打斗过程比较复杂等情况，可用于与被告人供述的作案经过进行比对判断。

二是现场的各种痕迹与对应物证呈现对应关系，比如现场柜台北侧地面有日光灯碎片及启动器外层铝片，又记载房屋顶悬挂的日光灯无灯管，两者对应，说明日光灯可能是在犯罪过程中损毁；又如柜台南侧地面有大面积血泊，血泊上有多个酒瓶碎片（包括啤酒瓶、水蜜桃瓶等），又记载靠东墙货架东北角地面上的啤酒、水蜜桃瓶呈倾倒状，显示现场酒瓶等可能是作案工具。

三是对现场勘查反映痕迹与其他证据的矛盾进行了细致描述，比如东侧柜台玻璃板南侧边沿上有两枚血指纹（只鉴定一枚），北侧边沿有脚尖向里的泥足迹前掌（可能是嫌疑人翻柜台时所形成，但未提取并鉴定），柜台西侧与西墙之间的过道地面有血足迹数枚（未提取并鉴定），从而为后面分析

---

① 本案发生后，公安机关进行调查走访，有多名证人证明前一天晚上11时左右看到被害人吴某甲关商店的门；有多名证人证明11时50分左右去吴某甲的商店买东西，看到一50岁左右男子在商店内；而被告人马某甲在案发时才30岁；又有马某甲的已释放狱友证明案发一段时间后看到马某甲和一年龄稍大的男子在一起，后来知道马某甲从监狱脱逃。

公诉机关提供的血指纹、泥手掌印鉴定的检材来源不明奠定证据基础，同时也为不能排除有他人作案或参与作案可能性的分析埋下伏笔。

2. 物证、书证及其鉴定意见

物证是指以其外部特征、存在场所和物质属性证明案件事实的实物和痕迹。书证是以文字、符号、图画等记载的内容和表达的思想来证明案件事实的书面文件和其他物品。多数情况下，物证和书证需要结合进一步的司法鉴定才能表现其证明内容。对于鉴定意见，应当写明鉴定机构名称、鉴定文书的文号、鉴定的对象——检材和样本、鉴定作出的结论性意见及主要依据等，根据证明的需要，还可以写明鉴定的主要方法、鉴定的时间等。

裁判文书写作中不少人习惯将物证、书证与鉴定意见分开来写，往往需要阅读者仔细对两份证据进行前后对应、思考、分析，才能理解物证和书证的证明价值。笔者认为，比较好的写法应当是将物证、书证及其提取笔录、鉴定意见、辨认情况等作为一组证据结合叙述，以使其证明价值明确凸显出来。具体来说：（1）要写明物证、书证的来源，包括提取人、发现途径（是群众发现还是被告人指认）、提取物证的具体地点、物证的主要特征（书证的主要内容）等；（2）鉴定情况要将物证、书证的关键证明作用写清楚；（3）要将物证提取、鉴定意见与现场勘查、证人证言、被告人供述、辨认笔录之间的印证关系予以介绍，以凸显其对案件事实的证明力。

在多个同类物证的情况下，应当写清楚每个物证的具体特征以相区别。鉴定意见也应当写明所鉴定对象的具体特征，并且对鉴定对象名称的表述应当保持与每个物证名称的一致性，以使读者能够不加分析即可得出证明结论。

示例 1－3－16　高某建故意杀人案二审刑事裁定书①（将关键物证及其提取、鉴定、辨认等证据作为一组证据叙述）

本案被告人高某建为报复提前潜伏在前岳父张某旺家隔壁的老宅内，待

① 河南省高级人民法院刑事裁定书，（2014）豫法刑四终字第69号。

天黑后翻墙进入张某旺家，持刀捅死其前岳母后逃离现场。其遗留在藏匿现场的饮料瓶、火腿肠外包装及杀人现场提取的凶器是重要定案证据，二审裁定书采用关联证据整组列举的方式予以叙述。

4. 物证：冰红茶瓶子、矿泉水瓶子、火腿肠外包装袋、火腿肠肠衣各一个、火腿肠两根，由公安机关从被害人张某旺住宅东邻的张某斗住宅西侧猪圈房顶及张某斗住宅东邻的张某旺废弃住宅西侧夹道内提取；DNA 鉴定意见证实冰红茶瓶子、矿泉水瓶子、火腿肠外包装袋、火腿肠肠衣上脱落细胞是被告人高某建所留；与高某建供述作案前在夹道内及猪圈房顶上守候等待时饮水、进食情况相印证。

5. 物证：木柄单刃染血尖刀一把，刃长 16.8 厘米，由公安机关在现场平房顶提取；DNA 鉴定意见证实从刀上检出血迹系被害人刘某芝所留的可能性大于 99.999%；辨认笔录 1 份证明在公安机关组织的实物混合辨认中，高某建辨认出该刀即为其杀死刘某芝的作案凶器。

示例 1－3－17 于某故意伤害案二审刑事附带民事判决书[①]（将物证及其提取、鉴定、辨认等证据作为一组证据叙述）

4. 冠县公安局出具的提取笔录、扣押物品清单及聊城市公安局出具的DNA 检验鉴定意见证明：（1）2016 年 4 月 14 日，从于某处扣押单刃尖刀一把，刀全长 25.8 厘米，刀身长 15.3 厘米，刀柄长 10.5 厘米，刀身最宽处 3.1 厘米。经鉴定，尖刀刀尖、刀刃、刀刃刀柄结合处检出被害人郭某 1 的血迹；刀柄上检出于某的基因分型和被害人程某的血迹。（2）2016 年 4 月 15 日，从于某处扣押牛仔裤一条、夹克一件。经鉴定，牛仔裤上检出程某的血迹，夹克上检出于某和郭某 1 的混合基因分型。（3）在接待室及大厅内、门厅台阶附近提取的多处暗红色斑迹上分别检出被害人郭某 1、杜某 2 的血迹及郭某 1、程某的混合血迹。

从被告人于某处扣押尖刀一把，尖刀上检出被害人郭某 1、程某和于某

① 山东省高级人民法院刑事附带民事判决书，（2017）鲁刑终 151 号，属于热点案件裁判文书。

的血迹，从于某所穿牛仔裤和夹克上检出被害人郭某1、程某的血迹，这些证据相互印证，即可证明于某持刀伤害他人的基本事实。

示例1－3－18　黄某某故意伤害案二审刑事判决书[①]（关键物证在证据体系中表述不清影响事实认定）

这个案件属于共同犯罪，根据现场目击证人证明，共有四人持刀对被害人实施伤害，其中证人黄某4证明看到黄某某等四人持刀追砍被害人，“黄某某手里拿一把不锈钢开山刀，手柄较细，刀锋较宽那一种，有五六十公分长”；证人黄某2证明看到四五个人拿着长刀往一人身上砍，其中黄某某举一把长刀；证人黄某1证实看到黄某某等四人持刀追砍被害人，事后黄某某将作案时所借用轿车还给黄某1，其从车后排发现四把刀，“四把刀都有血迹，有一把是打猎用的长刀，有三把是杀牛刀”，其将三把杀牛刀扔在车库后面河里，将长刀擦洗干净放在家里。案发后法医学尸体检验认定“死者肖某肢体见多处创口，是被多种（两种以上）刀具砍击而形成，系生前被他人持锐器类(有一定弯度的单刃刀等）砍击肢体引起大出血而死亡”。从常理来说，在共同伤害犯罪中持有凶器的杀伤力不同、对被害人造成的伤情不同，对被告人在共同犯罪中地位、作用的认定有重要意义。本案中，有一定证据证明被告人黄某某持杀伤力较强的开山刀对被害人实施伤害，但其是否在共同伤害中起作用最大，仍需要其他证据相印证才能确实认定。公安机关分别从小河里及证人黄某1车上提取到四把刀，并进行了DNA鉴定。判决书关于这四把刀的物证来源、特征及鉴定意见等是这样表述的：

1. 现场勘查笔录、现场图及现场照片，证实……侦查机关在××县××街镇××教办办公楼背后的小河对作案工具进行提取，在河内捞取三把规格一样的单刃尖刀，全长45cm，最宽处7cm，刀刃长41cm，刀尖处成弧状，铁质材料，均已生锈。

2. 扣押清单，证实公安机关从黄某1处扣押了一辆皇冠轿车和一把环球

① 因本例是作为问题案例出现，不表述案例真实来源，以避免引发争议。

牌大马刀，另扣押了三把单刃尖刀等物品。

3. 法医学尸体检验报告书，证实死者肖某肢体见多处创口，是被多种（两种以上）刀具砍击而形成，系生前被他人持锐器类（有一定弯度的单刃刀等）砍击肢体引起大出血而死亡。

4. DNA 检验鉴定意见，证实钢刀上血迹的基因分型与死者肖某血样的基因一致。

在以上证据表述中存在的问题包括：（1）扣押清单证明提取了大马刀一把和三把单刃尖刀，除现场勘查笔录对三把单刃刀特征表述外，对物证大马刀特征未予表述，有证人证明四名凶手拿的是长刀，有证人证明本案被告人黄某某拿的是开山刀，那么提取的大马刀与其他三把刀有什么区别，是否就是证人所证黄某某所持的开山刀，难以得出确定结论。（2）DNA 检验鉴定证实“钢刀上血迹的基因分型与死者肖某血样的基因一致”，表明该刀可能是作案凶器，但对物证名称表述为类概念“钢刀”，又无具体特征表述，无法与已经提取的物证对应起来，导致从表面上无法确定其是否为本案根据证人黄某 1 证言提取的凶器。（3）法医学尸体检验认定“死者肖某肢体见多处创口，是被多种（两种以上）刀具砍击而形成，系生前被他人持锐器类（有一定弯度的单刃刀等）砍击肢体引起大出血而死亡”。本案提取了两种凶器，由于扣押清单和 DNA 鉴定意见均未表述涉及物证的特征，就无法通过对两种凶器的形态特征相区别而进一步确定相对致命的凶器及其在导致被害人死亡后果上的贡献值。综上，由于这份判决书在证据表述时对部分凶器的特征没有表述，对 DNA 鉴定的物证名称表述不够具体且无特征表述，在一定程度上影响读者对本案被告人在共同伤害犯罪中是否处于主要地位的判定。

3. 辨认笔录

辨认笔录是侦查机关、调查机关组织证人、被害人、犯罪嫌疑人、被告人对案件有关的人员、物品、地点进行辨认、指认的工作记录。辨认人的身份、是否混杂辨认、辨认对象是实物（人）还是照片及辨认的具体效果等对辨认笔录的证明力都有较大影响，这些要素应当在裁判文书叙述证据时具体说明。裁判文书写作中经常被忽视的是辨认人身份的说明，辨认人与案件事实或被告人、被害人的关系对于辨认结果的证明力有着重要意义，如果对辨认人与案件的具体关系不表述清楚，辨认笔录作为证据的证明内容和证明力就显现不出来。如果辨认人本身与作为辨认对象的人、物、现场等在案件发生之前就比较熟悉，那么辨认几乎没有意义。只有在辨认人与作为辨认对象的被害人、被告人、证人、作案工具及其他物证等本身并不熟悉，在混杂辨认中仍能有效辨认出来，才能对其言词证据提供印证效果，因而具有证明力。

辨认笔录是辨认人针对侦查、调查人员所设置特定问题的回答，本质上仍然是言词证据的一种变形，因此仍然受辨认人记忆能力、主观心态及动机的影响。对于被告人的辨认而言，如果被告人作出有罪供述，其对被害人的混杂辨认、对从现场提取的作案工具的混杂辨认、对犯罪现场具体特征的指认等，就有一定的证明意义，能够印证其有罪供述的真实性；反之，如果被告人作无罪辩解，其在公安机关组织的辨认中亦不能辨认出被害人或作案工具，该辨认结果本身并无证明价值，也不能作为证明其无罪的证据。

示例 1－3－19　丁某华故意伤害案二审刑事裁定书①（对辨认人身份的具体说明有利于提高辨认笔录的证明效果）

9. 辨认笔录证实：(1) 2016 年 12 月 2 日 17 时，在公安人员的押解下，上诉人丁某华在太原市××区晋阳特种耐火材料厂指认了作案现场。(2) 2017年4月26日丁某华通过辨认死者照片，确认照片上的人为被害人陈某；2017 年 4 月 26 日证人王某通过辨认死者照片，确认照片上的人为陈某；2017 年 5 月 12 日陈某亲属杨某霞通过辨认死者照片，确认照片上的人为陈某。(3) 2016 年 5 月 24 日王某通过对 10 张不同男性照片进行辨认，能够认出丁某华；2017 年 5 月 11 日丁某华的姐姐丁某 1 通过对 12 张不同男性

① 山西省高级人民法院刑事裁定书，(2018) 晋刑终 49 号，第二届全国法院“百篇优秀裁判文书”。

照片进行辨认，能够认出丁某华；2017 年 5 月 12 日丁某华的姐夫刘某通过对 12 张不同男性照片进行辨认，能够认出丁某华。

在这份文书中，有的辨认人身份明确，比如被害人陈某的亲属杨某霞通过辨认死者照片，确认系陈某；被告人丁某华的姐姐丁某 1、姐夫刘某通过照片混杂辨认，确认被抓获的被告人系本案潜逃 17 年的丁某华。这些都具有证明意义，能分别证明被害人和被告人的真实身份。但稍有欠缺的是对辨认人王某没有介绍身份，如果不看后面证人证言中介绍的身份，就不知道辨认人王某与案件事实或当事人的关系，其对死者照片的辨认和对混杂有丁某华照片的辨认想证明什么就不清楚。

4. 尸体检验或损伤程度的鉴定意见

尸体检验鉴定意见和损伤程度鉴定意见是法医技术人员对鉴定对象的身体进行检验、鉴定，分析其死亡原因、伤情的形成机理，并对死亡时间、凶器特征等进行推断，最终得出死亡原因或者损伤程度的结论。裁判文书制作中的普遍习惯是只简单表述鉴定对象的死亡原因或损伤程度，对于具体伤情介绍不够。笔者认为，在裁判文书中还应当写明主要伤情分布、受伤部位及数量、主要伤情特征、与案件争议相关的伤情特征、重要伤情形成原因等，为裁判理由部分分析被告人行为的主观动机、评价作案手段是否残忍等奠定基础。

案例 1－3－20 张某红故意杀人案二审刑事裁定书[①]（尸体检验意见中写明可证明杀人手段残忍程度的伤情数量、位置等信息）

5. 安阳县公安局出具的尸体检验鉴定意见及“补充说明”证明：被害人李某荣系被他人用砍器多次砍击头、面、颈等部位致左侧颈动脉、颈静脉破裂引起大出血死亡；尸检反映李某荣头顶部 17 处创口，最长一处 17 厘米，颈项部 14 处创口，最长一处 8 厘米，胸背处 2 处创口，最长一处 27 厘米，四肢部 10 处创口，最长一处 10 厘米，以上共计 43 处创口，另有 4 处划

① 河南省高级人民法院刑事裁定书，(2019) 豫刑终 98 号。

伤；子宫腔内有一节育环，未见胚胎组织。

在这份裁判文书中，对证据尸体检验鉴定意见的叙述不但介绍了法医确认的被害人死亡原因，还对被害人全身伤情的部位、数量及伤害程度进行总结，作为评价被告人犯罪手段极其残忍的依据；对被害人子宫内“有一节育环，未见胚胎组织”的专门叙述，则是为裁判文书说理部分分析被告人张某红关于妻子李某荣出轨、怀孕的说法进行铺垫，证实其说法属无端猜疑，被害人对本案的发生无过错和责任。

5. 证人证言及被害人陈述

对案件中的证人证言和被害人陈述不能全部或大部分照抄笔录原话，而应当进行归纳，重点写证人或被害人经历了什么、看到了什么，尤其是其他证据证明不了的内容、被告人没有供述的情节。要妥善处理证据摘录的详略关系，对证明案件有重要关系的内容要重点引述，对特别重要信息可引用原话详加表述，其他内容可以高度概括或者简写。如果多名证人证明内容相同，可以归纳到一块儿综合表述，避免重复，对于其中个别证人单独证明的内容以“证人×××另证明……”的方式接连叙述。

如前所述，对于证人证言、被害人陈述及其对犯罪嫌疑人的辨认笔录可以合为一组证据进行叙述，以减少言词证据中“那名年轻男子”“那名穿黄色衣服男子”等不明确的表述，在第一次出现时可以“那名年轻男子（辨认系被告人×××）”方式叙述，之后即可直接以“被告人×××”代替类似于“那名年轻男子”的表述，以使证明内容更加清晰。

对于有多个证明方向相同的证人证言、被害人陈述及其所提供的与案件事实相关的合同、收条、借条、短信及微信聊天记录、车船机票等书证，也可以合并为一组证据用“证人×××证言及书证×××证实……”的方式进行叙述，减少两种证据证明内容相同的重复叙述，使阅读体验更为轻松。

示例1-3-21 马某甲被控故意杀人一审宣告无罪案刑事附带民事判决书[①]
（证人证言的分组及归纳表述模式）

9. 证人孙某某（被害人吴某甲妻子）的证言，证实1998年9月19日7时10分左右，其到阀门厂门口的门市部换其丈夫吴某甲回家时，看到门市部的门向外用钢筋棒插着。打开门后看到吴某甲头西脚东趴在地上，其拉起吴某甲后发现吴某甲满身都是血，手都凉了。其便叫来阀门厂的张某甲、王某甲、刘某、白某某几人，将吴某甲抬到架子上送往医院，后让其儿子到金积镇派出所报案。案发现场的日光灯和货架上的酒瓶均被打碎了。吴某甲当时身上有400多元钱。

10. 证人王某乙（某医院外科医生）的证言，证实1998年9月19日七点半左右，吴某甲被送到医院，其看到吴某甲满脸是血，无呼吸，四肢冰凉，但经切脉后确认有微弱脉搏，其便让吴某甲的家人将吴某甲送到吴忠市医院。

11. 证人曹某某的证言，证实1998年9月19日7点10分左右，其在办公室坐着，听到外面有人哭喊，出去后看到孙某某在门市部门口哭着让其帮忙看吴某甲。其跟着孙某某进门市部后看见吴某甲头西脚东趴在地上，头上都是血，身边有很多啤酒瓶碎片。其便找来白某某、王某甲、刘某几人将吴某甲送往医院。到医院后医生说吴某甲已死亡，其便和白某某等人将吴某甲抬回门市部帮忙处理后事了。

12. 证人白某某、王某甲、岳某某的证言，证实1998年9月19日7点左右，听到孙某某喊其帮忙救人，其就和曹某某等人将吴某甲抬到车子上往医院走。后医生说吴某甲已经死亡，其四人便又抬回了门市部。

13. 证人张某甲、李某某、马某戊、彭某某、梅某某的证言，证实1998年9月18日晚11时许，吴某甲商店的灯已熄灭；9月19日凌晨2时40分许，马某戊、彭某某从某商店门口经过时，商店已关门，周围未发现异常情

---

① 宁夏回族自治区吴忠市中级人民法院刑事附带民事判决书，（2018）宁03刑初15号，第二届全国法院“百篇优秀裁判文书”。

况；9月18日晚11时左右，梅某某关门时看到吴某甲关某商店的门。

14. 证人哈某某、吴某丁、韦某、丁某某的证言，证实1998年9月19日晚上，哈某某、韦某、吴某丁、丁某某四人一起喝酒。当晚11时50左右，哈某某到吴某甲商店买过东西（在商店内看见柜台西侧靠西窗站着一个老汉，中等偏高，1.7米左右，较瘦，短头发，穿蓝色中山装，约50岁左右）。

15. 证人马某庚等78人（证人名单详见附件1）询问笔录，证实案发当天附近及相关人员活动情况及无作案可能。

16. 证人胡某某的证言及辨认笔录，证实其与被告人马某甲系狱友。1998年6月份其刑满释放回到吴忠市。10月份的一天，其走到吴忠市利通区西市场旁边的西门桥处，看见马某甲和一个年龄稍大一点的男子从一录像厅楼上下来。10月底的时候其知道马某甲从银川监狱脱逃出来。1999年1月份的时候其在西市场转的时候看见马某甲和之前第一次见马某甲时一起从录像厅下来那个男子一起进理发店，就报警。

可以看出，判决书对证人证言的内容表述十分简练，但又切中要害。针对证人证言的不同证明力分别采取了不同的表述方式：对于被害人妻子孙某某、救治医生王某乙的证言中能够证明案件重要事实的内容，重点进行了引述；对于帮助抬被害人到医院的多名证人，则选取其中第一个到达现场的证人证言重点表述，与被害人妻子孙某某对现场初始情况的描述相印证，对其他人则简单引述；对于案发前到过现场的证人证言，由于是多人共同证明，内容类似，采取合并引述重点内容的方法，即多人共同证明被害人于案发当晚11时将商店关门，但之后又有多人看到商店开门且室内另有一50岁左右男子这些关键内容，为后面分析可能有他人作案或参与作案提供依据；对于与案件无关的一些细枝末节的证明内容，则一概略去；对于公安机关侦查初期走访调查的证明案发当天附近及相关人员活动情况及无作案可能的78人证言，因其对证明被告人作案的证明力较小，对证言进行了高度提炼，概括为一句话，且为避免行文累赘，没有将78名证人名字逐一罗列，而是以附件形式放在最后，显得十分精练，充分展示了文书制作者对证据重要性及证明力的精准评价和得当使用。

示例1－3－22 潘某海被控合同诈骗再审宣告无罪案刑事判决书[①]（将被害人的陈述与其提供的书证作为一组证据进行叙述）

这个案件中，检察机关指控被告人潘某海在没有建筑资质的情况下，假冒环球公司法定代表人的名义，与建设单位南开学校签订合同承包工程，又以环球公司的名义与多人签订劳务、施工、建材供应合同，并以保证金、借款、供应建材、工程款等形式骗取财物，构成合同诈骗罪。判决书在叙述证据时，如果按两大部分对合同、收条等相关书证和被害人陈述分别介绍，阅读者就需要前后对照反复查找才能形成一一对应关系，而按照以被害人为分组依据，每一类被害人的陈述和合同等相关书证结合的方式分组表述证据，条理性就很强，证据体系就更清楚。详见如下：

1. 被害人曹某的陈述，书证《河源市建设工程施工（单价）合同》，证明：2010年11月28日，被告人潘某海假冒环球公司法定代表人的名义，与南开学校签订合同，承揽南开学校高中部大楼主体工程，合同标的2000万元。

2. 被害人雷某、夏某、易某、张某彬的陈述，书证《劳务分包合同》，证明：2011年1月11日，被告人潘某海以环球公司的名义，与雷某签订合同，将南开学校高中部大楼主体工程分包给没有资质的雷某，雷某及其合作人夏某、易某、张某彬等人交纳保证金30万元。

3. 被害人郑某统的陈述，书证《水电班组制作安装施工合同书》《借条》，证明：2011年3月3日，被告人潘某海将南开学校水电制作安装工程分包给郑某统，在合同中以"南开中学项目部"为甲方，潘某海在合同上签名，向郑某统借款20万元。

4. 被害人吕某的陈述，书证《广源活动板房销售合同》《活动板房统计表》，证明：2011年3月3日，被告人潘某海以深圳市环球建筑集团及其本

① 广东省高级人民法院刑事判决书，(2016) 粤刑再10号，第三届全国法院"百篇优秀裁判文书"。

人的名义，与惠州市惠城区沥林镇广源钢构活动板房厂签订合同，购买活动板房，建筑材料款为 202 766 元，只支付 10 万元。

……

6. 被告人供述和辩解

虽然刑事诉讼法规定，只有被告人供述没有其他证据的，不能认定被告人有罪，但不可否认的是，被告人的供述和辩解对于案件事实认定仍然有着十分重要的意义。被告人多次比较稳定的有罪供述，在排除刑讯逼供的可能后，对于案件事实具有证明效力；被告人虽然作过多次有罪供述，但其关于犯罪的主要情节比如犯罪的具体手段、犯罪工具或被害人物品等重要物证的来源去向等供述发生重大变化的，其供述的证明效力就较差。被告人多次作出无罪辩解，且其辩解的无罪依据比较固定的，应当引起审判人员的重视，开展必要的查证工作；被告人多次作出无罪辩解，但其关于案发前后时间段内自身活动的辩解反复变化不一的，其辩解的可信度就比较差。

在裁判文书中，应当重视对被告人供述及辩解的叙述，尤其要反映被告人在侦查阶段及法庭审理中的供述情况、变化情况及供述内容对证明案件事实的意义。具体来说：（1）如果被告人、辩护人在一审庭审中对指控的主要事实、关键事实并无异议，那么可以用如“被告人 × × × 的供述，对其贩卖毒品的事实予以供认”简单地一笔带过；（2）如果被告人否认指控的主要事实或重要事实，而经审查认为其翻供没有道理，仍采信其在侦查阶段的供述，则需要在裁判文书中介绍其在侦查阶段供述的主要内容，并在后面的证据认证中对其翻供能否成立作出分析认定；（3）被告人供述对认定是否构成自首及悔罪态度有重要意义的，或者被告人多次供述内容有较大差别的，对其各次供述均应当予以归纳叙述，为后面的说理分析提供参照。

需要注意的是，在适用认罪认罚制度审理的案件中，经常出现被告人认罪认罚而辩护人作无罪辩护的情形。这种情况下，不但要在法庭审理中对被告人进行详细讯问，由其本人明确表明指控的犯罪事实尤其是与定罪量刑相关的关键细节是否属实，在裁判文书中也应当明确写明被告人在侦查阶段及当庭讯问中对指控的犯罪事实的供述情况，尤其是与定罪量刑相关的关键细节，比如犯罪原因（动机、目的）、犯罪预谋（共同犯罪案件）、犯罪预备、主要犯罪行为、犯罪工具的来源与去向等。以被告人认罪认罚为理由而忽视对犯罪事实的查证工作，既与认罪认罚制度的基本原则不符，① 也会导致一审判决后被告人提出上诉，又需要二审法院花费大量司法资源进行犯罪事实的查证，违背了认罪认罚制度的本意。

示例 1－3－23 黄某华故意伤害案二审刑事判决书②（多次供述内容差别较大且被告人对指控事实有异议的应当详写各次供述情况）

这个案件二审辩护人提出被告人黄某华应构成自首的辩护意见。二审判决书在“二审审理查明事实”之后另起一段，专门将被告人归案经过及归案后的供述情况详细说明，在证据部分“被告人供述”项则分段介绍了被告人归案后在侦查阶段、一审庭审、二审庭审中的不同供述情况，为后面“裁判理由”部分对被告人是否构成自首、能否适用认罪认罚制度及认罪、悔罪态度等进行分析奠定了基础。

20. 上诉人黄某华的供述和辩解：

2011 年 11 月 14 日，黄某华主动到公安机关反映盗窃问题，供述：当时我拦了一部摩托车来到高叉水路口，看到很多人拿着刀棍在追打一名男子，当时我就下车在旁边看了一下，看到那名男子被人砍倒在公路边躺着不动了，那些砍人的人就走了，我也拦了一部摩托车走了。砍人的人我只是面熟，但不知道人名和绰号。案发后我逃跑是因为我盗窃摩托车。（未如实供述其参与共同持刀伤害他人的犯罪事实，仅承认盗窃事实。——作者注，以

① 最高人民法院、最高人民检察院、公安部、国家安全部、司法部《关于适用认罪认罚从宽制度的指导意见》第 3 条规定，“坚持证据裁判原则。办理认罪认罚案件，应当以事实为根据，以法律为准绳，严格按照证据裁判要求，全面收集、固定、审查和认定证据。坚持法定证明标准，侦查终结、提起公诉、作出有罪裁判应当做到犯罪事实清楚，证据确实、充分，防止因犯罪嫌疑人、被告人认罪而降低证据要求和证明标准。对犯罪嫌疑人、被告人认罪认罚，但证据不足，不能认定其有罪的，依法作出撤销案件、不起诉决定或者宣告无罪”。

② 广东省高级人民法院刑事判决书，（2020）粤刑终 986 号，第四届全国法院“百篇优秀裁判文书”。

下同。)

2019 年 8 月 7 日归案后在侦查阶段的供述：2005 年的一天晚上……(仅承认开车带其他作案人员到现场、开车逼停被害人所骑摩托车、伤人后开车送其他作案人员等，不承认纠集人员及持刀砍被害人事实)

一审庭审供述：我用车逼停被害人，只是踢了被害人几脚，我承认拿水果刀追被害人，但我没砍被害人。我愿意在具结书上签名。(虽愿意认罪，但对作案主要事实仍不予承认)

二审庭审供述：我没有砍被害人，我是认罪的，但我没有拿刀，我不承认一审认定的事实，我只是开车，踢了被害人一脚，我是认罪认罚的。(形式认罪，实质不认罪)

7. 情况说明

司法实践中，经常有公安机关针对案件的侦查经过、取证经过、证据中存在的问题、证据的内容疑问等出具“情况说明”。这种“情况说明”并非法定证据形式，本身没有独立的证据价值，只有与相关证据结合起来使用，才能用于进一步证明相关证据的合法性、客观性和关联性。

示例 1-3-24　童某连被控走私毒品一审宣告无罪案刑事判决书[1]（侦查机关出具的情况说明应当与说明的对象证据结合使用）

本案中海关缉私分局对被告人入境携带的行李箱进行开箱检查并发现有毒品，整个检查、搜查、扣押、取样过程没有见证人签名，原因在于相关行为发生在日常检查工作中且工作场所特殊，无法安排与工作无关的人员在场见证，侦查机关对此作出的“情况说明”必须与相关检查笔录、搜查笔录、扣押清单等相结合，用于辅助证明相关取证过程的合法性。

3. 广州白云机场海关出具的查验记录和检查人身记录证实：被告人童某连从广州白云机场入境，过海关时走无申报通道，未向海关申报任何物品。开始查验前，被告人童某连确认被查获行李为其所有。经检查，海关工作人

① 广东省广州市中级人民法院刑事判决书，(2019) 粤 01 刑初 557 号，第四届全国法院“百篇优秀裁判文书”。

员在其携带的行李箱中查获藏匿在行李底部夹层中的颗粒状物品，经初步化验为疑似摇头丸，毛重17 450克。经过对被告人童某连的腰部、腹部、腿部、臀部等部位检查，体表未见异常。被告人童某连均对上述查验、记录进行签认。

4. 广州白云机场海关缉私分局出具的搜查笔录、扣押决定书、扣押清单证实：该局对被告人童某连携带的两个行李箱进行搜查，从两个行李箱的夹层发现用深灰色牛皮纸包装的可疑物品，打开牛皮纸包装后，发现蓝色行李箱背部的可疑物品均为大量的深黄色颗粒状药品，黑色行李箱背部的可疑物品则为大量混杂的灰色以及绿色颗粒状药品。经分类提取、称量、取样、扣押。其中黑色行李箱夹藏的黑－绿药丸共计2436.55克，黑色行李箱夹藏的黑－灰色药丸共计1990.01克，蓝色行李箱夹藏的蓝－黄色药丸共计3707.99克，总计8134.55克。该局遂依法对被告人童某连携带的行李箱2个、可疑药丸（8134.55克）、人民币230元、欧元210元、手机（小米牌）一台予以扣押。

……

17. 广州白云机场海关缉私分局出具的情况说明证实：

（1）本案中的两袋涉案毒品摇头丸，均用褐色硬质塑料袋包装，然后用强力胶粘于行李箱背部夹层内，该局侦查员在提取过程中，需用力将褐色塑料袋包装的毒品从行李箱背部分离，鉴于本案毒品包装特点，故无法提取指纹等生物痕迹或其他生物样本。

（2）……

（3）2019年3月2日，因办案需要，该局对被告人童某连入境携带的两行李箱进行搜查、提取、称量取样、扣押等侦查取证环节，因取证场所位于广州海关缉私局办案区，属于特殊区域，保安和清洁人员是该单位聘请人员，翻译也是该局依法聘请的人员，均不符合见证人条件，无法找到合适的见证人，但整个侦查取证过程已全程录音录像。

（4）海关人员将上述涉案二行李箱内物品掏空后，将二空箱子放置在电子称上进行称量，重量显示为17.45kg。

（三）引述证据内容时不能忽略证据的附随信息

在一些情况下，证据的来源、提取时间、提取过程和取证机关等信息对审查证据之间的关联性及证据本身的证明力都有重要意义，写作时应根据案件证明需要注意列明。

示例1-3-25 丁某华故意伤害案二审刑事裁定书[①]（列举证人证言时对证人身份、取证时间及与案件当事人的关系均予写明）

本案系被告人作案后潜逃多年才被抓获的案件，证明案件发生经过的证据，比如尸体检验意见、物证鉴定意见、证人证言等，是案发当时公安机关就收集的还是被告人归案后才收集的，涉及证据的证明力强弱这一关键问题。二审刑事裁定书在写作时在证据名称后先列出鉴定意见和证言的形成时间，在证言内容中，特别指出证人的身份及其在案件发生过程中与其他证人的关联关系，从而将相关证据之间的关联性也表现出来。

11. 证人王某的报案材料及证言。公安人员于1999年10月28日对其进行询问，其证实：其在太原市晋源区晋阳特种耐火厂（案发地和被害人、被告人所在工厂——作者注）任厂长。1999年10月27日晚8点半左右，厂里的工头丁某2到其家说出事了，打架伤人了。其和丁某2到了村卫生所，见厂里工人已经把被打伤的浑身是血的陈某抬到卫生所……陈某已经死了。其就给晋祠派出所打电话报了案。其问做饭的赵某，她说陈某告她是丁某华用刀把陈某捅了两刀。

12. 证人丁某2的证言。公安人员于1999年10月28日对其进行询问，其证实：其是太原市晋源区晋阳特种耐火厂民工的工头，丁某华是其亲侄儿。1999年10月27号晚7时左右，其和丁某华、陈某、丁某凤在厂里压砖，丁某华刷油的时候不小心刷到陈某脸上一点儿，陈某就骂丁某华，丁某华也骂陈某，两人骂的骂的就拽在了一起。其说了他俩几句，他俩就不干活走开了。过了一会儿做饭的老乡跑过来说陈某和丁某华打架了，让快去看。

① 山西省高级人民法院刑事裁定书，（2018）晋刑终49号，第二届全国法院“百篇优秀裁判文书”。

其就赶紧跑过去，见陈某已经躺在地上，说他头晕的不行。其就和工人将陈某送到村卫生所……其就赶紧到厂长家里告诉了厂长，厂长开上车把陈某送到镇医院……陈某已经死了。陈某被什么利器所伤，其不知道，他的伤口有两处，小肚子上一处，大腿前根部一处，当时血流的浑身都是。

13. 证人赵某的证言。公安人员于1999年10月28日对其进行询问，其证实：其系太原市晋源区晋阳特种耐火厂临时工，和丁某2系老乡。1999年10月27日晚上7点30分左右，其从厂伙房出来回宿舍，看见丁某华从厂门外往厂里跑，陈某在后面一边追一边骂。其过去拉陈某没有拉住，陈某说“姐，你别拉我，他在我身上捅了两刀”。后丁某2、丁某3等人都跑过来了。陈某跑出十几米就摔倒在地上，其几人跑过去拉陈某，陈某说“别拉我，我晕”。其几人看到陈某身上都是血，找了辆平板车拉上陈某到厂长家对面的医生家里……

14. 证人丁某3的证言。公安人员于1999年10月28日对其进行询问，其证实：其系太原市晋源区晋阳特种耐火厂临时工。1999年10月27日晚上在车间加班，丁某华在给砖坯刷油时不小心把油溅在了陈某的脸上，陈某就骂丁某华，两人因此发生口角，后来两人就打架，其急忙去拉架，丁某2也过来拉。拉开后其听见丁某华说陈某咬破了他的手，丁某华边说着骂着就回宿舍去了，陈某坐在车间嘴里骂的话非常难听。过了约半小时，大概晚上7点40分左右，其听陈某从厂外追着丁某华进了厂里，嘴里骂着说“……丁某华你捅了我两刀”。其在门房看电视，从门房里出来，看见陈某手里拿着一块砖头，在边骂边追丁某华，丁某华在前面跑，没见手里有东西。其急忙追上陈某抱他的腰，他摔倒在地上，其也被带倒，其感觉手上粘粘的，一看是血……

示例1-3-26 黄某泉被控骗取贷款再审宣告无罪案刑事判决书[①]（列举审计报告时写明所依据的资料来源）

针对审计报告这一证据，判决书先介绍了审计报告的出具机关、审计所

① 广东省高级人民法院刑事判决书，（2017）粤刑再6号，第二届全国法院“百篇优秀裁判文书”。

依据的会计资料的来源、审计的委托机关，再介绍审计报告的主要内容。

2. 珠海永安达会计师事务所出具的《审计报告》。证实经公安机关向粤侨公司调取了该公司 2008 年 12 月 10 日至 2009 年 2 月 22 日甘蔗收购结算材料、白砂糖调拨单、寄存单、发货单，2007—2009 年财务报表；向农业服务站调取了该单位 2002—2007 年增值税核算账、2007—2009 年会计凭证和账册，并委托珠海市永安达会计师事务所进行司法鉴定。2010 年 1 月 27 日，珠海市永安达会计师事务所出具审计报告，证实：（1）……

（四）根据案件事实争议大小确定证据内容的繁简

裁判文书是对案件审理情况的总结，就证据部分而言，应贯彻繁简分流原则，按照案件具体情况的不同确定证据内容叙述的繁简。对被告人不认罪或控辩双方对事实认定有较大分歧的复杂、疑难案件，应当总体坚持对证据详细摘录、表述；对被告人认罪或控辩双方对事实无争议的案件，裁判文书可以适当从简表述证据。从审判程序来说，一审案件适用普通程序审理的，刑事判决书一般应当详细叙述证据证明的内容；二审案件中控辩双方的上诉、抗诉对事实存在争议时，裁判文书对争议事实的相关证据内容一般要详细写，对无争议事实的相关证据则可以简写；复核案件中，被告人对案件事实认定一般没有异议，裁判文书的证据内容可以高度简写。

1. 一审刑事判决书

控辩双方对案件事实有争议的，应当结合争议焦点，对证明争议事实的相关证据详细叙述主要内容，运用证据厘清争议。对于控辩双方对事实无争议的案件，则简要列明证据主要内容和证明方向即可。

示例 1－3－27　中某信集团有限公司、邹某胜等集资诈骗案一审刑事判决书①（对重要争议焦点要详细写明相关证据内容）

本案检察机关指控被告单位中某信公司构成集资诈骗罪，被告人邹某胜作为直接负责的主管人员也构成集资诈骗罪。被告人邹某胜辩称本案系另一

① 上海市第一中级人民法院刑事判决书，（2017）沪 01 刑初 103 号，第二届全国法院“百篇优秀裁判文书”。

被告人龚某晶一手操控，他并未参与，故不构成犯罪。被告人邹某胜在被告单位的具体地位，既是控辩双方的争议焦点，也是定罪量刑的关键事实。针对该重要事实，判决书使用四份证据，分别从工商登记档案的记载、公司工作人员关于邹某胜和龚某晶二人在公司中地位的说明、公司宣传资料上对邹某胜的介绍及邹某胜对涉案资金的控制等四个方面来详细证明，既有主观证据，也有客观证据，相互印证，效果较好。

一、下列证据证实被告单位的基本情况和各被告人的任职情况：

1. 被告单位中某信集团有限公司、上海A有限公司、中某信财富管理有限公司、Z企业（有限合伙）等15家公司和4家有限合伙企业的营业执照、工商登记和变更资料等证实：上述单位的注册成立、法定代表人、股东构成等情况。其中，邹某胜担任了14家公司的法定代表人和3家合伙企业股东的委派代表，龚某晶担任了1家公司的法定代表人和1家合伙企业股东的委派代表。

2. 被告人蔡某、陈某荣、陈某英、龚某、黄某红、祝某丹、施某、胡某蕾、张某、宋某、周某昕、蒋某连、杜某、谢某的供述、证人韩某、刘某1、李某、龙某、邹某华、周某、沈某、明某、桑某、王某、杨某2证言及证人杨某1提供的证明材料证实：被告人邹某胜系中某信集团有限公司等中某信系单位的实际控制人，被告人龚某晶系董事长邹某胜的董事长助理，部分员工向邹某胜汇报工作，部分员工向邹某胜和龚某晶汇报工作，公司报销要经过邹某胜的同意。

3. 公安机关查获的标题为《中某信控股》的宣传资料证实：该资料上刊载了被告人邹某胜代表中某信系单位参加对外经济交流活动的照片。

4. 证人饶某（被告人邹某胜的外甥）的证言、相关工商资料、饶某名下招商银行上海联洋支行尾号4129账户的交易明细等证实：被告人邹某胜在上海做生意期间，曾向饶某借过身份证和一张招商银行借记卡。Z企业、中某信投资有限公司等部分中某信系单位的工商注册资料中，查见饶某为股东或监事。饶某名下的招商银行卡亦有9000余万元的收支，交易对象包括了上海A有限公司、Z企业等中某信系单位以及被告人蔡某、陈某荣、陈某英、龚某晶、胡某蕾、黄某红、施某、宋某、祝某丹等。

示例1－3－28　德某资源控股有限公司、陈某鸿等合同诈骗、信用证诈骗案一审刑事判决书[①]（认罪认罚案件的证据内容可以从简表述）

本案检察机关指控被告人陈某鸿作为德某资源控股有限公司的实际控制人，指使其下属的青岛德某矿业公司工作人员江某与被害公司签订销售、回购合同，骗取被害人公司货款，后又伪造回购相关文件将货物提取销售给第三方。被告人均认罪认罚，判决书对相关证据从简表述，内容高度概括，用一句或几句话准确表述证明内容，避免出现与认定事实部分过分重复的内容。一是重点摘录关乎定罪量刑的关键信息，比如伪造合同、冒充签名等；二是对于供述、证人证言等言词证据则重点介绍各人在事件过程中的具体参与事实，以体现出被告人作为公司人员的犯罪主观故意、地位作用等。

诈骗某瑞公司199.686吨电解铜的事实

2013年9月25日，青岛德某矿业公司向某瑞公司销售2001.09吨电解铜，同时与某瑞公司签订回购合同，约定青岛德某矿业公司于2014年3月26日前回购。某瑞公司按照合同支付货款。2013年10月23日，上述货物由“新北京轮”运至青岛后，青岛德某矿业公司代理某瑞公司报关存入大港公司保税仓库。2014年3月26日，按照被告人陈某鸿的授意，被告人江某指使业务员伪造某瑞公司将其中的199.686吨电解铜销售给青岛德某矿业公司的相关合同、单据，向海关申报进口，并于4月25日从大港公司保税仓库提货后在国内销售，致使某瑞公司损失货值8 859 170.83元。

上述事实，有经庭审举证、质证并确认的下列证据证实：

1. 书证

（1）购销合同、进口货物报关单等证实，江某代表青岛德某矿业公司与某瑞公司签订买卖2001.09吨电解铜合同，以及青岛德某矿业公司代理某瑞

---

① 山东省青岛市中级人民法院刑事判决书，（2017）鲁02刑初34号，第二届全国法院“百篇优秀裁判文书”。

公司将涉案货物报关入保税仓库的事实。

(2) 电解铜出库材料、出库作业合同、市提发运表证实，青岛德某公司使用伪造的某瑞公司将200吨电解铜销售给该公司的合同、商业发票、委托代理协议等材料将199.686吨电解铜报关出库的事实。

(3) 大港公司出具的保税仓库业务审批流程与要求证实，保税仓库货物入出库的具体程序和要求。

(4) 合同审批单、银行付款凭证、增值税专用发票证实，青岛德某公司将199.686吨电解铜销售给某海某鸿金属有限公司的事实。

2. 证人证言

(1) 某瑞(中国)金属资源有限公司铝部总经理陈某婷证实，2013年9月，其和江某协商确定，由该公司代替青岛德某矿业公司购买2001.09吨电解铜，并约定青岛德某矿业公司于六个月之内进行回购。后青岛德某矿业公司代理该公司办理报关入库手续，到期后也未按约定回购，该公司没有将这批货物销售给任何第三方公司。

(2) 青岛德某矿业公司业务员王某龙证实，其按照江某的要求，在涉及某瑞公司电解铜入出库时，伪造相关合同、发票、委托代理协议、出库申请等材料，并在应由外商签名的地方签名后，将这些材料交给孟某霞用于办理入出库。其对2001.09吨电解铜入库材料和199.686吨电解铜出库材料上的英文签名进行了辨认，确认系其所签。

(3) 青岛德某矿业公司业务员赵某妍证实，该公司在与某瑞公司等公司开展贸易融资过程中，采取复印公章的方式，伪造相关协议等材料；江某安排包括其在内的公司业务员伪造该公司与外商开展业务使用的报关入库材料等事实。

(4) 青岛某远公司业务员孟某霞证实，王某龙交给其2001.09吨电解铜报关入库资料，以及其中199.686吨电解铜的出库资料，由其办理入出库手续。其对前述货物的入出库材料进行了辨认。

(5) 大港公司保税仓储中心副经理廉某汉、业务员万某强、市场部经理李某2、库场队副队长倪某忠证实，大港公司保税仓库入出库流程。

（6）某海某鸿金属有限公司董事长乔某证实，2014 年 4 月其公司从青岛德某公司购买 199.686 吨电解铜的事实。

3. 鉴定意见

北京大地京泰会计师事务所有限公司出具的大地津泰鲁专审字〔2017〕9301－3－3 号电解铜港口日库存情况专项审计报告证实，2013 年 11 月 6 日至 2013 年 11 月 12 日，“新北京轮”在大港公司卸船电解铜共计 2001.09 吨；2014 年 4 月 25 日，“新北京轮”库存为 1801.40 吨。

4. 勘验、检查笔录

物证检验检查笔录证实，公安机关从江某办公室提取到 199.686 吨电解铜出库相关资料的情况。

5. 被告人供述

（1）陈某鸿对安排江某将某瑞公司 200 吨电解铜在国内销售的事实予以供认。

（2）江某供称，中某澳公司代理青岛德某矿业公司从国外购买 2001.09 吨电解铜，后青岛德某矿业公司没有钱从中某澳公司回购，就与某瑞公司之间签署了销售合同让某瑞公司从中某澳公司回购。2014 年上半年其根据陈某鸿的要求安排工作人员制作相关材料，由李某 2 将其中 200 吨电解铜在国内销售。

2. 二审刑事裁定书或刑事判决书

被告人或检察机关对案件全部或部分事实、关键情节或证据有异议，因此提起上诉和抗诉。在裁判文书中，需要运用相关证据评判，驳回或支持上诉、抗诉理由，因此对相关证据的内容要详写，为裁判结果服务。在写法上一般可分为三种表述模式：

（1）如果二审认定事实与一审认定事实相同，证据体系也基本相同，一般采用“前详后略”的证据表述模式，即在“原判认定”部分叙述案件事实之后，对相关证据体系及内容详细表述，“二审查明事实”部分不再表述相关证据，只简单介绍二审对全案证据的审查、认定情况。如：“经二审审理，查明事实与一审相同，原判认定……事实的相关证据均经一审庭审举证、质证，并经二审审查，证据的来源及形式合法，内容客观真实并能证明本案事实，予以采信，二审查明事实与一审相同。”

当然，也有采用“前略后详”的证据表述模式，即在“原判认定”部分叙述案件事实之后，对相关证据简单表述其种类及名称，在“二审查明事实”部分则介绍二审对全案证据的审查、认定情况，并详细叙述全案证据体系及内容。

（2）如果二审认定事实与一审认定事实基本相同，但二审阶段控辩双方为进一步查明一些事实细节或与定罪量刑相关的新事实，而进行了补充举证、质证，则可以采用“前详后略”的模式表述原判认定证据，在“二审查明事实”部分，先表述“经二审审理，查明事实和证据与一审相同”，再介绍二审采信的新证据，并对新证据证明的事实加以介绍。

（3）如果二审法院认为一审判决认定事实不当，二审重新查明了案件相关事实，则可以对一审判决书认定事实的相关证据简单列举，而在“经二审审理查明（事实）”后详细列举证明案件事实的相关证据，不能出现二审重新认定案件事实却没有具体列举相关证据的写法。

示例1-3-29 | 李某毅侵犯著作权案二审刑事判决书[①]（二审新查明事实应列举相关证据内容）

本案二审经审理，对原判认定基本犯罪事实予以确认，但对犯罪数额予以调整。判决书在二审认定事实部分就专门作出叙述，并对新证据进行列举；在评判检辩意见时，结合辩方具体异议，进一步分析二审认定犯罪数额的具体理由；在“本院认为”部分将犯罪数额变化作为量刑调整的裁判理由，实现了前后呼应。

原判认定：“Great Wall of China” 拼装玩具等47个系列663款产品系乐高公司创作的美术作品，乐高公司根据该作品制作、生产了系列拼装玩具，

① 上海市高级人民法院刑事判决书，（2021）沪刑终42号，第五届全国法院“百篇优秀裁判文书”。

并在市场上销售。2015 年至 2019 年 4 月间，同案犯李某鹏……生产、复制上述 47 个系列 663 种货号的拼装积木玩具产品，并冠以“乐拼”品牌通过线上、线下等方式销售。2017 年 9 月至 2019 年 4 月，被告人李某毅在明知李某鹏未经乐高公司授权的情况下，仍以李某毅、吴某、擎天柱的名义从李某鹏处定制、购进大量侵犯乐高著作权的乐拼产品对外销售。……经一审司法会计鉴定，2017 年 9 月 16 日至 2019 年 4 月 23 日间，李某毅从李某鹏处购买侵权产品 1 731 219 盒，涉及 579 种产品型号，金额共计人民币 102 356 739.60 元（以下币种相同）。

本院审理查明的事实和证据除上诉人李某毅的涉案金额外，与原判相同。

另查明，经司法会计鉴定机构复核，2017 年 9 月 16 日至 2019 年 4 月 23 日间，李某毅从李某鹏处购买侵权产品的金额在原鉴定意见的 102 356 739.60 元上，应减少 11 970 869.20 元，应增加 547 119.60 元。

上述事实，有经过二审庭审举证、质证的上海××事务所有限公司出具的会计鉴定补充意见书（沪金审财〔2020〕司会鉴字第 S0009－2 号）证实。

现根据审理查明的事实和证据，本院对诉讼各方意见综合评判如下：

……

三、关于本案非法经营数额的认定问题

上诉人李某毅及其辩护人提出原判对非法经营数额认定错误，认定数量与实际销售数量存在严重偏差。原判混淆了购买与销售的概念。销售出货单的证据三性均有问题，原会计鉴定补充意见书和复核意见均存在重大问题，且复核结果与本案其他证据矛盾。

本院认为，第一，本案二审中，司法会计鉴定机构经复核，对一审鉴定意见中上诉人李某毅的涉案金额进行了修正，并出具了最终的复核意见。经查，该复核所依据的原始检材（即销售出货单）的扣押、调取程序合法，其内容清晰、完整，与本案具有明确的对应关系，且鉴定复核程序合法规范、方法合理科学，鉴定机构及相关鉴定人员亦均具备相应法定资质，故该复核意见应当作为定案证据予以采信。根据该复核意见，并按照有利于被告人的原则，李某毅的涉案金额应在原鉴定意见金额基础上予以扣减而不再增加，即为90 385 870.4元。第二，关于辩护人提出的涉案销售出货单存疑且原判混淆购买与销售的概念等问题。经查，李某鹏等人生产销售侵权乐拼玩具的犯罪模式为，下游经销商通过微信群下单侵权乐拼玩具的型号及数量，李某鹏等人通过涉案销售出货单记载客户名称、型号及数量后，据此出货。另根据李某鹏等人供述，销售出货单有多联，本案扣押的为白联（即仓库联），即从作为发货者的李某鹏处扣押，系李某鹏作为发货情况的记录，而非从李某毅处扣押，故涉案销售出货单上基本无李某毅签名符合双方交易模式，亦符合常理，且其真实性也有本案其他证据相互印证证实。因此，涉案销售出货单足以证实李某毅作为下游经销商，根据其下游需求向李某鹏等人批发采购大量不同型号的侵权乐拼玩具后销售的犯罪事实以及相应的非法经营数额。第三，关于辩护人提出的最低单价问题。经查，本案对李某毅非法经营数额司法会计鉴定的时间段系从2017年9月至2019年4月，且以实际发生销售的历史最低价格，而非按照已经销售的平均价格作为依据计算，实质上作了有利于被告人的认定，且该计算方式科学合理并于法有据。此外，结合已决犯王某圳、杜某豪手机微信聊天记录中明确的一对一报价表及价格变动情况，本案司法会计鉴定采取的同一型号产品的最低销售历史价格是适当准确的。第四，关于辩护人提出的本案其他证据与复核意见矛盾的问题。经查，一方面，王某圳、李某鹏、李某毅供述的相关销售金额仅为被告人供述和口头估算，并无其他证据印证。另一方面，根据本案销售出货单、微信聊天记录以及李某毅所控制的银行账户向专用于收取侵权乐拼玩具货款的银行账户转账金额等证据，结合李某鹏案认定的犯罪金额及相关证据，在无其他相反证据推翻的情况下，足以证实李某毅的非法经营数额。第五，李某毅及其辩护人虽提出马某磊长期借用李某毅名义从李某鹏处购进乐拼玩具，但对此未提供任何证据或线索，且与案件查明事实不符。综上，本院依据司法会计鉴定复核意见对原判认定的非法经营数额予以纠正。

……

本院确认，原判认定李某毅犯侵犯著作权罪的基本事实清楚，证据确实充分，适用法律正确，审判程序合法。但原判对于犯罪金额认定有误，本院予以纠正，并对上诉人的量刑依法酌情调整。检察机关二审出庭意见、被害单位的意见予以采纳。辩护人关于原判非法经营数额认定有误的辩护意见亦予采纳，但具体数额以本院查明事实为准。

示例 1－3－30　吴某被控合同诈骗、骗取票据承兑、骗取贷款二审宣告无罪案刑事判决书①（控辩双方对案件事实争议较大的二审裁判文书应重述事实及相关证据）

本案被告人吴某控制的公司（以下简称吴某公司）与兴源轮胎集团有限公司（以下简称兴源公司）、平安银行签订担保提货模式的合作协议书，为解决无力偿还银行承兑汇票敞口的问题，吴某公司又申请流动资金贷款共计7839.8837万元，由兴源公司、银储公司及吴某等承担连带责任担保。检察机关指控吴某申请的贷款中有已被列为失信被执行人的银储公司担保贷款近3000万元，构成骗取贷款罪；指控因吴某公司对承兑汇票不能付款而由平安银行垫款的1631.85万元由兴源公司承担担保还款责任，构成合同诈骗罪。一审判决被告人吴某只构成骗取贷款罪，检察机关提出抗诉，二审辩护人则认为被告人不构成犯罪。因双方对事实争议较大，二审裁判文书对事实和证据均采用前简后繁的写法。

原审判决认定……

原审判决认定上述事实的证据有书证、证人证言、被告人供述与辩解等。

原审法院认为……

经二审审理查明……

上述事实，有下列证据证实：

---

①　山东省东营市中级人民法院刑事判决书，(2019) 鲁05刑终139号，第四届全国法院“百篇优秀裁判文书”。

（一）书证

1.《合作协议书（担保提货模式）》四份、福建省福安市华兴房地产开发有限公司（以下简称华兴地产）承诺书，证实……

2. 银行承兑汇票、取回银行承兑明细及用于购买兴源轮胎承兑明细，证实……

3.《卖方发货跟踪记录表》、王某与吴某公司工作人员往来邮件，证实……

4.《综合授信额度合同》《汇票承兑总合同》，证实……

5. 长丰公司股东会决议、银储公司职工大会记录、兴源公司董事会决议，证实……

6.《最高额保证担保合同》三份，证实……

7. 贷款合同、工矿产品购销合同及借款借据等贷款资料、长丰公司银行账户明细、27 笔贷款资金流向，证实……

……

（二）证人证言

1. 证人李树松（兴源公司分管销售的副总经理）证言，证实……

2. 证人宋某（兴源公司董事长）证言，证实……

3. 证人高某（兴源公司财务经理）证言，证实……

4. 证人王某（兴源公司销售经理）证言，证实……

5. 证人于某（银储公司法定代表人）证言，证实……

6. 证人吴某（时任平安银行客户经理）证言，证实……

7. 证人张某 1（平安银行工作人员）证言，证实……

8. 证人李某（平安银行工作人员）证言，证实……

9. 证人吕某（平安银行授信审批部工作人员）证言，证实……

10. 证人张某 2（平安银行特殊资产管理部工作人员）证言，证实……

（三）上诉人供述和辩解

吴某供述……

二审庭审中，吴某辩护人提交如下证据：

……

经查，上述证据与本案无关联性，本院不予确认。

示例 1－3－31　于某故意伤害案二审刑事附带民事判决书[①]（一、二审认定事实差异较大的二审裁判文书应详写事实及证据）

本案一审认定被告人于某不属于正当防卫，以故意伤害罪判处被告人于某无期徒刑，剥夺政治权利终身。二审对案件事实进行了重新查明，在证据部分也采用了“前简后繁”的写法。

原判认定……

上述事实，有经原审庭审举证、质证的物证、书证、勘验、检查、辨认笔录、鉴定意见，视听资料，证人证言，被害人陈述，被告人供述等证据证实。

原审法院认为……

上诉人杜某1、许某、李某1、杜某3、杜某4、杜某5、杜某6的上诉意见是……

上诉人于某的上诉意见是……

上诉人于某的辩护人提出以下辩护意见……

山东省人民检察院出庭检察员发表以下出庭意见……

被害人郭某1及其诉讼代理人、被害人严某的诉讼代理人提出以下意见……

经审理查明……

上述事实，有经庭审举证、质证的下列五方面证据予以证明，本院予以确认。

一、被害人陈述、被告人供述和辩解

……（略，详见本书示例 1－3－11）

---

① 山东省高级人民法院刑事附带民事判决书，（2017）鲁刑终 151 号。

3. 高级法院办理的死刑（死缓）复核案件

根据《刑事诉讼法》第247条、第248条的规定，中级人民法院判处死刑的第一审案件，被告人不上诉的，由高级人民法院复核后，报请最高人民法院核准；中级人民法院判处死刑缓期二年执行的案件，由高级人民法院核准。对于中级人民法院判处死刑或者死刑缓期二年执行的案件，被告人不上诉，意味着被告人对案件事实、证据和处理均无异议，高级人民法院复核也只是对相关内容再核实一下，证据部分为案件裁判说理服务的作用较小，可以简写，主要列举一下证明案件事实的证据。比如表述为“认定上述事实的证据有：现场目击证人某某等人的证言、从犯罪现场提取并检出被告人DNA物质的某某物证、从被告人家中或身上提取并检出被害人DNA物质的某某物证等，并有现场勘验笔录、尸体检验鉴定意见、辨认笔录等证据在案证实，被告人某某对其作案事实也供述不讳”。这样写既点明了证明案件事实的主要证据，也重点说明了这些证据的证明方向，足以完成证明任务。

示例1-3-32 | 马某新故意杀人案死刑复核刑事裁定书[①]（死缓复核刑事裁定书的证据可简写）

本案被告人采用掐脖手段将妻子许某1杀害，留下一纸遗书后潜逃外地，由于案发现场封闭，杀人手段简单，该遗书成为认定其犯罪的主要证据。复核刑事裁定书对该遗书的主要证明内容作概要介绍，对其他证据均只列明了证据名称和证明方向，既展示了证据体系，也显得言简意赅。

上述事实，有经原审庭审示证、质证确认的以下证据证实：公安机关从现场提取的马某新所写、内容为承认杀害许某1及原因的“遗书”，“遗书”的提取笔录，现场勘查笔录及照片，尸体检验鉴定意见，马某新归案后指认现场笔录及照片，证人马某恩、师某枝、马某虎、马某成、许某2、许某琴、吴某平、郑某娟等关于案发前后马某新和许某1活动情况、二人关系情况、马某新外逃情况的证言，关于马某新身份的DNA鉴定意见，公安机关出具

---

① 河南省高级人民法院刑事裁定书，（2023）豫刑核40329616号。

的报案证明、刑事案件立案报告表、在逃人员登记表、拘留证、抓获经过等书证；被告人马某新对杀人的原因、过程、书写遗书后外逃情况等均予供认。本案事实清楚，证据确实、充分，足以认定。

示例1-3-33　董某宁故意杀人案二审刑事附带民事裁定书[①]（对案件事实无争议的二审裁判文书证据可简写）

本案被告人董某宁因婚姻矛盾在家中杀害妻子陈某媛，一审以故意杀人罪判处董某宁死刑缓期二年执行，并责令其对附带民事诉讼原告人作出赔偿。判决后被告人不上诉，而附带民事诉讼原告人提出上诉，因此二审既要对一审附带民事部分进行审理，又要对一审刑事部分的死缓判决进行复核。考虑到上诉人对案件事实无争议，二审文书对证据的主要证明内容进行了高度归纳，并按照犯罪经过、归案经过、犯罪原因、附带民事等分组进行了罗列。

上述事实，有证人董某辰证实在院子里看到董某宁在屋门处用刀捅刺陈某媛，证人姜某娥、张某蒙证实到现场后董某宁向二人承认自己杀人，现场勘查笔录证实在现场卧室、客厅及院子里提取大量血迹并在堂屋一层南侧台阶上提取折叠刀一把，人身检查笔录证实在董某宁脸上、左右小腿、上衣及鞋上提取到血迹，辨认笔录证实董某宁确认现场提取的折叠刀是其杀人所使用凶器，物证鉴定意见证实现场血迹、董某宁身上血迹、折叠刀上血迹均检出陈某媛DNA，尸体检验鉴定意见证实陈某媛全身共八十余处刀伤，被告人董某宁对其杀人事实亦供认不讳，足以认定。另有内黄县公安局指挥中心接处警信息表及田氏派出所民警刘某、刘某涛出具的到案证明证实董某宁归案经过；证人陈某军、陈某林、孙某周、董某海等人证言证明董某宁和陈某媛的婚姻矛盾情况；被害人陈某媛、附带民事诉讼原告人陈某军的户籍证明证明双方身份关系；被告人董某宁的户籍证明等。

三、证据认证

证据认证是法官对控辩双方在法庭出示或庭外提供的证据，在听取各方

① 河南省高级人民法院刑事附带民事裁定书，(2021) 豫刑终223号。

质证意见的基础上，经过分析判断，作出肯定、否定或者部分肯定部分否定的结论性意见。在刑事诉讼中，经常会有控辩双方针对对方所举证据提出异议，认为证据不合法、不真实或者与案件并无关联，不应采信。有些裁判文书在列明证据后简单地表述一句“上述证据均经庭审举证、质证，并经本院审核属实，予以确认”，对于当事人针对具体证据提出的质证意见或者未采纳的证据笼统地表述为“与事实不符，不予采信”，这种写法完全属于空话、套话，看不到法官对证据进行审查判断的分析、推论和心证过程。

根据证据裁判原则，法院裁判认定事实应当以证据为基础。“裁判文书是对审判过程及结果的客观记载，其中证据裁判的内容，应当成为裁判文书制作的重点之一。当前刑事裁判文书制作的改革方向之一，就是要把证据裁判作为一个重要方面，全面、客观地反映证据采信过程。”① 裁判文书不但要列出作为定案根据的证据材料，还要公开采纳或者不采纳相关证据的心证过程，进一步分析如何由这些证据材料推导出特定的案件事实而不是其他，确保认定的事实排除了合理性怀疑，符合社会公众的认知逻辑。要达到这一效果，首先，必须对控辩双方所举证据结合质证意见进行审查、判断和筛选，决定是否采信相关证据；其次，对采信的证据进行排列组合，判断是否能够形成完整的证据体系或者证据链条；最后，对证据体系的证明效果进行整体判断，确定指控事实是否得到证明，能够成立。因此，证据认证是裁判文书证据说理不可缺少且最为基础的部分，也是刑事司法正当程序原则的要求，更是通向妥当裁判结论的必由之路。

（一）证据认证的写作要点

最高人民法院《关于加强和规范裁判文书释法说理的指导意见》（以下简称最高人民法院《裁判文书释法说理指导意见》）第 4 条提出：“裁判文书中对证据的认定，应当结合诉讼各方举证质证以及法庭调查核实证据等情况，根据证据规则，运用逻辑推理和经验法则，必要时使用推定和司法认知

① 于同志：《论聂树斌案再审证据裁判的“八个方面”》，载《法律适用》2017 年第 2 期。

等方法，围绕证据的关联性、合法性和真实性进行全面、客观、公正的审查判断，阐明证据采纳和采信的理由。”证据分析既要针对控辩双方的举证和质证意见，阐明法院对证据采信与否的具体理由，还应当全面阐述法院对案件证据体系的认证意见。前者属于针对争议焦点的说理，后者属于围绕裁判结论、支撑事实认定的说理。在具体写作中，应当符合以下要求：

1. 对控辩双方的举证意见和质证意见均应当予以叙述。对证据进行分析论证，必须秉持客观中立的立场，做到不偏不倚，在全面分析和评判的基础上决定证据的采纳与否。在控辩双方意见展示部分，一是对于控辩双方出示的证据及对己方证据体系的评价，均应当予以表述；二是对双方有争议的证据或者辩方提出的证据，尤其要对证据来源、证据名称、形成时间、争议焦点涉及的证据具体内容等予以准确表述，以方便在罗列证据后，有针对性地进行分析；三是对于控辩双方对争议证据的具体质证意见，也应当按合法性、真实性、关联性等方面具体写明。

2. 证据分析应当与庭审情况对应统一。庭审中控辩双方的举证、质证意见和法官的认证意见是裁判文书证据说理的重要依据。对于庭审中双方无争议或者经双方相互质证后已解决争议的证据，可以简化分析说理，只说明认证情况，不必再详细阐述理由；对于庭审中双方争议不止的证据，则需要具体分析并说明是否予以采信。裁判文书中的证据说理也不得与法官在庭审中行使释明权、当庭认证的情况相冲突。这对法官提出两项要求：一是要求法官在庭审中对于一方出示的证据，一定要组织另一方进行质证，并要求举证方针对另一方的质证意见进行答辩，并再次询问质证方是否接受举证方的解释，通过“示证—质证—答辩—再质证”的一来一往两轮过程，使庭审实质化落到实处。二是要求法官在制作裁判文书时，表述控辩双方的质证意见不能简单地照抄出庭意见书和辩护词，而要以控辩双方当庭发表的意见为主，辅之以庭前和庭后提交的书面意见，避免出现遗漏。

3. 在具体分析评判时应当突出关键证据。裁判文书对证据的分析，不是全面发力，对控辩双方所举的所有证据都进行分析论证，而是突出重点，侧重于对指控被告人实施犯罪实行行为的关键证据或影响关键量刑情节认定的证据进行分析评判。根据案件具体情况，前者可能是证明被告人作案的客观物证及鉴定意见，也可能是现场目击证人的证言，还可能是被告人的认罪供述；后者则可能是犯罪前因、犯罪手段、犯罪后果、犯罪后表现等相关证据。

4. 对有争议的具体证据是否采信应当说明具体理由。证据分析要归纳控方或辩方举证的来源、形式、内容及证明力，另一方提出的质证意见，根据质证意见的指向对证据的合法性、真实性、关联性中的一个或几个方面进行分析，最终得出该证据材料的证据能力（能否采信）及证明力（对案件事实的具体证明效果）的结论。其中对于证据的合法性，主要从证据的来源（制作主体）、形成过程、存在形式等方面进行审查，《刑事诉讼法解释》对审查方法有具体规定；对于证据的真实性，主要从证据本身形成过程的合法性、与其他证据的形成时间先后关系和相互印证关系等方面，运用逻辑推理和经验法则进行分析；对于证据的关联性或者说证明力，需要分析证据的实质内容，并将该证据与其他证据相结合，形成证据链条，据以认定待证事实。

（二）证据合法性的分析论证

司法实践中，常见的证据合法性争议包括证据的资格问题、言词证据的取证手段合法性问题、证据形式和形成过程的合法性问题及证据瑕疵问题等。裁判文书对证据合法性争议的评判，应当依据相关证据法律规定、取证程序规定、证据审查判断规则等进行具体分析。

1. 证据资格问题

根据证据裁判原则，法官查明案件事实必须根据证据进行，因此在诉讼的进程中首先必须解决的问题是什么样的证据将会在庭审中被调查，即证据的准入问题或者说证据资格问题。证据资格是指证据材料可以被采用作为证明案件事实的资格。关于证据资格的规定，在法条上有一个明显的表述，即能否“作为认定案件事实的根据”。比如《刑事诉讼法》第50条第3款规定“证据必须经过查证属实，才能作为定案的根据”，就是要求证据材料应当经过当庭质证，例外情况下在庭外征求控辩双方意见，才能作为定案的根据，也才能书写在裁判文书中。又如，《刑事诉讼法》第62条第2款规定“生理上、精神上有缺陷或者年幼，不能辨别是非、不能正确表达的人，不能作证人”，这就是从作证主体的资格上对证据资格作出限定。再如，《刑事诉讼法解释》第99条第1款规定“经人民法院通知，鉴定人拒不出庭作证的，鉴定意见不得作为定案的根据”，这是以鉴定人是否履行法定的出庭作证义务来确定鉴定意见是否具备证据资格。证据资格是证据材料作为诉讼证据的先决条件，即要先判断证据是否具备证据资格，如果不具备证据资格，则无须再对其真实性、关联性及证明力大小作出判断。因此，证据资格也经常成为控辩双方在法庭上争辩交锋的重要内容，需要在裁判文书中进行分析认证。

示例1-3-34 孟某洋交通肇事案一审刑事判决书[①]（道路交通事故责任认定书的证据资格分析）

在交通肇事罪案件中，《道路交通事故责任认定书》作为公安交警部门对事故现场情况进行的勘验、记载和分析，是认定事实经过及被告人对事故发生有无责任的重要依据，也经常是控辩双方的争议对象。在这个案件中，《道路交通事故责任认定书》认定被告人对事故发生负全部责任，辩护人就提出“道路交通事故责任认定书从内容和形式分析更符合鉴定意见的特征，鉴于交通民警不具有鉴定人资格，应属于有专门知识的人出具的意见，并不具有当然法律效力”的辩护意见，实际上是对责任认定书的证据资格问题提出异议。对此争议，一审判决书从公安交警部门制作《道路交通事故责任认定书》的法律依据、制作过程及法律地位等方面进行了深入分析，认定事故责任认定书属于公文书证，较好地回答了辩护人的异议。

经查，根据道路交通安全法及其实施条例、道路交通事故处理程序规定等法律法规，道路交通事故责任认定书是公安交通管理部门对交通事故进行现场勘查、技术分析和有关检验、鉴定，分析查明交通事故的基本事实、成

---

① 江苏省徐州市泉山区人民法院刑事判决书，（2019）苏0311刑初359号，第四届全国法院“百篇优秀裁判文书”。

因，依照交通法规对交通事故当事人有无违章行为，以及对违章行为与交通事故损害后果之间的因果关系进行定性、定量评断，对当事人责任认定时所形成的文书材料。出具道路交通事故责任认定书既是法律对公安交通部门履行法定职责的要求，也是分清事故责任，以便对肇事者作出正确恰当的处理，确定是否追究肇事者刑事责任和损害赔偿的重要依据。按照道路交通事故责任认定书的形式及载明的内容，显示其具有书证的特性，且由公安机关依法制作，具有法律效力，当属公文书证范畴。

2. 非法证据排除问题

最高人民法院《裁判文书释法说理指导意见》第5条提出："刑事被告人及其辩护人提出排除非法证据申请的，裁判文书应当说明是否对证据收集的合法性进行调查、证据是否排除及其理由。"实际上要求在裁判文书中对非法证据排除程序的全过程即启动、调查和认定结论进行全面说理。具体包括以下几种情形：（1）对于被告人申请排除非法证据，因不具备法定条件而未启动非法证据排除程序的，应当在裁判文书中对被告人提供线索的情况进行说明，并阐述不启动非法证据排除程序的理由；（2）对于决定启动非法证据排除程序的，检察机关对控诉证据的合法性负有证明责任，应当在裁判文书中针对检察机关的举证情况和质证结果进行说明，尤其要对被告人的健康检查情况（包括有无伤情、发现时间及严重程度等），讯问同步录音录像举证情况（包括是否提供、音像质量及是否完整无裁剪、内容与书面笔录是否一致及有无本质差异、犯罪嫌疑人供述过程是否自然及有无疑点等），侦查人员出庭作证情况等进行充分说明，详细阐述证据排除与否的理由；（3）二审阶段，上诉人对一审阶段排除非法证据的审查（包括是否启动非法证据排除程序及具体过程等）或者有关证据收集合法性的调查结论提出异议的，在二审裁判文书中应当区别对待，分别运用刑事诉讼法关于排除非法证据的法庭审理程序要求和实质判断标准，结合具体案情进行分析评判。

有的裁判文书以"被告人不能提供证明公安机关采取刑讯逼供行为并迫使其签字认罪的证据"为由，对被告人的辩解不予支持，容易使人认为取证合法性的证明责任由辩方承担，是对举证责任的不当分配。还有的裁判文书对如何查明侦查人员没有刑讯逼供行为的具体过程不作说明，表达粗疏，比如仅以“经查公安机关没有采取刑讯逼供手段”一句话简单回应，或者以“检察机关提供了同步录音录像和入所健康体检表等证据，被告人在侦查阶段的有罪证据并不是刑讯逼供取得”回应，对于同步录音录像和入所健康体检表记载的内容是如何体现被告人未受到刑讯逼供的，没有进一步的详细解释，毫无说服力。

示例1-3-35　高某被控合同诈骗、诈骗一审宣告无罪案刑事判决书[①]（不启动非法证据排除程序的理由分析）

本案被告人高某提出公安机关存在刑讯逼供的辩解，判决书在说理时，从其供述的内容均为无罪辩解而不属于非法证据的排除范围、申请排除非法证据但不能提供线索和材料这两个方面进行分析，确认因不具备法定条件，而不能启动非法证据排除程序。

2. 关于是否属于非法证据予以排除的问题。审理认为，根据《刑事诉讼法》第五十四条规定：采用刑讯逼供等非法方法收集的犯罪嫌疑人、被告人供述和采用暴力、威胁等非法方法收集的证人证言、被害人陈述，应当予以排除。《最高人民法院关于适用〈中华人民共和国刑事诉讼法〉的解释》第九十五条规定：使用肉刑或者变相肉刑，或者采用其他使被告人在肉体上或者精神上遭受剧烈疼痛或者痛苦的方法，迫使被告人违背意愿供述的，应当认定为刑事诉讼法第五十四条规定的“刑讯逼供等非法方法”。[②] 但本案中无证据证明对高某讯问时存在上述法律规定的非法取证情形；且从高某供述内容看，并无有罪供述，仅对相关事实进行了陈述和说明，自始至终均做无罪辩解，并非法律规定的“迫使被告人违背意愿供述”，不属于非法证据

---

① 山东省东营市中级人民法院刑事判决书，(2017) 鲁05刑初10号，首届全国法院“百篇优秀裁判文书”。

② 此判决书所引用的法律条款为该案件判决时有效的2012年《刑事诉讼法》及相关司法解释。2012年《刑事诉讼法》第54条即2018年修正后《刑事诉讼法》第56条。2013年施行的《刑事诉讼法解释》第95条的主要内容为2021年施行的《刑事诉讼法解释》第123条所吸收。

的排除范围；广饶县公安局出具的证明及工作证复印件证实，本案的侦查人员均系广饶县公安局具有执法资格的正式干警，取证主体适格；侦查人员取证地点符合相关法律规定，并无违法之处；根据法律规定，申请排除以非法方法收集的证据的，应当提供相关线索或者材料，本案中辩护人未提出相关线索或材料，其所提质疑无事实根据，故对辩护人提出的非法证据排除的申请不予支持。

示例1－3－36 吴某贩卖毒品案一审刑事判决书[①]（排除非法证据的理由分析）

本案被告人吴某及其辩护人针对吴某在侦查阶段的供述，提出系刑讯逼供应予排除的申请。一审判决书针对此问题，围绕被告人的右脚踝伤，运用看守所出具的新入所人员体检表、看守所的调查说明、管教人员的证言及吴某同监室人员的证言，证实被告人吴某的伤情并非在看守所羁押期间所致，侦查机关对吴某伤情的说明不能成立，即不排除非法获得证据的可能性，从而依法对相关供述排除作为证据使用。

被告人吴某及其辩护人提出非法证据排除申请，称被告人吴某在侦查阶段遭受刑讯逼供，请求核实并依法对其供述予以排除。经查，2013年8月14日1时许，被告人吴某因酒后且吸食毒品后驾驶机动车被×州市公安局仓前派出所查获，送至×州市强制戒毒所执行行政拘留十五日。行政拘留期间，发现其系贩卖毒品案的在逃人员，2013年8月29日，×州市仓前派出所民警将其送押至×州市第一看守所临时羁押，2013年9月4日被×清市公安局民警提走，带至×清市公安局办案中心，并于2013年9月5日送至×清市看守所羁押。在×清市公安局办案中心共制作二份讯问笔录，吴某在后一份笔录中表示，脚上的伤是在×州市第一看守所搭人梯晾晒衣服时没站稳，从他人肩膀上跳下时左脚踝扭到，右脚肿胀；头上撞破是因为2013年9月4日晚上上厕所时地上有水，滑了一跤，头磕在厕所的石板台子上，头顶

① 福建省福州市中级人民法院刑事判决书，（2014）榕刑初字第77号。

左侧磕破。对此，×州市第一看守所出具调查说明，证实经查阅2013年8月29日至9月4日的巡控总值班记录本、医生值班记录本和监室责任医生记录本，未发现吴某有摔伤报警记录和受伤救治记录；同时，经向该监室的管教干部了解情况，管教干部否认当时其监室有在押人员因晾晒衣服摔伤，与吴某同监室的在押人员阮某某和黄某某也否认该监室有人因晾晒衣服而摔伤的情况。×清市看守所2013年9月5日新入所人员体检表显示，被告人吴某入所时体格检查为右踝摔伤，肿胀，压痛，部分皮肤擦伤，送×清市医院拍摄X光片，双踝未见骨折。×州市第一看守所出具的调查说明及×清市看守所出具的新入所人员体检表可证实，被告人吴某的伤情并非在看守所羁押期间所致；其在×清市公安局办案中心所制作的二份讯问笔录中，仅在制作第二份讯问笔录时进行同步录音录像，且关于伤情形成原因的供述与查实的情况不符，不排除存在以非法方法收集证据的可能性，根据《中华人民共和国刑事诉讼法》第五十八条及《最高人民法院关于适用〈中华人民共和国刑事诉讼法〉的解释》第一百零二条的规定，[①] 对被告人吴某在×清市公安局办案中心制作的二份供述予以排除，不予采信。

示例1－3－37　司某顺等贪污、诈骗、滥用职权案二审刑事判决书[②]（二审裁判文书对一审排除非法证据结论的分析评判）

本案被告人司某顺在一审阶段提出排除非法证据的申请，一审庭审对此问题进行了调查。在二审阶段司某顺对一审判决的排除非法证据结论提出异议，但对一审的非法证据排除程序并无异议。针对其上诉理由集中于应否排除相关证据的实体问题，二审判决书中先是较为详细地介绍了被告人申请排除非法证据的具体理由、一审的法庭调查结论及理由，又叙述了二审期间针对上诉提出的具体理由进行的实质性审查情况，进而得出结论。

---

① 此判决书所引用的法律条款为该案件判决时有效的2012年《刑事诉讼法》及相关司法解释。2012年《刑事诉讼法》第58条为2018年修正后《刑事诉讼法》第60条。2013年《刑事诉讼法解释》第102条为2021年《刑事诉讼法解释》第137条。

② 湖北省襄阳市中级人民法院刑事判决书，（2019）鄂06刑终263号，第三届全国法院“百篇优秀裁判文书”。

在一审审理过程中，上诉人司某顺、李某峰、曾某平均提出排除非法证据申请并提供了相应线索，所申请的主要情形有：1. 司某顺在侦查阶段所作的供述是在受到办案人员威胁、恐吓、引诱、欺骗，采用以严重损害本人及其近亲属合法权益等进行威胁的方法，使司某顺遭受难以忍受的痛苦下自杀未遂、违背意愿作出的；2. 在侦查阶段，办案人员以更换羁押场所对李某峰实施了言语威胁；3. 存在讯问录音录像制作不完整、讯问人员与现场录像人员没有分离的情况；4. 存在讯问录音录像与讯问笔录内容不一致的情况；5. 存在个别侦查人员签名笔迹明显不同、部分侦查人员在同一时段不同地点讯问不同的被告人的情况；6. 存在讯问时未同步录音录像的情况。

因庭前控辩双方对证据收集的合法性未达成一致意见，一审法院根据《人民法院办理刑事案件排除非法证据规程（试行）》（以下简称《规程》）的规定，对本案证据收集的合法性进行了法庭调查，并作出以下决定：1. 针对第一种情形，认为司某顺的女儿司某是涉案单位宝斯达公司占有50%股份的股东，侦查机关有理由认为司某可能知道案件情况，有权向其收集证据，故讯问司某顺时有涉及司某的相关讯问言语，不属《规程》所规定的“采用严重损害本人及其近亲属合法权益等进行威胁的方法”收集证据的情形，且虽然司某顺在被讯问过程中有自伤行为，但录像显示侦查人员并没对其使用暴力或者言语上的威胁，且控方也未将当次讯问情况作为本案指控事实的证据使用，故认为上述情形所收集的证据不属于非法证据，不予排除。2. 针对第二种情形，认为虽然在讯问过程中侦查人员有类似更换羁押场所内容的言语，但为排除干扰在侦查过程中更换羁押场所是有效且合法的方法，故该情形不属以非法方法收集的证据，不予排除。3. 针对第三种情形，认为虽然本案存在讯问录音录像不完整、讯问人员与现场录像人员为同一人的情形，但未发现办案人员有使用刑讯逼供或变相肉刑等非法方法收集证据的情形，也符合刑事诉讼法关于讯问人员不得少于二人的讯问人数规定，故不属于非法证据，不予排除。4. 针对第四种情形，对讯问笔录所记载的内容与讯问录音录像存在实质性差异的，决定以录音录像为准。5. 针对第五种情形，认为属讯问笔录存在瑕疵，经控方作出补正或者合理解释后，依法可以作为证据使用。6. 针对第六种情形，认为违反了《人民检察院讯问职务犯罪嫌疑人实行全程同步录音录像的规定》的相关规定，决定对无同步录音录像的讯问笔录依法予以排除。

二审期间上诉人司某顺、李某峰及其辩护人对一审作出的证据收集的合法性审查决定所提出的异议，主要是认为在侦查阶段，侦查人员以损害其女儿司某的合法权益及更换羁押场所相威胁，致使二人违背意愿作出不实供述，以后的供述亦受此影响，故二人在侦查阶段的所有供述均属以非法方法取得，均应予排除。

本院经查阅相关讯问同步录音录像，查明：1. 2013 年 4 月 12 日、4 月 18 日侦查人员对司某顺讯问时，均是在对司某顺进行政策教育的情况下，告知司某顺其女儿司某是涉案宝斯达公司股东，侦查机关依法可以找司某调查取证。因司某顺强调司某只是挂名股东，对宝斯达公司的情况并没参与，侦查人员要求司某顺实事求是把案件情况交代清楚，这样才不会牵扯到司某；2. 2013 年 4 月 19 日侦查人员在讯问司某顺时，并无任何威胁性的言语或行为，司某顺前期情绪正常且稳定，在当日 11 时 07 分突然用右拳头猛击自己头部数次，致其头部受伤；3. 2013 年 5 月 7 日下午侦查人员在襄阳市第一看守所讯问李某峰时，提到如果态度不好，侦查机关依法可以变更羁押场所。上述同步录音录像客观地反映出侦查人员对司某顺、李某峰进行讯问的全过程，综观侦查人员的讯问方式、司某顺和李某峰被讯问过程中的精神状态，以及侦查人员提到司某及变更羁押场所时的语境，并未达到上诉人及辩护人提出抗辩的“侦查人员采用严重损害本人及其近亲属合法权益等进行威胁的方法，使被告人遭受难以忍受的痛苦而违背意愿作出供述”的程度，不属刑事诉讼法第五十六条及《规程》第一条所规定的以非法方法收集证据的情形，原审作出不予排除的决定符合客观事实和法律规定，故对上诉人司某顺、李某峰及辩护人提出的二人在侦查阶段的所有供述均系以非法方法取得，均应予排除的理由，本院不予采纳。

示例1-3-38 桑某、马某等故意伤害、聚众斗殴案二审刑事判决书[①]（二审裁判文书对上诉理由新提出的证据合法性怀疑的分析评判）

本案中被告人及辩护人在一审中均没有提出排除非法证据的申请，在二审中辩护人对公安机关办案人员的讯问方式提出异议，并请求排除相关证据。二审判决书运用讯问同步录音录像反映的情况对该辩护意见进行了分析。

七、关于上诉人桑某的辩护人所提公安机关两名工作人员在讯问桑某时同时厉声逼桑某认罪，称死因是可以鉴定出来的等等，该违法讯问不能作为定罪证据。

经查，上诉人桑某及其辩护人在本案一、二审期间均未提出排除非法证据的申请。讯问同步录音录像记载，两名公安人员在讯问桑某时声音较大，并称死因是可以鉴定出来的等等，确有可能对桑某形成一定心理压力，但仍属于正常的讯问策略，无证据证实该讯问方式使桑某遭受了难以忍受的痛苦而被迫供认犯罪。且讯问笔录记载桑某始终否认其故意伤害被害人彭某2，桑某对讯问笔录的形成过程和内容并无异议。

综上，上诉人桑某的辩护人所提讯问违法，不能作为定罪证据的辩护意见无事实和法律依据，本院不予采纳。

示例1-3-39 劳某枝故意杀人、绑架、抢劫案死刑复核刑事裁定书[②]（讯问过程合法性的实体分析进路）

本案辩护人在复核审阶段提出排除非法证据的申请，复核裁定书从侦查人员的讯问过程的合法性、羁押地点合法性、被告人供述的表现等方面进行了分析论证。

辩护律师提出，侦查人员将劳某枝带回南昌后对其疲劳讯问形成2份口

---

① 西藏自治区高级人民法院刑事判决书，（2018）藏刑终6号，第二届全国法院“百篇优秀裁判文书”。

② 最高人民法院刑事裁定书，（2023）最高法刑核95814630号，属于热点案件裁判文书。

供，接着将劳某枝送进南昌中寰医院非法拘禁8天形成6份口供，均应作为非法证据予以排除。经查，侦查人员将劳某枝押解到南昌后，从2019年12月5日14时许到次日13时许进行2次讯问。其间侦查人员保障了劳某枝的饮食、如厕和必要休息，充分体现了人文关怀。因劳某枝提出其患有疾病，侦查人员根据其要求，将劳某枝送到专门收治患病在押人员的南昌市公安监管医院（即“中寰医院”）检查，认为劳某枝无严重疾病，及时将其转看守所羁押。其间6次讯问的录音录像显示，劳某枝精神状态良好，表情轻松，交流顺畅，供述自然。辩护律师所提该辩护意见与查证的事实不符，本院不予采纳。

3. 证据形式或形成过程不合法问题

证据因形式或者取证过程严重违反法定程序，进而导致该证据真实性存疑，据此在法律规范层面上否定了其作为证据的资格，应当予以排除。相关规定主要是指《刑事诉讼法解释》第86条第1款（物证、书证）、第89条（证人证言）、第94条（被告人供述）、第98条（鉴定意见）、第105条（辨认笔录）、第109条（视听资料）、第114条（电子数据）的规定。比如在勘验、检查、搜查过程中提取、扣押的物证、书证，未附取证笔录及扣押、提取清单，不能证明物证、书证来源的，不能作为定案的根据。还有证人证言的询问没有个别进行或者书面证言没有经证人核对确认的；被告人供述的讯问笔录没有经被告人核对确认的；未成年被告人的法定代理人或者合适成年人讯问时不在场的；等等。裁判文书中针对这一类证据争议，要紧扣争议证据的形成过程或者形式上的具体疑点，根据证据规范作出判断。

示例1-3-40 马某甲被控故意杀人一审宣告无罪案刑事附带民事判决书①
（现场勘查笔录的合法性分析评判）

这是一个陈年旧案，案发于1999年，被害人吴某甲于自己经营的商店内被害，破案于2017年，公诉机关指控被告人马某甲杀人的主要依据是现

① 宁夏回族自治区吴忠市中级人民法院刑事附带民事判决书，（2018）宁03刑初15号，第二届全国法院“百篇优秀裁判文书”。

场柜台上遗留的血指纹和泥掌印经鉴定系被告人所留，被告人则不予供述。针对证明现场柜台上有血指纹的勘查笔录及视频资料的合法性，判决书从现场勘查笔录本身的缺陷、现场勘查录像的缺陷、侦查机关的解释不能等三个方面进行了分析，即现场勘查过程的多名参与人员没有签名，也没有见证人在场见证，因此证据形式及形成过程均有不合法之处；现场勘查的录像资料亦因无制作过程说明及制作人不明，而缺乏证明力，无法用于印证现场勘查过程的合法性和真实性；再加上侦查机关对上述不合法之处无法作出合理解释，依照《刑事诉讼法》第56条第1款之规定，应当予以排除。

（一）关于现场勘查笔录、视频资料。1. 吴忠市公安局制作的吴公技（98）09239号现场勘查笔录记载案发时间1998年9月18日23时，发现人为宋某某，实为孙某某，参加勘查人员共六人，只有一人签名及代替他人签名，其他五人均没有签名或盖章确认；在现场勘查中没有通知见证人到场见证勘查过程。2. 现场勘查笔录记载提取碎玻璃瓶9个与现场勘查记录有9个酒瓶碎片记载不一，没有记载提取痕迹的记录，没有提取痕迹、物品的清单。3. 现场勘验录像没有制作过程的说明，由谁制作不明，是否真实反映案发现场不清楚。侦查机关对上述明显违反法律规定的问题不能作出合理解释或说明，不能作为证据适用。

示例1-3-41 金某芬故意杀人案驳回申诉通知书[①]（被告人供述合法性的分析评判）

本案是一起采用投毒方式实施的故意杀人犯罪。被告人金某芬因其父亲金某丙与叔父金某乙一家长期不睦并为争种一块田地发生争吵，产生投毒教训金某乙一家想法。金某芬于某日上午回家，发现家门上锁，就到田地里找到其父亲金某丙拿取家中钥匙后回家，又使用钥匙打开其父亲的上锁抽屉，找到“闻到死”“快杀灵”各两袋。金某芬取出一袋“快杀灵”，打开后将外包装袋丢弃在自家卧室地上。后金某芬持鼠药内包装袋出门，见叔父金某

① 最高人民法院驳回申诉通知书，（2018）最高法刑申322号，第二届全国法院“百篇优秀裁判文书”。

乙一家四口均在马某某家地里帮忙干活，且金某乙家大门未锁，便溜进金某乙家，将鼠药投入厨房水桶内。随后，金某芬回家将剩余的三袋鼠药藏匿至挂在卧室墙壁上的军用棉帽内。当晚，金某乙夫妇用水桶里的水给其子金某甲、金某做饭，二人饭后相继出现中毒症状，金某甲死亡，金某经抢救脱险。被告人亲属向最高人民法院申诉，提出“被告人的有罪供述讯问时没有监护人或其他成年人在场，系刑讯逼供、诱供所得，不能作为定案证据”。驳回申诉通知书针对被告人的有罪供述和翻供，先从有罪供述的调查取证过程是否合法、供述过程是否客观自然这两个方面进行了分析，又对翻供内容与其他在案证据的具体矛盾进行分析，从而排除了其无罪辩解，也从反面补强了有罪供述的真实性。

金某芬的有罪供述客观自然。金某芬在初次接受公安人员讯问时否认到地里向其父要过钥匙，称其回家时妹妹在家；在其父亲出证证实其到地里要了钥匙并于当晚剪了指甲后，[①] 金某芬在第二次接受讯问时才承认向其父要过钥匙；到第三次讯问，才供述了投毒杀人的事实；次日早，金某芬主动向公安人员反映称其在昨天所供将鼠药投在被害人家盐碗中有误，主动更正是投在被害人家水桶里。此亦与经检验在盐碗中未发现鼠药成分而在水桶的水中发现鼠药成分的鉴定意见吻合。综上，金某芬系在公安人员掌握相关证据后，其对自己的谎言不能自圆其说的情况下才供述的犯罪。

公安机关对金某芬进行讯问时考虑到其系未成年人，而其父母被传唤，遂邀请金某芬所在乡分管政法工作的党委副书记程某某在场，程某某证实公安人员在讯问时没有刑讯逼供、诱供的情形。虽然根据程某某的证言，其在公安人员讯问金某芬时，有时因有事会短暂离开一会儿，并非全程在场，并证称其系通过公安人员告知才得知金某芬供认了犯罪。但并不能以此来证明

---

① 因金某芬的父亲金某丙与被害人金某甲父母有矛盾，公安机关首先传唤金某芬的父母，其父金某丙证实家中有鼠药 4 包，均被其锁在放有账本的抽屉里，钥匙由其本人保管。而公安机关据此前去搜查时，在所称抽屉里没有找到鼠药。以上情况足以说明金某丙对 4 袋鼠药被使用一袋转移 3 袋并不知情，进而说明其所证被告人金某芬使用过其钥匙的情节客观真实，而金某芬之后关于其从父亲的抽屉里拿走一袋鼠药使用并转移另外 3 袋的供述客观真实，因为此情节仅其本人知情。

公安机关存在逼供、诱供的行为。另一方面，公安人员在征得金某芬同意后，在其父金某丙在场的情况下，对金某芬的供述进行了录音。供述完毕后，经询问，金某芬、金某丙均称对录音无异议，金某丙同时要求各级领导对孩子加强教育，此也弥补了程某某在公安机关讯问时未全程在场的瑕疵。综上，金某芬所提有罪供述系刑讯逼供、诱供所致、公安机关在对其进行讯问时没有监护人或其他成年人在场的申诉理由亦不能成立。

金某芬的翻供与在案证据不符。金某芬及其家人自一审庭审始否认金某芬去地里向其父金某丙要过钥匙，否认知道公安人员在其家搜出鼠药外包装袋，企图以此证实金某芬没有作案，但所提辩解得不到相关证据的支持。一是金某芬对其从抽屉中转移鼠药至棉帽中的情节仍予供认，只是对转移鼠药的时间进行了变更，辩称因感觉到公安人员怀疑其家投毒，并欲对其家抽屉进行搜查，故而对鼠药进行了转移。如果此案与其家无关，其根本就没有否认家中有鼠药并加以转移的必要。二是金某芬所辩称其随便找把钥匙即将放有鼠药的抽屉打开的事实没有证据支持，也与其父证实其家抽屉只有两把钥匙，因抽屉内有帐本和鼠药，所以钥匙全部由其保管的证言相悖。三是金某芬曾就其到地里向其父要钥匙的情节做过详细的供述，如称其母柯某某见到她时，说“你还晓得回来呀”，其答“想走，但姑姑不让走”；其向父亲要钥匙时，其父要其向妹妹要，其谎称“妹妹不给”等情节都与生活实际相符。四是金某芬于2010年申诉时接受湖北省高级人民法院法官询问时，称其于案发当天是到杨家坟院而非溜子地去要的钥匙，法官当即追问既然你都回家了为何还要到地里去要钥匙时，金某芬答称其是拿了钥匙才回家的。①

这份文书从被告人供述入手，重点论证供述的客观性、合法性和真实性，

① 也就是说，金某芬在之前的申诉案件中接受讯问时，仍然承认自己在案发当天去他处找父亲拿了钥匙才回家，能够反证其现在辩解没有去找父亲拿家中钥匙的说法自相矛盾，仅是为了证明自己在案发当天没有接触过放有鼠药的抽屉的钥匙，不具备作案条件。从最高人民法院法官这一论证方法中，也可以汲取一个办案经验，就是对于刑事申诉案件的办理，不能拘泥于对原审证据的审查，对于申诉人、相关证人在生效判决后历次申诉审查或再审程序中的说法、证言等，同样应予以重视，对于说法反复变化、前后不一或自相矛盾的，同样属于言词证据的变化，不能合理解释翻供（翻证）原因且之前的供述、证言与其他证据相印证的，其辩解、翻供（翻证）不可采信。

即通过梳理侦查阶段的被告人供述情况和证人证言，指明：侦查阶段被告人供认犯罪系因公安人员已掌握相关证据，而其对此前谎言无法自圆其说；且有罪供述详细、具体、具有亲历性并与在案证据相互印证，翻供理由无证据支持；同时指明公安机关审讯被告人时已充分注意到其未成年身份，依法保障了其合法权益，并对供述笔录瑕疵进行了合理解释和补正，排除程序违法，可作为定案证据。

4. 证据瑕疵问题

证据瑕疵是指在取证方面并未严重违反法定程序，但取证工作未能完全按照规范的要求进行，收集、提取程序有一定瑕疵或者证据形式上存在瑕疵。如果对瑕疵能够作出补正或者合理解释，没有在实质上影响到证据的真实性，仍可采用作为证据；但如果不能补正或者作出合理解释，不能确保其真实性，则应当排除有关证据。并非所有证据均可以确定存在证据瑕疵并作出补正或者合理解释，也并非所有证据问题都可以被认定为瑕疵，证据的种类和瑕疵表现均应严格根据《刑事诉讼法解释》的相关规定认定，如物证、书证取得笔录或扣押清单签名不全（第 86 条第 2 款），证人证言的询问笔录要素不全（第 90 条），被告人供述的讯问笔录要素不全（第 95 条），勘验、检查笔录不符合法律有关规定（第 103 条），电子数据取得笔录或者清单上要素不全（第 113 条），等等。裁判文书中针对此类证据争议，需要将争议的具体内容及补正或者合理解释相结合进行分析，重点是取证机关对争议内容进行的补正或者作出的解释是否客观、合理、有说服力。

示例 1-3-42　嘉外国际贸易公司、刘某刚销售伪劣产品案二审刑事裁定书①（提取电子数据程序瑕疵的分析评判）

本案中，刘某刚将嘉外国际贸易公司（以下简称嘉外公司）存放在林杰物流有限公司（以下简称林杰物流公司）仓库内的 200 余吨超过保质期的奶粉销售给其他公司，林杰物流公司的出库明细表是主要定案证据。二审中刘

---

① 上海市高级人民法院刑事裁定书，（2018）沪刑终 56 号，第三届全国法院“百篇优秀裁判文书”。

某刚的辩护人提出该《出库明细表》不符合法定《电子证据规则》，属于非法证据，应当排除。检察机关当庭提交了公安机关出具的《情况说明》、林杰物流公司被扣押电脑司法鉴定检验报告书、查封（扣押）决定书、财物清单等证据。二审刑事裁定书针对此争议进行了分析。

六、林杰公司出库明细表是否系非法证据的问题

本院认为，根据公安机关出具的情况说明证实，当时为了确保相关证据及时固定，根据姜迪公司负责人张某3供述，对林杰物流用于储存姜迪公司进出库记录及姜迪公司上家嘉外公司货物进出库记录的电脑进行先行扣押，证据持有人经林杰物流公司负责人同意在持有人一栏由张某3签字。鉴于当时具体情形，相关部门的处置并无不当，不能由此否认该电脑系林杰公司所有。根据林杰公司被扣押电脑司法鉴定检验报告书证实，该鉴定符合法律规定，证实出库明细表这一电子数据提取来源合法，内容客观真实，具有证明力，且与其他证据相互印证，辩护人提出将该证据作为非法证据排除的辩护意见不符合法律规定。

示例1-3-43 吴某被控合同诈骗、骗取票据承兑、骗取贷款二审宣告无罪案刑事判决书[①]（书证提取程序瑕疵的分析评判）

本案一审中，辩护人针对相关书证的调取程序提出异议，认为相关书证的来源不明，应作为非法证据予以排除，一审判决对相关证据未予排除，仍作为证据使用。二审中，辩护人提出公诉机关提交的税务资料、工矿产品购销合同、往来邮件等书证来源不明，其提交了排除非法证据申请，一审法院不启动非法证据排除程序，也未补正，而是直接作为证据使用，系程序违法；其申请调取无罪证据并提交线索，一审法院不调取、不认证，系程序违法。针对相关书证是否属于非法证据并应排除的意见，二审判决书从公安机关调取相关书证有无法律手续、书证是否原件并由提供单位加章、书证内容与其他证据内容的印证情况等多个方面进行了分析。

① 山东省东营市中级人民法院刑事判决书，（2019）鲁05刑终139号，第四届全国法院“百篇优秀裁判文书”。

2. 关于一审审判程序是否违法的问题，经查，27份工矿产品购销合同、长丰公司提供的提货业务贷后审查发票核对截图及明细有广饶县公安局调取证据通知书并有与原件核对无误印章和经办人签名，调取程序合法；税务机关提供的增值税专用发票认证结果查询、增值税纳税申报等是原件，并有税务部门的盖章，能够证实来源，上述证据来源明确，辩护人所提来源不明的意见与事实不符；往来邮件虽证据形式要件不完备，取证程序存在瑕疵，但其内容与在案的其他证据相印证，也无更改迹象，存在的瑕疵达不到严重影响司法公正的程度，尚不属于非法证据；辩护人向一审法院申请调取广饶县公安局收集到的无罪证据材料，但无证据或线索证实广饶县公安局已调取了辩护人所申请的材料，一审法院未予调取并不违反法律规定；辩护人提交的证据在一审庭审时进行了举证，控辩双方进行了质证，并未限制或剥夺辩护人的权利，裁判文书虽未列明，但不影响案件的实体处理。辩护人所提“一审审判程序违法”的辩护意见不能成立，本院不予采纳。

示例1-3-44 | 方某辉运输毒品案二审刑事裁定书[①]（关键物证无提取笔录的分析评判）

本案一审判决认定方某辉驾驶轿车运输毒品，公安人员从其驾驶的车辆后备箱备胎空隙处查获粗制吗啡毒品6900余克，认定方某辉犯罪的重要证据是在毒品的外包装胶带纸上检验获得其STR分型。方某辉上诉理由中称“DNA鉴定有多种可能性：公安人员在办案过程中将其大量个人物品和毒品摆放在一起，完全可能相互接触污染；董某之前曾向其要过其曾使用过的胶带纸，胶带纸上留下其个人DNA物质正常”；辩护人提出“公安机关的证据收集工作存在瑕疵”。该案中，胶带纸上的DNA检材没有提取笔录，只有提取照片，针对该关键证据提取过程的瑕疵，二审裁定书从DNA检材提取过程的照片反映内容、提取位置的特殊性及被告人辩解与案件客观情况的不相符等三个方面进行了分析。

① 云南省高级人民法院刑事裁定书，（2021）云刑终233号，第五届全国法院“百篇优秀裁判文书”。

(6) 针对方某辉及辩护人对DNA鉴定意见提出的多项意见。

其一，关于“DNA检材没有提取笔录在卷，来源不合法”的意见。经查：其一，侦查人员当庭已对该问题形成的原因进行了证实，说明案发期间侦办单位的该项常规工作均未形成提取笔录；其二，虽然该项工作没有形成书面提取笔录属取证工作的瑕疵，但在卷关于提取过程的4张照片完整反映了提取检材的全过程、检材的具体标号、方某辉本人对提取情况的指认确认等事实，公安机关的工作瑕疵不足以影响该项证据的证据效力。综上，本案DNA检材的提取工作符合法律和有关规定，与DNA鉴定意见载明的检材来源情况相符，公安机关的取证瑕疵情况不影响DNA鉴定意见的效力。该项意见不能成立。

其二，经DNA鉴定，第一批查获毒品的其中一份毒品包装物胶带纸的末端接头处留有方某辉的DNA基因分型。该检材的位置极为特殊，非密切接触、非亲身经历不会留下该生物痕迹。

其三，针对DNA基因分型的形成原因，方某辉或称其在被查获时为了回答公安人员是何种物品时触摸过毒品（之后告知公安人员是尿素），或称是公安人员在办案过程中将其大量个人物品和毒品摆放在一起造成检材污染，或称公安人员是用其本人平时用的两个袋子封装毒品从而造成检材污染，或称董某借用过胶带纸，胶带纸上留下其个人DNA物质正常。但抓获现场视频资料、提取可疑物现场视频资料证实方某辉被查缉后即被公安人员控制在云AB××××号黑色丰田轿车旁，其无机会接触车辆后备箱内物品；DNA鉴定意见及公安机关出具的情况说明材料证实，检出DNA基因分型的位置隐蔽，不会被其他物品污染；在卷无证据佐证方某辉关于“董某借用过胶带纸”的供述内容。综上，方某辉针对此问题的各种辩解与现场提取的视频资料不符，与公安机关关于该问题的说明不符，与检材的具体位置不符，本院不予采信。

（三）证据客观性的分析论证

证据裁判要求认定事实必须依据查证属实的证据，换言之，定案证据应是客观真实的，证据的客观性审查是证据裁判的重要方面。[①] 证据的客观性是指证据的内容都必须是案件发生过程中形成的客观物质痕迹和主观知觉痕迹的客观反映。客观性是证据的本质属性，要求证据所反映的内容真实可靠，符合实际。比如物证、书证必须是原物；证人证言和被害人陈述必须是原始感知的内容，不能经过主体的猜测、分析和推断，否则就掺杂了主观内容，影响证据的客观性，对于传来的内容（如听说的），只能证明“听到他人说过某事”这一客观过程，而对“某事”的真实性没有证明力，至多有旁证的效果；现场勘查笔录、辨认笔录、鉴定意见等作为人的主观意识加工形成的证据，必须建立在对象的客观性、过程的客观性和合法性、加工人的中立性等因素的基础上，才能保证其内容的客观性，经得起经验和逻辑的验证。客观性是证据对案件事实具有证明力的基础，也是司法实践中控辩双方证据争议中的重点。裁判文书对证据的客观性进行分析，主要从证据形成过程的客观性、证据内容符合经验常识、证据内容与其他证据能相互印证等方面来进行。

示例 1－3－45　桑某、马某等故意伤害、聚众斗殴案二审刑事判决书[②]（现场目击证人证言和监控视频的客观性分析评判）

本案中，双方多人聚众斗殴，一审判决认定被告人桑某持刀捅刺被害人彭某2致其受伤后死亡，主要证据是现场目击证人舒某的证言和其对现场监控视频中相关人像行为的指认，因此该两项证据的客观性成为二审中控辩双方的争议焦点。

一、关于上诉人桑某及其辩护人所提证人舒某的证言和指认不可信的辩解和辩护意见

经查，证人舒某案发当时身处斗殴现场且距离上诉人桑某、被害人彭某2仅2米左右，亲眼目睹并指证了桑某持刀捅刺彭某2腹部的过程。舒某案

---

① 于同志：《论聂树斌案再审证据裁判的“八个方面”》，载《法律适用》2017年第2期。

② 西藏自治区高级人民法院刑事判决书，（2018）藏刑终6号，第二届全国法院“百篇优秀裁判文书”。

发当时系保安员，从事维持治安秩序的具体工作并与本案无利害关系，其证言和指认始终稳定，较常人更为可信。由于案发当时正值深夜且斗殴现场气氛紧张，舒某仅记得桑某穿着黑色外衣，对桑某所穿内衣和裤子的颜色未留意或记忆不准确，并不违背一般认识规律。舒某在公安机关询问时称自己无法辨认出捅人的黑衣男子是谁，但公安机关此后并没有让舒某直接对犯罪嫌疑人进行辨认，而是让舒某借助相关监控探头视频，指认出视频所记载的作案人的影像，[①] 此种指认相对于辨认的难度大为降低，怀疑舒某能够完成该指认的理由并不充分。

综上，上诉人及其辩护人所提此项辩解和辩护意见缺乏事实依据，本院不予采信。

二、关于上诉人桑某及其辩护人所提相关监控视频不够清晰，不能证明桑某作案的辩解和辩护意见

经查：(1) 西藏自治区林芝市公安局物证鉴定所出具的尸体鉴定意见证实，被害人彭某2所受致命伤仅为右上腹部一处；[②] 证人舒某的证言结合相关监控探头视频，足以证实彭某2受致命伤的地点就在西藏自治区林芝市粮

---

① 本案侦查机关针对7段原始监控探头视频，委托当地广播电影电视局专业人员使用专业软件对案发地及周边监控中出现的犯罪嫌疑人进行移动标注，共标注8名犯罪嫌疑人及1名受害者，其中5号犯罪嫌疑人为被告人桑某。现场目击证人舒某经观看现场监控探头相关视频，指认视频中自己站在树下，5号犯罪嫌疑人（被告人桑某）把被害人彭某2捅了。也就是说，舒某并非直接辨认被告人桑某为持刀捅刺被害人的凶手，而是辨认出监控视频中的5号犯罪嫌疑人为凶手，这种辨认与其对案件发生的认知情况相符，因而是客观可信的。且该5号犯罪嫌疑人经专业人员移动标注并经同案其他原审被告人辨认，确认为被告人桑某，由此形成完整的证据链条。

② 尸体检验鉴定书及尸检照片证明：死者右上腹部见肠组织及大网膜外露，距离剑突右下方7.1厘米处见一“T”形创口，创口创角为两锐一钝，创口横向长度为3.9厘米，纵向为6.6厘米，分析致伤物应为单刃刺器；死者右侧胸腹腔内见大量血性液体，肝脏及右肺等损伤，分析系单刃刺器致肝脏、肺部损伤造成失血性休克死亡；死者右腋前3.5厘米处见一7厘米×4厘米的表皮擦伤，左臂部见一3.1厘米的创口，深达肌层，推断致伤物应为双刃刺器或较薄的单刃刺器；死者膝盖两处表皮擦伤为钝性擦挫伤，应为摔倒时擦挫所致。

食局门前公路附近。[1] (2) 原审被告人次某桑珠、次某多登、翁某降措、便某土登均能指证上诉人桑某在粮食局门前公路、百益超市附近斗殴时持有刀子，桑某亦供认自己斗殴时持有刀子并曾持刀挥舞，只是记不清是否伤到人，故桑某完全具备故意伤害彭某2致死的条件，且上述证据证实的桑某实施伤害行为的地点、方式和伤害部位与彭某2受致命伤的地点和成伤机制相符。(3) 桑某供认作案时身穿黑色外套、内穿白色短袖，下身穿白色裤子，与原审被告人甲某太、次某桑珠、次某多登、仁某列吾、便某土登关于桑某衣着的供述和指认基本一致，且桑某的衣着特征与其他原审被告人的衣着特征均不同。[2] 从公安机关调取的粮食局监控探头视频的内容看，现场确有一棵树木且当时光线条件不好，但结合舒某、各原审被告人指认的桑某的衣着特征，仍可辨识当时桑某持械冲入斗殴人群，且桑某与彭某2近距离正面接触时该树并未遮挡监控探头视线，桑某有明显的类似捅刺的动作，彭某2随后倒地、起身后捂着肚子、疑似受伤。此节有林芝市巴宜区公安局刑事侦查大队、巴宜区文化广播电影电视局出具的关于对相关监控视频中的犯罪嫌疑人进行移动标注的说明和加标注后的视频佐证。

综上，上诉人及其辩护人所提此项辩解和辩护意见缺乏事实依据，本院不予采信。

可以看出，针对舒某证言及指认，二审判决书从证人舒某与本案的利害关系、对舒某证明内容中个别瑕疵的合理解释、舒某指认作案人的证明方向三个方面进行分析，完成了对舒某证言及其指认的客观性证明；针对现场监控视频的证明力，二审判决书从案发具体地点的确认、该地点监控视频反映

---

① 证人舒某的证言证明："当时我在值班。我走到粮食局大门对面，站在几根大水管上面。一个穿黑色衣服的男子，拿着一把刀子捅向一个穿白色衣服的男子。刀拔出来的时候，穿白色衣服那人的肠子就露出来。穿白衣服那人捂着肚子跑了几步就摔倒了，摔倒后白衣男子站起来捂着肚子，自己走到皮卡车里面去了。具体捅人的位置在粮食局大门对面，旁边有一棵树，在几根大水管外面靠着公路那边。"

② 根据在案各原审被告人的供述，案发当晚甲某太穿绿色衣服，次某桑珠穿黑色外套、白色T恤、浅蓝色牛仔裤，次某多登穿黑色夹克、白色T恤及黑色休闲裤，翁某降措穿黑色带白色条纹运动服，便某土登穿黑色外套、白色裤子，仁某列吾穿白色短袖。

的犯罪嫌疑人行凶行为与被害人伤情的成伤机制对比、被告人桑某与其他同案原审被告人的衣着差异等几个方面进行分析，对监控视频的证明力及证明内容的客观性进行了证成。在分析过程中，二审判决书对两项证据的客观缺陷并不回避，而是从证据形成的客观过程本身分析这种客观缺陷并不影响其客观性和证明力，与在案其他证据相结合，仍可证明案件相关事实。

示例1－3－46 聂某斌被控故意杀人、强奸再审宣告无罪案刑事判决书①
（被告人供述客观性的分析论证）

该案的基本事实是：1994年8月5日17时许，河北省石家庄市液压件厂女工康某1（被害人，殁年36岁）下班骑车离厂。8月10日上午，康某1父亲康某2向公安机关报案称其女儿失踪。同日下午，康某2和康某1的同事余某某等人在石家庄市郊区孔寨村西玉米地边发现了被杂草掩埋的康某1的连衣裙和内裤。8月11日上午，康某1尸体在孔寨村西玉米地里被发现。原生效裁判认定原审被告人聂某斌于1994年8月5日17时许，骑自行车尾随下班的康某1，将其别倒拖至玉米地内打昏后强奸，尔后用随身携带的花上衣猛勒其颈部，致其窒息死亡。

据公安机关出具的抓获证明记载，离案发现场约2公里的石家庄市电化厂平房宿舍区有一个公共厕所，附近有群众反映一名骑蓝色山地车的男青年常在附近闲转，看到有人就进厕所，1994年9月23日18时许，聂某斌骑一蓝色山地车路过时，侦查人员认为其像群众反映的男青年而将其抓获。但卷中没有关于具体是何人反映的证据，也没有组织群众对聂某斌辨认的证据，更没有群众反映的那个男青年与康某1被害案存在关联的证据。该案在锁定被告人作案这一关键事实的证明上，客观证据缺乏，如果排除明显存疑的抓获经过，主要证据就是聂某斌的供述。对于“先证后供”的案件，侦查人员在被告人归案前已经掌握了相关证据情况，除非能够确保被告人供述的自愿性和合法性，否则很难确定其供述的真实性。在主要依据供证一致定案时，

① 最高人民法院刑事判决书，（2016）最高法刑再3号，属于热点案件的裁判文书。

更要加大对被告人供述客观性的审查力度。再审判决书从三个方面进行了分析论证：(1) 从供述本身入手，指出被告人对关键事实的供述前后矛盾、反复不定、随证而变、不合常理；(2) 从供证一致入手，指出被告人的供述虽然与现场勘查笔录、尸体检验报告等内容基本一致，但由于存在先证后供等问题，难以保证供证一致的可靠性；(3) 从取证合法性入手，指出有罪供述的取得不能排除存在指供、诱供的可能。

三、聂某斌有罪供述的真实性存疑，且不能排除指供、诱供可能

原审卷宗显示，自1994年9月28日出现第一份供述至1995年4月27日被执行死刑，聂某斌共有13份供述，其中有讯问笔录11份（侦查阶段8份，审查起诉、一审、二审阶段各1份），自书《检查》1份，一审当庭供述笔录1份。申诉人及其代理人提出，这些供述不能排除系刑讯逼供、指供、诱供形成，合法性和真实性存在疑问。检察机关提出，聂某斌的有罪供述说法不一、前后矛盾，供述偷拿花上衣的情节因证人证言而变化，侦查机关讯问过程明显具有指供倾向，聂某斌供述的真实性、合法性存在疑问。对此问题，本院经审查，评判如下：

1. 聂某斌对关键事实的供述前后矛盾、反复不定。关于作案时间，先后有被车间主任葛某某批评后的第二天、当天、记不清和8月5日等说法；关于偷花上衣的具体地点，先后有三轮车上、破烂堆上等说法；关于脱去被害人内裤的时间，先后有将内裤脱下后实施强奸再捡起内裤带走、将内裤脱到膝盖下面即实施强奸再将内裤脱下带走等说法；关于被害人的自行车，先后有二六型、二四型等说法。此外，关于作案动机、被害人年龄和所穿连衣裙特征等事实和情节，聂某斌的供述也前后不一。在卷供述中，聂某斌一方面始终认罪，另一方面又供不清楚作案的基本事实，特别是对关键事实的供述前后矛盾、反复不定，不合常理。

2. 供证一致的真实性、可靠性存疑。聂某斌供述的作案地点、藏衣地点、尸体上的白背心、颈部的花上衣及被害人凉鞋、自行车的位置等，虽然与现场勘查笔录、尸体检验报告等内容基本一致，但由于以上事实都是先证后供，且现场勘查没有邀请见证人参与，指认、辨认工作不规范，证明力明

显不足，致使本案供证一致的真实性、可靠性存在疑问。

3. 不能排除指供、诱供可能。对办案机关是否存在刑讯逼供、指供、诱供等非法取证行为，经审查原审检察人员和审判人员讯问聂某斌的材料、一审开庭笔录、原审辩护人的有关证言以及原办案人员的解释，没有发现原办案人员在制作这些笔录时实施刑讯逼供的证据。但是，聂某斌曾经供述自己本来想不说，后在办案人员“劝说和帮助下说清整个过程”；聂某斌供述偷花上衣的地点存在随证而变的情形；一些笔录显示讯问内容指向明确；参与现场勘查的办案人员曾称被安排到讯问场所与聂某斌核对案发现场情况等，故不能排除存在指供、诱供的可能。

综上，对申诉人及其代理人提出聂某斌有罪供述的真实性、合法性存疑，不能排除指供、诱供可能的意见，对检察机关提出的侦查机关讯问过程明显具有指供倾向的意见，本院予以采纳。对申诉人及其代理人提出侦查机关存在刑讯逼供的意见，因无证据证实，本院不予采纳。

示例 1-3-47 张某安等生产、销售假药案二审刑事判决书[①]（司法会计鉴定的客观性分析评判）

本案中认定被告人张某安生产、销售假药价值数额的主要依据是司法会计鉴定，张某安上诉及其辩护人对该证据亦提出异议。二审判决书在对该上诉、辩护意见进行分析时，引用被告人供述及其雇佣工作人员的证言，从鉴定所依据的涉案产品销售数量的客观性、单品价格确定的客观性、鉴定方法的客观性三个方面进行了分析论证，并对辩护意见进行了回应，比较有说服力。

争议焦点之一，陕西铭建司法会计鉴定中心出具的鉴定意见书是否客观，能否作为证据使用的问题。经查：（1）根据被告人张某安、张某明、种某华、李某平的供述及证人王某琴、温某雅、杨某莉等人的证言，咨询部的电脑里储存有患者的开药情况。案发后，公安机关依法提取咨询部工作人员

① 陕西省高级人民法院刑事判决书，（2017）陕刑终185号，首届全国法院“百篇优秀裁判文书”。

王某琴、温某雅、杨某莉的电脑资料，该资料完整地记录了患者就诊的时间、所开产品的名称、数量、服用量等，故该咨询部电脑里的资料能够真实、客观地反映涉案产品的销售情况。陕西铭建司法会计鉴定中心依据上述资料对就诊患者的信息进行了统计，故该统计是客观、真实的。(2) 证人李某娟、李某国的证言和被告人李某平的供述能够证实新患者在开药时是以实际价格进行销售，证人李某娟所叙述的单品价格与证人李某国和被告人李某平所述能够相互印证，故鉴定机构依据李某娟的证言所确定的单品价格是客观、真实的。(3) 根据提取在案的电子销售记录，鉴定机构采用“平均法”将每个老患者当月的“购药”数量以200元作为基础平均到每个单品上，[①] 在单品当中除包括本案起诉书指控的产品外，还包括未指控的，以计算出单笔每个产品的平均单价，然后再将销售时间内所有该产品的价格进行平均，由此计算出单价。此种计算方法，已经将已销售给老患者的产品按照最低标准进行计算，是有利于被告人的。(4) 上诉人及辩护人称电脑统计患者信息中包括只就诊未取药的患者信息的意见并没有证据证实。(5) 辩护人称2012年以前患者用药费用不足200元情况，因现经庭审确认从2013年3月开始计算犯罪的时间，故2012年之前的事实对本案犯罪事实认定已没有意义。综上，铭建司法会计鉴定意见书均能够客观、真实的反映涉案保健品的销售情况，可以作为证据使用。

示例1-3-48 | 黄某泉被控骗取贷款再审宣告无罪案刑事判决书[②]（审计报告客观性的分析评判）

本案检察机关指控被告人黄某泉经营的农业服务站每年榨季向粤侨公司供应甘蔗，支付加工费、税费后凭粤侨公司开出的白糖调拨单及配套的产品提单从粤侨公司提糖，2009年黄某泉在仅向粤侨公司供应1万余吨甘蔗的情

---

① 本案查明事实认定，张某安等人以坐诊、巡诊的方式，将添加西药成分的保健品、食品开立在处方中，当作药品销售给糖尿病患者。销售“药品”时，对新患者按照保健品单价予以销售，对老患者不论用药量的多少，均按200元/月的价格收取费用。

② 广东省高级人民法院刑事判决书，(2017) 粤刑再6号，第二届全国法院“百篇优秀裁判文书”。

况下，以借款420万元给粤侨公司为条件，要求粤侨公司向其提供相当于3.5万余吨甘蔗的2500吨白糖调拨单及配套提单，后在实际未借款给粤侨公司，明知这些提单无法实际提到白糖的情况下，将上述提单作为质押担保，从某市农村信用合作社金湾分社骗取贷款500万元，案发时无法收回贷款本息，请求以骗取贷款罪追究其刑事责任。认定案件事实的重要证据之一是公安机关委托某会计师事务所出具的《专项审计报告》，该报告证明了粤侨公司在案发所在榨季收购甘蔗的总数量、生产白糖数量及向被告人黄某泉所经营的农业服务站收取甘蔗的实际数量、代加工白糖的数量。围绕《专项审计报告》，辩护人提出异议，认为《专项审计报告》所依据的财务资料不全，其结论不能作为定案依据。一审判决书虽然对《专项审计报告》进行了分析，但对质证意见所提到的粤侨公司会计资料的真实性及农业服务站会计资料的全面性并未针对性回应。再审判决书则针对辩护人意见，从《专项审计报告》所依据的相关记账数据自身的相互矛盾、记账数据与客观常理的相互矛盾、审计结论与粤侨公司自认数字的相互矛盾三个方面，对其客观性进行分析，从而得出其不具有可采性的结论。可以说再审判决书的分析更值得学习。

【检察机关出示证据】2. 珠海永安达会计师事务所出具的《专项审计报告》证实：（1）在2008年12月10日至2009年2月22日时间段内，粤侨公司的磅码单反映共收购甘蔗126 073.7吨，甘蔗收购统计表和结算表反映共收购和结算甘蔗126 210.301吨，实际耗用甘蔗126 210.3吨。并说明由于粤侨公司行业的特殊性及公司的会计核算方法，公司账面记录的生产成本耗用甘蔗重量由已开发票数及估价入账数两部分组成，由于会计核算时只注重金额，根据入账金额除以平均单价求得估价重量，因此造成耗用甘蔗数量的多估。（2）向农业服务站收取甘蔗11 726.66吨，其中代加工甘蔗8496.437吨，收购甘蔗3121.913吨，代归还上年度甘蔗种108.31吨。粤侨公司在该榨季共生产白砂糖13 628.684吨，代农业服务站加工白砂糖923.995吨。根据农业服务站提供的会计资料审计，该单位当季共收入甘蔗8604.747吨，收回白砂糖923.995吨。

【辩护人的质证意见】3. 永安达会计师事务所出具的《专项审计报告》所依据的财务资料不全，其结论不能作为定案依据。(1) 根据《专项审计报告》反映，按照粤侨公司提供的会计账册进行审计，粤侨公司收购甘蔗的总量有三个结果：①根据磅码单统计的结果为126 073.70吨；②根据《甘蔗收购统计表》和《甘蔗收购结算表》反映的结果为126 210.301吨；③根据生产消耗的记录所反映的结果为134 160.97吨，比收购的甘蔗多了8000多吨。这样相互矛盾的结果，在正常的会计统计中是绝对不可能发生的。特别是，其中生产消耗的甘蔗总量，是绝对不可能大于所收购的甘蔗总量的，审计人员以行业特殊和会计核算方法不同解释其中的差异，没有说服力。因为无论依据磅码单、生产耗用甘蔗的记录的统计及结果，还是该公司自己作出的《收购甘蔗统计表》和《甘蔗收购结算表》，都是对称重数据的直接合计，该合计与粤侨公司“行业特殊性”及采用的“会计核算方法”无关。另外，对黄某泉所交付甘蔗的总量在磅码单和统计表中所反映的结果也不一致。磅码单反映为11 721.54吨，而统计表和结算表则凭空多给了5.12吨，变成了11 726.66吨。由此表明，粤侨公司提供审计的资料不可能是真实、全面的会计账册。(2) 专项审计报告根据农业服务站财务账册认定黄某泉08－09榨季共收入甘蔗8604.747吨，收回白砂糖923.995吨。由于农业服务站财务账册中对于甘蔗数量的记账是根据所开具的《农产品收购发票》进行的。因为涉及农产品收购退税的问题，根据红旗镇国家税务分局的要求，只能根据农业服务站销售所加工白糖的数量以及支付甘蔗款的金额，由该税务局核准之后才能开具《农产品收购发票》。上述情况，有红旗镇国家税务分局核准的相关资料予以证实。由于农业服务站在08－09榨季所加工的白糖尚有2500吨未交付，故该榨季的收购发票一直无法开具，因此，农业服务站的财务账册对于该2500吨白糖所对应的甘蔗数量尚未反映出来。

【一审证据分析】1. 从会计账册的《审计报告》来进行分析。该审计报告所依据资料，是公安机关分别向粤侨公司和农业服务站调取的会计凭证册等，审计结果显示农业服务站在08－09榨季向粤侨公司提供的甘蔗为11 726.66吨，农业服务站的材料显示已提取白砂糖数量同粤侨公司的统计相一致。由于该审计报告较为客观，且与农业服务站所提交资料基本相符，该鉴定结论具有较强的证明效力。

【再审证据分析】7. 珠海永安达会计师事务所出具的《专项审计报告》，内容为：在2008年12月10日至2009年2月22日期间内，①粤侨公司的磅码单反映共收购甘蔗126 073.7吨，其中，黄某泉11 721.547吨；②甘蔗收购统计表和结算表反映共收购和结算甘蔗126 210.301吨，其中，黄某泉为11 726.66吨；③账面生产耗用甘蔗134 160.97吨，实际耗用甘蔗126 210.3吨；④向农业服务站收取甘蔗11 726.66吨，其中代加工甘蔗8496.437吨，收购甘蔗3121.913吨，代归还上年度甘蔗种108.31吨；⑤粤侨公司在该榨季共生产白砂糖13 628.684吨，代农业服务站加工白砂糖923.995吨已提取。根据农业服务站提供的会计资料审计，该单位当季共收入甘蔗8604.747吨，收回白砂糖923.995吨。

首先，根据磅码单统计的数据比粤侨公司在黄某泉诉其加工承揽合同纠纷案件中提交的08－09榨季进蔗汇总表统计的数据158 375.437吨少32 301.737吨，对其存在的巨大误差，粤侨公司和原公诉机关没有作出合理解释。

其次，甘蔗收购统计表的数据应来源于磅码单的汇总，而二者统计的总数相差136.601吨，黄某泉供应甘蔗统计数量相差5.12吨（统计表11 726.66吨－磅码单11 721.54吨），粤侨公司和原公诉机关对二者出现的误差亦没有作出合理解释。

第三，账面生产耗用甘蔗数量比收购甘蔗数量多出8087.27吨（消耗134 160.97吨－收购甘蔗126 073.7吨），相差如此之巨不合常理，仅用行业特殊及会计核算方法不同来解释这个差额说服力不足。综上，不能排除粤侨公司提交审计的财务资料存在不全、不实问题。

第四，审计报告认定农业服务站记账的甘蔗只有8604.747吨，比粤侨公司所承认的11 726.66吨还少，与侦查机关调查确认的蔗农证称以黄某泉名义供应的甘蔗总量相差更大，不能排除侦查机关调取用于审计的农业服务站的财务资料存在不全面的可能性。

根据鉴定意见的审查认定规则，由于该审计报告与其他证据存在矛盾无法解释和排除矛盾，故亦不能作为定案依据。

示例 1－3－49 | 王某等被控诈骗宣告无罪案二审刑事裁定书[①]（债权价值评估报告的客观性分析评判）

本案检察机关指控被告人王某带领律师团队代理中国长城资产管理公司某市办事处（以下简称长城公司某办）对华夏某某有限公司（以下简称华夏公司）债权的诉讼追偿，隐瞒法院所提出的可以对华夏公司股东金贸公司出资不实另行提起诉讼的建议，利用其本人实际控制的公司，在金融资产交易所以 195 万元受让长城公司某办挂牌转让的对华夏公司债权，该债权经评估在转让时的市场价值为 2600 万元。这一评估报告是认定被告人以极低价格受让高额债权以实现非法占有目的的关键证据。二审裁定书从评估对象金融不良债权的价值特点、评估机构鉴定人员说明的价值认定依据和评估程序等方面分析，对评估报告的客观性作出不予认可的结论。

（三）关于涉案数额的认定

检察机关抗诉以评估报告价格扣减涉案交易价格认定诈骗犯罪所得。

金融不良债权是指银行持有的次级、可疑及损失类贷款，其特点在于可实现价值不确定，即使对不良债权的价值进行司法确认，也仅是确定了追偿可能性，而非确定可实现的价值，并且不良债权的可实现价值因人而异，因此不应以评估方式确定不良债权的价值。

受侦查机关委托出具评估意见的鉴定人员一审出庭证实，做出这两份评估结果的前提是假设债务人能够及时清偿并有足够的清偿意愿，即评估报告是针对优良资产作出的，而非不良资产，针对不良资产这种假设是不成立的，不符合不良债权特点。专家证人出庭证实，涉案两份评估报告并未依据评估不良资产应执行的《金融不良资产评估指导意见》，现场核查等评估程序缺失，评估方法选取不当，不能科学合理地评估不良资产债权的现有价

---

① 内蒙古自治区高级人民法院刑事裁定书，（2020）内刑终 123 号，第五届全国法院“百篇优秀裁判文书”。

值，故无法形成合理、科学的评估结论。

综上，检察机关提出王某诈骗长城某办2405.3909万元、诈骗中信公司6639.6254万元的抗诉理由和出庭意见不能成立，本院不予支持。

示例1-3-50 | 劳某枝故意杀人、绑架、抢劫案死刑复核刑事裁定书①（笔迹鉴定意见的客观性分析评判）

本案中被告人劳某枝伙同法某英共同实施多起故意杀人、绑架、抢劫等犯罪，在一起绑架事实中，逼迫被害人殷某华给其妻刘某媛打电话交赎金，并按劳某枝和法某英的要求书写两张字条给刘某媛，劳某枝在字条上添加“少一分钱我就没命了”“他的同伙一定会让我死得比刚才那个人还快”等内容。案发后，经鉴定确定部分内容为被告人劳某枝书写。复核阶段，辩护律师对该字条的鉴定意见提出异议。复核裁定书一方面从鉴定意见与其他在案证据的相互印证来说明其客观可信，另一方面又对辩护律师所提交反证的证据资格进行了分析。

辩护律师对江西省人民检察院所作的笔迹鉴定意见提出质疑，并提供书证审查意见认为合肥勒赎字条上的添加字迹不是劳某枝所写，申请重新鉴定或者发回重审由重审法院委托重新鉴定。经查，（1）证人刘某媛证实，勒赎字条上除殷某华写的字外还有别人写的字。（2）劳某枝在接受检察人员讯问及一审庭审中，多次供认“我承认是我的字迹，特别像我的字迹，但我确实没有印象”“字迹我承认是我写的”，对笔迹鉴定意见并无实质性异议。（3）辩护律师提交的出具书证审查意见的机构经营范围为经济贸易咨询、技术咨询、法律咨询，不具有相应鉴定资质，审查论证人之一胡某亦不具备笔迹鉴定资质。（4）在案笔迹鉴定意见不仅由具有法定资质的鉴定机构和鉴定人依法作出，而且与相关证据印证，应予采信。辩护律师所提该辩护意见缺乏事实和法律依据，本院不予采纳。

---

① 最高人民法院刑事裁定书，（2023）最高法刑核95814630号，属于热点案件裁判文书。

示例1-3-51 念某被控投放危险物质二审宣告无罪案刑事附带民事判决书[①]（生物理化检验报告的客观性分析评判）

本案认定被害人俞乙、俞丙系鼠药中毒死亡的主要证据是对二人心血、尿液及呕吐物的理化检验报告，但该检验报告存在标注为被害人俞丙尿液和标注为标样的2份质谱图相同及标注为被害人俞乙心血、呕吐物的2份质谱图相同的问题，对此控辩双方展开激烈争论。二审判决书通过对检辩双方所申请专业人员出庭作证、鉴定人员出庭说明、鉴定过程与规范要求的不一致、共同进餐人员的中毒症状不同等多个方面进行分析，最终得出理化检验报告不足以采信的结论。

（一）关于被害人中毒原因一节

原判认定，被害人俞乙、俞丙系氟乙酸盐鼠药中毒死亡。主要依据是原审庭审中公诉机关举证的法医学鉴定意见、俞乙的呕吐物的理化检验报告、被害人陈述和证人证言。

检方认为，原判采信的上述证据和检方在二审庭审中新出示的被害人俞乙、俞丙的尿液和心血的理化检验报告、俞乙心血的质谱图、检验电子数据、鉴定人证言、侦查机关的情况说明等证实，在俞丙的心血、尿液、俞乙的心血、尿液和呕吐物中检出了氟乙酸盐鼠药成分，与其中毒症状相符；俞丙的尿液与标样的质谱图、俞乙的心血与呕吐物的质谱图相同的问题，鉴定人出庭说明系归档时弄混导致，并且重新提供了俞乙心血的质谱图和相关检验电子数据、补充的尿液实验，可以予以解释。因此，可以认定二被害人死于氟乙酸盐鼠药中毒。

辩方认为，辩方在二审庭审中新出示的理化检验报告的质谱图和检方出示的上述证据，以及鉴定人出庭说明，证实本案检验过程未进行“空白”对照检验，不能排除检材被污染的可能；根据提取的质谱图，均不能判定检出氟乙酸盐鼠药成分；由于质谱图出现错误，被害人心血、尿液和呕吐

---

① 福建省高级人民法院刑事附带民事判决书，（2012）闽刑终字第10号，属于热点案件裁判文书。

物的理化检验报告不能作为认定死因依据。现有证据不能认定被害人死于氟乙酸盐鼠药中毒。

本院认为，检辩双方出示的上述证据能够证实，被害人俞乙、俞丙系中毒死亡。但原判认定系氟乙酸盐鼠药中毒，证据不确实、不充分。第一，检材与标样的质谱图不应相同。标注为被害人俞丙尿液和标注为标样的二份质谱图相同，有悖常理。同时，标注为俞丙尿液的质谱图、检验电子数据的文件名，与俞丙尿液检材的名称也不相符。检方聘请的专业人员提出，该质谱图是否为俞丙尿液的质谱图存疑。辩方聘请的专业人员提出，该质谱图就是标样而非尿液的质谱图。鉴定人出庭说明二者质谱图相同，系将俞丙尿液的质谱图当作标样的质谱图归入档案造成；检验电子数据的文件名与检材的名称不相符，系因命名规则不统一造成。该解释不足以采信。补充的尿液实验因检验条件不相同，缺乏证明价值。因此，俞丙尿液检材的检验结果的真实性存疑。第二，分别标注为被害人俞乙心血、呕吐物的二份质谱图也相同，同样有悖常理。同时，标注为俞乙呕吐物的质谱图、补充所称的俞乙心血的质谱图以及检验电子数据的文件名，与俞乙呕吐物、心血检材的名称也不相符。鉴定人出庭说明二者质谱图相同，系因文件名近似误把呕吐物的质谱图当成心血的质谱图归入档案造成；检验电子数据的文件名与检材的名称不相符，系因命名规则不统一造成。该解释亦不足以采信。因此，俞乙心血、呕吐物检材的检验结果的真实性也存疑。第三，鉴定机构在对俞丙的尿液、心血和俞乙的尿液、心血和呕吐物检材的检验过程中，均未按照专业规范要求进行“空白”对照检验，以防止假阳性检验结果，因此难以排除检材被污染的可能。第四，根据俞丙心血、俞乙尿液检材的检验数据，能否判定检出氟乙酸盐鼠药成分，双方聘请的专业人员提出的意见严重分歧。因此，从俞丙心血、俞乙尿液中检出氟乙酸盐鼠药成分的检验结论可靠性存疑。此外，与被害人共进晚餐的俞甲、念某珠有中毒症状，但未做相应检验，无法认定中毒原因；丁某虾、陈某娇自述并无明显中毒症状，也未做相应检验，是否中毒不明。综上，据以认定二被害人中毒原因的理化检验报告不足以采信，其他共进晚餐人员认定中毒原因或有无中毒缺乏充分依据，原判认定二被害人死于氟乙酸盐鼠药中毒的事实不清，相关证据不确实、不充分。

（四）证据证明力的分析论证

证据的证明力判断是指在确定证据资格的基础上，结合案件具体情况，从证据本身的质量、证据与待证事实的关联程度、证据之间的联系等方面对证据的证明力大小进行判定。一个证据由于自身的局限性可能难以判断其证据能力，当另一个证据与其载明的内容相互印证时，就使该证据具备了证明力。对于印证关系的判断同样要体现说理逻辑，两个证据之间为何形成印证关系，相互印证的内容是什么，印证证据能够证明的案件事实是什么，都应当在裁判文书中进行说明。同样，对于证据之间的矛盾也应当进行分析，判断这种矛盾是本质矛盾还是非本质矛盾，对证据取舍的结论及依据进行说明。

示例1－3－52　马某甲被控故意杀人一审宣告无罪案刑事附带民事判决书①（证人证言和鉴定意见证明力的分析评判）

本案公诉机关指控被告人马某甲在被害人吴某甲自己经营的商店内将其杀害，主要依据是现场柜台上遗留的血指纹和泥掌印经鉴定确认系被告人所留，三名看守所同期在押人员等证明“听马某甲说干死他人”的证言。被告人马某甲则不予供述。

关于鉴定意见的证明力问题，判决书作出如下分析：

（二）关于现场遗留的血指纹、泥掌印和手印鉴定意见。1. 吴忠市公安局物证鉴定所出具的（吴）公（物）鉴（手印）字〔2017〕001号、002号手印鉴定书，其检材系送检现场玻璃柜台内边沿玻璃表面提取的潜血手印和泥手掌印。现场勘查笔录及视频资料载明，距现场玻璃柜台东侧60cm、距南侧边沿12cm有血指纹两枚，但未注明是否提取；现场勘查笔录没有记载发现泥手掌印，也没有提取笔录或清单，卷内也没有提取笔录。2. 侦查机关于2017年9月29日出具情况说明，称提取玻璃板送检验室，经检验显现出

① 宁夏回族自治区吴忠市中级人民法院刑事附带民事判决书，（2018）宁03刑初15号，第二届全国法院“百篇优秀裁判文书”。

手掌印。依照刑事诉讼法规定，扣押或提取物证应当由二名以上侦查人员进行，并由见证人见证提取过程。本案中没有提取血指纹、泥掌印的笔录或清单，现场勘查的视频资料反映不出是否提取载有血指纹、泥掌印的玻璃板及是否提取血指纹、泥掌印。故两份手印鉴定意见所依据的检材来源不明，真实性存疑，不能作为证据使用。现因载有血指纹、泥掌印的玻璃板遗失，亦无法再行提取和重新鉴定。

这个分析，就从定罪证据即现场血指纹、泥掌印鉴定意见的检材来源这一关键点入手，分析现场勘查笔录记载有血指纹但未记载是否提取，现场勘查笔录没有记载泥掌印；没有提取笔录或清单显示提取了相关物证；现场勘查视频资料也未显示提取该两项物证；载有血指纹、泥掌印的玻璃板遗失，因此无法重新提取、鉴定以对证据体系进行补强。由于作为鉴定对象的关键物证来源存疑，其他证据无法解释检材来源，目前也不能再调取新的证据予以补强，鉴定意见与案件的关联性就大打折扣，证明力也就较小，体现出法官对程序正义的追求和坚持。

关于三名同期在押人员的证言，判决书作出如下分析：

（五）关于证人张某某、周某某、贺某等人的证言。张某某、贺某、周某某三人均系被告人马某甲的同期在押人员。证人周某某听贺某说马某甲把人干死了，系传来证据。张某某、贺某听马某甲说“可能把人干了”，但具体的时间、地点、被害人不明，如何干死不清楚，起诉书指控系本案被害人系主观推定。马某甲在庭审中辩解其回答把人干死了是对办案民警说其涉嫌故意杀人罪罪名的理解，而不是把被害人干死了，其辩解具有一定的合理性。证人张某某、贺某、周某某的证言指向不明，不能作为认定马某甲杀害被害人吴某甲的直接证据适用。

首先，判决书点明三名证人系被告人的同期在押人员，由于这种特殊身份的证人（类似于侦查机关的线人）具有立功的迫切心态，因此对其证言要采取谨慎的态度进行审查。其次，判决书对周某某的证言属传来证据进行界定，因而其证明力取决于原始证据的“三性”质量和证明力；对证人张某某和贺某的证言则从其证明的具体内容及指向性进行分析，指出二人证言简单模糊且指向不明，认为该证据可以证明被告人杀死本案被害人系主观臆断；再对马某甲所称“把人干死了”的多义性进行解释。综上，判决书对这三份证言的证明力作出比较准确的认定。

示例 1 -3 -53　梁某等抢劫案二审刑事裁定书[①]（辩护人提供证据的证明力分析评判）

本案被告人梁某伙同多人以交易为名将被害人骗至一宾馆内，又冒充警察对被害人进行控制、恐吓后，强行取走被害人准备交易的“金凤凰”。二审中，辩护人为证明梁某不具有非法占有的目的，出示了相关证据，二审裁定书对相关证据的证明力，根据证据内容与待证事实的关联程度，逐一进行了分析认证。

二审庭前会议及开庭审理中，上诉人梁某的辩护人提出新的证据，即：1. 梁某在北京拥有两套房产和一辆轿车，以证明梁某具有经济实力，不存在非法占有他人财物的目的；2. 梁某于 2014 年 9 月 16 日、17 日、19 日分别和证人马某、其嫂子的手机信息，以证明梁某在无任何外力的情况下向马某和亲属说的情况应当是客观事实；3. 证人马某证言公证书一份，以证实梁某不具有非法占有“金凤凰”的目的。

关于辩护人提交的上述证据，经开庭出示、质证，现认证如下：1. 梁某是否具有经济实力与其是否具有非法占有他人财物的目的之间并无必然关联；2. 梁某于案发 9 个月后与证人马某、其嫂子的手机信息不能反映案件客观事实，亦不能证明梁某案发时的主观心态，且接受短信之人“福子”是否系证人马某、“嫂子”是谁亦无关联证据证实；3. 证人马某的证言公证书虽然具备证据的形式要件，但仅证明案发后梁某请托马某欲与被害人王某 1 进行协商、私了的过程，属事后行为，并不能证明梁某犯罪当时无非法占有“金凤凰”的主观故意和目的，因此，该证据属事后悔罪态度的量刑证据，而非反映梁某犯罪中有无非法占有目的的定罪证据。据此，除对证人马某的

---

① 甘肃省高级人民法院刑事裁定书，（2016）甘刑终 66 号，首届全国法院“百篇优秀裁判文书”。

证言公证书作为证据采信之外，辩护人提交的其他证据不予采纳。

示例1－3－54 李某成被控故意杀人二审宣告无罪案刑事判决书[①]（无罪案件证据的证明力分析评判）

一审判决认定，2015年12月7日、8日晚，被害人徐某2（男，殁年50岁）到被告人李某成住处喝酒聊天。12月8日晚，二人因琐事发生争吵，后徐某2提出要在李某成处留宿，李某成担心徐某2偷其东西，遂拒绝并将徐某2推出门外，持铁锨赶至中寨村自来水蓄水池坎下的石墙处，徐某2赖在地上不走，李某成遂持铁锨朝徐某2头部连续击打数下，见其躺在地上不动，便将尸体拖到公路边，制造被过往车辆撞死的假象。12月9日早晨，徐某2尸体被当地村民发现并报警，经鉴定，徐某2系右枕部遭受钝性损伤及右面部多次锐器砍创致使颅骨粉碎性骨折，颅内出血而死亡。案发几日后李某成潜逃，2016年2月22日在四川省九寨沟县被抓获归案。

一审判决认定上述事实的主要证据有：1. 2015年12月10日从被告人李某成暂住处厨房内提取烟蒂一枚，经鉴定该烟蒂中检出被害人徐某2的DNA基因型。2. 证人杨某（李某成放羊雇主杨某1之子）证明李某成案发后曾告诉过他公路上死的那个人是其用铁锨打的。3. 2017年6月6日经李某成对12张不同男性照片混杂辨认，确认被害人徐某2即是其用铁锨砍的人。4. 2016年2月24日李某成对其与被害人发生口角的地点即杨某1羊圈厨房、杀害徐某2的地点即中寨村自来水蓄水池坎下石墙处花椒树下（距杨某1家羊圈60米左右）、拖拽徐某2尸体的路线、放置尸体的地点即桑元电站附近公路南侧（距离花椒树11米左右）均进行了指认。5. 2016年3月24日经李某成对在杨某1家羊圈西面核桃树林里提取的刀子辨认，确认系被害人徐某2案发当晚用来吓唬他的刀子。6. 2016年2月29日经李某成对7把铁锨混杂辨认，确认从杨某1家羊圈厨房提取的铁锨即为其作案所用工具。7. 经司法精神病鉴定，李某成作案时及目前智能略低于正常，智商测定70分，但并

① 甘肃省高级人民法院刑事判决书，(2019) 甘刑终102号，第三届全国法院“百篇优秀裁判文书”。

不影响其认知，且为酒后作案，故应有完全刑事责任能力。8. 被告人李某成的有罪供述。

本案一审判决认定被告人李某成犯故意杀人罪，李某成提出上诉称：本案事实不清，证据不足，其未杀害被害人，辩解其有罪供述系刑讯逼供后胡乱说的，要求宣告无罪。针对其上诉理由，二审判决书对原判认定事实所依据证据的证明力进行深入分析：（1）对于从被告人住处发现的被害人所留烟蒂，先从来源不清对其证据资格质疑，再从二人熟识分析其属正常现象，证明力有限。（2）对于证人杨某证明曾听被告人讲作案事实的证言，从证言的部分细节与被告人供述不一致对其证明力作出判断。（3）对于被告人关于作案及抛尸经过的供述，从供述与其他证据缺乏相互关联、相互印证这一关键缺陷分析其证明力不高：一是供述的作案凶器铁锨上未检出被害人生物痕迹；二是供述将被害人拿来恐吓其的刀子抛弃的地点与实际提取地点不一致，被害人妻子亦未辨认出该刀；三是供述拖拽尸体的被害人绑腿布上未获得李某成生物物证；四是拖尸现场未提取到李某成的生物痕迹。

一、关键物证烟蒂来源不清。案发次日即2015年12月10日从杨某1家羊圈厨房（即李某成居住房）内提取一枚烟蒂，但该提取笔录无具体提取时间，被提取人杨某1签名为代签，无对提取物的特征、种类描述，亦无相关照片佐证，提取程序明显存在瑕疵。且即使烟蒂中检出被害人DNA，也仅证明被害人曾到过李某成住处，并不必然证明李某成杀人事实。因此，在无其他证据佐证情况下，该证据与杀人事实的关联性难以建立。①

二、言词证据系传闻证据，证明力不强。证人杨某证言虽系李某成供述后获得，属先供后证，但证言的部分细节与供述不吻合，亦无其他证据印

① 本案被害人与被告人原本认识并有来往，因此在被告人住处发现被害人留下的烟蒂只能说明被害人来过被告人住处，属于正常情况，并不能作为被告人在此对被害人实施侵害的证据。如果被害人与被告人并不熟识，则被害人留下的烟蒂出现在被告人家并不正常，如果被告人又否认被害人曾去过他家或者对在其家发现被害人留下的烟蒂不能作出合理解释，则这一物证就有较大的证明力。

证，证明力不强。[①]

三、无证据将李某成与现场、被害人客观关联起来。抛尸现场未提取到李某成的生物痕迹，李某成供述拖拽尸体的被害人绑腿布上未获得李某成生物物证，李某成的衣裤、鞋子上均未检出被害人生物检材。[②]

四、李某成对被害人的两次辨认结果矛盾，在未能解决矛盾及排除疑点前提下，一审采信有程序瑕疵的第二份辨认笔录，显系违背证据裁判规则。2016 年 2 月 29 日李某成第一次对被害人的照片进行混杂辨认时未辨认出被害人，2017 年 6 月 6 日第二次辨认时又辨认出被害人徐某 2，两次辨认结果明显矛盾。且第二次辨认仅有辨认照片，没有辨认笔录，辨认程序明显不当。经本次庭审中当庭出示上述两组照片，李某成均未辨认出被害人。因此，该两份结果相反的辨认笔录不能作为证据使用。[③]

五、从杨某 1 羊圈前核桃林里提取的刀子无法与被害人徐某 2 或李某成建立关联。首先，案发近四月后发现该刀子，刀子所处位置与李某成有罪供述扔弃或捡起来放置的位置均不一致；其次，该刀子经被害人妻子徐某 1 辨认，未能确认是被害人随身携带之物；第三，经检验，该刀子上未获取常染色体 STR 多态性检验结果。因此，该刀子的归属无法确认，不能印证李某成的有罪供述。[④]

六、李某成的有罪供述存疑。首先，案发两月余抓获李某成，有罪供述

---

① 被告人有罪供述后称曾将犯罪事实告诉他人。他人虽能证明曾听被告人讲过作案事实，但仍然存在被告人系吹牛谎称作案事实的可能性，此乃传来证据证明力不高的原因。如果他人所证被告人所讲的作案经过与被告人自己供述的差距较大，则更说明被告人之前向他人所讲作案事实可信度不高，也说明被告人的有罪供述可信度不高，因为两者本质上均属于被告人向他人所作言词，前后不一致，恰说明其内容真实性存疑。

② 如果在被告人供述的抛尸现场或者抛尸工具——绑腿布上发现被告人的生物痕迹，则能够将被告人与犯罪过程关联起来，进而印证被告人供述的真实性。

③ 在被告人作有罪供述的情况下，其如果不能在混杂辨认中辨认出被害人，则有罪供述的客观性和证明力即存疑；在被告人翻供或作无罪供述的情况下，其即使有能力辨认出被害人，基于逃避罪责的动机，也不会真实表述辨认结果，故此时其在辨认中不能辨认出被害人本身并无实质意义，不能用于证明其无罪。

④ 从现场提取的刀子，如果没有证据能够将其与犯罪、被告人或者被害人关联起来，则不具备关联性，没有证明力。

不但系递进式供述，且系先证后供，证明力本身较低。其次，根据有罪供述未获取有价值的痕迹物证，供述的作案凶器铁锨上亦未检出被害人生物痕迹，有罪供述与在案其他证据关联性不强。第三，加之存在李某成翻供，有罪供述不排除以非法手段取得的可能等情况，这一证据的真实性就更值得怀疑。因此，根据证据的合法性、真实性、关联性要求，李某成有罪供述的证明力存疑。

七、存在其他合理怀疑。本案存在指向另一嫌疑人杨某2犯罪的大量证据……虽之后杨某2翻供，但对其合理怀疑并未得到有效排除。

综上，本案虽有证据证明上诉人李某成具有杀害被害人徐某2的犯罪嫌疑，但缺乏将上诉人李某成与现场、被害人徐某2联系起来的客观证据，在案证据亦未形成统一完整的证据链，证据指向不唯一、不排他，案件存在的问题和合理怀疑均未得到排除，无法达到足以认定待证事实的程度，现有证据未达到确实、充分的证明标准。因此，一审判决认定上诉人李某成犯故意杀人罪的事实不清，证据不足，根据证据裁判和疑罪从无原则，不能认定李某成有罪。

示例1-3-55 聂某斌被控故意杀人、强奸再审宣告无罪案刑事判决书①（辨认笔录证明力的分析评判）

本案中现场勘查笔录记载被害人康某1尸体颈部缠绕一件短袖花上衣，原审判决书将其认定为聂某斌故意杀人的作案工具，定罪证据包括聂某斌对该上衣的辨认笔录。针对该辨认笔录的证明力，再审判决书从辨认对象与提取物证的差异性、辨认对象与同类混杂物的差异性两个方面进行了分析论证。

3. 对花上衣的辨认笔录缺乏证明力。原审卷宗中用于辨认的花上衣照片，与现场照片显示的尸体颈部的衣物存在明显差别，原办案人员事后解释称，从尸体颈部提取的花上衣因受到雨水及尸体腐液侵蚀，为方便辨认，对花上衣进行了清洗。但在卷内对此没有记载和说明，以致用于辨认的花上衣与尸体颈部的衣物是否同一存在疑问。而且，据辨认笔录记载，让聂某斌对

① 最高人民法院刑事判决书，（2016）最高法刑再3号，属于热点案件裁判文书。

花上衣进行辨认时，用作陪衬的3件上衣，有2件系长袖，与辨认对象差异明显，另1件虽系短袖但新旧状况不明，且辨认物均无照片附卷。辨认有失规范，辨认笔录缺乏证明力。

（五）诉讼参与人申请调取新证据的回应

《刑事诉讼法》第197条规定，法庭审理过程中，当事人和辩护人、诉讼代理人有权申请通知新的证人到庭，调取新的物证，申请重新鉴定或者勘验。针对当事人、辩护人、诉讼代理人关于此种证据的程序性辩护意见，应当结合具体案情及现有证据情况，对其必要性进行审查，认为没有必要的，需要在裁判文书中说明对该请求不予支持的相关理由。

示例1-3-56 | 孙某聚故意杀人案二审刑事裁定书[①]（对精神病鉴定申请的分析回应）

关于上诉人孙某聚及其辩护人提出“应重新对孙某聚进行精神病鉴定”的意见。经查，孙某聚虽然曾因精神疾病症状到医院就诊，但在本案中，其因与被害人刘某转的婚姻纠纷而起意报复，作案动机清楚且符合正常思维；其回到刘某转家前专门到商店购买刀具，有为作案进行准备的明确心理；案发当日被害人薛某邀请刘某转外出玩耍，其以有事商量为由不让刘某转外出，有意制造犯罪时机；犯罪后又打电话给其父亲孙某德交待后事，并企图通过自杀逃避法律制裁，对犯罪后果有清晰的认识和应对；综上，孙某聚在案发前后意识清楚，客观行为与主观认识一致，并无丧失认识能力和控制能力的表现；且经专业鉴定机构对其作案时的刑事责任能力进行鉴定，确认“其案发时精神活动正常，具有完全刑事责任能力”，该鉴定意见由鉴定部门根据其案发时的行为表现、案发后的供述及相关证人证言等，依照《中国精神障碍分类与诊断标准》做出，鉴定程序符合有关规定，鉴定过程和方法符合专业规范要求，鉴定意见客观明确，本院依法予以采信。故对上诉人及其辩护人重新鉴定的申请不予支持。

---

① 河南省高级人民法院刑事裁定书，（2018）豫刑终516号。

第二章

刑事裁判文书理由部分的写作

裁判文书是司法公正的最终载体，它不仅应当在结论上体现司法公正，还应当通过充分、透彻的说理使当事人知道、理解该裁判为什么是公正的。“为防止自由裁量异化为司法专横，就要求法官强化裁判说理。”① 裁判理由就好比判决的灵魂，一个人没有灵魂，行为就会荒唐无序，难以理解，裁判文书理由苍白或者思路混乱，裁判结果就像是泛滥的洪水，毫无章法，肆意流淌。最高人民法院《裁判文书释法说理指导意见》指出，“裁判文书释法说理的目的是通过阐明裁判结论的形成过程和正当性理由，提高裁判的可接受性，实现法律效果和社会效果的有机统一”。最高人民法院《关于深入推进社会主义核心价值观融入裁判文书释法说理的指导意见》提出，“裁判文书释法说理应积极回应人民群众对公正司法的新要求和新期待，准确阐明事理，详细释明法理，积极讲明情理，力求讲究文理，不断提升人民群众对司法裁判的满意度，以司法公正引领社会公平正

① 张军：《法官的自由裁量权与司法正义》，载《法律科学（西北政法大学学报）》2015 年第 4 期。

义”。“说理实质上是一个说服论证的过程，是一个对话的过程，本质上就是要让当事人体会到我们论证的合理性，从而尽可能地接受裁判结果。”[①] 裁判文书如果对当事人的诉求不作回应，对诉讼中控辩双方争论的焦点不作分析，对适用的法律不作解释，对裁判的理由不作论证，对公众的疑惑不作说明，就会给人一种罪刑擅断、不讲道理的感觉。

在刑事裁判文书中将法院裁判的理由具体说明，既是证明判决正当性并说服当事人自愿接受判决结果的基本手段，也是增强裁判行为的透明度以限制法官自由裁量权，从而树立司法公信力和裁判权威的重要路径，同时也为上级法院对下级法院的裁判进行审核提供重要依据。因此，裁判文书必须说理，也必须全面、充分说理，这既是法官专业素养的体现，更是裁判者的职责所在。我们不能在当事人、社会公众对判决结果提出质疑、争议不休时，或者在上级法院提出疑问时，再向各方解释裁判的具体理由，并声称“双方控辩观点在审理时都予以充分考虑，只不过没有在判决书中充分写明”。通过庭外释明、补充回应的方式进行说理既不合法，也难以达到理想效果。

在刑事裁判文书写作实践中，裁判理由部分写作的具体问题主要表现在：

第一，说理简单或者公式化，空话、套话多，千案一面，千篇一律。比如“被告人及其辩护人的相关辩解、辩护意见与查明事实不符，不予采纳”，或者“被告人及其辩护人的相关辩解、辩护意见缺乏事实和法律依据，不予采纳”，等等，看不出判决结果形成的法律依据和逻辑过程。

第二，流于单方评价，偏离了裁判的中立立场。有的文书在说理上厚此薄彼，仅针对一方的意见进行分析，对另一方的论点论据则缺乏有针对性的具体分析、论证；有的文书对控方意见的分析评判多，对被告人、辩护人一方意见的分析评判少。这样的裁判文书即使在认定事实和适用法律上没有错误，也难以说服当事人和社会公众。

第三，说理不准确、不客观。有的文书对控辩意见总结不准，断章取

① 王国庆：《裁判文书的表达》，载《人民法院报》2023 年 11 月 10 日，第 7 版。

义，甚至随意取舍，对于一些不好把握、不好阐述的观点避而不谈，不能客观、全面地对诉讼各方意见作出评判。有的文书分析评判逻辑混乱，说理依据不足、没有力量。

第四，说理模糊，态度不坚决。有的文书说理含糊其词，对于影响定罪量刑的关键事实、情节不敢直面问题，明确回应，丧失裁判权威。比如对于民间纠纷引发的案件，被害人是否有过错对定性量刑往往有重大影响，也是双方争议焦点，有的文书就不敢明确认定，往往拿“被害人对本案的引发有一定的原因”这一模糊的说法来应付。

“裁判文书说理是审判思路的映射。”① 合格的刑事判决，应当有一个结构严谨、符合逻辑的心证过程，即要根据合法有效的证据认定案件事实，根据合理认定的案件事实适用法律规定，根据准确适用的法律形成判决结果。合格的刑事裁判文书，在说理方面应当达到有的放矢、层次分明、客观合理的标准。有的放矢，就是要紧紧围绕可能影响裁判结论的必要之点，针对诉讼主张、诉讼争点和庭审控辩交锋来说理，针对性要强；层次分明就是要从事实认定、法律适用、裁判理由三个层次进行说理，反映法律推理过程，做到层次分明；客观合理，就是要做到立场正确、内容合法、程序正当，裁判结论符合客观规律和逻辑规则，如果以一种违反基本思维规律的方法表达争议话题，裁判的效果就可能大打折扣。要实现上述要求，在写作裁判文书时必须认真考虑说理的对象、资源和方法三个问题，即要说什么理、用什么说理、如何说理。

在这里举一个笔者认为说理针对性、层次性、逻辑性都比较强的案例。

示例 2-0-1　周某刚、胡某培等受贿、滥用职权、行贿案二审刑事判决书②（裁判文书说理应当具有针对性、层次性、逻辑性）

本案原判认定被告人周某刚、胡某培在担任经信局副局长、局长并负责

① 周蓉蓉：《心证过程：认知科学助力裁判文书充分说理论要——以 W 高院 1394 件改发案件裁判文书为实证分析样本》，载胡云腾主编：《司法体制综合配套改革与刑事审判问题研究——全国法院第 30 届学术讨论会获奖论文集》（上），人民法院出版社 2019 年版，第 807 页。

② 四川省宜宾市中级人民法院刑事判决书，（2017）川 15 刑终 30 号，首届全国法院“百篇优秀裁判文书”。

煤炭资源整合、技改和关闭淘汰工作中，对违规改造发生透水事故实际已长期停产、无法继续改造并按规定被关闭的江远煤矿，帮助煤矿经营者钱某良虚假申报为正在合法生产的矿井，向上级申领整顿关闭煤矿补助资金960万元，并收受钱某良的钱款，分别构成滥用职权罪和受贿罪。[①] 一审判决后，三被告人均提出上诉，提出无罪、自首、量刑重等辩护意见。二审判决书将上诉及辩护意见归纳为事实认定、罪名认定和量刑情节等三个方面，对具体争议焦点逐一回应。首先对涉案的江远煤矿是否符合领取整顿关闭煤矿补助资金的条件进行分析评判，这是被告人是否构成滥用职权罪的前提，开宗明义先提出获得煤矿关闭奖补资金的煤矿必须为主动退出和直接关闭或兼并重组关闭的合法生产矿井和在建矿井，接着结合相关具体判断标准对江远煤矿的实际情况进行分析，认定其既不属于合法的在建矿井也不属于合法的生产矿井，而属于不在补助范围的"非法违规煤矿"，从正反两个方面论证其不符合领取奖补资金的条件；其次针对被告人周某刚和胡某培是否构成滥用职权罪、钱某良是否构成行贿罪，从被告人是否明知江远煤矿不符合领取奖补资金的条件、上报时是否刻意隐瞒并虚构事实、事先是否共谋获得资金的分成等方面，对三人的主观故意这一定罪争议的关键点进行分析评判；最后又对原判认定自首是否成立及量刑轻重进行分析，可谓层层递进，环环相扣，逻辑清晰严密，论证的针对性极强。在本院认为部分，判决书紧扣犯罪构成要件，对被告人的行为特征进行精准归纳，又对各被告人的量刑情节进行评价，从而使二审的改判结论水到渠成。

关于各上诉人、辩护人及二审出庭检察员对本案事实及法律适用提出的意见，本院依照审理查明的事实，结合相关法律规定，综合评析如下：

（一）关于江远煤矿是否符合领取奖补资金的条件

上诉人周某刚及其辩护人、上诉人钱某良的辩护人提出，江远煤矿经政府部门审计后合法获得奖补资金的行为未经行政部门否定。该煤矿虽发生水害，但无证据证明该水害无法治理，采矿证过期并不能否定该煤矿合法性，

① 本案具体事实见本书第一章第二节第二部分第（四）项之"示例1-2-31"。

因此江远煤矿符合奖补资金领取条件。上诉人胡某培及其辩护人提出，江远煤矿虽证照过期，但属于在建矿井，不属于非法煤矿，江远煤矿符合领取奖补资金的条件。

经查，依照四川省煤矿企业兼并重组工作领导小组下发的《四川省整顿关闭煤矿补助（奖励）资金管理办法》第二条和第五条的规定，获得煤矿关闭奖补资金的煤矿必须为主动退出和直接关闭或兼并重组关闭的合法生产矿井和在建矿井，且不属于四川省人民政府《关于推进煤矿企业兼并重组的实施意见》规定的非法违规煤矿。

首先，江远煤矿虽于2007年经四川省人民政府批准与五阁煤矿进行兼并重组，并于2008年取得了四川省国土资源厅的划定矿区范围批复，但其并未取得初步设计、安全专篇的行政审批。该煤矿于2008年3月擅自进行技改施工，属非法建设，在此过程中揭穿矿井含水层导致发生透水事故致使井下全部被淹。经采取各种治理方案后均治理无效，该煤矿的采矿许可证等证件截至2010年已相继过期，预留的矿区范围已到期，上诉人钱某良已将该煤矿关停。因此，江远煤矿违规实施技改，不属于合法的在建矿井；其采矿许可证已经过期，无法进行生产，不属于合法的生产矿井。江某县安监局副总工程师倪某、江某县经信局能源安全股股长杨某、宜宾市经信委工作人员蒲某、陈某2、许某的证言及上诉人周某刚、胡某培侦查阶段的供述也分别印证了江远煤矿并非合法生产建设煤矿的事实。同时，《四川省煤矿企业兼并重组工作领导小组办公室2014年12月10日主任会议纪要》载明，“在审查奖补资金申报材料中，发现采矿许可证过期失效等不符合奖补条件的问题”，亦证实江远煤矿不是合法矿井，不符合领取奖补资金条件。

其次，四川省人民政府《关于推进煤矿企业兼并重组的实施意见》规定的非法违规煤矿中第7类为“存在……水害威胁等重大安全生产隐患，经论证在现有技术条件下难以有效防治的”。江远煤矿发生水患后，经抽水治理造成周边地面塌陷而无法进行抽水。后其委托四川省煤田地质工程勘察设计研究院编制了地面钻孔注浆治理方案，但依照该方案治理后依然失败。该方案经过了相应专家的审查，且上诉人钱某良供述其先后去北京、成都等地找专家意图治理水患无果。上诉人周某刚也曾将江远煤矿作为上述情形的非法违规煤矿上报，因此可以认定江远煤矿属于上述规定的非法违规煤矿。

因此，上述证据足以证实江远煤矿在关闭时采矿许可证已经过期，不属于合法的生产矿井和在建矿井，且属于非法违规煤矿，不符合领取财政奖补资金的条件。上列诉辩意见不能成立，本院不予采纳。

（二）关于上诉人周某刚、胡某培是否构成滥用职权罪

1. 关于上诉人周某刚及其辩护人提出，其在上报该煤矿资料时并未隐瞒真相。其将该煤矿上报关闭原因由“存在水患，不能按期完成建设”修改为“企业申请，直接关闭”是真实情况的反映；矿井图纸时间由2008年修改为2013年，二者反映的矿井情况一致。因此原判认定其构成滥用职权罪的证据不足。

首先，如前所述，江远煤矿不符合领取奖补资金的条件。上诉人周某刚作为经办人，曾于2013年6月5日，根据江远煤矿的实际情况，按照四川省人民政府《关于推进煤矿企业兼并重组的实施意见》（川府发〔2013〕15号文件）规定的17类非法违规矿井中的第7类，5类资源整合矿井中的第3类，将江远煤矿作为“存在水害威胁，不能按期完成项目建设的矿井”的非法违规煤矿拟在当月底之前予以关闭，并报送给宜宾市兼并重组领导小组办公室。该行为证实其主观上知晓江远煤矿属于非法违规煤矿，江某县经信局能源安全股股长杨某的证言也证实周某刚曾在2013年6月5日的会议上提出江远煤矿不符合兼并重组的条件，也印证了周某刚明知江远煤矿是非法违规煤矿的事实并在当时将其以非法违规煤矿上报的原因。然而，2013年7月30日，《四川省整顿关闭煤矿补助（奖励）资金管理办法》的通知下发后，周某刚又于2013年8月2日向市政府申请将江远煤矿的关闭原因调整为“企业申请，直接关闭”，并作为年生产能力9万吨、符合领取奖补资金条件的建设矿井予以上报，否认江远煤矿属于非法违规煤矿的事实。周某刚在侦查阶段供述其修改关闭原因的目的是为了让江远煤矿获得奖补资金，而根据《四川省整顿关闭煤矿补助（奖励）资金管理办法》第五条的规定，“按照四川省人民政府《关于推进煤矿企业兼并重组的实施意见》（川府发

〔2013〕15号文件）的规定，非法违规煤矿……等不属于奖补资金补助范围”，亦印证了周某刚如果不修改关闭原因则江远煤矿确实不能获得奖补资金的情况，结合其在2013年6月5日将江远煤矿作为非法违规煤矿上报时，补偿政策并未出台，其与钱某良之间并无利益纠葛，亦无将钱某良合法在建煤矿故意按非法违规煤矿上报的动机；而奖补政策出台后，其因修改江远煤矿关闭原因，江远煤矿从而获得奖补资金，钱某良因此给予其巨额感谢费的事实，均证实其在侦查阶段的供述具有真实性。即其修改煤矿关闭原因的目的并非是为了反映真实情况，而是为了掩饰真实情况，使江远煤矿获得本不应获得的奖补资金。

其次，在江远煤矿提交关闭煤矿的资料时，经钱某良询问后，周某刚叫钱某良将江远煤矿2008年的井上、井下图纸时间修改为关闭煤矿时的2013年，井口修改为封闭。虽然该修改主要是时间的变动，但是，江远煤矿如果是合法的在建矿井、生产矿井，其2013年的矿井图纸必然与2008年的矿井图纸不一致，无需将2008年的图纸修改时间后使用。而江远煤矿井下被淹长达五年时间，其并未生产和建设，且井下被淹已无法实际取得图纸，而2013年的矿井图纸显然是获得奖补资金的必须资料，且应当是真实的资料。钱某良亦供述过如果不改图纸则可能领不到奖补资金。因此，本院有理由认为其修改图纸时间是为了掩饰江远煤矿并未生产和建设的真实状况。但是，周某刚作为经办人员，不仅不如实上报江远煤矿并无2013年真实图纸的情况，反而指使钱某良修改图纸时间，将2008年图纸作为2013年图纸上报，足以证实周某刚明知江远煤矿不属合法生产矿井和建设矿井且在上报的过程中刻意隐瞒的事实。

综上，根据周某刚长期在经信局任职并负责煤矿相关工作的情况，其对江远煤矿不符合领取奖补资金的条件具备相应的认知和判断能力。但是，其在经办江远煤矿关闭的过程中，明知江远煤矿不属合法生产矿井和建设矿井并且已经将江远煤矿作为非法违规煤矿上报后，为了使江远煤矿能够得到奖补资金，擅自调整江远煤矿关闭原因，指使钱某良修改江远煤矿图纸，超越限度地履行职责，致使国家利益遭受特别重大损失，情节特别严重的行为已构成滥用职权罪。因此，上诉人周某刚及其辩护人的上列诉辩意见，本院不予采纳。

2. 关于上诉人胡某培及其辩护人提出其不构成滥用职权罪的诉辩意见。

经查，胡某培在侦查机关稳定供述其初审时即发现江远煤矿证照已过期，按照奖补政策不具有合法性，但其依然同意将江远煤矿作为符合领取奖补资金的条件上报。周某刚亦供述经信局的所有文件都需胡某培同意或签字，胡某培知晓江远煤矿的情况。结合在案多名煤矿监管行业的工作人员的证言均证实江远煤矿不符合领取奖补资金的条件，根据胡某培长期在经信局任职并负责煤矿相关工作，其对江远煤矿不符合领取奖补资金的条件具备相应的认知和判断能力。因此，其在明知江远煤矿不符合领取奖补资金的条件下，同意上报并签字拨付奖补款，致使国家利益遭受特别重大损失，情节特别严重的行为已构成滥用职权罪。上列诉辩意见，本院不予采纳。

（三）关于上诉人钱某良是否构成行贿罪

上诉人钱某良提出，其煤矿得到奖补资金是政府行为，其无法决定，其行贿是在获得奖补资金后，即便造成了国家经济损失也是因周某刚等人滥用职权，与其行贿无关。其辩护人除提出相同意见外，还提出：即使江远煤矿不应获得奖补资金，钱某良亦不明知其获得的是不正当利益，且其行贿行为发生在领取奖补资金之后，与造成国家经济损失没有因果关系。

经查，首先，上诉人钱某良与同案人陈某5供述证实，在提交申领奖补资金资料前，钱某良就已经与陈某6约定，陈某6利用职务之便为其煤矿获得奖补资金提供帮助，事后钱某良送给陈某6 50万元。钱某良供述陈某6告知其煤矿既可以按每年6万吨的产能上报，也可以按每年9万吨的产能上报。而陈某4上报资料的过程中，也将江远煤矿作为符合领取奖补资金条件的年产9万吨的煤矿予以上报。

其次，钱某良在提交申领奖补资金资料过程中，在咨询周某刚后将煤矿2008年的井上、井下图纸时间修改为2013年，井口改为封闭后作为关闭煤矿时的图纸上报。钱某良在侦查阶段供述其知道如果不修改就可能通不过审查，得不到奖补资金。证人杨某的证言证实在关闭煤矿过程中，钱某良与周某刚关系密切，经常到经信局来找周某刚，周某刚还让其为江远煤矿制作相应申请资料。

最后，钱某良与周某刚在侦查阶段的供述证实，在获得奖补资金前，钱某良与周某刚有过获得奖补资金后向周某刚表示感谢的约定。

因此，上述客观事实表明钱某良知道或者应当知道江远煤矿不符合领取奖补资金的条件，但仍为谋取不正当利益，承诺获得奖补资金后向相关经办人员行贿，并提交了未反映真实情况的矿井资料，其上述行为与国家利益遭受特别重大损失存在刑法上的因果关系，其行为构成行贿罪。上列诉辩意见，本院不予采纳。

（四）关于上诉人的量刑情节认定及原判量刑存在的问题

1. 上诉人周某刚及其辩护人提出，其受贿金额不大，具有自首情节，在提起公诉前如实供述罪行，未造成国家经济损失，原判量刑过重；其辩护人提出，钱某良先于周某刚交代其收受贿赂的事实，但侦查机关在对周某刚讯问时并未将该供述用于立案、侦查、审讯，因此周某刚系在侦查机关没有掌握其受贿事实下主动供述，构成自首的辩护意见。

经查，二审期间公诉机关补充提交了上诉人钱某良于2015年5月16日交代其向周某刚等人行贿事实的供述，该供述早于周某刚作出自书供述的时间。且检察机关出具了说明称钱某良在2015年5月7日即已供述其行贿事实，检察机关亦于当日对钱某良行贿、周某刚受贿案立案侦查。辩护人提出侦查机关在对周某刚讯问时并未将该供述用于立案、侦查、审讯的意见明显与事实不符。因此原判认定周某刚构成自首错误，但依照上诉不加刑的规定，本院不加重对其的处罚。上诉人周某刚为他人谋取不正当利益，致使国家利益遭受特别重大损失，原判对其判处有期徒刑三年六个月不属量刑过重。

2. 上诉人钱某良及其辩护人提出其接受侦查机关传唤后如实供述了其行贿的事实，构成自首；二审出庭的检察员提出可以认定上诉人钱某良构成自首的意见。

经查，钱某良在侦查机关未掌握其行贿犯罪事实的情况下，先于同案关系人周某刚等如实供述其行贿犯罪事实，庭审中，虽然辩解自己不明知是谋取不正当利益，但系其对行为性质的辩解，不影响自首的成立。本院对控辩双方的意见予以采纳。钱某良在被追诉前主动交代其行贿行为，又系自首，依法可以对其减轻处罚。原判未认定上述量刑情节，本院依法予以纠正。

3. 关于上诉人钱某良的辩护人提出钱某良系被陈某6等人索取贿赂的意见。经查，钱某良在侦查机关虽供述系陈某6向其索要贿赂，但该供述未得到其他证据的印证，不能认定。因此该辩护意见不能成立，本院不予采纳。

4. 关于上诉人钱某良的辩护人提出原判不应对钱某良适用罚金刑；二审出庭的检察员提出原判对钱某良并处罚金刑不当的意见。经查，上诉人钱某良的行贿行为发生在《刑法修正案（九）》实施之前，依照从旧兼从轻的原则，对钱某良应适用修正前的《中华人民共和国刑法》的规定，不应对其并处罚金。原判适用修正后的《中华人民共和国刑法》对其并处罚金，属适用法律错误，本院予以纠正。该意见成立，本院予以采纳。

本院认为，上诉人（原审被告人）周某刚、胡某培身为国家工作人员，在经办和审核煤矿关闭奖补资金的过程中，滥用职权，将不符合领取财政奖补资金条件的江远煤矿作为符合条件的煤矿上报，并分别收受该煤矿业主钱某良贿赂49万元、44万元，数额巨大，并致使国家利益遭受特别重大损失，情节特别严重的行为均已构成受贿罪、滥用职权罪，依法应当数罪并罚。上诉人（原审被告人）钱某良为谋取江远煤矿获取财政奖补资金的不正当利益，给予国家工作人员周某刚、胡某培、陈某6财物共计143万元，致使国家利益遭受特别重大损失，情节特别严重的行为已构成行贿罪。上诉人钱某良在侦查机关未掌握其行贿犯罪事实的情况下，主动供述其行贿犯罪，是自首，且系被追诉前主动交待行贿行为，依法可以对其减轻处罚。上诉人周某刚如实供述其受贿事实，依法对其从轻处罚；上诉人胡某培主动向办案机关投案并如实供述其受贿及滥用职权的事实，是自首，依法对其从轻处罚，原判仅认定其受贿罪构成自首，未认定其滥用职权罪构成自首，本院依法予以纠正。案发后，上诉人周某刚、胡某培、钱某良所得赃款已全部退清，酌情对其从轻处罚。

综上，原判认定上诉人（原审被告人）周某刚、胡某培犯受贿罪、滥用职权罪、上诉人（原审被告人）钱某良犯行贿罪的事实清楚，定罪正确。但认定钱某良、胡某培的量刑情节及量刑时适用法律错误，导致量刑过重，本院依法予以纠正。上诉人钱某良、胡某培及其辩护人提出原判对其量刑过重的意见，本院予以采纳。

依照……之规定，判决如下：

……

第一节 说理要说什么

这里解决的就是说理的对象问题，一些裁判文书不说理、说理简单或者公式化而难以为读者理解，其主要原因就是文书的制作者没有弄清弄准说理的对象，换句话说，不知道该说什么理。笔者认为，在说理的对象这个问题上，好文书的标准应当是既有全面性又有针对性。所谓全面性就是对与判决结果相关的每一个要素都要说清道理，彰显判决结果的理由充分；所谓针对性就是对于控辩双方的主张和争议焦点，要有的放矢地作出回应，不管支持、采纳与否，都要有充分的理由，使胜败皆明。

一、对控辩双方意见的评判

刑事辩护制度是被告人有权获得辩护这一宪法权利在刑事诉讼中的具体体现。辩护、代理律师基于职业特点，会尽可能地发现案件中存在的每一个问题，并充分阐述支持自己主张的理由，从而最大限度地保障自己一方当事人的利益，这为法院审查控方主张及理由的成立与否提供了最好的分析思路，所谓有对比才会有鉴别。让胜诉方接受裁判并不难，难的是如何让败诉方心悦诚服，从某种意义上来说，判决书主要是写给败诉方的，因此法官在撰写裁判文书时一定要有“败诉方思维”，要注意多从败诉方的角度来检验判决说理。对律师的辩护或代理意见逐条分析，准确归纳争议焦点，然后针对焦点一一评判回应，说明对争议观点采信与否的理由，可以使当事人明白法院对自己一方的意见给予了平等对待和认真审查。只有使当事人赢得清清楚楚，输得明明白白，才能获得诉讼参与人的信服。如果不对律师的意见进行认真评判，就会出现法院、律师各说各话的局面，胜诉者有侥幸之感，败诉者心有难服之处。败诉一方的律师完全可以向当事人指出法院不讲理，其表现就是在裁判文书中没有回应或者没有认真评判“我们这一方的理由”，当事人基于立场上与律师的共通，也会当然地认为法院是强词夺理，对于裁判结果的公正性产生怀疑，也就难以接受法院的裁判结果。

刑事判决书是刑事裁判程序公正与实体公正的共同载体，是“看得见的公正”的主要体现。裁判文书必须对当事人的诉辩主张逐条进行分析，作出评价，并明确是否采纳支持。既不能因当事人的理由和观点荒唐而不予驳斥，也不能因当事人的观点似是而非难以分析解释就回避不谈，更不能害怕言多必失而对当事人在引发案件上的责任等一些敏感、棘手问题不予涉及。对于普通公众均能认知的道理，可以简略论述，点到为止，对于比较深奥的法律知识，则应当多费一些笔墨，尽量用当事人能够理解的语言解释清楚。在具体写作时，对于诉辩双方争议的焦点问题，应当既介绍辩方主张（上诉理由），也介绍控方意见（检察员的答辩意见），最后将法官的分析论证详细介绍，予以回应，以显示法官的中立立场和说理逻辑。

示例 2-1-1 刘某非法持有毒品案二审刑事判决书①（对争议焦点进行分析时应当同时介绍双方的观点）

本案中，公安机关发现被告人刘某与正在侦查的贩卖毒品案嫌疑人高某来往频繁，遂对刘某进行调查，并在其租住房内发现大量毒品。一审判决以非法持有毒品罪对刘某判处刑罚，刘某上诉提出其毒品不是从高某处购买，不构成非法持有毒品罪。二审判决书先介绍控辩双方的不同观点，再以“本

① 江西省高级人民法院刑事判决书，（2017）赣刑终240号，首届全国法院“百篇优秀裁判文书”。

院认为”引出法官的分析论证。

关于刘某提出涉案冰毒不是其从高某处购买的，而是她偷来的，其行为不符合非法持有毒品罪的主、客观构成要件的上诉理由，及辩护人关于毒品来源不明的意见；检察员出庭意见认为持有是事实上的支配，毒品来源不影响持有行为的性质。本院认为，非法持有毒品罪是指明知是毒品而非法持有且数量较大的行为，只要事实上在一定时间内形成了对毒品的占有、藏有或支配，就构成非法持有毒品罪，只要行为人不合法持有毒品，不管毒品的来源究系购买、捡拾还是非法获取，均不影响该罪的成立，故本院对刘某该上诉理由及辩护人的辩护意见不予采纳，对检察员该出庭意见予以支持。

二、对判决结果的理由说明

所谓司法公正，落实在刑事判决结果上，就在于罪、责、刑三方面，即罪名认定准确有据、责任界定明确恰当、刑罚量定精确适当。这三个方面，定罪是基础，量刑是结果，而责任属于桥梁，三者是逐渐递进的关系。在裁判文书中，要论证裁判结果的正确性，也应当从以上三个方面入手。

一是论证被告人是否构成犯罪及有罪时构成什么犯罪。具体又可分为三个递进的层面：论证现有证据能否形成自洽的体系（确实、充分）并支持指控事实成立；被告人的行为是否构成犯罪；被告人的行为具体构成什么罪名。要对被告人的犯罪行为进行归纳、提炼，结合刑法规定的犯罪构成要件，对行为进行评价，从而确定一个准确的罪名。

二是论证被告人应当承担什么样的责任。要根据被告人的犯罪动机、犯罪行为表现、犯罪后果等主要行为特点，评价被告人的罪行严重程度；还要对被告人的其他犯罪情节进行评价，确定对其是否从轻、减轻或者从重处罚。对于因民间纠纷引发的案件，应分析矛盾激化的原因，对被告人、被害人所应负的责任进行准确的评价，作为量刑时考虑的重要因素。对于共同犯罪案件，还应当评价各被告人在共同犯罪中的地位、作用。

三是论证应当对被告人适用什么样的刑罚。根据被告人所构成具体罪名的严重程度，首先确定一个对应的法定刑幅度，再根据被告人主体特征、共犯作用、自首、立功等量刑情节，对其从轻、减轻或从重后，确定一个适当的刑罚。对于宣告缓刑的，应当进一步说明宣告缓刑的理由。对于判处死刑的，也应当具体说明缓期二年执行或者立即执行的理由。当然在具体写作上，根据案件具体情况，可以将被告人刑事责任及适用刑罚的确定结合在一起进行论述。

三、说理对象的选择

最高人民法院《裁判文书释法说理指导意见》第3条提出“要围绕证据审查判断、事实认定、法律适用进行说理，反映推理过程，做到层次分明；要针对诉讼主张和诉讼争点、结合庭审情况进行说理，做到有的放矢；要根据案件社会影响、审判程序、诉讼阶段等不同情况进行繁简适度的说理，简案略说，繁案精说，力求恰到好处”。根据该规定，裁判文书说理的主要对象包括证据审查判断、事实认定和法律适用三个方面，要根据控辩双方争议情况确定说理重点。在具体裁判文书的制作中，应当根据审级、争议情况、案件类型等确定具体的说理对象。

首先，不同审级的审判职能定位存在差异，决定着说理侧重点也有所区别。一审法院的审判职能是明断是非、定分止争，二审法院的审判职能重在案结事了，再审法院的审判职能重在有错必纠。刑事一审从功能上需要对被告人是否实施了指控的行为、是否构成犯罪、刑事责任大小、应当判处什么样的刑罚予以全面回答，这就决定了说理无疑是一审裁判文书的“重头戏”，说理重在事实认定和法律适用，要对事实认定和裁判结果的理由进行全面说理、认真说理，缺一不可。刑事二审的审级功能重点在于解疑答惑并统一法律适用，二审裁判文书尤其应当针对上诉、抗诉的主张和理由进行说理，有侧重地予以回应，并对一审裁判文书中的说理不足或不当进行补强和修正，实现依法纠错和终审裁判定分止争的价值目标。刑事再审的功能在于在维护生效判决既判力的基础上，实现有错必纠，裁判文书的说理应侧重于与原审存在差异的部分、申请再审的理由部分，避免与原审裁判文书产生不必要的重复，体现出各自的功能定位和说理责任不同。

其次，案件控辩双方的争议复杂程度不同，对说理的要求也不同。《刑事诉讼法解释》第300条规定“裁判文书应当写明裁判依据，阐释裁判理由，反映控辩双方的意见并说明采纳或者不予采纳的理由。适用普通程序审理的被告人认罪的案件，裁判文书可以适当简化”。适用速裁程序和简易程序审理的一审刑事案件，被告人多数认罪认罚，审理程序的重要任务是审查被告人的认罪、认罚是出于自愿而不是被迫、被欺骗，是基于客观的认识而不是基于错误的认识。与之对应，裁判文书可以简化说理，一般不需要再长篇大论式地阐述裁判理由，把对被告人认罪及认罚是否出于自愿、是否存在错误认识的审查情况予以说明，就是为裁判主文阐述理由。适用普通程序审理的案件，则应当加强说理，对于其中诉讼各方争议不大或者案情较为简单的，可以重点围绕有争议的事实和法律适用进行说理。

最后，案件新老类型不同，说理的社会需求也不同。裁判文书是“人民群众了解司法案件各方面信息的主要窗口，必然要承担回应人民群众关切的重要使命”①。对于新类型案件，具有指导意义的案件，社会关注度较高、影响较大的案件，即便适用简易程序或速裁程序审理，也要考虑到判决对今后司法的类案指导作用、对社会价值判断的引导作用、对社会公众关切的回应等功能，对裁判理由进行充分解释和展示。有的案件，社会舆论非常关注，公众会提出一些疑惑问题并产生广泛争议，需要法院在裁判文书中予以解答。“公众对案件事实了解不多、不全面，提出的问题可能是片面的甚至在专业人士看来是可笑的，但如果不予回应，仍会影响到司法的公信力。对于公众疑惑的问题，应当在裁判文书中亮明观点并说明理由，解答公众的疑问，为裁判的执行创造良好的社会环境。”②

---

① 于同志：《论热点刑事案件裁判文书的制作——以于某故意伤害案二审判决书为例》，载《人民司法》2018年第4期。

② 王新清：《刑事裁判文书繁简分流问题研究》，载《法学家》2017年第5期。

第二节 用什么说理

打仗要靠武器，说理得有依据。善于运用不同资源为说理服务是裁判文书有理有据的重要前提，许多案件说理不充分的重要原因就在于写作人没有掌握适当的说理资源。一方面，针对不同的问题，需要运用不同的说理资源；另一方面，文书制作人也应当善于挖掘资源，为说理服务。最高人民法院《裁判文书释法说理指导意见》第 13 条提出“除依据法律法规、司法解释的规定外，法官可以运用下列论据论证裁判理由，以提高裁判结论的正当性和可接受性：最高人民法院发布的指导性案例；最高人民法院发布的非司法解释类审判业务规范性文件；公理、情理、经验法则、交易惯例、民间规约、职业伦理；立法说明等立法材料；采取历史、体系、比较等法律解释方法时使用的材料；法理及通行学术观点；与法律、司法解释等规范性法律文件不相冲突的其他论据”。刑事裁判文书中，说理的资源首先是法律规定，其次是刑事政策，再次是道德规范和生活经验，最后在成文法缺位的情况下，可以运用与现行法律精神相契合的法学理论来进行辅助说理。一份好的裁判文书，必然是法、理、情的完美结合。

一、运用法律说理

刑事裁判文书的实质和灵魂是刑事法律精神在个案中的体现，同时刑事裁判文书又反映一个具体案件的裁判形成过程，系刑事实体法和刑事程序法的综合运用，因此法律是裁判的主要依据。有观点认为刑事裁判文书在裁判主文之前有“依照《中华人民共和国刑法》（或者《中华人民共和国刑事诉讼法》）第××条、第××条之规定”的内容，已经向当事人表明了裁判的法律依据。笔者认为仅仅这样是不够的，虽然判决宣告了作出裁判结果依据的相关法律条文，但关于这些条文规定的具体内容，包括当事人在内的大多数读者是不清楚的，如果在裁判说理中裁判依据的法条并未出现过，更未对法条具体内容进行引用、解释和说明，就不利于当事人和社会公众真正了解裁判的依据。对于其中涉及诉辩双方争议焦点或者与定罪量刑关系重大的法律规定，在说理过程中根据论证需要进行必要的援引，才能使当事人清楚判决的具体法律依据，从而有效提高裁判的公信力和权威性。引用法律说理时应当注意以下四个方面的问题。

（一）说理引用法律的范围

引用法律既包括刑事实体法和相关司法解释，也包括刑事程序法及相关司法解释；既包括刑法、刑事诉讼法等基本法律，也包括全国人大制定的其他与具体罪名相关的法律、国务院制定的行政法规和一些地方高级人民法院根据最高人民法院司法解释授权制定的规范性文件。司法实践中尤其应注意以下几种情形。

1. 罪名涉及空白罪状的案件

尤其是行政犯罪案件，当事人行为是否构成犯罪首先取决于其行为是否违反相关行政管理法律法规，这就更有必要在说理时引用相关行政管理法律法规，表明当事人行为是否具有行政违法性，作为刑事违法性判断的前提。

示例 2-2-1　李某业等贩卖、制造毒品案二审刑事判决书①（引用行政法规和规章分析行政犯的主观故意）

本案中被告人李某业在制造毒品甲基苯丙胺的过程中，先后两次与经营化学制剂及器皿的被告人黄某强电话联系购买制毒设备、器皿和制毒化学原料，后由同案杨某凯等人驾车向黄某强购买丙酮、氢氧化钠、盐酸等制毒化学原料及制毒设备。一审判决认定被告人黄某强与李某业构成制造毒品罪的共同犯罪并判处刑罚。黄某强提出上诉，否认其有制造毒品的故意，认为自己的行为不构成制造毒品罪。辩护人提出黄某强的行为属于正常经营。关于黄某强销售易制毒化学品的行为是否违规，就必须运用相关行政法规加以评价。

---

① 河南省高级人民法院刑事判决书，（2019）豫刑终 457 号。

关于黄某强及其辩护人提出“不知道李某业制造毒品，没有共同犯罪故意”“黄某强向李某业销售丙酮等化学试剂是正常经营，不构成制造毒品罪”等意见。经查：1. 黄某强向李某业、杨某凯销售的丙酮、盐酸等均属于可以用于制毒的化学配剂，根据《易制毒化学品管理条例》相关规定，购买前应当向所在地的县级人民政府公安机关备案，经营单位应当建立易制毒化学品销售台账，如实记录销售的品种、数量、日期、购买方等情况，自销售之日起30日内报当地公安机关备案；2. 同案李某业供述其向黄某强同时购买制毒用化学配剂和设备，“一看就知道是干什么的”，第二次制毒过程中一根气管损坏，也是杨某凯和郭某召专门到许昌市找黄某强想办法买到，而且购买制毒辅料的价钱都是黄某强所讲，不能还价；一、二审庭审中李某业均供述向黄某强说过“你也知道我是干啥的”；黄某强在侦查阶段供述李某业和其联系购买丙酮等化学配剂时其说过“这东西不好整，价钱会贵一点”，其明知国家对丙酮的销售有管控制度，也没有要求李某业提供备案手续，与李某业供述一致，上述证据说明黄某强对李某业向其购买丙酮、盐酸等化学配剂及器皿工具的制毒用途有较高程度的知情；3. 同案杨某凯和郭某召供述两次向黄某强购买制毒辅料时均不在黄某强经营的门店，而是在黄某强确定的其他马路边上接货付款，第二次制毒过程中一根气管损坏，二人到许昌市找黄某强购买，黄某强帮助找到后仍然指定一个地点交货，进一步说明黄某强明知销售给李某业的化学配剂及工具系用于非法用途，因而设法逃避相关部门的监管。综上，作为一个长期经营化学配剂及器皿工具的人员，黄某强明知李某业系用于制造毒品，仍采用规避监管的方式向李某业销售丙酮、盐酸等易制毒化学品，与李某业构成制造毒品的共同犯罪。

示例2-2-2 陈某等违法运用资金案二审刑事判决书[①]（行政犯定罪说理要引用行政法律法规）

违法运用资金罪是一个比较少见的罪名，根据《刑法》第185条之一第

---

① 北京市第二中级人民法院刑事判决书，（2018）京02刑终178号，第二届全国法院“百篇优秀裁判文书”。

2 款的规定，“社会保障基金管理机构、住房公积金管理机构等公众资金管理机构，以及保险公司、保险资产管理公司、证券投资基金管理公司，违反国家规定运用资金的，对其直接负责的主管人员和其他直接责任人员，依照前款的规定处罚”。这里的“国家规定”指的就是国家关于社会保障基金、住房公积金、保险资金、证券投资基金的相关管理、使用规定。裁判文书在具体案件中必须根据被告人运用资金的种类，引用相关管理法律法规，结合具体案情，判断被告人运用资金的行为是否属于违反相关国家规定。

二、××人寿公司拆借保险资金的行为违反了国家规定。理由如下：

（一）保险公司运用资金只能限于《保险法》规定的领域及国务院规定的其他资金运用形式。《保险法》第一百零六条规定，保险公司资金运用限于：银行存款；买卖债券、股票、证券投资基金份额等有价证券；投资不动产；国务院规定的其他资金运用形式。由此可见，对保险资金的管理、利用，《保险法》以“白名单”的方式作了严格、明确的规定，即只能运用于《保险法》规定的领域及国务院规定的其他资金运用形式。该条文规范的目的，是保险公司作为金融机构，资金运用必须稳健，遵循安全性原则，其资金应用于投资，确保保险资金的保值和增值，进而确保保险资金的良性运转。

（二）××人寿公司资金拆借的行为超出了《保险法》及国务院相关文件规定的保险资金运用范围。首先，《保险法》的立法演变虽然就保险资金的运用领域呈现扩大趋势，但从未允许保险公司可以向其他企业拆借资金。其次，国务院《关于加快发展现代保险服务业的若干意见》《关于深化投融资体制改革的意见》等文件，虽然提出逐步放宽保险资金投资范围，创新资金运用方式，鼓励保险公司通过投资企业股权、债权、基金、资产支持计划等多种形式，在合理管控风险的前提下，为科技型企业、小微企业、战略性新兴产业等发展提供资金支持，但××人寿公司向关联企业拆借资金，并非保险资金的创新运用方式，明显与国务院相关文件的规定不符。××人寿公司资金拆借行为，所涉多笔资金没有任何利息，这种拆借行为违背保险公司基本利益，因而也不可能是上述意见所认可的资金运用方式。

综上，陈某、王某有的辩护人所提××人寿公司运用资金的行为没有违反国家规定的辩护意见不成立，本院不予采纳。

2. 以犯罪数额来确定定罪量刑标准的案件

我国《刑法》分则中，有相当一部分罪名以犯罪数额达到一定标准作为定罪和量刑的依据。在裁判文书中说明量刑依据时，有以下三种情况：

（1）有些罪名，最高人民法院在相关司法解释中明确规定了具体标准。比如最高人民法院《关于审理毒品犯罪案件适用法律若干问题的解释》就根据毒品种类，分别规定走私、贩卖、运输、制造、非法持有毒品达到不同的数额，分别对应不同的法定刑幅度，裁判文书针对量刑问题进行说理时，就可以直接引用。

（2）有些罪名，最高人民法院的相关司法解释仅规定了幅度性数额标准，没有明确规定具体数额标准，而是授权各高级人民法院根据本地实际情况制定量刑的具体数额标准。比如最高人民法院、最高人民检察院《关于办理盗窃刑事案件适用法律若干问题的解释》《关于办理诈骗刑事案件具体应用法律若干问题的解释》。各高级人民法院的相关司法文件在取得最高人民法院的备案认可后，实际上就具有了最高人民法院相关司法解释的“附件”性质或者“配套文件”性质，其规定也具有一定的法律效力，在裁判文书说理时同样应予引用，这是司法公开的必然要求。在这些情况下，如果不引用相关规定，当事人就无从得知对其定罪量刑的具体依据，难以信服裁判。

（3）有些罪名，最高人民法院的相关司法解释并没有规定定罪量刑标准，但最高人民检察院、公安部《关于公安机关管辖的刑事案件立案追诉标准的规定（二）》规定了立案标准。[①] 最高人民法院2010年6月21日印发的《关于在经济犯罪审判中参照适用〈最高人民检察院、公安部关于公安机关管辖的刑事案件立案追诉标准的规定（二）〉的通知》（法发〔2010〕22

---

① 最高人民检察院、公安部于2010年5月7日印发《关于公安机关管辖的刑事案件立案追诉标准的规定（二）》，于2011年11月14日印发《关于公安机关管辖的刑事案件立案追诉标准的规定（二）的补充规定》。经修改，最高人民检察院、公安部于2022年4月6日重新印发《关于公安机关管辖的刑事案件立案追诉标准的规定（二）》。

号）提出，“一、最高人民法院对相关经济犯罪的定罪量刑标准没有规定的，人民法院在审理经济犯罪案件时，可以参照适用《标准二》的规定。二、各级人民法院在参照适用《标准二》的过程中，如认为《标准二》的有关规定不能适应案件审理需要的，要结合案件具体情况和本地实际，依法审慎稳妥处理好案件的法律适用和政策把握，争取更好的社会效果”。因此，刑事裁判文书可以引用最高人民检察院、公安部《关于公安机关管辖的刑事案件立案追诉标准的规定（二）》作为定罪量刑的法律依据，但该文件对于人民法院刑事裁判的法律约束力源于最高人民法院《关于在经济犯罪审判中参照适用〈最高人民检察院、公安部关于公安机关管辖的刑事案件立案追诉标准的规定（二）〉的通知》。笔者认为，同时引用两个文件虽然有些啰唆，但更为全面、妥当。

示例 2-2-3 陈某等违法运用资金案二审刑事判决书[①]（运用司法文件分析量刑的具体标准）

本案被告人陈某、王某有作为××人寿公司的董事长和财务负责人，多次将公司资本金账户和保险产品资金专用账户的资金转借给其他公司使用，累计达5.24亿元，构成违法运用资金罪。二审控辩双方的重要争议是被告人陈某等人违法运用资金的行为属于情节轻微、情节严重还是情节特别严重的问题，本质上是对其行为的社会危害性大小存在争议。《刑法》条文仅规定了违法运用资金罪情节严重、情节特别严重分别对应的法定刑档次，并未规定如何判断情节严重程度，因此就只能引用相关司法解释的具体规定进行分析评判。二审判决书引用了最高人民检察院、公安部《关于公安机关管辖的刑事案件立案追诉标准的规定（二）》关于违法运用资金罪的相关规定，作为确定被告人行为是否属于情节严重的依据，同时又按照最高人民法院《关于在经济犯罪审判中参照适用〈最高人民检察院、公安部关于公安机关管辖的刑事案件立案追诉标准的规定（二）〉的通知》的精神，从法律并未

① 北京市第二中级人民法院刑事判决书，（2018）京02刑终178号，第二届全国法院“百篇优秀裁判文书”。

将犯罪数额明确规定为确定法定刑的主要依据出发，结合案件所发生领域即保险行业的资金运用特点，综合考虑本案违法运用资金的数额和手段、资金运用人的偿还能力及资金运用的实际后果等方面，进行分析论证，认定本案违法运用资金的社会危害性并没有达到犯罪情节特别严重的程度。

三、关于本案属于情节轻微、情节严重还是情节特别严重的问题

《刑法》第一百八十五条之一第二款关于违法运用资金罪的法定刑援引第一百八十五条之一第一款背信运用受托财产罪的规定，有“情节严重”“情节特别严重”两种情形和两个量刑档次。“情节严重”是本罪的定罪条款兼具量刑条款。根据《最高人民检察院、公安部关于公安机关管辖的刑事案件立案追诉标准的规定（二）》，违法运用资金罪的追诉标准为：（1）违反国家规定运用资金数额在30万元以上的；（2）虽未达到上述数额标准，但多次违反国家规定运用资金的；（3）其他情节严重的情形。上述规定中，将犯罪数额、次数作为独立的情节评价标准，即违反国家规定运用资金数额在30万元以上，或者虽未达到上述数额标准，但多次违反国家规定运用资金的，即达到情节严重的定罪标准。

（一）××人寿公司违法运用资金的行为，属情节严重

××人寿公司违法运用资金13笔，每笔500万元至1.1亿元不等，累计金额5.24亿元，违法运用资金数额巨大，次数多；违法运用资金的起止时间为2011年12月至2013年11月，时间跨度较大，资金风险持续时间较长；且××人寿公司在运用资金的过程中未采取必要风险控制措施，资金使用风险较大；其拆借资金以签订虚假合同为手段，恶意逃避监管，违背股东利益，使巨额资金的运用处于不确定状态，社会危害性较大，依法应当认定为犯罪情节严重。

一审法院适用《刑法》第三十七条的规定，认为本案犯罪情节轻微，系适用法律不当，由此导致对陈某、王某有的量刑畸轻。北京市西城区人民检察院相关抗诉理由成立，本院予以采纳。

（二）应结合本案特点综合评判是否达到情节特别严重的程度

虽然在金融犯罪中通常以犯罪数额作为情节严重程度的标准，但犯罪数

额在不同的领域表现出来的社会危害性有一定的差异，保险公司作为金融机构，通常具有运用资金规模巨大的特点，如果单纯以犯罪数额作为情节轻重的标准，则忽视了犯罪危害的特殊性，影响罪责刑的统一。是否属于情节特别严重，应当结合本案特点进行综合评判。

首先，虽然本案违法运用资金的总额达5.24亿元，但上述资金分13笔转出，××人寿公司一方面回收之前借出的资金，一方面又拆借出新的款项，资金运用处于循环状态，并非所有涉案资金同时处于风险之中。其次，资金使用方某某公司是上海证券交易所上市公司，偿付能力较强，且资金往来账目清晰，大部分资金占用时间较短，故虽然所涉保险资金的安全处于不确定状态，但尚未造成特别巨大的风险。第三，在客观上，××人寿公司所拆借的资金均已收回，没有造成实际经济损失，也未造成特别重大的社会危害。

综上，本案违法运用资金的社会危害性并没有达到犯罪情节特别严重的程度。北京市人民检察院第二分院认为本案属情节特别严重的意见不成立，本院不予采纳。

3. 诉讼程序或者证据采信存在争议的案件

有些案件中，控辩双方关于案件关键证据是否合法、证据体系是否完整、侦查及原审诉讼行为是否违反诉讼程序规定、当事人的诉讼权利是否被侵犯或限制等问题存在重大争议。针对此类意见进行评析时，应当运用刑事诉讼法及相关司法解释来说理。

示例2－2－4　吴某被控合同诈骗、骗取票据承兑、骗取贷款二审宣告无罪案刑事判决书①（对原审由审判员和人民陪审员组成合议庭是否合法的分析评判）

本案经过了一审、二审发回重审、一审重审、再次二审的审理过程。一审法院在重审本案时，由审判员和人民陪审员组成了合议庭。二审中辩护人

---

①　山东省东营市中级人民法院刑事判决书，（2019）鲁05刑终139号，第四届全国法院“百篇优秀裁判文书”。

提出了“发回重审应由3名法官组成合议庭，一审合议庭由法官和陪审员组成违反法律规定”的意见。针对该辩护意见，二审裁判文书引用《刑事诉讼法》的具体规定进行了分析说理。

1. 关于一审合议庭组成是否违法的问题。审理认为，《刑事诉讼法》第二百三十九条规定，“原审人民法院对于发回重新审判的案件，应当另行组成合议庭，依照第一审程序进行审判”；第一百八十三条规定，“基层人民法院、中级人民法院审判第一审案件，应当由审判员三人或者由审判员和人民陪审员共三人或者七人组成合议庭进行，但是基层人民法院适用简易程序、速裁程序的案件可以由审判员一人独任审判”。本案中，在案件发回重审后，广饶县人民法院由一名法官和二名人民陪审员另行组成了合议庭，按照一审程序对本案进行了审理，且合议庭的组成符合由审判员和人民陪审员共三人的法律规定；相关法律对刑事发回重审案件合议庭的组成并未明确规定必须由三名法官组成，辩护人的上述辩护意见于法无据，本院不予采纳。

示例2－2－5 劳某枝故意杀人、绑架、抢劫案死刑复核刑事裁定书[①]（对原审合议庭无人民陪审员参加是否合法的分析评判）

本案被告人劳某枝的辩护人提出一审由3人组成合议庭不符合法律关于社会影响重大的刑事案件由审判员三人和人民陪审员四人组成的规定，属于违反法定诉讼程序的情形。复核裁定书运用《人民陪审员法》和《刑事诉讼法》的相关规定，结合具体案情进行了分析评判。

《中华人民共和国人民陪审员法》第十六条规定，对可能判处十年以上有期徒刑、无期徒刑、死刑，社会影响重大的刑事案件，由人民陪审员和法官组成七人合议庭进行。该法第十五条第二款亦规定了人民法院审判第一审刑事案件合议庭组成的例外情形，即“法律规定由法官独任审理或者由法官组成合议庭审理的，从其规定”。合议庭是否由人民陪审员参加，同时还应看其他法律规定。而《中华人民共和国刑事诉讼法》第一百八十三条第一款

① 最高人民法院刑事裁定书，（2023）最高法刑核95814630号，属于热点案件裁判文书。

规定，中级人民法院审判第一审刑事案件，应当由审判员三人或者由审判员和人民陪审员共三人或者七人组成合议庭进行。案件是否属于“社会影响重大”，由人民法院根据案件具体情况综合判断并决定。第一审法院决定本案由三名审判员组成合议庭进行审理，并不违反法律规定。

示例 2-2-6　李某抢劫案二审刑事裁定书①（对检察机关委托鉴定是否违反程序法的分析评判）

本案检察机关指控及一审判决认定被告人李某于凌晨在公路上尾随被害人吴某某，将其拖至路边一小巷内实施抢劫，后逃离现场。② 由于被告人作案时面戴口罩，被害人无法对其进行辨认，认定李某作案的主要证据之一是案发前李某活动网吧的监控、案发现场监控中显示的嫌疑人与侦查实验中的被告人人像比对鉴定意见。二审中辩护人提出该鉴定意见不应采信，主要理由是同一鉴定机构第一次出具的鉴定意见是趋向于认为是同一人人像，第二次鉴定意见明确是同一人人像，鉴定意见具有随意性，不具有权威性；公诉机关委托鉴定违反了人民检察院的公诉职能和监督职能，存在程序错误。针对该辩护意见，二审裁判文书运用《公安机关办理刑事案件程序规定》和《人民检察院刑事诉讼规则》的相关规定进行了分析。

关于李某及其辩护人提出检察机关不能委托鉴定，鉴定意见不应被采信的意见。经查，根据《公安机关办理刑事案件程序规定》第二百一十六条、《人民检察院刑事诉讼规则》第二百一十六条、第二百一十七条、第二百一十八条，③ 公安、检察院在刑事诉讼过程中都有权进行侦查实验，都有权对专门问题进行鉴定，必要时可以聘请有关专业人员鉴定。本案中，为了确保案件质量，司法机关两次对现场视频中的嫌疑人与网吧中的李某图像进行比对鉴定，第一次鉴定是依据案发时枇杷坪大巴车站、某学校的监控视频中嫌

---

① 重庆市第二中级人民法院刑事裁定书，(2020) 渝 02 刑终 35 号，第四届全国法院“百篇优秀裁判文书”。

② 本案事实详见本书第一章第二节第一部分第（二）项之“示例 1-2-14”。

③ 此二审刑事裁定文书引用的《公安机关办理刑事案件程序规定》和《人民检察院刑事诉讼规则》均是当时有效的文件，相关条文序号在后来修改时有变化，特此说明。

疑人人像与某网吧里李某的人像视频进行鉴定，得出倾向于同一人人像的鉴定意见。第二次鉴定增加了侦查实验视频检材，得出肯定的同一人人像的鉴定意见。鉴定人亦出庭接受控辩双方的询问，就鉴定意见做出说明，符合法律规定，依法应予采信。

（二）说理引用法律的方向

引用法律进行说理，既要引用正面支持当事人诉讼主张的法律条文，也要引用否定当事人请求理由的相关法律条文。因为刑事裁判文书为案件控辩双方服务，一方所请求或主张的，往往是另一方所反对或者否定的，对一方请求和主张支持与否，亦为双方所共同关注，因此对控方或辩方的意见采纳与否，均应当将相关法律规定明示出来，保障当事人的知情权，使支持或反对这一请求的双方当事人均明白裁判的法律依据，提高裁判的接受度。

示例 2－2－7 | 容某社受贿、滥用职权案一审刑事判决书[①]（判决认定不超过追诉时效的引用相关法律规定进行分析评判）

本案中检察机关指控被告人容某社于 2004 年至 2005 年间犯滥用职权罪，辩护人认为至案发时该犯罪已超过追诉时效。一审判决书没有支持辩方请求，在说理时运用《刑法》关于追诉时效的起算及中断等相关法律规定，详细分析了被告人所犯滥用职权罪的具体追诉时效、追诉期限的起算时间及因为犯新罪被中断等，论证其犯罪并未超过追诉时效。

6. 辩护人辩护意见提出，被告人容某社滥用职权的行为已过追诉时效，不应追究容某社的刑事责任。经核查，根据《中华人民共和国刑法》第八十九条规定“追诉期限从犯罪之日起计算；犯罪行为有连续或者继续状态的，从犯罪行为终了之日起计算。在追诉期限以内又犯罪的，前罪追诉的期限从犯后罪之日起计算”。本案中，被告人容某社于 2004 年至 2005 年间滥用职权造成国家财产损失的数额为 257.6 万元，根据相关法律及司法解释的规定，应判处三年以上七年以下有期徒刑，对其犯罪行为的追诉期限为十年；

---

① 广西壮族自治区玉林市中级人民法院刑事判决书，（2017）桂 09 刑初 27 号，首届全国法院“百篇优秀裁判文书”。

而被告人容某社于2003年至2014年间又犯受贿罪，因此，在滥用职权罪的追诉期内容某社又犯受贿罪，根据上述刑法关于“在追诉期限以内又犯罪的，前罪追诉的期限从犯后罪之日起计算”的规定，对容某社所犯滥用职权罪的追诉期限应从所犯后罪受贿罪终了之日计算，即亦应从2014年起计算其滥用职权罪的追诉期限。根据检察机关的立案决定书，检察机关于2016年11月4日对容某社所犯滥用职权罪及受贿罪立案侦查，因此，容某社滥用职权的犯罪行为应在追诉期限内，依法应追究容某社滥用职权罪的刑事责任。辩护人提出的上述辩护意见不成立，本院不予采纳。

示例2-2-8 | 嘉外国际贸易公司、刘某刚销售伪劣产品案二审刑事裁定书[①]（引用合同法相关规定进行分析评判）

在这个案件中，嘉外公司销售的奶粉在专业仓储公司存放，其销售方式是签订合同后通知仓储公司将相关货物移库给购买货物的公司，故对销售时间的认定是确定其销售时产品是否过期的重要依据。刘某刚上诉提出交易时间应认定为2016年1月12日而非1月15日，销售的是临期奶粉而非过期奶粉，实质上是认为其销售的产品不属于伪劣产品，是罪与非罪的争辩。针对涉案产品销售时间的认定问题，二审裁定书运用《合同法》关于标的物所有权转移的相关规定，结合案件具体事实进行了分析论证。

二、涉案奶粉销售时间是否应认定为2016年1月15日的问题

经查：(1) 证人张某2证言及出库单辨认笔录证实，2016年1月15日，嘉外公司李某2发来一张传真，上面写着将276吨恒天然全脂奶粉移库给润恒帅公司库区，并且还具体注明了该批奶粉的详细批次……

本院认为，根据上述相关证人证言、书证等证据证实，嘉外公司于2016年1月15日而非1月12日将涉案奶粉移库给润恒帅公司。且相关证据证实涉案奶粉和切达奶酪系同一天移库，现根据嘉外公司关于切达奶酪的提货单可知2016年1月15日切达奶酪被出库，该证据进一步确信了2016年1月

---

① 上海市高级人民法院刑事裁定书，(2018) 沪刑终56号，第三届全国法院“百篇优秀裁判文书”。

15日嘉外公司将涉案奶粉出库的事实。证据之间可相互印证，并排除合理怀疑。根据《合同法》第一百三十三条规定，“标的物的所有权自标的物交付时起转移，但法律另有规定或者当事人另有约定的除外”。[①] 这表明在嘉外公司向第三方下达移库指令之前，嘉外公司应对所售产品的质量负责，确保产品未超过保质期，故嘉外公司销售涉案奶粉的时间应认定为2016年1月15日。退一步讲，鉴于相关证据已证实华源公司并非涉案奶粉的实际买家，嘉外公司与华源公司签订的所谓买卖合同并非真正买卖合同，只不过是为了掩饰嘉外公司将涉案奶粉、奶酪卖给润恒帅公司的事实，合同所签订的时间亦无实际效力。

示例2-2-9 | 汪某乐拒不执行判决、裁定案二审刑事裁定书[②]（引用检察机关抗诉相关司法文件的规定进行分析说理）

本案检察机关指控被告人汪某乐在其作为被告的借贷纠纷民事案件作出一审判决后将其名下汽车过户给他人，并在判决生效后频繁到澳门赌博，有多笔大额消费和支出记录，却不履行生效判决，构成拒不执行判决、裁定罪。被告人汪某乐认罪认罚，一审法院对其判处有期徒刑。汪某乐又以一审量刑过重为理由提出上诉。原审检察机关抗诉认为因汪某乐提出上诉，对其不能再适用认罪认罚从宽制度，应判处更重刑罚。上级检察院的支持抗诉意见则认为汪某乐出售其汽车的行为发生在一审民事判决生效前，不属于拒执行为，故原审法院对该起事实认定错误。针对此抗诉意见，二审裁定书在分析论证时引用抗诉的相关法律规定、政策性文件，并对相关规定的含义进一步分析论证。

3. 针对南昌市人民检察院的支持抗诉意见。抗诉书在法定期限内形成，是人民检察院提起抗诉的标志，是人民检察院表达抗诉意见、阐明抗诉理由的法律文书。启动抗诉、提出具体抗诉意见的权力在下级检察院，上一级检

① 该条文已转化为《民法典》第604条，《合同法》已废止。

② 江西省南昌市中级人民法院刑事裁定书，（2020）赣01刑终244号，第四届全国法院“百篇优秀裁判文书”。

察院并没有代替其提出新的抗诉意见的职权。虽然《刑事抗诉案件出庭规则(试行)》第六条规定上级人民检察院可以在支持抗诉意见书中提出新的抗诉意见，但该规定仅是最高人民检察院公诉厅2001年3月5日发布实施的人民检察院内部司法文件。根据最高人民检察院2014年12月17日印发的《关于加强和改进刑事抗诉工作的意见》第二十一条、2018年2月14日印发的《人民检察院刑事抗诉工作指引》第二十四条及2019年12月30日公布实施的《人民检察院刑事诉讼规则》第五百八十九条的规定，上一级人民检察院支持或者部分支持抗诉意见的，可以变更、补充抗诉理由。上述司法解释均明确上一级检察机关可以变更、补充抗诉理由，但仅限于支持或部分支持的抗诉意见范围内，并未规定上一级检察机关可以超出抗诉意见范围提出新的抗诉主张。具体到本案，进贤县人民检察院抗诉意见为原审判决量刑畸轻，并不涉及原审判决的事实认定问题，南昌市人民检察院认为原审判决认定事实错误并据此支持抗诉，属在抗诉期限届满后超出下一级人民检察院抗诉书范围提出新的抗诉主张。虽然支持抗诉意见书于庭前十日送达给了上诉人，但本案系适用二审程序审理的案件，二审即终审，上诉人汪某乐对南昌市人民检察院的新抗诉主张无法再行使上诉权，即便新的抗诉主张对其有利，仍然剥夺了上诉人汪某乐的法定诉讼权利。故对南昌市人民检察院的支持抗诉意见不予支持。

示例2-2-10 张某超等破坏生产经营案一审刑事判决书[①]（引用民事法律规定对当事人是否享有相关民事行为的权利进行分析说理）

本案被告人张某超、蒋某与石河营村委会签订土地租赁协议，为迫使被害人王某1等原承租商户搬离，采用堵门、聚众造势等方式影响王某1等多家商户正常经营，王某1被迫搬离。检察机关指控张某超、蒋某等人构成破坏生产经营罪，辩护人则提出当时被害人已不具有涉案土地的租赁权，被告人要求其搬离属合法请求的意见。因此，被害人是否仍享有土地租赁权、被

① 北京市海淀区人民法院刑事判决书，(2018)京0108刑初2644号，第三届全国法院“百篇优秀裁判文书”。

告人是否取得合法的土地租赁权、被告人的行为是否属于解决土地争议的合法途径这三个问题，关系到被告人行为是否构成犯罪。这三个问题本质属于民事法律问题，需要运用相关民事法律规定对案件相关事实进行评价。尤其是前两个问题，一审判决书即是运用相关法律规定的精神，对涉案双方的民事权利现状进行了分析，如能再引述相关法律规定，会起到锦上添花之效。

一、关于被告人张某超、蒋某与石河营村委会签订土地租赁协议的行为能否成为其行为不构成破坏生产经营罪的理由

在庭审过程中，相关辩护人提出张某超、蒋某等人围堵王某1所经营的石河营建材城的行为发生于2014年，王某1的土地租赁协议已于2012年12月31日到期，而张某超、蒋某与石河营村委会签订的土地租赁协议期限是从2013年3月至2018年3月，因此张某超、蒋某要求王某1搬离这块土地合法合理，张某超、蒋某等人围堵石河营建材城大门的行为属于自力救济，不宜认定为破坏生产经营罪。对于该辩护意见，本院认为：

首先，被害人王某1的土地租赁协议虽已于2012年12月31日到期，但石河营村委会在2013年依然收取了其所缴纳的该年度土地租金，实际是认可其继续经营该土地的行为；2014年，王某1虽未缴纳土地租金，但需要注意的是，这是由于从2014年初起，其经营场所不断受到蒋某等人的滋扰、围堵，而石河营村委会对于其所反映的上述情况不置可否，使其对继续经营的前景不抱希望所致，未缴纳2014年租金的行为不能视作其主动放弃该土地经营权的证据。

其次，还应注意到，无论是张某超、蒋某共同与石河营村委会签订的第一份土地租赁协议，还是张某超单独与石河营村委会签订的第二份、第三份土地租赁协议，其签订过程均未按照相关土地管理法规的规定履行必要的合法程序，或是凭借与村委会主任、村支部书记的私人关系，或是以威胁等手段逼迫签字，因而这三份土地租赁协议的签订只能代表村委会主任、村支部书记的个人行为，尚不足以赋予这三份协议合法的效力。

最后，我国土地管理法规明确规定，土地使用权争议由当事人协商解决；协商不成的，由人民政府处理；当事人对人民政府处理决定不服的，向

人民法院起诉；在土地使用权争议解决前，任何一方不得改变土地利用现状。根据在案证据，即使进入到2014年，石河营村委会也并未向王某1发出要求收回租赁土地的通知，王某1也明确拒绝了张某超、蒋某让其搬离该土地的要求，因此在人民政府、人民法院就该土地的使用权作出相关处理决定或判决之前，王某1仍有在该土地上继续经营的权利，张某超、蒋某无权强制王某1搬离该土地。但张某超、蒋某出于从该土地获取经济利益的目的，便采用车辆、砂石连续多日堵门的方式，并纠集徐某敌、赵某阳、林某洋、高某等人前往石河营建材城聚众造势，导致车辆、货物、人员无法正常出入，对王某1及建材城内其他商户的正常经营活动造成严重破坏，严重侵犯了王某1及相关商户的财产权利，王某1与张某超、蒋某签订的所谓补偿协议也没有建立在平等协商基础之上。

基于上述三点理由，本院认为上述辩护意见不能成立。

（三）引用法律要适度

最高人民法院《裁判文书释法说理指导意见》第12条指出，“裁判文书引用规范性法律文件进行释法说理，应当适用《最高人民法院关于裁判文书引用法律、法规等规范性法律文件的规定》等相关规定，准确、完整地写明规范性法律文件的名称、条款项序号；需要加注引号引用条文内容的，应当表述准确和完整”。在说理中引用法律，以能够满足说理需要为必要限度。对于一些众所周知且容易理解的条文，可以不作具体引用，直接论述被告人的行为特征，避免引用条文内容与被告人具体行为表现出现重复，显得累赘啰唆。比如被告人被侦破该案的公安机关直接抓获，但其辩解构成自首，评判时所依据的法律条文就是《刑法》第67条第1款关于“犯罪以后自动投案，如实供述自己的罪行的，是自首”的规定，这一条文众所周知并且容易为读者理解，在说理时就没有必要详细引述，可以直接说“经查，公安机关办案人员接群众举报后在×地将正在游玩的×××抓获，其并非自动投案，故不构成自首”。对于一些并非众所周知的法律条文、司法解释，或者需要进一步解释才能为读者所理解的规定，则应当具体引用，并结合案件事实、情节加以解释。

示例 2－2－11 吉某强故意伤害案二审刑事裁定书[①]（对正当防卫争议引用法律具体规定进行分析评判）

本案中，被告人吉某强、张某辉先和被害人吉某2一方在某KTV发生纠纷，派出所民警到场制止而未发生斗殴。之后被害人吉某2又纠集多人在一路口伏击吉某强、张某辉，吉、张二人受攻击后分别反击对方，吉某强致被害人吉某2死亡及多人受伤，张某辉亦致对方二人受伤。一审判决书和二审裁定书均认定被告人吉某强的行为属于正当防卫，在说理时，就首先引用《刑法》第20条第1款关于正当防卫的具体规定，为后面的详细说理奠定基础。

（一）上诉人吉某强、张某辉的行为依法构成正当防卫。

《中华人民共和国刑法》第二十条第一款规定，“为了使国家、公共利益、本人或者他人的人身、财产和其他权利免受正在进行的不法侵害，而采取的制止不法侵害的行为，对不法侵害人造成损害的，属于正当防卫，不负刑事责任”。本案中，吉某强、张某辉与吉某2、陈某1等人在保亭县金江农场金洲KTV发生争执后，吉某2下楼召集人员到KTV对面公路等候吉某强等人欲行报复，吉某强一方知晓后报警，警察出现场后劝阻吉某2等人离开。在被警察劝离后，吉某2在回村路上向陈某1、吉某5、高某2、李某等十余人提议到吉某强等人所在的什灶仔村分岔路口等候吉某强、张某辉，欲拦截报复，并在途中准备了木棍等工具。当吉某强骑摩托车回到该路口时，吉某2拦住吉某强并首先持木棍殴打吉某强的头部，陈某1、吉某5、高某2、李某等人亦持木棍殴打吉某强的头部，致吉某强头部流血。吉某强遂从摩托车车头处拔出用刀鞘悬挂的单刃尖刀，向围殴的吉某2等人捅刺。在吉某强逃跑过程中，吉某2等人继续对其围殴，吉某强持水果刀继续捅刺。骑摩托车随后到达该路口的张某辉也被李某等人欲持棍殴打，在被追赶过程

---

① 海南省高级人民法院刑事裁定书，（2017）琼刑终72号，首届全国法院“百篇优秀裁判文书”。

中，张某辉从同村村民张某1手中拿过一把砍刀反击李某等人并追砍李某、吉某5等人。综观全案，吉某2等人预谋报复，多人持械围殴上诉人吉某强、张某辉，伤害他人的故意明显，不法侵害现实存在，且已经严重威胁到了吉某强、张某辉的人身权利。吉某强、张某辉为了使本人人身权利免受正在进行的不法侵害，针对不法侵害人，意图制止该不法侵害而采取反击的行为，依法构成正当防卫。原审判决对此认定正确。二审期间，控辩双方对此亦不持异议。认定上诉人吉某强、张某辉的行为依法构成正当防卫是本案适用法律的前提和基础。

这份判决书中关于被告人吉某强、张某辉的行为构成正当防卫的说理，体现了法理与事理的对应、结合，先是详述法律关于什么是正当防卫的相关规定，又将二被告人行为的前因后果有条理地娓娓道来。首先介绍双方虽然发生过冲突但经警察到场制止后均已离开，因此被告人吉某强、张某辉一方并无继续寻衅或主动攻击被害人一方的故意；其次介绍被害人一方又有预谋地到第二现场伏击被告人，并待被告人经过时率先攻击，对应正当防卫“正在进行的不法侵害”这一前提要素；最后介绍被告人吉某强、张某辉均系在被攻击后才寻找刀具并反击对方，对应了正当防卫“制止不法侵害的行为”这一本质要素。

示例 2－2－12　张某涛等虚假诉讼案驳回申诉通知书①（对新旧法律适用争议引用具体法律规定分析评判）

本案发生在《刑法修正案（九）》关于虚假诉讼罪的规定实施前，追诉于《刑法修正案（九）》实施后，其行为同时构成妨害作证罪和虚假诉讼罪。鉴于张某涛可能构成的妨害作证罪和虚假诉讼罪均属于一般当事人了解较少的罪名，且涉及新旧刑法的适用这一比较专业的法律问题，通知书在针对申诉人的请求进行说理时，详细介绍了相关法律规定。

关于你提出“申诉人捏造事实、提起虚假诉讼的行为不构成妨害作证

① 河南省高级人民法院驳回申诉通知书，（2023）豫刑申559号。

罪，也不构成虚假诉讼罪”的理由。根据《刑法》第二百零七条第一款规定，妨害作证罪包括指使他人作伪证的行为，而《民事诉讼法》第六十六条规定的证据种类包括当事人陈述，因此妨害作证罪中“指使他人作伪证”的“他人”并不限于纯粹的证人，也包括案件当事人。你指使张某幸共同伪造立天公司作为出借人、亿瑞公司作为借款人的借款协议，并在诉讼中向法院作出虚假陈述，属于“指使他人作伪证”，符合妨害作证罪的犯罪构成。你伙同刘某利利用张某幸以捏造的借款事实向法院提起民事诉讼，致使法院作出了错误的民事判决及执行裁定，严重损害人民法院审判、执行工作的正常秩序，破坏司法公信力，又符合《刑法》第三百零七条之一规定的虚假诉讼罪的犯罪构成。鉴于你的行为发生在《刑法修正案（九）》实施以前，根据最高人民法院《关于〈中华人民共和国刑法修正案（九）〉时间效力问题的解释》第七条之规定，“对于2015年10月31日以前以捏造的事实提起民事诉讼，妨害司法秩序或者严重侵害他人合法权益，根据修正前刑法应当以伪造公司、企业、事业单位、人民团体印章罪或者妨害作证罪等追究刑事责任的，适用修正前刑法的有关规定。但是，根据修正后刑法第三百零七条之一的规定处刑较轻的，适用修正后刑法的有关规定”，即按照处刑较轻的罪名定罪处罚。你的行为如果以妨害作证罪处理，应当适用的法定刑幅度为三年以下有期徒刑或者拘役；如果以虚假诉讼罪处理，应当适用的法定刑幅度为三年以下有期徒刑、拘役或者管制，并处或者单处罚金。虚假诉讼罪的法定最低刑为管制和罚金，轻于妨害作证罪的法定最低刑拘役，故原一、二审裁判以虚假诉讼罪对你定罪处罚，符合法律规定，你的申诉理由不能成立。

（四）对抽象的法律语言要作出解释

法院或法官并不是法律的“自动售卖机”，每一个判决均包含了法官对法律条文的具体阐释。法律用语具有极强的抽象性和概括性，唯此才能达到普遍适用的目的。与此同时，在具体案件中需要结合案情对法律用语作进一步解释，才能让读者明白其内涵及外延。可以说，法律适用的过程即是对法律进行解释的过程，没有解释，就没有法律适用。尤其是对于一些专业性较强的法律规定，不经过解释阐明，就难以将抽象的术语具体化为普罗大众能够理解的道理。“法官的职业特点在于他必须善于将抽象概念具体化，并使具体化后的结果符合人民群众的普遍正义观念。”[①] 裁判文书写作中，就要结合具体案情中的争议重点，对相关的法律概念运用法律条文背后蕴含的法理进行必要的解读释明，使其活现于判决中，使说理更加有针对性，更加充分，也更加易懂。

示例 2－2－13　组某被控故意杀人宣告无罪案二审刑事裁定书[②]（对正当防卫的前提“不法侵害正在进行”的判断标准进行详细解释）

2. 组某实施的防卫行为系针对正在进行的不法侵害

山西省人民检察院的出庭意见认为：本案基本事实存在阶段性发展变化，即组某经历了从开始阶段处于劣势到势均力敌、后来占据优势的过程。尤其是组某在用手掐林某 1 脖子三、五分钟后，林某 1“用手抓头发”的行为对组某已不足以造成严重危及人身安全的现实危险性，此时的林某 1 已无力行凶，且自保不足，原审被告人组某进一步实施防卫的紧迫性已不存在。辩护意见认为，组某主要凭借较大的体重使得林某 1 一时无法起身，并通过按、掐的方式阻止林某 1 起身，其并无能力进一步伤害林某 1；而林某 1 抓组某头发的行为是伤害行为的继续，且其并非单纯的抓住头发，而是抓住头发向旁边撕扯，意图将组某翻倒，暴力程度并未减弱，故并不存在林某 1 处于劣势的情形。

本院认为，根据刑法规定，正当防卫针对的必须是正在进行的不法侵害，也就是说，不法侵害尚未开始或已经结束，都不属于正当防卫。由此可见，如果出现不法侵害人自动放弃侵害行为或逃离现场、不法侵害人已被制伏或已经丧失了侵害能力等情形，被侵害人的合法权益已不再处于紧迫、现实的侵害、威胁之中，其也就不再享有正当防卫的权利。本案案发时，林某

① 王国庆：《裁判文书的表达》，载《人民法院报》2023 年 11 月 10 日，第 7 版。

② 山西省高级人民法院刑事裁定书，（2018）晋刑终 95 号，第三届全国法院“百篇优秀裁判文书”。

1的侵害行为与组某的防卫行为均一直处于持续状态，根据在案证据，何者处于优势地位并不能确定。并且，即使能够判定被侵害方处于优势，也不能因为防卫过程中产生的此消彼长、强弱转换等情形变化，就要求其立即停止防卫行为。进一步言之，不法侵害的停止应具有彻底性，并在客观方面表现出明显不可逆转性。在不法侵害停止的情况下，如被侵害人仍然不加节制加害对方，就不再属于正当防卫。本案中，林某1倒地以后，仍用双手抓住组某的头发不放，挣扎不止，并未表现出不能继续侵害或者放弃实施侵害行为的情形，故其不法侵害始终延续，并未停止，组某的行为属于正当防卫。综上，关于“组某的防卫仍然存在紧迫性”的辩护意见成立，本院予以采纳；出庭检察员所提相反意见，不能成立，不予采纳。

在这个案件中，二审检察机关和被告人关于被告人行为性质的主要争议就是检察机关认为林某1用手抓被害人头发的行为不足以造成严重危及人身安全的现实危险性，而辩护人认为林某1抓组某头发的行为是伤害行为的继续。从法律规定看，存在“正在进行的不法侵害”是构成正当防卫的必要前提，二审判决书围绕控辩双方争议焦点，对“正在进行的不法侵害”的判断标准作出进一步解释，针对本案被害人先进行不法侵害的特点，从不法侵害已经结束和不法侵害的停止应具有彻底性两个方面进行了详细深入的解释，并结合案件具体案情进行了分析论证，从而使说理更加充分易懂。

示例2-2-14 | 吉某强故意伤害案二审刑事裁定书[①]（对正当防卫中的共同犯罪构成要件结合法律规定详细解释）

在这个案件中，被告人吉某强、张某辉在共同正当防卫过程中分别反击对方多人，其中吉某强致一人死亡、多人受伤。张某辉与吉某强是否属于共同犯罪，决定着张某辉是否应对被害人死亡的后果负责，成为控辩双方争议的焦点。共同犯罪的构成要件本身就是一个专业法律问题，而正当防卫中的共同犯罪更是理论性较强的问题，为了使诉讼参与人尤其是被告人、被害人

---

① 海南省高级人民法院刑事裁定书，(2017)琼刑终72号，首届全国法院“百篇优秀裁判文书”。

及其亲属能更清楚地理解这一问题，二审裁定书对“共同犯罪是指二人以上共同故意犯罪”这一法律规定作了进一步解释说明。首先指出共同犯罪应当以两人以上共同实施犯罪行为为前提，如果两人以上共同实施的是合法行为，便不存在共同犯罪的问题；其次指出只有其他防卫人明确知道防卫人已经防卫过当，仍然决定加入支持行使共同防卫或继续扩大损害后果，才有考虑共同犯罪的余地，可以说对正当防卫中的共同犯罪的构成要件进行了具体阐明；最后结合本案具体案情进行对照分析，取得了较好的说理效果。

（三）上诉人吉某强、张某辉的行为不构成共同犯罪。

共同犯罪是指两人以上共同故意犯罪，即两人以上在共同犯罪故意的支配下共同实施具有内在联系的犯罪行为。各共同犯罪人不仅要有自己实施犯罪的故意，而且相互之间存在犯意联络。共同犯罪应当以两人以上共同实施“犯罪行为”为前提，如果两人以上共同实施的是合法行为，便不存在共同犯罪的问题。在正当防卫的情况下，两个以上的防卫人在实施开始防卫行为时，应当认定其行为的正当性、合法性，对共同正当防卫中因防卫过当构成犯罪的，原则上只应由该防卫人个人负责，不能将其防卫过当造成重大损害的后果由所有防卫人共担。除非其他防卫人明确知道事实和法律上有防卫人已经防卫过当构成犯罪，仍然决定加入支持行使共同防卫，或在共同防卫进行中明知其他防卫人已经防卫过当仍继续扩大损害后果，才有考虑共同犯罪的余地。本案中，吉某2等人有预谋地将骑摩托车回村的吉某强、张某辉拦住持棍击打，吉某强持刀反抗。张某辉被李某等人持棍击打，其先是抢过对方的木棍反抗，被围打后又从同村村民张某1手中抢过一把长柄砍刀追打李某、吉某5等人。上诉人张某辉与吉某强几乎是同时持械各自向不同的侵害人进行反击，在此情况下，张某辉不可能对吉某强是否防卫过当造成重大损害主观上有明知或可能知道。原判认定张某辉与吉某强在打斗过程中形成共同犯罪的犯意联络，属于事中通谋的共同犯罪，适用法律错误。上诉人吉某强防卫过当的责任，应由其本人承担。上诉人吉某强、张某辉及辩护人关于吉某强、张某辉不构成共同犯罪的上诉理由和辩护意见予以采纳。

示例2-2-15 于某水盗窃案一审刑事判决书[①]（对盗窃罪手段“秘密窃取”和侵占罪前提“合法持有”“遗忘物”作详细解释）

本案被告人于某水使用其中国邮政储蓄银行卡在ATM机存款时，操作存款后现金多次被柜员机退回，但其手机信息显示每次所存的钱已到账，账户余额相应增加，在其他ATM机支取该存款亦获得成功，于是就通过使用同一批现金反复存款的方式，17次存款累计人民币97 700元，又在其他网点取款或者转账，将其中90 000元转移占有。检察机关指控其构成盗窃罪，而辩护人认为其构成侵占罪。一审刑事判决书针对盗窃罪和侵占罪的构成要件，对其中的“秘密窃取”“遗忘物”等关键法律事实的认定进行了深入解释，为读者准确理解和辨别两罪奠定了良好的基础。

本案的关键在于犯罪的客观方面，被告人的行为是否符合盗窃罪中秘密窃取的特征？许多人认为，被告人以真实银行卡，到有监控录像的ATM机操作，银行可以根据真实账号查到，被告人的行为具有公开性，是“公开”窃取，不是秘密窃取，也就不构成盗窃罪。我国刑法理论认为，秘密窃取是指行为人采取自认为不使他人发觉的方法占有他人财物，只要行为主观意图是秘密窃取，即使客观上已经被人发觉或者注意，也不影响盗窃的认定。本案中，被告人利用机器故障，通过存款方式占有银行资金时，银行并不知晓其非法占有的目的，也不知道存款最后被非法占有的情况，即构成秘密窃取。身份的公开性并不能否定其行为的秘密性，不能将盗窃罪要求行为的秘密性等同于身份的秘密性，混淆两者的区别。退一步说，即使银行当时知晓情况，但只要被告人行为时自认为银行不知晓，也构成秘密窃取。从被告人后来连夜转移资金的行为来看，他就是希望在银行未知晓或将ATM机维修正常之前占有银行资金。因而，其行为符合秘密窃取的特征。

被告人的行为不构成侵占罪。我国刑法规定，侵占罪是指以非法占有为目的，将代为保管的他人财物，或者将他人的遗忘物、埋藏物非法据为己

---

① 广东省惠州市惠阳区人民法院刑事判决书，（2014）惠阳法刑二初字第83号，属于热点案件裁判文书。

有，数额较大，拒不退还或拒不交出的行为。侵占的突出特点是“变合法持有为非法所有”，这也是侵占和盗窃的本质区别，即行为人已经合法持有他人财物是构成侵占的前提条件。《中华人民共和国刑法》第二百七十条规定，合法持有他人财物包括两种情形：一是以合法方式代为保管他人的财物，是典型意义的侵占；二是合法占有他人的遗忘物或者埋藏物，即对于脱离占有物的侵占。本案不能认定是侵占的关键在于，银行没有同意或授权，所以不构成典型侵占；同时，被告人于某水对银行资金的占有是通过恶意存款取得，不是合法持有，也不构成脱离占有物的侵占。

其次，如果在被告人未采取任何主动行为时，ATM 机吐钱，被告人得到，可以认定为遗忘物。但本案是被告人通过故意行为，ATM 机系“被操纵”而吐出现金，那么这些现金肯定不是银行的遗忘物，被告人也不是替银行保管钱财，因为从立法本意来说，遗忘物、保管物、不当得利都不是获得者通过主动行为来获得。如果说某人通过自己故意的、主动的行为获得他人的遗忘物，显然违反法律关于遗忘物的定义，违反基本逻辑。本案中，被告人通过故意行为取得的财物，显然与遗失物、不当得利的法律含义不一致。既然银行资金不能认定为遗忘物，那么被告的行为更不可能是替银行保管，因而其行为也不构成侵占罪。

二、运用政策说理

刑事政策体现了司法机关的价值追求和价值导向，对刑事审判工作有重要指导意义，也是影响裁判结果的重要因素。在裁判文书的制作中，将刑事政策上的依据表述出来，裁判的理由更加充分，同时也能通过裁判文书这种“法治的公开课”，对经济与社会发展起到引领、启示等权威作用。有观点认为刑事政策过于原则和抽象，难以与具体案件相结合，这其实是对政策的误解，政策本身直白、易懂，但绝不是空洞无物，而是有着丰富的内涵，在司法实践中也有具体的载体。这些载体，就是最高人民法院发布的各种“非司法解释类审判业务规范性文件”，具体到刑事审判中，这些文件包括：（1）最高人民法院《关于贯彻宽严相济刑事政策的若干意见》；（2）最高人民法院单独或者联合最高人民检察院、公安部等部门发布的关于审理抢劫抢夺犯罪、性侵未成年人犯罪、醉酒驾驶犯罪、电信网络诈骗犯罪等多发或重要犯罪类型的指导性意见，或者处理自首、立功、正当防卫等重点法律适用问题的指导意见，前者如最高人民法院、最高人民检察院、公安部《关于依法惩治妨害公共交通工具安全驾驶违法犯罪行为的指导意见》，后者如最高人民法院发布的《关于处理自首和立功若干具体问题的意见》；（3）最高人民法院印发的关于审理经济犯罪、金融犯罪、毒品犯罪、农村犯罪、危害公共安全犯罪等特定类型案件的座谈会纪要，如《全国法院审理金融犯罪案件工作座谈会纪要》；等等。

最高人民法院《裁判文书释法说理指导意见》第13条规定，“除依据法律法规、司法解释的规定外，法官可以运用下列论据论证裁判理由，以提高裁判结论的正当性和可接受性：最高人民法院发布的指导性案例；最高人民法院发布的非司法解释类审判业务规范性文件……”这些“非司法解释类审判业务规范性文件”虽然不是正式的司法解释，但对具体案件的定罪和量刑提出了一些操作性很强的标准，或者对案件具体情节的审查和把握提出了明确的指导性意见。这些标准和意见既是各地审判经验的总结，也有着充分的法理依据，是经过实践检验证明的对刑事政策的把握比较准确的做法。因此在裁判文书中将这些政策性文件中的规定与案件事实结合起来说理，既使裁判有充分的政策依据，也使文书的说理语言显得更加规范化。

示例2-2-16 | 刘某国故意杀人案二审刑事裁定书①（自首争议中“司法机关还未掌握的本人其他罪行”的判定）

被告人刘某国实施故意杀人犯罪后潜逃外地，因涉嫌盗窃被当地派出所刑事拘留，其间供述了自己的杀人犯罪事实。其供述内容是否属于“司法机关还未掌握的本人其他罪行”，直接影响到自首的认定。二审裁定书引用最高人民法院《关于处理自首和立功若干具体问题的意见》中关于“司法机

① 河南省高级人民法院刑事裁定书，（2013）豫法刑四终字第259号。

关还未掌握的本人其他罪行”的把握标准，明确表明不认定自首的理由。

关于刘某国及其辩护人提出刘某国在公安机关盘问中主动供述犯罪事实，构成自首。经查，本案案发后桐柏县公安机关即对刘某国发出协查通报，并于2002年4月1日录入公安部在逃人员信息库，根据最高人民法院《关于处理自首和立功若干具体问题的意见》第三条规定，应视为司法机关已经掌握其犯罪事实。刘某国于2011年6月9日被武汉公安机关拘留后一直不如实供述其真实身份，6月26日才交待其真实身份，武汉公安机关当时即查明其在逃人员身份及涉嫌罪行，故刘某国是在公安机关实际掌握其罪行的情况下做出的供述，依法不构成自首。

示例2-2-17 | 梁某等抢劫案二审刑事裁定书[①]（冒充军警人员抢劫的判定）

根据我国《刑法》第263条第6项之规定，冒充军警人员抢劫的，处10年以上有期徒刑、无期徒刑或者死刑，并处罚金或者没收财产。可以说这一情节认定对于被告人的量刑有重大影响。“冒充军警人员抢劫”看似法律规定明确，但实践中对什么情况下才应认定为“冒充军警”仍然争议颇多，判决书在分析时引用最高人民法院相关指导意见作出审查判断。

关于本案是否属于“冒充军警人员抢劫”的情形。经查，根据最高人民法院2016年1月6日实施的《关于审理抢劫刑事案件适用法律若干问题的指导意见》规定，认定“冒充军警人员抢劫”要注重对行为人是否穿着军警制服、携带枪支、是否出示军警证件等情节进行综合审查，判断是否足以使他人误以为是军警人员。本案中，根据被害人王某1陈述、报案材料、证人权某、薛某、陈某证言，均可证明上诉人杨某文、王某、王某全既有穿着警服、携带手铐的行为，亦有口头宣称“公安部部长、办案”、出示相关证件的行为，使他们认为杨某文等人是公安人员在办案，故“冒充”警察事实成立。

---

① 甘肃省高级人民法院刑事裁定书，（2016）甘刑终66号，首届全国法院“百篇优秀裁判文书”。

示例 2－2－18 王某国集资诈骗案二审刑事判决书[①]（非法吸收公众存款罪和集资诈骗罪的区分判定）

在这个案件中，一审法院以非法吸收公众存款罪对被告人王某国作出判决，检察机关抗诉认为王某国构成集资诈骗罪。二罪的本质区别在于被告人有无非法占有目的，由于现实生活中非法集资行为的复杂性和多样性，作出具体判断有一定的难度，除司法解释外，最高人民法院还发布了多个司法解释和政策性文件，对此提出指导意见，就可以作为裁判文书中的说理依据。

第一审判决将起诉的集资诈骗罪改判为非法吸收公众存款罪的理由主要是被告人王某国对孟某2等人具有大量真实债权，集资参与人不是完全受骗而是追求高息，王某国有非法占有目的的证据不足。检察机关抗诉则认为应当认定王某国具有非法占有的目的。集资诈骗罪与非法吸收公众存款罪的主要区别在于有无非法占有的目的，而非法占有的目的并非只有主观供述才能证实，在被告人不供认的情况下，往往需要使用刑法上的推定，即通过具体集资行为的真实性、资金去向、归还能力、事后反应等事实去综合判断被告人的主观心态。最高人民法院《关于审理非法集资刑事案件具体应用法律若干问题的解释》（法释〔2010〕18号）第4条规定，使用诈骗方法非法集资，集资后不用于生产经营活动或者用于生产经营活动与筹集资金规模明显不成比例，致使集资款不能返还的，可以认定为以非法占有为目的，以集资诈骗罪定罪处罚。《全国法院审理金融犯罪案件工作座谈会纪要》（法〔2001〕8号）规定，对于行为人明知没有归还能力而大量骗取资金，造成数额较大资金不能归还的，可以认定为具有非法占有的目的。最高人民检察院《关于办理涉互联网金融犯罪案件有关问题座谈会纪要》（高检诉〔2017〕14号）亦对集资诈骗行为的认定提出指导意见，认为资金使用成本过高，生产经营活动的盈利能力不具有支付全部本息的现实可能性的，或者归还本息主要通过借新还旧来实现的，原则上可以认定为具有非法占有目的。

---

① 河北省高级人民法院刑事判决书，（2020）冀刑终82号，第四届全国法院“百篇优秀裁判文书”。

示例 2－2－19 | 金某等贩卖毒品案二审刑事裁定书[①]（有吸食毒品情节的贩卖毒品人员的犯罪数量的判定）

在这个案件中，二审辩护人辩解从被告人住处查获的部分毒品系其用于个人吸食，不能计入贩卖毒品的数量。根据最高人民法院相关会议纪要的精神，对于有吸毒情节的贩毒人员，一般应当按照其购买的毒品数量认定其贩毒数量，量刑时酌情考虑其吸食毒品的情节。二审裁定书中就运用相关会议纪要的精神进行了分析说理。

关于上诉人金某辩护人辩称查获的金某的 28.52 克甲基苯丙胺不应计入贩卖毒品数量的问题。

依有关规定，具有贩卖目的犯罪分子有吸食毒品情节，量刑时可酌情考虑该情节，但不是必须从轻处罚的法定情节；查获该犯罪分子的所有毒品一般应依法计入贩卖毒品数量，而不是根据犯罪分子吸食毒品量，扣除部分或少量毒品即不计入贩卖毒品数量。[②] 本案中，金某具有贩卖目的，且实际上已出售毒品给蔡某等人，故本案中查获的金某手提包内甲基苯丙胺共 28.52 克，应依法计入金某贩卖毒品数量，而不是认定为金某将要吸食的毒品，不计入贩卖毒品数量。

三、运用道德规范和生活经验说理

天下之情无穷，刑书所载有限。刑法条文简单抽象，而实践中刑事法官所要面临的案件情形却是千变万化。重罪如故意杀人，有毫无人性，肆意杀人的，也有为泄私愤，报复杀人的；有受到刺激，激情杀人的，也有出于义愤，失控杀人的。轻罪如盗窃，有好逸恶劳，贪图享受者；有行侠仗义，帮

---

① 江西省高级人民法院刑事裁定书，（2017）赣刑终 81 号，首届全国法院“百篇优秀裁判文书”。

② 根据当时有效的 2015 年《全国部分法院审理毒品犯罪案件工作座谈会纪要》（简称 2015 年《武汉会议纪要》）规定，“对于有吸毒情节的贩毒人员，一般应当按照其购买的毒品数量认定其贩卖毒品的数量，量刑时酌情考虑其吸食毒品的情节；购买的毒品数量无法查明的，按照能够证明的贩卖数量及查获的毒品数量认定其贩毒数量；确有证据证明其购买的部分毒品并非用于贩卖的，不应计入其贩毒数量”。该观点在 2023 年《全国法院毒品案件审判工作会议纪要》（简称 2023 年《昆明会议纪要》）中仍沿用。

助他人者；也有生活所迫，只为充饥者。案件有情轻罪重，有情重罪轻。在裁判过程中，刑事法官绝不能机械地适用法律，“一视同仁”，不加区分；而是应当尊重人民群众的朴素情感，重视普通人群体的生活经验，做到法顺人情，仁慈爱民，关爱弱者。这个过程正是法官对其自由裁量权的行使，法官必须进行一定的价值判断。“裁判的过程并不是机械地适用冰冷的法律，而是天理国法人情的统一与运用。”①

讲“天理”，就是要维护中华民族传统文化的价值追求，维护社会主义核心价值观所倡导的道德伦理。核心价值观源于整个社会的道德共识。从大处说，“普通民众的思维惯性系以伦理道德评判司法的公平正义，判决结果契合人伦情感，符合大众对公平正义的朴素认知，才能形成刑事裁判的社会示范效应”②。从小处说，大众对核心价值观有高度的认可度，运用核心价值观说理，可以削弱法律语言与群众的距离感，拉近裁判文书与读者的距离，提高裁判的可接受性。根据最高人民法院《关于深入推进社会主义核心价值观融入裁判文书释法说理的指导意见》第4条、第8条之规定，对于五类刑事案件，公诉人、当事人、辩护人、诉讼代理人等在诉讼文书中或在庭审中援引社会主义核心价值观作为诉辩理由的，人民法院应当在裁判文书中明确予以回应。具体包括：（1）涉及国家利益、重大公共利益，社会广泛关注的案件，比如环境污染案件；（2）可能引发社会道德评价的案件，比如涉及疫情防控、抢险救灾、见义勇为、正当防卫的刑事案件；（3）涉及弱势群体以及特殊群体保护，诉讼各方存在较大争议且可能引发社会广泛关注的案件，比如性侵未成年人、拐卖妇女儿童、养老诈骗及针对留守儿童实施的犯罪案件；（4）涉及公序良俗、风俗习惯、权利平等、民族宗教等，诉讼各方存在较大争议且可能引发社会广泛关注的案件；（5）涉及新情况、新问题，需要对法律规定、司法政策等进行深入阐释，引领社会风尚、树立价值导向的案件，比如为

---

① 王利明：《天理国法人情》，载《法制日报》2012年8月3日，第10版。

② 胡佳：《社会主义核心价值观融入刑事裁判文书说理实证研究——以195篇刑事裁判文书为样本》，载《人民司法》2023年第19期。

医疗目的而走私、贩卖麻醉药品和精神药品的案件。

讲“人情”，就是要了解民情民意，在裁判过程中体现对人的关怀，体现民意、民风、民俗。“人情”的权衡，就是要直面人性，对行为人的行为动机、生活环境、改过自新的可能性大小以及民意综合权衡，根据世间常理和社会公理，分析判断被告人是应遭到严厉谴责，还是应受到同情怜悯，斟酌考虑对被告人从轻还是从重，既体现刑罚的个别化，从而保证裁判的法律效果，也使裁判更易为当事人和社会所接受。这一分析判断的过程，体现在裁判文书的说理中，就是要以被告人、被害人在案发当时所处的具体情形为基础，结合道德规范和生活经验，通过对人情世故和道德伦理的论述，向当事人讲述生活中的基本道理，从而实现法意和人情的整合，求得说理的最佳效果。“一份好的判决文书，一定是遵守法律、符合道义、体恤民情的论法说理的产物。”①

示例 2－2－20　王某波故意杀人案二审判决书②（运用社会基本道德准则对被害人有无过错进行分析评判）

本案被告人王某波及辩护人均提出被害人刘某某对案件发生具有重大过错。对此理由进行评判时，二审判决书运用社会道德准则对被告人和被害人双方矛盾的发生、发展及激化过程进行评判，从而准确区分双方的是非过错。

经查：1. 在案证据显示在被告人王某波与前妻张某某婚姻关系存续期间，被害人刘某某与张某某长期保持不正当两性关系并非法同居，被王某波发现后，刘某某虽然出具不再与张某某来往的保证书并赔偿王某波，但仍继续与张某某非法同居，破坏王某波的家庭，其行为违反社会基本道德准则；且该事实在二人所在村庄众所周知，确实给王某波造成极大的精神伤害。2. 王某波与张某某离婚后另行组成家庭，张某某也因病去世，之后刘某某本

① 王利明：《天理国法人情》，载《法制日报》2012 年 8 月 3 日，第 10 版。

② 河南省高级人民法院刑事判决书，（2019）豫刑终 231 号，第三届全国法院“百篇优秀裁判文书”。

应与王某波各行其路，息事宁人。但在案证据证实案发当晚刘某某又连续打电话滋扰王某波，要求见面并出言不逊，遭王某波拒绝后又到王某波家门口拍、踩大门，逼迫王某波出来，并通过言语侮辱、踢翻方桌等行为进行挑衅，进一步激化矛盾，最终引发二人的厮打行为。综上，刘某某的行为对其与王某波矛盾的产生和激化均负有直接责任，构成重大过错。

示例 2-2-21 杨某毅强奸案死刑复核刑事裁定书①（运用社会主义核心价值观对被告人罪行严重程度进行分析评判）

本案系性侵未成年人致其死亡的案件。被害人系 10 岁幼女，到被告人家所经营的收购点销售百香果。被告人采用极其残忍的手段对被害人施暴强奸并致其死亡。最高人民法院在核准死刑的裁判文书中，就从未成年人保护、社会公共安全等和社会主义核心价值观密切相关的“子价值”出发，详细分析了被告人行为与核心价值观的严重背离，为对其自首情节不予从宽处罚提供了充分理由。

严厉惩处严重损害未成年人身心健康的犯罪行为是我国法律的明确规定。保留死刑，严格控制和慎重适用死刑，是我国现阶段的死刑政策。根据法律规定及死刑政策，对于罪行不是十分严重的犯罪分子，不得适用死刑，但是，对于罪行极其严重，严重影响人民群众安全感的暴力犯罪分子依法判处死刑，是我国的民情所在，民愿所向，民意所期。杨某毅的犯罪行为既违国法，又悖天理，更逆人情，严重突破国家法律界线，严重挑战伦理道德底线，严重冲击社会公共安全红线，社会危害性极大。杨某毅主观恶性深，人身危险性大，罪行极其严重，依法应当予以严惩。杨某毅虽有自首情节，但依法不足以对其从宽处罚。

① 最高人民法院刑事裁定书，（2021）最高法刑核 78493152 号，第四届全国法院“百篇优秀裁判文书”。

示例 2－2－22　王某剑被控故意伤害宣告无罪案二审刑事裁定书[①]（运用生活经验、人之常情对是否属于正当防卫进行分析评判）

最高人民法院、最高人民检察院、公安部《关于依法适用正当防卫制度的指导意见》第 2 条规定，“要立足防卫人防卫时的具体情境，综合考虑案件发生的整体经过，结合一般人在类似情境下的可能反应，依法准确把握防卫的时间、限度等条件。要充分考虑防卫人面临不法侵害时的紧迫状态和紧张心理，防止在事后以正常情况下冷静理性、客观准确的标准去评判防卫人”。第 6 条规定，“对于不法侵害是否已经开始或者结束，应当立足防卫人在防卫时所处情境，按照社会公众的一般认知，依法作出合乎情理的判断，不能苛求防卫人”。实践中防卫案件发生背景多种多样，该指导意见强调要“按照社会公众的一般认知”“结合一般人在类似情境下的可能反应”来判断，就是要求法官根据生活经验、人之常情来判断行为人的反应是否正当，反应程度是否正常，挑起事端的一方是否应当容忍对方的反应，等等。在这个案件中，法官就充分运用了生活常识来对事件参与人的行为进行评判。

本院归纳二审的争议焦点即原审被告人王某剑的行为是否构成正当防卫。根据查明的事实和在案的证据，围绕争议焦点，对各方意见综合评判如下：

1. 正当防卫的起因条件，即存在不法侵害。……具体到本案，案发前三个月左右，被害人姜某某与杨某 1 已协议离婚，案发当日跟踪前妻杨某 1 至“莱蒙都会”小区，在无直接证据的情形下，仅因怀疑王某剑插足其婚姻，便手握一体式汽车钥匙殴打王某剑致其头面部流血，事后王某剑报警，姜某某仍停留在现场继续与王某剑、杨某 1 争吵并对二人拍照。在婚姻破裂、双方此前已发生冲突的情形下，姜某某对杨某 1、王某剑拍照属侵害他人人格权的行为，杨某 1 制止姜某某拍照并拍落其手机的行为系一般人在类似情境下的可能反应。姜某某本应立即终止该不法行为，但在杨某 1 为制止其拍照

① 江西省南昌市中级人民法院刑事裁定书，（2021）赣 01 刑终 21 号，第五届全国法院“百篇优秀裁判文书”。

拍落其手机时，姜某某又对杨某1进行殴打。姜某某先前殴打王某剑、后续殴打杨某1的行为属侵害他人人身权的违法行为，并造成了王某剑头部、面部轻微伤、杨某1面部、体表部均轻微伤的后果，姜某某父子亦因本案的殴打王某剑的违法行为被行政处罚。故王某剑的行为符合正当防卫的起因条件。

2. 正当防卫的时间条件，即不法侵害正在进行。……根据证人程某的证言，姜某某拍打杨某1头部的动作比较大，从司法鉴定结论看，姜某某的行为切实造成杨某1面部、躯干部及肢体部多处受伤。以当时王某剑的视角分析，姜某某虽对其本人的不法侵害暂时中断，但姜某某并未实质性脱离现场，仍有继续实施侵害的可能性。基于姜某某先前殴打王某剑时的行为手段、客观事实及案发时的紧张情境，不能苛求王某剑对姜某某所持何种锐器及致害性大小、姜某某是否会继续使用该锐器作出精确判断，且姜某某已切实在实施殴打杨某1的行为，杨某1头部受过伤，其人身安全已处于现实、紧迫的危险之中。故王某剑行为符合正当防卫的时间条件。

3. 正当防卫的意识条件，即为制止不法侵害。……具体到本案，如前所述，姜某某先殴打王某剑，王某剑克制地选择报警，避免冲突升级，而姜某某继续争吵、拍照使矛盾升级，继而因杨某1制止其拍照而殴打杨某1，姜某某的不法侵害正在进行。在此情形下，为保护杨某1人身安全，王某剑拉开杨某1，赤手空拳与姜某某打斗，短时间内即逼退了姜某某，但并未继续攻击姜某某，而是选择停手并再次报警，案发全程均保持相对克制、被动状态。另根据王某剑第二段报警录音反映，王某剑在第二次冲突结束后，明确向姜某某表示“不要动，不要过来，不要打架”，这一事后行为进一步印证了王某剑案发时的克制状态和表现。故可以认定王某剑具有防卫意图。

4. 正当防卫的对象条件，即不法侵害人。（以下略）

示例 2－2－23　组某被控故意杀人宣告无罪案二审刑事裁定书[①]（运用生活经验对防卫行为是否过当进行分析评判）

4. 组某的防卫行为不属防卫过当

出庭检察员提出，组某的行为属于防卫过当；辩护人提出，相较于不法侵害行为，组某的防卫行为具有安全的必要性、合理性，尺度合理，没有超出正当防卫的限度。

本院认为，根据刑法规定，正当防卫明显超过必要限度造成重大损害的，属于防卫过当，应当负刑事责任。评判防卫是否过当，一般可以从不法侵害行为的危险程度、侵害者的主观心态以及侵害手段、人员多少、现场所处的客观环境与形势，防卫的条件、方式、强度和后果等情节，尤应结合制止不法侵害的可能性、防卫行为是否为制止不法侵害所必要进行综合判断。本案中，林某1酒后失控，以拳击、用擀面杖殴打、拉拽头发控制等手段殴打组某，扬言要"闹死"组某，从目的和意志上看，反映出林某1的暴力行为具有不节制性及持续侵害的危险性。组某身处陌生环境中，无端被林某1殴打，精神处于高度紧张状态，其眼镜被打掉难以视物、二人扭打倒地后，林某1抓住组某的头发不放，意图控制组某，在此情况下，组某为制止林某1的侵害行为，利用压在林某1身上之机，实施了以双手掐颈、在行将力尽时抓起身边的丝巾勒林某1颈部的行为，直至林某1松手。综合考虑林某1暴力行为的不节制性及危险性、林某1明确表达出的企图进一步行凶的主观恶性、组某眼镜被打掉后难以视物的困境、各种情形导致的恐惧感、身处他人家中封闭陌生环境下可采用防卫手段的有限性、防卫工具只是仅能顺手获得的随身脱落的丝巾、林某1松手后其即停止反击行为所反映的防卫行为的节制性等因素，组某防卫行为的手段和强度显然属于制止林某1不法侵害行为以保护自身安全所必要，没有超过为有效制止不法侵害，保护个人权利所必需的限度。防卫过当的判断，不能仅仅以结果判断为准，还应该考量防卫

① 山西省高级人民法院刑事裁定书，(2018)晋刑终95号，第三届全国法院"百篇优秀裁判文书"。

行为是否为制止不法侵害所必需，只有结果和行为均过当，才能认定防卫过当。本案的情况显示，虽然防卫行为导致严重后果，但并未超过必要限度，不能以结果过当推论行为过当，故不能认定为防卫过当。相关辩护意见成立，本院予以采纳；出庭检察员的相关意见不能成立，不予采纳。

在涉及正当防卫的案件中，由于被告人面临的对方行为千变万化，判断防卫行为是否“明显超过必要限度”，不可能有一个固定的标准，更不能对被告人提出过分理性、冷静的要求，必须根据案件的具体情况，综合考虑案件发生的整体经过，结合一般人在类似情境下的可能反应，并充分考虑被告人个体的特殊身体、心理特征及面临不法侵害时的紧迫状态和紧张心理，合理确定防卫的时间、限度等，这时候普通群众的生活经验就十分重要。在这份二审裁判文书中，制作者在评判被告人俎某的防卫行为“是否过当”时，分析“俎某身处陌生环境中，无端被林某1殴打，精神处于高度紧张状态，其眼镜被打掉难以视物、二人扭打倒地后，林某1抓住俎某的头发不放，意图控制俎某”等内容，就是运用生活经验，对被告人俎某当时所处环境、案件发生前因、俎某自身的视力等生理特征等进行了符合人之常情的判断，符合一般社会大众的理解，体现了以理服人。

示例2-2-24 尚某钢被控故意伤害二审宣告无罪案刑事附带民事判决书①（运用一般人的生活经验和常识分析是相互斗殴还是正当防卫）

本案的焦点问题在于被告人尚某钢的行为是否属于正当防卫。一审判决认定被告人尚某钢与被害人刘某之间系互殴关系，不存在正当防卫。尚某钢则辩称自己属于正当防卫。二审判决书对双方行为的前因后果和来龙去脉进行了深入分析，在分析时尤其注意本案发生在熟人之间的特点，运用一般人的生活常识和经验进行判断，避免给被告人造成过高的道德要求，从而使判断结论更加符合普通群众的认知和观念，提高判断结论的可接受性。具体表

① 天津市第一中级人民法院刑事附带民事判决书，（2021）津01刑终120号，第五届全国法院“百篇优秀裁判文书”。

现在：(1) 在案发前因过错方面，强调“众人在一起喝酒”时，被害人刘某“言语数落尚某钢”，使尚某钢没有面子，又主动将尚某钢叫出来，意图教训；(2) 在是否存在不法侵害方面，强调刘某“先是打了尚某钢一记带有侮辱性的耳光”，而尚某钢当时并没有反击，两相对照，冲动或克制一目了然；(3) 在是否属于互殴方面，从正常人的反应能力出发，提出“尚某钢抱住刘某踢踹过来的腿，是保护自己本能的反应”“即便尚某钢抱刘某腿并移动的动作是有意为之，在如此短的时间内，要求立即做出不伤害到对方的正确选择，显然加重了尚某钢的注意义务”。正当防卫行为与相互斗殴具有外观上的相似性，一方可能是持续伤害，另一方可能是持续防卫，就会表现出二人持续相互厮打的情况，并不能因为双方相互厮打，就认定为互殴。换言之，相互斗殴是指双方事先均有伤害对方故意前提下的相互厮打，和正当防卫一样，是一种法律评价，而不是指双方相互厮打的客观表现行为。根据主客观相一致原则，判断的关键在于行为人主观上的用意和目的。法官只有结合生活经验、常识，才能对行为双方的用意作出准确、合理的判断。

首先，本案是由刘某无故挑衅引起的。根据上诉人尚某钢的供述、刘某陈述及证人孙某、杨某证言可以证实，众人在一起喝酒时，刘某因对尚某钢说话不满而言语数落尚某钢，尚某钢时不时回嘴，之后刘某将尚某钢叫出。从案件起因上看，刘某首先指摘尚某钢，挑起矛盾，然后又主动将尚某钢叫出，直接导致了该案的发生。故在案件的起因上，刘某的过错是十分明显的。

其次，刘某对尚某钢实施了不法侵害行为。根据上诉人尚某钢供述、刘某陈述以及监控视频证实，刘某上来先打了尚某钢一个耳光，接着踹尚某钢一脚，尚某钢才回踹了刘某一脚。刘某首先动手殴打对方，虽然打击强度有限，但先是打了尚某钢一记带有侮辱性的耳光，然后在尚某钢并未还击的情况下，继续踢踹对方。刘某挑起事端又接连打人，其行为明显属于正在进行的不法侵害。虽然刘某的不法侵害行为尚未达到暴力侵害或者犯罪的程度，但已属违法行为。尚某钢具备了正当防卫的前提。

再次，双方的行为不属于“互殴”。同样根据上述证据证实，尚某钢在刘某先打其一个耳光踹其一脚后回踹了刘某一脚，但并未踹中刘某，接着刘某又踹尚某钢一脚，尚某钢随即抱住刘某的脚，移动数秒后，刘某倒地尚某钢随之倒地。尚某钢的主动行为踢踹一脚并未给刘某造成任何实质性伤害，而刘某的伤是被对方趁势抱住腿后二人均失去平衡摔倒形成的。尚某钢抱住刘某踢踹过来的腿，是保护自己本能的反应，虽然其抱住腿后没有立即松手，移动了几步才松手，但移动的距离和时间都很短。尚某钢在案发时已经60岁，且为酒后，面对他人的突然踢踹攻击，重心不稳，出现踉跄具有合理性。即便尚某钢抱刘某腿并移动的动作是有意为之，在如此短的时间内，要求立即做出不伤害到对方的正确选择，显然加重了尚某钢的注意义务。防卫行为与相互斗殴具有外观上的相似性，准确区分两者要坚持主客观相统一原则，本案由刘某引起、其对冲突升级存在明显过错，而尚某钢未采用明显不相当的暴力，故不应将尚某钢的行为认定为互殴。

示例2-2-25 童某连被控走私毒品一审宣告无罪案刑事判决书①（运用常情常理对行为人是否明知所携带行李箱中夹藏有毒品进行分析评判）

本案被告人帮助一个化名为“JOJO”的朋友运送行李箱，过海关时走无申报通道，后被海关检查人员在行李箱的夹层中发现有大量毒品。检察机关认为被告人对于行李箱内可能是毒品等违禁品应当有认识，明知可能违法而依然为之，应当认定为放任的间接故意。一审判决书从被告人对毒品有无认知、被告人与委托人之间的关系性质能否引发其怀疑、被告人所获报酬是否不同寻常、被告人交接物品情形是否隐蔽、被告人对带货方式能否作出合理解释、带货路线是否正常、被告人带货过程是否异常、被告人是否有现实的牟利动机等多个方面进行了分析，在分析过程中运用常情常理，注重按照一个普通人的思维模式对被告人的行为方式是否正常进行判断。

关于控、辩双方对被告人童某连是否具有走私毒品的主观故意，是否构

---

① 广东省广州市中级人民法院刑事判决书，（2019）粤01刑初557号，第四届全国法院“百篇优秀裁判文书”。

成犯罪的问题。本院认为，现有证据不足以认定被告人童某连具有走私毒品的主观故意，不能排除其被蒙骗的可能，理由如下：

1. 现场检测报告书证实被告人童某连并不吸毒，在案证据不足以证实童某连能够认知毒品。

2. 被告人童某连辩解对JOJO形成信任关系、未怀疑所带样品有问题而未申报有一定合理性。首先，从被告人童某连的供述及其与JOJO的微信聊天记录中可看出，被告人童某连与JOJO认识时间长，JOJO经常到童某连商店采购物品，久而久之形成商业信任关系；随后两人成为朋友，在交往中产生信任感，随后JOJO请求帮忙带样品也顺理成章。此后童某连帮忙运送七、八次样品出境，均先由童某连垫付费用，JOJO再结算，由此形成了互相信任的兼职带货模式。其次，童某连对JOJO对其关爱有加的照顾和深厚感情深信不疑。微信聊天记录证实两人日常互相关心互相倾诉的情感交流，证人韩某亦证实童某连对其外国老板很信任。特别是JOJO警示Lee涉毒，使童某连更加信任会为其前途命运着想的朋友JOJO。再次，童某连与JOJO的微信聊天记录无涉毒等异常信息。由此可见，在JOJO处心积虑与童某连相知相交中，不仅扮演一个有信用的商业伙伴、关心人的朋友，更是一个值得信赖的精神挚友，从而一步步使毫无防备的被告人遭受蒙骗，故童某连主观上只是帮朋友携带一些衣物样品出境而未申报的辩解有一定合理性。

3. 所获报酬不属于不同寻常的高额或不等值的报酬。作为商人追求商业价值的样品，其价值体现的并非样品的个体价值，而是所能带来的商业利益，童某连停薪请假10天时间送样品，仅收取5000元的报酬并不算高。且微信聊天记录、转账记录和借支单证实，第一次荷兰之行JOJO和客户不但未及时支付童某连垫付的费用，后又以样品出了问题没有支付报酬，导致童某连亏了钱，须借支工资才能偿还信用卡，而第二次荷兰之行也未谈及报酬。更何况，走私如此大数量的毒品承担如此高风险，却仅仅获得5000元报酬也与惯常的毒品犯罪不相符。

4. 本案不属于采用高度隐蔽的方式交接物品的情形。被告人童某连作为受雇佣的带货者，事前货比三家，精打细算，订最便宜的夜间航班，住私密性差的多人一间的酒店，童某连考虑的是能否更便宜，而非是否更“安全”。童某连经常在朋友圈晒行程，所有按客户要求报告之事均是其公开的行程，符合正常的商业交接方式，故而不符合以往毒品犯罪采用高度隐蔽的方式交接物品的情形。

5. 采取人工带货而不是邮寄的方式的解释有合理之处。在JOJO解释国际快递与人工带货的利弊之后，才使童某连消除疑惑，帮助带货，案发前童某连所带样品均正常出境，并未发现有违禁物品。此外，微信聊天记录中JOJO的朋友寄往河北的包裹就是被美国UPS扣押的，从另一个侧面印证邮寄样品会被扣押的情形。

6. 毒品藏匿隐秘不易发觉。侦查机关出具情况说明证实毒品是用强力胶紧贴在行李箱的夹层，需用力才能将毒品从行李箱背部分离。而两行李箱较大，自重达17.45公斤，一般人都是推行而不是提着走，难以察觉。不知情者不剪开夹层一般不能直接通过触摸而发现其中藏有毒品，且毒品上没有童某连的生物痕迹，因此，童某连没能发现他人送来的行李箱内藏有毒品合乎情理。

7. 带货目的地非中国，童某连擅自改变路线的做法与正常人趋利避害的做法相悖。童某连发现荷兰—香港—广州—泰国的路线比从荷兰直飞泰国便宜4000元左右，但没有联程航班，需要在香港、广州重新办理入境手续及提取托运行李过海关，而其为了节省并自己赚这几千元，故意隐瞒JOJO变更运送路线。如果童某连明知所带系毒品，作为正常思维方式应当走更安全路线，最大限度减小犯罪被发现的风险。聊天记录亦证实童某连向JOJO抱怨客户“为何不让选廉价航空公司”，更印证她不知道行李箱藏有毒品。故其舍弃更安全路线与走私藏匿毒品的惯常方式不相符合。

8. 被告人童某连在带货过程中没有以虚假身份、地址或者其他虚假方式办理托运、订票、订房等情形。从聊天记录和同事证言可知，童某连带样品到东南亚及荷兰同事均知晓，其每到一地均在微信朋友圈晒旅游照片，其所带样品均拍照留念，其接收物品的地址、接收酬金的账号均是个人真实的信息，其电话号码、地址、个人信息、行程等均真实、公开，与一般涉毒嫌疑人躲躲闪闪、假冒他人信息不同。

9. 被告人童某连在机场被检查并发现毒品时，仍然神情镇定自若并配合检查，且一直稳定如实供述，积极配合侦查机关的侦查，没有任何阻碍、逃避侦查的行为。上述表现与明知有毒品被发现而惊慌失措、逃跑截然相反，不仅不能证明童某连对自己所携带行李箱内藏匿有毒品具有主观明知，相反，其不知才会无畏，才会坦荡自然。

10. 被告人童某连到荷兰之后即在当地购买新手机卡，是旅客为避免拨打国际长途而节省手机话费的惯常行为，不足以证实是逃避犯罪侦查行为。

11. 被告人童某连工作生活正常，没有冒险的理由。童某连有着一定的社会阅历，对行李箱内藏有毒品过安检会被发现并会被判重刑等基本常识应当明知，故其断然拒绝为涉毒嫌疑人 Lee 做事，甚至删除 Lee 的联系方式。同时，童某连有房有车有小孩，有正当工作，其收入也足以在当地正常生活。公诉机关目前提供的证据尚不能证明童某连具有明知是毒品而不惜以身犯险去走私的合理理由。

示例 2－2－26 陈某、李某源等合同诈骗、非国家工作人员受贿案二审刑事裁定书①（运用社会常识分析行为人为他人谋取利益是利用职务便利还是工作便利）

本案原审判决认定被告人李某源在担任×××公司媒体运营部副经理期间，利用其职务便利，为被告单位上海涛略公司获取×××公司的股东深圳K集团（以下简称K集团）的广告独家代理权，收受上海涛略公司控制人陈某、郭某忠给予的好处费共计900万元，用于购物、消费、归还个人债务等，构成非国家工作人员受贿罪。李某源上诉提出：其没有利用职务之便为他人谋取利益，而是基于其人脉关系提供中介劳务，收取中介费合理合法，请求二审法院改判其无罪。辩护人提出：李某源在本案中是利用了工作便利，而不是职务便利，其职务中无制约、影响上级公司的因素，请求二审法

① 上海市高级人民法院刑事裁定书，（2020）沪刑终32号，第五届全国法院“百篇优秀裁判文书”。

院改判李某源无罪。

本院认为，×××公司作为下级公司，与上级公司K集团之间无论是管理上还是业务上都存在紧密关系，K集团的领导于某2、吴某1、韩某1均担任或曾担任过×××公司的领导。×××公司的工作之一就是为K集团寻找广告业务，李某源作为×××公司的员工，其职责就是为公司寻找广告客户，其中也包括为K集团。正是×××公司赋予的职务，才促使李某源可以开展与上级公司相关的广告业务，并利用了职务形成的便利条件，在K集团相关人员之间沟通和协调。虽然上海涛略公司没有与×××公司签订代理合同，而是直接和K集团签订合同，但李某源利用了职务上的便利参与其中，发挥了作用，包括通过×××公司的董事长于某2向K集团广告管理中心主任吴某1打招呼，以及李某源事后向K集团申请奖励费等，显然这些行为都与职务密切相关。反之，李某源如果不是×××公司的员工，郭某忠也不会找其从中协助推荐。李某源非法收受上海涛略公司给予的900万元与其职务便利具有刑法上的因果关系，没有逾越利用职务便利的实质解释，亦符合社会基本常识。辩护人以利用工作便利或者人脉关系来解释李某源的受贿行为，不符合客观事实，恰恰忽视了李某源是×××公司的员工以及×××公司与K集团的关系。李某源为他人谋取了不正当利益，本人也认识到直接收受900万元好处费并不妥当，从而利用他人账户进行掩饰，其行为违反了公司、企业工作人员职务的不可收买性和廉洁性，也背离了职业伦理所要求的忠实和勤勉义务。综上，李某源的行为符合非国家工作人员受贿罪的构成要件。

示例2-2-27 佟某华私分国家资产、受贿案二审判决书[①]（根据生活常识对借款名义的受贿进行分析评判）

本案检察机关指控及一审判决认定被告人佟某华利用担任某汽车运输集团总经理的职务便利，以借款为名向下属企业管理人员或公司合作企业老板

① 安徽省高级人民法院刑事判决书，（2016）皖刑终7号，首届全国法院“百篇优秀裁判文书”。

索取财物，其行为构成受贿罪。二审中被告人及其辩护人均辩解系正常的民间借贷，不构成受贿罪。针对辩解、辩护意见，二审判决书从双方关系、借条特征、还款情况及还款能力等方面，运用生活常识进行分析，从双方并无特殊关系，大额借条对时间、期限及利息等没有规定，有还款能力却没有还款等方面分析，说明其假借款之名，行索贿之实。

（二）关于佟某华向杨某乙、邓某乙、李某丙等人“借款”性质的问题

本院认为，佟某华借款的对象，或为与佟某华具有管理与被管理的关系的邓某乙、李某丙、彭某等阜汽集团及其下属企业的经营管理人员，或为与阜汽集团存在业务联系、合作的私营企业主，双方之间除工作关系、业务联系以及婚丧嫁娶、年节之际的小额礼金外，并无其他特殊关系或较大数额的经济往来。佟某华利用其担任阜汽集团党委书记、董事长、总经理等职务便利，在职务提拔、工作开展以及合作开发等方面，分别帮助出借人实际谋取利益；在以各种理由向前述人员借款时，虽然大都具有补缴股金、购买商品房等正当理由，实际用途真实，并向出借人出具了借条，但相关借条或无具体年份，或无还款期限，即便承诺支付利息的亦语焉不详，不符合大额借款所具备的基本特征；借款后，佟某华数年里既不归还借款，又无任何还款意思表示，或在孙某、邓某乙等人暗示还款时不予理睬，或在程某1、张某乙等人提出在单位冲账处理借款时予以默许，或在之后又连续收受、索取杨某3财物，在此期间佟某华又先后为其家庭、特定关系人在阜阳、亳州、合肥等地购置、装修多套住房，被抓获时还随身携带大额现金，并非无能力归还借款。综上，佟某华的所谓“借款”，均为假借款之名，行索贿之实，应以受贿犯罪论处。

四、运用法学理论说理

“法律学说虽然没有强制约束力，但其对某一问题进行了符合法律价值指引的系统性解释。”① 为增强裁判公正性，并提高释法说理的力度和效果，

① 彭中礼：《论法律学说的司法运用》，载《社会科学文摘》2020 年第 6 期。

进而提高司法公信力，恰当运用与案件有关的权威学说或观点，成为裁判文书说理的重要选择。根据最高人民法院《裁判文书释法说理指导意见》第13条的规定，法官在说理时，除了依据法律法规、司法解释，还可以援引"法理及通行学术观点"。该意见对援引法律学说释法说理的案件类型未作限定，但司法实践中并非所有案件均需要引用法律学说来说理，对于法律规定明确、进行一定的文义解释即可得出裁判结论的案件，法律规定本身已经充分体现了相应的法理，再去刻意引用法律学说来体现说理的权威性，就有"画蛇添足"之嫌，并无实质意义。"援引法律学说释法说理真正能发挥作用的场域应当是疑难案件。"[①] 笔者认为，在以下两种情形下，需要运用法学理论来强化说理功效：

一是针对被告人的行为情形缺乏具体的成文法指引时。对于一些运用社会经济发展进程中出现的新的技术手段、金融手段、信息手段等实施的犯罪，法律规范与案件事实之间无法准确对接或者涵摄，往往不能运用现行法律或司法解释的明文规定直接加以规制，在定性的争议中，就需要法官探求具体法律规则背后所隐含的法理，在裁判文书中运用法学理论对相关行为的法律性质进行分析论证。

二是需要借助法学理论、公认的法律适用原则来进行司法推理、阐释判决理由时。有一些法律适用问题，法律或司法解释仅笼统地加以规定甚至缺乏相关规定，比如行为犯、危险犯、结果犯等不同犯罪形态的犯罪既遂标准，犯罪集团成员对集团罪行负责任的范围，不同形式法条竞合犯的定罪，牵连犯的罪数形态等，在具体案件中就需要进一步运用法学理论来分析论证。

运用法学理论说理的结论应当符合正当性，并避免学术辩论。引用法学学说来分析说理，"要将法律学说置于国家法律体系中考虑和衡量，确保法

---

① 齐健：《裁判文书援引法律学说实证研究》，载《法律适用》2021年第7期。

律学说与法律精神、法律原则和价值等相符”①。引用的法律学说不能与现行法律规则存在明显的逻辑冲突，而且在价值判断上要与整部法律保持一致，不能为了契合裁判者对一定结果的追求而引用与现行法律规定、法律精神、法律原则相矛盾的学说理论。对于一些具体法律适用问题，法学理论有通常原理的，首先引用通常原理；没有通常原理的，可能同时存在多种观点，一般情况下应当适用通说观点，避免援引有争议的学说观点。通说观点应具备两个条件：一是应当具有经典文献的文本依据，如法律词典、法学教科书、具有代表性的法律著作等；二是应当有多位法学权威共同认可或者支持。当然，法学通说本质上仍是一种学术观点，只能说明其具有逻辑上的自洽性和一定范围的接受度，并不代表其在所有情形下均是正当合理的。在具体案件中，如果运用法学通说观点进行分析论证所得出的结论明显不合理，还是应当以刑法基本原则即“罪责刑相适应原则”为指导原则，对相关法律适用问题进行分析，选择一个既符合刑事政策，又符合相关法律制度的价值追求，同时与现行法律、司法解释精神相违背的裁判标准。

援引法理和法律学说释法说理的目的是提高裁判结论的正当性和可接受性，应注意针对当事人的情况区别对待。如果当事人或其律师主动提出法理、法律学说作为论辩理由，法官要积极回应当事人提出的法律学说，首先说服律师，再通过律师说服当事人。如果当事人没有聘请代理律师，也未主动提出学说作为论辩理由，法官应尽量不援引法律学说释法说理，即使援引，也要尽可能将法律学说解释得通俗易懂，以形成法官与当事人之间的实质性对话，提高裁判的可接受性。

示例 2－2－28　孙某诈骗案驳回申诉通知书②（运用间接正犯、法律责任竞合、牵连犯等法学理论说理）

这个案件的基本案情是被告人孙某出资成立并实际控制金达航票务服务

---

① 刘树德、王坤：《裁判文书援引法律学说说理的价值证成与规则建构》，载《湖湘法学评论》2022 年第 2 期。

② 广东省高级人民法院驳回申诉通知书，（2017）粤刑申 73 号，首届全国法院“百篇优秀裁判文书”。

公司（以下简称金达航公司），与某航空股份有限公司（以下简称某航公司）签订协议，代理销售国内、国际客票。被告人余某某、刘某某所任职的某航电商公司为某航公司提供电子商务平台的日常运营服务，辅助某航公司信息中心进行后台系统开发，并能够以本公司名义申请某航公司订座系统工作号（以下简称ICS工作号）。孙某要求余某某、刘某某为其提供某航公司的ICS工作号，在金达航公司接受旅客订单后，先在某航公司官方网站购买低价的远期电子客票，再利用非法获得的ICS工作号进入某航公司订座系统，将客票的出行日期更改为旅客所需要的近期电子客票，并向旅客收取高于远期电子客票的价款，通过这种方式共代理销售电子客票19 902张，从中赚取差价款386万余元，由孙某支配使用。

广东省高级人民法院的二审生效判决认定孙某以非法占有为目的，通过欺骗手段骗取某航公司财物，犯诈骗罪，判处有期徒刑11年，并处罚金100万元。孙某提出申诉，认为“金达航公司使用ICS工作号对客票改期，不是使某航公司作出处分财产的行为，不能称之为诈骗罪的欺骗行为；改期行为不能直接造成某航公司的财产损失，更达不到非法占有某航公司财物的目的；金达航公司获取的386万余元差价款是从市场赚取的利润，而非从某航公司骗取的非法占有，二者并无因果关系”。

该申诉理由的争议重点在于非某航公司工作人员通过他人骗取某航公司ICS工作号并用于篡改机票日期以获得差价款的行为是否属于诈骗行为。作为一种新类型的、通过网络手段实施的诈骗犯罪，对该行为的分析有一定的难度。申诉人引用张明楷教授《刑法学》的学术观点作为辩解无罪的理由，驳回申诉通知书予以正面回应，运用刑法学关于间接正犯的法学理论进行分析论证。

（二）关于本案的事实评价及法律适用问题

本院认为，基于前述事实和诈骗罪的构成要件，二审认定你犯诈骗罪并无不当。你为了自身利益，依据张明楷教授《刑法学》的学术观点及《刑事审判参考》等资料作为辩解你无罪的理由，不免存在片面理解或误解、曲解等问题，对事实和法律的认知和评价缺乏整体性和客观性，需要予以澄清。

1. 关于欺骗行为。本院向你释明，我国法律并没有要求诈骗案件中的欺骗行为即虚构事实、隐瞒真相行为必须由被告人本人亲自实施。根据间接正犯理论，被告人利用他人履行职务（包括正当履行职务和失职渎职）或者其他行为（包括正常行为和违法犯罪行为）向被骗人或被害人本人间接实施的虚构事实、隐瞒真相的行为，也应认定为被告人实施的欺骗手段。本案中，你明知金达航公司无权使用某航公司ICS工作号，串通利用余某某、刘某某的渎职犯罪行为（即虚构为电商公司新员工申领使用某航公司ICS工作号的事实，隐瞒将该工作号实际交给金达航公司及你等同案人不法使用的真相），骗取某航公司具有重要权利（财物）属性的专用工作号，属于金达航公司及你对被害单位某航公司实施的欺骗行为（间接实施）之一。此外，金达航公司及你等同案人利用金达航公司的代理权，虚构旅客购买远期客票的事实，隐瞒将远期客票篡改为近期客票的真相，使某航公司按远期客票的价格承揽了近期客票指代的运输合同，直接导致某航公司应得收入的减少，亦属于金达航公司及你等同案人对被害单位某航公司实施的欺骗行为（直接实施）。你提出没有实施欺骗某航公司行为的申辩意见，没有事实和法律依据，本院不予采纳。关于你提出没有欺骗旅客的申辩意见，经查，二审判决并没有认定你欺骗旅客，本案不属于三角诈骗，你所提此项申辩意见没有实际意义，本院不予采纳。

针对申诉人所提出本案属于民事违约纠纷、其行为属于侵占公司财物犯罪、本案应认定为破坏计算机信息系统罪、单位犯罪等理由，驳回申诉通知书先后运用法律责任的竞合、权利的合法性、牵连犯、揭开公司的“面纱”等法学理论，分别予以分析论证。

关于你提出金达航公司不是某航公司的下属单位，其与某航公司是平等主体，违反ICS工作号规定更改日期后销售获利的行为只是违反金达航公司与某航公司的合同，在386万元差价款未支付给某航公司之前，双方存在债权债务关系，仅能按合同约定追究违约责任，而不应追究刑事责任的申辩理由。本院在此向你释明，民事主体因同一行为，基于不同的法律依据，可以同时承担民事责任、行政责任和刑事责任，三者不能相互替代（参照《中华人民共和国民法总则》第一百八十七条）。本院认为，基于前述事实和理由，金达航公司的行为已经突破了其与某航公司的民事法律关系范围，明显具有违法性和社会危害性，符合我国刑法规定的犯罪实质要件和诈骗罪的构成要件，你所提只能追究金达航公司的违约责任、不能追究刑事责任的申辩意见，没有事实和法律依据，本院不予采纳。

关于你提出涉案的386万元差价款的所有权属于金达航公司，即使你非法占有，亦应构成职务侵占罪而非诈骗罪的申辩理由。本院认为，由于你所提的这一申辩意见的逻辑前提不能成立，即该386万元是骗取某航公司履行被篡改的运输合同的变现款，其自始具有不法性，属于赃款，金达航公司对该款不具有所有权（权利必须具有合法性），因此，该申辩意见亦不能成立。诚然，从法律关系的相对性而言，即使该款属于金达航公司不法占有的财物（占有事实也在物权法调整的范围），你利用职务之便予以侵吞，也可以构成对金达航公司而言的职务侵占罪。基于本案的事实，完全可能存在你犯诈骗罪（针对某航公司）与职务侵占罪（针对金达航公司）并存的情况，只是检察机关没有对你涉嫌犯职务侵占罪提出公诉，金达航公司也没有提起自诉而已。你提出即使你非法占有亦应构成职务侵占罪而非诈骗罪的申辩意见没有事实和法律依据，不予采纳。

关于你提出使用ICS工作号更改机票日期，属于对计算机信息系统中存储、处理或者传输的数据进行修改的操作，即使构成犯罪，也只成立破坏计算机信息系统罪的申辩理由。本院在此向你释明，单论该行为，确实可以构成破坏计算机信息系统罪，但综合全案事实，该行为仅为实施诈骗犯罪行为中的一个环节，可被诈骗犯罪所吸收，根据罪数理论和处断原则，应择重罪即诈骗罪处断。你认为你仅成立破坏计算机系统罪而不构成诈骗罪没有事实和法律依据，本院不予采纳。

关于你提出本案即使构成犯罪，也属单位犯罪，二审认定本案属自然人犯罪错误的申辩理由。本院在此向你释明，刑事案件需要透过现象看本质。根据工商登记资料，金达航公司成立时确实存在两个股东，但在案证据证实，另一股东已经退出该公司，你成为该公司实际控制人，公司利益与你本人的个人利益一致，二审判决揭开公司的"面纱"，将你以金达航公司名义实施的诈骗犯罪认定为你个人犯罪并无不当。本院还向你释明，非法占有目的之占有，是针对被害人而言排除被害人控制的占有，并非要求被告人本人的亲自占有，被告人通过其所控制或者具有特殊关系的公司、他人的占有，也属于被告人意志支配下的占有，因此，即使你的诈骗所得全部归属于金达航公司，也不影响对你犯诈骗罪的认定。根据《全国人民代表大会常务委员会关于〈中华人民共和国刑法〉第三十条的解释》"公司、企业、事业单位、机关、团体等单位实施刑法规定的危害社会的行为，刑法分则和其他法律未规定追究单位的刑事责任的，对组织、策划、实施该危害社会行为的人依法追究刑事责任"的规定，即使你及同案人所实施犯罪视为金达航公司实施的"单位犯罪"，由于我国刑法没有规定追究单位犯诈骗罪的刑事责任，亦应追究你及同案人作为组织、策划、实施者的刑事责任。因此，二审判决按自然人犯罪追究你的刑事责任并无不当。

示例 2－2－29　张某闵诈骗案一审刑事判决书①（运用犯罪集团的法理对被告人应承担刑事责任的范围进行分析评判）

本案是一个电信诈骗集团案件，各被告人在诈骗流程中分别从事一线接听、二线接听或拨打电话、三线接听或拨打电话等行为。在审判中，部分被告人的辩护人提出被告人未全程参与诈骗活动、被告人参与的诈骗并非全部成功、被告人直接实施的诈骗数额难以查证、认定个人诈骗数额事实不清或缺乏法律依据等理由，建议按各被告人个人参与诈骗并成功的数额、个人所得数额等来认定各人的犯罪数额。针对此理由，一审判决书运用共同犯罪和犯罪集团的责任原理予以分析论证。

4. 关于被告人参与犯罪期间及犯罪数额的认定问题

对于电信诈骗犯罪集团，从其组建成立后实施诈骗犯罪开始，该集团作

---

① 北京市高级人民法院刑事判决书，(2017) 京 02 刑初 55 号，首届全国法院"百篇优秀裁判文书"。

为一个整体即完成犯罪着手，被告人新加入犯罪集团只是进一步增强了犯罪集团的犯罪能力和社会危害性，根据“部分实行，全部责任”的共同犯罪理论，此时已经进入犯罪实行阶段，故应当将被告人加入犯罪集团的时间认定为着手实施犯罪的时间。同理，基于电信网络诈骗犯罪集团的上述特点，电信诈骗犯罪集团在运转或实施犯罪过程中，被告人只要加入该犯罪集团，就成为该集团继续运转的一部分，该犯罪集团在被告人加入后所实施全部诈骗行为，均应视为被告人所参与的诈骗行为。

故，张某闵、陈某祯、王某琨、李某蔚、张某峰、赵某婷、吴某灵、苗某、孙某权、赵某峰、刘某昌等人的辩护人所提不应让被告人对其参与诈骗犯罪集团期间该诈骗集团实施的全部诈骗行为承担责任等辩护意见及吴某灵的辩解均不能成立。

被告人韩某在 2015 年 7 月至 8 月间确系从印度尼西亚窝点返回大陆，但韩某除从事二线以外，还负责招募本案黑龙江籍被告人参加犯罪集团，其所招募的靳某峰、杨某波等人依然在窝点从事诈骗犯罪活动，且根据韩某的供述，其除了领取工资提成外，还单独从林某德处支取 10 万余元，故韩某对其暂时离开印度尼西亚期间诈骗犯罪集团实施的诈骗行为仍应承担相应责任。

示例 2－2－30 吴某琴挪用公款案一审刑事判决书[①]（运用法益侵害理论和罪刑相适应原理对犯罪情节轻重进行分析评判）

本案被告人吴某琴利用担任某国家机关现金会计的职务便利，先后 53 次将单位管理的资金转到其家庭所经营公司的银行账户，用于偿还贷款及购买原材料等经营活动，每次挪用数额在 10 万元至 100 多万元不等，均于当月底归还，累计数额达 2852 余万元。控、辩双方争议的焦点在于被告人挪用公款的犯罪数额应否累计计算。最高人民法院《关于审理挪用公款案件具体应用法律若干问题的解释》第 2 条规定：“挪用公款数额较大，归个人进行营利活动的，构成挪用公款罪，不受挪用时间和是否归还的限制。在案发

① 江苏省如东县人民法院刑事判决书，（2019）苏 0623 刑初 365 号，第三届全国法院“百篇优秀裁判文书”。

前部分或者全部归还本息的，可以从轻处罚；情节轻微的，可以免除处罚。”第4条规定：“多次挪用公款不还，挪用公款数额累计计算；多次挪用公款，并以后次挪用的公款归还前次挪用的公款，挪用公款数额以案发时未还的实际数额认定。”但对于行为人多次挪用同一账户公款并及时归还每笔挪用款项，其犯罪数额如何认定，刑法条文和司法解释均没有明确规定。在挪用公款罪中，挪用数额的认定，实际上是对犯罪对象的认定，挪用数额大小、挪用款项性质等是行为社会危害性的决定因素，直接影响到量刑。对于此问题，一审判决书充分运用了法益侵害决定刑罚轻重、罪刑相适应等基本法理，结合现行法律、司法解释规定，针对本案具体情况进行了说理论证，最终提出“被告人反复挪用同一账户中的公款，其犯罪数额应当以同一时间段对公款实际造成法律上最大侵害的数额认定”这一裁判观点。

首先，从法益侵害性角度来看。法益侵害性指的是犯罪对法益的侵害以及侵害程度。法益侵害性对于罪刑均衡有一个基本的衡量作用，犯罪的法益侵害性决定了刑罚的轻重。本案中，被告人每次挪用公款均于当月月底归还，显而易见，其行为的社会危害性要比前述的《解释》（最高人民法院《关于审理挪用公款案件具体应用法律若干问题的解释》——作者注）第四条规定所列举的“多次挪用公款不还”的社会危害性小，对公款造成的不能归还的风险更低，对公款占有使用权的法益侵害程度更低。如对挪用公款后归还的行为与多次挪用公款后不还的行为，均采“数额累计计算”的方法，显然是对两种具有不同法益侵害性的行为做出相同的刑法评价，有违刑罚目的，导致量刑失衡。同样，《解释》第四条规定所列举的“挪用后笔归还前笔”的社会危害性，要比本案多次挪用后自己主动退还的社会危害性大，前者“挪用公款数额以案发时未还的实际数额认定”，本案更不应采取“数额累计计算”的方法，否则会造成司法解释因存在体系性矛盾而欠缺合理性。

其次，从罪刑相适应原则角度来看。罚当其罪，罪刑均衡，对被告人的惩治要根据犯罪的性质、情节以及对社会的危害程度来进行。从根本上说，刑罚轻重主要是由罪行轻重所决定。罪刑相适应原则，要求在同罪适用上应当罪刑均衡，而对多次挪用同一账户公款并及时归还的行为一律按“数额累计计算”，将违背该原则要求。如行为人单笔挪用公款 99 万元用于营利，两年后才归还，抑或不归还，其犯罪数额仅为 99 万元，在有期徒刑三年左右量刑。而如果行为人挪用 99 万元用于营利活动，短期内全部归还，两年内反复 10 次挪用该账户公款，每次挪用 99 万元且均主动归还，其犯罪数额如果累计计算为 990 万元，在有期徒刑五至六年量刑。根据举重以明轻的刑罚原理，两种行为社会危害性，前者重于后者，但后者的量刑要重于前者，明显违背了罪刑相适应原则。

据此，本院认为，挪用公款罪的犯罪客体，决定了对其行为社会危害性的判断，应当为行为人对公共资金因占有、使用而产生的实际侵害。行为人将被挪用的公款归还后，行为人并未创设公共资金新的、更大的风险。在已归还的情况下，尽管占有型犯罪在实际控制使用财物后，即已达到犯罪既遂，回复行为不改变行为的刑法评价，但是，行为人将所挪用款项归还后，再行挪用同一账户款项，则仅为原始的款项本身，并未创设新的财产占有的损害。[①] 这也正是 1998 年《解释》第四条的原理所在。本案被告人反复挪用同一账户中的公款，其犯罪数额应当以同一时间段对公款实际造成法律上侵害的数额认定。被告人每月挪用的公款，当月月底归还，应当以一个月内挪用金额最高的数额确定犯罪数额，即 2017 年 6 月份的两笔合计 226.10607 万元，属“情节严重”。

示例 2-2-31 | 王某、谢某某非法收购、出售珍贵、濒危野生动物案二审刑事判决书[②]（运用律师辩护的法定范围原理对辩护意见进行分析评判）

该案的核心争议是人工驯养繁殖的野生动物是不是《刑法》第 341 条第

---

① 作者认为，挪用公款的数额本质上是挪用公款的犯罪对象大小问题。针对同一账户内的有限资金反复挪用，与针对同一对象长期挪用，对犯罪客体所造成的直接损害并无本质区别；也类似于针对同一对象反复侵害，其行为对象的数额并未增加，在构成犯罪的前提下，反复挪用代表着行为次数的增加，实际上是一个量刑情节问题，即犯罪数额的大小决定法定刑幅度，而挪用行为次数决定在法定刑幅度内的量刑选择。

② 广东省深圳市中级人民法院刑事判决书，（2017）粤 03 刑终 1098 号，第二届全国法院“百篇优秀裁判文书”。

1 款规定的珍贵、濒危野生动物。一审判决认定的依据是最高人民法院《关于审理破坏野生动物资源刑事案件具体应用法律若干问题的解释》第 1 条规定，即刑法第 341 条第 1 款规定的“珍贵、濒危野生动物”，包括列入国家重点保护野生动物名录的国家一、二级保护野生动物、列入《濒危野生动植物种国际贸易公约》附录一、附录二的野生动物以及驯养繁殖的上述物种。通常情况下，司法解释属于终局理由，不应当成为控辩双方争议的内容。但在本案中，王某的辩护人对最高人民法院《关于审理破坏野生动物资源刑事案件具体应用法律若干问题的解释》第 1 条的合法性提出质疑，认为最高人民法院《关于审理破坏野生动物资源刑事案件具体应用法律若干问题的解释》将《濒危野生动植物种国际贸易公约》附录一、附录二直接转化为刑法的“珍贵、濒危野生动物”，是超出刑法文义范围作扩大解释，违反罪刑法定原则，机械适用最高人民法院《关于审理破坏野生动物资源刑事案件具体应用法律若干问题的解释》会丧失公平正义。该辩护意见的本质是质疑最高人民法院司法解释的合宪性即法律效力，而对司法解释进行合宪性审查的权力归属于立法机关，作为审判机关的法院没有相关裁判权，不属于审判范围，当然也不属于律师辩护的法定范围，这些均只能运用法学理论加以回答。二审判决认为：

司法解释具有无可争辩的法律效力，各级人民法院在审理破坏野生动物资源类刑事案件时，应当严格遵照执行《最高人民法院关于审理破坏野生动物资源刑事案件具体应用法律若干问题的解释》。辩护人对该司法解释提出严重质疑，并要求本院“不能机械地适用”该司法解释，已明显超越其法定辩护范畴，且违背基本的法治原则。

示例 2－2－32 | 龚某民诈骗案驳回申诉通知书[①]（犯罪链条上某一环节与上游犯罪环节是否属于共同犯罪的分析评判）

本案中原审被告人龚某民接受上线刷卡套现的委托，后上线分多次每次给予多张银行卡，龚某民借用他人商店的 POS 机，后又以他人名义购买 7 台

① 河南省高级人民法院驳回申诉通知书，（2021）豫刑申 153 号。

POS 机，套现所接受卡中资金后转给上线指定账户，每笔从中获取转款额 7% 的报酬。生效判决认定其犯诈骗罪，其亲属申诉认为其主观上没有参与诈骗犯罪的故意。电信诈骗犯罪属于链条式共同犯罪，其特点在于犯罪链条上不同环节的行为人可能互不直接认识，如何认定共同犯罪的故意是一个难题，需要运用共同犯罪的基本理论来进行论证分析。

关于龚某民是否与上游诈骗行为人事先形成通谋。首先，对于转移诈骗等犯罪所得的行为，是构成掩饰、隐瞒犯罪所得罪还是诈骗等犯罪，关键在于行为人与诈骗等犯罪分子事先有无通谋；事先与诈骗等犯罪分子通谋，掩饰、隐瞒犯罪所得及其收益的，应以诈骗等犯罪的共犯论处。本案中，龚某民供述上线刘某章提出想在龚某民处刷卡套现，每笔给其 7% 的好处费，之后刘某章每隔几天给其四五张银行卡，然后随时给其打电话，告知其哪张卡上有钱，让其尽快刷卡套现，被抓获时手中尚有数张银行卡资金未到账。该供述能够证明龚某民与刘某章在套现的资金到达银行卡之前已经就刷卡套现形成通谋。其次，所谓共同犯罪故意，是各个共同犯罪人通过意思联络，认识到他们的共同行为会发生危害社会的后果，并决意参与共同犯罪，希望或者放任这种结果发生的心理态度。基于电信诈骗犯罪的链条化特征，诈骗犯罪的组织、指挥者通过许诺抽成将诈骗所得套现，层层传递寻找合作者的信息，通过套现者的合作实现资金回收。龚某民从刘某章处接收的正是上游犯罪人发出的意思表示，并通过接受业务、办理 POS 机等行为，表明其愿意参与承接相关业务，与上游犯罪人完成意思联络，巩固了上游犯罪人实施诈骗的意志，形成共同犯罪故意。龚某民对上游诈骗犯罪的具体犯罪手段和犯罪过程是否有明确的认知，或者与共同犯罪人之间有无直接、明确的意思联络，并不影响共同犯罪故意的成立。第三，龚某民并非只为上线刘某章提供一次 POS 机刷卡套现的配合，而是长期、多次、惯例性实施。龚某民在王某商店里刷卡套现一周多后，因嫌麻烦又通过李某茂、郑某碑办理 7 台 POS 机用于刷卡套现。即使其第一次刷卡套现是临时而为，当其之后多次帮助套现并办理多台 POS 机进行套现活动时，已经形成为从中谋利而积极参与上游犯罪，将上游犯罪所得套现、转移的共同故意。

第三节 如何说理

裁判理由是联结案件事实和裁判结果的纽带，但裁判理由不是空穴来风，而应该以案件客观事实作为论证的基础，因此说理时首先要讲清案件的事理，简明扼要地说明争议或评价的基本事实，必要时也应该具体详细准确地点出关键情节；在此基础上说透情理，释明法理，运用相关法律规定、刑事政策、社会道德准则或生活经验进行分析，将纸面上的法律激活为解决现实纠纷的“活”的法律，最后给予一定的法律评价，从而使裁判结果呼之欲出，水到渠成。在裁判文书的说理写作上，应当注意以下两个方面：

一是说理应当具有针对性。文书制作者应当准确把握案件的关键问题，在控辩双方平等对话和充分辩论的前提下详细论证判决的正当性和合法性。既要避免对定罪量刑和争议焦点不作深入分析，不讲道理甚至强词夺理，也不能抛开定罪量刑和争议焦点，空讲大道理，泛泛而论，言之无物、空洞乏力。

二是说理应当繁简得当。文书制作者应当根据案件的实际情况和具体需要开展说理，能够以简洁明了的方式说清楚的，就没有必要事无巨细地长篇论证；对于控辩双方有疑问或者争议较大、对判决结果有重大影响的，则需要全面分析、充分论证。“评价裁判文书说理是否充分，不能以长短论英雄，而要根据案件的具体情况和复杂程度，当长则长，长短适度，有时一句话就够了，有时候就是长篇大论。”①

司法裁判就是一种法律推理的过程，包括法律事实的推理、法律规范的推理和法律裁判的推理三个不同环节。对应在裁判文书的具体说理，包括三个方面：一是对于事实认定的说理；二是对于法律适用争议的说理；三是对

① 胡云腾：《论裁判文书的说理》，载《法律适用》2009 年第 3 期。

于判决具体理由的说理。根据说理对象和目的的不同，说理的方法和要求也不相同，以下分别予以说明。

一、对于事实认定争议的说理

控辩双方对案件事实认定存在争议，或者是对被告人是否实施了指控的犯罪行为存在争议，或者是对现有证据能否认定被告人实施了指控犯罪行为存在争议，或者是对影响案件定罪量刑的一些重要事实存在争议。法官认定案件事实，不是由法官臆断的，而是根据证据和推理得来的。由证据到事实的转化，需要在证据理论的指导下，运用证据法、程序法来证明和推导。“由证据到事实的过程，就是法官心证形成的过程，把这个过程中在裁判文书中展现出来，可以让当事人、社会公众判断法官形成的心证是否符合法律，是否符合逻辑，是否有根据，是否正确。”① 对于被告人或辩护人否认实施指控犯罪事实的辩解，不能简单地以一句“没有提供证据证明其主张”来回应，因为刑事案件的有罪证明责任由控方承担，这种表述混淆了证明责任主体，应当先对控方提供的证据体系进行分析评判，确定是否形成完整的证据体系，同时对被告人的辩解，结合相关证据或生活常识进行分析评判，确定是否存在排除其作案的合理怀疑或者确凿证据。对于被告人或辩护人辩解现有证据不足以认定被告人实施指控犯罪行为的，则要结合犯罪构成要件对现有证据体系进行分析评判，确定是否达到“证据确实、充分”的标准；同时对辩方提出的证据疑问，运用证明原理予以分析，评判是否成立。实践中经常用的事实说理方法包括以下几种。

（一）运用证据规则进行说理

控辩双方中的一方对起诉书指控或一审判决认定的具体事实或其中某一事实情节提出异议，要运用相关证据，依据证据规则进行评判，尤其是注意运用证据之间的相互印证、先供后证、相互关联、相互补强等关系，构建证据体系，论证相关事实成立与否。对于当事人提出一些证据证明其主张事实

---

① 王新清：《刑事裁判文书繁简分流问题研究》，载《法学家》2017 年第 5 期。

的，要从证据的合法性、客观性、关联性等方面进行分析，明确对当事人所提证据是否采信、理由及根据采信证据能够认定的事实。

示例 2-3-1 王某强故意杀人案二审裁定书①（从犯罪动机、预谋、手段、后果、成因等方面对被告人翻供案件的事实认定进行说理）

本案中，检察机关指控被告人王某强为了与情人左某某结婚，而将结发妻子崔某某骗到家中三楼房顶上推下摔死。被告人王某强归案后先是不供述，后来时供时翻，在审判阶段又拒绝承认自己实施了杀人行为。在二审中辩解称“其没有上到房顶，被害人崔某某自己上楼后从三楼跌落，其并没有杀害崔某某”。二审裁定书针对其辩解分析如下。

经查：1. 证人左某某证实其与王某强有不正当两性关系，案发前王某强曾问其如果“崔某某没有了”能否和王某强一起共同生活，并说过想永远和左某某在一起，该证言晚于王某强有罪供述中关于杀人原因的供述，并能相互印证，证实王某强的杀人动机；2. 王某强手机的提取笔录证实案发前三四天王某强大量搜索捂口鼻窒息、投毒农药或水银、高空坠落等杀人手段的相关内容，在案发前晚九次搜索“多高能摔死人”等相关内容，与之后被害人崔某某的死亡原因完全相同，证明王某强在作案前有过充分预备；3. 现场勘查提取的足迹及足迹鉴定意见证实在三楼天窗外侧房顶上发现王某强、崔某某二人的杂乱足迹，人身检查笔录反映王某强右胳膊有4厘米的擦划伤，而崔某某左手食指和小指指甲剪片检出的混合DNA分型包括王某强的DNA分型，能够证明王某强和崔某某二人均上到三楼后通过天窗上到房顶上并且有过撕扯活动，而王某强在二审中辩解其没有上到三楼房顶不能成立；4. 尸体检验反映被害人崔某某系高空坠落死亡，且临死前颈部遭到扼压，鉴定结论形成时间晚于王某强有罪供述，且与王某强供述的先后杀人手段相互印证；5. 王某强翻供所辩解崔某某从楼上跌落的原因及其在此过程中的行为内容，或与在案其他证据相互矛盾，或与生活常识不相符合，不足采信；综合上述

① 河南省高级人民法院刑事裁定书，（2020）豫刑终386号。

分析，现有证据确实、充分，足以认定王某强为和婚外情人共同生活而杀害其妻子崔某某的事实。

可以看出，二审裁定书在评判被告人王某强关于其没有实施杀人犯罪的辩解理由时，从犯罪动机、犯罪预谋、犯罪行为的具体实施三个方面组织证据，通过其供述杀人原因与其情人左某某的证言相互印证、其手机上的网络搜索记录与被害人死亡原因的相互印证、现场勘查提取的杂乱足迹与足迹鉴定意见及被害人指甲剪片鉴定意见的相互关联等三组证据，来论证指控被告人杀人事实能够成立；又对被告人的有罪供述与后形成鉴定意见的印证情况、其无罪辩解与其他证据及生活常识的矛盾情况进行了分析。论证过程应该说比较全面，理由环环相扣、层层递进，体现了严密的逻辑性和体系性。

示例 2-3-2 金某芬故意杀人案驳回申诉通知书①（运用间接证据的相互印证和有罪供述的客观性对事实认定进行说理）

本案系采用投毒方式实施故意杀人犯罪的案件，原生效判决认定金某芬因其父母与被害人父母一家有矛盾，将其家中的鼠药投放到被害人家的水桶里，致被害人食用晚饭后中毒。本案既具有投毒犯罪作案手段隐蔽、取证困难、被告人易翻供等共性，又具有涉未成年人犯罪、供述的固定要求更高等特性。本案申诉理由也体现了上述特点，即集中在无客观性证据证实被告人作案且被告人翻供的情况下依据间接性证据能否定案，以及被告人的供述是否具有合法性并作为定案证据上。驳回申诉通知书认为“原判认定金某芬故意杀人的事实清楚，证据确实充分”，理由如下。

1. 案件侦破过程自然。2003年2月13日，被害人金某甲、金某晚饭后相继出现食物中毒症状，即被送医抢救，金某甲在送医途中死亡，金某经抢救脱险。次日晨被害人父母金某乙、张某某报案。公安机关派员勘查现场并进行走访，得知被害人家与金某丙、柯某某夫妇素有积怨，遂对金某丙、柯某某夫妇进行传唤，并对其家进行搜查，在金某丙家卧室地上提取到“快杀

① 最高人民法院驳回申诉通知书，(2018) 最高法刑申 322 号，第二届全国法院“百篇优秀裁判文书”。

灵”鼠药外包装袋一个并在其上检出与死者胃内容物中相同的毒鼠强成分。金某芬之父金某丙证实其家有“快杀灵”和“闻到死”鼠药四包，均被其锁在放有帐本的抽屉里，而抽屉钥匙由其亲自保管。公安人员据此前去提取时，发现抽屉上锁，遂返回向金某丙要钥匙，再次去提取时，却发现抽屉里并没有鼠药，后经搜查，在墙上一棉帽内提取到鼠药三包，而缺少的一包“快杀灵”恰与此前在金某丙家卧室地上垃圾中提取到的鼠药外包装袋吻合，同时结合金某丙的证言①，金某芬具有接触和转移鼠药的条件，遂确定金某芬具有作案嫌疑，后经讯问，金某芬于同年2月15日下午供认犯罪。此案告破。

2. 经尸体检验和毒物鉴定，在死者金某甲胃内容物中检出鼠药毒鼠强成分，确定了被害人的死因。另在被害人金某甲、金某晚饭所用瓷碗、其家水桶的水中及从申诉人金某芬家卧室提取的“快杀灵”鼠药外包装袋中均检出鼠药毒鼠强成分，此与金某芬供述作案时将“快杀灵”鼠药外包装袋扔在自家地上，到被害人家厨房向水桶中投放毒药的情节吻合。关于金某芬所提金某甲极有可能是因为食用含剧毒农药的白菜致死的理由，经查，案发前被害人家一直食用厨房内的白菜，未曾出现中毒现象，同时经补充鉴定，在厨房内的白菜中未检出包括毒鼠强在内的任何毒物、药物成份，因此，金某芬的此节申诉理由不能成立。

3. 金某芬具有作案动机。(略)

4. 金某芬具备作案的条件。首先，金某芬知道其父金某丙抽屉里有鼠药。金某丙证实2002年冬月其曾在泥沟供销社购买过鼠药，价格为一元钱三包，其当时向给其拿货的熊某某多要一包，所购鼠药为“快杀灵”和“闻到死”，鼠药买回后，一直锁在抽屉里没用。熊某某对金某丙购买鼠药的情节予以证实，称金某丙向其多要了一包。金某芬供称案发三天前，其父算帐时开过抽屉，其当时看见抽屉里有鼠药，用一个装糖的塑料袋包着，当时其还翻看了的。金某丙对其在正月里曾算过帐的情节予以证实。其次，金某

① 金某丙证实其女儿金某芬曾在案发前向其要走钥匙回家开门锁用。

芬具有接触鼠药的条件。金某丙证实因为抽屉里放有鼠药和村组的帐本，所以抽屉平时都上锁，抽屉上的锁共有两把钥匙，均由其保管，2003 年 2 月 13 日当天除了金某芬用过那串钥匙外，没有别人接触过。此与金某芬供述，其拿到父亲钥匙后，趁妹妹在堂屋看电视之机，自己溜到父亲屋里从抽屉中取出鼠药，并将剩余鼠药转移的情节吻合。而转移鼠药一节亦得到搜查笔录的印证，金某芬对此亦始终予以供认。再次，金某芬具有进入被害人家的条件。张某某证实，案发当日，其和丈夫、大儿子金某甲给妹夫马某某家点黄姜，小儿子金某在家看门，妹夫马某某家的地距其家不远，站在其家门口就能看到；当天金某去过地里两次，第一次是八九点钟，金某去送锄头，第二次是快干完活时，发现金某又到地里了，不知何时来的，问他锁门没有，他说锁了，但其回头看看大门好像没锁，其丈夫就喊金某回去看门。金某证实，出事那天，父母和哥哥金某甲给姨家帮忙点黄姜，其一人在家看门；期间其曾去过黄姜地两次，还上了一趟厕所，第一次是去地里给母亲送锄头，第二次是快到晌午的时候到黄姜地里玩了一会，出去时没锁门，只是把门关了；上次公安人员询问时，因怕被母亲责怪，就说锁门了，其实没锁。金某芬供述，其拿到鼠药后，出门看其叔家里是否有人，见其叔、婶及他们的两个儿子都在马某某地里，遂回屋拿上鼠药到其叔家厨房投毒。关于金某芬所提能够证明其没有作案时间和作案条件的关键证人范某某、金某的证言未被采纳的申诉理由，经查，金某对自己当时是否锁门已作了合理解释，范某某仅证实其未见到金某芬进入被害人家，并不能据此得出金某芬实际确实没有进入被害人家的结论，正如范某某没有见到有人进入被害人家，并不能因此得出被害人家没有被人投毒的结论一样，因此，金某芬的此节申诉理由亦不能成立。

5. 金某芬的有罪供述客观自然。金某芬在初次接受公安人员讯问时否认到地里向其父要过钥匙，称其回家时妹妹在家；在其父亲出证证实其到地里要了钥匙并于当晚剪了指甲后，金某芬在第二次接受讯问时才承认向其父要过钥匙；到第三次讯问，才供述了投毒杀人的事实；次日早，金某芬主动向公安人员反映称其在昨天所供将鼠药投在被害人家盐碗中有误，主动更正是投在被害人家水桶里。此亦与经检验在盐碗中未发现鼠药成分而在水桶的水中发现鼠药成分的鉴定意见吻合。后公安人员在征得金某芬同意后，在其父金某丙在场的情况下，对金某芬的供述进行了录音。供述完毕后，经询问，金某芬、金某丙均称对录音无异议，金某丙同时要求各级领导对孩子加强教育。综上，金某芬系在公安人员掌握相关证据后，其对自己的谎言不能自圆其说的情况下才供述的犯罪，公安机关对金某芬进行讯问时考虑到其系未成年人，而其父母被传唤，遂邀请金某芬所在乡分管政法工作的党委副书记程某某在场，程某某证实公安人员在讯问时没有刑讯逼供、诱供的情形。（以下略）

6. 金某芬的翻供与在案证据不符。（略）

这份驳回申诉通知书在制作时坚持以问题为导向。首先，从案件侦破经过入手，论证公安机关确定被告人具有重大作案嫌疑的过程客观、自然；其次，从尸体检验和毒物鉴定入手，论证在被害人体内和从被告人家卧室地面提取的鼠药外包装袋上均检出毒鼠强成分，以此确定被害人死亡与被告人家具有密切关联；再次，从证人证言入手，论证被告人具备作案的动机和时空条件；最后，从被告人供述入手，重点论证供述的客观性、合法性和真实性。论证过程体现了对证据裁判原则的严格贯彻，内容全面而且双管齐下，既不是单纯被动地回应申诉理由，也不是自说自话，对申诉人的申诉理由一概不理，而是坚持两条腿走路，既从正面阐述了认定被告人构成犯罪的充分理由，又从反面对申诉人所提各项申诉理由进行逐一回应和认真分析、驳斥，有理有据，说服力强。

示例 2-3-3　张某琦合同诈骗、职务侵占案二审刑事裁定书[①]（书证的提供者应当对书证的关联性、客观性作出合理性说明和证明）

本案原审被告人张某琦与被害人薄某强系某矿山的合伙股东。检察机关指控张某琦以电煤为质押向薄某强借款，薄某强于 2012 年 4 月 10 日至 7 月

① 河北省高级人民法院刑事裁定书，（2017）冀刑终 529 号，第二届全国法院“百篇优秀裁判文书”。

30日通过其本人及李某1的银行账户向张某琦指定账户转款1500万元，后张某琦在未通知薄某强的情况下将质押的电煤处置，因而认为张某琦的行为构成合同诈骗罪。一审判决认定张某琦向薄某强借款后，于2012年4月20日至7月1日陆续向薄某强及其指定账户转款1534.4万元，已还清1500万元借款，故指控的合同诈骗罪不能成立。针对这一争议焦点，二审裁定书对张某琦、薄某强双方提供的证据进行分析，张某琦关于向对方转款1534.4万元的凭证并未载明每笔款项的性质，而薄某强一方的证人李某1关于张某琦转款有少部分是支付借款利息、其他为退股款的证言因有利害关系及无印证证据，亦不能采信。张某琦作为支出款项一方，应当举证说明其支出款项的目的和性质，如不能举证证明，则不能认定其所主张的支出款项系还款的事实，这体现了对证据规则的运用。由此，二审判决对一审关于此节事实的认定予以纠正。

1. 关于张某琦向薄某强转款1534.4万元能否认定为偿还清1500万元借款的事实。张某琦向薄某强借1500万元，后分多笔共计还款1534.4万元的事实有证据证实，且双方认可。但是对该合计1534.4万元还款的性质各执一词。张某琦一方的银行转账凭证并未载明每笔还款的性质，司法会计鉴定意见亦不能区分出哪些还款属于偿还本金和利息，哪些还款属于合伙矿山的退股款。证人李某1证言虽然称张某琦该还款数额中有240余万元系借款利息，其余为退股款。但因该证人系报案人薄某强公司的员工，与报案人一方有利害关系，其关于还款性质的证言又没有其他证据印证，故不足以采信。银行转账凭证等证据载明张某琦与薄某强及其员工之间长期存在资金往来关系，且薄某强与张某琦合伙开矿入股、退股资金账目混乱、缺失。二人之间的经济关系无法得到准确界定。综上，张某琦向薄某强转款1534.4万元不能认定已偿还清1500万元的借款，亦不能区分其中哪些是偿还的借款、哪些是退股款。原审判决认定张某琦已还清薄某强借款属事实认定错误。河北省人民检察院支持抗诉所提原判决认定张某琦已还清借款错误的意见，本院予以采纳。张某琦及其辩护人所提“借款已还清，原判决认定的事实清楚，证据确实、充分”的理由和意见，理据不足，本院不予采纳。

示例2-3-4　蒙某明、刘某雄贩卖毒品案再审刑事判决书[①]（证明有罪的证据充分时被告人应对其无罪辩解提供相关证据）

本案检察机关指控及一审判决均认定原审被告人蒙某明于2015年2月3日经刘某雄电话居间介绍，携带毒品到刘某雄家，向刘某英、欧某强贩卖毒品，被公安机关当场抓获并查获毒品；二审判决认为现有证据不足以证实蒙某明具有该起贩卖毒品的事实，故以非法持有毒品罪进行了改判。检察机关提出抗诉。再审判决又改判为贩卖毒品罪。再审判决书针对该事实争议，列出相关证据，运用证据规则和经验法则进行审查认证，最后再综合分析，得出评判结论；对被告人的具体理由也进一步分析并提出意见。

关于焦点二。经查，1. 原审被告人刘某雄到案后稳定供称其于2015年2月2日至2月3日接受刘某英、欧某强委托，向原审被告人蒙某明联系购买毒品海洛因和甲基苯丙胺，蒙某明携带毒品到其家中，公安机关现场查获毒品海洛因29.82克、甲基苯丙胺97.55克，以及抓获其与蒙某明、刘某英、欧某强的过程。2. 证人刘某英、欧某强到案后稳定供述他们委托刘某雄帮助联系购买毒品，刘某雄声称已经联系蒙某明，以及他们在刘某雄家中见到蒙某明，蒙某明拿出毒品让他们试吸和公安机关现场查获毒品并抓获他们与蒙某明、刘某雄的过程。3. 中国移动佛山分公司出具的刘某雄与刘某英、欧某强，刘某雄与蒙某明的通话记录显示，他们相互之间在2015年2月2日至3日均有频繁的通话。4. 短信记录清单、手机短信照片显示，刘某雄与蒙某明于2015年2月2日16时24分起至2月3日15时47分相互之间共发送与毒品交易有关短信息18条。5. 原审被告人蒙某明到案后否认刘某雄与其联系是买卖毒品，不承认公安机关在刘某雄家中查获的毒品是其带去的。对于在案发当日到刘某雄家中的原因和目的，2015年2月3日第一次供述和2015年8月13日第三次供述称是黎某良叫其来高明饮喜酒，让其先到刘某雄家；2015年11月19日第四次供述、2016年1月22日第五次供述、2017

---

① 广东省高级人民法院刑事判决书，（2018）粤刑再19号，第三届全国法院“百篇优秀裁判文书”。

年3月1日第六次供述、2017年12月7日第八次供述均称其准备去黎某良弟弟家喝喜酒，半路接到刘某雄的电话，请其到他家吸毒；2017年5月4日第七次供述、2018年11月29日第九次供述称刘某雄为了答谢其帮助找到一个叫“猪仔”的人，让其到他家吸毒。对于其对被抓后尿检结果呈阳性的解释，第一、二次供述中辩称其没有吸毒行为，可能是吃伟哥造成的；第三次供述称怀疑是吸了别人给的烟里有毒品造成的；从第四次供述开始承认是吸毒造成的。对于刘某雄与其相互所发的短信中的内容，蒙某明辩称不记得、不清楚或不知道。本院认为，原审被告人刘某雄关于此宗毒品交易的供述是直接证据，前后较为稳定，并有证人刘某英、欧某强的一致供述予以相互印证，中国移动公司出具的通话记录、公安机关提取的短信记录等客观证据予以佐证，形成稳固的证据体系，在没有证据证明侦查机关对刘某雄、刘某英、欧某强等存在串供、逼供、诱供等非法取证的情形下，足以作为定案依据。原审被告人蒙某明的辩解缺乏证据证明，且对于其改变供述的理由无法作出合理解释，本院不予采信。检察机关指控蒙某明于2015年2月3日通过刘某雄联系介绍与刘某英、欧某强进行毒品交易的基本事实清楚，证据确实、充分，本院予以支持。蒙某明及其辩护人辩称该宗指控事实不清，证据不足的意见理据不足，本院不予采纳。

此外，关于蒙某明及辩护人所提涉案毒品包装上没有检到蒙某明的指纹，因而认为蒙某明与涉案毒品无关的意见。经查，涉案毒品包装因受到污染而不具备指纹鉴定条件，侦查机关已经作出说明。本院认为，根据在案证据已足以认定涉案毒品是蒙某明带到刘某雄家的，侦查机关没有采集到蒙某明的指纹并不影响本案基本事实的认定，蒙某明及其辩护人据此认定涉案毒品与其无关的意见理据不足，不予采纳。

（二）运用正反论证方式加强说理

作出有罪认定，既要从正面证实的角度做到内心确信，又要从反面证伪的角度排除合理怀疑、得出唯一结论。在事实认定争议的说理中，应当善于运用正反说理的方式，既从正面阐明法院认定相关事实的依据，同时也对当事人所持的谬误主张据理驳斥，以强化裁判认定事实的合理性和正当性。比如对于被告人在审理中否认自己是犯罪行为实施者的理由，即俗称的“翻供”，应当既从正面论述认定其参与实施相关犯罪的证据，同时也对其翻供后的供述情况应进行分析，从反面论证其翻供供述的虚伪性，从而使相关事实的认定更加客观真实。

示例2-3-5 | 高某军运输毒品案二审判决书[①]（运用正面证实和反面证伪对翻供案件进行事实说理）

本案被告人高某军驾驶货车从云南省到辽宁省，在河南省境内被公安民警拦截查获，从货车的多个隐蔽位置分别提取到毒品，其在侦查阶段作出有罪供述，到审判阶段又辩解“公安机关在货车上所查获物品是其在云南省某县一公路路边所捡，不知道是毒品”，并在一审判决后提出上诉。对其辩解，二审判决书作出如下分析。

1. 公安机关先后三次从高某军车上发现毒品，高某军在之后的讯问中均明确供述所发现毒品是其在云南省临沧市耿马县孟定镇购买的冰毒即甲基苯丙胺，与之后公安机关取样并鉴定得出的结论一致；2. 公安机关查获的毒品均位于高某军所驾驶货车驾驶室的隐蔽位置，多数毒品系专业修车人员检查或者使用专业设备检查才发现，足以说明高某军放置相关物品时有藏匿目的，不想被公安人员发现；3. 高某军在审判阶段辩解所查获毒品系其在云南省行车期间在公路边捡拾所得，想带回交给辽宁省公安机关，与毒品被拆分、再包装并且分别藏匿于货车驾驶室多个位置相矛盾，与其在公安机关第二次检查发现毒品后仍供述“车辆其他位置没有藏匿毒品”也相矛盾，与发现疑似非法物品后应就地报警并交给公安机关的常理更是不合；4. 高某军辩解所捡拾毒品含量低，不能排除是他人用于掩护更大毒品犯罪，既与查获毒品的鉴定含量不符，也与其分装、藏匿毒品的行为表现相矛盾，不足采信；综上，现有证据足以认定高某军主观上明知是毒品而藏匿在所驾驶货车上。

---

① 河南省高级人民法院刑事判决书，（2021）豫刑终213号。

这种写法，就是从正反两面对被告人的辩解进行说理，既利用现有证据从正面说明认定被告人主观上明知是毒品的理由，又针对被害人的辩解进行反驳，从反面说明其辩解不能成立。

示例 2-3-6 桑某、马某等故意伤害、聚众斗殴案二审刑事判决书[①]（从凶器的遗落、发现、提取过程及与伤情的特征对比论证其与案件的关联性）

本案是一起聚众斗殴致人死亡的案件。被告人桑某及其他人员受同案被告人甲某太纠集，与原审被告人马某纠集的彭某2等多人斗殴，一审判决认定桑某在斗殴过程中持刀捅刺彭某2腹部致其死亡，后在斗殴中所持单刃刀折断，即抛弃在现场，该断刀被公安机关提取，其上血迹经DNA鉴定来源于被害人彭某2。桑某上诉及其辩护人提出“认定提取在案的断刀是桑某作案凶器的证据不足”“无法确定断刀就是唯一致彭某2死亡的工具”的意见，实质上是意图否定桑某持刀捅刺被害人彭某2腹部致其死亡。(1) 前一个事实争议的产生原因在于被告人桑某在其所使用的单刃刀折断后将之丢弃，后被现场附近一单位的保安贡某次成捡到后直接交给“110”出警人员，出警人员又将该刀放在斗殴现场，再被现场勘查的侦查人员提取，断刀离开了其被丢弃的初始位置，其客观性及与本案的关联性存在疑问。二审针对这一问题当庭补充质证了捡刀人贡某次成的证言，并在判决说理中，先是对被告人桑某所持刀子折断的过程、证人贡某次成捡到断刀并上交“110”出警人员的过程及地点、断刀被提取的过程及地点等三个环节，分别运用现有证据之间的相互印证予以分析证明，环环相扣，最终得出结论“虽然断刀离开了其被遗弃的初始位置，但整个提取、移动过程连贯，不影响断刀与桑某的关联性判断”；同时，又针对断刀刀柄上未检出作案人指纹和生物学物质这一问题进行反向分析说理，从而从正反两面对被告人及其辩护人的上诉、辩护意见进行了评判。(2) 后一个事实争议的产生前提是现场目击证人舒某证实看

① 西藏自治区高级人民法院刑事判决书，(2018) 藏刑终6号，第二届全国法院“百篇优秀裁判文书”。

到一名黑衣男子持刀捅刺被害人致其腹部受伤，而聚众斗殴过程中除被告人桑某外另有同案被告甲某太和次某桑珠也持有刀具，由此产生桑某所持刀具是否直接致被害人受伤并死亡的疑问。以被告人桑某所持单刃刀上检出被害人的血迹为基础，二审判决书从被害人致命伤特征与被告人所持刀具的比对、被害人其他伤情与同案所持凶器的比对等两个方面分别进行了分析论证，也体现了正反说理，双向证成的效果。

四、关于上诉人桑某及其辩护人所提证人贡某次成捡到断刀的地点与公安机关在“醉江南”娱乐会所外花坛内提取断刀的地点不一致，故认定在案的断刀是桑某作案凶器的证据不足的辩解和辩护意见。

经查：(1) 在捅刺被害人彭某2后，上诉人桑某所持刀子与他人所持钢管碰撞折断，在本案中具有唯一性特征。证人康某1的证言对断刀的事实可以部分印证；[①] 原审被告人次某桑珠、翁某降措的供述均证实桑某作案后自述自己的刀子断了，上述供述可信度高；桑某对刀折断的事实亦供认，而本案提取的刀具中唯有该刀具有折断的特征。(2) 西藏自治区林芝市百益超市停车场入口相关监控探头视频记载桑某丢弃断刀的位置，与证人贡某次成关于捡到断刀的证言、指认笔录及记载贡某次成捡刀位置的监控探头视频内容相符。[②] 贡某次成关于将断刀交给公安人员的证言与西藏自治区林芝市巴宜区公安局纺织路派出所贾某、唐某，八一派出所刘某2、曾某、旦某、洛某出具的关于接收和移交断刀的证明能够相互印证，上述证据能有力证明断刀

---

① 证人康某1证明：“有个1.7米左右、里面好像穿一件白色T恤、外套是蓝色抓绒衣、下身穿牛仔裤的人，左手提一把刀子，右手拿着钢管，朝我们方向冲了过来……陈某2回头时眉骨处被人砍了一刀，他就拿着手里的钢管挡对方的刀子，（刀子）被钢管挡断了。”证人陈某2亦证明其“用棍子去挡对方的刀子”。

② 被告人桑某辨认现场附近监控探头相关视频时指出，在粮食局监控探头时间为2016年9月25日0时40分48秒至41分56秒的视频中，指认出自己穿着黑色衣服、白色裤子，右手拿着刀子……在百益超市停车场入口监控探头时间为2016年9月25日0时45分26秒的视频中，指认出自己当时手上拿着一把刀；在监控探头时间为2016年9月25日0时45分28秒的视频中，指认出自己的刀子打到对方的钢管上断掉了，后从地上捡了一根钢管。证人贡某次成证实：“我回值班室的路上（百益超市停车场）看见一把刀和刀鞘放在地上，刀已经断了，这时我看见警务站的人过来，我把刀和刀鞘交给了警务站民警。”百益超市停车场入口监控探头视频，记载了证人贡某次成在工布印象广场附近大石头旁边捡到断刀的情况。

与本案的关联性。(3)根据刘某2、曾某、旦某、洛某出具的证明，提取断刀后按照派出所所长侯某的指示将该断刀放在“醉江南”娱乐会所门口地上并用塑料袋和雨伞保护好现场，此节与现场照片记载的在“醉江南”娱乐会所大门东边的一棵大树周围的花坛上放置一个黑色塑料袋和一把单刃断刀、地面血泊旁边有一把张开的雨伞相符。故物证鉴定意见记载的“醉江南”娱乐会所外花坛，与现场照片中记载的花坛为同一位置。虽然断刀离开了其被遗弃的初始位置，但整个提取、移动过程连贯，不影响断刀与桑某的关联性判断和对断刀刀刃处血迹所做的DNA物证鉴定的效力。(4)次某桑珠供认在斗殴前购买了白手套分发给各原审被告人作案时使用，此节与原审被告人仁某列吾、魏某的相关供述相印证，故在断刀刀柄上未能检出相关指纹和生物学物质，不足以排除断刀与桑某之间的关联。而在该刀刀刃上检出彭某2的血迹，能够进一步印证该断刀就是致伤彭某2的作案凶器。

综上，上诉人及其辩护人所提此项辩解和辩护意见缺乏事实依据，本院不予采信。

五、关于上诉人桑某上诉所提被害人彭某2身中三刀，本案中有三把刀子出现，仅对断刀作了DNA鉴定，未对其他刀子作鉴定，无法确定断刀就是唯一致彭某2死亡的工具的辩解；桑某的辩护人所提无法排除同案被告人甲某太、次某桑珠作案的辩护意见。

经查：(1)西藏自治区林芝市公安局物证鉴定所出具的尸体检验鉴定意见及尸检照片证实，被害人彭某2共有右腹部和左臀部两处刺器创口，且致命伤仅为右腹部一处刺器创口，所谓身中三刀并无事实依据。另，该尸体检验鉴定意见证明彭某2右腹部刺器创口致伤物为单刃刺器，与在案提取的单刃断刀在刀刃形态上不存在排他性矛盾。(2)西藏自治区公安厅物证鉴定中心出具的物证鉴定书记载，公安机关案发后在“天意金座”员工宿舍、原审被告人次某桑珠等人乘坐的车辆上等处提取过几把刀子，经鉴定未检出有价值的基因物质，根据现有证据，不能认定这些刀子与本案存在关联。(3)现有证据虽能证实原审被告人甲某太、次某桑珠也有持刀参加斗殴的事实，但次某桑珠供述其持刀并未伤害他人，现有证据不能证实次某桑珠在西藏自治区林芝市粮食局门前公路附近持刀捅刺彭某2腹部。甲某太供认持一把小折叠刀从他人身后实施过捅刺行为，此节与彭某2左臂部系被双刃刺器或较薄的单刃刺器刺伤的尸检鉴定意见及林芝市粮食局监控探头视频记载的甲某太疑似捅刺行为无排他性矛盾；次某桑珠、次某多登、便某土登亦供述听到甲某太事后自述持刀捅人，可信度较高。[①] 但公诉机关未指控甲某太持刀致伤彭某2，现有证据也不能证实甲某太在林芝市粮食局门前公路附近持刀捅刺彭某2腹部。

综上，上诉人桑某及其辩护人所提此项辩解和辩护意见缺乏事实依据，本院不予采信。

示例2－3－7 邹某国等重大责任事故案一审刑事判决书[②]（共同过失行为导致事故后果发生时运用经验法则进行因果关系判断）

本案被告人邹某国担任建景物流公司总经理，同案被告人李某2、李某1作为公司司机分别驾驶严重超载的货车前往建筑工地送货，先后违规驶入限重且大货车禁行的中环高架道路，使得该路段桥体承受的总载荷超过了桥体发生翻转的极限条件，致桥体损坏，为修复受损路段支出费用共计972万余元。检察机关指控被告人邹某国作为全面负责物流公司日常管理的总经理，为降低公司运营成本、追求经济效益，长期要求、鼓励驾驶员严重超载，并对行驶路线疏于监管，构成重大责任事故罪。被告人邹某国辩称其虽然名为总经理，但并不全面负责公司的经营管理，其只是承上启下，传达上级公司建华物流有限公司（以下简称建华物流公司）的指令和要求，没有人事权和财务权，也没有管理权和任命权；超载则是公司长期存在的情况，驾驶员也有利益驱动，如果载货量不够驾驶员还会拒载，其曾向上级公司要求限制超载但未获上级公司准许，其对此也没有办法；其不清楚驾驶员违法上中环，平时也经常进行安全教育，明确要求驾驶员不能上中环、高架等限行

① 同案被告甲某太供述自己持一把折叠刀捅到对方一个人，哪个部位不确定；同案次某桑珠等人则证明事后听甲某太说持刀捅刺对方臂部的情况。

② 上海市松江区人民法院刑事判决书，（2017）沪0117刑初279号，首届全国法院“百篇优秀裁判文书”。

道路，因此不存在管理上的疏忽。邹某国对事故后果承担责任的前提是其具有全面负责物流公司日常管理的职责、其对驾驶人员的严重超载运输长期鼓励、其对公司货车违规在高架道路行驶存在监管疏忽，而这三个方面既需要依靠相关证据予以证明，又有对其日常的经营管理行为进行综合评价的成分。一审判决书在分析时，先运用相关证据对邹某国的日常管理职责、实际管理模式等进行证明，同时针对其辩解也运用相关证据进行反驳，从正反两个方面对其实际职责及履职情况进行了总结评价，为其责任认定提供了很有说明力的事实基础。

关于被告人邹某国及其辩护人就上述事实提出的辩解及辩护意见，本院分析如下：

1. 关于被告人邹某国是否全面负责公司日常管理的问题，本院认为，首先，从职务形式上而言，无论建华物流公司的任命书，还是建景物流公司出具的岗位证明，都证实被告人邹某国的职务是总经理，全面负责建景物流公司的日常管理工作，而且根据建景物流公司岗位职责的规定，被告人邹某国还全面负责监督公司日常安全管理工作的落实，保证公司各项工作的正常运转。被告人邹某国当庭也供述上级公司会定期对下属公司总经理进行考核，并对下属公司发生的安全事故追究总经理的管理责任，其系建景物流公司安全事故第一责任人；其次，从工作内容上看，被告人邹某国年基本工资为18万元，年终绩效奖金最高可达27万元，建华物流公司以此高额奖励促使邹某国通过其切实有效的管理工作完成绩效考核目标。被告人邹某国事实上也是按照总经理的岗位职责履行管理责任。对上，被告人邹某国负责将建华物流公司极为复杂的考核指标具体量化落实；对内，其又通过每月定期举行业务分析会、审核并监督公司各部门完成情况、及时确定并执行奖惩措施等各种管理手段保证公司各项工作及时、高效运转，且该公司各项工作都需要向其汇报、对其负责，其在建景物流公司事实上行使最高领导者的权力；再次，关于被告人及其辩护人提出其没有决策权、财务权以及人事权的意见，本院认为，根据现代公司治理决策权和经营权分离、公司经营管理职业化的特点，公司实际控制人所享有的决策权和经理人所享有的经营权是两个范畴，被告人邹某国作为辩护人所说的类似职业经理人角色的经营负责人，其没有公司的经营决策权并不影响其作为公司最高业务执行负责人的认定；关于财务权，证人杨某1、张某等人都确认建景物流公司是自负盈亏、自主经营的独立法人，其财务也是独立核算的，油料采购、配件、路桥费、罚款、工资等支出都是建景物流公司自行负责，由被告人邹某国作为总经理最后审核确定，而从公安机关调取的罚款报销单也印证了这一点。至于被告人所称的报销额度，属于上级公司对下属公司的财务监督，并不影响被告人邹某国财务权的认定；至于人事权，根据证人陈某1的证言，建景物流公司经理级别的人事任命权虽然在建华物流公司，但被告人邹某国对于主管级别的人事任免具有推荐权，而对于驾驶员之类的岗位任命都是建景物流公司自行决定，被告人邹某国具有当然的决定权，可见作为最高管理者的邹某国具有有限的人事权。职业经理人具有上述有限的财务权、人事权也符合现代公司治理的一般情况，并不影响其对建景物流公司全面管理职责的认定。

2. 关于被告人邹某国是否存在长期鼓励超载的问题，本院认为，被告人邹某国在庭审中也确认，在建景物流公司的所有绩效考核指标中，最为重要的是吨每百公里油耗指标，而为了完成该指标，公司要求双桥货车平均每车每次装货不少于80吨，这本身已大大超过了车辆核载标准，属严重超载；被告人邹某国不仅在年初的工作例会上向全体公司员工传达了上述标准，而且在每月召开的业务会上进行监督和督促，甚至提出“多拉快跑”的要求，对于驾驶员因超载、超长、超重而受到的违章罚款公司还进行报销，以上均表明被告人邹某国在公司管理过程中不仅仅是鼓励超载，甚至还明确要求驾驶员超载。被告人邹某国及其辩护人当庭提出“多拉快跑”是指“多拉次数，便于快跑”的意思，对此本院认为，驾驶员、调度员对此解释均不予认同，且该解释与被告人邹某国每车每次装载不少于80吨的要求明显矛盾，与其公司实际装货情况亦不相符，本院不予采信。

关于被告人邹某国及其辩护人又提出超载系上级公司要求、与其无关的辩解及辩护意见，本院认为，建华物流公司下发的考核指标中无明确的超载要求，平均每车每次80吨的载货标准系被告人邹某国等人根据建景物流公司的运营状况自己计算得出，没有证据证明与建华物流公司有关；即使考核指标的完成必须通过超载才能实现，也不能免除被告人邹某国作为公司总经理的管理责任。况且，根据证人卢某某的证言，建华物流公司的考核指标是参考建景物流公司上一年度的公司运营情况制定的。换言之，被告人邹某国历年来的超载管理本身对于考核指标制定有所影响，其对该指标制定亦有一定责任。综上，上述辩解及辩护意见，本院亦不予采纳。

3. 关于被告人邹某国是否对车辆违法上中环存在监管疏忽的问题，本院认为，首先，几乎所有的驾驶员都证实上中环系常态，只要是往这个方向送货的，只要是中环正常开放，其等送货都是走中环，公司领导对此也是心知肚明。调度主管朱某1在公安机关的第一份讯问笔录中也证实公司领导均清楚司机经常上中环；其次，虽然油管员郭某某在微信群中所发的路线图中要求在汶水路出口下，并不需要上中环，但是在他发布该路线图之前及之后，均有驾驶员发布去新江湾工地的路线，提到在万荣路出口下，需要走中环，而包括油管员郭某某在内的所有公司领导对此均未提出异议，而且多名驾驶员证实在新浜厂区调度室上贴出的纸质路线图与上述驾驶员发布的一致，都提到走中环，但是该路线图在事后已经被人撕去，可见公司员工对于上中环一事也是视为常态。上述事实可以推知，被告人邹某国对公司长期存在的违法上中环现象应当是明知的，但其作为公司最高管理者，并未采取有效管理措施予以制止。一方面，作为油耗节省主要手段的行驶路线规划，公司虽然安排专人负责制定行驶路线，并安装GPS对驾驶员的行驶情况进行监督，但是油料员郭某某明确表示在路线的实际制定过程中，其只考虑距离和路况，根本不考虑包括高架、中环、大桥等禁行情况，而公司对于郭某某路线制定工作没有任何监督措施，也未进行任何安全教育或者提示提醒；另一方面，被告人邹某国作为安全生产第一责任人，非常重视运输作业中的安全问题，公司每半月也会召开安全例会，被告人邹某国有时会亲自主持，但是根据会议记录显示，安全教育涉及醉酒驾车、疲劳驾驶、货物捆绑等各种细节问题，唯独对于上中环、上高架等限行问题从未提及。由此可以认定，被告人邹某国在管理上对于驾驶员违法上中环存在明显的管理疏忽和失职。

（三）突出关键证据进行说理

大多数案件中，被告人并非对所有指控事实均予以否认，而是对案件的定罪关键事实予以否认或者量刑关键事实提出辩解。这就需要在对全案证据体系进行梳理的基础上，重点围绕关键事实相关证据的来源、提取、辨认、鉴定等进行分析，从而得出证据体系是否完整、证据链条是否存在断节的结论。

示例2－3－8　胡某光被控销售假药再审宣告无罪案刑事判决书①（对关键物证从来源、辨认、查封过程和鉴定比对等多个方面进行分析论证）

本案被告人胡某光在不具有中药材推销员资格的情况下，从他处购买无生产厂家和生产日期的中药材石膏1袋5公斤，并销售给经营中医诊所的医师娄某某；一个多月后娄某某将配有来源不明的石膏的中药销售给患者王某某和孙某某，二人服药后身体不适并死亡；经鉴定，二被害人系砷中毒死亡。生效判决以销售假药罪判处原审被告人胡某光有期徒刑十三年及罚金。被告人胡某光对向中医医师娄某某销售石膏无异议，主要辩解是两名患者死亡与胡某光销售给娄某某的石膏之间没有因果关系。本案有被告人胡某光向医师娄某某销售石膏的相关证据，有娄某某向被害人提供含有石膏的中药的相关证据，有被害人服用中药后因砷中毒死亡的相关证据，有娄某某诊所提取石膏的砷含量超标的相关证据，但所有这些证据要想形成一个完整的证据锁链，形成一个自洽的证据体系，就必须有一个关键证据能够将上述证据串起来，证明被告人胡某光销售给医师娄某某的石膏就是娄某某销售给被害人的中药中含有的石膏，从而建立起胡某光所销售中药材石膏与被害人死亡之间的因果关系。再审判决严格按照证据裁判原则，围绕原审定案的关键物证——从医师娄某某的诊所提取的石膏，从该石膏的来源、提取、辨认及鉴定等方面，结合在案其他证据进行关联、对比分析，从而得出根据现有证据

① 河北省高级人民法院刑事判决书，（2016）冀刑再4号，第二届全国法院“百篇优秀裁判文书”。

无法确立这种因果关系的结论，对事实不清、证据不足的理由进行了充分阐述，分析透彻，条理清晰，逻辑严密。

原裁判认定原审被告人胡某光从非正规途径购进并销售不符合规定的中药材，导致孙某某、王某某服用后中毒死亡的事实不清，证据不足，具体评判如下：

1. 公安机关在侦查阶段未依法让胡某光和娄某某对扣押的涉案石膏进行辨认，确认是否系胡某光所销售。在侦查阶段，公安机关提取涉案石膏后未让娄某某和胡某光分别辨认。在庭审中，公诉机关当庭出示在案扣押3900克石膏，胡某光以石膏性状不一致否认该石膏是其所送，现仅有娄某某一人证言证实砷含量超标石膏系从胡某光处购买，原判认定涉案石膏系胡某光销售的证据不充分。（反言之，胡某光承认向娄某某销售了石膏，如果公安机关在侦查阶段将从娄某某诊所提取的石膏由胡某光进行混杂辨认，且经胡某光辨认后确认从诊所提取的石膏系其销售，则结合鉴定结论，可以认定胡某光销售给娄某某的石膏有质量问题。）

2. 侦查机关未查实胡某光销售石膏的来源。胡某光供述称其是从安国市保衡公路101号药业公司“矿石大全”购买的石膏。但公安机关询问了该“矿石大全”的经营者，其称不记得卖给胡某光石膏，石膏销售亦无记录；公安机关未进一步从“矿石大全”提取石膏与从娄某某诊所扣押石膏进行比对鉴定，也未提取蛇皮袋与扣押的蛇皮袋进行比对，胡某光从何处购买石膏未查实查清。（反言之，由于胡某光所供述石膏的来源不能得到药业公司经营者的确认，因此其辩解“所销售石膏来源可靠”不能证实；由于“矿石大全”的经营者证称其最后一次进货是2009年2月进货20吨石膏，如果公安机关从“矿石大全”提取石膏与从娄某某诊所扣押石膏进行比对鉴定，可以对照确认胡某光辩解的真假。但证明被告人有罪的责任在控诉一方，由于现有证据不能排除胡某光辩解的可能性，依照《刑事诉讼法》第55条规定的证据裁判原则，不能认定“胡某光所销售石膏来源不合法”的事实。）

3. 娄某某诊所已使用及查获的石膏数量超出胡某光所销售的石膏数量，超出部分来源不清。（1）根据娄某某、胡某光供述娄某某从胡某光处购进石膏5000克。药检所刘某1证言证实案发后药监局于2009年5月21日从娄某某中医诊所的药斗内扣押约1000克石膏，其中50克送检；2009年5月25日，药监局又在该诊所内查扣蛇皮袋内装有石膏3900克。娄某某供述2009年5月20日给王某某开出6副药，……总计用石膏500克；5月21日给孙某某开出5副药，……总计用石膏250克。案发后娄某某自己试药服用了50克石膏。上述石膏数量总计为5700克，超出胡某光所送石膏总量700克。(2)娄某某在侦查阶段供述称“今年买的石膏大部分是从胡某光处买的，但这次这药就是从胡某光处买的”，该供述证实其买石膏并非仅从胡某光处购买，还有其它进货渠道，但公安机关未对其它进货渠道进一步查证。且娄某某在4月8日购进5000克石膏，而5月20、21日两日就开出石膏750克，石膏用量较大，在胡某光销售给其石膏已40余天后发生了致人死亡的事件，期间是否有其它介入因素无法确定，也不能排除已使用完胡某光处购进石膏的可能性。综上，虽娄某某供称涉案石膏系从被告人胡某光处购买，但其使用及查获的总量明显超过购买数量，其供述与实际情况不一致，原判仅根据娄某某证言就排除其它来源的石膏没有问题，证据不充分。（进而言之，虽然娄某某供述称所涉石膏系从被告人胡某光处购买，但从其诊所搜查所得的石膏加上其所供述的已销售量，超过了娄某某、胡某光二人供述所交易石膏数量，再考虑娄某某从胡某光处购买石膏距案发一个多月期间还有向他人开药方销售的可能，娄某某亦供述还有其他进货渠道，故不能排除致人死亡石膏系从他人处购买的可能性。）

4. 娄某某诊所内蛇皮袋中3900克石膏的查封过程不清楚。根据密云县药监局稽查办公室主任刘某某2010年6月9日证言，2009年5月21日……娄某某除指认了药斗中的石膏没说有其它石膏，故只查封了药斗中的石膏，用大杆称重有1000克多点，从中抽出50克送检；5月23日公安机关告诉药监局娄某某诊所还有石膏，所以药监局于5月25日去娄某某诊所查封了大袋子石膏，称重为3900克。根据公安机关2010年6月2日情况说明，该3900克石膏系在娄某某诊所的药房水池下；但案发后公安机关于2009年5月22日21时55分对娄某某诊所的现场勘查笔录却未显示药房的水槽下有该大袋石膏。综上，3900 克大袋石膏的查封过程不清楚。（进而言之，药监局系根据公安机关通知于 5 月 23 日去娄某某诊所提取的大袋石膏 3900 克，但公安机关 5 月 22 日夜间的现场勘查笔录却不显示发现该大袋石膏，因此，该大袋石膏的发现和提取过程存在矛盾疑点且没有得到合理解释。）

5. 在娄某某诊所内扣押的石膏砷含量和开给孙某某、王某某中药中砷含量相差悬殊，检验结论矛盾无法排除。2009 年 5 月 23 日，密云县药监局从娄某某诊所药房药斗内抽取 50 克石膏送北京市药品检验所检验，检验结果为总砷含量 22.8%，砷盐含量不符合规定；2009 年 5 月 25 日，密云县药监局从娄某某诊所药房水池下查封的袋内 3900 克石膏中分 5 层抽取共计 150 克石膏送北京市药品检验所检验，检验结果总砷含量分别为 21.22%、24.21%、24.46%、21.06%、20.34%，五份样品中总砷含量远远大于规定值。2010 年 4 月 16 日，密云县公安局将孙某某未煎的 4 包中药、王某某未煎的 3 包中药送北京市药品检验所检验，孙某某未煎的 4 包中药细粉中砷含量分别为 4.91%、5.07、5.18%、5.25%，王某某的未煎 3 包中药细粉中砷含量分别为 2.51%、2.67%、2.72%。从上述检验结论可以看出，诊所药斗内石膏与 3900 克大袋内石膏总砷含量接近，均达到 20% 以上，但剧毒物质砷作为管控药品占石膏总量五分之一以上不符合常理，而未煎的 7 包中药细粉与药斗及 3900 克袋内石膏砷含量相差悬殊，矛盾无法排除，且虽经检验未煎中药细粉中砷盐含量不符合规定，但认定该中药细粉系石膏的证据亦不充分。（进而言之，针对被害人家中提取的未煎中药包中细粉仅进行了砷盐含量的鉴定，未进行细粉本身的品种鉴定，不能确认就是石膏；而且该中药包中的细粉砷盐含量鉴定与大袋石膏中的砷盐含量相差悬殊，与医师娄某某供述的系使用诊所药斗中的石膏为二被害人配药的说法相矛盾，也说明娄某某还使用有其他来源的石膏或其他含砷药物。）

本院认为，原判认定涉案石膏系胡某光销售给娄某某的事实仅有娄某某的供述予以证实，无其它证据予以佐证；案发后，从娄某某诊所扣押的石膏未及时依法由胡某光辨认予以确认同一性，胡某光虽然承认其给娄某某销售过石膏，但否认致人死亡的石膏是其所销售。娄某某诊所石膏总用量超出胡某光所送石膏总量700克，娄某某其它购进石膏的来源未查实查清；胡某光出售给娄某某石膏40余天后出现问题，是否有其它介入因素无法确定；在娄某某诊所内扣押的石膏砷含量和开给孙某某、王某某的中药中砷含量差距悬殊，矛盾无法排除，且认定二被害人未煎中药中的细粉系石膏的证据不充分。综上，原判认定胡某光销售假药给娄某某造成两人死亡的事实不清，证据不足，且胡某光所销售的石膏是否为假药现无法确定，故对辩护人所提胡某光不构成销售假药罪的辩护意见及检察机关建议作出无罪判决的检察意见予以采纳。

这份判决书，围绕从诊所提取石膏是不是被告人胡某光销售给娄某某、从诊所提取石膏是不是致死被害人的同种石膏这一关键问题，从诊所提取石膏未经胡某光辨认确认、胡某光所供述销售石膏来源不能查实排除、查获石膏和已使用石膏总量大于胡某光和娄某某二人供述的交易数量、诊所石膏查封过程存疑、诊所石膏与中药包中细粉检验的砷含量相差悬殊等五个方面进行分析。在“本院认为”部分对上述问题进行总结，最终得出“胡某光所销售石膏是否为假药无法确定”“原判认定胡某光销售给娄某某的假药致人死亡的事实不清，证据不足”这一结论，可以说层次递进，逻辑周延，取得了很好的论证效果。

示例2-3-9　张某闵诈骗案一审刑事判决书①（以通话记录、聊天记录、转账记录为主体构建电信网络诈骗犯罪的证据链条）

本案中，被告人张某闵等33人出境至印度尼西亚、肯尼亚等国家，参加针对我国居民的电信诈骗犯罪集团，其中电脑操作手发送主要内容为“快递未签收”的语音包，对方按照语音提示操作后，电话就先后转到一线、二线、三线人员，被告人冒充司法机关工作人员以涉案为由欺骗被害人，被害人愿意将其银行资金转入所谓的“安全账户”后，再通过skype聊天软件联系台湾省境内专门负责取钱的“车行”提供账户、并在被害人转账后通知

① 北京市高级人民法院刑事判决书，（2017）京02刑初55号，首届全国法院“百篇优秀裁判文书”。

“车行”将款取出，共骗取75名被害人2300余万元。部分被告人的辩护人认为指控该组织犯罪数额的证据不足，主要理由是部分被害人汇款的对方账户信息未出现在聊天记录中或缺乏通话记录。针对此问题，一审判决对认定被害人及其被骗数额的证据体系及证明逻辑进行了分析。认定诈骗犯罪集团与被害人之间具有关联性的证据主要有三种：一是犯罪集团所使用的网络电话与被害人电话的通话记录，证明张某闵等人针对被害人实施了诈骗行为；二是犯罪集团所使用skype聊天软件的聊天记录中提到被害人的名字、身份证号码等个人信息，证明张某闵等人向专门负责取钱的台湾“车行”联系确认被害人的转款是否到账；三是被害人向被告人指定账户转款的记录，证明被害人确实被骗。由于被告人实施了反侦查行为，上述三种记录并不能完全呈现一一对应关系，这也是辩护人进行的质疑，针对此问题，判决书重点分析了三者与被害人陈述的印证关系，尤其是电话记录与被害人陈述的诈骗电话的印证关系，聊天记录与被害人提供的银行账户的印证关系，聊天、通话时间与被害人银行转账时间的印证关系，被害人陈述的被骗原因与被告人供述的诈骗手段的印证关系，以被害人不可能同时被两个犯罪集团以涉及司法案件为由进行诈骗的一般规律为支撑，从而建立起被害人被诈骗事实与被告人所在电信诈骗集团之间的关联性，形成证据锁链。

2. 关于认定被害人及其被骗数额的证据问题

本案认定诈骗犯罪集团与75名被害人之间关联性的证据主要有三种：一是犯罪集团使用的网络电话与被害人电话的通话记录；二是犯罪集团的skype聊天记录中提到了被害人的名字、身份证号等个人信息；三是被害人向被告人指定银行账户转账汇款的记录。经本院审查确定的75名被害人，至少包含上述一种关联方式，并同时满足以下印证关系：一是相关电子数据（网络电话、skype聊天记录等）与被害人陈述的诈骗电话号码、银行账号等证据相互印证；二是电子数据中的聊天时间、通话时间与银行交易记录转账时间相互印证（诈骗时间与被骗时间接近）；三是被害人陈述的被骗经过与被告人供述的诈骗方式相互印证。

本案75名被害人被骗的证据均能满足上述印证关系，足以认定系本案诈骗犯罪集团所为。故被告人石某弘的辩护人所提石某弘参与诈骗组织期间，诈骗组织2120万余元犯罪数额证据不足的意见以及刘某昌辩护人所提不排除被害人被其他犯罪窝点诈骗的可能性，现有证据未达到排他性和唯一性的辩护意见均不能成立。

（四）运用经验法则说理

“经验法则，是人们从生活经验中归纳获得的关于事物因果关系或属性状态的法则或知识。”①《刑事诉讼法解释》第140条规定：“没有直接证据，但间接证据同时符合下列条件的，可以认定被告人有罪：……（五）运用证据进行的推理符合逻辑和经验。”经验法则在决定证据能力、评价证据价值、事实推定中的推理、引导当事人证明活动的进行及为证据标准的适用提供判断依据等方面起决定性的作用。但“由于经验法则本身在证明案件事实上具有一定的盖然性，同时法官适用经验法则受个体条件影响和制约，因此法官运用经验法则认定案件事实时，应当在裁判文书中阐述理由，并对当事人或者控辩双方适用经验法则认定案件事实提出的意见进行评判和分析，增强裁判的说服力”。②

示例2－3－10　李某抢劫案二审刑事裁定书③（通过间接证据环环相扣排除其他人作案的可能性）

本案检察机关指控及一审判决认定被告人李某于凌晨在公路上尾随被害人吴某某，将其拖至路边一小巷内实施抢劫，后逃离现场。④由于作案人面戴口罩，被害人无法对其进行辨认。被告人归案后亦不认罪，证明其作案的主要证据是尾随沿线、案发现场、逃跑沿线的监控，侦查实验，监控中显示的嫌疑人与侦查实验中的被告人的人像比对，从被告人家搜出的与嫌疑人所

① 张卫平：《认识经验法则》，载《清华法学》2008年第6期。

② 胡仕浩、刘树德：《新时代裁判文书释法说理的制度构建与规范诠释（上）——〈关于加强和规范裁判文书释法说理的指导意见〉的理解与适用》，载《法律适用》2018年第16期。

③ 重庆市第二中级人民法院刑事裁定书，（2020）渝02刑终35号，第四届全国法院“百篇优秀裁判文书”。

④ 本案事实详见本书第一章第二节第一部分第（二）项之“示例1－2－14”。

穿同类的衣物等间接证据。针对被告人及其辩护人提出本案事实不清、证据不足的辩解，二审刑事判决书在运用间接证据进行事实说理时，就着重运用了经验法则：一是尾随现场、案发现场、逃跑现场3个摄像头在空间位置上可以连续覆盖且可以排除在案发时间段有其他可疑人员进入案发现场，因此视频中尾随被害人的戴口罩男子即抢劫嫌疑人；二是从被告人李某家搜出与嫌疑人所穿特征相同衣服，且经侦查实验和鉴定，李某与现场监控中的嫌疑人为同一人像。二审法院最终认定被告人李某为抢劫犯罪嫌疑人。

关于李某及其辩护人提出认定李某犯抢劫罪的事实不清，证据不足的辩解、辩护意见，本院认为，认定李某抢劫吴某某的事实清楚，证据确实充分。理由如下：

首先，公安机关提供的监控视频清晰地反映了案发当天，一个带着口罩的嫌疑人尾随、抢劫被害人、逃跑的全过程。枇杷坪大巴车站、某学校、钟鼓楼北山大道某路口监控视频显示：5月2日凌晨1点45分被害人和她朋友从青龙石方向朝某学校方向走，在红绿灯路口分手后，被害人继续朝某学校方向走，后面有一戴口罩穿深色衣服的男子在马路对面尾随被害人。嫌疑人从某学校门口过马路走到与被害人同一边，并有躲在大巴车后偷看被害人背影的动作，5月2日凌晨1点49分50秒嫌疑人和被害人同时出现，并有拉扯动作。1点50分18秒嫌疑人过马路朝某学校方向跑，1点50分38秒被害人出来，包已不见了。被害人当即报案，警察于凌晨2点20分到达现场，有执法记录仪全程记录出警过程。侦查实验证实，上述三个摄像头在空间位置上可以连续覆盖，可以排除在现场监控视频显示的前后时间段，有其他可疑人员进入案发现场。因此，案发现场监控视频能够证实有抢劫事实发生，且视频中戴口罩尾随被害人的男子即是抢劫嫌疑人。

其次，公安机关对监控视频中带口罩的嫌疑人进行顺向与逆向追踪，经人像比对，确定嫌疑人即李某。监控视频中尾随被害人的嫌疑人特征很明显，穿两件衣服（周围的人有些只穿短袖），全程戴口罩，走路有轻微外八字。公安机关对视频中的嫌疑人进行了逆向与顺向的视频追踪（即嫌疑人从哪里来，到哪里去），发现嫌疑人从江南第一城C区出来，之后在某网吧上网，网吧的监控拍到嫌疑人清晰的视频，且没有戴口罩，易于辨认；5月2日凌晨28分离开网吧，之后进入案发现场。继续通过视频追踪发现嫌疑人作案后又回到江南第一城C区。从公安机关的视频侦查报告看，嫌疑人的穿着、全程走路戴口罩以及走路特征在5月2日凌晨1点多钟在街上特征明显。公安机关视频侦查报告的视频追踪是建立在事实基础之上，客观真实，应予采信。

……

综上，尽管上诉人李某及其辩护人否认李某实施抢劫，但本案破案过程自然，钟鼓楼枇杷坪大巴车站、某学校的监控与钟鼓楼北山大道某路口的监控在位置空间上可以连续覆盖，能够证实案发时间段除李某外，没有其他可疑人员进入案发现场。侦查人员通过连贯的视频追踪锁定嫌疑人李某后，从李某家中搜查出的衣服与嫌疑人作案时穿的衣服有很多共同特征。侦查人员带李某到现场进行了侦查实验，经鉴定，确认案发时钟鼓楼枇杷坪大巴车站、某学校的监控视频中的嫌疑人人像与某网吧视频（经李某父亲和前妻辨认，确认是李某）和侦查实验视频中李某为同一人人像。可以认定本案系李某抢劫作案。李某及其辩护人的辩解、辩护意见，不能成立。

示例2-3-11　邹某国等重大责任事故案一审刑事判决书①（运用经验法则对共同过失行为导致事故后果进行因果关系分析）

本案被告人李某2、李某1分别驾驶核载32吨实际装载80余吨水泥预制管桩的货车前往一建筑工地送货，先后驶入限重30吨、大货车禁行的某高架道路，由于两车相距很近且均严重超载，使得该路段桥体发生轻微翻转并损坏，为修复受损路段支付各项费用共计972万余元，同时造成途经该路段的4辆社会车辆不同程度受损。检察机关指控二被告人构成过失损坏交通设施罪。被告人李某1的辩护人提出桥体受损系李某2驾驶的前车造成、不能排除因长期存在超载货车通行而造成损坏的意见。针对该意见，一审判决

① 上海市松江区人民法院刑事判决书，（2017）沪0117刑初279号，首届全国法院“百篇优秀裁判文书”。

运用桥梁专业人员提供的物理学经验法则，结合案件实际情况，进行了分析评判。

关于被告人李某1的辩护人提出中环桥体损坏系由被告人李某2先行造成、被告人李某1跟车并无不当、且不能排除由于长期存在严重超载货车已对该桥体造成损坏的辩护意见，本院认为，有专门知识的人石某飞的陈述从物理学上解释了桥体失去平衡发生倾斜损坏与遭受外力撞击或重物倾轧受损的表现形式是完全不同的。本案中中环受损路段桥体的路面没有明显损坏，箱梁支柱也没有明显损坏，遭到严重损坏的只有箱梁支柱与桥体的连接部分，且损坏的形式也是桥体整体发生倾斜，因此可以确认受损原因只能是涉案路段桥体上的货车重量超过桥体所能承受的极限重量，导致桥体失去平衡发生倾斜损坏。至于之前超载货车的行驶对路面是否有破坏与本案倾斜事故没有任何关系。根据专家意见书的计算，使得桥体发生翻转的理论最小重量为165 915.9千克，涉案两辆重型货车单车重量都明显不到上述数值，只有两车同时驶上该桥体，其总重量才会超过上述数值并发生倾斜损坏，专家意见书也计算出当时两车相距只要小于17.3米（按照李某1载货重82 220千克计算）或者22.55米（按照李某1载货重94 800千克计算），就必然发生桥体倾斜事故。而根据证人陈2、朱某2的证言，当时两车相距明显低于上述数值，故有专门知识的人的分析意见不仅理论上逻辑严密，具有科学性，且有相应证据印证，应当予以确认。被告人李某1的辩护人认为事故是前车先造成且不能排除路面已经遭到超载货车破坏的意见，未提供合理的解释或相应的证据，本院不予采纳。

（五）夹叙夹议式说理

有一些时候，控辩双方的争议观点表面上看似为法律争议，但其不同法律适用意见实际上是以对事实的不同认定为前提的，故本质上仍是事实方面的争议。比如合同诈骗罪中，罪与非罪的争议经常以行为主观上是否具有非法占有目的为焦点，看似是法律适用问题，其实是事实认定问题，“没有准确界定在案证据证明的事实，将法律适用和事实认定问题混为一谈，就导致无法对案件进行符合逻辑的分析。”① 对此类争议进行分析认定时，仍应先运用证据来说话，论证控辩双方主张的事实基础成立与否，再进一步进行法律适用方面的说理。

示例 2－3－12 | 王某然贪污案二审刑事裁定书②（针对贪污罪的构成要件“利用职权”“占有公共财物”组织相关证据予以证明并分析认定）

本案被告人王某然在××广电担任部门领导职务，利用其负责相应频道广告经营的职务便利，在代表单位与 7 家金融机构洽谈广告业务的过程中，虚增交易环节，谎称中汇公司、博川公司等系××广电的广告代理公司，先以中汇公司、博川公司名义与相关金融机构签订广告发布合同，再以中汇公司、博川公司名义与××广电签订合同，截留合同款项共计 1000 余万元。一审以贪污罪对王某然判处刑罚。二审中，王某然及其辩护人均提出无罪的抗辩意见，主要理由是王某然并非基于本人职务形成的职责而从事相关活动、相关合同款项不属于××广电所有。这里就既有事实争议，又有法律争议，而前者的认定是后者的基础。因此，二审裁定书先运用证据认定相关事实，再进行法律评价。(1) 针对王某然的行为是否属于职务行为，运用王某然上级领导及同事的证言、其本人在工作期间形成的职务性文件、广告业务合作方金融机构工作人员的证言等证据全面予以论证，确认王某然行为属于职务行为；其辩解曾以其他公司名义从事过类似业务，则运用证据规则，以其不能提供证据证明当时其已具有广告经营职责予以回应。(2) 针对相关广告业务收入是否应归属于王某然所在单位即××广电，则从相关金融机构工作人员所证明的签约意图、王某然在洽谈过程中代表单位××广电所作的承诺、王某然截留合同款行为所体现的对单位授权和信任的背离等三个方面来进行论证，既有证据介绍，又有事实分析，还有法律评价，取得了较好的说

---

① 陈禹橦：《强化六种思维高质效办好刑事案件》，载《检察日报》2023 年 12 月 6 日，第 3 版。

② 江苏省高级人民法院刑事裁定书，(2016) 苏刑终 304 号，首届全国法院“百篇优秀裁判文书”。

理效果。

关于上诉人王某然及其辩护人提出的“王某然2009年至2011年无广告经营职责，案涉银行之所以选择王某然处理广告发布事宜，是基于对王某然个人的信任而延续了双方在奇云公司存续期间的合作关系，与其在××广电的具体职务无关”的上诉理由和辩护意见，经查，××广电系国有事业单位。2009年至2011年，经频道总监安排，王某然先后在信息频道、生活频道从事广告经营工作，承担广告经营职责。该事实不仅有作为王某然上级的证人陆某1、陈某3、钱某、高某1等人的证言予以证明，也得到了王某然同事徐某1、朱某、周某、刘某1等人的证言证明，且与王某然在侦查阶段的供述以及其本人在工作期间填写的《考核登记表》、《2013年××广电中层干部竞岗报名表》等书证相互印证，足以认定。涉案银行的相关工作人员亦证明，王某然是作为××广电工作人员与他们洽谈广告业务的，并认为与王某然提供的广告公司签订合同就是与××广电签订合同。故本案中，王某然与涉案银行洽谈广告业务、签订广告发布合同，是其基于广告经营职责履行职务的行为。即使王某然在案发前曾以奇云公司名义从事过与本案类似的业务，但并无证据证明其当时已具有广告经营职责，故奇云公司经营情况与原判认定事实之间无关联性。综上，上诉人王某然及其辩护人提出的上述上诉理由和辩护意见不能成立，本院不予采纳。

关于上诉人王某然的辩护人提出的“本案中1000余万元广告差价款不属于××广电所有或应有”的辩护意见，经查，涉案银行相关工作人员的证言证明，银行本意是与××广电直接签订广告合同，以实现在××广电发布广告的目的。但王某然以××广电工作人员身份与涉案银行洽谈广告合同时，称中汇公司、博川公司等系××广电的广告代理公司，与广告公司签订合同可以享受价格优惠，可以将处理负面舆情写入合同，并根据相关银行要求提供了盖有××广电相关频道印章的“广告合作公司、指定代理商”等证明。在此情况下，涉案银行认为王某然能代表××广电，按王某然要求签订合同就是与××广电签订合同，才选择了与广告公司签订合同。本案中，表面上看是银行自主选择与广告公司签订合同，但实际上，优惠价格是王某然

利用其在××广电的职权造成的差别，银行要处理负面舆情也都是直接找王某然，由王某然利用其在××广电的职权和影响力予以解决。王某然作为××广电的广告从业人员，其单位授权给其处理一定范围事务的权利。基于这种授权，单位与员工之间本应形成一种信任关系，但王某然基于非法占有的目的，未将所获广告款全部如实交给××广电，而是自己成立广告公司或利用他人公司，虚增不必要的交易环节，截留本应属于××广电的合法财产，其行为符合贪污罪的构成要件。故上诉人王某然的辩护人提出的上述辩护意见不能成立，本院不予采纳。

示例2-3-13　劳某枝故意杀人、绑架、抢劫案死刑复核刑事裁定书[①]（运用客观行为表现和本人供述对其杀人故意进行分析认定）

本案一审、二审裁判认定被告人劳某枝伙同法某英共同实施绑架、抢劫犯罪并杀害被害人，其中杀人行为均由同案法某英完成。在复核审中，辩护人提出被告人劳某枝主观上没有杀人的犯意，杀人行为是同案犯的实行过限行为，劳某枝对被害人死亡后果不应承担刑事责任。其辩护理由就是以“被告人没有杀人的犯意”这一事实争议为基础，进而提出“被告人不应为被害人死亡后果负责”这一法律争议。被告人的主观故意的法定构成要件包括认识因素和意志因素两个方面，分析时也必须综合考虑被告人在共同犯罪过程中的具体行为表现，结合其本人的供述，判断其对犯罪所造成后果的主观认知情况和意志情况。

辩护律师提出，在南昌、温州事实中，劳某枝与法某英只有一般抢劫共谋，法某英杀死熊某义、张某、熊某璇、梁某春、刘某清灭口，是其个人实行过限行为；劳某枝对杀人事先没有共谋，在法某英杀人时不在场亦不知情，主观上没有杀人犯意，对被害人死亡后果不应承担刑事责任。经查，劳某枝与法某英共谋抢劫后，劳某枝诱骗熊某义到租住处抢劫，因熊某义反抗，法某英将熊某义勒死；二人不满足于抢得熊某义随身财物，又先由劳某

---

① 最高人民法院刑事裁定书，（2023）最高法刑核95814630号，属于热点案件裁判文书。

枝踩点，后二人一起用抢得的家门钥匙夜间开门进入熊某义家继续抢劫。因此，法某英杀死熊某义，既是针对熊某义反抗采取的排除阻碍手段，也为后来二人一起到熊某义家继续抢劫创造便利条件，属于二人共同抢劫致熊某义死亡，劳某枝应当依法承担抢劫致人死亡的刑事责任。在抢劫致熊某义死亡后，劳某枝继续在南昌、温州作案中踩点或物色对象，并与法某英共同控制张某、熊某璇、梁某春、刘某清，劫财后先行离开，将已被控制的妇女、儿童留给持刀的法某英处置，[①] 置其生命于高度危险境地，从未采取有效措施防止被害人死亡后果的发生，具有明显放任法某英杀人灭口的故意。关于南昌作案，劳某枝供述，“我隐约知道法某英可能杀了人”“我打电话回家，我妈说我出了好大的事”，并得到劳某枝母亲史某兰证言印证；关于一年后的温州作案，劳某枝供述，“我不知道被绑小姐和妈咪最后怎么样，我也不管结果如何，只要法某英安全就好，因为我顾不上别人”。劳某枝的供述表明在南昌、温州作案中，其对法某英为灭口而杀死张某、熊某璇、梁某春、刘某清的行为具有共同故意，应当依法承担故意杀人的刑事责任。合肥作案时，为威逼被绑架人殷某华就范，法某英将无辜的陆某明骗至现场杀害，并割下陆的头颅恫吓殷某华，劳某枝则买来冰柜用于藏放尸体，二人对此次杀人行为均已心领神会、配合默契，劳某枝的杀人故意已属显而易见。辩护律师所提该辩护意见不能成立，本院不予采纳。

示例 2－3－14 | 彭某明等非法采矿、寻衅滋事、重大责任事故案一审刑事附带民事判决书[②]（运用证据对被告人的职务、职责及责任性质进行分析认定）

本案检察机关指控被告人蒋某龙受被告人彭某明雇佣，驾驶彭某明擅自

① 在南昌抢劫杀人案中，劳某枝、法某英二人在租住处抢劫被害人熊某义后，又利用抢来的钥匙到熊某义家，控制熊某义之妻张某，劳某枝负责翻找财物，而法某英先后将张某及其2岁幼女熊某璇杀害。在温州抢劫杀人案中，劳某枝与法某英以租房为名到梁某春租住处，抢劫后，又逼迫梁某春以身体不适为由将朋友刘某清骗过来后实施抢劫，劳某枝携带劫得的一部手机及存折到储蓄所支取现金后打电话通知法某英钱已取出，同案犯法某英用电线、皮带等将梁某春、刘某清勒死。

② 湖南省长沙县人民法院刑事附带民事判决书，（2020）湘0121刑初370号，第四届全国法院“百篇优秀裁判文书”。

非法改装的吸砂船在湘江水域吸砂作业，在加速冲滩的过程中操作不当，导致该船只沉没，水手李某溺死于该船货舱，其行为构成重大责任事故罪。辩护人提出蒋某龙不构成重大责任事故罪，并对蒋某龙在事发时是否驾驶船只、在海事局的陈述是否属实、海事局的调查结论能否作为定案依据提出异议。一审判决书采取夹叙夹议的说理方法，先通过证据之间的关联性、印证性对蒋某龙是否事故发生时驾驶员的事实争议进行分析说理，进而对蒋某龙的职责和事故性质进行分析说理，在此基础上又进行了法律适用的说理。

四、关于重大责任事故罪争议问题的认定。

被告人蒋某龙的辩护人提出蒋某龙在事发时虽为船长但并未驾驶船只，且船只处于停靠状态，对船只的沉没并无过失；蒋某龙在海事局的陈述不属实，系经彭某明授意所作，海事局的调查结论不应当作为定案的依据，蒋某龙不构成重大责任事故罪的辩护意见。经查，(1) 蒋某龙不具备船舶驾驶资格，但在事发时其系驾驶员。证人刘某、周某3、龙某的证言与被告人袁某林、周某兵的供述相互印证，能够证实沉船事发当天船上的驾驶员实为蒋某龙，而非袁某林。同时，因蒋某龙不具备驾驶船舶资格，在接受长沙市地方海事局调查时，袁某林受彭某明的指使，与蒋某龙、刘某等人统一口径，谎称其在事发时系驾驶员，蒋某龙对此供认不讳。(2) 事故发生时，船舶由蒋某龙本人驾驶和操作。证人龙某、曹某、胡某作为事发当天受雇在船上做事的人，三人的证言能够证实蒋某龙驾驶船舶在湘江水域新港水域吸砂后，将船驶至对面的码头卸砂，在准备卸砂过程中船体开始下沉，当时蒋某龙在驾驶室掌舵，死者李某在船舱里放斗，被告人蒋某龙对此亦供认不讳。(3) 蒋某龙明知其驾驶的吸砂船系运砂船非法改装而成，仍接受彭某明雇请担任驾驶员和管理人员，帮助非法吸砂。被告人彭某明的供述与被告人蒋某龙的供述相互印证，能够证实蒋某龙明知彭某明利用该非法改装的吸砂船在湘江水域非法吸砂，为谋取非法利益，仍接受彭某明雇请，自 2018 年 2 月至事发期间担任该船船长，负责驾驶船舶和管理船上事务，且在明知船舶由运砂船非法改装成吸砂船，不具备安全技术条件、处于不适航状态的情况下，仍然驾驶船舶违法航行、非法吸砂。(4) 长沙市地方海事局的事故调查报告应作为本案定案的依据。该调查报告因袁某林、蒋某龙、刘某等人在接受调查过程中所作的虚假陈述，致使调查报告将驾驶员误载为袁某林。但该误载并不影响对事故发生的原因分析和责任认定的结论。综上，蒋某龙作为事故船舶实际上的驾驶员和管理人员，在明知驾驶的船舶不符合规定的适航条件的情况下，事前违法驾驶，事中临危处置不当、应急措施不力，导致船舶沉没，造成一人死亡的严重后果，其行为已构成重大责任事故罪。故对该辩护意见不予采纳。

示例 2－3－15 王某亚受贿、滥用职权案一审刑事判决书[①]（渎职行为与危害后果之间因果关系的分析）

本案检察机关指控被告人王某亚作为国土资源部开发司副司长，于2006年9月至2010年9月期间，在审核湖南省某金矿田东矿区、田西矿区探矿权转让、延续过程中，违反规定签署同意的审核意见，导致本应被注销的该两个矿区的探矿权被虚假转让给许某国控制的金瑞石公司，后又多次被延续；金瑞石公司的股权被多次转让，最后被中金公司及其子公司以5440万元的价格购买。辩护人认为起诉书指控的所谓滥用职权损失完全是许某国、金岳瑞丰公司（金瑞石公司的全资股东）、中金公司（从金岳瑞丰公司购买金瑞石公司80%的股权）的违法行为所致，上述违法行为阻却了王某亚审核行为与损害结果的刑法上的因果关系；王某亚于2010年9月轮岗到国土资源部执法局工作，与2010年以后田东、田西矿区探矿权违法延续没有关系，即使造成损失也不是王某亚的责任。因果关系问题在案件中既有事实认定性质，也有法律适用性质，因此需要结合具体案情进行分析。

关于王某亚的滥用职权行为与指控损失之间没有因果关系的辩解和辩护意见。滥用职权行为与造成的重大损失之间必须具有刑法上的因果关系，即有引起和被引起的关系。经查，被告人王某亚在2006年审批田东、田西探矿权转让、延续的过程中，如果能够坚持其退回探矿权处要求补充齐备矿产

① 湖南省邵阳市中级人民法院刑事判决书，（2017）湘05刑初83号，第二届全国法院“百篇优秀裁判文书”。

资源勘查情况报告等申请材料才予审核通过，在2008年审批田东、田西探矿权延续的过程中，如果能够按照法律规定只有在矿产资源勘查项目年度报告具备省国土资源厅结论性意见才能予以审核通过，田东、田西探矿权的违规转让、延续就不会得逞，从而有效防止危害后果的发生，但是，王某亚故意不履行审核职责，从而未能有效防止经济损失发生，其渎职行为对经济损失具有原因力，应认定与经济损失之间具有刑法意义上的因果关系，系多因一果关系。即使被告人王某亚于2010年9月以后没有再从事探矿权审批工作，但此后探矿权每两年延续一次，因审查探矿权延续时不需要再对上一次的延续资料进行审核，王某亚此前的违法审批与后续的审批及危害后果之间仍然存在因果关系，2010年以后不再从事探矿权延续审核工作并不能阻却二者因果关系。故被告人王某亚及其辩护人的该项辩解和辩护意见不能成立，本院不予采纳。

（六）刑事附带民事诉讼案件的事实说理

被害人在其人身权利受到侵害或者财物被毁坏的案件中，有权提起附带民事诉讼；被害人死亡或者丧失行为能力的，其法定代理人、近亲属有权提起附带民事诉讼。一审案件中，附带民事诉讼原告人、被害人及其亲属的代理人可以就案件事实认定提出自己一方的意见。由于案件事实是附带民事诉讼原告人权利主张的基础，是被告人承担民事赔偿责任的前提，因此原告人也有权对一审判决认定事实提出上诉。此外，附带民事诉讼原告人、被害人及其亲属亦可能因对生效判决认定事实不服而提出申诉。在一审、二审或者再审裁判文书中，对附带民事诉讼原告人或者被害人及其亲属针对事实提出的意见，亦应予以分析评判，而不能以其对原判刑事部分无独立的诉权为理由不予理睬。对原告人的事实主张予以分析评判有利于说清案件事理，尽可能实现案结事了，进而减少被害人及其亲属就案件事实认定进一步申诉、缠访的可能性。

示例 2-3-16 贾某意被控故意杀人宣告无罪案二审刑事裁定书[①]（运用证据就无罪被告人对伤亡后果是否承担民事赔偿责任进行分析认定）

本案被告人贾某意被控伙同其丈夫何某平故意杀人，一审判决贾某意无罪并且不承担民事赔偿责任，被害人亲属提出上诉，请求判决贾某意承担民事赔偿责任。这就需要二审法院对贾某意在被害人死亡过程或何某平故意杀人过程中的行为进行分析，从而确定其是否应对被害人的伤亡结果承担一定责任。二审刑事裁定从原审被告人贾某意主观上有无致被害人伤亡的过错、客观上有无参与实施致被害人伤亡的行为、对他人犯罪行为有无帮助三个方面进行分析，确认原审被告人贾某意的行为与被害人的伤亡后果无因果关系，不应承担民事赔偿责任，达到了较好的定分止争、服判息诉效果。

第二，关于上诉人张某某、张某、王某某、王某、刘某提出“应判令贾某意赔偿其300万元”的意见。经查：1. 何某平、贾某意夫妇因得知其长子何某与其三弟何伏某一家发生矛盾，于案发当天从滑县回来到何伏某家说事情，因何伏某家没人而回到自己家中，之后何某平又提议去何某玲家说事，并叫贾某意与其同去；虽有何某平供述“在路上贾某意给我说咱不进她家，在街上使劲数落她们，不赡养老人，还把老人的钱偷取了，让她们丢丢人，我也同意”，只能证明二人到何某玲家是为了理论老人赡养及存款保管之事，并不能证明二人是去实施报复行为；何某平亦供述自己一个人到厨房拿刀，否认贾某意知道其带刀到现场，贾某意也一直否认自己事先知道何某平拿刀；在案证据不能证实被告人贾某意与其丈夫何某平事先就到何某玲家实施报复有共同协商并带凶器到现场，也不能认定贾某意诱使何某平产生杀人故意。2. 现场目击证人田某某证实其到场时被害人何春某已经受伤坐在地上，见何某平先后拿两把刀捅刺被害人何某玲；物证鉴定意见证实何某平左鞋内鞋帮、深色裤子左侧裤脚处和右鞋内鞋帮、黑色裤子左侧大腿处提取的血迹分别检出被害人何春某、何某玲二人的DNA，在现场提取的两把刀上均检

---

① 河南省高级人民法院刑事附带民事裁定书，（2020）豫刑终180号。

出被害人何某玲的血迹及何某平的DNA，能印证田某某的证言；另有鞋印鉴定意见证实被害人何春某尸体北侧及西侧的血鞋印均系何某平所留；上述证据足以认定何某平持刀先后捅刺被害人何春某和何某玲的事实，现有证据不能认定贾某意有持刀捅刺被害人何某玲的行为。3. 现场目击证人田某某还证实何某平持刀捅刺何某玲时有个女的在拦架；被告人贾某意供述其看到何某平用刀捅何某玲后就上前阻拦，导致手被划伤；人身检查笔录证实贾某意右手手背靠近虎口处有一创口，DNA鉴定意见证实在何某平深色外套左后肩以及左袖上血迹均检出贾某意的DNA，能够印证贾某意的说法；何某平也供述贾某意见其持刀捅人就抱着其阻拦，其把贾某意甩开后继续捅刺，与贾某意说法一致。现有证据能够证实被告人贾某意在何某平持刀捅刺何某玲时没有帮助行为，有阻拦行为。4. 被害人刘某陈述其从家中出来看到贾某意在大门过道里蹲着捅躺在地上的何某玲腹部，身上和地上都是血；但在现场过道内提取的血迹经DNA鉴定系何春某所留，在贾某意所穿衣服、鞋上及手上提取血迹经DNA鉴定系贾某意本人所留，而尸检反映何某玲腹部并没有伤口，且公安机关提供的民警手机录像视频证实何某玲在医院CT检查室向民警说自己的伤系被其哥哥何某平砍刺；因被害人刘某关于贾某意持刀捅刺何某玲的说法与在案其他证据在关键情节上相互矛盾，不能采信。综上，原审被告人贾某意主观上没有致被害人何某玲、何春某死亡及刘某受伤的过错，客观上没有实施致被害人伤亡的行为，其行为与被害人的伤亡后果无因果关系，对附带民事诉讼原告人的损失后果不应承担赔偿责任。该上诉意见不能成立。

二、对于法律适用争议的说理

法律适用是连接案件事实与裁判结论的桥梁。法律条文大多具有抽象性、概括性特点，依照法律解决现实问题，需要对法律规定援引、说明、解释并结合具体案情加以论证。离开法律分析，裁判结论将难以立足。控辩双方在法律适用方面的争议，主要有被告人的行为是否构成犯罪、指控罪名或一审认定罪名是否适当、被告人在共同犯罪中的地位作用、被告人是否具备自首或者立功情节、一审判决对被告人量刑是否适当等情况。在评判时应当紧扣法律所规定具体罪名、情节的法定构成要件，结合案件事实，分别予以针对性的评价分析，从而确定控辩双方的主张是否成立。

（一）关于指控罪名或一审认定罪名的争议

控辩双方关于罪名的争议，可分为以下三种情况。

1. 被告人的行为是否构成犯罪

被告人及其辩护人提出行为不构成犯罪的辩护意见，在分析时应当引用刑法相关规定，先明确涉及罪名的犯罪构成要件，再结合具体案情中对被告人定罪与否产生争议的关键点进行说理，最后得出被告人的行为是否构成犯罪或构成何种犯罪的结论。这里的关键点，或是犯罪主体的身份认定，或是被告人的主观心态，或是被告人客观行为的性质，或是构成犯罪所要求的后果（危险状态），或是被告人行为与构成要件结果之间的因果关系。这种逻辑三段论是人类共通的思维模式，判决中将这种三段论推理呈现出来，结论即具有普遍有效性。

示例 2-3-17 | 苏某、杨某虚假诉讼案二审刑事判决书[①]（虚假诉讼罪的定罪争议分析）

本案被告人苏某多次借款给张某1但没有借贷字据，想通过被告人杨某联系朋友给张某1借点钱把自己的借款转借掉。杨某谎称向朋友出借钱，请求王某2（不起诉）帮忙将借条出具在王某2名下，由杨某充当担保人，王某2不用给借款人实际支付借款。张某1给王某2书写了一张7万元的借条，双方口头约定每月利息3500元，王某2按照杨某事先教唆，告知张某1他会将钱转给苏某，让张某1向苏某去要，并将张某1书写的借条交给了杨某。之后苏某谎称王某2已经把钱转给她了，但这些钱大部分用于归还之前她帮张某1在小额贷款公司以及网络借贷平台所借的钱了，剩余部分因自己要用，不打算给张某1转钱。杨某以追偿权纠纷将张某1、苏某起诉至法院，

---

① 甘肃省庆阳市中级人民法院刑事判决书，（2020）甘10刑终111号，第四届全国法院“百篇优秀裁判文书”。

并让苏某出具答辩状，谎称王某2已将借款支付给了苏某；让王某2在接到人民法院来电时，谎称张某1借的7万元已由担保人杨某还清。法院判令由张某1归还杨某代为清偿的借款本息共计6.89万元。二审中，苏某的辩护人提出苏某的目的是要回借款，不存在“谋取不正当利益”；苏某在答辩状中虚假陈述王某2给其钱款，只是违反民事诉讼规则，不应以虚假诉讼罪论处。二审判决书针对检辩双方关于是否构成犯罪的争议，从虚假诉讼罪的主观故意（不要求有牟利的意图）和客观表现（捏造事实提起诉讼）两个方面进行了分析。

关于原审被告人苏某、杨某的行为是否构成犯罪的分析认定。1. 辩护人认为被告人苏某主观上没有谋取不正当利益的非法目的。经查，虚假诉讼罪是指以捏造的事实提起民事诉讼，妨害司法秩序或者严重侵害他人合法权益的行为，并不要求行为人主观上具有谋取不正当利益的非法意图。2. 辩护人认为，被告人苏某与被害人张某1之间存在债权债务关系，只是在诉讼过程中协助被告人杨某虚构了杨某已经取得追偿权的相关事实，被告人苏某的行为不构成犯罪。经查，《中华人民共和国刑法》第三百零七条之一规定的“捏造的事实”是指凭空编造的不存在的事实。首先，虽然被告人苏某与被害人张某1之间仍存在债权债务关系属实，但被告人杨某提起民事诉讼案由为“追偿权纠纷”，人民法院审查的关键事实是追偿权人是否代为清偿债务。被告人苏某为了索债，伙同被告人杨某制造了债权已经发生转移的假象，实际上被害人张某1和王某2、被告人杨某之间并不存在实质上的民事法律关系。因此，被告人杨某提起民事诉讼所依据的法律关系是被告人苏某、杨某“无中生有”故意捏造。其次，虽然被告人苏某与被害人张某1之间具有民间借贷法律关系，但杨某实际没有诉权。其与被告人苏某恶意串通，隐瞒债权未实际发生转让的真相、捏造其已经代为清偿债务的事实，向人民法院提起诉讼，致使人民法院误以为其具有诉权。二被告人在民事诉讼中，所依据的民事法律关系和杨某具有诉权的事实均不真实存在，应当认定被告人杨某、苏某的行为属于《中华人民共和国刑法》第三百零七条之一规定的“以捏造的事实提起民事诉讼”。二被告人的行为致使正宁县人民法院基于当事人虚构的事实作出民事判决，妨害了司法秩序，二被告人的行为及结果符合《中华人民共和国刑法》第三百零七条之一和相关司法解释的规定。应当依法认定二被告人的行为构成虚假诉讼罪。

示例 2－3－18 唐某斌、严某等虚假诉讼案二审刑事裁定书[①]（虚假诉讼罪中“无中生有型”和“部分篡改型”的区分）

本案被告人唐某斌实际控制的润杰公司修建“巨龙广场”项目，多次向被告人严某借款合计393.2万元，后唐某斌欲再向严某借款500万元，严某因担心不能收回借款不愿出借。于是唐某斌、严某商量将原借款393.2万元及新增虚假借款500万元一并提起诉讼，骗取法院裁判文书，然后在执行过程中将“巨龙广场”的在建项目抵押给严某，以确保债权实现，被告人严某再将新增借款500万元转入龙王镇人民政府指定专用账户。之后严某使用一个其他人的510万元银行转款凭证，由唐某斌代写了民事起诉状后，由严某向法院提起民事诉讼，请求判令润杰公司、唐某斌及其妻子代某共同偿还借款903.2万元及资金利息。法院作出民事调解书后，严某向法院申请强制执行，法院作出执行裁定，查封“巨龙广场”的土地及在建工程。一审法院以虚假诉讼罪对唐某斌、严某作出判决，二审期间，辩护人提出虚假诉讼罪仅限于“无中生有型”的虚假诉讼行为，本案属于“部分篡改型”行为，不属于虚假诉讼罪的范畴。针对此涉及罪与非罪的争议，二审判决书进行了重点说理。

1. 关于本案是否属于“部分篡改型”虚假诉讼及被告人唐某斌是否构成犯罪问题。

经查，上诉人唐某斌通过多次借款与上诉人严某形成了393.2万元真实债权债务关系，同时二上诉人又捏造510万元虚假债权债务关系，虽然上诉人严某一并向法院提起诉讼，法院也一并进行了调解，但每次借款以及捏造的510万元虚假债权债务关系均系可分之诉，需要分别作出确认各自民事权

① 四川省广元市中级人民法院刑事裁定书，（2020）川08刑终52号，第四届全国法院“百篇优秀裁判文书”。

利义务的裁判，故不应作为整体看待。[①] 虽然上诉人唐某斌在一审庭审过程中提出捏造的510万元债权中包含前期真实借款393.2万元的利息60万元的辩解意见，但该辩解意见与各被告人在侦查阶段的供述不符。本案上诉人捏造510万元虚假债权债务关系的目的是为了通过诉讼并进入执行，以此保障严某后续借款债权的实现，也并非是为了通过捏造虚假债权债务关系保证前期真实借款利息的收回，故本案上诉人虚增的510万元债权债务关系属于“无中生有型”虚假诉讼，并非“部分篡改型”虚假诉讼，上诉人唐某斌的行为构成虚假诉讼罪。故对上诉人唐某斌及辩护人提出的该辩解辩护意见，本院不予采纳。

示例2-3-19 | 黄某平受贿案二审刑事判决书[②]（借款形式受贿的定罪争议分析）

本案检察机关指控被告人黄某平作为国有企业领导人利用职务便利帮助詹某取得其公司的工程，在此期间向詹某借款100万元，虽后出具借条并在案发前退还，仍应按受贿罪处理。[③] 一审判决认定该起事实不属于受贿，检察机关提出抗诉。受贿与借款的本质区别在于行为人主观上对取得相关钱款的目的不同，受贿是出于占有目的，借款没有占有目的，这种主观目的的不同，只能从行为人“借款”前后的具体表现来判断。本案二审判决书在对该起事实进行详细查明的情况下，针对是借款还是受贿的争议，从被告人长达六年不予归还、“借款”前后均帮助詹某谋取不正当利益、事后伪造借条掩盖不正当交往等三个方面进行了分析，从而认定该起事实仍符合受贿罪权钱交易的本质。

一、关于原公诉机关指控黄某平索要詹某100万元的定性问题

经查，在案证据证实，黄某平于2006年、2007年利用职务便利为詹某

---

① 双方的债权债务关系系多笔累计，每笔借款是否成立、本金及利息的计算和互付情况、违约情况等均需分别举证、质证、辩论，各自属于独立的法律关系，可以独立成诉，只是为了方便和节约成本，才合并起诉。

② 四川省高级人民法院刑事判决书，（2016）川刑终385号，首届全国法院“百篇优秀裁判文书”。

③ 本案事实详见本书第一章第二节第二部分第（三）项之“示例1-2-27”。

的公司谋取利益，后随即于2007年10月向詹某借款100万元，虽然詹某、唐某、张某2证言均称是黄某平之妻李某1主动以借为名向詹某索要100万元，[①] 但并无其他证据印证证实黄某平授意其妻向詹某索要钱款和100万元借款发生之时黄某平即具有占有目的，且不能排除黄某平向詹某借款的正当性、合理性，故此时即认定黄某平以借为名向詹某索要100万元的证据不足。2008年5月，黄某平向詹某表达还款意愿，詹某表示不用归还后，黄某平未再表达过还款意愿，在具备还款能力的情况下亦未曾有还款行为，时间长达六年之久；且在案黄某平供述与詹某证言及李某1、唐某、张某2证言也均能印证，一致证实2008年5月后该100万元系詹某送给黄某平，黄某平予以收受。之后，黄某平继续利用职务便利为詹某的公司谋取系列利益。其后，为应对办案机关调查，掩盖黄某平收受詹某100万元的事实，李某1伪造借条、黄某平邀詹某到成都商定对外统一口径、李某1随即邮寄虚假借条并在案发前被动退还100万元。综上，该100万元符合受贿犯罪权钱交易的本质特征，应当认定为黄某平受贿犯罪数额。故抗诉机关提出该100万元应认定为受贿数额的抗诉理由及意见成立，本院予以采纳；黄某平及其辩护人上诉、辩护提出该100万元应认定为借款数额及抗诉机关提出应认定为索贿数额的意见不能成立，本院不予采纳。

示例2-3-20 | 黄某泉被控骗取贷款再审宣告无罪案刑事判决书[②]（骗取贷款罪的定罪争议分析）

本案检察机关指控被告人黄某泉犯骗取贷款罪，主要事实是黄某泉控制的甘蔗合作社仅向其合作的榨糖企业粤侨公司供应1万余吨甘蔗，以借款420万元给粤侨公司为条件，要求粤侨公司向其提供相当于3.5万余吨甘蔗的2500吨白糖调拨单及配套提单，后在明知这些提单无法实际提到白糖的情况下，将上述提单作为质押担保，从某市农村信用合作社金湾分社骗取贷

---

① 詹某安排其妻唐某通过银行转账给被告人黄某平之妻李某1，张某2系詹某公司的股东，二人均知情此事。

② 广东省高级人民法院刑事判决书，（2017）粤刑再6号，第二届全国法院“百篇优秀裁判文书”。

款500万元。被告人黄某泉辩解其提供作为贷款担保的白糖提单真实，不构成骗取贷款罪。本案再审判决针对一般民事纠纷还是诈骗犯罪的争议，从是否存在贷款诈骗罪的行为手段、是否存在被骗对象、作为贷款质押物的提单的民事法律关系与骗取贷款无关等三个方面分别进行了分析论证，得出本案属于民事法律关系范畴，不构成骗取贷款罪的结论。

根据《中华人民共和国刑法》第一百七十五条之一的规定，骗取贷款罪是指使用虚构事实或者隐瞒真相的欺骗手段，取得银行或者其他金融机构贷款，给银行或者其他金融机构造成重大损失或者有其他严重情节的行为。原审被告人黄某泉用涉案提单作质押向金湾农信社贷款的行为不符合本罪的构成要件。理由如下：

首先，从行为手段看，现有证据尚不足以认定原审被告人黄某泉采用“欺骗手段”即明知提单虚假而用于质押贷款的基本事实基础。

其次，从犯罪对象看，本案向公安机关报案并主张被骗的主体是与黄某泉具有加工承揽等民事法律关系而为其出具质押提单的粤侨公司，而粤侨公司不属于金融机构。虽然指控和原判认定的本案被害人是金湾农信社，但金湾农信社否认其为本案的被害人。关于能否认定金湾农信社为本案的被害人或犯罪对象，控方和原判持客观判断立场，认为即使被害人不承认被害，亦应根据客观存在的损害情况作出认定，金湾农信社由于黄某泉所施行为客观上遭受重大损失，应认定为本案的被害人；辩方则持主观判断立场，认为是不是被害人，当事人感受最直接、最清楚，被害人不承认被害，表明其放弃法律对其法益的保护，应予尊重，金湾农信社不认为其被骗取贷款，故本案没有被害人。本院认为，应根据犯罪所侵害法益的公、私性质（公法益不可处分，私法益可处分性），从主、客观两个方面作出具体判断。骗取贷款罪的犯罪对象是金融机构，从金融机构本身来说，关系财产权的保护，属于私法益；从金融机构所承载的社会责任来说，关系金融安全和秩序，属于公法益，具有公私兼具的属性，故应从主、客观两个方面进行判断。其一，从主观方面看，本案向原审被告人黄某泉发放贷款的金湾农信社并没有报案和行使“被害人”的诉讼权利，而是主张其办理贷款的手续是完全合规的，用以质押的提单经过审核确认是真实的，认为可通过行使质押权来保障其债权的实现，相反认为对原审被告人定罪会影响其债权和质押权的正常行使，主观上不认为其是被害人。其二，从客观方面看，黄某泉控制的聚群合作社与金湾农信社签订的《借款合同》贷款期限为1年，即从2009年3月13日起至2010年3月13日止，一次性偿还全部借款本金，除用涉案提单质押担保外，还有黄某泉、黄某笑、郑某龙等自然人予以保证担保，侦查机关以骗取贷款罪对黄某泉进行刑事立案的时间为2009年8月20日，金湾区人民法院以该案不属经济纠纷而有经济犯罪嫌疑、裁定驳回原告农业服务站起诉的时间为2009年10月27日，聚群合作社尚未到还本期限，而在侦查机关刑事立案前，聚群合作社能够按合同约定归还借款利息，故在侦查刑事立案时公安机关认为聚群合作社届时无法归还贷款本息缺乏事实依据，虽然最终发生聚群合作社没有如期归还贷款本息的事实，但不能排除因系侦查机关的提前介入导致其行使民事权利受阻所致，结合黄某泉以往贷款均无违约的事实，将金湾农信社不能收回贷款本金的损害结果完全归责于原审被告人黄某泉有失公允，从客观角度亦难以将金湾农信社评价为黄某泉所施行为的被害人。因此，指控和原判认定金湾农信社是本案被害人缺乏事实和法律依据。

第三，从行为性质看，本案不属于刑事法律调整的范围。首先，根据黄某泉与金湾农信社提供的书面证据材料及双方的认知，黄某泉以其控制的聚群合作社名义向金湾农信社借款，并以其负责的农业服务站名义持有、粤侨公司出具并证明真实的提单提供质押担保和其本人及亲属名义提供保证担保，金湾农信社对借款材料的真实性和履约能力进行了审核，所借款项也均用于约定的用途，黄某泉与金湾农信社之间的关系应属于民事法律调整的范畴。另从提单的法律性质和质押效力来看，提单是物权凭证，具有指示交付的功能。提单质押是债务人或者第三人将其持有的物权凭证交由债权人保管，用于保证债务履行的担保形式。只要提单是出具人（加工、仓管、承运人等）出具的，其即负有对提单指向货物的交付义务，至于提单是基于何种基础法律关系出具的，以及提单指向货物是否真实存在，对善意的债权人来说，质押效力并无影响。本案金湾农信社已经对该质押提单的形式真实性进行了审核，粤侨公司承认确为其所出具的，并且还出具了“只能提货、不能挂失”的证明，对金湾农信社来说，粤侨公司负有对其交付质押提单指向货物的法定义务，金湾农信社可以通过行使质押权获得法律救济。此外，从黄某泉与粤侨公司的关系来看，根据双方提供的书面证据材料及认知，黄某泉与粤侨公司之间存在加工承揽、买卖、保管、拆借等多种民事法律关系，涉案提单是双方存在民事关系的凭证，至于是否真实产生，亦属双方民事争议的事实应当通过民事途径查明认定①。司法机关在本案犯罪事实不明确，特别是金湾农信社没有提出刑事控告的情况下，按骗取贷款罪对原审被告人黄某泉进行立案侦查并追究刑事责任欠缺合理性和必要性。

综上，本院认为，原审判决、裁定认定原审被告人黄某泉犯骗取贷款罪事实不清、证据不足，适用法律错误，应予撤销。

示例 2－3－21 陈某兵被控非法倒卖土地使用权二审宣告无罪案刑事判决书②（非法倒卖土地使用权罪的定罪争议分析）

本案被告人陈某兵先后三次分别从个人、镇政府和其他国有单位手中购买三块建设用地，在未办理国有土地使用权证书的情况下，将土地通过整块转让或者规划分割转让的方式转卖给他人，从中获利 100 余万元。检察机关指控及一审判决认为被告人的行为构成非法倒卖土地使用权罪，并属于情节特别严重的情形。我国《刑法》第 228 条仅笼统规定“以牟利为目的，违反土地管理法规，非法转让、倒卖土地使用权，情节严重的”构成犯罪，相关司法解释仅从涉及土地的数量、非法获利的数量等角度，对“情节严重”进

① 换句话说，黄某泉向金湾农信社申请贷款，所提供粤侨公司提货单确系粤侨公司出具，并非其本人伪造，即为真实。至于黄某泉与粤侨公司之间是否存在作为提单基础的真实购销关系系双方民事纠纷需要解决的，不影响黄某泉申请贷款过程中担保人粤侨公司与银行之间的法律关系，也就不应当在判断黄某泉是否构成骗取贷款罪的刑事审判中解决。正如销赃过程中购买人出于善意而以市场正常价格购买赃物，即为善意取得，因为货物真实存在，既不能认定销赃人销售非本人所有的财物因而构成诈骗，也不能以销赃人无真实处分权而认定涉及财物买卖的合同无效。销赃人与原物主的纠纷是另一个法律关系，不能在财物销售的法律关系中解决。

② 广东省阳江市中级人民法院刑事判决书，（2017）粤 17 刑终 145 号，第二届全国法院“百篇优秀裁判文书”。

行了定量规定，对于“非法转让、倒卖土地使用权”的本质及具体表现，并未作出定性规定。本案被告人从有处分权人处购买获得建设土地，在未办理国有土地使用权证的情况下将土地又转让给他人，确实违反了相关土地管理制度，但判定是否属于刑法规定的“非法倒卖土地使用权”的行为，关键在于该行为是否对刑法规定本罪名所要保护的法益造成实质损害。二审判决书从本案涉及的建设用地是否属于非法转让、倒卖土地使用权罪所保护的犯罪客体的调整对象、本案中土地管理秩序是否造成较大破坏、被告人主观上是否具有主动破坏土地管理秩序的恶意等方面进行分析论证。涉案三宗土地已经由政府征收成为建设用地，被告人的行为不会使土地性质改变导致农业用地资源损坏；被告人是从政府或其他有权处分人处合法购买取得土地，后两次甚至是被动地按照政府安排而取得土地，不存在严重干扰或者破坏土地管理秩序主观故意和后果；被告人行为是违反国家土地登记管理制度，属于违反行政程序的行为，以行政责任足以规制，没有适用刑罚的必要性。论证层次清晰、结构紧凑、逻辑严谨。

（三）关于上诉人陈某兵的非法转让土地使用权行为是否应受刑罚的问题

经查，上诉人陈某兵违反土地管理法规，在未办理国有土地使用权证的情况下，非法转让土地使用权，并从中获利121.05万元的非法事实清楚，违反了国家土地登记管理规定，但其非法行为尚未达到严重扰乱土地管理秩序的危害程度，不具有刑罚适用的必要性。主要理由是：

1. 非法转让、倒卖土地使用权罪的犯罪客体是国家的土地管理制度，《土地管理法》明确“十分珍惜、合理利用土地和切实保护耕地”是我国的基本国策，“维护土地的社会主义公有制，保护、开发土地资源，合理利用土地，切实保护耕地，促进社会经济的可持续发展”是土地管理目标，为此国家实行土地用途管制制度，对耕地实行特殊保护，严格限制农用地转为建设用地，控制建设用地总量并倡导合理利用土地。上诉人陈某兵在未取得国有土地使用权证书的情况下，将已由政府部门征收并投入市场流转的建设用地使用权转让给第三人，其行为侵害的是国家有关土地登记管理制度，但尚不足以达到对土地管理秩序造成严重干扰或破坏，或土地性状改变导致农业用地资源流失，或行为影响极其恶劣的程度，社会危害性有限，从行政处罚层面足以规制，对其不必要适用刑罚。

2. 本案涉案三宗土地均为建设用地，符合城乡建设规划，除未办理国有土地使用权登记手续外，暂未发现存在其他违反土地管理法规的行为。其中，第一宗土地源于阳春市政府征收、置换土地后，陈某兵经中间人中转，从置换者手中购置土地，第二宗土地由圭岗镇政府直接出让给上诉人陈某兵，获利最大的第三宗土地在陈某兵转卖前已取得圭岗镇政府出具的划分为19幢宅基地的规划图，转卖后政府又为购买土地建屋的居民办理了由阳春市建设局颁发的《建设用地规划许可证》。说明三宗土地的规划使用符合政府部门的土地管制要求，无证转卖行为对土地管理秩序未造成较大破坏。

3. 本案除第一宗土地是上诉人陈某兵主动购买外，其他两宗土地均是圭岗镇政府从中牵线或推动购买的，其转卖土地的主观恶意程度应与以牟利为目的、主动积极促成土地买卖交易达成的情形区别对待。经查，第二宗土地圭思公路边地块的买入，是圭岗镇政府为抵顶陈某兵的政府欠债款、主动提出抵顶出让而达成的，第三宗地圭岗中学东侧地块的买入，是镇政府协调陈某兵接手百涌自然保护区的土地、以解决保护区专项资金回笼问题而达成的，因此，上诉人陈某兵的犯罪动机与主观恶意程度与以牟利为目的、主动积极促成土地买卖交易的情况相比较小。

示例 2－3－22　潘某海被控合同诈骗再审宣告无罪案刑事判决书[①]（合同诈骗罪的定罪争议分析）

本案检察机关指控被告人潘某海假冒没有建筑资质的环球公司代理人名义，与永恒公司签订《建筑施工合同》，又将工程分包给他人，获得分包人押金、保证金、借款、施工及供应商提供的建筑材料等，价值共计891.6万元；并以已经施工的两项工程为由，向永恒公司索要2033.4万元工程款，

① 广东省高级人民法院刑事判决书，(2016) 粤刑再10号，第三届全国法院“百篇优秀裁判文书”。

比鉴定确认的实际造价1233.5万元高799.9万元。一审、二审判决认定被告人对建设单位和分包施工人、供货商两个方面均实施合同诈骗罪，既遂891.6万元，未遂799.9万元。从表面上看，被告人冒用本身也无建筑资质的环球公司名义与他人签订建筑施工合同，存在诈骗行为；但合同的目的是履行，签订合同本身并不能实现犯罪人诈骗的目的，区别合同诈骗罪和合同纠纷的关键在于认定被告人主观上是否具有非法占有目的，对此不能仅仅依据被告人在签订合同时是否有欺骗行为，关键是要结合合同的履行情况进行整体评价，包括行为人是否具有实际履行合同的能力、有无实际履行合同的行为、如何处置通过合同取得的对方给付的标的物、合同不能继续履行时有无承担责任的表现等。本案再审判决书也是从被告人曾经多次挂靠其他单位承揽工程、实际履行合同并已完成部分工程、根据合同并未从建设单位取得给付标的物、其主张的工程款虽然比鉴定的工程价值高但并非虚构故依法应予支持、从分包施工人及建材供应商处取得的财物被用于工程施工等几个方面进行分析，从而得出被告人主观上不具有非法占有的目的，其客观上实际履行了合同，不构成合同诈骗罪的结论。分析过程从主观要件和客观要件两个方面入手，既从法理上论述，也从事理、情理上论述，既使用证据说话，也引用法律规定，多角度、全方位释明了再审改判无罪的事实依据和法律依据，说理十分到位。

对于申诉人潘某的申诉意见和潘某海辩护人的辩护意见、检察院的出庭检察意见，综合评析如下：

1. 本案证据不能认定潘某海主观上具有非法占有的目的

最高人民法院《关于审理建设工程施工合同纠纷案件适用法律问题的解释》第一条、第二条、第三条规定：“承包人未取得建筑施工企业资质或者超越资质等级的，建设工程施工合同无效。”“建设工程施工合同无效，但建设工程经竣工验收合格，承包人请求参照合同约定支付工程价款的，应予支持。”“建设工程施工合同无效，且建设工程经竣工验收不合格的，按照以下情形分别处理：（一）修复后的建设工程经竣工验收合格，发包人请求承包人承担修复费用的，应予支持；（二）修复后的建设工程经竣工验收不合格，承包人请求支付工程价款的，不予支持”。因此，即使认定潘某海不具备建筑资质与“永恒公司”“南开学校”签订了建筑施工合同，合同无效，但只要其对建设工程进行施工，工程经验收合格，依法有权获取相应的工程价款。涉案工程经侦查机关委托的鉴定机构鉴定，确认“东江御城”“南开学校”高中部工程已经完成了12 334 701.51元的施工建设，证人钟某鹏作证称潘某海在“东江御城”工地做了临时设施、地下室土方开挖、边坡支护、地下室人工挖孔桩等基础工程。“南开中学”则平整好并建好活动板房。目前没有证据证实潘某海已经实施的工程验收不合格且经修复后仍不合格，潘某海向曹某主张工程款的《工程造价结算书》中附有在“东江御城”花园和“南开中学”的各项工程的具体价款，“永恒公司”和“南开中学”对工程款数额如有异议，可以协商或通过民事诉讼渠道解决。潘某海与“永恒公司”“南开中学”的纠纷应属民事纠纷范畴。

另根据辩护人提供的潘某海从2004年至2011年多次以“广东开平建安集团有限公司”“湛江市住宅建筑工程公司深圳分公司”“茂名市电白建筑工程总公司深圳分公司”“深圳市洪涛装饰工程有限公司”等单位名义对外签约承揽建设施工工程，可以证实潘某海具有建设施工的经历和能力。

综上，潘某海具有一定的建设施工的经历和能力，其已按承建合同完成了部分工程，向“永恒公司”和“南开学校”主张工程款，具有事实和法律依据。即使潘某海不具备建筑资质而签订建设工程合同，要求工程结算金额偏大，结算过程中有占据工地、煽动工人上访等不当行为，但不能据此认定潘某海主观上具有非法占有工程价款的目的。

2. 本案证据不能证实潘某海非法占有了他人的财物，潘某海的行为在客观方面不符合合同诈骗罪的构成要件

（1）潘某海具有履行“东江御城”和“南开学校”建设施工合同的行为，其行为不具备合同诈骗“永恒公司”和“南开学校”的客观要件

根据“永恒公司”和潘某海签订的合同内容看，潘某海与“永恒公司”签订的是承包人垫资承包合同，发包方“永恒公司”“南开学校”并没有预付工程价款，合同约定只有潘某海施工建设至合同约定的进度后，才会依约

获得首期工程款。截至案发时潘某海已完成经鉴定价值为 12 334 701.51 元的工程项目，众多分包人也陈述根据潘某海的分包，实际对“东江御城”工地进行了施工，而潘某海未收到“永恒公司”和“南开学校”的工程款。

综上，潘某海客观上实施了履行合同行为，潘某海向曹某提交《工程造价结算书》的行为只是单方主张工程款的协商行为，其行为不符合合同诈骗“永恒公司”和“南开学校”的客观要件。

(2) 潘某海的行为不具备合同诈骗分包人、供应商财物的客观要件

潘某海在与“永恒公司”签订建设工程合同后实际承建“东江御城”的建设项目。其在此后将“东江御城”部分工程实际分包给陈某仁、张某彬等人施工建设，各分包人也确实入场进行施工建设。因此，潘某海并没有虚构建设施工项目骗取保证金、借款，而是建立在有实际建设施工项目的基础上。分包人陈某仁作证称承建工程一般要交押金，是为了保障合同如期履行。分包人丘某作证称收到潘某海先后支付的 45 万元左右的工程款，徐某、吴某、宋某、范某等分包人作证称潘某海有部分支付过工程款，没有证据证实潘某海将押金、保证金、借款予以转移、挥霍或隐匿。潘某海向河源华润辉达混凝土有限公司、林某等供货单位和个人赊购了混凝土、钢筋、胶合板等建筑材料，但这些材料确实与正在施工的建设工程有关，没有证据证实潘某海将上述建筑材料另行转移、隐匿或倒卖。潘某海虽然拖欠分包人部分施工价款，但其辩解待收到建设单位工程款后再支付余额的解释合理，此做法在建设工程分包中亦属常见。根据侦查机关委托的鉴定机关鉴定，本案“东江御城”和“南开学校”高中部已完成部分工程造价达 12 334 701.51 元，结合分包人的证言，可以认定潘某海将收取的保证金、借款和赊购的建筑材料投入到了建设工程项目中，这些财物并未被潘某海非法占有，且潘某海已建成的工程造价经鉴定远高于其欠分包人和供货商的价款。①

---

① 潘某海已建成的工程造价经鉴定远高于其欠分包人和供货商的价款，说明其已向分包人和供货商支付了大部分工程款和建筑材料货款，进而说明其主观上没有非法占有工程款或货款的目的，也说明其在努力履行与建设单位的建设工程合同。

因此，本案证据不能证实潘某海实施了非法占有分包人或材料供应商财物的行为，潘某海的行为不符合合同诈骗分包人、材料供应商的客观要件。

本院认为，原审被告人潘某海虽然没有建筑资质，以“环球公司”的名义承建了“东江御城”和“南开学校”建设工程，但潘某海主观上具有履行建设施工合同的目的，客观上实施了履行建设施工合同的行为。在案证据不能证实潘某海主观上具有非法占有的目的，也不能证实潘某海客观上实施了骗取他人财物的行为。原审被告人潘某海的申诉意见及其辩护人的辩护意见具有事实和法律依据，予以采纳。原审裁判认定潘某海构成合同诈骗罪证据不足，定罪量刑错误……

示例2-3-23　吴某被控合同诈骗、骗取贷款二审宣告无罪案刑事判决书[①]（合同诈骗罪的定罪争议分析）

本案被告人吴某控制的长丰实业有限公司和海迅贸易有限公司（以下对该两公司统称为吴某公司）与兴源集团有限公司（以下简称兴源公司）、平安银行签订担保提货模式的《合作协议书》，约定平安银行根据吴某公司申请向兴源公司开具银行承兑汇票，用于购买兴源公司的轮胎；吴某公司向平安银行缴纳保证金后，兴源公司根据平安银行发出的“提货通知单”向吴某公司发货；兴源公司对违反规定给吴某公司提货对平安银行造成的损失，与吴某公司一起承担连带还款责任，对未发货部分有退款责任。在三方合作期间，吴某公司将平安银行向兴源公司开具的大部分银行承兑汇票取回并贴现后用于公司经营、缴纳银行承兑汇票保证金及归还银行承兑汇票敞口，部分银行承兑汇票用于购买兴源公司轮胎。

2014年12月，因吴某公司无力偿还银行承兑汇票敞口并出现银行垫款情况，为防止影响业绩考核，平安银行决定给予长丰实业有限公司（以下简称长丰公司）问题授信，由长丰公司申请流动资金贷款用于偿还承兑汇票敞口。2015年1月至4月长丰公司以经营周转为由先后27次向平安银行申请

---

① 山东省东营市中级人民法院刑事判决书，（2019）鲁05刑终139号，第四届全国法院“百篇优秀裁判文书”。

流动资金贷款共计7839.88万元，并由兴源公司、银储公司、吴某及余某1承担连带责任担保。经平安银行起诉并强制执行，从兴源公司收回贷款本金4943.93万元，长丰公司尚欠平安银行贷款本金2895.95万元。检察机关对长丰公司使用已被列为失信被执行人银储公司提供担保的贷款近3000万元，指控构成骗取贷款罪；长丰公司在平安银行的银行承兑汇票不能付款，平安银行垫款共计1631.85万元，长丰公司从其他公司借款偿还后又贷款还借款，最终由兴源公司承担担保还款责任，检察机关指控该行为构成合同诈骗罪。辩护人则认为被告人不构成犯罪。

围绕控辩双方关于被告人是否构成合同诈骗罪和骗取贷款罪的争议，二审裁判文书针对每个罪名，先从法律规定出发，对罪状进行介绍，又进一步分析了判断罪与非罪的关键事实，并分别结合具体案情进一步分析。比如对于合同诈骗罪，首先介绍法律规定的罪状，阐述罪与非罪的本质区别在于“行为人主观上有无非法占有的目的”，围绕此重点事实，从现有证据能否证实吴某公司采取欺骗手段骗取兴源公司签订三方协议、现有证据能否证实吴某公司采取欺骗手段骗取兴源公司为其流动资金贷款提供担保、兴源公司承担的保证责任是否能据以确定诈骗事实、吴某公司是否具有履行能力、1631.85万元贷款是否兴源公司归还等几个方面进行了分析评判。对于骗取贷款罪，在介绍法律规定的罪状后，阐述罪与非罪的关键在于“是否采用欺骗手段获取贷款”，围绕此重点事实，从贷款发放的主导单位、贷款的用途及流向、吴某公司提供贷款资料是否虚假、银行对担保公司的履约能力是否明知、其他担保主体的资格有无问题等多个方面进行分析评判。

3. 关于吴某合同诈骗1631.85万元的事实能否认定问题。审理认为，根据《刑法》第二百二十四条的规定，合同诈骗罪是以非法占有为目的，在签订、履行合同过程中，采取虚构事实或者隐瞒真相等欺骗手段，骗取对方当事人财物的行为。该罪的犯罪构成不仅要求行为人有虚构事实、隐瞒真相的行为，还必须具有非法占有他人财物的目的。纵观本案，（1）三方协议是平安银行、兴源公司、吴某公司三方协商后签订，兴源公司在吴某公司提出将银行承兑汇票取回自用后表示同意并安排人员负责联系、盖章事宜，且2014

年10月兴源公司知道未提货金额高达9000余万元后虽拒绝在《卖方发货跟踪记录表》上盖章，但之后兴源公司与吴某公司之间仍有交易和经济往来，现有在案证据无法证实吴某公司采取欺骗手段诱骗兴源公司签订三方协议，从而让兴源公司承担担保责任，以达到非法占有兴源公司财物的目的；（2）证人张某1、吴某、吕某均系经办长丰公司流动资金贷款事宜的平安银行工作人员，三人证言证实对长丰公司进行问题授信，将银行承兑汇票敞口转换为流动资金贷款，用流动资金贷款归还承兑敞口是平安银行为了业绩考核作出的决定，因兴源公司是三方协议的一方，依据协议应承担连带担保责任，故要求兴源公司提供担保，兴源公司相关人员证言及吴某的供述对此亦予以印证，能够证实要求长丰公司进行流动资金贷款、要求兴源公司担保均是平安银行提出；根据兴源公司相关人员证言及被告人吴某供述，2014年12月兴源公司已经知道长丰公司无力归还8000万元银行承兑汇票敞口，吴某并未隐瞒无力偿还的事实，2015年1月兴源公司在明知的情况下仍同意签订《最高额保证担保合同》，是其自主选择的结果，无证据证实长丰公司采取欺骗手段骗取兴源公司为其流动资金贷款提供担保；（3）为长丰公司流动资金贷款担保的有兴源公司、银储公司、吴某及其妻余某1，其在最高保证限额内均承担连带责任，以最终承担责任的担保人为依据确定受害人，则导致受害人处于不确定状态；兴源公司签订《最高额保证担保合同》在前，长丰公司申请27笔流动资金贷款在后，兴源公司承担的是最高额保证责任，并未具体到某一笔贷款，以平安银行从兴源公司收回的款项归还某笔贷款来确定对哪笔贷款承担了担保责任，并以此确定合同诈骗的事实，则因平安银行选择不同导致合同诈骗的事实处于不确定状态；（4）公诉机关仅将2015年1月4日的1631.85万元贷款以兴源公司承担了担保责任为由指控为合同诈骗，但兴源公司实际承担了近5000万元本金的担保责任，对其余3000多万元担保责任并未指控。长丰公司共申请流动资金贷款27笔，其中1631.85万元贷款归还的是恒实担保的借款，但该借款是因长丰公司银行敞口到期不能归还银行垫资而产生，用贷款归还银行为敞口垫资而产生的借款，与用贷款直接归还银行敞口无本质区别；关于长丰公司的资产、负债、经营状况等方面并无相关证据证实，导致长丰公司有无履行能力事实不清，证据不足，仅以用借款归还银行垫款、又用贷款归还借款，不能证实长丰公司具有让兴源公司承担担保责任，从而达到占有兴源公司财产的目的；（5）银行贷款结清凭证证实1631.85万元贷款于2017年1月23日归还，而平安银行出具的说明证实2017年7月23日经诉讼平安银行从兴源公司收回本金4900余万元，1631.85万元贷款归还的时间早于平安银行从兴源公司收回4900余万元的时间，证人张某2证实27笔流动资金贷款只从兴源公司强制执行回5200余万元，现有证据中也无1631.85万元贷款如何归还的证据材料，1631.85万元是否用从兴源公司收回款项归还的事实不清。综上，现有在案证据不能证实长丰公司实施了隐瞒真相的行为导致兴源公司产生错误认识，也不能证实长丰公司具有非法占有目的，认定长丰公司合同诈骗1631.85万元的证据尚未达到确实、充分的证明标准，吴某作为主管人员亦不构成合同诈骗罪。抗诉机关所提抗诉意见不能成立，本院不予支持。

4. 吴某骗取贷款的事实能否认定问题。审理认为，骗取贷款罪是指以欺骗手段取得银行或者其他金融机构贷款、票据承兑、信用证、保函等，给银行或者其他金融机构造成重大损失或者有其他严重情节的行为。骗取贷款罪的“欺骗手段”主要表现为：行为人实施欺骗行为→具有放贷决定权的人陷入认识错误→做出放贷的财产处分决定→行为人获得贷款→银行的贷款遭受风险。本案中，（1）平安银行为了单位业绩考核经讨论后决定给予长丰公司问题授信，将银行承兑汇票敞口转为流动资金贷款，平安银行对长丰公司的流动资金贷款起主导作用，平安银行发放贷款是基于其本身给予长丰公司的问题授信，与长丰公司提供资料之间无因果关系；（2）平安银行工作人员证实按照银行承兑汇票到期的时间陆续发放贷款，用贷款归还银行承兑汇票敞口，该内容与银行承兑汇票到期时间、贷款发放时间及去向相互印证，可见银行掌控贷款的用途和流向；（3）仅依据税务登记资料并不能证明27份工矿产品购销合同是虚假的，现有在案证据并不能得出长丰公司提交的贷款资料虚假的结论；（4）银储公司于某证实，平安银行的吴某和另外两个工作人员找到她，让银储公司给吴某公司担保3000万元流动资金贷款，当时她跟银行工作人员申明银储公司没有实际资产，无能力做担保，已被法院列为失信人员，不符合担保条件，但吴某还是让她在担保合同上签字，加盖了银储公司的公章，据于某证言其对银储公司的状况并未向银行隐瞒，且书证失信被执行人查询证实银储公司被青岛市市南区人民法院列为失信被执行人已在最高人民法院失信被执行人网上公布，系可公开查询的资料，平安银行并未对银储公司的状况陷入错误认识；（5）27 笔流动资金贷款除银储公司担保外，还有兴源公司、吴某及其妻子佘某1，无证据证明三担保人担保资格存在问题；（6）本案案发于兴源公司报案被长丰公司合同诈骗，平安银行并未报案，平安银行作为骗取贷款罪的被害人，其本身并未认为被骗。综上，平安银行对长丰公司的贷款目的、担保人的状况应是知情的，并未陷入错误认识而发放贷款，长丰公司相应获取贷款的行为不符合骗取贷款罪的构成要件，吴某作为主管人员亦不构成骗取贷款罪。吴某及辩护人所提“吴某不构成骗取贷款罪”的上诉理由、辩护意见成立，本院予以采纳。

示例 2－3－24　陈某等违法运用资金案二审刑事判决书[①]（违法运用资金罪的定罪争议分析）

本案中，被告人陈某、王某有作为××人寿公司董事长和财务负责人，决策并组织实施将公司资本金账户和保险产品资金专用户的资金转借给××人寿公司的发起人公司的母公司某某1公司使用。[②] 检察机关指控及原判决认定二被告人构成违法运用资金罪；二被告人上诉及辩护人提出的主要辩护意见是涉案款项支出属于投资行为，符合《保险法》及国务院文件规定的资金运用原则，没有违反国家规定。《刑法》第 185 条之一第 2 款规定：“社会保障基金管理机构、住房公积金管理机构等公众资金管理机构，以及保险公司、保险资产管理公司、证券投资基金管理公司，违反国家规定运用资金的，对其直接负责的主管人员和其他直接责任人员，依照前款的规定处罚。”

---

① 北京市第二中级人民法院刑事判决书，（2018）京 02 刑终 178 号，第二届全国法院“百篇优秀裁判文书”。

② 本案事实详见本书第一章第二节之“示例 1－2－2”。

本案在犯罪主体上没有争议，控辩双方主要争议在于涉案资金运用行为是否违反国家规定，二审刑事判决围绕违法运用资金罪犯罪构成要件，对相关资金运用是否属于投资、是否违反国家规定进行了分析论证。

一、××人寿公司运用资金的性质属于关联企业之间的资金拆借行为。理由如下。

（一）合同的实际履行情况及涉案资金的流向显示，××人寿公司运用资金的行为与设备采购和投资无关。首先，××人寿公司虽然与上海某科公司签订了《灾备系统一体化建设合同》和《投资顾问协议》，但上海某科公司既未依照合同约定向××人寿公司提供系统设备，也没有为××人寿公司寻找投资项目，双方签订的合同并未实际履行。其次，上海某科公司在收到××人寿公司转款后，当日或次日即将全部款项通过上海博晨公司转往某某1公司实际控制的相关公司，涉案资金未使用于合同约定的用途，故涉案资金的运用明显与设备采购和投资无关。

（二）资金运用的过程符合资金拆借的特征。涉案资金的回收共计比支出多出300余万元，××人寿公司在记账凭证中记载为“利息收入”，但并非每一笔款项都有对应的利息收入，反映出其资金运用具有关联企业之间资金拆借的特征；且涉案大部分资金从出借到收回的时间在4天至1个月之间，亦符合资金拆借的运用特征。

（三）在案证据证明涉案资金的运用系资金拆借。时任某某1公司财务总监张某、财务副部长钱某的证言均证明，某某1公司需要资金时，时任董事长王某刚一般找陈某想办法解决，陈某会安排王某有与某某1公司联系解决资金问题；陈某、王某有亦供认转出资金最终由某某1公司实际使用。上述证据能够相互印证涉案资金的运用属资金拆借的事实。

综上，陈某及王某有的辩护人所提涉案款项支出系设备采购、企业投资的上诉理由及辩护意见不成立，本院不予采纳。

二、××人寿公司拆借保险资金的行为违反了国家规定。理由如下。

（一）保险公司运用资金只能限于《保险法》规定的领域及国务院规定的其他资金运用形式。《保险法》第一百零六条规定，保险公司资金运用限于：银行存款；买卖债券、股票、证券投资基金份额等有价证券；投资不动产；国务院规定的其他资金运用形式。由此可见，对保险资金的管理、利用，《保险法》以“白名单”的方式作了严格、明确的规定，即只能运用于《保险法》规定的领域及国务院规定的其他资金运用形式。该条文规范的目的，是保险公司作为金融机构，资金运用必须稳健，遵循安全性原则，其资金应用于投资，确保保险资金的保值和增值，进而确保保险资金的良性运转。

（二）××人寿公司资金拆借的行为超出了《保险法》及国务院相关文件规定的保险资金运用范围。首先，《保险法》的立法演变虽然就保险资金的运用领域呈现扩大趋势，但从未允许保险公司可以向其他企业拆借资金。其次，国务院《关于加快发展现代保险服务业的若干意见》《关于深化投融资体制改革的意见》等文件，虽然提出逐步放宽保险资金投资范围，创新资金运用方式，鼓励保险公司通过投资企业股权、债权、基金、资产支持计划等多种形式，在合理管控风险的前提下，为科技型企业、小微企业、战略性新兴产业等发展提供资金支持，但××人寿公司向关联企业拆借资金，并非保险资金的创新运用方式，明显与国务院相关文件的规定不符。××人寿公司资金拆借行为，所涉多笔资金没有任何利息，这种拆借行为违背保险公司基本利益，因而也不可能是上述意见所认可的资金运用方式。

综上，陈某、王某有的辩护人所提××人寿公司运用资金的行为没有违反国家规定的辩护意见不成立，本院不予采纳。

示例 2-3-25 周某松等被控组织、领导、参加黑社会性质组织犯罪案二审刑事判决书①（黑社会性质组织犯罪的定罪争议分析）

本案检察机关指控及一审判决认定被告人周某松等人犯组织、领导、参加黑社会性质组织罪。二审法院经审理认为周某松等人不构成黑社会性质组织犯罪。二审判决书围绕黑社会性质组织的四个构成要件即组织特征、经济

① 江西省高级人民法院刑事判决书，（2020）赣刑终 201 号，第五届全国法院“百篇优秀裁判文书”。

特征、行为特征和危害性特征，分别介绍法律规定，并对该特征的构成要件及每个要件的具体认定标准作出进一步的释明，再结合具体案情进行分析评价，说明逻辑性强、层次性强。对组织特征的认定，从组织架构的层级性、组织成立的标志性事件、组织纪律等三个方面，结合具体案情分别进行了分析，得出本案的组织层级不明显，无骨干人员，认定的标志性事件无实际效果、没有形成关于组织本身的管理规约等初步结论；对经济特征，从犯罪获利是否统一掌握、是否用于组织发展和再犯罪、是否有组织资金的积累等方面分别进行了分析，得出本案犯罪获利各自掌握、主要用于吃喝享乐、没有形成组织资金积累等初步结论；对行为特征从是否有组织地实施、是否反映组织意志或维护组织利益等方面进行分析，得出本案的暴力行为多数临时起意、多数系出于个人因素而非为了获得强势地位等初步结论；对于危害性特征则从是否获得国家工作人员包庇或者纵容、是否形成非法控制或者重大影响、是否公然对抗法治秩序等方面，得出本案不具备相关情形的初步结论。最后，综合以上四个方面，认为本案的犯罪组织虽具有黑社会性质组织的某些样态，但尚不到认定为黑社会性质组织的程度，体现了严格执行法律规定。

一、关于以周某松为首的犯罪组织是否构成黑社会性质组织的问题

经查：根据《中华人民共和国刑法》、《全国人民代表大会常务委员会关于第二百九十四条第一款的解释》和《最高人民法院关于审理黑社会性质组织犯罪的案件具体应用法律若干问题的解释》等有关法律的规定，黑社会性质组织犯罪是犯罪集团的一种特殊形式，是一种具有严密组织形式的有组织犯罪，必须同时具备组织特征、经济特征、行为特征、危害性特征。黑社会性质组织有一个创建、发展和壮大的过程，往往是从“恶势力”团伙和普通犯罪集团渐进演变成黑社会性质组织，并逐渐显现出黑社会性质组织的“四个特征”。在认定黑社会性质组织犯罪时，应结合组织化程度的高低、经济实力的强弱，有无追求和实现对社会非法控制等特征，综合审查分析黑社会性质组织“四个特征”的内在联系，对黑社会性质组织与恶势力集团加以正确区分。根据法律和查明的事实和证据，经审理认为，以周某松为首的犯

罪组织具有黑社会性质组织“四个特征”的某些形态，但又不完全符合我国刑法规定的“四个特征”，应当认定为恶势力犯罪集团。

（一）以周某松为首的犯罪组织不符合黑社会性质组织的组织特征。

1. 该犯罪组织结构较为模糊，没有明确的层级和职责分工。根据法律规定，黑社会性质组织不仅有明确的组织者、领导者，骨干成员基本固定，而且组织结构较为稳定，有明确的层级和职责分工。尽管我国刑事法律并没有对黑社会性质组织存续时间作出特别规定，但黑社会性质组织犯罪作为一种具有严密组织形式的有组织犯罪，往往是由“恶势力”集团和普通犯罪集团演变而成，有一个由“小”到“大”，由“恶”到“黑”的创建、发展和壮大的过程，难以一朝就形成稳固的组织结构。自 2018 年 2 月起，先后有十四名组织成员加入周某松的组织卖淫犯罪组织，至被摧毁之前，前后不过一年时间，包括金某、江某松等多名重要成员加入团伙的时间不到半年。例如金某加入时间为 2018 年 5 月，江某松为 2018 年 7 月，王某为 2018 年 8 月，方某峰为 2018 年 10 月。如果按原审认定的以金某加入集团时间为该黑社会性质组织成立的标志性事件，则该黑社会性质组织从 2018 年 5 月成立至 2019 年 1 月被摧毁不过七八个月的时间。由于该组织成立发展时间短，除公认的“老大”周某松外，骨干成员、积极分子、一般参加者的认定比较模糊，各被告人对组织架构的供述相对较少，其他成员在组织中的层级关系并不十分明显，组织层级架构不够清晰，组织结构尚未完全分化。当然，组织成员江某松、高某显、方某星和金某与周某松关系最为密切，系组织中的重要成员。高某显加入组织最早，与周某松关系较好，在高某显所带失足女不能继续从事卖淫活动赚钱之后，发动组织成员为高某显办理银行卡赚钱；而江某松于 2018 年 7 月加入集团，时间很短，因其头脑灵活很得周某松赏识。金某出狱之后，生活无着落，由周某松亲自接到景德镇，给予接济。余某珍纯粹是为了获取非法利益，加入周某松卖淫组织，很难认定其主观有加入黑社会性质组织犯罪的故意。其他组织成员仍主要是作为卖淫组织成员而被笼络在周某松的身边。这些成员与周某松密切关系程度虽有不同，但是并没有形成清晰、固定的层级关系。

2. 该组织未举行成立仪式或类似活动，也没有足以反映其初步形成的标志性事件，很难认定黑社会性质组织成立时间。原审法院以金某的加入作为周某松黑社会性质组织形成的标志性事件，依据不足。认定黑社会性质组织形成的标志性事件应当选择最能体现涉案犯罪组织的独特犯罪手段或行事方式，并使得该犯罪组织在一定区域或行业开始形成重大影响或非法控制的违法犯罪事实。金某于 2018 年 5 月加入该组织，该事件既不是有重大影响的违法犯罪事实，也没有证据证明金某对扩大该组织的势力范围或影响起到关键性作用。且如果将金某加入作为标志性事件，那么该黑社会性质组织成立时间应当为 2018 年 5 月而不是 2018 年 2 月，成立时间更是只有短短的七八个月。认定以周某松为首的犯罪组织在这么短时间便发展为黑社会性质组织，超出社会对黑社会性质组织形成、发展规律的一般认知。

3. 该组织纪律、规约不够明确，组织内没有事先请示，事后汇报等成文或不成文的制度，组织管理较为松散，严密性不足。根据有关司法文件规定，对于黑社会性质的组织纪律、活动规约，应当结合形成相关纪律、规约的目的与意图进行审查判断。凡是为了增强实施违法犯罪活动的组织性、隐蔽性而制定的或自发形成，并用于明确组织内部人员管理、职责分工、行为规范、利益分配、行动准则等事项的成文或不成文规定、约定，均可认定为黑社会性质组织的组织纪律、活动规约。该集团主要是以组织卖淫作为犯罪目的，在组织卖淫过程中，形成了一定的管理纪律和规约：如周某松统一安排失足女进入余某珍开设的卖淫场所卖淫，周某松从每笔卖淫款中抽取 10 元提成，要求集团成员管理各自负责的失足女，采取同吃同住、对外以男女朋友相称的方式，对上班不认真的失足女进行打骂；卖淫期间遇到纠纷时由周某松带领集团成员共同出面解决等等。但仅凭在组织卖淫过程中形成的纪律约束还不足以认定该组织具有黑社会性质组织的组织规约。

（二）以周某松为首的犯罪组织具备一定的经济收入，但尚不完全符合黑社会性质组织的经济特征。

有无“犯罪再生产”的意愿和能力，是区分黑社会性质组织与普通犯罪集团的重要标志之一。从司法实践看，对认定为黑社会性质组织，虽然并不要求经济实力达到特定的规模或特定的数额，但违法犯罪收入应当用于组织的生存、发展和壮大，体现其经济来源、分配或开支的组织性。本案中，周某松等人通过组织卖淫、出售信用卡获取经济利益后，没有统一交纳给组织，而是归属个人支配，用于吃喝玩乐等日常开支，除余某珍之外，周某松等人名下并没有什么现金和资产。在夜宴打架事件发生后，周某松召集团伙成员凑钱赔偿，说明周某松团伙经济实力有限。目前缺乏证据证实周某松等人将违法犯罪所得作为组织经费，用于组织成员、家属发放工资、奖励、福利等，给予经济资助，或为组织实施违法犯罪活动购买作案工具，提供作案经费、逃跑经费和出钱善后等，以维系组织的生存、发展、壮大。因此，该组织成员虽然通过组织、强迫他人卖淫和倒卖银行卡获得一定的经济收入，但尚不足以认定其符合黑社会性质组织的经济特征。

（三）以周某松为首的犯罪组织实施的违法犯罪活动，呈现出一定的组织性和暴力性，但尚不完全符合黑社会性质组织的行为特征。

黑社会性质组织的行为特征，是指以暴力、威胁或其他手段，有组织地多次进行违法犯罪活动，为非作恶，欺压、残害群众，其中是否有组织地实施暴力违法犯罪活动，暴力行为是否反映了组织意志或维护组织利益，是区别黑社会性质组织与其他普通团伙或个人实施暴力违法犯罪活动的重要因素。换言之，暴力行为必须反映组织意志或维护组织利益。因此，认定以下行为系黑社会性质组织犯罪的违法犯罪行为：一是按纪律规约、组织惯例实施的违法犯罪行为；二是具有对抗公权力和建立非法秩序的意图的违法犯罪行为，具体表现为为组织争夺势力范围，排除竞争对手、确立强势地位、谋取经济利益、维护非法权威。特别是在组织创建初期，该目的性会表现得很明显。就本案而言，该集团主要以组织失足女卖淫赚钱为违法犯罪目的的犯罪组织，通过组织、强迫卖淫供组织成员享乐，而非为谋求强势地位，以达到构建非法秩序之目的。自 2016 年起周某松便与组织成员方某主、方某星和彭某颖带失足女在鹰潭从事卖淫活动，后周某松转移到景德镇，继续从事上述行为，将失足女带到余某珍店卖淫。2018 年 2 月至 10 月，高某显、方某星、彭某颖、金某、高某、吴某、江某松、沈某玉、方某海、王某以及方某峰等鄱阳籍的社会闲散人员、刑满释放人员，在得知周某松带失足女来钱快之后，先后经过邀请或主动投奔周某松，周某松也通过安排吃喝玩乐、安排组织成员的“女朋友”到余某珍店卖淫赚钱等方式，吸引、拉拢组织成员，逐渐形成以周某松为首要分子，成员固定，经常纠集在一起，以管理或控制失足女卖淫赚钱作为其主要目的的犯罪组织。除组织、强迫卖淫外，四起违法行为中有三起是因为卖淫纠纷引起；五起聚众斗殴和寻衅滋事犯罪，有三起是因金某女友之事引发，带有一定的偶发性，并非为打击竞争对手或扩大势力范围等组织目的而实施。总之，因为该组织成立时间较短，没有充分证据证明周某松形成组织的目的是通过实施暴力犯罪以获得强势地位，争夺势力范围，故尚不完全符合黑社会性质组织的行为特征。

（四）以周某松为首的犯罪组织不符合黑社会性质组织的危害性特征。

黑社会性质组织的危害性特征，是指通过实施违法犯罪活动，或利用国家工作人员的包庇或纵容，称霸一方，在一定区域或行业内，形成非法控制或重大影响，严重破坏经济秩序，社会生活秩序。危害性特征是区别于一般犯罪集团的本质特征，而以周某松为首的犯罪组织不具备该特征。

1. 没有充分证据证明以周某松为首的犯罪组织利用国家工作人员的包庇或纵容，称霸一方，为非作恶，欺压残害百姓。

2. 该组织未控制当地色情行业或造成重大影响。所谓非法控制或重大影响，是指黑社会性质组织通过对抗公权力而建立起的一种由其掌控的非法秩序，反映其对于经济、社会生活的干预度和影响力。实践中，不应将重大影响仅理解为具体违法犯罪活动所造成的严重后果或在社会上造成的轰动效应。以周某松为首的犯罪组织是以组织、强迫他人卖淫获取不法利益的犯罪集团，在组织、强迫卖淫过程中，以交往男女朋友的名义，采取威逼利诱等手段，甚至采取了包括强奸、殴打等暴力手段，管理或控制十一名女性卖淫赚钱，供组织成员吃喝玩乐。个别失足女因不愿意继续从事卖淫活动逃跑被抓后遭到殴打，以致受惊过度患病。该组织成员为达到强迫卖淫的目的，当众轮奸妇女一名，两次强奸未成年女性，故对其所犯个罪应当予以严格的刑事评价。但该组织实施的组织卖淫犯罪活动，主要是以余某珍开设的卖淫场所作为据点，通过余某珍安排失足女卖淫赚钱，具有一定的隐蔽性，没有证据证明以周某松为首的犯罪组织非法操纵、支配火车站、浙江路一带的色情行业。原判认定该组织“在火车站一带操弄色情行业，严重败坏了社会风气，在相当程度上形成对社会秩序和管控权的冲击”或可成立，但缺乏充分证据证明该组织在卖淫行业或一定区域形成非法控制或造成重大影响。

3. 该组织实施的聚众斗殴或寻衅滋事违法犯罪活动，尚未达到公然对抗法治、建立非法秩序的程度。一般犯罪集团与黑社会性质组织的区别在于，前者在进行犯罪活动时，大多采取秘密、半地下的方式，怕被发现受到打击，而后者则不然，它是一股与国家公权力抗衡的黑恶势力，并在势力范围内为非作恶，欺压残害百姓。该组织主要在景德镇市火车站、浙江路、广场南路等一带活动，因为有时会露出纹身、言行举止存在不当等因素，被百姓认为是混社会的，但总体而言，该组织尚未形成气候，并没有形成自己的势力范围，且不具备与公权力公开抗衡的能力和意图。该组织所实施的聚众斗殴、寻衅滋事等九起暴力违法犯罪大多事出有因，且有所克制。两起聚众斗殴，第一起竟成网吧附近聚众斗殴案，虽有持械行为，但未实施斗殴，也未造成人身伤害后果。第二起肥牛之家附近聚众斗殴案，起因于金某的感情纠纷。斗殴系杨某2等人挑事在先，打架仅造成一人轻微伤；在杨某2提出要报警之后，周某松等便没有继续实施加害行为，后果和情节并不严重，说明周某松等人并没有公然对抗法治的勇气。杨某2敢于带人去帮助涂某某出头，也从另一个侧面说明了以周某松为首的犯罪组织在当地的影响力一般，尚没有能力称霸一方。三起寻衅滋事案，第一起荣和排档寻衅滋事案，系被邀请在一起唱歌的其他同伙误认为涂某某是失足女而引发，在一定程度讲，实属于内部矛盾引发；第二起咔啦哆 KTV 寻衅滋事案，起因于生活琐事；第三起是起因于周某松的朋友与他人之间的坐台费纠纷。对方在支付小费之后对周某松存在一定的挑衅行为，引发打架伤人事件，造成一人轻伤一人轻微伤。事后，周某松安排团伙成员四处逃窜躲藏，并一直在通过中间人协调赔钱，也表明该组织尚未达到对抗法治，建立非法秩序的能力。四起违法案件中，第一起，因嫖客不支付嫖资，金某等人对其进行殴打，对方提出给

1000 元给金某，但金某等人只收了 150 元。第二起，王某殴打一名其认为骗其钱的男子，因怕惊动警察，江某松还主动带该男子到医院治疗。第三起，因为嫖客醉酒强行要失足女提供性服务遭到拒绝引发纠纷。只有第四起可以认定为以周某松为首的犯罪组织故意滋事。总之，周某松等人实施的聚众斗殴、寻衅滋事等违法犯罪活动均因生活琐事引发，在案证据难以证实该组织达到公然对抗法治，建立非法秩序的程度。

4. 考虑到黑社会性质组织形成、发展的复杂性，当前，刑事法律和有关司法文件虽未对黑社会性质组织的存在、发展时间提出明确要求，但 2009 年最高人民法院、最高人民检察院、公安部联合下发的《办理黑社会性质组织案件座谈会纪要》[①] 明确提出，存在、发展时间明显过短、犯罪活动尚不突出的，一般不认定为黑社会性质组织。何谓时间过短，普遍认为存续时间未达到一年以上。当然，该组织主要通过暴力解决日常纠纷，特别是夜宴 KTV 寻衅滋事一案，对当地治安和社会秩序造成严重冲击，有从恶势力集团向黑社会性质组织发展的趋势。对此，应依法对其作出否定性评价，切实贯彻“打早打小”的方针，予以坚决打击，将其消灭在萌芽状态，但同时要严格定性，“打准打实”，严格区分黑社会性质组织犯罪与一般恶势力犯罪集团，做到不枉不纵。夜宴 KTV 寻衅滋事案发生之后，如果不加以从严打击，任其发展下去，该次事件很有可能成为该组织发展成为黑社会性质组织的标志性事件，但至少在被摧毁前，该组织还不足以认定为黑社会性质组织。

综合以上分析，以周某松为首的犯罪组织具备黑社会性质组织某些形态，但又不完全符合黑社会性质组织犯罪的“四个特征”，特别是不符合组织特征和危害性特征，依法不宜认定为黑社会性质组织。上诉人周某松等人及其辩护人提出以周某松为首的犯罪组织不属于黑社会性质组织，不构成组织、领导、参加黑社会性质组织罪的意见成立，予以采纳。对江西省人民检察院出庭意见认为以周某松为首的犯罪组织应认定为黑社会性质组织的意见，不予支持。

---

① 此处应为《办理黑社会性质组织犯罪案件座谈会纪要》，法〔2009〕382 号。

但本院同时认为，该犯罪组织是为共同实施组织、强迫卖淫而组成较为固定的犯罪组织，实施了十余起聚众斗殴、寻衅滋事、任意损毁他人财物、随意殴打他人等违法犯罪活动，根据《中华人民共和国刑法》第二十六条第二款的规定，应认定该组织为恶势力犯罪集团。为此，周某松、江某松、高某显等人及其辩护人提出的部分辩护理由与本院查明的事实和法律不符，不予采纳。第一，以周某松为首的犯罪组织是以实施组织、强迫卖淫等违法犯罪为目的的恶势力犯罪集团，周某松组织实施了所有违法犯罪活动，发挥了组织、领导作用，是该组织的首要分子。周某松通过请客吃饭、为组织成员出头打架等方式笼络人心，树立权威，正在逐步形成以其为组织者、领导者，江某松、高某显等为骨干成员的组织结构，具备向黑社会性质组织发展的组织条件，只是因为组织成立时间较短，层级关系尚未完全分化。该组织虽然不具备黑社会性质组织那样严密的组织结构，但在周某松的组织、指挥下，江某松、高某显等一干人抱团取暖，形成一股势力，每个组织成员所实施的违法犯罪行为并不是孤立存在的，而是依托该集团的势力。因此，该组织并非如辩方所辩称，周某松等人只是基于单纯的同乡关系聚集在一起，他们就是为了实施共同犯罪而形成的固定的犯罪组织；也非辩方所称，集团成员之间都是平等的，没有谁服从谁的问题，周某松就是该组织的头号人物，无其该组织则不能成立，应从严惩处；而江某松、高某显、王某、沈某玉、金某等人也逐渐成为集团中的中坚力量，也应当承担与其罪行相适应的刑事责任。第二，周某松通过有组织地实施组织、强迫卖淫、贩卖信用卡的违法犯罪活动，为组织获取非法经济利益，具备向黑社会性质组织发展所需要的一定经济条件。第三，以周某松为首的犯罪组织，出于获取非法经济利益、逞强斗狠甚至是为了在火车站浙江路一带混出社会影响的动机，有组织地实施组织、强迫卖淫、强奸、聚众斗殴、寻衅滋事等一系列违法犯罪行为，为非作恶，欺压百姓，严重冲击当地社会治安，对社会造成恶劣影响，已有向黑社会性质组织发展的态势。为获取非法利益，引诱、欺骗甚至采用暴力、强奸等手段组织、强迫未成年人卖淫，甚至部分成员当众强奸、轮奸女性，严重败坏社会风气，毫无法律和道德底线；常备作案刀具，暴露纹身，崇尚通过暴力解决日常纠纷，以显示其是“混社会”的。第一起发生在竟成网吧附近的聚众斗殴，完全是周某松主动要约打架，而发生在夜宴 KTV 的寻衅滋事案，更是该组织使用暴力手段解决日常纠纷的代表性事件。周某松纠集团伙成员实施的五起打架犯罪活动，越往后暴力程度越严重，其危害性远大于一般的共同犯罪，应及时予以打击。第四，本院认定该恶势力犯罪集团实施组织、强迫卖淫、强奸，聚众斗殴、寻衅滋事等犯罪是综合全案证据作出的认定，而非仅依靠某一个被告人或证人的言词证据。没有线索和证据证明各被告人在侦查阶段所作有罪供述系公安机关违法取得，上诉人当庭翻供只能说明其不认罪悔罪。总之，尽管基于最严格的刑事法律标准，未认定以周某松为首的恶势力犯罪集团系黑社会性质组织，但并不表示本院认同上诉人及其辩护人提出的本案不构成黑社会性质组织犯罪的所有辩护理由。同时希望各上诉人能够真诚认罪悔罪，好好改造，争取早日回归社会。

2. 被告人行为构成罪名的争议

对于控辩双方关于被告人行为构成此罪还是彼罪的争议，应从指控罪名（或原判认定罪名）与辩解罪名的本质区别入手，通过分析被告人的主体身份、主观心理状态（包括犯罪目的和主观过错类型）、客观行为表现特征、行为后果等犯罪构成要件的满足情况，论证被告人依法应构成的罪名。

示例 2-3-26 | 李某芳故意伤害案二审刑事附带民事裁定书[①]（故意伤害罪与过失致人死亡罪的区别认定）

这个案件中，被告人李某芳与被害人张某军发生争吵后，将被害人推至路边沟中致被害人死亡，其在上诉中辩解没有致死被害人的故意，应构成过失致人死亡罪。故意伤害（致人死亡）罪与过失致人死亡罪的本质区别在于行为人主观过错的不同，后者行为人并没有致伤被害人的直接故意。二审裁定书围绕这一罪质区别，运用客观事实，从现场物理特征和被告人案发的行为表现两个方面进行了分析判断。

---

① 河南省高级人民法院刑事附带民事裁定书，（2020）豫刑终 421 号。

上诉人李某芳及其辩护人提出李某芳行为应构成过失致人死亡罪的意见。经查：1. 现场勘查反映案发时被害人张某军和李某芳所在土路北沿的石岸高4.79米，作为正常人完全能预料到从石岸上跌落后将受到严重伤害；现场附近的监控视频明确反映李某芳乘张某军不备，突然将其推下石岸，后即直接回到家中，没有任何抢救行为，足以认定李某芳主观上具有致张某军受伤害的故意。2. 李某芳关于其曾经让党某某去查看张某军伤情的辩解与现场监控视频反映情况相矛盾，不能成立；张某军死亡原因的鉴定意见由安阳市公安局物证鉴定中心依法作出，且鉴定意见与上述现场勘验检查笔录及监控视频反映的作案经过相印证，足以采信，李某芳关于该鉴定意见不能采信的辩解没有客观依据，不予采纳。3. 李某芳主观上具有致张某军受伤害的故意，客观上其行为导致张某军因高坠致颅脑损伤合并机械性窒息而死亡，应构成故意伤害罪。李某芳及辩护人辩称应构成过失致人死亡罪的意见不能成立。

示例2-3-27　罗某赫妨害信用卡管理案二审刑事裁定书[①]（信用卡诈骗罪与妨害信用卡管理罪的区别认定）

这个案件中一审判决对被告人以信用卡诈骗罪定罪，被告人上诉认为其行为应构成妨害信用卡管理罪。信用卡诈骗罪和妨害信用卡管理罪的主要区别在于行为人主观上是否具有非法占有他人财物的目的及客观上侵害的法益是单纯的信用卡管理制度还是他人财产权。二审刑事裁定书对信用卡诈骗罪要求行为人主观上具有非法占有他人财物的目的、客观上侵害了公私财物所有权这些犯罪构成的必备要件，进行了具体、明确的阐释，并结合被告人的具体行为表现进行分析，从而得出被告人不构成信用卡诈骗罪而构成妨害信用卡管理罪的结论。

关于上诉人罗某赫及其辩护人提出的“上诉人不具有非法占有的目的，不符合信用卡诈骗罪的犯罪构成，应构成妨害信用卡管理罪”的上诉理由和

---

① 吉林省吉林市中级人民法院刑事判决书，（2019）吉02刑终3号，第二届全国法院“百篇优秀裁判文书”。

辩护意见以及吉林省吉林市人民检察提出的认定“上诉人罗某赫主观上具有非法占有目的的事实不清、证据不足”的出庭意见，本院综合评判如下：

第一，本案中上诉人罗某赫利用钟某臣的身份信息办理信用卡后，自2017年5月2日起利用该信用卡消费、提现、使用36笔，共计人民币81 748元；从以上事实可知，在客观行为方面罗某赫的确以虚假的身份证明骗领了信用卡并实际使用，符合信用卡诈骗罪客观方面的犯罪表现形式，即“使用以虚假的身份证明骗领的信用卡”。但能否成立该罪，同时要考察行为人主观上是否具备非法占有的犯罪目的。自2017年7月3日起，罗某赫即开始陆续归还卡内款项，截至2018年3月25日，其已返还28笔，共计人民币38 947元。同年3月27日，在钟某臣、铁东支行发现罗某赫的犯罪事实并与之联系后，罗某赫能够主动来到银行将剩余款项全部偿还。以上事实能够说明罗某赫主观上并不具备信用卡诈骗罪要求的“非法占有的犯罪目的”，其并不想非法占有不属于自己的他人财物。根据犯罪构成理论，在判断行为人是否构成犯罪时应当坚持主客观相一致的原则，因此上诉人罗某赫不构成信用卡诈骗罪。

第二，从犯罪行为侵害的客体来看，上诉人罗某赫的行为也未侵害信用卡诈骗罪所保护公私财物所有权这一法益。罗某赫虽以虚假的身份证明骗领了信用卡但却作为“自己的卡”而予以正常使用，其在提交信用卡的申请时虽然填报了钟某臣的身份信息，但在申请材料上所预留的邮寄地址、联系电话以及接收电子账单邮箱均是其本人真实信息；虽然在账户明细上存在数次逾期还款记录，但罗某赫在使用过程中仍然多次归还卡内欠款，银行方面也从未对其进行过催收，而是在系统上自动增加对该卡的逾期利息、违约金计算数额；钟某臣本人实际上没有使用过该卡也从未偿还过卡上的任何一笔账单而受有损失，因为银行一直将账单信息、使用明细等全部信息发送给罗某赫；直至银行及钟某臣发现罗某赫的犯罪行为后，罗某赫及时归还了卡内剩余全部款项，因此罗某赫的上述行为并未给银行及信用卡的有关关系人的公私财物所有权造成损害，并未侵害信用卡诈骗罪所保护的公私财物所有权这一法益。但不能否认的是上诉人罗某赫骗领信用卡及长达近一年时间的使用行为已经侵害了国家对有关金融票证制度即信用卡制度的管理，破坏了金融机构的信誉及金融秩序，已然侵犯了妨害信用卡管理罪所保护的法益。

第三，上诉人罗某赫违背他人意愿，使用事先准备的他人居民身份证件，填写虚假的身份信息骗领信用卡，并实际使用该卡近一年时间，期间其虽有多次偿还行为，不能据此认定上诉人具备非法占有的犯罪目的，但因其持事先准备好的他人身份证明，成功骗领信用卡后又长时间使用，说明在认识层面：上诉人主观上明知其使用的并非本人真实身份证明而是他人身份证明骗领信用卡，其对自己行为的内容、社会意义与危害后果均有清楚地认识；在意志层面：由于上诉人事先准备犯罪工具，其系有计划地实施犯罪行为，能够看出其积极追求本罪危害后果的发生。上诉人的客观不法行为与主观罪过特征符合妨害信用卡管理罪的犯罪构成。

综上，上诉人的犯罪行为、主观罪过及侵害的法益符合妨害信用卡管理罪的犯罪构成而不构成信用卡诈骗罪。原审未能全面、充分地考察行为人的客观行为表现、主观罪过特征以及所侵害的法益种类，遽尔认定行为人的行为构成信用卡诈骗罪显有不当，本院在查明事实的基础上依法改判。上诉人及其辩护人的该项上诉理由、辩护意见及检察机关的出庭意见本院依法予以支持。

示例2-3-28　梁某等抢劫案二审刑事裁定书①（冒充警察抢劫与招摇撞骗或敲诈勒索的罪名区别认定）

本案各被告人以交易“金凤凰”为名将被害人骗到宾馆，又冒充警察办案的名义将被害人控制，并强行拿走交易的“金凤凰”。一审判决对各被告人以抢劫罪定罪。二审中被告人提出本案应定招摇撞骗罪或者敲诈勒索罪。二审法院从罪质相比，招摇撞骗罪的本质在“骗”，敲诈勒索罪的本质在“要挟”，抢劫罪的本质在“暴力”取财，分别予以分析。

关于上诉人王某、王某全及其辩护人所提“本案应定招摇撞骗罪或敲诈

---

① 甘肃省高级人民法院刑事裁定书，（2016）甘刑终66号，首届全国法院“百篇优秀裁判文书”。

勒索罪”的上诉理由和辩护意见。经查，招摇撞骗罪是指行为人以假冒的国家机关工作人员的身份进行炫耀，利用人们对国家机关工作人员的信任，以骗取某种荣誉称号、政治待遇、职位、学位、钱财等非法利益，是以骗为特征，使被害人“自愿”交出财物或者出让其他财产性利益。而敲诈勒索罪虽然也可能含有欺骗的成分，但却以威胁或要挟为特征，使被害人精神上产生恐惧，出于无奈、被迫交出财物或者出让其他财产性利益，不侵害公民的人身权利。二者与抢劫罪最本质的区别就是是否使用暴力或者暴力威胁的方法当场取得财物。本案显然没有证据证明有骗取或要挟威胁的行为，而是采取强制使用手铐、拘禁限制人身自由等暴力的方法和行为，更符合抢劫罪的特征，故该辩护意见不能成立。

示例2-3-29 王某然贪污案二审刑事裁定书[①]（贪污罪与非法经营同类营业罪的区别认定）

本案被告人王某然在××广电担任部门领导职务，利用其负责频道广告经营的职务便利，在代表单位与多家银行洽谈广告业务的过程中，虚增交易环节，谎称中汇公司、博川公司等系××广电的广告代理公司而与广告客户签订广告发布合同，再以中汇公司、博川公司名义与其所任职的××广电签订合同，从中截留合同款项共计1000余万元。一审以贪污罪对王某某判处刑罚，二审辩护人提出其行为构成非法经营同类营业罪的辩护意见。二审刑事裁定书在评判时，从非法经营同类营业罪的本质在于“从营业活动中获利”而贪污罪的本质在于“虚构事实获利”这一罪质区别入手，结合王某的“白手套”公司获得广告合同款并非其实质经营活动的对价这一特点，从而得出被截留的“利润”是应归属于××广电的国有资产，王某然行为构成贪污罪的结论。

关于上诉人王某然的辩护人提出“2012年度，王某然虽具有负责经营所在频道广告的职务，但其行为只可能构成非法经营同类营业罪”的辩护意

① 江苏省高级人民法院刑事裁定书，(2016)苏刑终304号，首届全国法院“百篇优秀裁判文书”。

见。经查，2012年度，王某然分别以中汇公司、缇升公司、博川公司名义与相关银行签订广告合同。王某然在侦查阶段的供述与证人张某4、陈某2的证言相互印证证明，中汇公司仅有两名业务员负责递送合同、发票等工作。证人刘某3、陶某的证言证明，缇升公司、博川公司只是为王某然走账、开发票，没有参与合同的拟定、商谈，没有制作过在××广电发布的广告。本案中，中汇公司、缇升公司、博川公司均未就涉案银行在××广电的广告发布开展过实质性的经营活动，上述三家广告公司与涉案银行签订广告合同这一环节并非客观存在，而是王某然为了截留××广电应得广告款而虚增的环节。故王某然的行为不属于经营同类营业的行为，而是增设中间环节截留国有财产的贪污行为。上诉人王某然的辩护人提出的上述辩护意见不能成立，本院不予采纳。

示例2-3-30　闫某朋被控盗窃再审宣告无罪案刑事判决书[①]（盗窃罪与侵占罪的区别认定）

本案再审查明被害人蔡某站在非机动车道边面对着朋友高某聊天，其手机从口袋滑落在高某左侧的地面上，被告人闫某朋路过时看到该手机便走到高某身边捡起手机离开，蔡某目睹闫某朋捡拾手机的全过程，后蔡某发现手机丢失，即用高某手机拨打自己手机，闫某朋未接，接着将手机关机。原判认定闫某朋构成盗窃罪，再审认为其行为属于非法侵占他人遗失物。盗窃罪与侵占罪的区分关键在于作为行为对象的财物属于正在被所有人控制或者支配的物品，还是他人遗失物。再审判决围绕这一关键点进行了深入论证。

二、关于闫某朋的行为是否构成盗窃罪。

本院认为，原审被告人闫某朋捡拾他人遗失手机后占为己有，在失主打电话联系时采取关机的手段不予归还，其行为尚不构成盗窃罪，理由如下：

其一，现有证据不足以证明涉案手机仍在被害人蔡某有效控制或支配之下。盗窃罪的犯罪对象系他人实际控制或占有的公私财物，其特征是他人在

① 江苏省高级人民法院刑事判决书，（2021）苏刑再1号，第五届全国法院“百篇优秀裁判文书”。

客观上对财物实际控制或支配，在主观上已经形成了控制或支配财物的意识，而涉案手机并不具备上述特征。首先，本案中，案发现场系人流量较大的公共场所，涉案手机属小件物品，失落在人来人往的非机动车道上，虽然被害人蔡某在旁边与他人聊天，距离手机较近，但不足以以此认为涉案手机仍在其有效控制或支配之下。其次，被害人蔡某的陈述、证人高某的证言均反而证实，蔡某并不知道其手机掉落到马路上，其目睹了闫某朋骑车停车后折回捡拾手机的完整过程，仍然没有意识到其手机已经遗失，未作出任何反应，直到准备进地铁站时方发现手机丢失。以上事实表明，失主蔡某客观上已经失去了对涉案手机的实际控制或支配，主观上也没有形成对失落的涉案手机控制或支配的意识。

其二，闫某朋没有秘密窃取他人财物的客观行为。闫某朋看到失落在非机动车道上的手机后予以捡拾，其行为发生于公共场所，一旁的被害人蔡某与证人高某均证实二人目睹了全过程，均知晓闫某朋捡拾手机，故闫某朋的行为不具有秘密窃取的性质。

其三，现有证据不足以证明闫某朋具有盗窃他人财物的主观故意。闫某朋捡拾手机发生在人流量较大的非机动车道上，一旁被害人蔡某虽然看到了也未予制止，本案无证据证明闫某朋看到了被害人蔡某丢失手机，故闫某朋关于其认为涉案手机是遗失物，可能是被害人也可能是其他路人的供述符合一般社会公众的认知，具有可信度。现有证据证明闫某朋有非法占有他人遗失财物的目的，但不足以证明闫某朋具有盗窃他人财物的主观故意。

综上，原审判决认定其通过秘密窃取的手段占有他人财物，证据不确实、不充分，闫某朋及其辩护人提出的这一辩解、辩护意见成立，本院予以采纳。

三、本案闫某朋的行为属于非法侵占他人遗失物，但不构成犯罪。

本案涉案手机属于遗失物，与遗忘物没有本质差别。闫某朋拾得他人手机，在失主电话联系后关机以达到不予归还的目的，其行为属于非法侵占他人遗失物的行为，但鉴于涉案手机价值未达侵占罪的犯罪数额标准，且其在失主报案后主动将手机加价购回并返还失主，在诉讼过程中亦认识到自身行为错误，表示后悔，对其可不予刑事处罚。

示例2-3-31 彭某明等非法采矿、寻衅滋事、重大责任事故案一审刑事附带民事判决书[①]（非法采矿罪与掩饰、隐瞒犯罪所得罪的竞合认定）

本案检察机关指控被告人苏某常、包某军等人明知被告人彭某明在湘江水域非法采砂，且明知其收砂、运砂行为必然导致彭某明非法采砂的进一步持续，为追求非法利益，长期、多次从彭某明处收砂、运砂，形成了较为稳定的采销体系，与彭某明形成共同犯罪。被告人包某军及其辩护人提出包某军系合法的购买销售砂石行为，没有与彭某明事前通谋、没有参与非法采矿的行为，其行为不构成非法采矿罪，而应定性为掩饰、隐瞒犯罪所得罪。针对此辩护意见，一审判决结合相关法律规定，针对双方事先形成"事前通谋"这一定罪要点，进行了深入分析。

关于被告人包某军的辩护人提出应构成掩饰、隐瞒犯罪所得罪的辩护意见。经查，(1)《最高人民法院、最高人民检察院关于办理非法采矿、破坏性采矿刑事案件适用法律若干问题的解释》第七条第一款规定：明知是犯罪所得的矿产品及其产生的收益，而予以窝藏、转移、收购、代为销售或者以其他方法掩饰、隐瞒的，依照刑法第三百一十二条的规定，以掩饰、隐瞒犯罪所得、犯罪所得收益罪定罪处罚。该条第二款规定：实施前款规定的犯罪行为，事前通谋的，以共同犯罪论处。(2) 根据上述法律规定，对明知是犯罪所得的矿产品予以收购，且事前通谋的，以非法采矿共同犯罪论处。事前通谋的理解应当包括事前的界定和通谋的认定。事前应当是指非法采矿犯罪行为既遂前，包括非法采矿行为实施前和实施中。通谋是对行为人主观意思联络的判断，其核心意思是形成共同策划，也就是在意思联络方面要有明确的意思表达。综上理解，应当在非法采矿行为既遂前由采矿者与收购者达成明确约定时认定为非法采矿共同犯罪。(3) 本案中，被告人彭某明、包某军

① 湖南省长沙县人民法院刑事附带民事判决书，(2020) 湘0121刑初370号，第四届全国法院"百篇优秀裁判文书"。

的供述证实彭某明与苏某常系采购砂石关系，苏某常与包某军系转售砂石关系，在苏某常因吸毒被抓获后，包某军通过周某兵直接联系彭某明，双方就收购砂石达成价格与苏某常一样、送货到指定码头的协议。包某军的供述还证实苏某常告诉过其彭某明的砂石是非法开采的。上述事实足以证明包某军明知彭某明非法采砂，仍在采砂前双方形成彭某明采砂、包某军购砂的协议，应当认定彭某明与包某军形成事前通谋，对包某军应以非法采矿的共同犯罪论处。故该辩护意见与法不符，本院不予采纳。

示例 2－3－32 | 佟某华私分国有资产、受贿案二审判决书[①]（私分国有资产罪与贪污罪的区别认定）

本案检察机关及一审判决认定被告人佟某华作为某市汽车运输总公司总经理、党委副书记，牛某作为公司财务科科长、计划财务处处长，于 2000 年在企业改制过程中，重复计提 2000 年 1 月至 3 月的交建资金 382.296 万元，故意隐瞒公司内部银行利息差异 303.2251 万元，转为佟某华、牛某持有股份的改制后的某汽集团所有，其行为构成贪污罪。被告人上诉及辩护人均提出该行为应定性为私分国有资产罪。二审判决书首先针对国家出资企业改制过程中隐匿财产归改制后企业所有的行为如何定性进行分析，提出区别构成贪污罪还是私分国有资产罪的关键在于“由单位决定并统一组织实施”“在企业内部一定程度公开”“企业不同层面的多数人员获得利益”等三个方面，并结合本案具体案情分别予以论证，最终得出二被告人行为是“为改制后的企业以及某市汽车运输总公司全体职工谋取利益，而非实现其二人非法占有国有资产的目的”，因而应认定为私分国有资产罪的结论。

（四）关于佟某华、牛某在某市汽车运输总公司改制时隐匿内行利息 303.2251 万元，佟某华指使他人重复计提交建基金 382.296 万元的性质。

本院认为，2010 年《意见》第二条第二款规定的以贪污罪定罪处罚的

---

① 安徽省高级人民法院刑事判决书，（2016）皖刑终 7 号，首届全国法院“百篇优秀裁判文书”。

行为，[①] 主要针对由少数人共同实施，企业其他人员不知情或不知实情，分取利益范围以参与决策、具体实施贪污行为以及为贪污行为提供帮助等少数某一层面的人（如企业管理层）为限的情形，而对由单位决定并统一组织实施，在企业内部一定程度公开，企业不同层面的多数人员获得利益的，一般应当认定为私分国有资产罪。就本案而言，佟某华作为某市汽车运输总公司主要负责人，在企业改制期间伙同牛某隐匿内部银行利息，指使他人虚增债务，牛某作为某市汽车运输总公司财务科长，在企业改制期间伙同佟某华隐匿内部银行利息，降低参与改制的经营性国有净资产数额，进而减小某市汽车运输集团中国有股份的比例，其二人的行为系贪污罪还是私分国有资产罪，关键在于准确认定前述行为是个人行为还是单位行为，是为改制前的少数企业管理人员、职工，还是为改制后的企业不同层面的全体人员谋取利益。佟某华、牛某作为改制前企业的主要领导和财务负责人，在改制过程中所作出的决定或利益取舍时的选择，都可能与履行职责密切联系，必须对所体现的是单位意志还是个人意志加以考量，不能简单地以没有经过企业集体研究决定并由单位组织实施而予以否定。二审查明的事实表明，佟某华在改制工作尚未启动时，在部分企业高级管理层参加的数次会议上，明确提出鉴于企业职工经济状况不佳以及为实现管理层控股的目标，评估时尽量低评国有资产，在与评估公司人员商谈资产评估事宜时也公开表达类似要求，上述人员均没有异议；在评估公司就资产初评结论征求某市汽车运输总公司意见时，当众表示评估数字太大，势必导致募股困难无法完成改制，并决定采取重复计提交建基金、调整客跨贷方余额为负债的方式，降低经营性国有净资

---

① 此处指的是最高人民法院、最高人民检察院于2010年11月26日下发的《关于办理国家出资企业中职务犯罪案件具体应用法律若干问题的意见》（法发〔2010〕49号），该意见规定："二、关于国有公司、企业在改制过程中隐匿公司、企业财产归职工集体持股的改制后公司、企业所有的行为的处理。国有公司、企业违反国家规定，在改制过程中隐匿公司、企业财产，转为职工集体持股的改制后公司、企业所有的，对其直接负责的主管人员和其他直接责任人员，依照刑法第三百九十六条第一款的规定，以私分国有资产罪定罪处罚。改制后的公司、企业中只有改制前公司、企业的管理人员或者少数职工持股，改制前公司、企业的多数职工未持股的，依照本意见第一条的规定，以贪污罪定罪处罚。"

产数额。虽然佟某华、牛某隐瞒内部银行利息这一具体行为不为评估小组或某市汽车运输总公司其他高管所知晓，但某市汽车运输总公司改制时将低评国有资产，以及重复计提交建基金虚增债务等具体行为，在某市汽车运输总公司、评估小组内部具有一定的公开性，部分人员甚至不同程度地实际参与，而大部分普通职工因没有具体决策权，实际不了解企业的重大决策和具体部署，也符合企业经营的客观实际。改制伊始，某市汽车运输总公司即对普通职工自愿入股，经营管理人员必须入股，鼓励管理层多持股实现集体控股，法人代表持大股的募股原则予以公布，评估期间面向企业全体职工的募股宣传即已展开，评估报告获得批准后始颁布募股章程、股份制改制方案，秉承前述原则对募股对象、原则及限额等问题作出具体规定，虽后除国有股外，入股某市汽车运输集团的经营管理人员、普通职工仅占某市汽车运输总公司所有在职职工的32%，但参股人数仍高达1870余人，既包括佟某华、尚某等集团高管，牛某、张某1等中基层管理人员，还包括自愿入股的千余名普通职工，其中佟某华、牛某仅分别持6.67%、0.67%的股份，而没有入股的普通职工或因经济困难，或因不看好改制企业前景，自愿放弃入股，并非遭到他人蓄意阻止；某市汽车运输总公司针对高中级管理层无力承担巨额股金的募股困局，还颁布实施了以改制企业资产担保的贷转股方案，经营管理层共持有60.34%的股份，系改制既定目标和强制管理层入股的结果，而非佟某华、牛某积极追求目标的实现。由此可见，佟某华、牛某借改制之机，通过虚列负债、隐瞒收入手段降低国有经营性净资产数额时，主要目的是降低国有股份比例，以期完成管理层集体控股、法人代表持大股的改制目标，并为改制后的企业以及某市汽车运输总公司全体职工谋取利益，而非实现其二人非法占有国有资产的目的，所实施的前述行为体现为单位意志，并在某市汽车运输总公司内部具有一定的公开性，应以私分国有资产罪论处。某市汽车运输总公司改制时隐瞒内行利息差异303.2251万元，重复计提交建基金382.296万元，两项合计685.5221万元，扣除8.92%的国有股份所占的61.148571万元，被私分国有资产数额为624.373529万元。

示例 2－3－33　朱某海非法获取计算机信息系统数据、非法控制计算机信息系统、内幕交易案二审刑事判决书[1]（非法获取计算机信息系统数据罪与内幕交易罪的竞合关系认定）

本案被告人朱某海利用木马病毒非法侵入、控制多家基金管理公司的计算机信息系统，利用获取的交易指令进行相关股票交易牟利，获取多条内幕信息并在相关内幕信息敏感期内从事对应公司的股票交易。一审判决对其以非法获取计算机信息系统数据、非法控制计算机系统罪与内幕交易罪并罚。朱某海上诉称其行为所构成的两个罪名应属牵连犯而择一重罪处罚。二审裁定书从两个罪名的客观表现和侵害法益不同两个方面进行了分析说理。

关于上诉人朱某海所提“非法获取计算机信息系统数据、非法控制计算机系统罪与内幕交易罪应属牵连犯而择一重罪处罚”的上诉理由，经审理认为，非法获取计算机信息系统数据、非法控制计算机系统罪是指侵入计算机信息系统，或者采用其他技术手段，获取计算机信息系统中存储、处理或者传输的数据，或者对该计算机信息系统实施非法控制，情节严重的行为，该行为以实施非法控制为目的，给网络安全带来极大的隐患，对国家信息网络的安全造成严重威胁，严重扰乱了社会管理秩序。而内幕交易罪是指非法获取证券、期货交易内幕信息的人员，在涉及证券的发行、证券期货交易或者其他对证券期货交易价格有重大影响的信息尚未公开前买入或者卖出该证券，情节严重的行为，其侵犯的客体是国家对证券、期货交易的管理制度和投资者的合法权益。虽然上诉人朱某海均是利用股票信息的非法获利行为，但上诉人朱某海实施两个不同的事实和行为，侵犯两个法益，且两种行为均属犯罪既遂，不能评价为刑法理论的牵连犯而择一重罪处罚。故该上诉理由无事实和法律依据，本院亦不予采纳。

3. 被告人或被告单位是否构成单位犯罪

在以单位名义实施的犯罪活动中，被告单位往往辩解指控行为实质是个

---

[1] 辽宁省高级人民法院刑事判决书，（2020）辽刑终 242 号，第五届全国法院“百篇优秀裁判文书”。

人犯罪活动，单位不应承担法律责任；而被告人则可能辩解指控行为应为单位犯罪，其个人属受指使实施相关活动。根据最高人民法院《关于审理单位犯罪案件具体应用法律有关问题的解释》第2条、第3条之规定，个人为进行违法犯罪活动而设立的公司、企业等单位实施犯罪的，或者盗用单位名义实施犯罪而违法所得由实施犯罪的个人私分的，依照自然人犯罪的规定定罪处罚。单位犯罪与自然人犯罪的主要区别在于犯罪行为是否体现单位意志、是否以单位名义实施、犯罪利益是否由单位享有三个方面。针对控辩双方关于指控行为是否构成单位犯罪的争议，也主要应从这三个方面来分析。

示例2-3-34 | 嘉外国际贸易公司、刘某刚销售伪劣产品案二审刑事裁定书[①]（单位犯罪与自然人犯罪的区别认定）

五、上诉单位嘉外公司是否构成单位犯罪的问题

本院认为，相关证据包括李某1、李2、周某某、秦某某、张某2、蔡某某等证人证言，购销合同、增值税专用发票等书证，出库单、出库明细表等证据证实该涉案奶粉和奶酪是通过嘉外公司的法定代表人、总经理刘某刚对外联系，并由嘉外公司员工积极参与实施，以嘉外公司名义对外进行销售；戴某与光明菲菲QQ聊天截图，秦某某证言、银行流水单等证据证实销售货款又回到嘉外公司账户上。在整个经营过程中，刘某刚的职务身份决定其可以代表嘉外公司的意志对外开展经营活动，销售过期奶粉和奶酪亦是为嘉外公司牟取非法利益，且现无证据证实刘某刚从中牟取非法个人利益，故嘉外公司符合单位犯罪的构成要件。

（二）关于被告人在共同犯罪中地位和作用的争议

被告人在共同犯罪中的地位决定其应承担的刑事责任，即便均为主犯或者均为从犯，也因为具体作用不同应在量刑上予以区别，因此经常成为控辩双方争议的焦点问题。在区分认定主犯、从犯时不应当仅根据被告人是否实施了犯罪构成要件中的实行行为来判断，没有实施犯罪实行行为也可能是主

---

① 上海市高级人民法院刑事裁定书，（2018）沪刑终56号，第三届全国法院“百篇优秀裁判文书”。

犯，实施了犯罪实行行为也可能是从犯，前者比如运输毒品犯罪中的幕后老板，后者比如“马仔”。对于控辩双方关于被告人在共犯地位和作用方面的争议，应当从被告人在犯罪预谋、犯罪预备、犯罪实施、犯罪后果等方面的具体表现进行分析。其中，(1) 犯罪预谋可以从犯意的提起及强化来分析；(2) 犯罪预备可以从共犯成员的邀约、犯罪工具的准备、犯罪对象的寻找及确定、犯罪现场的踩点、犯罪计划的制定等来分析；(3) 犯罪实施可以从各被告人在共同犯罪过程中的具体分工、具体犯罪过程的主导及指挥、行为对主要犯罪后果的原因力等来分析；(4) 犯罪后果可以从犯罪的主要受益者、犯罪所得的掌握及分配、犯罪成果的享有情况等来分析。在裁判文书中，也要结合被告人在犯罪预谋、犯罪预备、犯罪实施及犯罪后果等几个方面的具体表现，综合分析判断后，评价为主犯或者从犯，并对共同主犯或者共同从犯中的作用大小作出进一步区分。

示例 2-3-35 李某业等贩卖、制造毒品案二审刑事裁定书[①]（制造毒品共同犯罪的主从犯区别认定）

本案中被告人郭某召在制造毒品过程中主要负责帮忙，没有直接实施制造毒品的具体行为，其辩护人提出其应为从犯的辩护意见，二审刑事裁定书从制造毒品犯罪的共同预谋、犯罪资金和犯罪地点的提供、参与毒品制造具体过程等方面论证其应为主犯。

关于被告人郭某召提出在共同制毒过程中仅起辅助作用，应认定为从犯的意见。经查，郭某召在毒品制造具体过程中不是主要操作人，但共同李某业、杨某凯、郭某伟等共同预谋制造毒品，两次制造毒品均有出资，提供第一次制造毒品的地点，并参与毒品制造的具体过程，在共同犯罪中作用积极主动，应为主犯。

---

① 河南省高级人民法院刑事裁定书，(2019) 豫刑终 457 号。

示例2－3－36 黄某华故意伤害案二审刑事判决书[①]（故意伤害共同犯罪的主从犯区别认定）

本案被告人黄某华伙同多人将从事有偿性服务的伍某劫持索要保护费，伍某打电话请被害人罗某过来协商，未果后罗某骑摩托车带伍某离开，黄某华等人开车追赶并将罗某砍伤致死。二审判决书从犯罪动机、纠集同伙、驾车截停被害人、持刀追砍等几个方面对黄某华的共犯地位及作用作出分析评价。

2. 关于上诉人黄某华在故意伤害共同犯罪中的地位、作用

根据现场目击证人和同案人指证，结合黄某华本人供述，可以认定黄某华除和同案人一起持刀追砍罗某，还有开车搭载三名同案人将伍某强行拽到车上逼迫其交保护费，打电话给黄某1让其带人赶到现场帮忙，驾驶车辆碰撞截停已经驾驶摩托车离开的罗某，砍人后开车搭载同案人逃离现场的行为，综上，黄某华在故意伤害共同犯罪中行为积极主动，在整个犯罪过程中起主要作用，应认定是主犯。

示例2－3－37 许某纬等假冒注册商标案一审刑事判决书[②]（假冒伪劣产品共同犯罪的主从犯区别认定）

本案被告人许某纬为非法牟利，委托被告人黄某铖研发假冒名牌化妆品的原料配方并提供生产原料，委托其他被告人分别印制假冒商标标识，提供化妆品瓶子、纸盒等包装材料，对假冒化妆品进行灌装、贴标、装盒、收发货等。检察机关起诉指控及被告人的辩护人均认为被告人黄某铖在共同犯罪中属于从犯。一审判决根据黄某铖研究、生产假冒化妆品原料对犯罪后果的决定性作用及其获利模式与其他受雇共犯的不同，认定其在共同犯罪中应为主犯。

三、被告人黄某铖在共同犯罪中的地位作用

公诉机关认定被告人黄某铖在共同犯罪中起辅助作用，系从犯。被告人

① 广东省高级人民法院刑事判决书，(2020) 粤刑终986号，第四届全国法院“百篇优秀裁判文书”。

② 上海市第三中级人民法院刑事判决书，(2019) 沪03刑初55号，第三届全国法院“百篇优秀裁判文书”。

黄某铖的辩护人也认为黄某铖系从犯，应当从轻或者减轻处罚。

经查，被告人黄某铖为非法牟利，自2009年开始即为许某纬研发各类化妆品配方并提供原料。2015年初开始，许某纬为假冒KIEHL'S品牌化妆品，委托黄某铖根据其提供的白瓶化妆品（指无商标的产品）研发配方并提供原料。黄某铖在研发配方后找到深圳市宝安区的一家化妆品生产企业加工原料并提供给许某纬。2017年下半年开始，黄某铖在明确知道许某纬让其研发并提供假冒KIEHL'S、LaboLabo品牌化妆品原料的情况下，仍通过刘某某的公司先后共生产和灌装KIEHL'S、LaboLabo品牌化妆品原料。黄某铖明知许某纬生产制造假冒他人注册商标的产品，仍为非法获利，为许某纬研发配方并提供侵权产品的主要原料，应以假冒注册商标犯罪的共犯论处，并应对其参与的全部侵权产品的非法经营数额承担刑事责任。

本院认为，被告人黄某铖作为化妆品专业人员，不仅是假冒化妆品原料配方的研发者，而且是假冒产品原料的提供者和生产、灌装组织者，对侵权产品以假乱真、顺利流入市场具有不可或缺的作用。其系为自己牟取造假的违法收益而参与犯罪，时间跨度长，而且行为积极、作用重要、地位突出，不同于其他受人雇佣、仅为获取劳动报酬而参与犯罪的被告人，依法应认定其在共同犯罪中起主要作用，系主犯。控辩双方关于黄某铖在共同犯罪中系从犯，依法应当从轻或者减轻处罚的相关认定意见和辩护意见，本院不予采纳。

示例2-3-38　劳某枝故意杀人、绑架、抢劫案死刑复核刑事裁定书[①]（暴力共同犯罪中胁从犯争议的分析认定）

本案被告人劳某枝伙同其男友法某英共同实施多起抢劫、绑架、故意杀人等犯罪，辩护人认为劳某枝在共同犯罪中主要起辅助作用，存在受其男友法某英控制的因素，应认定为胁从犯。复核裁定书从共同犯罪的预谋、犯罪对象的选择及诱骗、具体抢劫或绑架犯罪中的分工、犯罪所得的占有等方

① 最高人民法院刑事裁定书，（2023）最高法刑核95814630号，属热点案件裁判文书。

面，对劳某枝的共犯地位进行了分析；并从劳某枝具有人身和意志自由、没有受控制的表现正反两个方面，论证其并非受到胁迫而参加犯罪。

辩护律师提出，在共同犯罪中，劳某枝都是按法某英要求实施轻微暴力行为，起辅助作用，系从犯；劳某枝受胁迫的因素持续存在，系胁从犯。经查，劳某枝与法某英精心预谋，周密策划，分工明确，相互配合。劳某枝物色并与法某英共同确定作案对象，将熊某义、刘某1、殷某华诱骗至其租住处抢劫或绑架，伙同法某英进入梁某春租住处抢劫，共同逼迫梁某春将刘某清骗至现场继续抢劫；劳某枝还捆绑、看管、威胁被害人，试开熊某义家门锁探查情况，入户搜寻财物，带刘某2至现场并收取赎金，持劫取的存折到银行支取现金，在勒赎字条上添加威胁性字句，购买用于藏放陆某明尸体的冰柜，与法某英共同占有挥霍赃款赃物。劳某枝的地位作用与法某英相比虽有差别，但其在共同犯罪中始终积极主动，起到至为重要的作用，亦系主犯。劳某枝与法某英系情人关系，二人辗转四地作案，时间长达四年。其间，劳某枝不乏自主外出的时机，且多次抢劫、绑架得手后携带财物先行离开，其人身和意志自由并未丧失或受限，摆脱法某英逃离或报警的机会甚多，但其既不离开法某英，也不报警，反而一再与法某英共同作案。无证据证明劳某枝被法某英胁迫或精神控制，依法不构成胁从犯。辩护律师所提该辩护意见与查证的事实不符，本院不予采纳。

示例2－3－39 张某闵等诈骗案一审刑事判决书[①]（电信诈骗犯罪集团中胁从犯争议的分析认定）

本案属于电信诈骗犯罪集团，多名被告人及辩护人分别提出不应当对犯罪集团成员冒充国家工作人员的行为承担刑事责任、受胁迫参加犯罪集团等辩解、辩护理由。判决书运用共同犯罪理论，结合具体案情，分别予以评判。

---

① 北京市高级人民法院刑事判决书，(2017) 京02刑初55号，首届全国法院“百篇优秀裁判文书”。

5. 关于在犯罪集团中从事一线的被告人是否具有冒充国家机关工作人员情节的问题

根据话术单及诈骗流程，诈骗犯罪集团中从事一线的被告人明知二线或三线人员会冒充公安局、检察院等国家机关工作人员，仍诱骗、引导被害人与二线或三线人员联系，为后续诈骗行为提供信息、创造条件，故从事一线的被告人与从事二线、三线的被告人具有共同冒充国家机关工作人员的情节，应予以从重处罚。赵某婷、苗某的辩护人所提“被告人作为一线人员仅负责冒充快递公司客服人员，不具有冒充国家机关工作人员实施诈骗的从重处罚情节”的辩护意见不能成立。

7. 关于是否认定胁从犯的问题

胁从犯是共同犯罪中被胁迫参加犯罪的人，胁从犯主观上虽然明知自己实施的是犯罪行为，但犯意并非由其本人产生，而是由于受到他人暴力、威胁而参加共同犯罪，单纯被诱骗而参加犯罪不应认定为胁从犯。其次，部分被告人出于找工作赚钱等目的，受高薪诱惑被招募到诈骗犯罪集团，虽然存在护照、手机被统一收走保管的情况，但各被告人在印度尼西亚、肯尼亚期间均可以定期与家人通话，如明确表示不想实施诈骗行为，在支付交通费用的情况下，可自由退出。如被告人王某冬，其供称由于与同案打架，故提前离开诈骗窝点，人身自由并未受限。林某德等被告人还供述对于明确拒绝实施诈骗行为的被告人，也能够保证正常的饮食和休息，不存在暴力威胁、胁迫或其人身、精神受到现实强制的情况。最后，根据在案证据及查明的事实，各被告人对实施诈骗行为，并未明确表示拒绝，亦未表现出任何反抗举动，反而均自主接听被害人回电，并根据话术单对被害人实施诈骗，且均有非法获利。

综上，本案各被告人的上述行为与胁从犯系受他人胁迫而被动实施犯罪的特征不符，均不应认定为胁从犯。故辩护人所提“潘某威、刘某铭、苗某、陶某娇、姜某祥、刘某男等人系被胁迫参加犯罪，应当依法减轻或免除处罚”的辩护意见，以及“被告人刘某筑、赵某婷、陈某祯系被诱骗参加犯罪，应从轻处罚”的辩护意见均不能成立。

示例2-3-40 刘某惠等寻衅滋事恶势力犯罪集团案一审刑事判决书[①]（恶势力犯罪集团的共犯罪行认定）

本案检察机关指控被告人刘某惠等人构成恶势力犯罪集团，实施了多起寻衅滋事、聚众斗殴等犯罪。辩护人提出其中有四起寻衅滋事犯罪活动刘某惠并未直接参加，不应承担刑事责任。根据刑法规定，犯罪集团的首要分子应当对犯罪集团所实施的全部犯罪承担刑事责任，但前提是相关犯罪活动被认定为犯罪集团所实施的行为。对于首要分子未直接参与或者策划、组织、指挥实施的犯罪行为，判断是否属于犯罪集团罪行，主要应看该行为是否符合集团犯罪惯例、是否符合组织利益。一审判决书在分析时，重点对刘某惠每次在犯罪后都到场进行善后处理的具体表现进行分析，展示出相关行为对集团犯罪惯例和组织利益的符合性，为认定相关行为属于集团罪行提供了充足理由。

9. 关于刘某惠的辩护人刘强提出，刘某惠不应承担2012年8月12日寻衅滋事案、2013年2月3日寻衅滋事案、2013年4月7日寻衅滋事案、2015年10月17日寻衅滋事案刑事责任的辩护意见。经查，该四起案件均有胡某、胡某龙、付某铭、陈某宽、罗某强等多名犯罪集团主要成员共同实施，刘某惠虽未实施殴打他人行为，但2012年8月12日寻衅滋事案，刘某惠即时到达现场善后处理，并在事后到医院威胁被害人；2013年2月3日寻衅滋事案，刘某惠在场适时制止团伙成员继续殴打被害人并赔偿KTV老板财物损失；2013年4月7日寻衅滋事案，刘某惠即时到案发现场安排团伙成员先行离开由其善后处理，后又安排胡某、胡某龙等人到竹海酒店向对方道歉；2015年10月17日寻衅滋事案，事后刘某惠到医院看望胡某、胡某龙时，安排胡某联系宋某军纠集人员找对方寻仇、向对方展示实力，之后组织双方进行调解。该四起案件均系恶势力犯罪集团实施的犯罪，刘某惠作为恶势力犯罪集团的首要分子，应当对该四起犯罪承担刑事责任。对该意见不予采纳。

---

① 四川省丹棱县人民法院刑事判决书，（2019）川1424刑初91号，第三届全国法院“百篇优秀裁判文书”。

（三）关于被告人是否犯罪未遂或者犯罪中止的争议

犯罪中止或者犯罪未遂是对被告人有利的量刑情节。作为犯罪停止形态，二者都是相对于犯罪既遂而言的。我国刑法分则中并没有对具体罪名的犯罪既遂标准做出明确规定，因此在文书说理时必须运用刑法通说关于相关罪名犯罪既遂形态的认定标准，结合具体案情进行分析。

在裁判文书中评判被告人的犯罪形态是否属于犯罪中止或者犯罪未遂的争议，应当首先明确涉及罪名的犯罪既遂标准，再根据结果犯、危险犯、行为犯的不同既遂标准，对被告人所实施具体犯罪行为的停止状态进行评析，确定是否满足了具体犯罪的构成要件，也即是否既遂。对于未达到既遂状态的，再对未达到既遂的实际原因进行分析，确定行为人是因客观因素被迫停止或者放弃犯罪，还是主动停止能够继续实施的犯罪，从而判断是犯罪未遂还是犯罪中止。

示例 2－3－41　刘某非法持有毒品案二审刑事判决书[①]（非法持有毒品罪的犯罪中止争议的分析）

本案被告人刘某因与贩卖毒品嫌疑人来往频繁而被公安机关调查，抓获后主动供述自己租住房内藏有大量毒品。辩护人提出刘某主动上交毒品属于犯罪中止的意见。二审判决书从非法持有毒品罪的犯罪既遂标准出发进行了分析。

关于刘某提出其主动上交毒品，构成犯罪中止的上诉理由，检察员出庭意见认为刘某不构成犯罪中止。经查，非法持有毒品罪作为持有型犯罪，在犯罪形态方面的特点是一经持有即构成既遂，持有毒品是一种持续行为，只要在一定时间内支配毒品，持有状态即形成，犯罪即告既遂，不可能再向犯罪中止形态转化，故刘某不构成犯罪中止，故本院对刘某该上诉理由不予采纳，对检察员该出庭意见予以支持。

---

① 江西省高级人民法院刑事判决书，（2017）赣刑终 240 号，首届全国法院“百篇优秀裁判文书”。

示例 2 – 3 – 42 郭某军贪污案二审刑事判决书[①]（贪污罪犯罪未遂争议的分析）

本案被告人郭某军利用担任国有公司总经理的职务便利，将其代持的国有股以 2000 万元转让给他公司，并将股权转让款约定为借款及年利息 20%，案发前已获得利息 400 万元。一审认定其贪污 2000 万元既遂。二审认定其贪污 2000 万元未遂并对其已获得利息定性为贪污犯罪所得产生的孳息。

5. 关于郭某军的辩护人提出，如认定郭某军贪污 2000 万元，也应当认定为犯罪未遂，应当判处十年以下有期徒刑的意见。本院认为，郭某军利用担任国有公司法人、执行董事兼总经理的职务便利，隐瞒股东大会，采用签订不同价款的转让协议，侵占公司应得利益 2000 万元，其行为构成贪污犯罪，但由于平安种业公司未实际支付 2000 万元转让价款给郭某军，仅以欠据方式约定为郭某军享有 2000 万元债权，致使郭某军未实际占有或控制 2000 万元公司应得利益，应属贪污未遂。事后郭某军虽然按照与平安种业公司的约定，获得 1 年的债权利息 400 万元，但此 400 万元属于贪污犯罪所产生的孳息，依法应予没收，但不影响未遂的认定。辩护人提出郭某军如构成贪污犯罪，应属未遂的意见，有事实和法律依据，应予支持。

（四）关于被告人是否构成自首的争议

根据《刑法》规定，自首分为一般自首和准自首两种情形。一般自首的被告人尚未归案，判断重点在于“被告人是否存在自动投案”以及投案后“如实供述犯罪事实”，不需要对司法机关是否已掌握其犯罪事实作出判断；准自首的被告人已经处于司法机关的控制之下，构成自首的关键在于如实供述司法机关尚未掌握的本人其他犯罪事实，因此对“司法机关是否已掌握其犯罪事实”必须重点审查判断。

裁判文书对控辩双方关于被告人是否构成自首的争议进行评判时，应首先总结被告人归案经过或者对某一犯罪事实的供述经过，结合刑法及司法解

---

① 吉林省高级人民法院刑事判决书，（2019）吉刑终 87 号，第三届全国法院“百篇优秀裁判文书”。

释关于自首的多种情形中与其行为特征最相似的一种情形的具体规定，分析其是否属于自动投案、是否如实供述、是否主动供述司法机关尚未掌握的其他罪行等，论证其归案或供述过程是否符合自首某一种情形的构成要件，评价其是否构成自首。

示例 2－3－43　梁某等抢劫案二审刑事裁定书[①]（经传唤到案的自首争议的分析）

关于上诉人王某全及其辩护人提出“王某全明知自己犯罪，在公安机关传唤时主动到案，如实供述，没有拒捕行为，应当认定自首”的理由。经查，王某全明知自己犯罪，但在长达7个月内未主动投案，无投案的主动性和自愿性，不符合自首的立法本意。但王某全经传唤到案后能如实供述自己罪行，原判依据《刑法》第六十七条第三款认定其具有坦白情节并对其从轻处罚，符合本案实际，该上诉理由及辩护意见不能成立。

示例 2－3－44　刘某非法持有毒品案二审刑事判决书[②]（非法持有毒品罪的自首争议的分析）

本案中，侦查人员在调查贩毒嫌疑人高某过程中发现刘某与其来往频繁，遂将刘某也纳入调查范围，在刘某租住的小区28栋501室将其抓获，但在该户内并未发现毒品。经讯问，刘某又交代同小区另外两处租住房屋，并在侦查人员打开其中一处302室屋门后，主动交代自己将毒品藏在该户卧室衣柜内，后侦查人员在衣柜内查获毒品。刘某及其辩护人提出公安人员并未掌握其持有毒品，其主动交代涉案毒品属于自首。对于涉违禁品犯罪而言，被告人因“形迹可疑”被盘问时主动交代犯罪事实的，就构成自首；在司法人员确定其有“犯罪嫌疑”之后进行传唤讯问，再主动交代的，就不能认定为自首。区分的关键在于主动交代犯罪事实发生在公安机关发现违禁品

---

① 甘肃省高级人民法院刑事裁定书，（2016）甘刑终66号，首届全国法院“百篇优秀裁判文书”。

② 江西省高级人民法院刑事判决书，（2017）赣刑终240号，首届全国法院“百篇优秀裁判文书”。

之前还是之后，对此二审判决书进行了深入细致的分析。

关于刘某及其辩护人提出公安机关在抓捕刘某时并不知道她持有毒品，刘某系主动交代藏匿毒品，其构成自首的理由。经查，侦查人员因刘某与犯罪嫌疑人高某交往频繁，而将刘某纳入侦查范围，并未掌握刘某的确切犯罪证据或线索，此时刘某属于形迹可疑人员而非犯罪嫌疑人。侦查人员进入刘某租住的28栋2单元501室后未获得有价值犯罪线索，经盘查教育，刘某交代了其另两处租住房屋，并配合侦查人员搜查该两处房屋，在侦查人员搜查到毒品前主动交代了藏匿毒品的事实，根据最高人民法院《关于处理自首和立功具体应用法律若干问题的解释》（法释〔1998〕8号）第一条规定，罪行尚未被司法机关发觉，仅因形迹可疑，被司法机关盘问、教育后，主动交代自己罪行的，视为自动投案。[①] 刘某对其非法持有毒品的行为供认不讳，其对毒品来源虽有不同辩解，但如实供述了非法持有毒品的事实，构成自首，故本院对该上诉理由及辩护意见予以采纳。

检察员出庭意见认为根据最高人民法院《关于处理自首和立功若干具体问题的意见》（法发〔2010〕60号）规定，罪行未被有关部门、司法机关发觉，仅因形迹可疑被盘问、教育后，主动交代了犯罪事实的，应当视为自动投案，但有关部门、司法机关在其身上、随身携带的物品、驾乘的交通工具等处发现与犯罪有关的物品的，不能认定为自动投案。刘某主动交代的时间是在侦查人员已经打开藏毒地点302室的房门后，且在此之前，侦查机关已经掌握刘某还租住了该302室，即使刘某不主动交代，侦查人员也能查获毒品，其主动交代对于确定犯罪嫌疑人和节约司法资源没有实质意义，不能认定为自首。经查，刘某在受到盘查后主动交代了藏毒地5栋2单元302室，该藏毒地与被抓获地28栋2单元501室尚有一段距离，不属于与其人身紧密相关的场所；侦查人员虽在前期侦查中发现刘某曾出入5栋2单元302

---

① 侦查人员发现刘某与贩卖毒品犯罪嫌疑人高某交往频繁，而对其进行调查，进入刘某租住的501室后并未获得有价值的犯罪线索，截至此时，其罪行并未被公安机关发觉，因此，应评价为“仅因形迹可疑而被盘问、教育”的情形，有构成自动投案的空间。

室，但并不确定该地点为刘某租住地或藏毒地，刘某交代上述藏毒地和藏毒事实对侦查人员查获毒品仍具有实质意义，[①] 故对检察员该出庭意见不予采纳。

示例 2－3－45 黄某华故意伤害案二审刑事判决书[②]（主动到公安机关说明情况的自首争议的分析）

本案被告人黄某华伙同多人故意伤害他人致人死亡，被上网追逃后，曾主动到派出所说明自己涉嫌犯罪情况。二审辩护人提出其构成自首的意见。二审判决书从黄某华归案后的供述内容入手进行分析评判。

2011 年 11 月 14 日，黄某华虽主动到派出所，但向公安机关坦白的是盗窃摩托车的情况，在公安讯问故意伤害罗某的情况时，黄某华称自己路过见到打架，遂在旁观看，故黄某华对自己实施的故意伤害犯罪既没有主动接受司法机关制裁的意愿，也没有实际投案的行为，归案至今都不能如实供述基本犯罪事实，依法不能认定自首。

示例 2－3－46 丁某平集资诈骗、合同诈骗、贷款诈骗案二审刑事裁定书[③]（辩解有投案意愿的分析认定）

本案被告人丁某平实施集资诈骗、合同诈骗、贷款诈骗等犯罪活动，案发前携款潜逃出境。一审对丁某平数罪并罚，决定执行无期徒刑，剥夺政治权利终身，并处没收个人全部财产。其上诉称出境是“到加拿大移民报到，并非有意潜逃，多次想回国自首，因身体原因未能回国投案”。针对其辩解，二审裁定书从其出逃前、出逃后的表现入手，分析其主观上没有主动投案的意愿和客观表现。

---

① 换言之，刘某藏匿毒品的位置并不隐蔽，因此其主动交代自己除 501 室外另外还租用 302 室后，必然预想到公安人员很有可能从卧室衣柜中查获毒品，刘某对此能够接受，后又在公安人员实际查获毒品前主动交代毒品，与其之前的心态是一致的。

② 广东省高级人民法院刑事判决书，（2020）粤刑终 986 号，第四届全国法院“百篇优秀裁判文书”。

③ 浙江省高级人民法院刑事裁定书，（2017）浙刑终 212 号，第二届全国法院“百篇优秀裁判文书”。

丁某平在出逃前指使公司员工将从被害人处获取的巨额资金通过地下钱庄转至澳门赌场账户。出逃后，其又指使他人将其中的850万港币从澳门赌场账户取出，汇至加拿大其妻子的账户。丁某平称其没有携款潜逃显与事实不符，不予采信。丁某平在出逃期间还前往西班牙……其在长达六年之久没有回国投案，其称自己要回国自首的辩解亦不足采信。

示例 2－3－47 王某波故意杀人案二审判决书[①]（自首情节中“翻供”争议的分析认定）

本案被告人王某波作案后打电话报警并主动到派出所投案，供述杀人事实，但在一审庭审中对部分事实作出辩解，其表现是否属于“翻供”，是否影响自首的认定，成为控辩双方的争议焦点。二审裁判文书认为，被告人一审庭审是否“翻供”不能仅凭其在庭审中的个别言行作出认定，而应当根据其在庭审中的整体表现来判断；对于“翻供”的审查标准应当根据自首的不同表现形式区别对待，对于标准自首被告人是否翻供的审查标准应当宽于准自首的被告人。被告人王某波在庭审中对部分行为情节作出辩解，但综合其在庭审中回答各方讯问、法庭辩论及最后陈述中的整体言语表现，对其持刀捅刺致被害人死亡的主要行为事实仍予承认，不能认定为翻供，也不能否定其自首情节。

第四，关于王某波是否构成自首的问题。

上诉人王某波及其辩护人均提出王某波构成自首，应当从轻、减轻处罚。辩护人李某斌律师的理由是王某波主动投案并向司法机关如实供述，其在庭审中辩解“系与被害人刘某营夺刀过程中致刘某营伤亡结果”，只是对于其行为是否具备防卫性质的辩解，并未推翻和否定主要供述内容；且王某波在侦查阶段的供述和范某星证言均提到刘某营有夺刀的行为，DNA鉴定意见也显示作案用刀的刀把上有王某波和刘某营的DNA分型。辩护人冯某山律师另提出王某波在侦查阶段多次供述内容稳定，在一审庭审中没有否认

① 河南省高级人民法院刑事判决书，（2019）豫刑终231号，第三届全国法院“百篇优秀裁判文书”。

其持刀刺杀刘某营的基本事实，并且当庭明确表示对起诉书指控的基本事实“没有异议”、“在公安机关的供述属实”，在最后陈述中表示“对自己犯下的滔天罪行后悔莫及，认罪悔罪”，愿意接受法律处罚。

经查：1. 根据《中华人民共和国刑法》第六十七条之规定，犯罪以后自动投案并如实供述自己罪行的，是自首。根据《最高人民法院关于处理自首和立功具体应用法律若干问题的解释》第一条第（二）项之规定，如实供述自己的罪行，是指犯罪嫌疑人自动投案后，如实交代自己的主要犯罪事实。在案证据证实上诉人王某波在作案后立即打电话报警，并主动到派出所投案，在侦查阶段对其与被害人刘某营厮打并从自家窗台上拿刀朝刘某营后背、前胸部位捅刺，刘某营夺刀未果向院外逃走，其又追赶刘某营继续捅刺的犯罪事实做过多次供述；其表现符合上述关于自首的法律规定。2. 根据《最高人民法院关于处理自首和立功具体应用法律若干问题的解释》第一条第（二）项之规定，自动投案并如实供述自己的罪行又翻供的，不能认定为自首。在本案一审庭审中，王某波辩解“我们俩争夺刀的过程中他受伤了”“（捅刺什么部位和多少刀）记不清了”“伤口是夺刀的时候形成的”“他夺过去以后肯定会拿刀扎我”；同时也明确表示“（对起诉书指控的事实）没有异议”“在公安机关的供述属实”，在犯罪经过的讯问中承认其主动从家中拿刀扎了刘某营及刘某营跑出去以后其又捅刘某营身上，在法庭辩论和最后陈述时均表示“认罪、悔罪”，在刘某营有无脚踢范某星肚子致范某星流产、刘某营是否拿凶器到其家中等重要情节上也没有改变其在侦查阶段的供述；综合王某波在一审庭审中的表现，其对自己持刀捅刺致刘某营死亡的主要行为事实仍予承认，其辩解内容是想说明刘某营也有对其实施伤害的故意，不能认定为翻供。故依法应认定王某波构成自首，该上诉及辩护意见成立。

（五）关于被告人是否构成立功的争议

司法实践中，立功主要分为检举揭发型立案和协助抓捕型立功两种情况。裁判文书分析立功争议时，应根据《最高人民法院关于处理自首和立功若干具体问题的意见》中关于审查立功情节的相关规定，结合被告人主张构成立功的具体行为表现，进行分析。对于检举揭发他人犯罪线索，从而使案件得以侦破的立功情形，要介绍被告人揭发线索的特征、来源及查证情况，通过分析其所提供线索的来源是否合法、提供的线索是否有效、实际查证结果等方面，论证是否构成立功。对于协助抓捕型立功，则要重点审查其协助行为与其他犯罪嫌疑人归案之间的因果关系，只有协助行为对公安机关抓获其他犯罪嫌疑人发挥实质作用的，才可以认定为立功。

示例 2－3－48 王某峰受贿案二审刑事裁定书①（检举型立功情节的分析认定）

关于王某峰及其辩护人"有立功表现"的上诉理由及辩护意见，经查，王某峰共揭发三条他人犯罪线索，其一是揭发××县看守所在押人员刘某南伙同赵某武在南阳油田盗窃铜线，其关于该线索来源的多次供述前后说法不一、相互矛盾，并与其所称的线索来源人员宋某增的证言相互矛盾，且其作为未决在押人员，与非同监室的已决在押人员宋某增串通，由宋某增帮助打听犯罪线索交给其揭发，违反相关监管规定，因此王某峰该揭发行为不符合刑法关于立功的构成要件规定；其二是揭发朱某卿收购张某东（王某峰的同监室在押人员）盗窃的通讯电缆，在其揭发之前张某东已经向公安机关供述其盗窃的部分电缆销赃给朱某卿，虽然涉及盗窃案件不同，但公安机关已经掌握朱某卿收购张某东所盗窃通讯电缆的线索及朱某卿的具体情况，故王某峰该揭发行为不符合法律关于立功的构成要件规定；其三是揭发宋某军参与张某东的拐卖儿童犯罪，经公安机关查证属实，依法应认定为立功表现。

示例 2－3－49 李某业等贩卖、制造毒品案二审刑事判决书②（协助抓捕型立功情节的分析认定）

关于杨某凯、郭某召及其辩护人提出"二人归案后配合侦查人员给同案李某业打电话稳住李某业，对抓获李某业有协助作用，应构成立功"、杨某

---

① 河南省高级人民法院刑事裁定书，（2014）豫法刑四终字第133号。

② 河南省高级人民法院刑事裁定书，（2019）豫刑终457号。

凯及其辩护人提出“杨某凯向侦查人员提供同案唐某地址构成立功”的意见。经查，本案侦查机关在2018年8月份已经确定李某业、唐某的具体居住地址，2018年9月17日当天分别对李某业、杨某凯、郭某召、唐某等人实施抓捕活动，侦查人员已经提前在李某业住处蹲守，李某业事实上已经被侦查人员包围，虽然杨某凯、郭某召在接到李某业来电时按照侦查人员要求，在通话中未暴露自己已经被抓获的信息，但对抓获李某业并未起到实质作用；杨某凯所提供唐某地址也已经为侦查机关事先掌握；故其不构成立功，该上诉、辩护意见不能成立。

示例2－3－50 | 德某资源控制有限公司、陈某某等合同诈骗、信用证诈骗案一审刑事判决书[1]（揭发吸毒人员从而发现毒源上线的立功争议的分析）

关于被告人杨某的辩护人提出“杨某检举揭发他人犯罪行为使公安机关得以侦破重大贩卖毒品案件，构成重大立功”的辩护意见。经查，公安机关根据被告人杨某提供的线索抓获二名吸毒人员并予以行政处罚，后经工作又将毒源上线抓获。鉴于杨某并未直接提供毒源上线的情况，其行为依法不构成立功。故该辩护意见不成立，不予采纳，但该情节可作为量刑情节酌情予以考虑。

（六）关于正当防卫方面的争议

针对被告人行为是否属于正当防卫、特殊防卫或防卫过当的争议，必须运用正当防卫的法律规定、基本法理进行分析论证。正当防卫可分为拥有无限防卫权的情形和没有无限防卫权的情形，后者根据实际情况又需进一步区分是防卫没有超过必要限度不需要承担刑事责任的情形，还是防卫过当应当承担刑事责任的情形。每一种情形，都有法定的构成要件，比如正当防卫的构成要件包括：被害人对被告人或者他人实施了不法侵害、不法侵害正在进行、被告人主观上出于防卫的意识而对被害人实施攻击等三个方面的要件；

---

[1] 山东省青岛市中级人民法院刑事判决书，（2017）鲁02刑初34号，第二届全国法院“百篇优秀裁判文书”。

特殊防卫的构成要件除以上三个方面外，还要加上被害人实施的不法侵害属于严重危及人身安全的暴力犯罪；防卫过当，除了具有防卫三要件，不具有特殊防卫的排除性要件外，还需要对被害人侵害行为的危险程度和被告人所实施防卫行为的必要程度进行比较，确定是否明显超过必要限度。在判决说理时，必须紧扣防卫三种情形的不同法定构成要件，对案件客观事实进行评判。

示例 2－3－51 | 王某故意伤害案二审刑事判决书[①]（防卫过当争议的分析认定）

这个案件中，一审中被告人辩解系防卫过当，法院判决未予以支持，认定为无防卫性质的故意伤害。二审中被告人辩解系正当防卫且属于无限度防卫，不应承担刑事责任；检察机关则认可被告人行为具有防卫性质，但认为属于防卫过当，不属于无限度防卫。二审判决认定属于防卫过当，既不同于一审判决，也不同于被告人辩护意见，这里面就存在三个争议点，即是否正当防卫、是否特殊防卫或无限度防卫、是否防卫过当，二审判决书就针对每个争议，分别紧扣正当防卫、特殊防卫、防卫过当的法定构成要件，结合案件发生具体过程，逐一进行了详细分析，从而使得裁判结论的形成有理有据。

1. 关于上诉人王某的行为是否具有防卫性质

上诉人王某及其辩护人、陕西省人民检察院出庭检察员均认为，上诉人王某的行为具有防卫性质。

本院认为，首先，被害人李某实施的行为属于对人身的现实不法侵害。李某在进入案发酒吧后，无故将烟灰缸扔在上诉人王某的胸前，后又对王某进行语言威胁和肢体推搡，并多次拿起啤酒瓶来回挥舞，在王某已经朝李某赔笑、试图和解并平息事态的情况下，李某仍向王某手中强塞酒瓶，挑衅王某朝其头上击打。在王某的朋友苗某上前劝阻并意图夺下李某手中啤酒瓶

---

① 陕西省高级人民法院刑事判决书，(2018) 陕刑终 243 号，第四届全国法院“百篇优秀裁判文书”。

时，李某先后两次举起啤酒瓶威胁要殴打苗某。从李某的这些肢体动作判断，其行为属于寻衅滋事行为，且该行为具有违法性及一定的攻击性，属于对王某人身的现实不法侵害。

其次，被害人李某的不法侵害正在进行，具有紧迫性。李某从向上诉人王某身上扔烟灰缸到实施语言威胁、掀翻桌椅、摔碎啤酒瓶泄愤，再到多次上前对王某进行语言挑衅威胁，并持啤酒瓶来回挥舞，甚至先后两次举起啤酒瓶威胁殴打苗某，直至最后给王某强塞啤酒瓶挑衅对方砸自己，并对王某进行肢体推搡来看，李某的整个行为呈现升级趋势，并无任何离开现场或者停止滋事的迹象。李某实施的不法侵害行为正在进行，具有紧迫性，王某此时实施反击，防卫时间适当。

最后，上诉人王某主观上具有防卫意识。从案件起因看，王某与被害人李某素不相识，是李某突然无故用烟灰缸扔向王某；从案件过程来看，王某在被他人劝开后，已经向李某赔笑，并先后多次抬手试图扶着李某的手臂或肩头进行安抚，明显不想再与李某发生争执，但李某仍旧不依不饶、一再挑衅。王某为摆脱李某的纠缠、保护自己免受伤害，对李某实施打击行为，主观上具有防卫意识。

综上，上诉人王某的行为具有防卫性质。对于王某及其辩护人、陕西省人民检察院出庭检察员提出的王某的行为具有防卫性质的意见，本院予以采纳。

2. 关于上诉人王某的行为是否属于特殊防卫

上诉人王某的辩护人提出，本案情形属于特殊防卫，王某具有无限防卫权，行为不构成犯罪。陕西省人民检察院出庭检察员对此持反对意见。

本院认为，根据刑法规定，对正在进行行凶、杀人、抢劫、强奸、绑架以及其他严重危及人身安全的暴力犯罪，采取防卫行为，造成不法侵害人伤亡的，不属于防卫过当，不负刑事责任。本案中，被害人李某实施的扔烟灰缸、掀翻桌椅、言语挑衅威胁、肢体推搡等一系列行为属于一般的违法行为，不属于严重危及人身安全的暴力犯罪，也未对王某的生命、健康造成严重侵害，后来的事实也已证明，王某在整个冲突过程中未遭受严重侵害。本案不存在适用特殊防卫的前提条件，王某的行为不属于特殊防卫。对辩护人的相关辩护意见，本院不予采纳，对陕西省人民检察院出庭检察员的意见予以采纳。

3. 关于上诉人王某的防卫行为是否构成防卫过当

上诉人王某及其辩护人提出，王某的防卫行为与侵害行为具有基本相适应性，没有明显超过必要限度，不属于防卫过当，应认定为正当防卫。陕西省人民检察院出庭检察员认为，王某的防卫行为明显超过必要限度，属于防卫过当。

本院认为，根据刑法规定，正当防卫明显超过必要限度造成重大损害的，应当负刑事责任，但是应当减轻或者免除处罚。据此，防卫过当是在具备正当防卫客观和主观前提条件下，防卫反击明显超越必要限度，造成致人重伤或死亡的重大损害。认定防卫行为是否"明显超过必要限度"，应当综合全案情况，进行综合分析判定。本案中，被害人李某与上诉人王某案发前并不认识，更无任何过节，李某将烟灰缸扔在王某胸前的行为仅是一种无理取闹，寻衅滋事的行为。王某拿起啤酒瓶欲上前殴打李某被人拦下后，李某认为自己颜面扫地，进而对王某实施语言威胁、肢体推搡、摔碎啤酒瓶、掀翻桌椅泄愤，并手持啤酒瓶来回挥舞，目的是为了争强好胜。特别是李某将酒瓶强塞到王某手中、挑衅王某朝其头部击打这一行为，更能说明李某的主观心态是为了逞强，自认为王某不敢打他。李某后又用左手在王某颈部附近推搡一下，整体上其仍然属于闹事、耍酒疯、寻衅滋事的范畴。李某的上述行为，与手持凶器动辄行凶、为泄愤报复而直接实施严重暴力行为的情形存在明显区别。王某在李某向其扔烟灰缸后，持酒瓶站起与李某争执，在他人劝解过程中又拿起啤酒瓶意图冲上前去击打李某，在李某向其强塞啤酒瓶并推搡其颈部附近一下时，王某仍然有继续与李某进行周旋的余地，但王某却在停留片刻后，突然用手中的啤酒瓶朝李某的头部、肩部击打数下，在将啤酒瓶打破后，又持啤酒瓶断茬朝李某要害部位连续捅刺，在李某头部受伤、手中啤酒瓶掉落后仍不停手。在李某倒地、基本失去反抗能力后，王某仍持啤酒瓶断茬捅刺李某左背部，最终造成李某死亡的重大损害后果。

综上，上诉人王某面临的不法侵害不属于严重危及人身安全的暴力犯罪，其防卫行为强度明显超出必要限度，防卫造成的损害结果与所保护的权利对比也相差悬殊，属于明显超过必要限度造成重大损害，属于防卫过当，依法应负刑事责任。对上诉人王某及其辩护人提出王某的防卫行为并未超过必要限度，属于正当防卫的辩护意见，本院不予采纳，对陕西省人民检察院出庭检察员的意见予以采纳。

（七）关于酌定量刑情节的争议

酌定量刑情节，是指虽然没有在刑法条文中明文规定，但反映了被告人的主观恶性大小和人身危险性大小，或者反映了犯罪行为对社会所造成的影响，故广义上也是社会危害性的一部分，或者反映了犯罪所造成危害已得到弥补因而被损害的社会关系已得到一定程度的修复等，因此应当在量刑时予以考虑的情节。司法实践中，经常引发控辩争议的酌定量刑情节有被害人对案件引发有无过错、被告人的认罪悔罪态度、双方是否达到和解、犯罪原因等。以下对具体分析说理方法分别予以说明。

（1）刑事案件中的被害人过错，一般是指被害方所实施的，与被告人犯罪行为的发生有着因果关系的，并应受到否定评价的行为。针对被告人或辩护人关于被害人有过错的辩解意见，应当从其所称被害人的“过错”行为是否违反社会道德准则或者法律规定与被告人的犯罪行为是否有因果关系等方面进行分析，对于被害人的行为并无不当之处，或者虽有不当行为但已经采取措施予以弥补、努力取得和解的，或者与被告人的行为并无因果关系的，不能认定被害人有过错。

（2）被告人的悔罪态度是其主观恶性大小的重要反映。针对被告人及其辩护人所称悔罪态度好的意见，应从被告人归案后至庭审中对指控犯罪事实的供述情况、对其行为动机的辩解情况、对犯罪造成损失的弥补情况等方面进行分析。被告人对其犯罪事实的供述避重就轻，或者泛泛认罪而拒不供述犯罪详细过程或其他共同犯罪人的具体行为事实的，或者对事件发生责任百般推诿，拒不反思自己对案件发生的责任，或者对其犯罪行为所造成的损失没有尽最大能力进行弥补，甚至犯罪后转移、隐匿财产逃避承担赔偿责任的，不能认定为悔罪态度好。

（3）双方是否达成和解是有被害人案件的重要量刑因素。针对被害人及其辩护人双方达成和解的意见，应当从被害人对和解协议是否自愿达成的意思表示、和解协议的内容是否实际落实、和解协议对案件处理的建议、和解协议是否违法或者损害第三人合法权益等方面进行审查。

（4）犯罪原因反映犯罪的动机，也是被告人主观恶性的重要反映。针对被告人关于其犯罪动机的辩解，应当着重分析所辩解的前因事实是否存在，能否影响到其对犯罪与否的选择自由等。尤其是对于因民间纠纷引发的案件，在分析时应注意不能将形成纠纷的责任和激化矛盾进而诱发案件的责任混为一谈。既要分析纠纷形成的原因，也应分析双方在纠纷发展过程中的行为表现是在激化矛盾还是力图化解矛盾，还要重点分析矛盾爆发的直接原因，综合判断双方的过错大小。比如虽然一方对纠纷引发有一定责任，但已经采取措施避免矛盾进一步激化，而另一方仍不依不饶，主动挑衅，致使矛盾激化爆发，就不能将案件发生责任完全推到前面一方，而且对于另一方对案件发生的责任应予以说明。

示例 2-3-52 | 李某芳故意伤害案二审刑事附带民事裁定书[①]（被害人过错争议的分析认定）

本案被告人李某芳因邻里纠纷而将邻居杀死，其在二审中辩解被害人对引发本案有过错，二审裁定书对双方纠纷的产生原因及在矛盾发展过程中的各自行为表现均进行了分析，从而准确认定案件发生的主要责任。

关于上诉人李某芳及其辩护人提出被害人张某军对引发本案有过错的意见。经查，被告人李某芳之父李某群家和张某军家系前后邻居，因清理李某群家房屋后石渣之事双方发生争吵，虽然据李某芳及其父李某群讲张某军拿一撬棒要撬其家后墙，但现场照片显示李某群家房屋后墙并无大碍，监控视频及李某群证言能证实李某群已将撬棒夺过来拿在手中，且李某芳已经报警

① 河南省高级人民法院刑事附带民事裁定书，（2020）豫刑终421号。

请求解决，其后李某群和张某军继续争吵，李某芳突然出手将被害人张某军推下石岸，张某军当时并没有挑衅或攻击李某芳及其父亲的行为，不能认定其对案件引发具有过错。

示例 2-3-53　黄某华故意伤害案二审刑事判决书①（认罪悔罪态度的分析评判）

本案一审判决认定被告人黄某华伙同其他多人共同故意伤害他人致人死亡。黄某华上诉提出"并未拿刀与同案人一起追砍被害人，认识到自己的错误，赔偿了被害人家属经济损失"，一审量刑过重，请求二审从轻处罚。二审判决书中针对其认罪态度、悔罪态度进行分析，并与同案犯的量刑均衡问题进行分析，作出一审判决量刑偏轻的评价。

黄某华于2011年11月14日第一次供述中不承认参与故意伤害，并对同案人的犯罪行为予以隐瞒，2019年8月7日归案后在侦查、起诉和一审期间，只供认自己拿刀，拒不承认公诉机关指控其持刀砍人的犯罪事实，二审供认自己踢了被害人一脚，拒不承认有拿刀情节，在认定黄某华持刀砍人的证据确实、充分的情况下，黄某华仍拒不如实供述，足证其认罪、悔罪态度极差；一审期间黄某华家属代其赔偿被害人家属人民币16万元，被害人家属出具书面谅解协议，黄某华在不认罪、悔罪情况下对被害人家属进行经济赔偿的行为不是其真诚悔罪、愿意依法接受处罚的真实意思表示。综合考量黄某华的犯罪情节，并与黄某雄（死缓）、张某和（有期徒刑十五年）的犯罪情节、认罪悔罪态度等比较，一审采纳公诉机关量刑建议，判处黄某华十年有期徒刑明显量刑畸轻。

示例 2-3-54　栾某丰等贩卖毒品案一审刑事判决书②（犯罪原因的分析评判）

本案检察机关指控被告人栾某丰实施多次贩卖毒品犯罪，栾某丰的辩护

---

① 广东省高级人民法院刑事判决书，（2020）粤刑终986号，第四届全国法院"百篇优秀裁判文书"。

② 选自杨万明主编：《示范性刑事裁判文书评析》，人民法院出版社2017年版，第52-61页。

人提出本案存在侦查机关的犯意引诱和数量引诱。毒品犯罪案件中，根据刑事政策，对于不能排除存在犯意引诱的情形，或者能够认定存在数量引诱的情形，在量刑时应予酌情考虑。在裁判文书中针对此类争议说理时，应当对被告人实施毒品犯罪的犯意产生时间、犯罪所涉毒品的取得时间等进行分析，准确界定被告人是已经持毒待售，还是受引诱才决意实施犯罪或者决意实施更大数额的毒品犯罪。

关于辩护人提出本案存在侦查机关犯意及数量引诱的意见，经查，虽然范某丽是在公安机关侦查人员的监控下，联系被告人栾某丰谎称欲购买毒品，致栾某丰、任某军于交易时被抓获，但在该次交易前，栾某丰和任某军已经多次向范某丽贩卖毒品，且二人已经购买了100克冰毒准备贩卖，所以不存在公安机关通过范某丽对其实施犯意引诱的情形；栾某丰和任某军已经购买100克冰毒待售，且栾某丰在与范某丽商量时主动提出增加交易数量，所以亦不存在犯罪数量引诱的情形；故对此辩护意见不予采纳。

示例2-3-55 许某纬等假冒注册商标案一审刑事判决书[①]（被害单位过错的分析认定）

本案检察机关指控被告人许某纬等未经注册商标权人许可，在同一种商品上使用与注册商标相同的商标，并对外销售，情节特别严重，其行为均已构成假冒注册商标罪。被告人许某纬的辩护人则提出，被害单位莱雅公司在中国境内网络销售渠道中展示的产品商标标签和说明上未加注中文，涉嫌违反商标法开展经营活动，有一定过错。针对该辩护意见是否成立，判决从辩护人指出被害人单位“过错”行为的依据是否充分，该行为与被告人犯罪行为是否有因果关系等两个方面进行了分析。

七、关于被害单位违反商标法的问题

经查，公安机关依法调取的《商标注册证》《核准续展注册证明》《未授权证明》《鉴定证明》等书证，充分证实涉案的KIEHL'S和LaboLabo商

---

① 上海市第三中级人民法院刑事判决书，（2019）沪03刑初55号，第三届全国法院“百篇优秀裁判文书”。

标均系在我国合法注册且均在有效期内的商标，均是刑法所保护的合法知识产权。辩护人指责被害单位违反商标法规所依据的是从网络下载的材料，未经合法取证且与本案犯罪事实无关联，不能作为本案的证据。即便被害单位存在辩护人所指的情形，也不属刑法意义上的被害人过错，不影响本案各被告人假冒他人合法注册商标的犯罪认定，也不足以减免被告人的刑事责任。辩护人的相关意见，无事实和法律依据，本院不予采纳。

示例 2-3-56 | 孟某洋交通肇事案一审刑事判决书[①]（多因一果案件被告人行为的原因力分析）

本案中，被告人孟某洋违规在道路禁停区停车，并在未谨慎观察的情况下，贸然打开车门，导致路过的一辆电动自行车撞到车门并倒地，电动自行车的骑乘人员倒地后又被接着驶来的张某所驾驶汽车撞到，发生一死一伤的后果。辩护人提出"孟某洋的开车门行为与张某驾驶的车辆碰撞被害人行为相结合造成了事故的伤亡后果，且睢某骑行电动自行车搭载其女儿蒋某，已经超过12岁，违反了《江苏省道路交通安全条例》第45条'自行车、电动自行车只准搭载一名十二周岁以下的人员'的规定，具有一定过错，交警部门认定孟某洋承担事故全部责任不妥"。此辩护意见实际上认为被告人对事故后果的责任较小。一审判决参照交通警察部门对事故责任的补充分析意见，对参与事故发生的孟某洋、张某、睢某母女的具体违章行为及与事故发生的关系，进行了深入论证。需要说明的是，实践中经常有办案机关请求鉴定机构或者鉴定人在鉴定意见书外，就案件中的一些鉴定事项或专业问题作出补充说明，这种补充说明既不能归属于鉴定意见，也不能归属于其他证据种类，充其量只能定性为鉴定机构或鉴定人员对鉴定过程或鉴定结论形成的心证过程的补充说明，没有证据资格，不能作为证据使用，更不能"明文"引用作为说理的依据，只能作为办案人员对证据合法性、客观性、真实性进行判断的参考意见。如果确实需要运用此类"补充说明""情况说明"内容

---

① 江苏省徐州市泉山区人民法院刑事判决书，（2019）苏0311刑初359号，第四届全国法院"百篇优秀裁判文书"。

作为论证依据，较为妥当的做法是结合具体案情，将这种分析意见转化成审理法官的观点，予以说明。

孟某洋（被告人）开车门时直接碰到了睢某（被害人）在属于其路权范围内骑行的电动自行车，未给睢某采取观察和减速制动的时间和空间，即便睢某骑车搭载的人员年龄在12周岁以下，该起事故依然会发生，因此睢某所搭载人员的年龄大小与该起事故是否会发生没有直接因果关系，不应当承担事故责任，睢某骑车搭载超过十二岁人员的违法行为另行处理；根据行车记录仪记载和委托鉴定意见，张某驾驶的苏C×××××号小型客车在事发路段时速为37公里/小时，符合《中华人民共和国道路交通安全法实施条例》第四十五条第（二）项“同方向只有一条机动车道的道路，城市道路为每小时50公里，公路为每小时70公里”的规定，张某驾驶车辆行驶时并未超规定时速，且在事故发生瞬间采取了紧急避让措施，尽到了避险责任，张某在该起事故中无违法行为，不应承担责任。

（八）关于被告人犯罪情节轻重的争议

我国刑法分则中规定的罪名的量刑依据大致分三种情况：（1）以犯罪数额大小作为确定法定刑幅度的依据；（2）以是否存在具体的犯罪情节（比如多次实施犯罪、针对多人实施犯罪、造成伤亡后果、在公共场所当众实施犯罪等）作为确定法定刑幅度的依据；（3）以综合评价的犯罪情节轻重作为确定法定刑幅度的依据。对于前两者，主要属于事实评价，审判中出现的控辩争议主要是现有证据能否认定具有相关定罪情节，有时会有法律评价的争议，比如对被告人行为能否认定为多次、犯罪地点是否属于公共场所等产生争议等。裁判文书针对此类争议进行分析论证时，可以先针对具体争议要素的法律要件进行阐述，再结合案件事实进行分析，从而得出结论。对于第三种即以综合评价的情节轻重作为确定法定刑幅度依据的罪名，有些罪名有司法解释作出具体规定，有些则没有，在论证确定时，就需要结合具体犯罪的特点，从犯罪的动机、手段、后果等方面综合进行分析，从而得出结论。前文所举陈某等违法运用资金案二审刑事判决书（示例2-2-3）针对二被告人运用保险资金的行为属于情节轻微、情节严重还是情节特别严重这一争议问题进行了综合分析论证。[①] 以下再举两例说明。

示例 2－3－57 | 葛某宝等组织、领导、参加黑社会性质组织案二审刑事裁定书[②]（包庇、纵容黑社会性质组织罪的“情节严重”的分析判断）

对于包庇、纵容黑社会性质组织罪的“情节严重”如何判断，相关司法解释有明确规定，本案二审刑事裁定书针对被告人及其辩护人关于所犯该罪是否属于情节严重的争议，先介绍相关司法解释的规定，再概述被告人的具体包庇、纵容事实，有针对性地强调被告人的行为或者“致使北辰村及周边区域的经济、社会生活秩序遭受该组织的破坏特别严重”，或者“致使对葛某宝及相关人员犯罪的查禁工作严重受阻”，应构成“情节严重”，据此一审对其判处刑罚适当。

关于部分上诉人及其辩护人针对包庇、纵容黑社会性质组织罪的辩解、辩护意见，经审查认为：（1）根据《最高人民法院关于审理黑社会性质组织犯罪的案件具体应用法律若干问题的解释》第六条的规定，国家机关工作人员包庇、纵容黑社会性质的组织，致使某一区域或者行业的经济、社会生活秩序遭受黑社会性质组织特别严重破坏的，或者致使黑社会性质组织的组织者、领导者逃匿，或者致使对黑社会性质组织的查禁工作严重受阻的，均属于包庇、纵容黑社会性质组织罪的“情节严重”，应判处五年以上十五年以下有期徒刑。对于黑社会性质组织的“保护伞”应依法从严惩处。（2）只要行为人知道或者应当知道是从事违法犯罪活动的组织，仍对该组织及其成员予以包庇，或者纵容其实施违法犯罪活动，即可认定构成包庇、纵容黑社会性质组织罪，不要求行为人明知该组织系黑社会性质组织。包庇黑社会性质组织行为不要求相关国家机关工作人员利用职务便利，对利用职务便利包

① 示例 2－2－3 见本书第 224－226 页。

② 陕西省西安市中级人民法院刑事裁定书，（2020）陕 01 刑终 540 号，第四届全国法院“百篇优秀裁判文书”。

庇黑社会性质组织的，酌情从重处罚。(3) 宋某清、马某国作为时任徐家湾街道办事处党工委书记，均收受葛某宝巨额贿赂，不依法履行职责，明知群众举报葛某宝的违法犯罪事实，仍为葛某宝当选人大代表、获取政治荣誉、违法建设出售小产权房提供帮助，致使北辰村及周边区域的经济、社会生活秩序遭受该组织的破坏特别严重，其行为均构成包庇、纵容黑社会性质组织罪，均系情节严重。(4) 党某军、巩某、弋某、刘某均系承担执法职责的国家工作人员，在葛某宝及其组织成员涉嫌重大犯罪被羁押后，为帮助葛某宝逃避处罚，不同程度地实施了包庇、纵容行为，致使对葛某宝及相关人员犯罪的查禁工作严重受阻。上诉人党某军作为西安市公安局刑事侦查局副局长，对黑社会性质组织犯罪负有查禁职责，其明知葛某宝等人的严重犯罪行为正在查证中，利用身份影响力，介绍巩某与陈某明相识，影响陈某明执法办案，泄露侦查信息；上诉人巩某利用公职人员身份，积极充当葛某宝亲属与案件侦办人员的中间联络人，居间介绍贿赂，致使侦办人员不依法履行查禁职责；弋某在葛某宝一案审查起诉过程中，接受葛某宝亲属请托，利用其副检察长身份影响力，请托说情、数次向葛某宝亲属泄露重要的检察机关办案信息。党某军、巩某、弋某、刘某与李某涛、李某民、陈某明、王某的行为最终造成葛某宝等人所犯盗窃罪、强迫交易罪、妨害公务罪、非法侵入住宅罪仅以妨害公务罪被判处刑罚，葛某宝本应判处有期徒刑十年以上的刑罚仅被判处有期徒刑一年又九个月，部分应当追究刑事责任的涉案人员逃脱刑事制裁。原审判决认定党某军、巩某、弋某犯罪情节严重、刘某犯罪情节一般，并根据各人的犯罪行为、地位、作用科处刑罚，量刑适当，对各上诉人及其辩护人的此节辩护意见不予采纳。

示例 2－3－58 邹某国等重大责任事故案一审刑事判决书[①]（重大责任事故罪中“情节特别恶劣”的分析判断）

本案被告人邹某国担任建景物流公司总经理，赵某某为调度员，同案被

① 上海市松江区人民法院刑事判决书，(2017) 沪 0117 刑初 279 号，首届全国法院“百篇优秀裁判文书”。

告人李某2、李某1在赵某某的安排下，分别驾驶严重超载的货车前往建筑工地送货，违规先后驶入限重且大货车禁行的高架道路，由于两车相距很近且均严重超载，使得该路段桥体承受的总载荷超过了桥体发生翻转的极限条件，致桥体损坏，相关部门为修复受损路段支出费用共计972万余元。检察机关指控邹某国、赵某某构成重大责任事故罪。二人是否属于重大责任事故罪“情节特别恶劣”的情形对量刑有重大影响，成为控辩双方争议焦点。一审判决书引用相关司法解释和司法文件，确定控辩双方争议的重点是被告人对事故后果是否应承担主要责任，针对导致事故发生的三个直接原因即严重超载、违规上高架道路以及两车相距太近，结合被告人的具体职责，对其失职行为与直接原因之间的关系深入进行了分析，从而得出适当结论。

关于被告人邹某国、赵某某是否属于重大责任事故罪中“情节特别恶劣”的问题。本院认为，最高人民法院、最高人民检察院《关于办理危害生产安全刑事案件适用法律若干问题的解释》第七条规定“实施刑法第一百三十二条、第一百三十四条第一款、第一百三十五条、第一百三十五条之一、第一百三十六条、第一百三十九条规定的行为，因而发生安全事故，具有下列情形之一的，对相关责任人员，处3年以上7年以下有期徒刑：……（二）造成直接经济损失500万元以上，负事故主要责任的……”本案中，中环高架道路损坏的直接经济损失高达900余万元，因此，认定两名被告人是否构成“情节特别恶劣”的关键在于其等是否要对本案事故承担主要责任。

最高人民法院《关于进一步加强危害生产安全刑事案件审判工作的意见》第八条规定：“多个原因行为导致生产安全事故发生的，在区分直接原因与间接原因的同时，应当根据原因行为在引发事故中所具作用的大小，分清主要原因与次要原因，确认主要责任和次要责任，合理确定罪责。一般情况下，对生产、作业负有组织、指挥或者管理职责的负责人、管理人员、实际控制人、投资人，违反有关安全生产管理规定，对重大生产安全事故的发生起决定性、关键性作用的，应当承担主要责任。对于直接从事生产、作业的人员违反安全管理规定，发生重大生产安全事故的，要综合考虑行为人的从业资格、从业时间、接受安全生产教育培训情况、现场条件、是否受到他人强令作业、生产经营单位执行安全生产规章制度的情况等因素认定责任，不能将直接责任简单等同于主要责任”。据此，本院结合案件具体情况，分析如下：

1. 关于被告人邹某国的责任。本院认为，本案中环事故的直接责任人系被告人李某2、李某1，且根据专家意见书等证据证实，事故原因系两辆重型货车同时驶过中环高架桥上同一桥体，导致其总荷载超过该桥体的极限荷载量从而发生倾斜翻转。考虑到该桥体长度为43米，两辆重型货车的车长达16米左右，同时驶上该桥体的原因必然是两车车距极为相近。根据专家意见书的分析，不论后车载重究竟多少，不论两车有多少部分同时驶在该桥体上，两车当时的最大距离不超过22.55米。因此，车辆严重超载、违法上中环以及两车相距太近是造成本案事故的三大主要原因。而被告人邹某国作为总经理对严重超载的要求和鼓励、对违法上中环的放任和疏忽，直接对应了上述两大原因。换言之，本案事故虽然是一起偶然事故，但考虑到上述管理责任的存在，其偶然中带有必然性。因为根据有专门知识的人石某飞的论证，只要涉案桥体上的总荷载超过极限重量，就必然发生倾斜损坏事故，而纵观建景物流公司车辆的运营情况，严重超载是常态，违法上中环也是常态；而严重超载必然导致车速过慢，车速过慢亦对车距的保持有着重大影响，使得跟车太近也成为可能。上述三点结合，使得两辆严重超载重型货车同时驶过同一高架桥桥体的可能性大幅提高。只要同时驶过类似于本案这种跨度较长、承载力较小的桥体，就必然发生倾斜损坏事故。因此，被告人邹某国对于严重超载、违法上中环等管理上的失职，实际上将包括中环道路在内的整个高架、桥梁等交通道路处于高度危险的状态之中，也是本案事故发生的主要原因，应对事故承担主要责任。综上，被告人及其辩护人认为其不应承担事故主要责任的辩解及辩护意见，本院不予采纳。

2. 关于被告人赵某某的责任，本院认为，首先，如前所述，车辆严重超载、违法上中环以及两车相距过近是引起本案事故发生的三大原因，而被告人赵某某作为调度员，其仅负责安排车辆装载货物，仅对两车严重超载承担直接责任；其次，被告人赵某某作为调度员，其与驾驶员之间只是按照公司安排分工不同，并无管理和被管理的关系，也无上下、主从之分，其安排车辆严重超载也是根据公司的制度和惯例进行，带有一定的被动性和从属性。综上，被告人赵某某的行为对本案事故发生的作用较小，应负事故次要责任。辩护人的相关辩护意见，本院予以采纳。

（九）关于检察机关量刑建议或者一审判决量刑轻重的争议

对于控辩双方或者上诉人关于量刑的争议，要重点说明被告人的犯罪动机、具体手段、犯罪后果、犯罪情节等，论证其犯罪的严重程度，再分析检察机关的量刑建议或者原判决的刑期是否考虑相关法定或酌定从轻情节，是否已予体现刑事政策等，评价量刑建议或原判量刑是否适当。犯罪动机是否卑劣，体现了被告人的主观恶性；犯罪手段是否残忍、有无惯犯或者职业犯罪特征、规避侦查的表现等，体现了被告人的人身危险性；犯罪后果是否严重，包括物理后果、犯罪数量、违法所得数量等，体现了犯罪的社会危害性；犯罪情节是否恶劣，包括犯罪行为和后果相关的其他情节、犯罪后的表现等，也是影响量刑的重要因素。对量刑争议进行分析时应当结合具体案情，对相关内容进行必要的总结和评价，从而体现出被告人的罪责质量。

示例 2－3－59　李某毅侵犯著作权案二审刑事判决书①（从犯罪的社会危害性及同案犯的量刑分析原判量刑是否适当）

四、关于本案的量刑问题

上诉人李某毅及其辩护人提出，原判量刑不当，罚金数额过高。李某毅在本案地位作用不如李某鹏及其他核心骨干重要，对其量刑应体现出不同，对其罚金也应考虑其他未到案人员的非法经营数额等因素。

本院认为，上诉人李某毅伙同他人以营利为目的，侵犯乐高公司著作权，其行为构成侵犯著作权罪，且属于“有其他特别严重情节”，依法应当判处三年以上七年以下有期徒刑，并处罚金。罚金数额一般在违法所得的一

① 上海市高级人民法院刑事判决书，（2021）沪刑终42号，第五届全国法院“百篇优秀裁判文书”。

倍以上五倍以下确定。违法所得数额无法查清的，罚金数额一般按照非法经营数额的百分之五十以上一倍以下确定。本案中，一方面，从社会危害性角度看，被害单位系全球知名企业，并在侵权产品所涉领域具有较高市场地位。李某毅购进和销售侵权产品的作案时间较长，涉案金额虽经二审复核修正，但仍属特别巨大，不仅给权利人的商誉和经济利益造成重大损失，也破坏了社会主义市场经济秩序，具有较大社会危害性，依法应予严惩。另一方面，从同案犯量刑情况看，同为经销商的已决犯杜某豪涉案金额为 621 万余元，其被判处有期徒刑三年六个月，并处罚金人民币二百五十万元；同为经销商的已决犯王某圳涉案金额为 1174 万余元，其被判处有期徒刑三年九个月，并处罚金人民币四百五十万元。而李某毅涉案金额远超该两名同案犯，前述量刑情况均系原判综合考虑本案被告人李某毅量刑的重要因素。同时，原判充分考虑李某毅在共同犯罪中系从犯，且具有坦白、认罪态度较好等情节，兼顾本案一审鉴定意见的犯罪金额，以侵犯著作权罪对其判处有期徒刑四年，并处罚金人民币一千万元，所作量刑在法定幅度范围内。但考虑到二审阶段李某毅的犯罪金额经鉴定复核后确有减少，可在此基础上对其量刑予以调整。

示例 2-3-60 李某业等贩卖、制造毒品案二审刑事判决书[①]（从犯罪数量和共犯地位分析原判量刑是否适当）

关于上诉人冯某某及其辩护人提出一审判决量刑重的意见。经查，冯某某两次受唐某指使向上线购买毒品并发运给下线，不能认定为初犯、偶犯；冯某某伙同唐某贩卖、运输毒品甲基苯丙胺 10 克以上，依法应判处七年以上有期徒刑，并处罚金，一审判决考虑到其在共同犯罪中是作用较小的从犯且认罪态度好，对其减轻处罚，判处有期徒刑四年，并处罚金五千元，量刑适当。

---

① 河南省高级人民法院刑事裁定书，（2019）豫刑终 457 号。

示例2－3－61　高某军运输毒品案二审刑事裁定书①（从犯罪数额和再犯情节分析原判量刑是否适当）

关于被告人高某军提出原判量刑重的意见。经查，高某军运输毒品甲基苯丙胺1921.04克，数量大，依法应当在“有期徒刑十五年、无期徒刑或者死刑”的法定刑幅度内予以严惩；且高某军曾因贩卖毒品罪被判处有期徒刑，系毒品犯罪的再犯，依照刑法第三百五十六条之规定，应当从重处罚；原审判决对其判处“死刑，缓期二年执行，剥夺政治权利终身，并处没收个人全部财产的刑罚”，量刑适当。

示例2－3－62　方某辉运输毒品案二审刑事裁定书②（原判量刑偏轻但根据上诉不加刑原则予以维持）

6. 关于原判量刑是否适当的问题。

经查：其一，《中华人民共和国刑法》第三百四十七条第二款第一项的规定，走私、贩卖、运输、制造海洛因或者甲基苯丙胺50克以上或其他毒品数量大的，应判处十五年有期徒刑、无期徒刑或者死刑，并处没收财产。方某辉运输的毒品吗啡数量多达15 000余克，社会危害性严重，应对其依法严惩。其二，方某辉曾实施过非法持有毒品罪，刑满释放后不思悔改，又实施运输毒品犯罪，系毒品再犯，依照法律规定，应对其从重处罚。其三，方某辉在原一审开庭前，主动向看守所民警报告云AB××××号黑色丰田轿车内还藏匿有部分毒品的情况，公安机关据此从该车内又查获了吗啡8788克。方某辉因运输毒品被羁押期间，主动交代该部分事实的行为依法不构成自首，但其的主动交代行为帮助公安机关查获了该批毒品，具有实效性，据此可酌情对其从轻处罚。其四，方某辉到案后，自始至终不供认犯罪，且对证据确凿的部分事实反复辩解，拒不认罪，还对办案单位无端提出多项指证，反映其主观恶性深，人身危险性大，据此应对其从严惩处。原判根据方

① 河南省高级人民法院刑事判决书，（2021）豫刑终213号。

② 云南省高级人民法院刑事裁定书，（2021）云刑终233号，第五届全国法院“百篇优秀裁判文书”。

某辉的犯罪事实、犯罪性质、情节，以及其运输的毒品种类和数量，其行为的社会危害性，其到案后的认罪态度等各项综合因素，对其所作量刑偏轻，但根据上诉不加刑原则，二审对原判所作量刑予以维持，检察机关建议维持原判的意见予以支持。

示例2-3-63 朱某海非法获取计算机信息系统数据、非法控制计算机信息系统、内幕交易案二审刑事判决书①（一审判决罚金过重予以调整改判）

关于上诉人朱某海及其辩护人所提“一审判决朱某海犯非法获取计算机信息系统数据、非法控制计算机信息系统罪罚金过重”的上诉理由和辩护意见，经审理认为，我国刑法总则第五十二条规定，判处罚金，应当根据犯罪情节决定罚金数额。在刑法分则中，对于凡涉及附加刑判处罚金数额一般规定在涉案数额的两倍以下或违法所得一倍以上五倍以下。但一审法院根据上诉人朱某海的违法所得判处十倍罚金，并无任何法律依据，也违背了罪刑相适应的司法原则，应予调整改判。上诉人及其辩护人所提“罚金过重”的上诉理由和辩护意见，应予采纳。

（十）关于认罪认罚制度适用的争议

对控辩双方适用认罪认罚制度的争议，主要应从被告人是否真实、自愿地认罪认罚和检察机关适用认罪认罚的具体程序行为是否合法合规两个方面进行分析。前者如被告人对指控犯罪事实的供述和辩解情况，尤其是对定罪量刑关键事实的供述情况，供述是否稳定无反复，有无避重就轻等，从而判断被告人是真诚认罪，还是仅为了获得从轻待遇而概括认罪，实质不认罪；后者则要从检察机关是否告知了相关权利、是否有强迫诱骗等不当行为、是否履行了相关法律手续等方面分析，从而判断被告人是否自愿意认罪。

---

① 辽宁省高级人民法院刑事判决书，（2020）辽刑终242号，第五届全国法院“百篇优秀裁判文书”。

示例 2－3－64　黄某华故意伤害案二审刑事判决书[①]（形式认罪实质不认罪的分析评判）

本案被告人黄某华归案后一直否认实施砍人行为的主要犯罪事实，但在一审庭审中又认罪认罚，一审从轻处理后又提出上诉。二审对能否对其适用认罪认罚从宽制度从程序和实体两个方面进行了详细分析。

3. 关于黄某华一审认罪认罚，二审上诉是否系推翻认罪认罚。

2020年3月19日一审开庭时，公诉机关宣读认罪认罚相关内容，黄某华当庭同意适用认罪认罚，并于次日签署认罪认罚从宽制度告知书和认罪认罚具结书。从庭审录像可知，黄某华系自愿认罪认罚并非其所称头脑不清楚、受骗签署认罪认罚有关文书，一审适用认罪认罚从宽制度程序规范；黄某华由始至终都否认公诉机关指控其持刀砍人的主要犯罪事实，是不认罪，其在一审的认罪认罚是形式上的认罪认罚，签署认罪认罚协议书表面上是自愿，但实质上不是其真实意思表示；黄某华不认罪，缺乏“认罪认罚从宽制度”适用的实质要件和基础，依照《关于适用认罪认罚从宽制度的指导意见》的相关规定，一审适用认罪认罚从宽制度审理黄某华故意伤害一案不当，二审亦不能对黄某华适用认罪认罚从宽制度，上诉及辩护提出黄某华一审、二审均认罪认罚，请求二审适用认罪认罚从宽制度审理本案不能支持。

示例 2－3－65　汪某乐拒不执行判决裁定案二审刑事裁定书[②]（认罪认罚后又上诉的分析评判）

该案被告人在一审中认罪认罚，一审判决根据检察机关量刑建议对其从轻处罚，宣判后，被告人又提出上诉，认为原审判决量刑重。检察机关也因此提出抗诉，理由是：“汪某乐在获得值班律师法律援助、知悉认罪认罚可能导致的法律后果后，自愿签署《认罪认罚具结书》。因汪某乐提出上诉，对其不再适用认罪认罚从宽制度，致进贤县人民法院对其的量刑畸轻，违反

---

① 广东省高级人民法院刑事判决书，（2020）粤刑终986号，第四届全国法院“百篇优秀裁判文书”。

② 江西省南昌市中级人民法院刑事裁定书，（2020）赣01刑终244号，第四届全国法院“百篇优秀裁判文书”。

了法律规定，对其应判处更重刑罚。”针对该抗诉意见，二审裁定书作出如下分析。

2. 针对进贤县人民检察院的抗诉意见。经查，人民检察院认为人民法院判决、裁定确有错误的，应当提出抗诉，但原审判决系根据当时的证据、认罪认罚情况作出，认定的事实、罪名均未超出进贤县人民检察院起诉指控的范围，并采纳了进贤县人民检察院所提的量刑建议。汪某乐认罪认罚后又提出上诉，进贤县人民检察院据此提出抗诉认为原审判决量刑畸轻。上诉权是被告人法定的诉讼权利，刑事诉讼法并没有限制自愿认罪认罚的被告人行使上诉权，且是否上诉的决定权在于被告人，被告人上诉也不是评判人民法院判决是否确有错误的标准，不应将被告人依法行使上诉权的行为归咎于原审判决量刑不当。故对进贤县人民检察院的抗诉意见不予支持。

（十一）关于附带民事诉讼原告人对原判决刑事部分的意见

附带民事诉讼原告人及其法定代理人在上诉时往往会对一审判决的刑事部分提出异议，认为一审判决对被告人定罪不当、量刑偏轻等。对于这种上诉理由应当从形式上和实质上两个方面进行分析，形式上是指法律关于附带民事诉讼原告人的上诉权利的相关规定，即附带民事诉讼原告人（或被害人）对一审判决刑事部分不服的权利救济方式；实质上指检察机关对被害人就刑事部分提出抗诉申请的回应。

示例 2-3-66 董某宁故意杀人案二审刑事附带民事裁定书①（附带民事诉讼原告人的上诉权利分析）

本案一审以故意杀人罪判处被告人董某宁死缓，缓期二年执行，附带民事诉讼原告人陈某军提出上诉，主要意见是一审判决对被告人董某宁量刑轻，请求判处被告人死刑。二审裁定书从原审附带民事诉讼原告人的上诉权的法定限制和二审法院对非抗诉案件的裁判权限两个方面，分别运用相关法律规定作出了分析。

① 河南省高级人民法院刑事附带民事裁定书，（2021）豫刑终 223 号。

第一，上诉人陈某军提出一审判决量刑轻并应判处董某宁死刑的意见。经查，根据《中华人民共和国刑事诉讼法》第二百二十七条第二款、第二百二十九条和第二百三十七条的规定，附带民事诉讼的当事人可以对第一审判决中的附带民事诉讼部分提出上诉；被害人亲属对第一审判决的刑事部分不服的，自收到判决书后五日内有权请求人民检察院提出抗诉；除人民检察院提出抗诉的以外，第二审人民法院不得加重被告人的刑罚。本案中陈某军作为原审附带民事诉讼原告人，对原审判决中的刑事部分提出上诉，缺乏法律依据；安阳市人民检察院亦未对一审判决提出抗诉，故对该上诉意见不予支持。

示例 2－3－67 吉某强故意伤害案二审刑事裁定书[①]（附带民事诉讼原告人的上诉权利分析）

关于上诉人吉某 1、高某 1、吴某、吉某 3、吉某 4 提出原判对被告人吉某强、张某辉量刑畸轻的上诉理由。经审查，依据《中华人民共和国刑事诉讼法》第二百一十六条第二款“附带民事诉讼的当事人和他们的法定代理人可以对地方各级人民法院第一审的判决、裁定中的附带民事诉讼部分提出上诉”及第二百一十八条“被害人及其法定代理人不服地方各级人民法院第一审的判决的，自收到判决书后五日以内，有权请求人民检察院提出抗诉”的规定，[②] 附带民事诉讼的当事人只能就附带民事部分的判决提出上诉，如果对刑事部分的判决有意见，可以向检察机关申请抗诉。该项上诉理由没有法律依据，不予支持。

三、对于判决具体理由的说理

这里指的是狭义的判决理由，即在“本院认为”部分，具体阐述作出裁判结果的相关依据。笔者认为，具体的判决理由一般应当包括定罪及罪名认

---

① 海南省高级人民法院刑事裁定书，（2017）琼刑终 72 号，第二届全国法院“百篇优秀裁判文书”。

② 本文书中的刑事诉讼法条文系 2012 年修正的《刑事诉讼法》相关条文，对应 2018 年《刑事诉讼法》第 227 条第 2 款和第 229 条。

定、犯罪严重程度的评价、法定量刑情节的适用、反映被害人主观恶性的犯罪原因、认罪态度等其他酌定量刑情节的适用等几个方面。定罪说理，包括是否构成犯罪及构成何种犯罪，是裁判的首要任务，法官必须在裁判文书的“本院认为”部分首先明确回答并说明理由。量刑是一个对被告人而言最重要的、对法官而言最困难的、对公众而言最关注的刑罚问题。[①] 最高人民法院《裁判文书释法说理指导意见》第 7 条要求“法官行使自由裁量权处理案件时，应当坚持合法、合理、公正和审慎的原则，充分论证运用自由裁量权的依据，并阐明自由裁量所考虑的相关因素”。量刑说理，就是在判决书中说明法官的评价标准和量刑依据，既包括应当对被告人从重、从严惩处的情节，也包括应当对被告人从轻、减轻处罚或者从宽处理的情况；既包括法定情节，也包括酌定情节。关于定罪与否、罪名认定和量刑情节是否存在及作用，同时也可能是控辩双方争议的内容，但控辩理由分析和判决理由说明的任务不同，叙述方式也不相同，前者的重点在于对控辩双方的争议点进行分析，后者的重点在于为裁判结果提供依据，应尽量避免表述重复。这里仅就常见情节的说理作出说明。

（一）定罪及罪名认定

可分为认定被告人有罪和无罪两种情况。

1. 被告人构成犯罪

在表述被告人罪状时应注意将法律关于具体犯罪构成的规范要件与被告人的行为特征有机结合起来，做到既体现法律规范，又体现个案特征。比如在故意杀人、故意伤害犯罪中，应当明确被告人使用的凶器、针对的被害人部位、攻击的手段、导致的后果等，达到一目了然的效果。如“被告人李某某在打斗过程中，持锄头朝王某某的头部连击数下，致王某某死亡，其行为构成故意杀人罪”。

对于被告人的身份属于犯罪构成必备要件的，在罪状表述中尤其要注意

---

① 冯军：《刑法问题的规范理解》，北京大学出版社 2009 年版，第 355 页。

说明被告人的身份。例如贪污、受贿、挪用等和职务相关的犯罪中，应当明确被告人利用了什么样的职务便利、实施了和职务相关的什么行为。再如，单位犯罪中的自然人责任主体，应当说明被告人在单位中的职位及具体职权职责，并明确其是直接负责的主管人员还是直接责任人员。

示例2-3-68 | 黄某华故意伤害案二审刑事判决书[①]（故意伤害罪的行为特征描述）

本院认为，上诉人黄某华伙同他人持刀追砍被害人，致被害人被锐器砍击肢体引起大出血死亡，其行为已构成故意伤害罪。黄某华先驾驶车辆逼停被害人的摩托车、后持刀与同案人一起追砍被害人，在犯罪过程中起主要作用，是主犯，应对被害人的死亡结果承担法律责任。

示例2-3-69 | 张某安等生产、销售假药案二审刑事判决书[②]（生产、销售假药罪的行为特征表述）

本院认为，上诉人张某安以保健品、食品冒充药品向糖尿病患者销售，在产品中违法添加西药原料，违反国家药品管理制度，情节特别严重，其行为已构成生产、销售假药罪。上诉人张某明明知张某安将保健品、食品当作药品销售给患者，且销售的产品中违法添加西药原料，仍积极帮助张某安生产、销售前述保健品、食品，其行为亦构生产、销售假药罪共犯。

示例2-3-70 | 郭某军贪污案二审刑事判决书[③]（贪污罪应写明具体身份和行为特征）

本院认为，上诉人郭某军身为国家工作人员，利用担任国家出资的担保投资公司法定代表人、执行董事兼总经理的职务便利，补领公司成立前的薪酬，报销本应个人承担的医药费，隐瞒股东大会私自出售公司所有的认缴股

---

① 广东省高级人民法院刑事判决书，(2020) 粤刑终986号，第四届全国法院“百篇优秀裁判文书”。

② 陕西省高级人民法院刑事判决书，(2017) 陕刑终185号，首届全国法院“百篇优秀裁判文书”。

③ 吉林省高级人民法院刑事判决书，(2019) 吉刑终87号，第三届全国法院“百篇优秀裁判文书”。

份，侵吞公司利益，数额特别巨大，其行为已构成贪污罪，应依法惩处。

示例2－3－71 王某亚滥用职权案一审刑事判决书[①]（渎职类罪名的认定应写明渎职表现及后果）

本院认为，被告人王某亚身为国家机关工作人员，在2006年9月至2010年9月任国土资源部开发司副司长期间，接受许某国请托，利用职务上的便利，为他人谋取利益，收受许某国的财物折合人民币21万元，数额巨大；在审核田东、田西探矿权转让、延续过程中，明知缺少矿产资源勘查情况报告、探矿权延续申请书等要件材料的情况下，违反规定签署同意转让、延续的审核意见；明知田东、田西矿区探矿权年度检查不合格的情况下，违反规定签署同意延续的审核意见，导致不符合转让、延续条件的田东、田西探矿权被违规转让、延续，滥用职权，致使公共财产遭受重大损失，情节特别严重，其行为已构成受贿罪和滥用职权罪。

示例2－3－72 佟某华私分国有资产、受贿案二审判决书[②]（私分国有资产罪中自然人被告人的定罪评判）

本院认为，某汽车运输总公司作为国有企业，在企业改制时违反国家规定，采取虚列负债、隐瞒收入等手段故意隐瞒、低估国有资产685.5211万元，转入改制后的由国家、1870余名原公司经营管理层以及部分普通职工共同持股的股份制企业，造成国有资产624.373529万元被私分，其行为构成私分国有资产罪。上诉人佟某华作为某汽车运输总公司党委书记、董事长、总经理，组织实施整个私分行为，系直接负责的主管人员；上诉人牛某作为公司财务科长，参与私分国有资产276.177421万元，系其他直接责任人员，二人的行为均构成私分国有资产罪。

① 湖南省邵阳市中级人民法院刑事判决书，（2017）湘05刑初83号，第二届全国法院“百篇优秀裁判文书”。

② 安徽省高级人民法院刑事判决书，（2016）皖刑终7号，首届全国法院“百篇优秀裁判文书”。

示例2－3－73　嘉外国际贸易公司、刘某刚销售伪劣产品案二审刑事裁定书[①]（单位犯罪中自然人被告人的定罪要件表述）

上海市第三中级人民法院认为，被告单位嘉外公司为牟取非法利益，违反国家法律法规，以超过保质期的不合格产品冒充合格产品进行销售，销售金额达294万余元。被告人刘某刚作为被告单位嘉外公司直接负责的主管人员，决定并组织实施上述销售行为，被告单位嘉外公司及被告人刘某刚均构成销售伪劣产品罪。

示例2－3－74　瀚霖生物技术有限公司、王某洲侵犯商业秘密案二审刑事裁定书[②]（单位犯罪中自然人被告人的定罪要件表述）

原审法院审理认为，被告单位山东瀚霖以利诱及明知被告人王某洲系违反保密义务披露，获取凯赛公司的商业秘密，并使用该商业秘密进行长碳链二元酸的生产经营，同时以申请专利的形式进行了披露，情节特别严重，其行为已构成侵犯商业秘密罪。被告人王某洲违反保密义务将其所掌握的凯赛公司商业秘密披露给山东瀚霖使用；全面负责山东瀚霖长碳链二元酸生产线建设及生产，系直接责任人员，其行为均已构成侵犯商业秘密罪。

2. 被告人不构成犯罪

认定被告人无罪，可分为两种情况：一种情况是现有证据不足以认定被告人实施了检察机关指控的犯罪行为，在“本院认为”部分要运用证据裁判规则进行说理；另一种情况是被告人的客观行为不构成检察机关指控的罪名或其他罪名，要结合刑法规定的犯罪构成要件或罪状，根据具体案情不同，从主体特征、客观行为、主观心态、危害结果及其行为与结果之间的因果关系等方面对被告人的情况进行归纳，与相关罪名构成要件进行比较，从而确认不符合相关构成要件，不构成犯罪。

---

① 上海市高级人民法院刑事裁定书，（2018）沪刑终56号，第三届全国法院“百篇优秀裁判文书”。

② 山东省济宁市中级人民法院刑事裁定书，（2019）鲁08刑终5号，第三届全国法院“百篇优秀裁判文书”。

示例 2－3－75 马某甲被控故意杀人一审宣告无罪案刑事判决书①（事实不清、证据不足的评判表述）

本案被害人于自己经营的商店内被害，公诉机关指控被告人马某甲杀人的主要依据是现场柜台上遗留血指纹和泥掌印经鉴定系马某甲所留，三名看守所在押人员证明“听马某甲说干死他人”的证言。一审判决书运用证据规则，从被告人始终做无罪供述、证人证言为传来证据且内容模糊不清、关键物证来源不明等三个方面对在案证据进行了评判，从而得出指控事实不清，证据不足的结论。

本院认为，认定被告人有罪，应当适用证据确实、充分的证明标准，并应排除一切合理怀疑。综观本案证据，被告人马某甲始终没有供认其实施了杀害被害人的行为，无法确认其杀人动机、作案手段和过程。证人贺某、张某某等陈述听马某甲说干死他人的对象不明，内容模糊，是否对应为本案被害人不清。作案工具没有收集到案，据以鉴定的关键痕迹物证血指纹、泥掌印来源不明，无法证实被害人死亡与被告人马某甲存在因果关联。公诉机关出示的证据不能相互印证形成完整的证据链条，以证明被告人马某甲杀害被害人吴某甲的犯罪事实。综上，公诉机关指控被告人马某甲犯故意杀人罪的事实不清，证据不足，指控的罪名不能成立，不予支持。附带民事诉讼原告人孙某某、陈某甲、陈某乙、吴某乙、吴某丙请求判决被告人马某甲赔偿经济损失没有相应事实依据，应予驳回。

示例 2－3－76 组某被控故意杀人宣告无罪案二审刑事裁定书②（正当防卫的认定评判）

本案认定被告人行为属于正当防卫，因而宣告无罪。二审刑事裁定书运用极为精练的语言归纳了被告人的主要行为特征，并评价其行为属于正当防卫，不负刑事责任。

---

① 宁夏回族自治区吴忠市中级人民法院刑事附带民事判决书，（2018）宁03刑初15号，第二届全国法院“百篇优秀裁判文书”。

② 山西省高级人民法院刑事判决书，（2018）晋刑终95号，第二届全国法院“百篇优秀裁判文书”。

本院认为，原审被告人俎某和林某1初次见面，即在封闭空间遭到酒后失控的林某1无端拳击、用擀面杖殴打、持续拉拽头发等不法暴力侵害，俎某采用掐颈等方式还击致林某1死亡的行为属正当防卫，不负刑事责任，亦不承担民事赔偿责任。原判认定事实清楚，证据确实、充分……

示例2－3－77　黎某强被控危险驾驶宣告无罪案再审刑事裁定书[①]（“情节显著轻微不认为是犯罪”的分析评判）

本案被告人酒后在小区停车场挪动车辆，检察机关指控其构成危险驾驶罪。生效判决认为被告人的行为虽然属于危险驾驶行为，但属于《刑法》第13条“但书”规定的“情节显著轻微危害不大的，不认为是犯罪”的情形。检察机关提出抗诉，再审裁定书从被告人的主观故意、行为目的、客观行为表现、行为结果、事后弥补损失的态度等多个方面进行分析，得出被告人行为情节显著轻微、危害不大，依法可不认为是犯罪的结论。

本院认为，依照《中华人民共和国刑法》第一百三十三条之一第一款第二项的规定，在道路上醉酒驾驶机动车的行为构成危险驾驶罪。根据本案审理查明的事实，原审被告人黎某强醉酒后在城北派出所院内挪动机动车的行为属于危险驾驶的行为。但依照《中华人民共和国刑法》第十三条之规定，情节显著轻微危害不大的，不认为是犯罪，故对黎某强醉酒后驾驶机动车行为的社会危害性、刑事违法性和应受惩罚性的认定应当结合本案客观事实进行评判。首先，从主观故意上看，黎某强选择在深夜、进出人员稀少的时间段在相对封闭的小区停车场挪动车辆，其对危险驾驶行为可能造成的危害结果并不持积极追求的主观心态，其行为对社会公共安全造成危险的可能性亦显著降低；其次，从行为目的及客观行为上看，黎某强系为了避免阻挡其他车辆进出而主动前往停车地点，仅在小区内短距离挪动机动车，并未驶离停车场，其行为的动机及社会危害性与酒后长距离驾驶机动车明显有所区别；再次，从行为结果上看，黎某强醉酒驾驶机动车的行为仅造成车辆轻微擦挂

---

① 四川省高级人民法院刑事裁定书，（2019）川刑再18号，第三届全国法院“百篇优秀裁判文书”。

的财产损害后果，并未造成人员伤亡，损害结果显著轻微；最后，黎某强积极赔付，取得被撞车主的谅解，且真诚悔过。综上，本院认为，原审被告人黎某强虽然实施了酒后挪车的行为，但鉴于其行为情节显著轻微危害不大，依法可不认为是犯罪。

（二）犯罪严重程度的评价

被告人构成犯罪后，量刑的主要决定因素就是犯罪的严重程度。在裁判文书中对被告人犯罪的严重程度进行评价，才能使所适用的法定量刑幅度及最终量刑显得有理有据。先简明扼要地归纳被告人的行为特征，进而根据具体罪名的不同，评价其犯罪情节严重程度（情节较重、情节严重或特别严重、情节恶劣或特别恶劣等）、犯罪数额大小（较大、巨大或者特别巨大）、犯罪后果严重性（严重、特别严重）等，为确定被告人可能适用的法定刑幅度提出依据。我国刑法中的罪名，多数以犯罪“情节严重（特别严重）”“后果严重（特别严重）”“数额较大（巨大或者特别巨大）”作为定罪或者上升法定刑幅度的标准。其中有些罪名，司法解释或规范性法律文件规定了是否达到定罪或者上升法定刑幅度的具体判断标准，应当根据相应标准对被告人的行为特征及犯罪后果的质和量进行具体总结，并作出法律评价，从而明确应当适用的法定刑幅度。而有些罪名，司法解释或者规范性法律文件并没有提供判断是否达到定罪或者上升法定刑幅度的具体标准，法官就需要行使自由裁量权来作出判断、认定，可以从公共政策（立法机关的目的、想要保护或者打击的对象）、社会评价（社会公众对此类犯罪的厌恶程度）、同类比较（类似犯罪的法定刑设置及犯罪严重程度要求）等方面进行分析，作出一个合理的评价。

比如故意杀人案件，应结合案件具体情节，从案件性质、犯罪动机、犯罪手段、犯罪后果、犯罪后表现等以及被告人的主观恶性和人身危险性等方面，论证被告人是否属于罪行极其严重的情形，从而确定是否判处死刑或死刑缓期二年执行。案件性质比如是黑社会或恶势力组织杀人、暴力恐怖杀人、报复社会杀人还是一般的民间纠纷杀人等；犯罪动机比如是恶意报复杀人、杀人灭口、求奸求婚不成杀人还是临时起意、激情犯罪等；犯罪手段如有无使用特别残忍的工具、打击部位、打击次数，有无分尸、碎尸、焚尸、融尸等恶劣情节等；主观恶性则要从犯罪预谋、犯罪过程中的具体情节、被害人有无过错等方面分析；人身危险性要从被告人犯罪前科情况、平时表现、犯罪后的悔罪表现等方面综合论证。

示例2-3-78 杨某毅强奸案死刑复核刑事裁定书[①]（强奸罪的严重程度评判）

杨某毅强奸幼女情节恶劣，且致被害人杨某某死亡，依法应当在十年以上有期徒刑、无期徒刑或者死刑的幅度内判处刑罚。杨某毅奸淫仅十周岁的幼女，依法应当从重、从严惩处。杨某毅为发泄私欲，无视国法，经事先预谋，携带刀具强行劫持幼女，采取掐颈、刺破眼球、捅刺颈部等极端残忍手段对杨某某实施奸淫，且奸淫之后将杨某某装袋捆扎，用扔、踢、滚等方式带下山，恐被害人不死又将其在水中浸泡，后抛尸于山林隐蔽处。杨某毅的犯罪动机卑劣，犯罪手段特别残忍，犯罪情节特别恶劣，危害后果特别严重。

示例2-3-79 王某故意伤害案二审刑事判决书[②]（防卫过当的严重程度评判）

本院认为，上诉人王某在面临他人实施寻衅滋事行为的情况下，为了使本人的人身免受正在进行的不法侵害，采取行为制止不法侵害，其行为具有防卫性质；王某持啤酒瓶朝对方头部、肩部击打数下，后又持啤酒瓶断茬朝对方胸背部要害部位连续捅刺，正当防卫明显超过必要限度，造成不法侵害人死亡的重大损害，其行为构成故意伤害罪。鉴于王某的行为属于防卫过当，且其在案发后拨打“120”急救电话对被害人实施救助，并有自首情节，

---

① 最高人民法院刑事裁定书，（2021）最高法刑核78493152号，第四届全国法院“百篇优秀裁判文书”。

② 陕西省高级人民法院刑事判决书，（2018）陕刑终243号，第四届全国法院“百篇优秀裁判文书”。

一审期间委托亲属积极赔偿被害人亲属的经济损失，依法可以减轻处罚。

（三）**共同犯罪及共犯身份、作用大小的评价**

对于指控多人参与的犯罪，是否属于共同犯罪也是对被告人定罪量刑的重要考虑因素。因此，有必要对各被告人是否构成共同犯罪、犯罪集团或者单位犯罪进行论述。

在共同犯罪案件中，各被告人的地位、作用不同对其量刑有重大影响，因此要予以重点评价。具体而言包括：（1）要写清各被告人在共同犯罪中的具体分工，从而准确确定被告人在共同犯罪中的地位主次；对于无法区分主、从犯的，也应当对各自的作用大小不同予以评价，确定主次顺序。（2）对于同属主犯或者从犯，要从犯罪过程中的具体分工、参与犯罪的次数、数量及后果等方面进行区分，明确罪责的区别，为后面的量刑区别对待提供依据。（3）对于可能判处死刑的共犯被告人，尤其要从犯罪预谋过程，犯罪工具的准备，被害人或其他犯罪对象的寻找、选择、确定，犯罪的指挥和直接参与实施情况，直接导致的后果，分赃等从犯罪中的获益情况等几个方面分析，论证被告人是否属于共同犯罪中罪行最为严重的主犯。

在单位犯罪案件中，承担刑事责任的直接负责的主管人员和其他直接责任人员之间也存在共同犯罪关系，也应当对各个自然人身份的被告人在单位犯罪中的地位以及在共同犯罪中的地位进行分析，准确区分各自的责任大小，作为量刑裁量的依据。

示例 2-3-80 | 张某闵等诈骗案一审刑事判决书[①]（犯罪集团的认定表述）

本院认为，被告人张某闵等 33 人伙同他人，先后出境参加电信诈骗犯罪集团，在境外利用电信网络技术手段，冒充司法机关工作人员，通过虚构被害人个人信息泄露、涉嫌违法犯罪、需配合清查资金等事实，诱使被害人按照被告人的要求进行转账或汇款，诈骗被害人钱财，诈骗数额特别巨大，行为均已构成诈骗罪，依法均应予惩处。被告人张某闵等 33 人伙同他人，

① 北京市高级人民法院刑事判决书，（2017）京 02 刑初 55 号，首届全国法院“百篇优秀裁判文书”。

为共同实施诈骗犯罪而组成较为固定的犯罪组织，是犯罪集团。

示例 2－3－81　栾某丰等贩卖毒品案一审刑事判决书①（是否共同犯罪及共犯身份均作评价）

被告人栾某丰、任某军贩卖毒品数量大，依法应处十五年有期徒刑、无期徒刑或者死刑，并处没收财产。被告人胡某奇贩卖毒品数量较大，依法应处七年以上有期徒刑，并处罚金。在贩毒过程中，栾某丰、任某军为牟利，共谋实施贩毒行为，事先商定购销毒品分工，约定贩毒所得赃款均分；胡某奇在明知栾某丰向他人贩毒的情况下，按栾某丰指示，驾车将毒品送至交易地点进行毒品交易，并代收贩毒赃款。三人有分有合，共同完成多次毒品贩卖行为，且非法获利，其行为构成共同犯罪。在共同犯罪中，栾某丰支付毒资、联系购毒人员，任某军寻找、联系毒品来源、汇出毒资、收取毒品并协助运送毒品，二人犯罪行为积极、主动，在共同犯罪中起主要作用，均是主犯；胡某奇受栾某丰指使驾车携带毒品进行毒品交易，代收并转交贩毒赃款后获利，其在共同犯罪中起次要、辅助作用，是从犯。对栾某丰、任某军应按其参与、指挥的全部犯罪处罚，对胡某奇应当减轻处罚。栾某丰因犯盗窃罪被判处有期徒刑，刑罚执行完毕以后，在五年以内再犯贩卖毒品罪，是累犯，应当从重处罚。考虑到涉案部分毒品被收缴，未实际流入社会，且栾某丰归案后能够如实供述，任某军系初犯等情节，可以对栾某丰、任某军从轻处罚。考虑到胡某奇实际获利相对较少，归案后认罪、悔罪等情节，可以对其从轻处罚。

示例 2－3－82　李某业等贩卖、制造毒品案二审刑事裁定书②（对多名主犯或从犯进一步区分作用大小）

上诉人李某业组织他人制造毒品甲基苯丙胺并贩卖共计 14 800 余克，数量巨大，且在共同犯罪中系主犯，应对其组织、指挥的全部犯罪承担责任，罪行极其严重，依法应予严惩；上诉人杨某凯参与制造、贩卖毒品甲基苯丙胺 13 800 余克，上诉人郭某伟、郭某召均参与制造毒品甲基苯丙胺 13 800

① 选自杨万明主编：《示范性刑事裁判文书评析》，人民法院出版社 2017 年版，第 52－61 页。
② 河南省高级人民法院刑事裁定书，（2019）豫刑终 457 号。

余克，均数量巨大，三人在共同犯罪中系主犯，但作用及地位相对轻于李某业，对其判处死刑，可不立即执行。上诉人茹某强、黄某强帮助他人制造毒品甲基苯丙胺13 800余克，数量巨大，依法应当在“十五年有期徒刑、无期徒刑或者死刑，并处没收财产”的法定刑幅度内判处刑罚，但其二人在共同犯罪中系作用较小的从犯，依法予以减轻处罚。

示例2-3-83 张某安等生产、销售假药案二审刑事判决书[①]（归纳表述主犯或从犯的具体行为特征）

上诉人张某安开办糖尿病研究所和泽安诊所并为实际控制人，策划、组织相关人员在其生产的保健品、食品中添加西药成分，将保健品、食品当做药品开列在处方中销售给患者，所有销售收入全部进入其妻子张某莲、儿子张某东的账户并由其家庭支配使用，同案其他人是受其雇佣，挣取工资。张某安在犯罪中起主要作用，显系主犯。张某明、李某平、种某华均系张某安雇用的打工人员，按照张某安指示工作，挣取工资并未分红获利。张某明在2014年之前按照张某安的安排购买西药原料，并与张某安一起在产品当中予以添加，2014年生产窝点转到山西后，购买西药及添加生产工作均系山西定襄的齐某红负责，张某明负责在山西定襄药房坐诊；李某平主要作为张某安的助手帮助誊写病历，以及按照张某安处方内容给少数患者开具处方销售药品；种某华主要是负责开车、望风、协助处理行政机关处罚事宜及部分后勤管理辅助性工作。综合全案事实、证据来看，张某明、李某平、种某华在共同犯罪中所起作用较小，均系从犯。

示例2-3-84 陈某等违法运用资金案二审刑事判决书[②]（单位犯罪的多名责任人员也区分主从犯）

根据《刑法》第一百八十五条之一第二款的规定，保险公司违反国家规

---

① 陕西省高级人民法院刑事判决书，（2017）陕刑终185号，首届全国法院“百篇优秀裁判文书”。

② 北京市第二中级人民法院刑事判决书，（2018）京02刑终178号，第二届全国法院“百篇优秀裁判文书”。

定运用资金，情节严重的，对其直接负责的主管人员和其他直接责任人员，以违法运用资金罪定罪处罚。陈某作为××人寿公司的董事长，是该公司违法运用资金行为的决策者；王某有作为××人寿公司的董事、副总经理兼财务负责人，是主持实施违法运用资金行为的负责人，均应以直接负责的主管人员身份承担法律责任；胡某学在没有确认存在投资项目、明知存在违法运用资金风险的情况下，仍然按照王某有的授意发起用款申请，应以其他直接责任人员的身份承担法律责任。

在共同犯罪中，陈某是决策者，作用最大；王某有系主持实施违法运用资金行为的负责人，作用相比陈某较小，该二人在共同犯罪中均起主要作用，系主犯，应当按照其所参与或者组织、指挥的全部犯罪处罚。胡某学系受指使参与犯罪，在共同犯罪中起次要作用，系从犯，依法应对其从轻处罚。

综上，一审法院对陈某、王某有的量刑畸轻，且没有区分彼此在共同犯罪中的作用，确有不当，本院予以改判，并根据该二人的犯罪情节区别量刑。北京市人民检察院第二分院所提一审判决未依据三名被告人在共同犯罪中的实际作用区别量刑的出庭意见，本院予以采纳。王某有的辩护人、胡某学及其辩护人所提王某有、胡某学不是直接负责的主管人员和其他责任人员，不构成犯罪的相关上诉理由及辩护意见不成立，本院不予采纳。

（四）自首、立功情节的适用

自首和立功均是重要的法定从宽情节。“本院认为”部分叙述被告人构成自首或立功情节，应先简要介绍被告人归案、做出供述的具体过程或者立功线索的揭发、查证或发挥作用过程，重点突出其中认定构成自首或立功的关键情节，进而评价构成自首或者立功。因为刑法规定的是“可以”从轻或减轻处罚，而不是“必须”，在认定被告人构成自首或立功情节后，不能简单地直接评价“依法予以从轻（或减轻）处罚”，还要进一步分析被告人立功或自首的具体情况及其犯罪严重程度，从而为是否从轻或减轻处罚以及从宽的幅度提供更为充分的理由。（1）在论述自首情节的法律效果时，可以从被告人投案的主动性，供述的及时性和稳定性，犯罪的严重程度及认罪、悔罪态度等方面进行分析。(2) 在论述立功情节的法律效果时，可以从检举揭发罪行的轻重、被检举揭发的人可能或者已经被判处的刑罚、提供的线索对侦破案件或者协助抓捕其他犯罪嫌疑人所起作用的大小等方面进行论述。(3) 对于不予从宽处罚的，尤其要从犯罪情节的恶劣程度、犯罪后果严重程度、被告人主观恶性大小、人身危险性大小或者为规避法律、逃避处罚而准备自首、立功等方面，论述不予从宽处罚的理由。

示例 2－3－85 杨某毅强奸案死刑复核刑事裁定书[①]（对自首情节不予从宽的理由表述）

案发后，原审被告人杨某毅在父亲陪同下到公安机关投案并如实供述了强奸致死被害人的主要犯罪事实，系自首。但杨某毅系在公安机关已掌握一定线索并对其排查询问后迫于压力而投案；虽交代了强奸致人死亡等主要犯罪事实，但对有关强奸的部分重要事实予以隐瞒；虽然认罪，但原审、再审及死刑复核期间并未实质悔罪；其投案虽对案件侦破起到积极作用，但并未达到至关重要的程度。是否因杨某毅自首而对其从宽处罚，应当在全面考察其所犯罪行的性质、情节和对社会的危害程度的基础上，结合其主观恶性、人身危险性和自首的具体情况等综合评判。

在这份裁判文书中，就被告人投案的前提、供述的质量、认罪悔罪情况、对案件侦破所起的作用等方面对其自首进行分析，以求取得对其法律价值的最准确评价，从而作为是否对其从宽处罚的依据。

（五）犯罪发生的原因及对量刑的影响

犯罪原因是反映被告人主观恶性大小的重要因素，也是量刑的重要因素。针对犯罪原因进行裁判理由说明，应当将案件事实与天理、国法、人情相结合并综合考量，从而凸显出裁判既不违背法律，也契合常情常理。所谓常情常理，就是我国悠久历史所形成的文化传统、案发当地的风土人情以及

---

① 最高人民法院刑事裁定书，(2021) 最高法刑核 78493152 号，第四届全国法院“百篇优秀裁判文书”。

人民群众朴素的公平正义观念。在对犯罪原因进行分析，评判被告人的主观恶性大小时，必须尊重人民群众的朴素情感，根据我国的传统文化和社会主义核心价值观所倡导的道德伦理来分析，做到遵循法度、顺应天理、合乎人情。

示例2-3-86　于某故意伤害案二审刑事附带民事判决书[1]（民事纠纷引发案件对双方责任均予评价）

本案由吴某等人催逼高息借贷引发，苏某多次报警后，吴某等人的不法逼债行为并未收敛。案发当日被害人杜某2曾当着于某之面公然以裸露下体的方式侮辱其母亲苏某，虽然距于某实施防卫行为已间隔约二十分钟，但于某捅刺杜某2等人时难免不带有报复杜某2辱母的情绪，在刑罚裁量上应当作为对于某有利的情节重点考虑。杜某2的辱母行为严重违法、亵渎人伦，应当受到惩罚和谴责，但于某在实施防卫行为时致一人死亡、二人重伤、一人轻伤，且其中一重伤者系于某持刀从背部捅刺，防卫明显过当。于某及其母亲苏某的人身自由和人格尊严应当受到法律保护，但于某的防卫行为超出法律所容许的限度，依法也应当承担刑事责任。认定于某行为属于防卫过当，构成故意伤害罪，既是严格司法的要求，也符合人民群众的公平正义观念。

在这份判决书中，在分析被告人于某故意伤害犯罪的原因时，就由远而近，从“被害人采用不法手段催逼高息借贷（于某母亲已经归还远超过本金的数额）”“于某母亲多次报警而被害人毫无收敛”“被害人杜某2当众以流氓手段侮辱于某母亲”三个方面，逐层充分展现了被害人所为不但违反法律，也违背了公序良俗，并且已经达到了“严重违法、亵渎人伦”的程度。对于被告人于某而言，面对被害人针对其母亲的恶行，如毫无反应或唯唯诺诺，反而会受到公众的差评甚至蔑视，其奋起反抗报复对方，“符合人民群众的公平正义观念”，无疑能够得到公众的理解和支持，刑罚裁量时对此也

[1] 山东省高级人民法院刑事附带民事判决书，（2017）鲁刑终151号，属于热点案件裁判文书。

应当予以重点考虑。同时，在分析案件发生原因对案件定性量刑的影响时，也强调于某在防卫时致一死三伤，其中一重伤者系从背后被刺，因此属于防卫过当，依法应承担刑事责任，从而使裁判结果实现了法理情的有机统一。

（六）是否适用缓刑的考虑

缓刑适用是裁判对错的重要风险点，可以说仅次于罪与非罪，缓刑说理也是裁判文书制作实践中的难点和堵点。《刑法》第72条规定适用缓刑的条件除被判处拘役或者3年以下有期徒刑这一绝对条件外，还有犯罪情节较轻、有悔罪表现、没有再犯罪危险及宣告缓刑对所居住社区没有重大不良影响等4项需要作出主观判断的条件。一些判决书或者对适用缓刑的理由不予说明，或者简单罗列《刑法》第72条规定的4项条件，没有结合犯罪的具体特点、被告人悔罪的具体表现等，对适用缓刑理由作出更为充分、有力的说明。笔者认为，判决理由部分对适用缓刑，要严格按照刑法规定适用缓刑的条件，紧密结合案情进行说理。（1）对于“犯罪情节较轻”，可以从犯罪的原因、主观过错表现、犯罪的手段、所造成的后果等方面来分析；（2）对于“悔罪表现”，可以从作案后主动投案、归案后供述认罪情况、退缴或退赔违法所得、主动赔偿被害人损失及庭审中表现等方面来分析；（3）对于“没有再犯罪危险”及“宣告缓刑对所居住社区没有重大不良影响”两项条件，则可以运用社区矫正部门出具的社会调查评估意见作出说明。①

示例2-3-87 | 孟某洋交通肇事案一审刑事判决书②（判处缓刑的理由说明）

被告人孟某洋所犯之罪为过失犯罪，主观恶性较小，且系法定刑为三年以下有期徒刑或拘役，属轻罪范畴，在交通肇事犯罪过程中没有无证驾驶、

---

① 根据《社区矫正法》第18条和最高人民法院、最高人民检察院、公安部、司法部共同印发的《社区矫正法实施办法》第5条的规定，人民法院拟判处缓刑的，可以委托社区矫正机构或者有关社会组织对被告人的社会危险性和对所居住社区的影响，进行调查评估，提出意见，供决定社区矫正时参考。

② 江苏省徐州市泉山区人民法院刑事判决书，（2019）苏0311刑初359号，第四届全国法院“百篇优秀裁判文书”。

酒后驾驶及肇事逃逸等不宜适用缓刑的恶劣情节，根据其犯罪事实、情节和认罪悔罪表现，结合社区考察及听证意见，对其适用缓刑，没有再犯罪的危险，宣告缓刑对所居住社区没有重大不良影响，经全面考量、综合评判认为被告人孟某洋所犯之罪符合缓刑适用条件，依法予以宣告缓刑。

第四节　说理中的几个技术性问题

一、裁判说理的布局

文章的布局与写作的目的紧密相关。每一份裁判文书都是一个意思的整体，都是为证成法官的裁判结果服务，因此法官在写作裁判文书时有必要从整体的角度谋篇布局。[①] 裁判文书需要说理的主题包括证据认证、事实认定、法律适用、判决理由等多个方面，这些方面该在裁判文书中出现的顺序、篇幅的安排，实践中可以说是五花八门，各种写法都有，应该说也没有一个放之四海而皆准的标准写法，而应当根据具体案情不同、审理阶段不同，具体问题具体分析。

（一）一审刑事判决书

根据案件争议大小，在说理的布局上可区别对待。

1. 案件事实争议不大，控辩双方争议焦点不多的案件

一般情况下，应当在“经审理查明”部分进行证据认证分析和事实认定说理的展示；在“本院认为”部分将法律适用与控辩意见评判合并叙述，进行判决理由的展示。具体如下。

（1）“经审理查明”部分，主要写事实认定和证据认证。首先，写经审理查明的事实，再写认定上述事实所依据的证据；紧跟着针对控辩双方对关

① 杨贝：《裁判文书说理写作四步法》，载《中国应用法学》2022 年第 1 期。

键证据或证据体系提出的异议进行分析，说明采信的理由。其次，对被告人、辩护人提出的事实辩解或者公诉机关指控的部分事实不能成立或不足认定的情况，结合相关证据进行分析，说明支持与否的理由，对于控辩双方关于部分事实能否成立、犯罪次数、犯罪数额、犯罪后果是否存在等争议，均可以在这一部分分析论证。最后，以“综上”为引语，说明公诉机关指控的事实成立或者部分成立，相关证据确实、充分。

（2）“本院认为”部分，主要写对控辩双方法律适用争议的评判分析及法院作出裁判结论的相关理由。首先，写被告人的具体罪状表现，说明法院认为应构成什么罪名。其次，针对控辩双方针对罪名的争议，作出分析，说明采纳与否的理由。再次，写被告人在案发过程中或之后具有哪些行为表现，依法认定为具体的法定或酌定量刑情节，如果刚好是被告人主张的量刑情节，则在具体量刑情节分析认定后，用“对被告人及其辩护人提出应构成××情节的意见予以采纳”一句总结；如果是对被告人或其辩护人主张的情节不予认定，则要在这部分结束后，另起一句或一段，写“关于被告人及其辩护人提出应构成××情节的意见，经查……”，予以具体分析，最后得出不予采纳的结论。最后，写判决理由及引用法条部分，综述被告人犯什么罪，造成什么后果，依法应如何处理，其量刑情节对刑罚有“从轻”或者“减轻”的具体影响，依据哪些法律规定，“判决如下：……”如下例所示。

示例 2-4-1 栾某丰等贩卖毒品案一审刑事判决书①（争议较小案件判决说理的布局）

本院认为：被告人栾某丰、任某军、胡某奇明知是毒品而故意实施的贩卖的行为构成贩卖毒品罪。公诉机关对栾某丰等三被告人指控事实清楚，证据确实充分，罪名成立。

栾某丰的辩护人提出栾某丰所贩卖毒品纯度不高的意见，经查，……；任某军的辩护人提出公诉机关指控任某军贩卖毒品数量有误的意见，经查，……；

---

① 杨万明主编：《示范性刑事裁判文书评析》，人民法院出版社 2017 年版，第 52-61 页。

胡某奇的辩护人提出胡某奇应构成运输毒品罪的意见，经查，……

被告人栾某丰、任某军贩卖毒品数量大，依法应处十五年有期徒刑、无期徒刑或者死刑，并处没收财产。被告人胡某奇贩卖毒品数量较大，依法应判处七年以上有期徒刑，并处罚金。在共同犯罪过程中，……（量刑情节的具体适用）。依照《中华人民共和国刑法》第三百四十七条第二款第一项、……之规定，判决如下：……

2. 案情复杂，控辩双方争议较多的案件或者被告人数较多的案件

对于这类案件，如果再采用上述将控辩意见分析和全案法律适用混合的写法，就会显得层次不清、重点不明、条理性和系统性不够，增加阅读难度。可以将控辩意见分析和判决理由说明分为两个部分，先写对控辩双方意见的评判分析，再综合写本案的法律适用意见。由于控辩双方所提出的争议点比较多，需要进行归纳、分类，并按照思维逻辑顺序，逐一进行评判。具体写作中应注意以下两点。

（1）对控辩意见进行合理的归纳、总结，明确争议焦点。

在控辩意见评判的具体写法上，可以在提出每个问题下面，先摆出控辩双方的争执性意见，然后进行评判，最后给出是否采纳的确定性意见，从而体现裁判者的中立立场。对于被告人较多的案件，在判决书前面的“控辩双方意见”部分仍应当分别表述每一个被告人及其辩护人的意见及理由，以体现对被告人作为独立诉讼主体的尊重；在评判分析部分可以对各被告人及辩护人的主张进行总结，对相同的辩解和辩护意见合并归纳，分类整理，同时结合检察机关的意见，提炼出若干个争议焦点，并分别予以分析。

示例 2-4-2 | 周某云等集资诈骗案一审刑事判决书①（对多名被告人的辩解辩护意见分类归纳后逐类评判）

这个案件共有 1 个被告单位和 12 名被告人，被告主体及其辩护人均对被告人应构成罪名、在共同犯罪中的地位、应负责的犯罪数额及是否具有自

① 上海市第一中级人民法院刑事判决书，（2019）沪 01 刑初 26 号，第四届全国法院“百篇优秀裁判文书”。

首情节等提出辩解、辩护意见。如果逐一分析评判，必将形成长篇大论，也有可能出现部分重复。为解决此问题，裁判文书先对各被告人辩解、辩护意见进行归纳后分为几个类别，分别予以分析评判，再综合写全案法律适用意见的定法。

针对各名被告人及其辩护人提出有关定性与量刑的辩解及相关辩护意见，结合本案的事实与证据，本院评判如下：

一、关于本案的定性

公诉机关指控本案被告单位及各名被告人均犯集资诈骗罪。周某云的辩护人提出本案应区别时间段，分别认定为非法吸收公众存款罪及集资诈骗罪，予以两罪并罚。相关被告人及辩护人提出，被告人周某1、黄某、翟某奇、张某东、吴某、张某、刘某纲、周某2、肖某的行为应构成非法吸收公众存款罪。

（一）关于被告单位善林金融公司及被告人周某云行为的定性

本院认为，被告单位善林金融公司及被告人周某云的行为均构成集资诈骗罪，主要理由如下：……

（二）关于被告人周某1、曹某等11人行为的定性

本院认为，被告人周某1、曹某等11人的行为均构成集资诈骗罪。对周某1等11名被告人行为的定性，主要考虑各名被告人所处层级以及是否参与使用诈骗方法非法募集资金，对投资项目及钱款去向的了解程度等因素综合判断。

关于被告人周某1及其辩护人所提周某1不具有非法占有目的，不知晓集资款项具体用途，无决策权，其行为不构成集资诈骗罪的辩解及辩护意见。经查：……（此部分根据各人在单位犯罪过程中的分工不同，逐被告人进行了分析，对于部分分工类型相同的则统一分析）

二、关于部分被告人能否认定为从犯

部分被告人及辩护人提出，被告人周某1、曹某、黄某、田某升、翟某奇、张某东应认定为从犯。本院认为：……

三、关于犯罪数额的认定

本院认为，应从犯罪数额中剔除重复计算的金额，故认定善林金融公司

及周某云涉及的未兑付资金数额为217.07亿余元，对涉及到的相关被告人犯罪数额一并予以调整。

被告人曹某的辩护人提出，曹某仅在Z公司担任负责人期间参与资金募集，所募资金已全部兑付，曹某不应对其余未参与募集的资金承担刑事责任。经查：……

四、关于部分被告人是否具有自首情节

部分被告人及辩护人提出，本案系单位自首，故被告人周某1、田某升、翟某奇、张某东作为被告单位其他直接责任人员均应认定为自首。

本院认为，应当认定被告人周某1、田某升、翟某奇、张某东具有自首情节。具体理由如下：……

综上所述，本院认为，被告单位善林金融公司及其直接负责的主管人员周某云，以非法占有为目的，使用诈骗方法非法集资736.87亿余元，造成被害人实际经济损失共计217.07亿余元，数额特别巨大，其行为均已构成集资诈骗罪；被告人周某1、曹某、田某升、黄某、翟某奇、张某东、吴某、张某、刘某纲、周某2、肖某作为被告单位善林金融公司的其他直接责任人员，参与使用诈骗方法非法集资，其行为均已构成集资诈骗罪，且均造成被害人损失数额特别巨大。周某云、周某1、曹某、田某升、黄某、翟某奇、张某东在共同集资诈骗犯罪中起主要作用，系主犯；吴某、张某、刘某纲、周某2、肖某在共同集资诈骗犯罪中起次要作用，系从犯，依法可以从轻或减轻处罚。被告单位及各名被告人均具有自首情节，周某1、田某升、黄某、翟某奇、张某东、张某、刘某纲、周某2、吴某、肖某在案发后退赔了部分钱款。

示例2-4-3 张某闵等诈骗案一审刑事判决书[①]（对多名被告人的辩解辩护意见分类归纳后逐类评判）

本案被告人张某闵等33人出境至印度尼西亚、肯尼亚，参加针对中国

① 北京市高级人民法院刑事判决书，（2017）京02刑初55号，首届全国法院“百篇优秀裁判文书”。

居民的电信诈骗集团。在“控辩双方意见”部分，对于意见类似的被告人的意见合并叙述，并注重对个别不同意见分别明确表述，对各辩护人的意见分别表述，以体现尊重每个诉讼主体。在综合评判部分，则分别归纳为全案法律适用、诈骗事实证据问题、犯罪集团认定、被告人个人犯罪数额、共同量刑情节、主从犯的认定、胁从犯的认定、其他量刑情节等8个方面，逐一分析；在本院认为部分，先对适用于所有被告人的罪名认定、犯罪集团、犯罪整体恶性、共同犯罪地位等法律适用表述裁判意见，再对适用于部分被告人的自首情节、如实供述、认罪悔罪、退赔被害人损失等量刑情节分别表述裁判意见，从而使得本案的具体事实及各被告人应承担的法律责任完整地体现在裁判文书中，析法说理的层次清晰有规律，充分透彻，具有很强的说服力。

根据本案的事实和证据，针对本案被告人的辩解及辩护人所提辩护意见，本院综合评判如下：

1. 关于本案能否适用2016年两高一部《关于办理电信网络诈骗等刑事案件适用法律若干问题的意见》的问题……

2. 关于认定被害人及其被骗数额的证据问题……

3. 关于犯罪集团的认定问题……

4. 关于被告人参与犯罪期间及犯罪数额的认定问题……

5. 关于在犯罪集团从事一线的被告人是否具有冒充国家机关工作人员情节的问题……

6. 关于主从犯的认定问题……

7. 关于是否认定胁从犯的问题……

8. 关于其他量刑情节……

本院认为，被告人张某闵等33人伙同他人，……行为均已构成诈骗罪，依法均应予惩处。被告人张某闵等33人伙同他人，为共同实施诈骗犯罪而组成较为固定的犯罪组织，是犯罪集团。张某闵等33名被告人冒充司法机关工作人员在境外实施电信网络诈骗，且具有诈骗老年人、在校学生财物的情节，酌情应予从重处罚。张某闵、……在共同犯罪中起主要作用，系主犯。

被告人马某阳、……在共同犯罪中起次要或者辅助作用，系从犯。被告人苗某、……主动投案，并如实供述犯罪事实，具有自首情节。张某闵、……归案后能如实供述犯罪事实。张某闵等33名被告人当庭均表示认罪、悔罪。张某闵、……的亲属代为退赔被害人部分经济损失。本院根据以上量刑情节对各被告人依法从轻或减轻处罚。综上，根据张某闵等33名被告人犯罪的事实、犯罪的性质、情节及对于社会的危害程度，依照《中华人民共和国刑法》第二百六十六条、……之规定，判决如下：……

示例2-4-4　许某纬等假冒注册商标案一审刑事判决书[1]（对多名被告人按照其在共同犯罪地位的顺序逐人进行控辩争议分析）

本案被告人许某纬组织多名被告人非法生产、销售假冒KIEHL'S、Labo-Labo商标的化妆品，各被告人在产供销链条中分别处于不同的地位，也分别提出了不同的辩解、辩护意见，一审判决书以各被告人在犯罪中的角色地位为主要依据，确立了争议焦点评判部分的七个标题，按照在共同犯罪中的责任大小，依次予以分析评判，也全面回应了被告人的辩解、辩护意见。

综合控辩双方的意见，本院根据审理查明的事实和证据，就本案相关争议焦点评判如下：

一、被告人许某纬（制假犯罪的组织犯——作者注，以下同）的犯罪金额

被告人许某纬的辩护人提出，在好运来大厦（制假窝点）查扣的假冒产品中包含了已经销售给王某的部分货物。经查，被告人王某到案后始终称其在好运来大厦仓库内不囤货，购进的货物即进即销，在好运来大厦查获的货都是许某纬的。收付款记录显示许某纬最晚于2018年6月21日通过银行转账收王某货款5000元，通过微信转账收5000元；而王某最晚于2018年7月2日、3日通过支付宝转账收取陈某开货款7笔共计10万元，于2018年7月2日通过支付宝和微信转账收取余某特货款4笔共计32 960元；王某的收款

[1] 上海市第三中级人民法院刑事判决书，（2019）沪03刑初55号，第三届全国法院“百篇优秀裁判文书”。

记录显示其几乎每月向两个主要下家收取三四次货款。从上述收付款情况判断，王某从许某纬处购进的涉案假货已于6月底前销售给下家并已于7月初收取货款，与王某所述的其基本不囤货的情况吻合。本院认为，综合上述证据情况，被告人许某纬辩护人就此提出的意见无充分事实依据，故不予采纳。

二、被告人王某（主要销售者）的犯罪金额和检举线索的查证情况……

三、被告人黄某某（产品原料生产者）在共同犯罪中地位和作用……

四、被告人鲁某某（假冒商标的制造者）的犯罪故意和犯罪金额……

五、被告人钟某某和宁某某（另一种假冒商标的制造者）的行为定性及犯罪金额……

六、本案的社会危害性及各被告人的量刑情况……

七、关于被害单位违反商标法的问题……

综合上述评判，本院认为，被告人许某纬……（包括罪名认定、共同犯罪地位、当庭认罪及预缴罚金等量刑情节及其从轻、减轻等处罚效果）

据此，依照《中华人民共和国刑法》第二百一十三条，……之规定，判决如下：……

（2）各争议焦点的出场顺序和篇幅安排亦应精心设计。

面对争议较多、分歧较大的案件，论点的出场顺序也很关键，其直接关系到阅读者是否方便思考，并通过阅读自然而然地得出结论。笔者认为应当充分考虑普通人的思维习惯及相关论点的法律逻辑关系，进行排兵布阵。一般而言，可以按照先程序争议，后实体争议；先证据争议，后事实争议；先行为争议，后结果争议；先事实争议，后法律争议；先定罪争议，后量刑争议；先共同量刑情节（如共犯中地位作用）争议，后个人量刑情节争议；先法定量刑情节争议，后酌定量刑情节争议；先主要被告人，后次要被告人等的顺序来进行布局。一方面，对于具体法律适用情节，按照逻辑顺序属于另一争议焦点论证前提的争议点，应当先行分析说理，并得出明确结论。这种层层递进式推导，更符合受众的心理认同规律，更容易赢得各方对判决结果的认同。另一方面，繁简得当才能更好地突出重点和核心。重点争议、重点判决理由需要用较大篇幅强化说理，次要的争议或者判决理由可以简化说理。越能为最终判决提供决定性支持的判断越是核心判断，越能为法官判断提供直接、必然支持的理由越是主要理由。对于能够推导出判决结论的核心依据、重点理由，要强化论述。

示例 2－4－5 邹某国等重大责任事故案一审刑事判决书①（将事实争议和法律适用争议在裁判文书不同部分进行分析评判）

本案被告人邹某国担任建景物流公司总经理，赵某某为调度员，同案被告人李某2、李某1在赵某某的安排下，分别驾驶严重超载的货车前往建筑工地送货，违规先后驶入限重且大货车禁行的高架道路，由于两车相距很近且均严重超载，使得该路段桥体承受的总载荷超过了桥体发生翻转的极限条件，致桥体损坏，为修复受损路段共支出972万余元。检察机关指控被告人邹某国、赵某某在运输作业中违反有关安全管理的规定，情节特别恶劣，应当以重大责任事故罪追究刑事责任；被告人李某2、李某1驾驶严重超载车辆，违法驶入中环高架道路，过失致道路损坏，造成严重后果，应当以过失损坏交通设施罪追究刑事责任。各被告人及其辩护人分别从事实认定、罪名认定、情节轻重、量刑情节等方面提出辩解、辩护意见。一审判决书将各被告人及辩护人对事实的争议放在"审理查明事实"部分的证据体系之后评判，运用相关证据加以分析；将法律适用争议放在"本院认为"部分进行评判，先对罪名作出认定，再对被告人及辩护人的定罪争议和犯罪情节轻重争议作出分析评判，然后对自首、立功、赔偿损失等量刑情节的认定和适用进行说明，最后引用相关法律规定作出判决。重点更为突出，分析更有针对性，条理也更清晰。

经审理查明：一、2013年5月起，被告人邹某国被任命为建景物流公司总经理，在全面负责公司日常管理期间，为降低公司运营成本、追求经济效益，长期要求、鼓励驾驶员严重超载，并对行驶路线疏于监管。2016年起，被告人赵某某担任建景物流公司调度员，负责车辆调度并安排货物装载。被

① 上海市松江区人民法院刑事判决书，（2017）沪0117刑初279号，首届全国法院"百篇优秀裁判文书"。

告人李某2系建景物流公司沪D3××××重型半挂牵引车（拖挂牌号为沪F9×××挂重型集装箱半挂车）的驾驶员。被告人李某1系建景物流公司沪D3××××重型半挂牵引车（拖挂牌号为沪G0×××挂重型集装箱半挂车）的驾驶员……

上述事实，被告人赵某某、李某2、李某1在庭审中亦无异议，且有以下证据予以证明：……

以上证据来源及收集程序合法，并经庭审质证属实，本院予以确认。

关于被告人邹某国及其辩护人就上述事实提出的辩解及辩护意见，本院分析如下：

1. 关于被告人邹某国是否全面负责公司日常管理的问题，本院认为，……

2. 关于被告人邹某国是否存在长期鼓励超载的问题，本院认为，……

3. 关于被告人邹某国是否对车辆违法上中环存在监管疏忽的问题，本院认为，……

二、2016年5月22日23时许，被告人李某2、李某1在被告人赵某某的安排下，分别驾驶装载80余吨水泥预制管桩的货车（均核载32吨）从本区泗泾镇出发，……

上述事实，有下列证据证实：……

以上证据来源及收集程序合法，并经庭审质证属实，本院予以确认。

1. 关于被告人李某1案发当日装载管桩的实际重量，本院认为，……

2. 关于被告人李某1的辩护人提出中环桥体损坏系由被告人李某2先行造成、被告人李某1跟车并无不当、且不能排除由于长期存在严重超载货车已对该桥体造成损坏的辩护意见，本院认为，……

3. 关于被告人李某1跟车距离的问题，本院认为，……

本院认为，被告人李某2、李某1违反交通道路安全法律法规，驾驶严重超载的重型货车，违法驶上中环高架道路，且两车行驶相距过近，使得中环高架桥发生倾斜损坏，造成直接经济损失高达900余万元，其行为均已构成过失损坏交通设施罪。被告人邹某国作为建景物流公司总经理，在对公司运输作业的日常管理过程中，对驾驶员严重超载、大货车上中环等违法行为存在严重的管理失职和疏忽，因而造成本案中环高架损坏的重大事故，其作为公司主管人员，应当以重大责任事故罪追究刑事责任；被告人赵某某作为公司负责装载货物的调度员，明知所装货物严重超载仍安排装货，亦是本案中环事故发生的直接原因之一，其作为直接责任人员亦构成重大责任事故罪。公诉机关指控的罪名均成立。

关于被告人邹某国的辩护人宫璇龙提出本案应认定为交通肇事罪的辩护意见，本院认为，……

关于被告人邹某国、赵某某是否属于重大责任事故罪中“情节特别恶劣”的问题，本院认为，……

被告人邹某国虽系接公安机关电话通知后主动到案，但庭审中却否认自己作为总经理对全面负责公司日常管理的职责，对鼓励超载及违法上中环管理疏忽等问题均避重就轻，不能认定为如实供述自己犯罪事实，故公诉机关认定其具有自首情节有所不当，本院予以纠正。但被告人邹某国到案后劝说同案犯自动投案，属于立功表现，可依法从轻处罚。被告人赵某某、李某2、李某1具有自首情节，均可依法从轻处罚。且四名被告人所在单位已对本案直接经济损失作出赔偿，可在量刑中予以酌情考虑。

综上，根据被告人犯罪的事实、性质、情节和对社会的危害程度等，依照《中华人民共和国刑法》第一百三十四条第一款、第一百一十九条第二款、第六十七条第一款、第六十八条之规定，判决如下：……

示例2-4-6 | 苏某、杨某虚假诉讼案二审刑事判决书①（按逻辑关系对案件争议点进行布局分析）

本案一审判决认为被告人苏某、杨某构成虚假诉讼罪一般情形，而检察机关抗诉认为被告人所犯虚假诉讼罪属于“情节严重”并适用升格法定刑的情形，主要理由是二被告人的行为“致使人民法院两次开庭审理，并基于捏

① 甘肃省庆阳市中级人民法院刑事判决书，（2020）甘10刑终111号，第四届全国法院“百篇优秀裁判文书”。

造的事实做出了判决”和“让被害人张某1额外背负5000元的债务，其二人主观恶性大（意在强调被告人主观上具有非法占有被害人财物的目的）”。二审裁判文书在评判时，首先针对本案案情，对被告人是否具有通过虚假诉讼行为非法占有他人财物的主观目的进行分析；在认定被告人的虚假诉讼行为并未给被害人张某1利益造成实际损失的基础上，明确本案虚假诉讼是否达到“情节严重”这一法定刑升格标准，只能从犯罪行为妨害司法秩序的严重程度进行评价；进而针对虚假诉讼行为“干扰正常司法活动或者严重损害司法公信力”的严重程度如何具体判断进行分析，并结合本案的具体案情，最终得出被告人虚假诉讼行为的危害尚未达到“情节严重程度”的结论。整个论证过程，层层递进，环环相扣，体现出很强的逻辑性。

关于被告人苏某、杨某犯罪行为是否达到情节严重的分析认定。抗诉机关认为，《最高人民法院、最高人民检察院关于办理虚假诉讼刑事案件适用法律若干问题的解释》（以下简称《解释》）第二条规定“以捏造的事实提起民事诉讼，有下列情形之一的，应当认定为‘妨害司法秩序或者严重侵害他人合法权益’”，其中第三项为“致使人民法院基于捏造的事实作出裁判文书、制作财产分配方案，或者立案执行基于捏造的事实作出的仲裁裁决、公正债权文书的”。《解释》第三条规定“有本解释第二条第二项至第四项情形之一，严重干扰正常司法活动或者严重损害司法公信力的”，应当认定为刑法第三百零七条之一第一款规定的“情节严重”。二被告人的行为致使人民法院两次开庭审理，并基于捏造的事实做出了判决，严重损害了人民法院公平、公正的司法形象，严重损害了司法公信力。被告人在虚构债权转让的事实过程中，通过约定利息和好处费，让被害人张某1额外背负5000元的债务，其二人主观恶性大，犯罪情节严重，符合《解释》第三条第二项的规定，应当认定被告人苏某、杨某虚假诉讼犯罪“情节严重”。经审查：

1. 被告人杨某、苏某虚构债权转让的过程中通过约定利息和好处费，让被害人张某1多承担5000元债务属实，但在民事诉讼中其提交了被害人张某1当时书写的借款金额为7万元的借条，如实陈述了借款时约定利息和好处费的事实，在民事诉讼过程中没有非法占有该5000元的主观目的，也没有相应的客观行为。抗诉机关提交的证据也不能证实被告人苏某、杨某通过虚假诉讼行为非法占有他人财物的主观目的或客观行为。抗诉机关将民事活动中约定较高利息的行为等同于刑事犯罪中非法占有故意，明显不当，不予支持。

2. 虚假诉讼罪法定刑升格标准的“情节严重”，应体现在妨害司法秩序和侵害他人合法权益两个方面。本案中，被告人苏某与被害人张某1具有民间借贷法律关系是客观事实，捏造部分事实后提起民事诉讼，妨害了司法秩序，但其所捏造的事实与原来合法债权具有关联，即便基于捏造的事实作出的判决生效并得到履行，被害人张某1与被告人苏某之间民间借贷法律关系必然消亡，被害人张某1不会因此而遭受财产或者其他利益的损失。因此，被告人苏某、杨某的犯罪行为是否达到“情节严重”这一法定刑升格标准，仅能从犯罪行为妨害司法秩序的严重程度进行评价。

3. 《解释》第二条规定了虚假诉讼罪的入罪标准，其中第三项为“致使人民法院基于捏造的事实作出裁判文书、制作财产分配方案，或者……”对于一审民事案件来说，开庭审理是作出裁判文书的前置程序。因此，“致使人民法院基于捏造的事实作出裁判文书”已经足以涵盖和评价被告人苏某、杨某的虚假诉讼行为和导致人民法院开庭审理并作出裁判文书的后果。至于抗诉机关提出“严重干扰正常司法活动或者严重损害司法公信力的”。《解释》第三条以并列方式规定了七种情形，其中第三项（此处应为第二项——作者注）中“干扰正常司法活动或者严重损害司法公信力”的严重程度规定不明确，适用时，危害程度应当与其他六项中规定相对明确的危害程度相当。其他六种法定刑升格情形可概括为给他人合法权益造成特别严重侵害，包括采取财产保全或者行为保全措施，造成他人经济损失100万元以上；义务人自动履行执行义务或者人民法院基于生效裁判文书执行他人财产权益，数额达到100万元以上；通过虚假诉讼手段逃避合法债务，致使他人债权无法实现，数额达到100万元以上；通过虚假诉讼手段直接非法占有他人财产，数额达到10万元以上；或者致使他人因为不执行判决、裁定受到刑事打击处罚等。被告人苏某、杨某妨害司法秩序的严重程度与其他六种法定刑升格情形尚有一定差距。因此，抗诉机关认为被告人苏某、杨某犯罪情节严重的抗诉意见不能成立，不予支持。

（二）二审裁判文书

与一审判决书不同，二审虽然依法应当对一审判决的事实认定、法律适用、裁判结果、审理程序等进行全面审查，但二审裁判文书应当重点审理被告人或控辩双方的争议焦点。因此，二审裁判文书可以在“经二审查明（事实认定）”部分和“本院认为”部分之间，对控辩双方争议的证据采信、事实认定、法律适用及裁判结果等问题进行集中分析论述，以展示二审的重点审查功能。

1.“控辩意见分析”及“本院认为”的布局安排

按案件是否开庭，可以采用不同写法：

（1）如果二审不开庭审理，仅有被告人一方或其辩护人对一审判决的相关内容提出异议，可以用“关于被告人×××（及其辩护人）提出……的意见。经查，……故对该上诉、辩护意见予以采纳（或不予采纳）”的模式。在“本院认为”部分，写明上诉人（原审被告人）的行为是否构成犯罪或构成何种犯罪，主要量刑情节，并评价一审判决审理程序、认定事实、适用法律、裁判结果有无问题。再写明“依照……之规定，裁定（或判决）如下：……”

（2）如果二审开庭审理，可以针对控辩双方的意见总结争议焦点，用“关于被告人×××是否构成自首情节。出庭检察员认为……；被告人（及其辩护人）认为……经查，……故应认定被告人×××构成自首（不构成自首）”的模式。对于控辩双方争议焦点较多的案件，也可以先集中说明控辩双方的具体争议焦点，再分别予以论述分析。在“本院认为”部分，写明上诉人（原审被告人）的行为是否构成犯罪、犯罪严重程度、主要量刑情节及法律适用效果，最后总结一审判决审理程序、认定事实、适用法律、裁判结果有无问题，并写明“依照……之规定，裁定（或判决）如下：……”

示例 2-4-7 | 黄某平诈骗案二审刑事裁定书[①]（不开庭审理的二审裁判文书说理布局）

经审理查明，……

上述事实有以下证据予以证明：……

关于上诉人黄某平提出作案后曾向被害人任某归还 75 万元，其中 50 万元转账给证人肖某。经查，被害人任某的陈述、证人肖某的证言及在案的银行转账记录均无法证实上述情况，且黄某平未提供其他证据佐证。故黄某平所提此项理由无事实依据，本院不予采信。

关于上诉人黄某平所提……

本院认为，上诉人黄某平在没有承接且没有能力取得西藏自治区拉萨市、林芝市供暖供气安装工程的情况下，虚构其取得该工程项目的事实，骗取他人财物的行为构成诈骗罪。黄某平诈骗他人财物数额特别巨大，应在十年以上有期徒刑或者无期徒刑的量刑幅度内量刑。鉴于案发后其能主动投案并供述主要犯罪事实，系自首，且积极赔偿被害人部分经济损失，取得被害人谅解，故对黄某平依法予以从轻处罚。原判认定事实清楚，证据确实、充分，定罪准确，量刑适当。审判程序合法。唯适用《最高人民法院关于适用财产刑若干问题的规定》第一条第二款有误，应适用该规定第二条第一款，本院予以更正。依照《中华人民共和国刑事诉讼法》第二百二十五条第一款第（一）项的规定，[②] 裁定如下：

驳回上诉，维持原判。

示例 2-4-8 | 王某国集资诈骗案二审刑事判决书[③]（开庭案件对控辩双方意见分析说理的结构安排）

本案中，一审检察机关指控被告人王某国构成集资诈骗罪，一审法院审

---

① 西藏自治区高级人民法院刑事裁定书，（2017）藏刑终 17 号，首届全国法院“百篇优秀裁判文书”。

② 此判决书所引用法律条款为当时有效的 2012 年《刑事诉讼法》第 225 条，即 2018 年修正后《刑事诉讼法》第 236 条规定。

③ 河北省高级人民法院刑事判决书，（2020）冀刑终 82 号，第四届全国法院“百篇优秀裁判文书”。

理后以非法吸收公众存款罪作出判决，检察机关提出抗诉。二审判决书首先对一审判决与检察机关抗诉认定不同罪名的具体理由进行对比介绍，重点分析了集资诈骗罪与非法吸收公众存款罪的本质区别在于“有无非法占有目的”；其次，分别介绍了相关司法解释及会议纪要等政策性文件对于“非法占有目的”判断的具体指导意见；再次，在法律解释和法律政策介绍的基础上，结合具体案情，重点从王某国集资行为的欺骗性、王某国是否有归还能力、集资参与人贪利心理状态下的过失是否影响被告人犯罪故意三个方面进行了分析；最后，综述王某国的集资行为符合集资诈骗罪的构成，并对控辩双方意见提出采纳与否的明确意见。整个论证过程层次清晰，符合逻辑，十分有力。由于控辩双方争议集中在罪名认定上，在控辩意见分析部分围绕这一焦点充分说理后，“本院认为”部分就可以采取较为简单的表述模式。

针对检察机关的抗诉意见、被告人的辩解及其辩护人的辩护意见，结合本案的事实、证据和相关法律规定，本院评判如下：

第一审判决将起诉的集资诈骗罪改判为非法吸收公众存款罪的理由主要是被告人王某国对孟某2等人具有大量真实债权，集资参与人不是完全受骗而是追求高息，王某国有非法占有目的的证据不足。检察机关抗诉则认为应当认定王某国具有非法占有的目的。集资诈骗罪与非法吸收公众存款罪的主要区别在于有无非法占有的目的，而非法占有的目的并非只有主观供述才能证实，在被告人不供认的情况下，往往需要使用刑法上的推定，即通过具体集资行为的真实性、资金去向、归还能力、事后反应等事实去综合判断被告人的主观心态。《最高人民法院关于审理非法集资刑事案件具体应用法律若干问题的解释》（法释〔2010〕18号）第四条规定，使用诈骗方法非法集资，集资后不用于生产经营活动或者用于生产经营活动与筹集资金规模明显不成比例，致使集资款不能返还的，可以认定为以非法占有为目的，以集资诈骗罪定罪处罚。《全国法院审理金融犯罪案件工作座谈会纪要》（法〔2001〕8号）规定，对于行为人明知没有归还能力而大量骗取资金，造成数额较大资金不能归还的，可以认定为具有非法占有的目的。《最高人民检察院关于办理涉互联网金融犯罪案件有关问题座谈会纪要》（高检诉

〔2017〕14号）亦对集资诈骗行为的认定提出指导意见，认为资金使用成本过高，生产经营活动的盈利能力不具有支付全部本息的现实可能性的，或者归还本息主要通过借新还旧来实现的，原则上可以认定为具有非法占有目的。

第一，王某国的集资行为具有欺骗性。众多集资参与人均证实被告人王某国声称自己系银行工作人员，有为企业倒贷的过桥业务，借款利息高，没有风险。甚至向有些集资参与人出示银行的批贷材料以证明借款系用于倒贷。但是在案证据足以证实王某国非法集资后，绝大部分集资款都是用于归还集资参与人的借款及支付高息，弥补以前借款造成的巨额亏空，属于典型的“拆东墙补西墙”、借新债还旧债。王某国对集资款的使用不是一种正当的生产经营行为，一旦资金链断裂，必然会造成巨额经济损失。

第二，王某国是否有归还集资款的能力。经查，孟某2证明其从王某国处借款用于生产经营，不但没有赚到钱，而且还赔了上千万元，其将相关情况告诉过王某国。王某国为孟某2提供担保并偿还巨额民间借贷欠款，不但从未让孟某2提供过担保，亦未采取过其他补救措施，而且越借越多，从心态上起码是放任损失结果的发生。王某国及其妻子的工资收入一般，与巨额债务相比只能是杯水车薪，孟某2给王某国打了2.5亿元的欠条，其中本金大概只有3000万元，虽然孟某2认可欠王某国本金和利息，但是上亿元的欠款，从孟的经济实力和企业经营业绩看，不可能得到有效清偿。所谓“欠条”对于王某国来讲就是自欺欺人、画饼充饥。故王某国所提自认为孟某2有能力归还其欠款的理由，与事实不符，不能成立。现有证据证明丁某、孟某3所欠王某国的本金不足500万元。王某6证大连万达广场投资有限公司欠其约170万元工程装修款，拟抵顶给其房产，王某6带领王某5只是交纳了意向金5万元，后续手续因故未办清，房产未能实际取得。综上可见，王某国并没有大量真实债权。王某国身为银行从业人员，对自己无能力偿还巨额集资亏空应当是明知的。

第三，非法集资案件中，集资参与人的贪利性决定其铤而走险，受高利诱惑不注意风险防控，但这并不能否定被告人非法占有的主观心态，不能用集资参与人的过失来抵顶被告人的犯罪故意。一审判决主张“王某国仅以倒贷之名并不能欺骗集资参与人，集资参与人是为了获取高额利息”，从而否定被告人具有非法占有的主观心态不妥。

……

综上，王某国始终谎称借款用于企业倒贷或代办理财产品，但是集资后并未将大部分钱款用于所谓的“生产经营”，而是用于偿还旧债和支付高息，符合司法文件“用于生产经营活动与筹集资金规模明显不成比例，致使集资款不能返还的”“明知没有归还能力而大量骗取资金的”“归还本息主要通过借新还旧来实现的”等认定非法占有目的的情形。检察机关的抗诉有理，应当予以支持。辩护人辩护所提借新还旧、大量还本付息的行为不是非法占有表现，反而说明王某国没有非法占有目的的辩护理由，不能成立，不予采纳。辩护所提王某国将集资款用于偿还集资人的本息，另有一部分借给他人，无挥霍和携款潜逃行为的理由，经查属实，但这些行为亦不能否定王某国没有非法占有的故意。辩护所提本案更符合破坏金融管理秩序罪，而不具备诈骗罪特征的意见，与事实和法律规定不符，不能支持。

本院认为，原审被告人王某国以非法占有为目的，使用诈骗的方法集资，致使众多集资参与人6900余万元不能返还，其行为已经构成集资诈骗罪，且犯罪数额特别巨大，依法应予惩处。原判决认定的事实和适用法律错误，应当依法予以纠正。河北省人民检察院抗诉意见应予支持。根据王某国犯罪的事实、犯罪的性质、情节和对于社会的危害程度，依照《中华人民共和国刑法》第一百九十二条、第六十四条、《中华人民共和国刑事诉讼法》第二百三十六条第一款第（三）项、第二百四十四条、《最高人民法院关于审理非法集资刑事案件具体应用法律若干问题的解释》第四条的规定，判决如下：

一、维持河北省廊坊市中级人民法院（2019）冀10刑初55号刑事判决第二项，即被告人王某国违法所得人民币6933.5722万元，继续予以追缴并返还给被害人；不足部分，责令被告人王某国退赔。

二、撤销河北省廊坊市中级人民法院（2019）冀10刑初55号刑事判决第一项，即被告人王某国犯非法吸收公众存款罪，判处有期徒刑八年，并处罚金人民币四十万元。

三、原审被告人王某国犯集资诈骗罪，判处无期徒刑，剥夺政治权利终身，并处没收个人全部财产。

2. 控辩双方多项争议的布局安排

在二审裁判文书中，如果控辩双方有多项争议，在具体说理中针对各争议焦点的布局和出场安排，也要遵循思维规律，以使阅读者能够自然而然地得出结论。根据具体案情不同，有以下两种模式供参考。

（1）双方在事实认定、罪名适用、量刑情节及刑罚裁量均有争议的情形。对此，裁判文书可以分别进行评判说理，并在每个争议焦点的标题中或结尾处明确法院的裁判意见。最后在“本院认为”部分，简单写明原判认定事实是否清楚、定罪是否准确、量刑是否适当、对控辩双方理由是否采纳或支持等，并引用法律规定，作出裁判结论。如果在分焦点评判时未明确表述结论，则需要在“本院认为”部分综合表述一下案件的定罪、量刑情节及刑罚裁量理由，以使裁判理由更加清晰，裁判文书的可读性也更强。

（2）控辩双方对个别事实认定、此罪彼罪、个别量刑情节或量刑轻重产生争议的情形。裁判文书可以分别进行评判说理，在“本院认为”部分，就必须具体明确地表述案件的定罪、被告人的主要量刑情节及刑罚裁量的具体理由等。

关于“本院认为”部分对控辩双方意见是否支持的具体表述方法，也可分为两种情形：

（1）控辩一方所提上诉、辩护意见或者抗诉（出庭意见）均不能成立的情形，在评判说理部分已经作出分析，并提出意见是否成立的结论，在“本院认为”部分可以笼统地表述为“被告人×××及其辩护人的上诉、辩护意见均不能成立，不予采纳”“×××检察院的抗诉（出庭）意见不能成立，不予支持”。

（2）控辩中一方提出多项意见且其中部分成立的情形。如果裁判结果仍然是维持原判，在“本院认为”部分可以表述为“被告人×××及其辩护人请求改判××罪（或者改判较轻刑罚）的上诉、辩护意见不能成立，不予采纳”“×××检察院的建议维持原判的抗诉（出庭）意见予以支持”；如果裁判结果是在支持部分控辩意见基础上对一审判决内容予以变动，在“本院认为”部分可以根据改判内容不同，有针对性地表述对控辩意见中的某一具体意见予以采纳或者支持。

示例2－4－9 | 吉某强故意伤害案二审刑事裁定书[1]（多项抗辩意见部分采纳部分不采纳的文书说理布局）

本案中，被告人吉某强、张某辉与被害人吉某2、陈某1等人在KTV内发生争吵，双方各自纠集人员欲斗殴，民警接到报警后到现场制止，双方散去。吉某2等人又持木棍等工具在三岔路口守候，欲堵截并殴打张某辉和吉某强。吉某强、张某辉二人分别驾驶摩托车先后经过三岔路口时，吉某2等人手持木棍上前殴打吉某强和张某辉，吉某强拔出水果刀对吉某2等人一阵猛捅，致1人死亡、1人重伤二级等；张某辉从现场青年手中抢过木棍、长柄钩刀跟对方对打，并追砍吉某5等人，致2人轻伤二级。一审判决认定二人构成故意伤害罪的共同犯罪。二被告人均上诉称不是共同犯罪，行为属于正当防卫且不存在防卫过当，请求宣告无罪。二审判决书在评析上诉理由时，按照“吉某强、张某辉的行为依法构成正当防卫”“吉某强的正当防卫行为明显超过必要限度”“二人的行为不构成共同犯罪”“张某辉的行为单独构成故意伤害罪”等四个方面，层层递进。在每个争议焦点评析中，都在末尾对检辩双方的意见是否成立、是否采纳明确表达意见。在“本院认为”部分直接拿出对原判部分维持、部分改判的意见，可谓水到渠成。

针对上诉人、辩护人的上诉理由、辩护意见及检察员的出庭意见，结合本案的事实、证据，依据法律的规定，本院综合评判如下：

（一）上诉人吉某强、张某辉的行为依法构成正当防卫。

《中华人民共和国刑法》第二十条第一款规定：……。本案中，……。

---

[1] 海南省高级人民法院刑事裁定书，（2017）琼刑终72号，第二届全国法院“百篇优秀裁判文书”。

原审判决对此认定正确。二审期间，控辩双方对此亦不持异议。认定上诉人吉某强、张某辉的行为依法构成正当防卫是本案适用法律的前提和基础。

（二）上诉人吉某强的正当防卫行为明显超过必要限度，已造成重大损害。

本案中，……。原判认定上诉人吉某强属于防卫过当，构成故意伤害罪，判处有期徒刑六年，适用法律正确，定罪准确，量刑适当。检察员关于上诉人吉某强的出庭意见正确，应予支持。上诉人吉某强上诉及其辩护人辩护认为吉某强的行为属于正当防卫、依法不构成犯罪的意见不成立，不予采纳。

（三）上诉人吉某强、张某辉的行为不构成共同犯罪。

共同犯罪是指……。本案中，……。原判认定张某辉与吉某强在打斗过程中形成共同犯罪的犯意联络，属于事中通谋的共同犯罪，适用法律错误。上诉人吉某强防卫过当的责任，应由其本人承担。上诉人吉某强、张某辉及辩护人关于吉某强、张某辉不构成共同犯罪的上诉理由和辩护意见予以采纳。

（四）上诉人张某辉在防卫的过程中故意伤害他人身体，已构成故意伤害罪，应当承担刑事责任。

……上诉人张某辉及其辩护人认为张某辉不构成犯罪的意见不成立，不予采纳。但原判基于共同犯罪中共同犯罪人对全案犯罪后果共同负责，对上诉人张某辉判处刑罚，量刑过重，应予改判。

（五）关于本案附带民事诉讼原告人的上诉理由和附带民事部分的处理。

……

本院认为，原判认定的事实清楚，证据确实充分，定罪准确，审判程序合法。对上诉人吉某强量刑适当，应予维持。认定吉某强、张某辉构成共同犯罪，适用法律错误，应予纠正。对上诉人张某辉量刑过重，应予改判。附带民事部分的判决不当，应予改判。上诉人吉某强上诉及其辩护人辩护认为吉某强、张某辉不构成共同犯罪的意见正确，予以采纳，但认为吉某强、张某辉不构成犯罪的意见不成立，不予采纳。原审附带民事诉讼原告人的上诉理由不能成立，不予支持。出庭检察员出庭意见的正确部分予以采纳。依照《中华人民共和国刑法》第二百三十四条、第三十六条、第二十条第一款、第二款及《中华人民共和国刑事诉讼法》第二百二十五条第一款第（一）、（二）项之规定，[①] 判决如下：

一、维持海南省第一中级人民法院（2016）琼96刑初85号刑事附带民事判决第一项、第四项，即被告人吉某强犯故意伤害罪，判处有期徒刑六年；驳回附带民事诉讼原告人吉某1、高某1、吴某、吉某3、吉某4的其他诉讼请求。

二、撤销海南省第一中级人民法院（2016）琼96刑初85号刑事附带民事判决第二项、第三项，即被告人张某辉犯故意伤害罪，判处有期徒刑三年；被告人吉某强、张某辉连带赔偿附带民事诉讼原告人吉某1、高某1、吴某、吉某3、吉某4人民币21 206.15元，限于判决生效之日起三十日内付清。

三、上诉人（原审被告人）张某辉犯故意伤害罪，判处有期徒刑一年十个月。

四、上诉人（原审被告人）吉某强赔偿附带民事诉讼原告人吉某1、高某1、吴某、吉某3、吉某4人民币21 206.15元。限于本判决生效之日起三十日内付清。

示例2－4－10 佟某华私分国有资产、受贿案二审刑事判决书[②]（多被告人多罪名多争议的说理布局安排）

本案一审判决认定被告人佟某华构成贪污罪、挪用公款罪、受贿罪等，犯罪事实也比较多。被告人佟某华及辩护人从证据采信、法律适用、事实认定、行为定性等多个方面提出辩解、辩护意见，控辩双方意见繁杂，分歧众多。如何处理二审裁判文书的谋篇布局和结构层次，就非常重要。二审判决

---

① 此判决书所引用法律条款为当时有效的2012年《刑事诉讼法》第225条，即2018年修正后《刑事诉讼法》第236条规定。

② 安徽省高级人民法院刑事判决书，（2016）皖刑终7号，首届全国法院“百篇优秀裁判文书”。

书结合案件具体情况，先对争议证据的合法性作出分析评判，为后面的事实认定方面的争议分析奠定基础；又对本案涉及法律文件、司法解释的溯及力问题进行分析，为后面的行为定性争议的分析奠定基础；再针对一审判决认定的三个罪名，逐一分别对事实认定争议和行为定性争议作出评判，尤其在受贿罪部分，先对被告人的主体身份这一基础问题进行分析，为评判具体收受财物事实的定性争议确定了前提。在每个争议焦点的说理部分末尾，都以“综上，……”的形式，明确表述检辩双方的意见是否成立，是否采纳。整个说理结构可谓层次清晰，论证充分，结论明确。

对佟某华、牛某的上诉理由，佟某华辩护人的辩护意见，出庭检察员的出庭意见，本院主要按照诉讼程序、法律适用、性质认定的顺序，作如下的综合评判：

一、关于本案证据的合法性问题

（一）关于佟某华在侦查阶段的有罪供述。……

（二）关于对某汽车运输总公司改制时所涉内行利息、交建基金、客运跨区贷方余额的司法鉴定。……

（三）关于佟某华申请通知相关证人出庭作证的问题。……

（四）关于部分言词证据与相关人员在接受阜阳市纪委调查时的相应询问材料不一的问题。……

综上，佟某华及其辩护人关于佟某华供述、相关证人证言、司法鉴定结论等合法性问题的上诉理由、辩护意见，均不能成立，本院不予采纳。

二、关于2010年《意见》的溯及力问题

……

三、关于原判认定的贪污行为

（一）关于内部银行利息的问题。……

（二）关于交建基金（或称客运附加费）的问题。……

（三）关于客跨科目贷方余额的问题。……

（四）关于佟某华、牛某在某汽车运输总公司改制时隐匿内行利息303.2251万元，佟某华指使他人重复计提交建基金382.296万元的性质。……

综上，……

四、关于原判认定的挪用公款行为

……

五、关于原判认定的受贿行为

（一）关于佟某华受贿罪的主体身份问题。……

（二）关于佟某华向杨某乙、邓某乙、李某丙等人“借款”性质的问题。……

（三）关于佟某华于2002年收受杨某乙7万元、2007年收受杨某乙装修款35万元的问题。……

（四）关于佟某华向程某1“借款”30万元的问题。……

（五）关于佟某华收受刘某2两幅书法作品的问题。……

（六）关于佟某华收受金龙汽车公司价值2万余元手表的问题。……

综上，……

本院认为，……

示例2-4-11 嘉外国际贸易有限公司、刘某刚销售伪劣产品案二审刑事裁定书[①]（多个争议焦点在排序时应注意逻辑先后关系）

本案中，被告单位嘉外国际贸易有限公司（以下简称嘉外公司）法定代表人、总经理刘某刚通过从华源饮料有限公司（以下简称华源公司）走账的形式，将一批已经过期的奶粉、奶酪销售给尚某某经营的润恒帅公司。2016年1月25日，嘉外公司将存放在林杰物流公司（以下简称林杰公司）和申宏冷藏储运公司（以下简称申宏公司）仓库的过期奶粉和奶酪分别移库至润恒帅公司。二审刑事裁定书针对嘉外公司及刘某刚的上诉意见和检察机关意见，总结为七个方面，分别进行了分析论证。首先分析了涉案奶粉的实际买家争议，确定了实际买家为润恒帅公司；接着分析了涉案奶粉的销售时间，

---

① 上海市高级人民法院刑事裁定书，（2018）沪刑终56号，第三届全国法院“百篇优秀裁判文书”。

在此基础上进一步分析了涉案奶粉销售时是否过保质期；继而分析了被告人主观上是否明知涉案奶粉当时已过保质期；最后在销售伪劣产品事实可以认定的前提下，分析了被告单位是否构成单位犯罪。整个分析过程可以说是环环相扣，直逼答案。

根据已查明的事实和证据，本院对各方意见综合评判如下：

一、华源公司是否系涉案奶粉实际买家的问题

经查：1. ……

本院认为，根据相关证据……故应认定涉案奶粉的实际买家系尚某某的润恒帅公司。

二、涉案奶粉销售时间是否应认定为2016年1月15日的问题

……

三、涉案奶粉是否超过保质期及数量的问题

……

四、上诉人刘某刚主观是否明知的问题

……

五、上诉单位嘉外公司是否构成单位犯罪的问题

……

六、林杰公司出库明细表是否系非法证据的问题

……

七、上诉人刘某刚是否受到刑讯逼供的问题

……

综合上述评判意见，本院确认，原判认定上诉单位嘉外公司、上诉人刘某刚犯销售伪劣产品罪的事实清楚，证据确实、充分，适用法律正确，量刑适当，审判程序合法。上诉单位嘉外公司、上诉人刘某刚的相关上诉理由及辩护人的相关辩护意见与所查明事实和法律规定不符，均不予采纳。上海市人民检察院建议驳回上诉，维持原判的意见正确，应予支持。据此，依照《中华人民共和国刑事诉讼法》第二百三十六条第一款第（一）项之规定，裁定如下：

驳回上诉，维持原判。

二、说理的语言

裁判文书的说理是种对象性活动，说理的目的是获得裁判文书受众的认同。“说理是双向的，既与‘说者’有关，也与‘听者’有关。裁判说理不能仅仅考虑‘谁在说理’，还必须考虑‘向谁说理’。”① 一般而言，裁判文书作为控辩双方向法院求得的一个“说法”，法院的裁判理由首先是说给当事人及其辩护人、代理人听，其次是上级法院，然后才是社会公众。因此，“法官在撰写裁判文书的过程中应当尽可能考虑当事人的认知能力、认知水平，在不影响判决证成的前提下，以最易于当事人理解、接受的方式进行说理”。② 最高人民法院《裁判文书释法说理指导意见》第15条提出“裁判文书行文应当规范、准确、清楚、朴实、庄重、凝炼”，这是对裁判文书语言运用的总要求。“规范、准确、清楚”是对文字承载信息准确性的要求，“朴实、庄重、凝炼”是对文字表述风格的要求。③ 裁判文书一旦生效，即具有法律效力，就会成为理解和执行裁判结果的依据，因此语言表述应当“规范、准确、清楚”，必须意义非常清晰，不能有歧义。同时，裁判文书作为国家机关公文，主要读者是当事人和普罗大众，语言必须质朴实在，不奢侈，不浮夸，没有多余的词句，防止累赘，更不能哗众取宠。笔者认为，刑事判决书说理的语言应当达到以下三项基本标准。

（一）简练易懂，说理紧凑而又充分

作为裁判文书的主要阅读者，当事人及代理人或者辩护人的需求有二：一是知道裁判结果是什么，二是知道法院作出这种裁判的理由又是什么。判决书要为作为普通群众的当事人所接受，首先必须用通俗易懂、平实准确的语言，让人读得懂、看得明白，领会其中传达的道理；其次必须语言简练，

---

① 万毅、林喜芬：《从“无理”的判决到判决书“说理”——判决书说理制度的正当性分析》，载《法学论坛》2004年第5期。

② 杨贝：《裁判文书说理写作四步法》，载《中国应用法学》2022年第1期。

③ 胡仕浩、刘树德：《新时代裁判文书释法说理的制度构建与规范诠释（下）——〈关于加强和规范裁判文书释法说理的指导意见〉的理解与适用》，载《法律适用》2018年第18期。

在确保准确表述的前提下，慎用笔墨，“用人民群众易于接受的表达方式，说清裁判的依据和思路，讲明裁判的道理和规则”。①

有的裁判文书一进行证据分析，就摆出证据的“三性”，却不对“三性”进行阐释，直接拿来就用，很多时候当事人看不明白，社会公众更是一头雾水，这是应当加以避免的。证据的合法性是指证据的形式及来源合法，即由法定的取证主体（司法机关、辩护人或代理律师）以合法过程取证，取得证据的形式也符合法律规定；证据的客观性是指证据的内容与其他在案证据相互印证，或与生活常理相符；证据的关联性是指证据证明的内容与案情存在直接关联，能够在一定程度上证明案件事实。如果在证据分析认证时，将证据“三性”的实际道理与证据具体情况相结合，说明采信与否的具体理由，则可能更易为当事人所接受。

有的裁判文书在对法律适用说理时则过于学术化，将案件法律适用争议延伸到理论争议，并进行深入探索和分析，这种做法既增加了主要受众——当事人的阅读难度，又过分拖延了阅读的时间，并不值得借鉴。或许在案件中存在对是非该如何判断、对法律如何理解的争议，但阅读者的需要是裁判者明确说出其对法律是如何理解的，必要的话可以进一步说明这种理解的主要依据，大多数情况下阅读者并没有根据裁判文书展开联想、探索甚至理论探讨的需要。更为适当的做法是根据常识、常情、常理，运用当事人或普罗大众能够理解的平实语言，将案件中的事理、情理和法理紧凑而又全面地讲述出来。当然，在说理论证的过程中，不可避免会运用到一些专业的法律术语，进行必要的解释也是应当的，但说出裁判者的理解与观点即可，并没有上升到理论层面进而扩大论证范围、引经据典展开研究的必要。毕竟，对裁判是否适当的主要评价者是控辩双方和上级法院，说理的对象也主要是这些人。“法学学说与司法个案的契合性，不在于不厌其烦论证法律学说的涵摄，

① 于同志：《刑事判决的证据说理》，载《人民法院报》2017年11月22日，第6版。

而系补强司法裁判的合理性、恰当性，否则就会有舍本逐末之嫌。”① 裁判者对相关法律理论争议和价值选择争议的深入论证，完全可以放到一篇专业的案例分析或论文中去进行。

（二）用语中性，理性、克制表达情感

司法本身是人为设计的理性活动，理性是确保判决公正的必要条件，也是司法权威的基础。裁判文书的说理，就是要向当事人和社会公众说明裁判结论是理性思考和判断的结果，而不是非理性的擅断。作为裁判理由的展示，说理的语言不宜过分宣示裁判者的个人感性认识，不宜运用华丽的辞藻进行煽情，并尽量避免掺杂文书制作者个人好恶的褒义词或贬义词。最高人民法院《裁判文书释法说理指导意见》第 15 条要求“裁判文书释法说理应当避免使用主观臆断的表达方式、不恰当的修辞方法和学术化的写作风格，不得使用贬损人格尊严、具有强烈感情色彩、明显有违常识常理常情的用语”。有的判决书，对当事人的人品、理性、人生态度等，使用华丽的辞藻进行描述，或善良或凶恶，或努力或懒惰，或冷静或暴躁，洋洋洒洒，极力渲染，作出过分肯定或者否定的评价，希望能向社会公众展示裁判者站在道德的“制高点”上，或者展示所谓的裁判的“温度”，作为裁判正当性的依据。殊不知这样做已经丧失了裁判者应有的“中立”地位，既容易引发当事人的辩解或者争议，也使得本应成为裁判主要依据的法律行为被忽视，没有给予必要的分析、说理。

尤其是针对同一种情形，不同的人基于各自的人生经历、世界观和价值观、职业特点、财产状况等，会有不同的判断，并基于此作出不同的选择和决定。当事人的人品、理性这些带有主观色彩的事项，本身就难以通过证据进行认定，更没有统一判断标准，一般情况下，不应成为裁判的考虑依据。裁判者个人的感性认知，更不能代替法律成为裁判的标准或者标准之一。裁判的温度，是指厘清争议事项的来龙去脉，讲透事理，切实理解当事人面临的境况，

① 刘树德、王坤：《裁判文书援引法律学说说理的价值证成与规则建构》，载《湖湘法学评论》2022 年第 2 期。

阐明情理，再严格以事实为根据，以法律为准绳，作出一个切实考虑各方合法利益的裁判，从而展示裁判者的襟怀坦荡和对普通民众的同感共情。法律写作应当始终是理性的、克制的，即使必须表达情感，也须以理性的方式来进行，而不是在裁判文书中简单地用语言来煽情。法律虽有维护道德准则的功能，但不能以维护道德为主要追求，符合道德准则的行为值得弘扬，但对不合道德准则的行为也不能在裁判中一概予以否定性评价，否则就会出现道德准则代替法律成为裁判标准的情况，法律审判变成了“道德审判”，从而对普通民众提出过高的要求，背离了法治的本来之义。

例如，在一起交通肇事案件的二审刑事判决书中，述及“就本案而言，被告人作为纪检工作人员，本身应比普通公民更加严格要求自己，更加模范遵守法律法规。法院在评估对被告人是否适用缓刑时，应该充分考虑到本案判决对于社会公众严格遵守道路交通安全法规、高度尊重生命价值、充分信任司法公正的积极正面导向。一审法院将被告人系纪检干部作为对其不适用缓刑的理由之一，并无不当”。这一说法，就有强词夺理之嫌。我国刑法针对诬告陷害罪、非法拘禁罪等个别犯罪，有对国家工作人员实施该犯罪从重处罚的规定，但并未将国家工作人员或公职人员犯罪作为一个普遍适用的酌定从重或从严情节。对国家公务人员或党员模范遵守法律的要求，追求的是树立国家机关和政党形象这一政治价值，是一种道德要求，至多是行政法上的义务，裁判者不能从个人感性认识出发，将其上升为刑法上的义务，并将国家公务人员没有遵守法律作为排除适用缓刑的依据。

（三）态度明确，法律适用不能模棱两可

法律文书是对案件的裁判结果，法院针对控辩双方的事实认定争议和法律适用争议，必须明确支持哪一方的观点或者明确法院自己的观点，给出一个明确的结论，这是法院裁判定分止争基本功能的必然要求。裁判文书释法说理应讲究文理，遵循形式逻辑，形式逻辑的基本原理为排中律，“排中律

要求司法判决要立场鲜明、是非明确，不能观点含糊，模棱两可”。[①] 尤其是相关证据能否采纳，争辩事实、情节能否认定，相关量刑情节的法律效果等，必须结合案情，使用肯定性语气，明确表明具体效果，而不能使用模棱两可的语言。

我国刑法对于未成年人犯罪、防卫过当、避险过当、犯罪中止、从犯等从宽情节，规定的都是应当从轻或减轻处罚、应当减轻或者免除处罚；对于累犯、国家机关工作人员实施的非法拘禁罪、诬告陷害罪，司法工作人员实施的虚假诉讼罪、妨害作证罪或帮助毁灭、伪造证据罪等，规定的都是应当从重处罚；对于老年人犯罪、精神病人犯罪、又聋又哑的人犯罪、犯罪预备、犯罪未遂、教唆犯、自首、立功等情节，规定的都是可以从轻、减轻处罚或者免除处罚等。对此，应当予以区别对待。

（1）对于刑法规定的“可以型”从宽情节，必须结合具体案情明确是否依法从宽处罚。

（2）对于法律规定具有多种作用的犯罪情节，比如“可以从轻或减轻处罚”，必须明确表述对本案被告人是“依法予以从轻处罚”还是“依法予以减轻处罚”，并说明具体理由，而不能模糊表述为“依法可以从轻处罚”或者“依法可从轻或减轻处罚”，而没有一个明确的态度。不给出确定性的结论就谈不上裁判，只会产生进一步的争议，因为当事人或读者难以明白最终的裁判结果究竟有没有给予从宽处理，是从轻处罚还是减轻处罚。

（3）对于同一被告人既具有从重处罚情节，又具有从宽处罚情节，比如既有累犯情节又有自首或者坦白等从宽情节，因为从重处罚情节都是“应当型”情节，而部分从宽情节是“可以型”情节，应当对被告人犯罪的动机（原因）、性质、手段、后果及相关情节的法律价值大小、有无冲突等进行综合分析，在此基础上，明确是否从宽处罚。比如一被告人罪行十分严重，累犯的前罪与本次犯罪性质相同，说明其主观恶性和人身危险性极大，反证自

① 胡仕浩、刘树德：《新时代裁判文书释法说理的制度构建与规范诠释（上）——〈关于加强和规范裁判文书释法说理的指导意见〉的理解与适用》，载《法律适用》2018 年第 18 期。

首表现并未减少其主观恶性，因此可评价为“虽有自首情节，不予从宽处罚”。

示例2－4－12 周某云等集资诈骗案一审刑事判决书①（同一被告人有多种量刑情节的应明确最终评价结果）

周某云、周某1、曹某、田某升、黄某、翟某奇、张某东在共同集资诈骗犯罪中起主要作用，系主犯；吴某、张某、刘某纲、周某2、肖某在共同集资诈骗犯罪中起次要作用，系从犯，依法可以从轻或减轻处罚。被告单位及各名被告人均具有自首情节，周某1、田某升、黄某、翟某奇、张某东、张某、刘某纲、周某2、吴某、肖某在案发后退赔了部分钱款（也即部分被告人具有2个或3个从宽情节——作者注）。周某云、田某升虽有自首或退赃情节，但周某云系善林金融公司及“善林系”企业的实际控制人，田某升系善林金融公司执行总裁，且个人获取巨额违法所得，两人参与集资诈骗数额特别巨大，给被害人造成特别巨大经济损失，故不能对该两人从轻处罚。综合其余各名被告人的犯罪事实、性质、情节和对社会的危害程度，本院决定对周某1、曹某、黄某、翟某奇、张某东、周某2、肖某从轻处罚，对吴某、张某、刘某纲减轻处罚。

示例2－4－13 于某故意伤害案二审刑事附带民事判决书②（同一情节有多种量刑影响的要明确实际影响）

本院认为，上诉人于某持刀捅刺杜某2等四人，属于制止正在进行的不法侵害，其行为具有防卫性质；其防卫行为造成一人死亡、二人重伤、一人轻伤的严重后果，明显超过必要限度造成重大损害，构成故意伤害罪，依法应负刑事责任。鉴于于某的行为属于防卫过当，于某归案后能够如实供述主要罪行，且被害方有以恶劣手段侮辱于某之母的严重过错等情节，对于某依

① 上海市第一中级人民法院刑事判决书，（2019）沪01刑初26号，第四届全国法院“百篇优秀裁判文书”。

② 山东省高级人民法院刑事附带民事判决书，（2017）鲁刑终151号，属于热点案件裁判文书。

法应当减轻处罚。

（四）设置"路标"，方便读者跟进论证思路

裁判文书的读者往往希望在最短的时间内了解裁判观点以及法官就此提出的理由，因此明确、清晰地阐明观点和思路十分重要。在语言运用上，采取设置"路标"的方法可以使整体的论证思路更加明晰，最大限度地方便读者跟进思路。"这些'路标'大概有三种：一是标题，即通过设置层次分明的标题使读者了解各部分内容的主旨所在；二是段首句，将关键句置于句首，让读者迅速了解本段内容；三是总结，通过在文末总结，在各部分末尾小结的方式，帮助读者回顾、记忆结论和论点形成的主要思路。"① 在论证说理中设置"路标"的做法，在前面所举优秀裁判文书的示例中十分常见，这里不再一一示例。

三、法律条款的引用

按照《法院刑事诉讼文书样式》要求，裁判文书在裁判结果部分必须写明裁判结果形成所依据的法律条款，即"根据《中华人民共和国刑法》（或《中华人民共和国刑事诉讼法》）第××条、第××条……之规定，判决（或裁定）如下：……"。引用法律条款是裁判文书说理部分的重要内容，也是下一诉讼阶段审查裁判适用法律是否适当的重要依据。法律条款的引用顺序，一定要符合思维的逻辑习惯。不同的裁判文书类型，按照裁判结果不同，引用法律条款的要求也不相同。以下分一审案件刑事判决书（定罪）、二审案件刑事裁判文书、刑事附带民事裁判文书、宣告无罪的刑事判决书、再审案件刑事裁判文书五种常见情况，分别予以介绍。

（一）一审案件刑事判决书

一审案件经审理确定被告人有罪的，在裁判结果部分引用法律条款，应当先引用具体罪名条款（定罪），再引用总则中的相关量刑情节的条款；如果涉及新旧刑法的选择适用，则应当先引用《刑法》第12条作为确定适用

① 杨贝：《裁判文书说理写作四步法》，载《中国应用法学》2022年第1期。

新刑法或旧刑法的依据，再引用罪名条款和量刑情节的相关条款；量刑情节的适用和量刑的具体依据涉及司法解释运用的，还要引用司法解释的具体条款。对于未认定的量刑情节，或者未支持的量刑请求，相关刑法条文或者司法解释可以在具体说理中引用作为论据，但在裁判结果部分，就不需要再引用相关法律规定。比如，对于控方或辩方主张被告人具有自首或者立功情节，经审理认为被告人不构成自首或者立功的，或者认定构成自首或者立功但根据案件具体情况不予从轻、减轻处罚的，在控辩理由分析部分可以引用相关法律规定加以论证，但在裁判结果部分就没有必要再引用相关条款。

关于刑法总则中有关条款的引用顺序，没有规范性文件作出要求，实践中有的按照刑法条文的先后顺序，有的则按照说理的先后顺序。笔者认为，从一般人的思维习惯，可以按照以下顺序排列：《刑法》分则中的定罪条文，第61条（量刑的根据），第22～24条（犯罪停止形态），第25～29条（共同犯罪中的地位），第17～19条（刑事责任能力），第65～68条（累犯、自首、立功），第48～50条（死刑、死缓、限制减刑的适用），第52条、第55～57条、第59条（附加刑的适用），第69～71条（数罪并罚），第72～74条（缓刑适用），第64条（违法所得和犯罪所用之物的处理），第37条之一（职业禁止）。之所以建议以上顺序，是因为按照一般人的思维顺序，首先是确定被告人构成的罪名，然后是量刑的整体依据即第61条，之后是根据犯罪停止形态确定整体犯罪的基础刑，进而考虑各被告人的共同犯罪地位对各自的基础刑作出调整，再考虑部分被告人的刑事责任能力特殊性及其他反映主观恶性和人身危险性的情节对量刑作出修正，主刑确定后考虑附加刑的量定，多个罪名的案件在各个罪名的量刑基础上进行并罚，确定自由刑刑期后再考虑能否适用缓刑，最后是涉案财物处理、被告人职业禁止等。具体案例可见以下二审改判案件的写法示例。

（二）二审案件刑事裁判文书

二审案件裁判结果为改判的，需制作刑事判决书或刑事附带民事判决书；裁判结果为维持或者发回重审的，需制作刑事裁定书或刑事附带民事裁定书。

1. 二审案件经审理作出改判

刑事判决书需要同时引用刑事实体法和程序法的条款。根据最高人民法院《关于裁判文书引用法律、法规等规范性法律文件的规定》第 2 条的规定，裁判文书同时引用实体法和程序法的，应当先引用实体法，再引用程序法。因此二审刑事判决书要先引用《刑法》相关条款，作为改判的实体法依据，具体引用方法与一审刑事判决书相同；再引用《刑事诉讼法》第 236 条第 1 款第 2 项（适用法律错误改判）或第 3 项（一审认定事实不清，二审查清事实后改判），作为改判的程序法依据。[①] 有时还需要引用《刑事诉讼法》第 237 条（上诉不加刑条款），[②] 作为二审改变一审罪名认定但对量刑不作变化的法律依据。

2. 二审案件经审理决定维持原判或者发回重审

此时需要作出刑事裁定书。[③] 刑事裁定书一般只引用《刑事诉讼法》关于维持或发回的相关条款，维持原判的一般只引用《刑事诉讼法》第 236 条第 1 款第 1 项之规定；发回重审的，又分为以原判事实不清为由的发回重审和原判违反法定程序的发回重审，前者引用《刑事诉讼法》第 236 条第 1 款第 3 项的规定，后者引用《刑事诉讼法》第 238 条和《刑事诉讼法解释》第

---

① 《刑事诉讼法》第 236 条第 1 款规定："第二审人民法院对不服第一审判决的上诉、抗诉案件，经过审理后，应当按照下列情形分别处理：（一）原判决认定事实和适用法律正确、量刑适当的，应当裁定驳回上诉或者抗诉，维持原判；（二）原判决认定事实没有错误，但适用法律有错误，或者量刑不当的，应当改判；（三）原判决事实不清楚或者证据不足的，可以在查清事实后改判；也可以裁定撤销原判，发回原审人民法院重新审判。"第 2 款规定："原审人民法院对于依照前款第三项规定发回重新审判的案件作出判决后，被告人提出上诉或者人民检察院提出抗诉的，第二审人民法院应当依法作出判决或者裁定，不得再发回原审人民法院重新审判。"

② 《刑事诉讼法》第 237 条第 1 款规定："第二审人民法院审理被告人或者他的法定代理人、辩护人、近亲属上诉的案件，不得加重被告人的刑罚。第二审人民法院发回原审人民法院重新审判的案件，除有新的犯罪事实，人民检察院补充起诉的以外，原审人民法院也不得加重被告人的刑罚。"第 2 款规定："人民检察院提出抗诉或者自诉人提出上诉的，不受前款规定的限制。"

③ 需要注意，这是刑事二审和民事二审的不同之处，民事二审案件一般采用判决的方式维持一审判决。

406 条的相关规定，[①] 但不需要再引用《刑事诉讼法》关于公开审判、回避、当事人法定诉讼权利、审判组织的组成等问题的具体规定。

示例 2－4－14 | 吕某辉故意杀人案二审刑事裁定书[②]（二审改判的法律依据）

本案被告人吕某辉一审被判处死刑，二审作出改判。二审判决书在裁判法律依据部分，先引用实体法，即《刑法》第 232 条（故意杀人罪）、第 61 条（量刑根据）、第 67 条第 1 款（自首）、第 48 条第 1 款（死刑或死缓的适用）、第 57 条第 1 款（剥夺政治权利的适用）、第 50 条第 2 款（限制减刑）等条款；再引用程序法，即《刑事诉讼法》第 236 条第 1 款第 2 项（改判）的条款。

本院认为，上诉人吕某辉持尖刀故意捅刺他人颈部等要害部位数刀，致人死亡，其行为已构成故意杀人罪。吕某辉对被害人与其分手不能释怀，有预谋地报复杀害被害人，其主观恶性极大，犯罪手段残忍，罪行极其严重，依法本应严惩；鉴于本案因恋爱纠纷引发，吕某辉有自首情节，根据本案具体情况，对吕某辉判处死刑，可不立即执行，但应对其限制减刑。原判审判程序合法，定罪准确，但量刑不当，依法予以纠正。上诉人吕某辉及其辩护人“建议二审对吕某辉从轻处罚”的意见予以采纳。被害人亲属的诉讼代理人的代理意见不予支持。河南省人民检察院检察员的出庭意见予以支持。经本院审判委员会讨论决定，依照《中华人民共和国刑法》第二百三十二条、第六十一条、第六十七条第一款、第四十八条第一款、第五十七条第一款、第五十条第二款和《中华人民共和国刑事诉讼法》第二百三十六条第一款第

---

① 《刑事诉讼法》第 238 条规定：“第二审人民法院发现第一审人民法院的审理有下列违反法律规定的诉讼程序的情形之一的，应当裁定撤销原判，发回原审人民法院重新审判：（一）违反本法有关公开审判的规定的；（二）违反回避制度的；（三）剥夺或者限制了当事人的法定诉讼权利，可能影响公正审判的；（四）审判组织的组成不合法的；（五）其他违反法律规定的诉讼程序，可能影响公正审判的。”《刑事诉讼法解释》第 406 条规定：“第二审人民法院发现原审人民法院在重新审判过程中，有刑事诉讼法第二百三十八条规定的情形之一，或者违反第二百三十九条规定的，应当裁定撤销原判，发回重新审判。”

② 河南省高级人民法院刑事裁定书，（2023）豫刑终 232 号。

（二）项之规定，判决如下：

一、维持河南省漯河市中级人民法院（2023）豫11刑初4号刑事附带民事判决第一项中对被告人吕某辉的定罪部分；

二、撤销河南省漯河市中级人民法院（2023）豫11刑初4号刑事附带民事判决第一项中对被告人吕某辉的量刑部分；

三、上诉人（原审被告人）吕某辉犯故意杀人罪，判处死刑，缓期二年执行，剥夺政治权利终身；

四、对上诉人（原审被告人）吕某辉限制减刑。

本判决为终审判决。

（三）刑事附带民事裁判文书

被害人由于被告人的犯罪行为而遭受物质损失的，在刑事案件起诉到法院以后，有权提起刑事附带民事诉讼，请求判决被告人对其因犯罪受到的损失予以赔偿。在刑事附带民事判决书或裁定书中，不但要针对刑事部分的处理引用相关法律依据，还应针对民事部分的处理引用相关法律依据。刑事部分的法律引用如前所述，民事部分的法律引用包括以下方面。

1. 实体法依据

判决认定被告人构成犯罪，对其科处赔偿义务的，应当引用《刑法》第36条、《刑事诉讼法》第103条及《刑事诉讼法解释》第192条的相关规定作为法律依据。① 有观点认为，在造成人身损害的刑事附带民事诉讼案件中，除引用上述规定外，还应当引用《民法典》第七编“侵权责任”第二章

---

① 《刑法》第36条第1款规定：“由于犯罪行为而使被害人遭受经济损失的，对犯罪分子除依法给予刑事处罚外，并应根据情况判处赔偿经济损失。”《刑事诉讼法》第103条规定：“人民法院审理附带民事诉讼案件，可以进行调解，或者根据物质损失情况作出判决、裁定。”《刑事诉讼法解释》第192条第1款规定：“对附带民事诉讼作出判决，应当根据犯罪行为造成的物质损失，结合案件具体情况，确定被告人应当赔偿的数额。”第2款规定：“犯罪行为造成被害人人身损害的，应当赔偿医疗费、护理费、交通费等为治疗和康复支付的合理费用，以及因误工减少的收入。造成被害人残疾的，还应当赔偿残疾生活辅助器具费等费用；造成被害人死亡的，还应当赔偿丧葬费等费用。”第3款规定：“驾驶机动车致人伤亡或者造成公私财产重大损失，构成犯罪的，依照《中华人民共和国道路交通安全法》第七十六条的规定确定赔偿责任。”第4款规定：“附带民事诉讼当事人就民事赔偿问题达成调解、和解协议的，赔偿范围、数额不受第二款、第三款规定的限制。”

"损害赔偿"的相关规定。笔者认为该观点不妥，主要理由有二：一是《民法典》第 11 条明确规定"其他法律对民事关系有特别规定的，依照其规定"。《刑事诉讼法》第 103 条规定的"人民法院审理附带民事诉讼案件，可以进行调解，或者根据物质损失情况作出判决、裁定"，就属于特别规定。二是《民法典》第七编第二章"损害赔偿"规定了死亡赔偿金、残疾赔偿金、精神损害赔偿等，这些在刑事附带民事诉讼中，除当事人自愿接受外，一般是不予判决赔偿的，如果引用了《民法典》相关规定，很容易引发漏判赔偿项目或适用法律错误的争议。

2. 程序法依据

除了《刑事诉讼法》第 103 条和《刑事诉讼法解释》相关规定外，根据《刑事诉讼法解释》第 201 条"人民法院审理附带民事诉讼案件，除刑法、刑事诉讼法以及刑事司法解释已有规定的以外，适用民事法律的有关规定"之规定，对于《刑事诉讼法》和《刑事诉讼法解释》没有规定的，还应当引用民事诉讼法律的相关条款。主要包括以下几种情形。

（1）一审阶段，针对被害人或其亲属提出的刑事附带民事起诉，作出不予受理、驳回起诉或者驳回诉讼请求的裁判，应当同时引用《民事诉讼法》相关条款。比如国家工作人员利用职权实施的非法拘禁、刑讯逼供以及其他渎职犯罪造成公民人身、财产受到损害的，应当根据《国家赔偿法》相关规定申请行政赔偿或刑事赔偿。如果被害人提起附带民事诉讼的，应当依照《民事诉讼法》第 122 条关于起诉的条件中第 4 项"属于人民法院受理民事诉讼的范围"和第 127 条第 3 项"依照法律规定，应当由其他机关处理的争议，告知原告向有关机关申请解决"之规定，裁定不予受理；① 或者依照最高人民法院《关于适用〈中华人民共和国民事诉讼法〉的解释》（法释

---

① 《民事诉讼法》第 122 条规定："起诉必须符合下列条件：（一）原告是与本案有直接利害关系的公民、法人和其他组织；（二）有明确的被告；（三）有具体的诉讼请求和事实、理由；（四）属于人民法院受理民事诉讼的范围和受诉人民法院管辖。"第 127 条规定："人民法院对下列起诉，分别情形，予以处理：……（三）依照法律规定，应当由其他机关处理的争议，告知原告向有关机关申请解决……"

〔2022〕11 号，以下简称《民事诉讼法解释》）第 208 条第 3 款的规定，裁定驳回起诉。[①]

（2）二审阶段，当事人仅就一审判决的民事部分提出上诉的案件，经审理认为第一审判决的刑事部分并无不当的，根据《刑事诉讼法解释》第 409 条第 1 项的规定，只需就附带民事部分作出处理。其中，二审予以改判、发回重审或维持原判的，应当引用《民事诉讼法》第 177 条第 1 款相关规定；[②]准许或者不准许当事人撤回上诉或者撤回起诉的，应当引用《民事诉讼法》第 180 条及《民事诉讼法解释》第 335 条、第 336 条的相关规定；[③] 当事人双方达成和解的，还要引用《民事诉讼法解释》第 337 条的相关规定。[④]

（3）二审阶段，仅就刑事部分提出上诉、抗诉，一审判决的附带民事部分已经发生法律效力的案件，经审理发现第一审判决、裁定中的附带民事部分确有错误的，根据《刑事诉讼法解释》第 407 条的规定，应当依照审判监督程序对附带民事部分予以纠正。裁判文书引用法条时，就应当引用民事诉讼法中的再审程序相关规定，主要是指《民事诉讼法解释》第 405 条、第

---

① 《民事诉讼法解释》第 208 条第 3 款规定："立案后发现不符合起诉条件或者属于民事诉讼法第一百二十七条规定情形的，裁定驳回起诉。"

② 《民事诉讼法》第 177 条第 1 款规定："第二审人民法院对上诉案件，经过审理，按照下列情形，分别处理：（一）原判决、裁定认定事实清楚，适用法律正确的，以判决、裁定方式驳回上诉，维持原判决、裁定；（二）原判决、裁定认定事实错误或者适用法律错误的，以判决、裁定方式依法改判、撤销或者变更；（三）原判决认定基本事实不清的，裁定撤销原判决，发回原审人民法院重审，或者查清事实后改判；（四）原判决遗漏当事人或者违法缺席判决等严重违反法定程序的，裁定撤销原判决，发回原审人民法院重审。"

③ 《民事诉讼法》第 180 条规定："第二审人民法院判决宣告前，上诉人申请撤回上诉的，是否准许，由第二审人民法院裁定。"《民事诉讼法解释》第 335 条规定："在第二审程序中，当事人申请撤回上诉，人民法院经审查认为一审判决确有错误，或者当事人之间恶意串通损害国家利益、社会公共利益、他人合法权益的，不应准许。"第 336 条第 1 款规定："在第二审程序中，原审原告申请撤回起诉，经其他当事人同意，且不损害国家利益、社会公共利益、他人合法权益的，人民法院可以准许。准许撤诉的，应当一并裁定撤销一审裁判。"第 2 款规定："原审原告在第二审程序中撤回起诉后重复起诉的，人民法院不予受理。"

④ 《民事诉讼法解释》第 337 条规定："当事人在第二审程序中达成和解协议的，人民法院可以根据当事人的请求，对双方达成的和解协议进行审查并制作调解书送达当事人；因和解而申请撤诉，经审查符合撤诉条件的，人民法院应予准许。"

406 条的相关规定。[1]

（4）二审阶段，被告人就一审判决刑事部分和民事部分均提出上诉，或者一审控辩各方就一审判决的刑事部分和民事部分分别提出上诉、抗诉的，应当既引用《刑事诉讼法》第 236 条和第 238 条关于维持原判、改判和发回重审的相关规定，又引用《民事诉讼法》第 177 条关于维持原判、改判和发回重审的相关规定。实践中需要注意的是，被告人上诉否认自己实施一审判决认定的犯罪行为或者认为自己行为属于正当防卫不构成犯罪的，本质上是认为自己既不应承担刑事责任，也不应承担民事责任，是对一审判决的刑事部分和民事部分均提出上诉，即这种情况下，应当对一审判决的刑事部分和民事部分均依据相关法律规定作出裁判。

（四）宣告无罪的刑事判决书

宣告无罪，有指控行为依法不构成犯罪和证据不足、指控犯罪（事实）不能成立两种情况。

1. 一审刑事案件

（1）如果经审理认定检察机关指控或原判认定的事实清楚，但被告人或上诉人的行为依据法律不构成犯罪的，在分析论证时应当引用刑法具体罪名条文及相关法规的规定作为论据，详细说明罪名的犯罪构成要件内容，并结合具体案情加以对照分析。在说明判决法律依据时，引用《刑事诉讼法》第

---

① 《民事诉讼法解释》第 405 条第 1 款规定："人民法院经再审审理认为，原判决、裁定认定事实清楚、适用法律正确的，应予维持；原判决、裁定认定事实、适用法律虽有瑕疵，但裁判结果正确的，应当在再审判决、裁定中纠正瑕疵后予以维持。"第 2 款规定："原判决、裁定认定事实、适用法律错误，导致裁判结果错误的，应当依法改判、撤销或者变更。"第 406 条规定："按照第二审程序再审的案件，人民法院经审理认为不符合民事诉讼法规定的起诉条件或者符合民事诉讼法第一百二十七条规定不予受理情形的，应当裁定撤销一、二审判决，驳回起诉。"

200 条第 2 项及《刑事诉讼法解释》第 295 条第 1 款第 3 项的规定。①

（2）如果经审理认为指控事实证据不足，在判决理由部分应当结合犯罪构成要件，说明哪些关键事实不清，证据不足，作出证据不足、指控犯罪不能成立的无罪判决。在说明判决的法律依据时，引用《刑事诉讼法》第 200 条第 3 项和《刑事诉讼法解释》第 295 条第 1 款第 4 项的规定。②

2. 二审刑事案件

（1）经审理认为原判认定的被告人行为依据法律不构成犯罪的，应改判并宣告被告人无罪，引用《刑事诉讼法》第 236 条第 1 款第 2 项、第 242 条、第 200 条第 2 项的规定。③

（2）经审理认为原判认定事实不清，证据不足的，也应当改判并宣告被告人无罪，引用《刑事诉讼法》第 236 条第 1 款第 3 项、第 242 条、第 200 条第 3 项的规定。④ 之所以除引用二审程序的第 236 条相关条款外，另外还

---

① 《刑事诉讼法》第 200 条规定："在被告人最后陈述后，审判长宣布休庭，合议庭进行评议，根据已经查明的事实、证据和有关的法律规定，分别作出以下判决：（一）案件事实清楚，证据确实、充分，依据法律认定被告人有罪的，应当作出有罪判决；（二）依据法律认定被告人无罪的，应当作出无罪判决；（三）证据不足，不能认定被告人有罪的，应当作出证据不足、指控的犯罪不能成立的无罪判决。"《刑事诉讼法解释》第 295 条规定："对第一审公诉案件，人民法院审理后，应当按照下列情形分别作出判决、裁定：（一）起诉指控的事实清楚，证据确实、充分，依据法律认定指控被告人的罪名成立的，应当作出有罪判决；（二）起诉指控的事实清楚，证据确实、充分，但指控的罪名不当的，应当依据法律和审理认定的事实作出有罪判决；（三）案件事实清楚，证据确实、充分，依据法律认定被告人无罪的，应当判决宣告被告人无罪；（四）证据不足，不能认定被告人有罪的，应当以证据不足、指控的犯罪不能成立，判决宣告被告人无罪；（五）案件部分事实清楚，证据确实、充分的，应当作出有罪或者无罪的判决；对事实不清、证据不足部分，不予认定；……"

② 相关法条的内容见前注。

③ 《刑事诉讼法》第 236 条第 1 款规定："第二审人民法院对不服第一审判决的上诉、抗诉案件，经过审理后，应当按照下列情形分别处理：（一）原判决认定事实和适用法律正确、量刑适当的，应当裁定驳回上诉或者抗诉，维持原判；（二）原判决认定事实没有错误，但适用法律有错误，或者量刑不当的，应当改判；（三）原判决事实不清楚或者证据不足的，可以在查清事实后改判；也可以裁定撤销原判，发回原审人民法院重新审判。"第 2 款规定："原审人民法院对于依照前款第三项规定发回重新审判的案件作出判决后，被告人提出上诉或者人民检察院提出抗诉的，第二审人民法院应当依法作出判决或者裁定，不得再发回原审人民法院重新审判。"第 242 条规定："第二审人民法院审判上诉或者抗诉案件的程序，除本章已有规定的以外，参照第一审程序的规定进行。"第 200 条规定见前一脚注。

④ 相关法条的内容见前注。

要引用一审程序的第200条的相关规定，是因为《刑事诉讼法》第236条第1款仅规定二审审理后可以改判或者发回重审，但对如何具体改判并没有作出规定；而《刑事诉讼法》第242条规定，对于第二审法院审判上诉或者抗诉案件，可以参照第一审程序的规定进行；因此，可以根据改判无罪的原因不同，分别引用一审程序的第200条相关规定。

（五）再审案件刑事裁判文书

刑事案件生效判决进入再审程序后，根据审理法院不同，可能是按一审程序进行，也可能是按二审程序进行。再审裁判文书在引用法条时，应当先引用《刑事诉讼法》第256条第1款规定，[①] 作为再审案件引用一审、二审程序相关法条的法律依据；再引用一审、二审程序的相关法律规定；最后还要根据再审结果不同，引用《刑事诉讼法解释》第472条的具体规定作为再审裁判依据。[②]

示例2-4-15 | 张某东非法转让土地使用权再审宣告无罪案刑事判决书[③]
（再审认为依法不构成犯罪的法律引用）

综上，原审判决认定张某东的行为构成非法转让土地使用权罪，属于法律适用错误，应当依法予以纠正。北京市人民检察院第二分院抗诉理由成

---

① 《刑事诉讼法》第256条第1款规定："人民法院按照审判监督程序重新审判的案件，由原审人民法院审理的，应当另行组成合议庭进行。如果原来是第一审案件，应当依照第一审程序进行审判，所作的判决、裁定，可以上诉、抗诉；如果原来是第二审案件，或者是上级人民法院提审的案件，应当依照第二审程序进行审判，所作的判决、裁定，是终审的判决、裁定。"第2款规定："人民法院开庭审理的再审案件，同级人民检察院应当派员出席法庭。"

② 《刑事诉讼法解释》第472条规定："再审案件经过重新审理后，应当按照下列情形分别处理：（一）原判决、裁定认定事实和适用法律正确、量刑适当的，应当裁定驳回申诉或者抗诉，维持原判决、裁定；（二）原判决、裁定定罪准确、量刑适当，但在认定事实、适用法律等方面有瑕疵的，应当裁定纠正并维持原判决、裁定；（三）原判决、裁定认定事实没有错误，但适用法律错误或者量刑不当的，应当撤销原判决、裁定，依法改判；（四）依照第二审程序审理的案件，原判决、裁定事实不清、证据不足的，可以在查清事实后改判，也可以裁定撤销原判，发回原审人民法院重新审判。"第2款规定："原判决、裁定事实不清或者证据不足，经审理事实已经查清的，应当根据查清的事实依法裁判；事实仍无法查清，证据不足，不能认定被告人有罪的，应当撤销原判决、裁定，判决宣告被告人无罪。"

③ 北京市第二中级人民法院刑事判决书，（2020）京02刑抗6号，第五届全国法院"百篇优秀裁判文书"。

立，本院予以采纳。原审被告人张某东及其辩护人所提张某东的行为不构成犯罪的辩解和辩护意见成立，本院予以采纳。依照《中华人民共和国刑法》第十二条、《中华人民共和国刑事诉讼法》第二百五十四条第三款、第四款、第二百五十六条、第二百三十六条第一款第（二）项及《最高人民法院关于适用〈中华人民共和国刑事诉讼法〉的解释》第四百七十二条第一款第（三）项、第五百三十一条的规定,[①] 判决如下：

一、撤销北京市丰台区人民法院（1999）丰刑初字第266号刑事判决。

二、原审被告人张某东无罪。

三、原审判决已执行的罚金，依法予以返还。

示例 2-4-16 聂某斌故意杀人、强奸再审宣告无罪案刑事判决书[②]（再审认为事实不清、证据不足的法律引用）

本院认为，原审认定原审被告人聂某斌犯故意杀人罪、强奸妇女罪的主要依据是聂某斌的有罪供述，以及聂某斌的有罪供述与在案其他证据印证一致。但综观全案，本案缺乏能够锁定聂某斌作案的客观证据，聂某斌作案时间不能确认，作案工具花上衣的来源不能确认，被害人死亡时间和死亡原因不能确认；聂某斌被抓获之后前5天讯问笔录缺失，案发之后前50天内多名重要证人询问笔录缺失，重要原始书证考勤表缺失；聂某斌有罪供述的真实性、合法性存疑，有罪供述与在卷其他证据供证一致的真实性、可靠性存疑，本案是否另有他人作案存疑；原判据以定案的证据没有形成完整锁链，没有达到证据确实、充分的法定证明标准，也没有达到基本事实清楚、基本证据确凿的定罪要求。原审认定聂某斌犯故意杀人罪、强奸妇女罪的事实不清、证据不足。根据1979年《中华人民共和国刑事诉讼法》的相关规定，不能认定聂某斌有罪。对申诉人及其代理人、最高人民检察院提出的应当改判聂某斌无罪的意见，本院予以采纳。对申诉人及其代理人提出的王某1系

---

① 《刑事诉讼法解释》第472条规定的内容见上页注②。第531条规定："刑事裁判涉财产部分、附带民事裁判全部或者部分被撤销的，已经执行的财产应当全部或者部分返还被执行人；无法返还的，应当依法赔偿。"

② 最高人民法院刑事判决书，（2016）最高法刑再3号，属于热点案件裁判文书。

本案真凶的意见，因王某1案不属于本案审理范围，本院不予采纳。依照《中华人民共和国刑事诉讼法》第二百四十五条第一款、第二百二十五条第一款第（三）项及《最高人民法院关于适用〈中华人民共和国刑事诉讼法〉的解释》第三百八十四条第三款、第三百八十九条第二款之规定，判决如下：①

一、撤销河北省高级人民法院（1995）冀刑一终字第129号刑事附带民事判决和石家庄市中级人民法院（1995）石刑初字第53号刑事附带民事判决。

二、原审被告人聂某斌无罪。

① 此判决书制作于2016年11月30日，判决书所引用法律条款为当时有效的2012年《刑事诉讼法》及相关司法解释。2012年《刑事诉讼法》的第245条第1款和第225条第1款第3项，即2018年修正后《刑事诉讼法》第256条第1款和第236条第1款第3项规定。2013年《刑事诉讼法解释》第389条第2款即2021年《刑事诉讼法解释》第472条第2款规定。2013年《刑事诉讼法解释》第384条第3款规定的“对原审被告人、原审自诉人已经死亡或者丧失行为能力的再审案件，可以不开庭审理”，在2021年《刑事诉讼法解释》第466条中进行了修改，新解释规定为“符合刑事诉讼法第二百九十六条、第二百九十七条规定的，可以缺席审判”。2018年修正后《刑事诉讼法》第297条第2款规定，“人民法院按照审判监督程序重新审判的案件，被告人死亡的，人民法院可以缺席审理，依法作出判决”。

第三章
常用刑事裁判文书样式及写作说明

第一节　个人犯罪案件一审刑事判决书

一、文书样式[①]

×××人民法院

刑事判决书/**刑事附带民事判决书**

（一审公诉自然人犯罪案件、适用普通程序用）

（××××）×刑初××号

公诉机关×××人民检察院。

附带民事诉讼原告人……（写明姓名、性别、出生年月日、

---

① 本节及第二节、第三节、第四节的文书样式均根据最高人民法院1999年4月30日《关于印发〈法院刑事诉讼文书样式〉（样本）的通知》（法发〔1999〕12号）编写。本节的文书样式根据写作实践需要对《法院刑事诉讼文书样式》（样本）中的“样式1”和“样式3”进行了合并。本样式文中黑体字部分为附带民事诉讼案件专用。

民族、出生地、文化程度、职业或者工作单位和职务、住址等，系本案被害人或被害人之父亲/母亲/妻子/儿子/女儿……）。

法定代理人……（如果被害人系无行为能力人或限制行为能力人，需要写明法定代理人的姓名及与被害人的关系）。

诉讼代理人……。

被告人……（写明姓名、性别、出生年月日、民族、出生地、文化程度、职业或者工作单位和职务、住址和因本案所受强制措施情况等，现羁押处所）。

法定代理人……（如果被告人系限制行为能力人，需要写明法定代理人的姓名及与被害人的关系）。

辩护人……（写明姓名、工作单位和职务）。

×××人民检察院以×检×刑诉〔××××〕××号起诉书指控被告人×××犯××罪，于××××年××月××日向本院提起公诉。**在诉讼过程中，附带民事诉讼原告人向本院提出附带民事诉讼。**本院依法组成合议庭，公开（因本案涉及国家秘密/个人隐私/被告人系未成年人，不公开）开庭审理了本案。×××人民检察院指派检察员×××出庭支持公诉，**附带民事诉讼原告人×××及其（法定/诉讼）代理人×××，**被害人×××及其法定代理人×××、诉讼代理人×××，被告人×××及其法定代理人×××、辩护人×××，证人×××，鉴定人×××，翻译人员×××等到庭参加诉讼。现已审理终结。

×××人民检察院指控……（概述人民检察院指控被告人犯罪的事实、证据和适用法律的意见，涉及新法、旧法时应明确依据法律）。

附带民事诉讼原告人诉称……（概述附带民事诉讼原告人的诉讼请求和有关证据）。

被告人×××辩称……（概述被告人对人民检察院指控的犯罪事实予以供述、辩解、自行辩护的意见和有关证据；**对民事诉讼原告人的诉讼请求的意见**）。

辩护人×××提出的辩护意见是……（概述辩护人的辩护意见和有关证据）。

经审理查明，……（首先写明经庭审查明的事实，既要写明经法庭查明的全部犯罪事实，**又要写明由于被告人的犯罪行为致使被害人遭受经济损失的事实**；其次写明经举证、质证定案的证据及其来源；最后对控辩双方有异议的事实、证据进行分析、认证）。

本院认为，……（根据查证属实的事实、证据和有关法律规定，论证公诉机关指控的犯罪是否成立，被告人的行为是否构成犯罪，犯的什么罪，应否追究刑事责任；**论证被害人是否由于被告人的犯罪行为而遭受经济损失，被告人对被害人的经济损失应否负民事赔偿责任**；应否从轻、减轻、免除处罚或者从重处罚。对于控辩双方关于适用法律方面的意见，应当有分析地表示是否予以采纳，并阐明理由）。依照……（写明判决的法律依据）的规定，判决如下：

……［刑事判决书写明判决结果。分三种情况：

第一，定罪判刑的，表述为：

“一、被告人×××犯××罪，判处……（写明主刑、附加刑）。

（刑期从判决执行之日起计算。判决执行以前先行羁押的，羁押一日折抵刑期一日，即自××××年××月××日起至××××年××月××日止）。

二、被告人×××……（写明决定追缴、退赔或者发还被害人、没收财物的名称、种类和数额）。”

第二，定罪免刑的，表述为：

“被告人×××犯××罪，免于刑事处罚（如有追缴、退赔或者没收财物的，续写第二项）。”

第三，宣告无罪的，无论是适用《中华人民共和国刑事诉讼法》第二百条第（二）项还是第（三）项，均应表述为：

“被告人×××无罪。”］

……［刑事附带民事判决书的判决结果分四种情况：

第一，定罪判刑并应当赔偿经济损失的，表述为：

“一、被告人×××犯××罪，判处……（写明主刑、附加刑）。

（刑期从判决执行之日起计算。判决执行以前先行羁押的，羁押一日折抵刑期一日，即自××××年××月××日起至××××年××月××日止）。

二、被告人×××赔偿附带民事诉讼原告人×××……（写明受偿人的姓名、赔偿的金额和支付的日期）。”

第二，定罪免刑并应当赔偿经济损失的，表述为：

“一、被告人×××犯××罪，免于刑事处罚；

二、被告人×××赔偿附带民事诉讼原告人×××……（写明受偿人的姓名、赔偿的金额和支付的日期）。”

第三，宣告无罪但应当赔偿经济损失的，表述为：

“一、被告人×××无罪；

二、被告人×××赔偿附带民事诉讼原告人×××……（写明受偿人的姓名、赔偿的金额和支付的日期）。”

第四，宣告无罪且不赔偿经济损失的，表述为：

“一、被告人×××无罪；

二、被告人×××不承担民事赔偿责任。”]

如不服本判决，可在接到判决书的第二日起十日内，通过本院或者直接向×××人民法院提出上诉。书面上诉的，应当提交上诉状正本一份，副本×份。

审　判　长　×××
审　判　员　×××
审　判　员　×××

××××年××月××日
（院印）

本件与原本核对无异

书　记　员　×××

二、样式说明[①]

（一）样式用途

本样式根据《刑事诉讼法》第200条、第101条和《刑法》第36条第1项及《刑事诉讼法解释》中有关规定制订，供第一审人民法院对于自然人犯罪的公诉案件暨附带民事诉讼案件按照普通程序审理终结后，作出判决时使用。

（二）刑事附带民事判决的特殊性

刑事附带民事诉讼不同于单纯的刑事诉讼，要在刑事诉讼过程中依照民事诉讼程序附带解决民事赔偿问题。根据《刑事诉讼法解释》第201条规定，人民法院审理附带民事诉讼案件，除刑法、刑事诉讼法以及刑事司法解释已有规定的以外，适用民事法律的有关规定。因此，在制作这种判决书时，应当注意在首部、事实、理由和判决结果部分完整地反映出刑事附带民事诉讼这一特点。

为了防止刑事案件的审判过分迟延，刑事部分先行判决的，应当制作刑事判决书；民事赔偿部分由同一审判组织继续审理、判决的，则应当制作刑事附带民事判决书，并在审理经过段写明刑事部分已先行判决，以便与本判决相衔接。[②]

刑事判决书和刑事附带民事判决书由首部、事实和证据、判决理由、判决结果和尾部五个部分组成。

（三）首部各项

1. 法院名称。一般应与院印的文字一致，但是基层人民法院的名称前应

---

① 本节“样式说明”及以下第二节、第三节、第四节的“样式说明”参考《法院刑事诉讼文书样式》（样本）（最高人民法院办公厅编，人民法院出版社1999年5月第1版）的相关内容，进行了改写：一是为便于理解，在忠于原意的基础上对结构和个别字词进行了修改；二是引用法条的序号根据现行有效的2018年《刑事诉讼法》、2021年《刑事诉讼法解释》及其他相关司法解释进行了修正；三是根据刑法修正情况及相关司法解释，增加了部分内容；四是对于部分原“样式说明”未涉及的问题，以“编者认为”为引，提出了个人看法。

② 根据最高人民法院办公厅《关于实施〈法院刑事诉讼文书样式〉若干问题的解答》（法办〔2001〕155号）第36条内容增加。

冠以省、自治区、直辖市的名称；判处涉外案件时，各级人民法院均应冠以“中华人民共和国”的国名。

2. 案号。由立案年度、制作法院代码、案件性质、审判程序的代字和案件的顺序号组成。案号写在文书名称下一行的右端，其最末一字与下面的正文右端各行看齐。案号上下各空一行。

3. 公诉机关。直接写“公诉机关×××人民检察院”。在“公诉机关”与“×××人民检察院”之间不用标点符号，也不用空格。

4. 附带民事诉讼原告人的基本情况。应在样式的基础上，根据不同情况作相应变动。

（1）系被害人提起附带民事诉讼的，应在“附带民事诉讼原告人”项内的“单位和职务、住址”之后，续写“系本案被害人”。

（2）如果被害人是无行为能力或者限制行为能力的人，应当在第一项“附带民事诉讼原告人×××”之后，列第二项“法定代理人×××”，并注明其与被害人的关系。

（3）如果被害人已经死亡，由他的近亲属提起附带民事诉讼的，应当将其近亲属列为“附带民事诉讼原告人×××”，并注明其与死者的关系。

（4）如果附带民事诉讼原告人系隐私（强奸等）案件的被害人，为了保护其名誉，在裁判文书中可以只写姓，不写名，即用“李某某”来代替，以避免产生副作用，在判决结果中应当表述为“被告人（或者附带民事诉讼被告人）×××赔偿附带民事诉讼原告人李某某……（经济损失的具体数额）”。[①]

（5）附带民事诉讼原告人委托诉讼代理人参加诉讼的，应当单独列明，具体写法参考下面辩护人的写法。

5. 被害人及其法定代理人、诉讼代理人或被害人亲属委托诉讼代理人出庭参加诉讼，但被害人或其亲属不提起附带民事诉讼的，在审判经过段的

---

① 根据最高人民法院办公厅《关于实施〈法院刑事诉讼文书样式〉若干问题的解答》（法办〔2001〕155号）第29条内容增加。

“出庭人员”中写明（未出庭的不写），不再单独列项。

6. 被告人的基本情况。应在样式的基础上，根据不同情况作相应改动：

（1）被告人如有与案情有关的别名、化名，应在其姓名后面用括号加以注明。对不愿供述或者无法确定其真实姓名、出生地等基本情况的被告人，参照《刑事诉讼法》第160条第2款关于“对于犯罪事实清楚，证据确实、充分，确实无法查明其身份的，也可以按其自报的姓名起诉、审判”的规定，可以按照被告人自报的姓名和出生地等情况表述，并用括号注明“自报”。①

（2）被告人的职业，一般应写工人、农民、个体工商户等；如有工作单位的，应写明其工作单位和职务。

（3）被告人的“出生年月日”，应写被告人准确的出生年月日；确实查不清出生年月日的，也可以写年龄。关于未成年被告人的出生日期，最高人民法院《关于审理未成年人刑事案件具体应用法律若干问题的解释》（法释〔2006〕1号）第3条规定：“审理未成年人刑事案件，应当查明被告人实施被指控的犯罪时的年龄。裁判文书中应当写明被告人出生的年、月、日。”第4条规定：“对于没有充分证据证明被告人实施被指控的犯罪时已经达到法定刑事责任年龄且确实无法查明的，应当推定其没有达到相应法定刑事责任年龄。相关证据足以证明被告人实施被指控的犯罪时已经达到法定刑事责任年龄，但是无法准确查明被告人具体出生日期的，应当认定其达到相应法定刑事责任年龄。”

（4）被告人曾受过刑事处罚、行政处罚、劳动教养②，或者在限制人身自由期间有逃跑等法定或者酌定从重处罚情节的，应当写明其事由和时间。（作者认为，对于构成累犯的，还应具体写明刑满释放的日期，作为判断是否构成累犯的依据。多次被判处刑罚的，则只需要写明最后一次被判处刑罚

---

① 根据最高人民法院办公厅《关于实施〈法院刑事诉讼文书样式〉若干问题的解答》（法办〔2001〕155号）第2条内容修订。

② 劳动教养制度已于2013年被废止。

的刑满释放日期，作为判断本次犯罪是否构成累犯的依据。）

（5）因本案所受强制措施情况，应写明被拘留、逮捕等羁押时间，以便于折抵刑期。（作者认为，应写明强制措施的决定机关和执行机关。）

（6）被告人的住址应写住所所在地；住所所在地和经常居住地不一致的，写经常居住地。（作者认为，可表述为：户籍地……，捕前住……）

（7）被告人是外国人的，应在其中文译名后用括号写明其外文姓名、护照号码、国籍。

（8）同案被告人有二人以上的，按主从关系的顺序列项书写。

（9）被告人项内书写的各种情况之间，一般可用逗号隔开；如果某项内容较多，可视行文需要，另行采用分号或者句号。

7. 法定代理人。被告人是未成年人的，应当在写明被告人基本情况之后，另行续写法定代理人的姓名、与被告人的关系、工作单位和职务以及住址。法定代理人没有出庭的，仍应当列写，但在审理经过段出庭人员中，无须表述法定代理人未出庭的内容。①

8. 辩护人。辩护人是律师的，只写姓名、工作单位和职务，即“辩护人×××，×××律师事务所律师”；辩护人是人民团体或者被告人所在单位推荐的，只写姓名、工作单位和职务；辩护人是被告人的监护人、亲友的，还应写明其与被告人的关系；辩护人如果是人民法院指定的，写为“指定辩护人”，并在审判经过段中作相应的改动。同案被告人有二人以上并各有辩护人的，分别在各被告人项的下一行列项书写辩护人的情况。

9. 附带民事诉讼被告人。刑事附带民事诉讼如有除“被告人”以外的其他“附带民事诉讼被告人”的，应当在“被告人”项后单独列项，并在文书的相应部分增加有关内容。根据《刑事诉讼法解释》第180条的规定，附带民事诉讼中依法负有赔偿责任的人，除刑事被告人（公民、法人和其他组织）外，还包括：未被追究刑事责任的其他共同侵害人；刑事被告人的监

---

① 根据最高人民法院办公厅《关于实施〈法院刑事诉讼文书样式〉若干问题的解答》（法办〔2001〕155号）第8条内容修订。

护人；死刑罪犯的遗产继承人；共同犯罪案件中，案件审结前已死亡的被告人的遗产继承人；其他对刑事被告人的犯罪行为应当承担民事赔偿责任的单位和个人。比如“法定代理人暨附带民事诉讼被告人×××”“附带民事诉讼被告人中国××保险公司××分公司”。（作者认为，其他附带民事诉讼被告人系限制民事行为能力人的，还应当单独列项写明其法定代理人基本情况。）

10. 案件的由来和审判经过。检察院的起诉日期为法院签收起诉书等材料的日期；出庭的被告人、辩护人有多人的，可以概写为“上列被告人及其辩护人”；出庭支持公诉的如系检察长、副检察长的，分别表述为“检察长”“副检察长”。

11. 曾判决无罪又起诉的。前案依据《刑事诉讼法》第200条第3项规定作出无罪判决，人民检察院又起诉的，原判决不予撤销，但应在案件审判经过段“×××人民检察院以×检×刑诉〔 〕××号起诉书”一句前，增写“被告人×××曾于××××年××月××日被×××人民检察院以××罪向×××人民法院提起公诉。因证据不足，指控的犯罪不能成立，被×××人民法院（或本院）依法判决宣告无罪”。

12. 经第二审人民法院发回重审的案件。原审法院重审以后，在制作判决书时，在“开庭审理了本案”一句之后，增写以下内容：“于××××年××月××日作出（××××）×刑初××号刑事判决，被告人×××提出上诉（或者×××人民检察院提出抗诉）。×××人民法院于××××年××月××日作出（××××）×刑终××号刑事裁定，撤销原判，发回重审。本院依法另行组成合议庭，公开（或者不公开）开庭审理了本案。”

（四）事实和证据

事实是判决的基础，是判决理由和判决结果的根据。制作判决书，首先要把事实叙述清楚。书写判决事实时，应当注意以下几点。

1. 事实部分包括以下四个方面的内容：

（1）人民检察院指控被告人犯罪的事实和证据；附带民事诉讼原告人的

诉讼请求和有关证据；附带民事诉讼如系公诉机关提起的，在控方指控项中增加有关附带民事诉讼的意见。

（2）被告人的供述、辩解和辩护人的辩护意见及证据，其他附带民事诉讼被告人的答辩意见及证据。

（3）经法庭审理查明的事实。

（4）据以定案的证据。

2. 叙述经审理查明事实时，应当写明案件发生的时间、地点，被告人的动机、目的，实施行为的手段、过程、危害结果，被告人在案发后的表现等内容，并以是否具备犯罪构成要件为重点，兼叙影响定性处理的各种情节。依法公开审理的案件，案件事实未经法庭公开调查的，不能认定。

3. 叙述事实要层次清楚，重点突出。一般按时间先后顺序叙述；一人犯数罪的，应当按罪行主次的顺序叙述；一般共同犯罪案件，应当以主犯为主线进行叙述；集团犯罪案件，可以先综述集团的形成和共同的犯罪行为，再按首要分子、主犯、从犯、胁从犯或者罪重、罪轻的顺序分别叙述各个被告人的犯罪事实。

4. 认定事实的证据必须做到以下几点：

（1）依法公开审理的案件，除无须举证的事实外，证明案件事实的证据必须经法庭公开举证、质证，才能认证；未经法庭公开举证、质证的，不能认证。

（2）特别要注意通过对证据的具体分析、认证来证明判决所确认的犯罪事实。防止并杜绝用“以上事实，证据充分，被告也供认不讳，足以认定”的抽象、笼统的说法或者用简单的罗列证据的方法，来代替对证据的具体分析、认证。法官认证和采信证据的过程应当在判决书中充分体现出来。

（3）证据要尽可能写得明确、具体。证据的写法，应当因案而异。案情简单或者控辩双方没有异议的，可以集中表述；案情复杂或者控辩双方有异议的，应当进行分析、认证；一人犯数罪或者共同犯罪案件，还可以分项或者逐人逐罪叙述证据或者对证据进行分析、认证。对控辩双方没有争议的证据，在控辩主张中可不予叙述，而只在“经审理查明”的证据部分具体表述，以避免不必要的重复。

5. 证据的表述。可以首先写明“上述事实，有检察机关提交，并经法庭质证、认证的下列证据予以证明”。[①]

6. 证人和被害人的姓名。叙述证据时，应当注意保守国家秘密，保护报案人、控告人、举报人、被害人、证人的安全和名誉。为了维护裁判文书的真实性和严肃性，在裁判文书中，应当写明证人的真实姓名；为了保护被害人的名誉，根据被害人的请求或者案件的具体情况，在裁判文书中，也可以只写姓、不写名，具体可以表述为“张某某”“王某某”，但不宜表述为“张××”“王××”。[②]

7. 因证据不足不能认定被告人有罪的案件。事实和证据部分不能省略，应当在“经审理查明”的事实部分，针对指控的犯罪事实，通过对证据的具体分析、认证，写明“事实不清、证据不足”的具体内容，为判决理由做好铺垫。[③]

（五）判决理由

理由是判决的灵魂，是将犯罪事实和判决结果有机联系在一起的纽带，其核心内容是针对案情特点，运用法律规定、政策精神和犯罪构成理论，阐述公诉机关的指控是否成立，被告人的行为是否构成犯罪，犯的什么罪，依法应当如何处理，为判决结果打下基础。书写判决理由时，应当注意以下几点。

1. 理由的论述一定要有针对性，有个性。要注意结合具体案情，充分摆事实、讲道理。说理力求透彻，逻辑严密，无懈可击，使理由具有较强的思想性和说服力。防止理由部分不说理或者说理不充分，只引用法律条文，不

---

① 根据最高人民法院办公厅《关于实施〈法院刑事诉讼文书样式〉若干问题的解答》（法办〔2001〕155 号）第 9 条内容增加。

② 根据最高人民法院办公厅《关于实施〈法院刑事诉讼文书样式〉若干问题的解答》（法办〔2001〕155 号）第 13 条内容增加。

③ 根据最高人民法院办公厅《关于实施〈法院刑事诉讼文书样式〉若干问题的解答》（法办〔2001〕155 号）第 15 条内容增加。

阐明适用法律的道理；切忌说空话、套话，理由千篇一律，只有共性，没有个性。尽量使用法律术语，并注意语言精练。

2. 确定罪名，应当以《刑法》、最高人民法院《关于执行〈中华人民共和国刑法〉确定罪名的规定》和相关补充规定为依据。

（1）一人犯数罪的，一般先定重罪，后定轻罪。

（2）共同犯罪案件，应在分清各被告人在共同犯罪中的地位、作用和刑事责任的前提下，依次确定首要分子，主犯、从犯或者胁从犯、教唆犯的罪名。

3. 确定量刑情节，如果被告人具有从轻、减轻、免除处罚或者从重处罚等一种或者数种情节的，应当分别或者综合予以认定。

4. 控辩意见分析，对控辩双方适用法律方面的意见应当有分析地表明是否予以采纳，并阐明理由。

5. 判决的法律依据。在引用法律条文时，应当注意以下几个方面：

（1）要准确、完整、具体。准确，就是要恰如其分地符合判决结果；完整，就是要把据以定性处理的法律规定和司法解释全部引用；具体，就是要引出法律依据条文外延最小的规定，即凡条下分款分项的，应写明第几条第几款第几项；有的条文只分项不分款的，则写明第几条第几项。

（2）要有一定的条理和顺序。一份裁判文书应当引用两条以上的法律条文的，应当先引用有关定罪与确定量刑幅度的条文，后引用从轻、减轻、免除处罚或者从重处罚的条文（先分则后总则）；判决结果既有主刑，又有附加刑内容的，应当先引用适用主刑的条文，后引用适用附加刑的条文；某种犯罪需要援引其他条款的法定刑处罚（援引法定刑）的，应当先引用本条条文，再按本条的规定、引用相应的他罪条文；一人犯数罪的，应当逐罪引用法律条文；共同犯罪的，既可集中引用有关的法律条文，也可逐人逐罪引用有关的法律条文。

（3）根据最高人民法院《关于司法解释工作的规定》，引用的法律依据中，既有法律规定又有司法解释规定的，应当先引用法律规定，再引用相关的司法解释。根据最高人民法院《关于在裁判文书中如何表述修正前后刑法条文的批复》（法释〔2012〕7号），适用经过修正的刑法条文，对修正前的刑法条文，称“1979年《中华人民共和国刑法》第××条”或“1997年《中华人民共和国刑法》第××条”；对修正后的、现行有效的刑法条文，称“《中华人民共和国刑法》第××条”；对经两次以上修正，引用经修正且为最后一次修正前的刑法条文，称“经××××年《中华人民共和国刑法修正案（×）》修正的《中华人民共和国刑法》第××条”。

（4）刑事附带民事案件在判决理由部分，除需要引用《刑法》和《刑事诉讼法》的有关条文外，还必须同时引用民事法律中有关人身、财产损害赔偿的规定，作为判决的法律依据。[作者认为，可能引用的条款包括：《民法典》第1179条“人身损害赔偿项目”，第1184条“侵害财产造成财产损失的计算方式”，第1168条“共同侵权行为人的连带责任”，第1169条“教唆者、帮助者的侵权责任”，第1173条“被侵权人过错”，第1178条“其他法定侵权责任免除或者减轻规则”，第1181“侵权责任请求权人”，第1188条“监护人责任”，第1191条“用人单位替代责任及劳务派遣责任”等；以及最高人民法院《关于审理人身损害赔偿案件适用法律若干问题的解释》（法释〔2022〕14号）的相关规定。根据《刑事诉讼法解释》第192条第3款的规定，驾驶机动车致人伤亡或者造成公私财产重大损失，构成犯罪的，依照《道路交通安全法》第76条的规定确定赔偿责任。因此，可能引用的条款还包括《道路交通安全法》及《民法典》第七编第五章“机动车交通事故责任”的相关规定。]

（六）判决结果

判决结果（又称“主文”）是依照有关法律的具体规定，对被告人作出的定性处理的结论，应当字斟句酌，认真推敲。书写判决结果时，应当注意以下几点。

1. 刑罚应按法律规定写明全称。既不能随意简化，如将“判处死刑，缓期二年执行”的，简写为判处“死缓”；也不能“画蛇添足”，如将宣告缓刑的，写为“判处有期徒刑×年，缓期×年执行”。

2. 自由刑的刑罚。应当写明刑种、刑期和主刑的折抵办法以及起止时间。

（1）本样式系按判处有期徒刑、拘役的模式设计起止时间的。如系判处管制的，表述为："刑期从判决执行之日起计算；判决执行以前先行羁押的，羁押一日折抵刑期二日，即自××××年××月××日起至××××年××月××日止。"如果被告人曾经被指定居所监视居住，也应根据判处的自由刑刑种不同折抵刑期。《刑事诉讼法》第76条规定："指定居所监视居住的期限应当折抵刑期。被判处管制的，监视居住一日折抵刑期一日；被判处拘役、有期徒刑的，监视居住二日折抵刑期一日。"

（2）根据最高人民法院《关于刑事裁判文书中刑期起止日期如何表述问题的批复》（法释〔2000〕7号），判处有期徒刑、拘役的刑期起算日应为羁押日。（作者认为，被告人被拘留、逮捕而羁押期间有变更为取保候审、非指定居所监视居住等情形的，一般应以最后一次被羁押日为刑期起算日，之前的羁押时间在计算终止日时予以扣除。如果以第一次被羁押时间作为刑期起算日，在计算终止时再加上中间曾经被取保候审和非指定居所监视居住的时间，容易引起其实际取保候审和监视居住时间计算在刑期之内的误解。）

（3）系判处缓刑的，应写"缓刑考验期限，从判决确定之日起计算"。

（4）如系判处死刑缓期二年执行的，起止时间表述为："死刑缓期二年执行的期间，从高级人民法院核准之日起计算。"

3. 三类特殊案件判决结果的表述。根据《刑事诉讼法解释》第295条第6、7、10项的规定，对被告人未达到刑事责任年龄不予刑事处罚，或者精神病人在不能辨认或者不能控制自己行为的时候造成危害结果不予刑事处罚的，均应当在判决结果中宣告"被告人×××不负刑事责任"；对被告人死亡的案件，应当裁定终止审理，但有证据证明被告人无罪，经缺席审理确认无罪的，应当在判决结果中宣告"被告人×××无罪"。

4. 证据不足的无罪。适用《刑事诉讼法》第200条第3项规定宣告被告人无罪的，应当将"证据不足，×××人民检察院指控的犯罪不能成立"，作为判决的理由，而不应当作为判决的主文，即判决结果仍表述为"被告人×

××无罪”。

5. 财产处置。追缴、退赔和发还被害人、没收的财物，应当写明其名称、种类和数额。财物多、种类杂的，可以在判决结果中概括表述，另列清单，作为判决书的附件。

6. 数罪并罚。应当分别定罪量刑（包括主刑和附加刑），然后按照刑法关于数罪并罚的原则，决定执行的刑罚，不能综合(“估堆”）量刑。

7. 一案多人。应当以罪责的主次或者判处刑罚的轻重为顺序，逐人分项定罪判处。

8. 指控被告人数罪。其中一罪因证据不足、指控犯罪不能成立的，只需在判决理由部分就证据不足、指控的犯罪不能成立予以充分论证即可，在判决结果中不再表述。①

9. 判处死刑，缓期二年执行，同时决定限制减刑。根据最高人民法院《关于死刑缓期执行限制减刑案件审理程度若干问题的规定》（法释〔2011〕8号）第7条，应当在判决书主文部分单独作为一项予以宣告，即表述为：“一、被告人×××犯××罪，判处死刑，缓期二年执行（写明附加刑）。二、对被告人×××限制减刑。”②

10. 判处管制、宣告缓刑的被告人，同时宣告禁止令。根据最高人民法院、最高人民检察院、公安部、司法部《关于对判处管制、宣告缓刑的犯罪分子适用禁止令有关问题的规定（试行)》（法发〔2011〕9号）第8条，应当在判决书主文部分单独作为一项予以宣告，即表述为：“一、被告人×××犯××罪，判处……写明主刑、附加刑。（刑期从判决执行之日起计算。……）二、禁止被告人×××在×个月内……（写明禁止从事的活动，

---

① 根据最高人民法院办公厅《关于实施〈法院刑事诉讼文书样式〉若干问题的解答》（法办〔2001〕155号）第20条内容增加。

② 高贵君、马岩、方文军：《〈关于死刑缓期执行限制减刑案件审理程度若干问题的规定〉的理解与适用》，载最高人民法院刑事审判第一、二、三、四、五庭主办：《中国刑事审判指导案例1》（增订第3版），法律出版社2017年版，第693－694页。

进入的区域、场所，接触的人）。（禁止令期限从判决生效之日起计算）”①

11. 并处罚金的，应当在写明有期徒刑刑期起止的日期后，继续写明缴纳罚金的期限。②

（七）尾部

1. 法定刑以下判处刑罚。如果适用《刑法》第 63 条第 2 款的规定在法定刑以下判处刑罚的，应当在交代上诉权之后，另起一行写明：“本判决依法报请最高人民法院核准后生效。”

2. 刑事附带民事案件的上诉、抗诉期限。根据《刑事诉讼法解释》第 380 条第 2 款的规定，对附带民事判决或者裁定的上诉、抗诉期限，应当按照刑事部分的上诉、抗诉期限确定。附带民事部分另行审判的，上诉期限也应当按照刑事诉讼法规定的期限确定。

3. 判决书的尾部署名。应当由参加审判案件的合议庭组成人员或者独任审判员署名。合议庭成员有陪审员的，署名为“人民陪审员”。院长（副院长）或者庭长（副庭长）参加合议庭的，应当担任审判长，均署名为“审判长”。《刑事诉讼法解释》第 299 条规定，“合议庭成员、法官助理、书记员应当在评议笔录上签名，在判决书、裁定书等法律文书上署名”；第 301 条第 2 款规定：“评议后、宣判前，部分合议庭成员因调动、退休等正常原因不能参加宣判，在不改变原评议结论的情况下，可以由审判本案的其他审判员宣判，裁判文书上仍署审判本案的合议庭成员的姓名。”

4. 判决书尾部的年月日，为作出判决的日期。（1）当庭宣判的，应当写当庭宣判的日期；（2）定期或者委托宣判的，应当写签发判决书的日期（裁定书亦同）。当庭宣告判决的，其不服判决的上诉和抗诉的期限，仍应当从接到判决书的第二日起计算。

5. 判决书原本上不写“本件与原本核对无异”。此句文字应制成专用印

---

① 参见《正确适用禁止令相关规定确保非监禁刑执行效果》，载《人民法院报》2011 年 5 月 4 日，第 3 版。

② 根据最高人民法院办公厅《关于实施〈法院刑事诉讼文书样式〉若干问题的解答》（法办〔2001〕155 号）第 21 条内容增加。

戳，由书记员将正本与原本核对无异之后，加盖在正本末页的年月日的左下方、书记员署名的左上方。

（八）附带民事部分调解的裁判文书

公诉案件，人民法院在判决前，如果经调解，双方当事人就经济损失的赔偿已达成调解协议的，刑事部分单独审结的，应当制作《刑事判决书》；民事部分可以制作《刑事附带民事调解书》，经双方当事人签收后即具有法律效力，但不能制作《民事调解书》；赔偿金额在判决前被告人已一次付清的，应当记入笔录，经双方当事人、审判人员、书记员签名或者盖章后即发生法律效力；如果当事人要求制作调解书，也可以制作《刑事附带民事调解书》。经调解无法达成协议或者调解书签收前当事人反悔的，附带民事诉讼则应当同刑事诉讼一并判决，并制作《刑事附带民事判决书》。

第二节　单位犯罪案件一审刑事判决书

一、文书样式[①]

××人民法院

刑事判决书

（一审单位犯罪案件用）

（××××）×刑初××号

公诉机关×××人民检察院。

被告单位……（写明单位名称、住所地）。

---

① 本样式为《法院刑事诉讼文书样式》（样本）中的“样式2”。

诉讼代表人……（写明姓名、工作单位和职务）。

辩护人……（写明姓名、工作单位和职务）。

被告人……（写明直接负责的主管人员、其他直接责任人员的姓名、性别、出生年月日、民族、出生地、文化程度、职业或者工作单位和职务、住址以及因本案所受强制措施情况等，现羁押处所）。

辩护人……（写明姓名、工作单位和职务）。

×××人民检察院以×检×刑诉〔××××〕××号起诉书指控被告单位×××犯××罪，被告人×××犯××罪，于××××年××月××日向本院提起公诉。本院依法组成合议庭，公开（或者不公开）开庭审理了本案。×××人民检察院指派检察员×××出庭支持公诉，被害人×××及其法定代理人×××、诉讼代理人×××，被告单位的诉讼代表人×××及其辩护人×××，被告人×××及其辩护人×××，证人×××，鉴定人×××，翻译人员×××等到庭参加诉讼。现已审理终结。

×××人民检察院指控……（概述人民检察院指控被告单位和被告人犯罪的事实、证据和适用法律的意见）。

被告单位×××辩称……（概述被告单位对指控的犯罪事实予以供述、辩解、自行辩护的意见和有关证据）。辩护人×××提出的辩护意见是……（概述辩护人的辩护意见和有关证据）。

被告人×××辩称……（概述被告人对指控的犯罪事实予以供述、辩解、自行辩护的意见和有关证据）。辩护人×××提出的辩护意见是……（概述辩护人的辩护意见和主要证据）。

经审理查明，……（首先写明经法庭审理查明的有关被告单位犯罪的事实和被告人犯罪的事实；其次写明据以定案的证据及其来源；最后对控辩双方有异议的事实、证据进行分析、认证）。

本院认为，……（根据查证属实的事实、证据和法律规定，论证公诉机关指控的单位犯罪是否成立，被告单位及其直接负责的主管人员、其他直接责任人员的行为是否构成犯罪，犯的什么罪，应否实行“双罚制”，应否从轻、减轻、免除处罚或者从重处罚。对于控辩双方关于适用法律方面的意见，应当有分析地表示是否予以采纳，并阐明理由)。依照……（写明判决的法律依据）的规定，判决如下：

……［写明判决结果。分三种情况：

第一，定罪判刑的，表述为：

“一、被告单位×××犯××罪，判处罚金×××元，……（写明缴纳期限)；

二、被告人×××犯××罪，判处……(写明主刑、附加刑)。

(刑期从判决执行之日起计算。判决执行以前先行羁押的，羁押一日折抵刑期一日，即自××××年××月××日起至××××年××月××日止)。

(如有追缴、退赔或者发还被害人、没收财物的，应在以上各项之后续项写明)。”

第二，定罪免刑的，表述为：

“一、被告单位×××犯××罪，免予刑事处罚；

二、被告人×××犯××罪，免予刑事处罚。

(如有追缴、退赔或者发还被害人、没收财物的，应在以上各项之后续项写明)。”

第三，宣告无罪的，无论是适用《中华人民共和国刑事诉讼法》第二百条第（二）项还是第（三）项，均应表述为：

“一、被告单位×××无罪；

二、被告人×××无罪。”］

如不服本判决，可在接到判决书的第二日起十日内，通过本院或者直接向×××人民法院提出上诉。书面上诉的，应当提交上诉状正本一份，副本×份。

审　判　长　×××

审　判　员　×××

审　判　员　×××

××××年××月××日

（院印）

本件与原本核对无异

书　记　员　×××

二、样式说明

（一）样式用途

本样式根据《刑法》第30条、第31条和《刑事诉讼法解释》中第十一章“单位犯罪案件的审理”的规定制订，供第一审人民法院对于实行“双罚制”的单位犯罪的公诉案件，按照第一审普通程序审理终结后，根据已经查明的事实、证据，依据有关法律规定，作出被告单位和被告人有罪或者无罪，构成什么罪，判处什么刑罚或者免除处罚，或者宣告无罪等处理决定时使用。

对于实行“单罚制”的单位犯罪，即单位犯罪只处罚直接负责的主管人员和其他直接责任人员的案件，不适用本样式。（作者认为，对于刑法规定实行“双罚制”的单位犯罪而检察机关只作为自然人犯罪起诉的，同样不适用本样式。后两种情况下，应参照自然人犯罪的刑事判决书样式制作裁判文书，但在查明事实部分应当首先写明被告人在单位中的任职情况，并注意表明所实施行为与单位的关系，在裁判理由部分，写明被告人作为单位犯罪的直接负责的主管人员或其他直接责任人员而应承担刑事责任，并援引刑法分则中追究单位犯罪的相关责任条款。）

制作时应当注意本样式与“一审公诉案件适用普通程序用”的刑事判决书样式的不同之处。

（二）首部各项

1. 被告单位和诉讼代表人。“被告单位”项下还需列“诉讼代表人”，代表被告单位参加诉讼。根据《刑事诉讼法解释》第336条的规定，被告单位的诉讼代表人，应当是法定代表人、实际控制人或者主要负责人；法定代表人、实际控制人或者主要负责人被指控为单位犯罪直接责任人员或者因客观原因无法出庭的，应当由被告单位委托其他负责人或者职工作为被告单位的诉讼代表人。但是有关人员被指控为单位犯罪直接责任人员或者知道案件情况、负有作证义务的除外。依照前款规定难以确定诉讼代表人的，可以由被告单位委托律师等单位以外的人员作为诉讼代表人。诉讼代表人不得同时担任被告单位或者被指控为单位犯罪直接责任人员的辩护人。第 337 条规定，诉讼代表人不符合前条规定，应当要求人民检察院另行确定。

2. 被告人。作为单位犯罪的直接负责的主管人员和其他直接责任人员的“被告人”的基本情况，与其他自然人犯罪的“被告人”项的内容相同，但要突出其在所在单位的任职情况，以表明其行为与职务有关。

3. 被告单位发生变化。分为以下两种情况：

（1）犯罪后变更名称的，一般应当列变更后的单位名称，但需括注单位的原名称。[①]（作者认为，这里变更名称，包括因犯罪后发生分立、合并而变更名称。）

（2）审判期间发生变化的。（作者认为，根据《刑事诉讼法解释》第 344 条的规定，审判期间，被告单位被吊销营业执照、宣告破产但尚未完成清算、注销登记的，应当继续审理；被告单位被撤销、注销的，对单位犯罪直接负责的主管人员和其他直接责任人员应当继续审理。因此，这两种情况下，仍应在首部写明被告单位的基本情况，并增加其被注销或者被宣告破产的内容，然后再写明其他被告人的基本情况。另外，根据《刑事诉讼法解释》第 345 条的规定，审判期间，被告单位合并、分立的，应当将原单位列为被告单位，并注明合并、分立情况。对被告单位所判处的罚金以其在新单位的财产及收益为限。）

（三）事实证据

1. 被告人行为不构成犯罪。本样式事实部分“经审理查明”的内容是按被告单位和被告人的行为均已构成犯罪的模式设计的；如果条件变化，即

① 根据最高人民法院办公厅《关于实施〈法院刑事诉讼文书样式〉若干问题的解答》（法办〔2001〕155 号）第 25 条内容增加。

如果被告人的行为不构成犯罪时，则应作相应的改动。

2. 单位犯罪事实与个人犯罪事实。对“经审理查明”的犯罪事实的叙述，按照单位犯罪的具体情况，既可一并叙述，也可分别叙述，但对于“直接负责的主管人员和其他直接责任人员”，除对单位犯罪应承担罪责外，还有其他犯罪事实的，则应单独列项表述。

3. 单位被注销或者宣告破产的事实。检察机关起诉到法院后，单位被注销或者被宣告破产的，在事实部分应当简要写明单位被注销或者被宣告破产的情况。①

（四）裁判理由

在论证被告人的行为已经构成犯罪的情况下，要根据《刑法》总则和分则条文的具体规定，对本案是否构成单位犯罪和实行“双罚制”进行重点阐述。

（五）判决结果

1. 单位或个人不构成犯罪。本样式是按照单位犯罪的“单位”和“直接负责的主管人员和其他直接责任人员”均定罪判刑、定罪免刑或者宣告无罪设计的。如果条件变化，如有的定罪判刑，有的定罪免刑，或者有的定罪判刑（免刑），有的宣告无罪等，则应作相应改动。但按照对单位犯罪实行“双罚制”原则，对单位不构成犯罪的，对直接负责的主管人员或者其他直接责任人员也不得以犯罪论处，除非这些人员还单独犯有其他罪行。

2. 单位被注销或者宣告破产，但单位犯罪中直接负责的主管人员和其他直接责任人员应当负刑事责任而继续审理的，判决结果的第一项写为“对被告单位终止审理”，并在理由部分阐明终止审理的理由；第二项写为对被告人（直接负责的主管人员和其他直接责任人员）作出的判决，即定罪处刑的意见。

---

① 根据最高人民法院办公厅《关于实施〈法院刑事诉讼文书样式〉若干问题的解答》（法办〔2001〕155号）第24条内容增加。

3. 被告单位合并、分立的。分为两种情况：

（1）被告单位犯罪后变更名称的，在判决结果中，应当根据庭审查明的事实和法律的有关规定，对变更后的单位定罪判刑（判处罚金），或者宣告无罪。[①]（作者认为，这里变更名称，包括因犯罪后发生分立、合并而变更名称。）

（2）审判期间发生变化的。［作者认为，根据《刑事诉讼法解释》第345条的规定，“审判期间，被告单位合并、分立的，应当将原单位列为被告单位，并注明合并、分立情况”。因此，在判决时仍应当判决被告单位（原单位）承担罚金的刑事责任，但在执行方式上应写明向合并、分立后的新单位执行，并以新单位接受的财产及收益为限。］

4. 被告单位被吊销营业执照、宣告破产但尚未完成清算、注销登记的。［作者认为，仍应当判决被告单位承担相应的刑事责任。理由如下：一是根据《刑事诉讼法解释》第344条的规定，审判期间，被告单位被吊销营业执照、宣告破产但尚未完成清算、注销登记的，应当继续审理。二是吊销营业执照是指登记机关根据有关法律法规的规定，对存在严重违法违规行为的市场主体依法作出强行收回其营业执照并予以注销的一种行政处罚。市场主体被吊销营业执照，意味着其经营资格被强制剥夺，但其民事主体资格依然存续，依法进行清算或者偿还债务等事项并办理注销登记后，才算彻底退出市场。被吊销营业执照的市场主体对该吊销营业执照的决定有异议的，可以向作出吊销营业执照处罚决定的登记机关提出恢复市场主体法人资格的申请，还可以通过启动诉讼、复议程序，申请法院或复议机关撤销该行政处罚。三是法人被宣告破产后，同样存在清算的问题，只有清算完成，破产程序终结后，才能向原登记机关办理注销登记。因此，对于判决时被告单位虽吊销营业执照或者宣告破产，尚未注销的，仍应当判决其承担相应的刑事责任（判处罚金），该财产性义务的执行可在企业的清算过程中完成。］

---

① 根据最高人民法院办公厅《关于实施〈法院刑事诉讼文书样式〉若干问题的解答》（法办〔2001〕155号）第25条内容增加。

（六）其他需注意问题

1. 对于单位犯罪案件中有附带民事诉讼内容的，除文书名称改为“刑事附带民事判决书”外，其他相关部分均应作相应的修改或者补充。

2. 写作时注意参阅一审公诉案件适用普通程序用的刑事判决书样式及其说明。

第三节　二审案件刑事判决书和裁定书

一、文书样式[①]

××人民法院

刑事判决（裁定）书/**刑事附带民事判决（裁定）书**

（二审改判、维持原判用）

（××××）×刑终××号

原公诉机关×××人民检察院。

上诉人（原审被告人）……（写明姓名、性别、出生年月日、民族、出生地、文化程度、职业或工作单位和职务、住址和因本案所受强制措施情况等，现羁押处所）。

辩护人……（写明姓名、工作单位和职务）。

原审附带民事诉讼原告人……（写明姓名、性别、出生年月日、民族、出生地、文化程度、职业或者工作单位和职务、住址等）。

① 本样式根据写作实践需要对《法院刑事诉讼文书样式》（样本）中的“样式11—14”进行了合并。文中黑体字部分内容均为附带民事诉讼案件专用。

委托代理人……（写明姓名、性别、工作单位和职务）。

×××人民法院审理×××人民检察院指控原审被告人×××犯××罪，**原审附带民事诉讼原告人×××提起附带民事诉讼**一案，于××××年××月××日作出（××××）×刑初字第××号刑事判决/**刑事附带民事判决**。原审被告人×××不服，提出上诉。本院依法组成合议庭，公开（或者不公开）开庭审理了本案。×××人民检察院指派检察员×××出庭履行职务。上诉人（原审被告人）×××及其辩护人×××、**原审附带民事诉讼原告人×××及其诉讼代理人×××**等到庭参加诉讼。现已审理终结。

……（首先概述原判决认定的事实、证据、理由和判处结果；其次概述上诉、辩护的意见；最后概述人民检察院**和原审附带民事诉讼原告人**在二审中提出的新意见）。

经审理查明，……（首先写明经二审审理查明的事实；其次写明二审据以定案的证据；最后针对上诉理由中与原判认定的事实、证据有异议的问题进行分析、认证）。

本院认为，……（根据二审查明的事实、证据和有关法律规定，论证原审法院判决认定的事实、证据和适用法律**包括判处被告人赔偿经济损失**是否正确。对于上诉人、辩护人或者出庭履行职务的检察人员等在适用法律、定性处理**和赔偿经济损失**方面的意见，应当有分析地表示是否予以采纳，并阐明理由）。

……［写明裁判结果。按裁判结果为改判和维持不同，判项写法也不同。

第一，裁判结果为改判的，判项可分两种情况：

1. 全部改判的，表述为：

“依照……（写明判决的法律依据）的规定，判决如下：

一、撤销×××人民法院（××××）×刑初字第××号刑事判决/**刑事附带民事判决；**

二、上诉人（原审被告人）×××……（写明改判的刑事**和附带民事**的具体内容）。

（刑期从……）

本判决为终审判决。”

2. 部分改判的，表述为：

“依照……（写明判决的法律依据）的规定，判决如下：

一、维持×××人民法院（××××）×刑初字第××号刑事判决/**刑事附带民事判决**的第×项，即……（写明维持的具体内容）；

二、撤销×××人民法院（××××）×刑初字第××号刑事判决/**刑事附带民事判决**的第×项，即……（写明撤销的具体内容）；

三、上诉人（原审被告人）×××……（写明部分改判的刑事和附带民事具体内容）。

（刑期从……）

本判决为终审判决。”

第二，裁判结果为维持原判的，判项可分两种情况：

1. 全部维持的，表述为：

“依照《中华人民共和国刑事诉讼法》第二百三十六条第（一）项、《中华人民共和国民事诉讼法》第一百七十七条第一款第（一）项（裁定的法律依据）之规定，裁定如下：

驳回上诉，维持原判。

本裁定为终审裁定。”

2. 仅有刑事部分上诉并维持的，表述为：

“依照《中华人民共和国刑事诉讼法》第二百三十六条第（一）项之规定，裁定如下：

驳回上诉，维持×××人民法院（××××）×刑初字第××号刑事附带民事判决中的刑事部分判决。

本裁定为终审裁定。”

3. 仅有附带民事部分上诉并维持的，表述为：

“依照《中华人民共和国民事诉讼法》第一百七十七条第一款第（一）项之规定，裁定如下：

驳回上诉，维持×××人民法院（××××）×刑初字第××号刑事附带民事判决中的附带民事部分判决。

本裁定为终审裁定。”]

审　判　长　×××
审　判　员　×××
审　判　员　×××

××××年××月××日
（院印）

本件与原本核对无异

书　记　员　×××

二、样式说明

（一）样式用途

本样式根据《刑事诉讼法》第236条第1、2、3项的规定制订，供第二审人民法院在受理当事人对一审人民法院刑事判决、刑事附带民事判决的刑事或者民事部分不服，提出上诉或者公诉机关提出抗诉的刑事案件使用。根据审理情况及裁判结果，确定使用的文书具体样式。

（1）经审理查明，原判决在适用法律上有错误，或者量刑、责令赔偿损失不当，予以改判；或者原判决事实不清楚、证据不足，经二审查清事实后予以改判的，使用刑事判决书或刑事附带民事判决书样式。

（2）经审理查明，原审法院判决在认定事实和适用法律方面没有错误，量刑和责令赔偿经济损失无不当，决定驳回上诉、抗诉，维持原判时，使用刑事裁定书或刑事附带民事裁定书样式。

只对刑事部分提出上诉的，改判案件文书名称为“刑事判决书”，维持原判案件文书名称为“刑事裁定书”；对刑事和附带民事部分均提出上诉，或者只对附带民事部分提出上诉的，改判案件文书名称均为“刑事附带民事判决书”，维持原判案件文书名称均为“刑事附带民事裁定书”。

（二）首部各项

本样式是按公诉案件的被告人提出上诉的模式设计的。如果条件变换，应作如下改动。

1. 公诉案件

（1）检察机关提出抗诉的，第一项“原公诉机关”改为“抗诉机关”；第二项改为“原审被告人”项；第三项为“辩护人”项。如果在同一案件中，既有被告人上诉，又有检察机关抗诉的，第一项改为“抗诉机关”项，第二项“上诉人（原审被告人）”，第三项“辩护人”不变。

被害人及其法定代理人请求人民检察院提出抗诉，人民检察院根据《刑事诉讼法》第229条之规定决定抗诉的，应在审理经过段中的“原审被告人×××不服，提出上诉”一句之后，续写“被害人（或者其法定代理人）×××不服，请求×××人民检察院提出抗诉。×××人民检察院决定并于××××年××月××日向本院提出抗诉”。

（2）被告人的辩护人或者近亲属经被告人同意而提出上诉的，上诉人仍为原审被告人，但应将审理经过段中“原审被告人×××不服，提出上诉”一句改为“原审被告人×××的近亲属（或者辩护人）×××经征得原审被告人×××同意，提出上诉”。

（3）刑事被告人不上诉，仅有附带民事诉讼的当事人提出上诉的，在首部仍应当表述“原公诉机关”。

（4）被告人和附带民事诉讼原告人均提起上诉的案件，首部可以按先民事、后刑事的顺序排列，在“原公诉机关”项后，先写“上诉人（原审附带民事诉讼原告人）”项，再写“上诉人（原审被告人）”项；裁判文书其他部分按先刑事、后民事的顺序排列。两个以上的附带民事诉讼原告人只有部分上诉的，对没有上诉的附带民事诉讼原告人，可以在“上诉人（原审附带民事诉讼原告人)”之后，再列“原审附带民事诉讼原告人”。①

2. 自诉案件

(1) 根据上诉人身份不同，自诉人提出上诉的，第一项写“上诉人(原审自诉人)”，第二项写“原审被告人”；被告人提出上诉的，第一项写“上诉人（原审被告人)”，第二项写“原审自诉人”；自诉人和被告人都提出上诉的，第一项写“上诉人（原审自诉人)”，第二项写“上诉人（原审被告人)”。

(2) 自诉人有诉讼代理人的，应当增写“诉讼代理人”项。

(3) 自诉人、被告人系未成年人，其法定代理人或者指定代理人提出上诉的，应当把“上诉人（原审××人的×定代理人)”项增写在被代理人之前，随后续写“原审自诉人”项或者“原审被告人”项。

3. 共同犯罪案件

共同犯罪案件的数个被告人中，有的上诉，有的不上诉的，先列写提出上诉的“上诉人（原审被告人)”项，后续写未提出上诉的“原审被告人”项。

首部的原公诉机关和诉讼参与人项作了改动之后，案件的由来和审判经过段以及其他有关各处，应当注意作相应的改动。

4. 审判经过段

本样式是按照第二审人民法院开庭审理上诉、抗诉案件设计的，对于第二审人民法院未开庭审理的审判经过，应作变动。(作者认为，应将“本院依法组成合议庭之后，公开开庭审理了本案”，改写为：“本院依法组成合议庭，决定不开庭审理，经过阅卷，讯问被告人、听取其他当事人、辩护人、诉讼代理人的意见，现已审理终结。”理由：对于二审书面审理的刑事案件，原样式说明认为审判经过应表述为：“经过阅卷，讯问被告人、听取其他当事人、辩护人、诉讼代理人的意见，认为事实清楚，决定不开庭审理。”这是根

① 根据最高人民法院办公厅《关于实施〈法院刑事诉讼文书样式〉若干问题的解答》(法办〔2001〕155号）第39条内容增加。

据1996年修正的《刑事诉讼法》第187条之规定，即“合议庭经过阅卷，讯问被告人、听取其他当事人、辩护人、诉讼代理人的意见，对事实清楚的，可以不开庭审理”。但2012年修正的《刑事诉讼法》第223条和2018年修正的《刑事诉讼法》第234条对上述规定作出修改，均规定“第二审人民法院对于下列案件，应当组成合议庭，开庭审理：……第二审人民法院决定不开庭审理的，应当讯问被告人、听取其他当事人、辩护人、诉讼代理人的意见……”。根据修改后的法律规定，将二审法院是否开庭审理的决定，放在立案后的审查阶段，而不是讯问被告人等审理行为之后。因此，二审裁判文书中的“审判经过”部分，作相应修改更为合适。）

（三）**事实和理由部分**

1. 二审改判案件

（1）刑事判决书写作的重点，应当针对一审判决中的错误，以及上诉、抗诉的意见和理由，进行叙事和说理。

（2）对各方意见有分歧的要详写，没有异议的可以略写；对上诉、抗诉意见都应当进行分析、论证，充分阐明肯定或者否定的理由。

（3）注意避免文字上不必要的重复。二审认定的事实和证据与原判没有变动的，可采取“此繁彼简”的方法，重点叙述原判认定的事实和证据，而对第二审“审理查明”的事实和证据，则进行概括叙述。

（4）判决理由中的“法律依据”，包括程序法和实体法。根据最高人民法院《关于裁判文书引用法律、法规等规范性法律文件的规定》（法释〔2009〕14号）第2条的规定，应当先引用实体法的有关规定，再引用程序法的有关规定。① 适用司法解释的，应在其后一并引用。

2. 二审维持原判案件

（1）制作刑事裁定书时，主要应当针对上诉、抗诉等提出的意见，进行分析、论证，阐明原判认定的事实、证据和适用法律、定性处理为什么正

---

① 原样式说明为先引用程序法，后引用实体法。之后的最高人民法院相关司法解释对这个问题重新明确了意见，即先引用实体法，后引用程序法。

确，上诉、抗诉的理由为什么不能成立。驳回的理由应当具体、充分，有理有据，说服力强。

（2）二审认定的事实和证据与一审没有出入，在二审刑事裁定书的事实和证据部分的写法应当因案而异。①在一般情况下，如果二审认定的事实和证据与一审没有出入，且控辩双方对此也没有异议，可以采取“此繁彼简”的方法，详述一审认定的事实和证据，对二审认定的事实和证据可以略述。②如果二审认定的事实和证据与一审有出入，或者控辩双方对此有异议，则应当侧重写明二审与一审有分歧的事实和证据，并针对控辩双方有异议的事实和证据进行分析、认证，写明是否采信的理由。③如果根据案件的具体情况，认为采取“此简彼繁”的方法叙述比较适宜，也可以略述一审，详述二审。总的要求是，繁简适当，避免一审、二审之间事实部分不必要的重复。[①]

（四）判决结果

1. 原审判决主文分项表述的改判。二审改判的判决书主文中维持或者撤销判项均应当写明原判项的具体内容。（作者认为，这是最高人民法院所下发文书样式中的明确要求，应予执行。因为在二审改判的情况下，二审判决书才是具有执行效力的生效判决，判决书中关于维持的判项必须写明维持原判决的具体内容，才具有执行内容；同时撤销原判决的判项，也必须写明具体内容，以与改判的内容对比，明确二审法院的裁判内容。具体示例见本书第二章第四节的“示例2－4－8”和“示例2－4－9”。）

2. 原审判决主文未分项表述的改判。第二审人民法院依法对该主文内容作部分改判的，可表述为：

“一、维持×××人民法院（××××）×刑×字第××号刑事判决中……（写明维持的内容）；

二、撤销×××人民法院（××××）×刑×字第××号刑事判决中……（写明撤销的内容）；

---

① 根据最高人民法院办公厅《关于实施〈法院刑事诉讼文书样式〉若干问题的解答》（法办〔2001〕155号）第42条内容增加。

三、……（写明改判的内容）。”

（五）特殊案件裁判文书的效力表述

1. 死刑案件

（1）经高级人民法院二审审理后，支持人民检察院的抗诉意见，改判被告人死刑立即执行的，应当报请最高人民法院核准，即将“本判决为终审判决”改写为“本判决依法报请最高人民法院核准”。在共同犯罪的案件中，有改判原审被告人死刑的，应当写明：“对原审被告人×××改判死刑的判决，由本院依法报请最高人民法院核准。”

（2）经高级人民法院二审审理后，支持上诉、抗诉意见，对被告人改判的结果中有判处死刑缓期二年执行的被告人的，判决书的尾部写明：“本判决为终审判决”即可，不再另起一行续写“依照《刑事诉讼法》第二百四十八条的规定，本判决为核准判处×××死刑，缓期二年执行的判决”。

（3）经高级人民法院二审，裁定维持的结果中有判处死刑的被告人的，应当将“本裁定为终审裁定”改为“根据《中华人民共和国刑事诉讼法》第二百四十六条之规定，本裁定依法报请最高人民法院核准”。（作者认为，在共同犯罪的案件中，维持其中部分原审被告人死刑的，应当在“本裁定为终审裁定”之后，另起一行续写“根据《中华人民共和国刑事诉讼法》第二百四十六条之规定，本裁定中对原审被告人×××的裁定，依法报请最高人民法院核准”。）

（4）经高级人民法院二审，裁定维持的结果中有判处死刑缓期二年执行的被告人的，在“本裁定为终审裁定”之后，另起一行续写“根据《中华人民共和国刑事诉讼法》第二百四十八条之规定，本裁定即为核准以××罪判处被告人×××死刑，缓期二年执行，剥夺政治权利终身的刑事裁定”。

2. 法定刑以下判处刑罚的案件

第二审人民法院审理上诉、抗诉案件，如果裁判结果仍是在法定刑以下判处刑罚，在尾部写明：“本判决（裁定）报请最高人民法院核准后生效。”（作者认为，多被告案件中仅有部分被告人的二审裁判结果是在法定刑以下判处刑罚的，应当先写“本裁定为终审裁定”，再写“本裁定中对被告人×××的裁定报请最高人民法院核准后生效”。因为二审裁判中没有在法定刑以下判处刑罚的被告人的判决，在二审裁判宣判或送达后即生效，不需要报最高人民法院核准。）

（六）仅就刑事或民事部分上诉的样式变化

文书样式是按对刑事和附带民事部分均提出上诉的模式设计的，如果只对其中一部分提出上诉，应按以下不同情况作相应改动。

1. 只对刑事部分提出上诉

（1）案件由来段的“原审被告人×××……提出上诉”，改为“原审被告人×××对刑事部分判决不服，提出上诉”；

（2）事实、理由和判决结果中关于经济损失和赔偿问题的内容从略。

[作者认为，对于原审被告人的上诉理由应当认真甄别，如果对一审判决认定其实施了犯罪行为无异议，仅对罪名及量刑提出异议，对民事判项亦无异议的，属于仅就刑事部分提出上诉，因原审判决的附带民事部分已经生效，改判时对原审判决只涉及刑事部分判项，维持原判时表述为“驳回上诉，维持×××人民法院（××××）×刑初字第××号刑事附带民事判决中的刑事部分判决”；如果上诉理由否认自己实施了一审判决所认定的犯罪行为，或者否认自己的行为构成犯罪，则属于对一审判决的刑事部分和附带民事部分均提出上诉，应当进行全面审理，并使用“刑事附带民事裁定书”或者“刑事附带民事判决书”。]

2. 只对附带民事部分提出上诉

（1）案件由来的“被告人×××……提出上诉”，改为“原审被告人（或者原审附带民事诉讼被告人）×××对附带民事部分判决不服，提出上诉”。如果刑事被告人不上诉，仅有附带民事诉讼的当事人提出上诉，审理经过段写明“宣判后，在法定期限内检察机关不抗诉，被告人不上诉，原审判决的刑事部分已发生法律效力；原审附带民事诉讼原告人（或者原审附带民事诉讼被告人）×××对附带民事部分判决不服，提出上诉”。[①]

（2）事实部分应当重点写明因被告人的犯罪行为而使被害人遭受经济损失的事实和证据。

（3）理由部分应当着重写明上诉人对附带民事部分提出上诉的理由是否成立，意见应否采纳。

（4）判决结果部分只对附带民事部分作出判决，刑事部分不再涉及。如果发现第一审判决中的刑事部分确有错误，根据《刑事诉讼法解释》第409条第2项的规定，应当依照审判监督程序对刑事部分进行再审，并将附带民事部分与刑事部分一并审理。（作者认为，如果审理发现第一审判决的刑事部分确有错误，按照审判监督程序对刑事部分进行再审，文书制作也应当参考再审裁判文书的样式制作。）

（七）一审判处死刑（死缓）的二审案件裁判文书样式选择

1. 一审判处被告人死刑（包括死缓）而只有附带民事诉讼原告人提起上诉的案件。二审法院的裁判文书应当视二审和复核案件的不同情况而定。如果经高级法院二审审理，对附带民事赔偿部分维持原判；经高级法院复核，刑事部分核准死刑（包括死缓），为了简便，可以只制作一份刑事附带民事裁定书，程序的代字用“终”字即可。如果经高级法院二审审理，对附带民事赔偿部分需要改判，或者刑事部分需要改判，则应当制作两份刑事裁判文书（一份刑事附带民事判决书，一份刑事裁定书；或者一份刑事附带民事裁定书，一份刑事判决书）。[②]

2. 一审判处死缓，检察机关抗诉后在二审期间又撤回抗诉的案件。经法院审查同意检察机关撤回抗诉的，二审法院应当制作两份裁定书。一是准许

---

① 本部分后半段内容系根据最高人民法院办公厅《关于实施〈法院刑事诉讼文书样式〉若干问题的解答》（法办〔2001〕155号）第41条内容修订。

② 根据最高人民法院办公厅《关于实施〈法院刑事诉讼文书样式〉若干问题的解答》（法办〔2001〕155号）第40条内容增加。

撤回抗诉的刑事裁定书，二是核准死缓的刑事裁定书或者改判的刑事判决书。①

（八）其他注意事项

按本样式制作判决书时，注意参阅第一审公诉案件和自诉案件用的刑事判决书样式及其说明。

第四节 再审案件刑事判决书

一、再审按一审程序审理的判决书样式②

××人民法院

刑事判决书

（按一审程序再审改判用）

（××××）×刑再初××号

原公诉机关×××人民检察院。

原审被告人……（写明姓名、性别、出生年月日、民族、出生地、文化程度、职业或者工作单位和职务、住址等，现羁押处所）。

辩护人……（写明姓名、工作单位和职务）。

×××人民检察院指控原审被告人×××犯××罪一案，本院于×××

① 根据最高人民法院办公厅《关于实施〈法院刑事诉讼文书样式〉若干问题的解答》（法办〔2001〕155号）第44条内容增加。

② 本节两个文书样式分别为《法院刑事诉讼文书样式》（样本）中的“样式24”和“样式25”。

×年××月××日作出（××××）×刑初字第××号刑事判决。**该判决发生法律效力后，……（写明提起再审的根据）**。本院依法另行组成合议庭，公开（或者不公开）开庭审理了本案。×××人民检察院检察员×××出庭履行职务。被害人×××、原审被告人×××及其辩护人×××等到庭参加诉讼。现已审理终结。

……（概述原审判决认定的事实、证据、判决的理由和判决结果）。

……（概述再审中原审被告人的辩解和辩护人的辩护意见。**对人民检察院在再审中提出的意见，应当一并写明**）。

经再审查明，……（写明再审认定的事实和证据，并就诉讼双方对原判有异议的事实、证据作出分析、认证）。

本院认为，……（根据再审查明的事实、证据和有关法律规定，对原判和诉讼各方的主要意见作出分析，阐明改判的理由）。依照……（写明判决的法律依据）的规定，判决如下：

……［写明判决结果。分两种情况：

第一，全部改判的，表述为：

“一、撤销本院（××××）×刑×字第××号刑事判决；

二、原审被告人×××……（写明改判的内容）。”

第二，部分改判的，表述为：

“一、维持本院（××××）×刑×字第××号刑事判决的第×项，即……（写明维持的具体内容）；

二、撤销本院（××××）×刑×字第××号刑事判决的第×项，即……（写明撤销的具体内容）；

三、原审被告人×××……（写明部分改判的内容）。”］

如不服本判决，可在接到判决书的第二日起十日内，通过本院或者直接向×××人民法院提出上诉。书面上诉的，应当提交上诉状正本一份，副本×份。

审　判　长　×××

审　判　员　×××
审　判　员　×××

××××年××月××日
（院印）

本件与原本核对无异

书　记　员　×××

二、再审按一审程序审理的判决书样式说明

（一）样式用途

本样式根据《刑事诉讼法》第256条和《刑事诉讼法解释》第472条第1款第3项、第2款的规定制订，供各级人民法院对本院已经发生法律效力的一审判决，经提起再审程序后，另行组成合议庭，就案件的实体问题进行再审，确认原判在认定事实上或者适用法律上确有错误，决定予以改判时使用。

（二）首部各项

1. “提起再审的根据”，根据情况不同有以下两种写法。

（1）第一审人民法院决定再审的，写为：“本院又于××××年××月××日作出（××××）×刑监字第××号再审决定，对本案提起再审。”

（2）上级人民法院指令再审的，写为：“×××人民法院于××××年××月××日作出（××××）×刑监字第××号再审决定，指令本院对本案进行再审。”

2. 自诉案件再审判决书的首部各项，应当作如下改动：

（1）“原审自诉人”项排在第一，“原审被告人”项排在第二等；

（2）“×××人民检察院指控……一案”，改为“原审自诉人×××以原审被告人×××犯××罪提出控诉”；

（3）“×××人民检察院检察员×××出庭履行职务”，改为“原审自诉人×××”。

（三）理由部分

应当根据不同情况有针对性地论述改判的理由。

1. 宣告无罪的，分为以下两种情况：

（1）依据法律认定被告人无罪的，应当根据再审认定的事实、证据和有关法律规定，通过分析论证，说明被告人的行为不构成犯罪，原判错误；并针对被告人及其辩护人的辩护意见表示是否予以采纳。

（2）证据不足，不能认定被告人有罪的，应当根据再审认定的事实、证据和有关法律规定，阐明原判认定被告人构成犯罪的证据不足，犯罪不能成立。

2. 定罪正确，量刑不当的：应当根据再审认定的事实、证据和有关法律规定，通过分析论证，说明原判定性正确，但量刑不当，以及对被告人为什么应当从轻、减轻、免除处罚或者从重处罚，并针对被告人的辩解及其辩护人的辩护意见，表示是否予以采纳。

3. 变更罪名的：应当根据再审认定的事实、证据和有关法律规定，通过分析论证，说明原判定性有误，但被告人的行为仍构成犯罪，以及犯何罪，是否应当从轻、减轻、免除处罚或者从重处罚；并针对被告人的辩解及其辩护人的辩护意见，表示是否予以采纳。

（四）裁判结果

如果再审判决对原判结果中的内容部分维持、部分改判的，表述时，应当分项写明。如下所述：

“（一）维持本院（××××）×刑初字第××号刑事判决中……（写明维持的内容）；

（二）撤销本院（××××）×刑初字第××号刑事判决中……（写明撤销的内容）；

（三）原审被告人×××……（写明改判的内容）。”

三、再审按二审程序审理的判决书样式

××人民法院

刑事判决书

（按二审程序再审改判用）

（××××）×刑再终××号

原公诉机关×××人民检察院。

原审上诉人（原审被告人）……（写明姓名、性别、出生年月日、民族、出生地、文化程度、职业或者工作单位和职务、住址等，现羁押处所）。

辩护人……（写明姓名、工作单位和职务）。

×××人民检察院指控被告人×××犯××罪一案，×××人民法院于××××年××月××日作出（××××）×刑初字第××号刑事判决，本院于××××年××月××日作出（××××）×刑终字第××号刑事判决（或者裁定）。**上述裁判发生法律效力后，……（写明提起再审的根据）**。本院依法另行组成合议庭，公开（或者不公开）开庭审理了本案。×××人民检察院检察员×××出庭履行职务。被害人×××、原审被告人×××及其辩护人×××等到庭参加诉讼。现已审理终结。

……（概述原判认定的事实、证据、判决的理由和判决结果）。

……（概述再审中原审被告人的辩解和辩护人的辩护意见。**对人民检察院在再审中提出的意见，应当一并写明**）。

经再审查明，……（写明再审认定的事实和证据，并就诉讼双方对原判有异议的事实、证据作出分析、认证）。

本院认为，……（根据再审查明的事实、证据和有关法律规定，对原判和诉讼各方主要意见作出分析，阐明改判的理由）。依照……（写明判决的法律依据）的规定，判决如下：

……［写明判决结果。分六种情况：

第一，原系一审，提审后全部改判的，表述为：

“一、撤销×××人民法院（××××）×刑初字第××号刑事判决；

二、被告人×××……（写明改判的内容）。”

第二，原系一审，提审后部分改判的，表述为：

“一、维持×××人民法院（××××）×刑初字第××号刑事判决的第×项，即……（写明维持的具体内容）；

二、撤销×××人民法院（××××）×刑初字第××号刑事判决的第×项，即……（写明撤销的具体内容）；

三、被告人×××……（写明部分改判的内容）。”

第三，原系二审维持原判，再审后全部改判的，表述为：

“一、撤销本院（××××）×刑终字第××号刑事裁定和×××人民法院（××××）×刑初字第××号刑事判决；

二、被告人×××……（写明改判的内容）。”

第四，原系二审维持原判，再审后部分改判的，表述为：

“一、维持本院（××××）×刑终字第××号刑事裁定和×××人民法院（××××）×刑初字第××号刑事判决中……（写明维持的具体内容）；

二、撤销本院（××××）×刑终字第××号刑事裁定和×××人民法院（××××）刑初字第××号刑事判决中……（写明撤销的具体内容）；

三、被告人×××……（写明部分改判的内容）。”

第五，原系二审改判，再审后全部改判的，表述为：

“一、撤销本院（××××）×刑终字第××号刑事判决和×××人民法院（××××）×刑初字第××号刑事判决；

二、被告人×××……（写明改判的内容）。”

第六，原系二审改判，再审后部分改判的，表述为：

“一、维持本院（××××）×刑终字第××号刑事判决的第×项，即……（写明维持的具体内容）；

二、撤销本院（××××）×刑终字第××号刑事判决的第×项，即……（写明撤销的具体内容）；

三、被告人×××……（写明改判的内容）。”]

本判决为终审判决。

审　判　长　×××
审　判　员　×××
审　判　员　×××

××××年××月××日
（院印）

本件与原本核对无异

书　记　员　×××

四、再审按二审程序审理的判决书样式说明

（一）样式用途

本样式根据《刑事诉讼法》第256条和《刑事诉讼法解释》第472条第1款第3项、第4项和第2款的规定制作，供中级以上人民法院对下级人民法院和本院已经发生法律效力的裁判，经提起再审程序后，组成合议庭或者另行组成合议庭，就案件的实体问题进行再审，确认原判在认定事实上或者适用法律上确有错误，决定予以改判时使用。

（二）首部各项

1. 抗诉案件。如果系人民检察院按照审判监督程序提出抗诉的，首部第一项应写“抗诉机关”。

2. 当事人的称谓，应当根据不同情况写明：

（1）原来是第一审的，写明原审时的称谓，如“原审被告人”。

（2）原来是第二审的，写明原二审时的称谓，如“原审上诉人（原审被告人）”，未上诉的写为“原审被告人”。

3. “提起再审的根据”，根据情况有以下四种表述。

（1）第二审人民法院决定再审的，写为：“本院又于××××年××月××日作出（××××）×刑监字第××号再审决定，对本案提起再审。”

（2）上级人民法院指令第二审人民法院再审的，写为：“×××人民法院于××××年××月××日作出（××××）×刑监字第××号再审决定，指令本院对本案进行再审。”

（3）上级人民法院提审的，写为：“本院于××××年××月××日作出（××××）×刑监字第×号再审决定，提审了本案。”

（4）人民检察院按照审判监督程序提出抗诉的，写为：“×××人民检察院于××××年××月××日按照审判监督程序向本院提出抗诉。”

4. 合议庭组成，分为以下两种情况。

（1）中级以上人民法院对本院按二审程序审理后作出的生效裁判进行再审的，依照《刑事诉讼法》第256条第1款的规定，应当另行组成合议庭进行，故表述为“本院依法另行组成合议庭”。

（2）中级以上人民法院按照审判监督程序提审的案件，或者审理同级人民检察院按照审判监督程序提出抗诉的案件，因之前并未审理过该案件，故首部合议庭的组成情况表述为：“本院依法组成合议庭。”

5. 未开庭审理的，根据《刑事诉讼法》第256条、第234条第2款的规定，应当参考二审程序相关规定，将“本院依法组成合议庭”之后至“现已审理终结”之前的内容，改写为：“决定不开庭审理，经过阅卷，讯问被告人，听取其他当事人、辩护人、诉讼代理人的意见。”

（三）事实与理由部分

1. 人民检察院按照审判监督程序提出抗诉的，事实部分应当先写明人民检察院的抗诉意见，然后再写明被告人的辩解和辩护人的辩护意见。

2. 理由部分的写法，可以参见按一审程序再审改判用的刑事判决书样式说明。

（四）关于判决效力的表述

关于再审按二审程序审理所作出判决的效力，《法院刑事诉讼文书样式》（样本）中并未明确说明。（作者认为，应参考二审刑事判决书样式的相关内容。比如再审改判死刑的，应当将“本判决为终审判决”改写为“本判决依法报请最高人民法院核准”。）

第五节 死刑缓期执行期间故意犯罪的一审刑事判决书

一、文书样式①

××× 人民法院

刑事判决书

（死缓期间故意犯罪一审适用普通程序用）

（××××）× 刑初字第 × 号

公诉机关 ××× 人民检察院。

被告人……（写明姓名、性别、出生年月日、生于 ×× 地、民族、文化程度，**因犯 ×× 罪在 ×× 监狱服刑**）。

辩护人……（写明姓名、工作单位和职务）。

××× 人民检察院以 × 检 × 诉〔××××〕×× 号起诉书**指控被告人 ×× 在死刑缓期二年执行期间犯 ×× 罪**，于 ×××× 年 ×× 月 ×× 日向本院

① 最高人民法院 1999 年 11 月 18 日发布的《关于审理死刑缓期执行期间故意犯罪的一审案件如何制作裁判文书有关问题的通知》规定了本样式。样式中黑体字部分均为本类案件判决书需要专门写明的内容。

提起公诉。本院依法组成合议庭，公开（或者不公开）开庭审理了本案。×××人民检察院指派检察员×××出庭支持公诉，被害人×××及其法定代理人×××、诉讼代理人×××，被告人×××及其法定代理人×××，辩护人×××，证人×××，鉴定人×××，翻译人员×××等到庭参加诉讼。现已审理终结。

×××人民检察院指控……（概述人民检察院指控被告人犯罪的事实、证据和适用法律的意见）。

被告人×××辩称……（概述被告人对指控的犯罪事实予以供述、辩解、自行辩护的意见和有关证据）。辩护人×××提出的辩护意见是……（概述辩护人的辩护意见和有关证据）。

经审理查明，……（首先写明法庭审理查明的事实；其次写明经举证、质证定案的证据及其来源；最后对控辩双方有异议的事实、证据进行分析、认证）

另查：被告人×××曾因犯××罪于××××年××月××日被×××中级人民法院以（××××）×刑初字第×号刑事判决（附带民事判决）判处死刑，缓期二年执行，剥夺政治权利终身（或者判处死刑，剥夺政治权利终身）；×××高级人民法院于××××年××月××日以（××××）×刑终字第××号刑事裁定（或者判决），维持原判（或者判处被告人×××死刑，缓期二年执行，剥夺政治权利终身。如果系最高人民法院改判为死刑，缓期二年执行的，亦应一并写明）。

本院认为，……（根据查证属实的事实、证据和有关法律规定，论证公诉机关指控的犯罪是否成立，被告人的行为是否构成犯罪，犯的什么罪，应否从轻、减轻、免除处罚或者从重处罚。对于控辩双方关于适用法律方面的意见，应当有分析地表示是否予以采纳，并阐明理由）。依照……（写明判决的法律依据），判决如下：

[第一，定罪判刑的，表述为：

“被告人×××犯××罪，判处……（写明主刑、附加刑）。”

第二，宣告无罪的，无论是适用《中华人民共和国刑事诉讼法》第二百条第（二）项还是第（三）项，均应表述为：

“被告人×××无罪。”］

如不服本判决，可在接到判决书的第二日起十日内，通过本院或者直接向×××高级人民法院提出上诉。书面上诉的，应当提交上诉状正本一份，副本×份。

对于定罪判刑的，还应当在全部交待上述之后，另起一段，写明：

依据《刑法》第五十条、《刑事诉讼法》第二百一十条第二款和最高人民法院《关于执行〈中华人民共和国刑事诉讼法〉若干问题的解释》第三百三十九条第二款的规定，本判决生效以后，经最高人民法院（或者依授权有死刑核准权的高级人民法院和解放军军事法院）核准，对被告人×××应当执行死刑。

（以上画波浪线部分涉及的法律规定变化较大，作者认为原内容已不宜再用，具体写法详见以下样式说明。）

审　判　长　×××
审　判　员　×××
审　判　员　×××

××××年×月×日

书　记　员　×××

二、样式说明[①]

本样式适用于对被判处死刑缓期执行的罪犯在死刑缓期执行期间故意犯罪的公诉案件作出一审判决。

---

① 最高人民法院于1999年发布样式时并未就具体写作作出说明，且相关刑法条文变化较大，本部分内容为编者根据个人理解而撰写。蔡智玉：《死刑缓期执行期间故意犯罪的审理程序及裁判文书表述》，载《人民法院报》2019年1月3日，第6版。

1979 年《刑法》第 46 条规定："判处死刑缓期执行的，在死刑缓期执行期间，……如果抗拒改造情节恶劣、查证属实的，由最高人民法院裁定或者核准，执行死刑。"1997 年《刑法》第 50 条将执行死刑的条件修改为"如果故意犯罪，查证属实的，由最高人民法院核准，执行死刑"。根据 1997 年《刑法》规定，中级人民法院经审理后，认为死刑缓期执行的罪犯新犯的故意犯罪查证属实，即应报最高人民法院核准后执行死刑，对于"执行死刑"的判项没有裁判权，只是一种程序性操作，在判决主文部分不需要对是否执行死刑作出决定，即样式中原来的写法。

2015 年 11 月 1 日施行的《刑法修正案（九）》对《刑法》第 50 条相关内容又作出修改，规定："如果故意犯罪，情节恶劣的，报请最高人民法院核准后执行死刑；对于故意犯罪未执行死刑的，死刑缓期执行的期间重新计算，并报最高人民法院备案。"根据修正后的刑法，死刑缓期执行期间"故意犯罪"的执行死刑由确定刑变更为选择刑，中级人民法院审理后不但要对所犯新罪是否事实清楚、证据确实充分及如何定罪量刑作出裁判，还应当对是否达到"情节恶劣"程度因而报请最高人民法院核准执行死刑作出裁判。因此，原样式中的判决主文部分，应增加相关判项或内容；且诉讼权利告知后的诉讼程序告知（样式中下画线部分），也应当作相应变化。具体如下所述。

（一）决定对被告人不执行死刑

在"本院认为"部分，既要对被告人所犯新罪的罪名是否成立及相关量刑情节进行评价，还应当结合所犯新罪的具体情节、原判死刑缓期执行的犯罪的具体情节等，综合评价其是否属于"情节恶劣"应报请最高人民法院核准执行死刑的情形。法律依据部分，除引用新犯罪名定罪量刑的相关条文外，还应当引用《刑法》第 50 条第 1 款关于不执行死刑的规定和第 71 条、第 69 条关于数罪并罚的相关规定。裁判结果部分，按数罪并罚的模式表述："被告人×××犯××罪，判处……（写明主刑、附加刑）；与原犯××罪所判处的死刑，缓期二年执行，剥夺政治权利终身并罚，决定执行死刑，缓期二年执行，剥夺政治权利终身。（死刑缓期二年执行的期间，自判决确定之日起计算）。”其理由如下。

1.《刑法》第50条第1款关于死刑缓期执行期间故意犯罪如何处理的规定，属于刑罚执行期间再犯新罪的刑罚规定，实质上是《刑法》第四章第四节数罪并罚制度的特别规定。根据特别法与一般法竞合的适用原理，对于特别法没有规定的内容，仍应适用一般法的规定。《刑法》第50条第1款对于“死刑缓期执行期间再犯新罪”如何处理作出了规定，而对“死刑缓期执行期间发现漏罪”如何处理没有作出规定，司法实践中即认为此种情况属于刑罚执行期间发现漏罪，应予数罪并罚后作出判决。最高人民法院研究室1992年8月29日《关于罪犯在死刑缓期执行期间因有漏罪被判决后仍决定死刑缓期执行的是否需要重新核准死缓期间从何时起计算问题的电话答复》就认为：对于被判处死刑缓期二年执行的犯罪分子，在死刑缓期执行期间，发现他在判决宣告以前还有其他罪没有判决的，应当根据《刑法》第65条（此处指1979年《刑法》关于判决宣告后发现漏罪如何并罚的条文，对应1997年《刑法》第70条）的规定，对新发现的罪作出判决，说明这种做法是符合法理的。同样道理，《刑法》第50条对于死刑缓期执行期间“故意犯罪情节恶劣”应执行死刑作出了特别规定，对于死刑缓期执行期间故意犯罪不属于“情节恶劣的情形”如何处理没有作出规定，则应当适用《刑法》第71条关于“刑罚执行期间再犯新罪”如何处理的一般规定，将前罪尚未执行完毕的刑罚（仍是死刑缓期二年执行）和后罪所判处的刑罚予以并罚，并决定执行死刑缓期二年执行。如果不作出数罪并罚的判决，从逻辑上讲，死缓罪犯所犯新罪被判处的刑罚就没有执行内容。

2. 死刑缓期执行期间再犯新罪与被判处无期徒刑的罪犯在刑罚执行期间又犯新罪的情形类似，在司法实践中也应当统一法律适用标准。刑法对于被判处无期徒刑的罪犯在刑罚执行期间再犯新罪如何处理，并没有作出特别规定，司法实践中一般是依照《刑法》第71条的规定，将前罪尚未执行完毕的刑罚（仍是无期徒刑）和后罪所判处的刑罚，予以并罚，并根据《刑法》第69条的规定，决定执行无期徒刑；在新判决的无期徒刑执行过程中需要减刑的，实际执行刑期的起算时间按新判决的生效时间重新计算。对于死缓罪犯在刑罚执行期间再犯新罪而不执行死刑的，也应当统一法律适用标准，将新犯罪的刑罚与原判的死刑缓期二年执行并罚，决定执行死刑缓期二年执行。

3. 根据2015年修正后的《刑法》第50条第1款规定，死刑缓期执行期间故意犯罪未执行死刑的，死刑缓期执行的期间重新计算。《刑事诉讼法解释》第497条第3款规定："对故意犯罪未执行死刑的，不再报高级人民法院核准，死刑缓期执行的期间重新计算，并层报最高人民法院备案。备案不影响判决、裁定的生效和执行。"但被告人仍可能因对一审判决认定其又犯新罪不服而提出上诉，高级人民法院二审维持原判，或者虽对新罪的罪名、刑罚作出改判但数罪并罚后仍执行死刑缓期二年执行后，才形成生效判决。因此，刑期起止时间不能表述为"死刑缓期二年执行的期间，从高级人民法院核准之日起计算"，而应表述为"死刑缓期二年执行的期间，自判决确定之日起计算"。

（二）决定对被告人执行死刑

"本院认为"部分，写法同前。法律依据部分，除引用新犯罪名定罪量刑的相关条文外，还应当引用《刑法》第50条第1款的规定。裁判结果部分，应当将"对被告人×××执行死刑"作为单独一项判决内容予以表述；还需要在交代上诉权、抗诉权后，另外再说明最高人民法院核准的程序性安排，即表述为：**"一、被告人×××犯××罪，判处……（写明主刑、附加刑）。二、对被告人×××执行死刑。"**并在交代上诉权、抗诉权后，另起一段写明"本判决依法报请最高人民法院核准后生效"。其理由如下。

1. 对被告人新犯之罪应当单独定罪并判处刑罚，是因为检察机关指控的被告人行为构成故意犯罪是对被告人执行死刑的必要前提，而被告人所犯新罪被判处刑罚情况是判断其是否属于“情节恶劣”的重要依据。[①] 被告人也可能对所犯新罪是否成立及是否属于情节恶劣提出上诉，如果二审法院采纳上诉意见并作出撤销“对被告人×××执行死刑”判项之裁定，就需要维持对新犯之罪的定罪量刑，并与前罪所判处的死刑缓期二年执行并罚，作出数罪并罚的改判。

2. 对死缓罪犯是否需要执行死刑，属于对其本人的一个整体评价，即评价其是否达到“情节恶劣应当执行死刑”的程度，是一项单独的法律评价。在法理上相当于撤销死刑缓期二年执行中的“缓期二年执行”内容，将“死刑”部分与所犯新罪并罚后，决定执行死刑，后者是对被告人利益最为重要的内容，也是控辩双方对一审判决提出抗诉或者上诉的主要目标。如果不在判决主文中作为一项单独予以表述，上诉或抗诉就诉之无物，二审或复核审对不是原审裁判主文的判决内容无法评价，即使二审或复核审认为原判对被告人执行死刑不当而要予以变更的，也无法表述要撤销原审裁判的哪一项内容。

3. “经最高人民法院核准”属于《刑法》第50条第1款对此类案件的程序性规定，其根源在于《刑法》第48条第2款“死刑除依法由最高人民法院判决的以外，都应当报请最高人民法院核准”的规定，其意义与其他特殊案件处理的程序安排——比如法定刑以下判处刑罚需要报请最高人民法院核准等——相当，应当专门予以表述。

---

① 对此法律及相关司法文件尚未作出规定，作者认为所犯新罪至少应当判处3年或5年有期徒刑以上刑罚，根据故意犯罪的罪名、动机、手段、造成的危害后果等犯罪情节，并结合罪犯在缓期执行期间的改造、悔罪表现等，综合判断是否认定为“情节恶劣”。参见蔡智玉：《死刑缓期执行期间故意犯罪“情节恶劣”的认定》，载《人民法院报》2018年10月17日，第6版。

第六节　未成年人刑事案件一审刑事判决书

一、未成年人刑事案件适用普通程序审理一审判决书样式①

×××人民法院
刑事判决书
（一审未成年人刑事案件适用普通程序用）

（××××）×刑初××号

公诉机关×××人民检察院。

被告人……（写明姓名、性别、出生年月日、民族、户籍所在地、文化程度、职业或者工作单位、学校、住址，所受强制措施情况等，现羁押处所）。

法定代理人……（写明姓名、与被告人的关系、工作单位和职务、住址）。

辩护人（或者指定辩护人）……（写明姓名、工作单位和职务）。

×××人民检察院以×××检×诉〔××××〕××号起诉书指控被告人×××犯××罪，于××××年××月××日向本院提起公诉。本院于××××年××月××日立案，并依法组成合议庭。**因本案被告人系未成年人（或者因本案涉及未成年被告人），依法不公开开庭审理了本案。**×××人民

① 最高人民法院办公厅2009年9月12日《关于印发一审未成年人刑事案件适用普通程序的刑事判决书样式和一审未成年人刑事公诉案件适用简易程序的刑事判决书样式的通知》（法办发〔2009〕25号）规定了本样式及下一样式。文中黑体字部分为未成年人刑事案件专用。

检察院指派检察员×××出庭支持公诉，被害人×××**及其法定代理人×××**、诉讼代理人×××，被告人×××**及其法定代理人×××**、辩护人（或者指定辩护人）×××，证人×××，鉴定人×××，翻译人员×××等到庭参加诉讼。现已审理终结。

×××人民检察院指控……（概述人民检察院指控被告人犯罪的事实、证据和适用法律的意见）。

被告人×××辩称……（概述被告人对指控的犯罪事实予以供述、辩解、自行辩护的意见和有关证据）。法定代理人×××……（概述对公诉机关指控被告人犯罪的意见、提供的有关证据）。辩护人×××提出的辩护意见是……（概述辩护人的辩护意见和有关证据）。

×××根据《中华人民共和国刑事诉讼法》第二百七十九条之规定，[①] **向法庭提交了被告人×××的情况调查报告。**

经审理查明，……（首先写明经庭审查明的事实；其次写明经举证、质证定案的证据及其来源；最后对控辩双方有异议的事实、证据进行分析、认证）。

在审理过程中，法庭了解到……（概述被告人×××的情况调查报告中与其量刑密切相关的内容）。控辩双方对被告人×××的情况调查报告表述了以下意见：……（如果可能判处被告人非监禁刑罚的，概述所具备的监护、帮教条件等情况）。

本院认为，……（根据查证属实的事实、证据和有关法律规定，论证公诉机关指控的犯罪是否成立，被告人的行为是否构成犯罪，犯的什么罪，应否从轻、减轻、免除处罚或者从重处罚。对于控、辩双方关于适用法律方面的意见，应当有分析地表示是否予以采纳，并阐明理由。**对于认定未成年被告人构成犯罪的，应当结合查明的未成年被告人的成长经历，剖析未成年被告人走上犯罪道路的主客观方面的原因**）。依照……（写明判决的法律根

① 样式原文为《最高人民法院关于审理未成年人刑事案件的若干规定》，该文件现已失效，相关内容为《刑法诉讼法》规定取代。

据）的规定，判决如下：

……（写明判决结果）。分四种情况：

第一，定罪判刑的，表述为：

“一、被告人×××犯××罪，判处……（写明主刑、附加刑）。（刑期从判决执行之日起计算。判决执行以前先行羁押的，羁押一日折抵刑期一日，即自××××年××月××日起至××××年××月××日止）。

二、被告人×××……（写明决定追缴、退赔或者发还被害人、没收财物的名称、种类和数额）。”

第二，定罪免刑的，表述为：

“被告人×××犯××罪，免予刑事处罚（如有追缴、退赔或者没收财物的，续写第二项）。”

第三，对被告人因不满十六周岁不予刑事处罚的，表述为：

“被告人×××不负刑事责任。”

第四，宣告无罪的，不论是适用《中华人民共和国刑事诉讼法》第二百条第（二）项还是第（三）项，均应表述为：

“被告人×××无罪。”

如不服本判决，可在接到判决书的第二日起十日内，通过本院或者直接向×××人民法院提出上诉。书面上诉的，应当提交上诉状正本一份，副本×份。

审　判　长　×××
人民陪审员　×××
人民陪审员　×××

××××年××月××日
（院印）

本件与原件核对无异

书　记　员　×××

二、适用普通程序审理一审判决书的样式说明[①]

（一）样式用途

本样式供第一审人民法院适用普通程序审理未成年人刑事案件时使用。未成年人犯罪有别于成年人犯罪。制作未成年人刑事判决书，应当根据案件的实际情况，充分体现“教育、感化、挽救”的方针和“教育为主、惩罚为辅”的原则，反映“寓教于审、惩教结合”的特点。

未成年人刑事裁判文书语言表述应当简洁、通俗易懂、注重说理，便于未成年被告人及其法定代理人理解。

（二）首部各项

1. 未成年被告人的基本情况

（1）姓名和户籍所在地。应当写查明的未成年被告人的姓名和户籍所在地。如果未成年被告人属于《刑事诉讼法》第160条第2款“对于犯罪事实清楚，证据确实、充分，确实无法查明其身份的，也可以按其自报的姓名起诉、审判”的情形，可以按照被告人自报的姓名予以表述，但应当用括号注明“自报”。户籍所在地可以不写。

被告人自报的姓名在侦查、起诉、审判阶段都不一致的，由法官根据案件情况综合考虑予以确定。

（2）出生年、月、日。应当写经审理查明的未成年被告人出生的年、月、日。属于最高人民法院《关于审理未成年人刑事案件具体应用法律若干问题的解释》第4条第1款规定的“没有充分证据证明被告人实施被指控的犯罪时已经达到法定刑事责任年龄且确实无法查明的，应当推定其没有达到相应法定刑事责任年龄”情形的，可以分别表述为“实施被指控的犯罪时不满十四周岁”“实施被指控的犯罪时已满十四周岁不满十六周岁”“实施被指控的犯罪时已满十六周岁不满十八周岁”，同时用括号注明“推定”。

---

① 本样式及下一样式的说明内容参考最高人民法院办公厅《关于印发一审未成年人刑事案件适用普通程序的刑事判决书样式和一审未成年人刑事公诉案件适用简易程序的刑事判决书样式的通知》相关内容，结构上略作变动。

属于第2款规定的“相关证据足以证明被告人实施被指控的犯罪时已经达到法定刑事责任年龄，但是无法准确查明被告人具体出生日期的”，首部应当直接写明被告人“实施被指控的犯罪时已满××周岁”。

（3）文化程度。应当表述实际就学状况。例如，可以表述为“小学二年级文化，辍学”或者“初中一年级学生”等。

（4）工作单位、学校、住址。应当写查明的工作单位、学校和住址。户籍所在地和住址一致的，可以不写住址。在户籍所在地以外地方犯罪的，应当写明其被采取强制措施前的住址或者经常居住地。属于《刑事诉讼法》第160条第2款规定的“对于犯罪事实清楚，证据确实、充分，确实无法查明其身份的，也可以按其自报的姓名起诉、审判”情形的，可以不写本项内容。

（5）所受强制措施的情况。表述为“因涉嫌犯××罪于××××年××月××日被刑事拘留、逮捕（或者被采取其他强制措施）”。

（6）首部应当写明以前是否有因犯罪受到刑事处罚的情形。

2. 法定代理人

（1）未成年被告人没有法定代理人或者无法查到法定代理人的，可以不写法定代理人。

（2）未成年被告人的法定代理人无法出庭或者确实不宜出庭的，应当写明法定代理人，并在审理经过段出庭人员中表述为“被告人×××的法定代理人×××经法院通知未出庭”或者“被告人×××的法定代理人×××因特殊原因未出庭”等内容。

（3）被告人犯罪时未成年，开庭审理时已成年的，不列法定代理人。

3. 社会调查员参加庭审的，在审理经过段“翻译人员×××”后增加表述为：“翻译人员×××，社会调查员×××等到庭参加诉讼。现已审理终结。”

4. 指定管辖的案件，在审理经过段可以表述为：“按照×××中级人民法院指定管辖的决定，×××人民检察院以×××检×诉〔××××〕××号起诉书……”直接接审理经过段。

（三）事实证据

1. 情况调查报告。概述被告人的性格特点、家庭情况、社会交往、成长经历及实施被指控的犯罪前后的表现等情况时，应当简明扼要，注意保护未成年被告人及其家庭的隐私，写明与被告人量刑密切相关的情况即可。

控辩双方对未成年被告人调查报告反映的情况提出的意见，应予客观表述。

对于人民法院自行调查未成年被告人情况的，可直接在判决书“经审理查明”事实证据之后，表述为：“本院经自行调查了解到……”

2. 重视年龄证据。事实部分要注意写明有关未成年被告人年龄证据情况；控辩双方对年龄及证据的意见；对控辩双方有异议的年龄、证据要进行分析、认证。

（四）裁判理由

注意写明有关认定或者推定未成年被告人实施犯罪时年龄的理由。对于依照最高人民法院《关于审理未成年人刑事案件具体应用法律若干问题的解释》第4条第1款规定，对被告人的年龄适用推定的，在“本院认为”部分可以表述为：“鉴于通过法庭调查确实无法查明被告人的出生年、月、日，本院根据掌握的现有证据材料，依法推定被告人实施被指控的犯罪时不满十四周岁（或者实施被指控的犯罪时已满十四周岁不满十六周岁，或者实施被指控的犯罪时不满十八周岁）。”

（五）未成年人名誉保护

1. 对隐私案件的未成年被害人，为保护被害人的名誉，在裁判文书中应当只写姓、不写名，表述为“张某”“王某某”。

2. 隐私案件的未成年被害人提起附带民事诉讼的，则应当在首部“附带民事诉讼原告人”部分表述其真实姓名。

3. 对于未成年刑事案件的证人，应当写明其真实姓名。

三、未成年人刑事案件适用简易程序审理一审判决书样式

×××人民法院

刑事判决书

（一审公诉未成年人刑事案件适用简易程序用）

（××××）×刑初字第××号

公诉机关×××人民检察院。

被告人……（写明姓名、性别、出生年月日、民族、户籍所在地、文化程度、职业或者工作单位、学校、住址，所受强制措施情况等，现羁押处所）。

法定代理人……（写明姓名、与被告人的关系、工作单位和职务、住址）。

辩护人（或者指定辩护人）……（写明姓名、工作单位和职务）。

×××人民检察院以×××检×诉〔××××〕××号起诉书指控被告人×××犯××罪，于××××年××月××日向本院提起公诉。本院于××××年××月××日立案，并依法适用简易程序，实行独任审判。**因本案被告人系未成年人（或者因本案涉及未成年被告人），依法不公开开庭审理了本案。**×××人民检察院检察员×××、被告人×××**及其法定代理人×××**、辩护人（或者指定辩护人×××）等到庭参加诉讼。现已审理终结。

公诉机关指控被告人……（简要概括起诉书指控的犯罪事实的内容）。

上述事实，被告人在开庭审理过程中亦无异议，并有物证××、书证××、证人×××的证言、被害人×××的陈述、××公安机关（或检察机关）的勘验、检查笔录和××鉴定结论等证据证实，足以认定。

在法庭审理过程中，本院了解到……（简要概述被告人×××的情况调查报告中与量刑密切相关的内容。可能判处被告人非监禁刑罚的，概述所具

备的监护、帮教条件等情况）。

本院认为，被告人×××的行为（具体）已构成××罪。（对控辩双方适用法律方面的争议采纳或者不予采纳的理由；依法从轻、减轻处罚或者免除处罚的理由。）**结合未成年被告人的成长经历，剖析未成年被告人走上犯罪道路的主客观方面的原因。**依照……（写明判决的法律根据）的规定，判决如下：

被告人×××犯××罪，判处……（写明判处的具体内容）。（刑期从判决执行之日起计算。判决执行以前先行羁押的，羁押一日折抵刑期一日，即自××××年××月××日起至××××年××月××日止）。

如不服本判决，可在接到判决书的第二日起十日内，通过本院或者直接向×××人民法院提出上诉。书面上诉的，应当提交上诉状正本一份，副本×份。

审　判　员　×××

……

……

××××年××月××日

（院印）

本件与原件核对无异

书　记　员　×××

四、适用简易程序审理一审判决书的样式说明

（1）括号部分的内容是根据案件具体情况应写明的内容，没有相应事项的，不需要写明。

（2）第一审未成年人刑事公诉案件适用简易程序的刑事判决书，可以参阅第一审未成年人刑事案件适用普通程序判决书样式及其说明制作。

第七节　刑事附带民事公益诉讼的一审、二审裁判文书

一、一审刑事附带民事公益诉讼刑事附带民事判决书样式①

××××人民法院
刑事附带民事判决书

（××××）刑初××号

公诉机关暨附带民事公益诉讼起诉人：×××人民检察院。

被告单位暨附带民事公益诉讼被告：×××。住所地：……。

诉讼代表人：×××，性别，出生年月，职务。

辩护人暨委托诉讼代理人：×××，……。

被告人暨附带民事公益诉讼被告：×××，性别，民族，出生年月，文化程度，职业，住所地。××××年××月××日被采取强制措施（逮捕、取保候审、监视居住等）。

辩护人暨委托诉讼代理人：×××，……。

（以上写明公诉机关、刑事被告单位/被告人，附带民事公益诉讼当事人，以及其他诉讼参加人的姓名或者名称等基本信息）

×××人民检察院以×检公刑诉（××××）××号起诉书指控被告单位×××、被告人×××犯×××罪，于××××年××月××日向本院提

① 最高人民法院2020年3月6日《关于印发公益诉讼文书样式（试行）的通知》（法〔2020〕71号）规定了本节相关文书样式。样式写作说明亦参考上述通知，仅作个别调整。文中黑体字部分为刑事附带民事公益诉讼专用。

起公诉。**公益诉讼起诉人×××人民检察院于××××年××月××日向本院提起附带……民事公益诉讼（写明案由）。经查，×××人民检察院于××××年××月××日公告了案件相关情况，公告期内未有法律规定的机关和有关组织提起民事公益诉讼。**本院依法组成合议庭，于××××年××月××日公开开庭审理了本案。×××人民检察院指派检察员×××出庭履行职务，被告单位暨附带民事公益诉讼被告×××及其诉讼代表人×××、委托诉讼代理人×××，被告人暨附带民事公益诉讼被告×××及其辩护人暨委托诉讼代理人×××到庭参加诉讼。本案现已审理终结。

公诉机关×××人民检察院指控：……。

附带民事公益诉讼起诉人×××人民检察院向本院提出诉讼请求：1．……2．……（明确公益诉讼起诉人的诉讼请求）。事实和理由：……（概述公益诉讼起诉人主张的事实和理由）。

被告单位暨附带民事公益诉讼被告×××辩称，……。

被告人暨附带民事公益诉讼被告×××辩称，……。

经审理查明：……（写明本院查明的事实）。

上述事实，有经庭审质证、认证的下列证据证实，本院予以确认。……（写明物证，书证，证人证言，被害人陈述，鉴定意见，勘验、检查、辨认、侦查实验等笔录，视听资料、电子数据，被告人供述和辩解等）。

本院认为，……（根据认定的事实和相关法律，对公诉机关的指控、公益诉讼起诉人的诉讼请求进行分析评判，说明理由）。

综上，……（对刑事指控是否成立、民事公益诉讼请求是否支持等进行总结评述）。依照……（写明法律文件名称及其条款项序号）之规定，判决如下：

一、……；

二、……。

（以上分项写明判决结果）

……（写明上诉期限及上诉方式）

审　判　长　×××
审　判　员　×××
审　判　员　×××
人民陪审员　×××
人民陪审员　×××
人民陪审员　×××
人民陪审员　×××

××××年××月××日
（院印）
法官助理　×××
书　记　员　×××

二、一审刑事附带民事公益诉讼一并判决的样式说明

（一）样式用途

本样式依据《刑事诉讼法》第一编第七章“附带民事诉讼”、最高人民法院、最高人民检察院《关于检察公益诉讼案件适用法律若干问题的解释》（法释〔2020〕20号，2020年12月修正，以下简称《公益诉讼案件解释》）第20条等规定制作，供人民法院适用第一审普通程序审理人民检察院提起的刑事附带民事公益诉讼案件，一并作出实体判决用。

《公益诉讼案件解释》第20条第1款规定：“人民检察院对破坏生态环境和资源保护，食品药品安全领域侵害众多消费者合法权益，侵害英雄烈士等的姓名、肖像、名誉、荣誉等损害社会公共利益的犯罪行为提起刑事公诉时，可以向人民法院一并提起附带民事公益诉讼，由人民法院同一审判组织审理。”第2款规定：“人民检察院提起的刑事附带民事公益诉讼案件由审理刑事案件的人民法院管辖。”

（二）首部各项

1. 案件由来部分，若刑事附带民事公益诉讼起诉书有单独起诉书号，则

公诉书与公益诉讼起诉书的编号均需列明。

2.《公益诉讼案件解释》第13条第1款规定："人民检察院在履行职责中发现破坏生态环境和资源保护，食品药品安全领域侵害众多消费者合法权益，侵害英雄烈士等的姓名、肖像、名誉、荣誉等损害社会公共利益的行为，拟提起公益诉讼的，应当依法公告，公告期间为三十日。"第2款规定："公告期满，法律规定的机关和有关组织、英雄烈士等的近亲属不提起诉讼的，人民检察院可以向人民法院提起诉讼。"第3款规定："人民检察院办理侵害英雄烈士等的姓名、肖像、名誉、荣誉等的民事公益诉讼案件，也可以直接征询英雄烈士等的近亲属的意见。"最高人民法院、最高人民检察院《关于人民检察院提起刑事附带民事公益诉讼应否履行诉前公告程序问题的批复》（法释〔2019〕18号）规定："人民检察院提起刑事附带民事公益诉讼，应履行诉前公告程序。对于未履行诉前公告程序的，人民法院应当进行释明，告知人民检察院公告后再行提起诉讼。因人民检察院履行诉前公告程序，可能影响相关刑事案件审理期限的，人民检察院可以另行提起民事公益诉讼。"因此，公益诉讼起诉人提起刑事附带民事公益诉讼案件应当在诉前进行公告。在文书中应写明："经查，×××人民检察院于××××年××月××日公告了案件相关情况，公告期内未有法律规定的机关和有关组织提起民事公益诉讼。"

3. 如果被告单位/被告人的辩护人或委托诉讼代理人不为同一人，则分开书写。

4. 如果举行庭前会议，应在审理过程中写明相关情况。

（三）尾部

《公益诉讼案件解释》第7条规定："人民法院审理人民检察院提起的第一审公益诉讼案件，适用人民陪审制。"

三、一审刑事附带民事公益诉讼分开判决用的民事判决书样式①

××××人民法院

民事判决书

（××××）×刑初××号之一

公益诉讼起诉人：×××人民检察院。

被告：×××。住所地：……。

法定代表人/主要负责人：×××，……。

委托诉讼代理人：×××，……。

（以上写明当事人和其他诉讼参加人的姓名或者名称等基本信息）

×××人民检察院以×检公刑诉（××××）××号起诉书指控被告人（被告单位）×××犯×××罪，于××××年××月××日向本院提起公诉。本院于××××年××月××日作出（××××）×刑初××号刑事判决，判决被告人（被告单位）×××犯×××罪（写明所判罪名的名称），判处……（写明判项的具体内容）。

公益诉讼起诉人×××人民检察院于××××年××月××日向本院提起附带……民事公益诉讼（写明案由）。经查，×××人民检察院于××××年××月××日公告了案件相关情况，公告期内未有法律规定的机关和有关组织提起民事公益诉讼。本院依法组成合议庭，于××××年××月××日公开开庭审理了本案。公益诉讼起诉人×××人民检察院指派检察员×××出庭履行职务，被告×××及其委托诉讼代理人×××到庭参加诉讼。本案现已审理终结。

公益诉讼起诉人×××人民检察院向本院提出诉讼请求：**1.**……；

① 本样式的制作说明同前文“二、一审刑事附带民事公益诉讼一并判决的样式说明”。

2. ……（明确公益诉讼起诉人的诉讼请求）。事实和理由：……（概述公益诉讼起诉人主张的事实和理由）。

被告×××辩称，……。

经审理查明：……（写明本院查明的事实）。

上述事实，有经庭审质证、认证的下列证据证实，本院予以确认。（写明物证，书证，证人证言，被害人陈述，鉴定意见，勘验、检查、辨认、侦查实验等笔录，视听资料、电子数据，被告人供述和辩解等）

本院认为，……（根据认定的事实和相关法律，对公益诉讼起诉人的诉讼请求进行分析评判，说明理由）。

综上，……（对公益诉讼起诉人的诉讼请求是否支持进行总结评述）。依照《中华人民共和国……法》第×条、……（写明法律文件名称及其条款项序号）规定，判决如下：

一、……；

二、……。

（以上分项写明判决结果）……（写明上诉期限及上诉方式）。

审 判 长 ×××
审 判 员 ×××
审 判 员 ×××
人民陪审员 ×××
人民陪审员 ×××
人民陪审员 ×××
人民陪审员 ×××

××××年××月××日
（院印）

法官助理 ×××
书 记 员 ×××

四、二审刑事附带民事公益诉讼刑事裁判文书样式

×××× 人民法院
刑事附带民事判决书/裁定书

（××××）×刑终××号

抗诉机关暨上诉人（一审附带民事公益诉讼起诉人）×××人民检察院。

一审被告单位暨被上诉人（一审附带民事公益诉讼被告）：×××。住所地：……。

诉讼代表人：×××，性别，出生年月，职务。

辩护人暨委托诉讼代理人：×××，……。

一审被告人暨被上诉人（一审附带民事公益诉讼被告）：×××，住……。

辩护人暨委托诉讼代理人：×××，……。

（以上写明抗诉机关、上诉人、被上诉人以及其他诉讼参加人的姓名或者名称等基本信息）

×××人民法院审理×××人民检察院指控一审被告单位×××/被告人×××犯×××罪（写明罪名）、公益诉讼起诉人×××人民检察院提起附带民事公益诉讼（写明案由）一案，于××××年××月××日作出（××××）×刑初××号刑事附带民事判决（写明判决内容）。宣判后，×××人民检察院对判决的刑事部分提出抗诉并对民事公益诉讼部分提起上诉。本院依法组成合议庭公开开庭/因涉及……（写明不开庭的理由）不开庭进行了审理。×××人民检察院指派检察员×××出庭履行职务，一审被告单位暨被上诉人（附带民事公益诉讼被告）×××及其诉讼代表人×××、辩护人暨委托诉讼代理人×××，一审被告人暨被上诉人（附带民事公

益诉讼被告）×××及其辩护人暨委托诉讼代理人×××到庭参加了诉讼。（公益诉讼起诉人的上一级人民检察院派员出庭的，则写：×××人民检察院指派检察员×××到庭并发表了意见）。本案现已审理终结。

原公诉机关×××人民检察院向一审法院指控：……。

一审附带民事公益诉讼起诉人×××人民检察院向一审法院起诉请求：……（写明一审公益诉讼起诉人的诉讼请求）。

一审法院认定事实：……。一审法院认为，……（概述一审法院裁判理由）。判决：……（写明一审判决主文）。

×××人民检察院抗诉认为，……（概述抗诉意见及所依据的事实及理由）。

×××辩称，……（概述一审被告单位/被告人答辩意见）。

×××人民检察院上诉称：……（概述上诉意见及所依据的事实及理由）。

×××辩称，……（概述被上诉人答辩意见）。

……（写明对一审查明事实的认定）。

本院另查明，……（写明二审认定的事实）。

上述事实，有经庭审质证、认证的下列证据证实，本院予以确认（写明二审物证，书证，证人证言，被害人陈述，鉴定意见，勘验、检查、辨认、侦查实验等笔录，视听资料、电子数据，被告人供述和辩解等）。

本院认为，……。

综上，……（对抗诉意见、上诉请求是否支持进行总结评述）。依照《中华人民共和国……法》第×条第×项……的规定，判决/裁定如下：

……

本判决为终审判决/裁定。

审　判　长　×××

审　判　员　×××

审　判　员　×××

××××年××月××日

（院印）

法 官 助 理 ×××

书 记 员 ×××

五、二审刑事附带民事公益诉讼刑事裁判文书的样式说明

（一）样式用途

本样式依据《刑事诉讼法》第236条、《公益诉讼案件解释》第11条规定制作，供人民法院按照第二审程序审理公诉机关就一审判决刑事部分提出抗诉、公益诉讼起诉人就一审判决民事公益诉讼部分提起上诉的刑事附带民事公益诉讼案件，作出实体裁判用。

（二）首部各项

1. 公益诉讼起诉人的上一级人民检察院派员参加二审庭审的，开庭时摆放的席签为“上级人民检察院”，与一审公益诉讼起诉人同侧并列就座；文书制作时，不在首部当事人处列公益诉讼起诉人的上一级人民检察院，应当在交代到庭参加庭审活动的当事人及其他诉讼参加人情况时载明：“×××人民检察院指派检察员×××到庭并发表了意见。”

2. 如果被告单位/被告人的辩护人或委托诉讼代理人不为同一人，则分开书写。

3. 其他类型的二审刑事附带民事公益诉讼文书可参照本样式制作。

（1）只有公诉机关针对一审刑事判决部分提起抗诉的，首部写明：

“抗诉机关暨一审附带民事公益诉讼起诉人×××人民检察院。

一审被告单位暨附带民事公益诉讼被告：×××。住所地：……。

诉讼代表人：×××，性别，出生年月，职务。

辩护人暨委托诉讼代理人：×××

一审被告人暨附带民事公益诉讼被告：×××，住……。

辩护人暨委托诉讼代理人：×××，……。”

（2）只有公益诉讼起诉人针对一审民事判决部分提出上诉的，首部

写明：

“原公诉机关暨上诉人（一审附带民事公益诉讼起诉人）×××人民检察院。

被上诉人（一审被告单位暨附带民事公益诉讼被告）：×××。住所地：……。

诉讼代表人：×××，性别，出生年月，职务。

辩护人暨委托诉讼代理人：×××，……

被上诉人（一审被告人暨附带民事公益诉讼被告）：×××，住……。

辩护人暨委托诉讼代理人：×××，……。”

（3）一审被告单位/被告人暨附带民事公益诉讼被告同时针对刑事判决部分和附带民事公益诉讼判决部分提出上诉或者只针对附带民事公益诉讼部分上诉的，首部写明：

“原公诉机关暨被上诉人（一审附带民事公益诉讼起诉人）×××人民检察院。

上诉人（一审被告单位暨附带民事公益诉讼被告）：×××。住所地：……。

诉讼代表人：×××，性别，出生年月，职务。

辩护人暨委托诉讼代理人：×××，……。

上诉人（一审被告人暨附带民事公益诉讼被告）：×××，住……。

辩护人暨委托诉讼代理人：×××，……。”

（4）一审被告单位/被告人暨附带民事公益诉讼被告只针对刑事判决部分提出上诉的，首部写明：

“原公诉机关暨一审附带民事公益诉讼起诉人×××人民检察院。

上诉人（一审被告单位暨附带民事公益诉讼被告）：×××。住所地：

诉讼代表人：×××，性别，出生年月，职务。

辩护人暨委托诉讼代理人：×××，……。

上诉人（一审被告人暨附带民事公益诉讼被告）：×××，住……。

辩护人暨委托诉讼代理人：×××，……。”

（5）公诉机关抗诉、公益诉讼起诉人上诉、一审被告单位/被告人暨附带民事公益诉讼被告亦上诉的，首部写明：

“抗诉机关暨上诉人（一审附带民事公益诉讼起诉人）×××人民检察院。

上诉人（一审被告单位暨附带民事公益诉讼被告）：×××。住所地：……。

诉讼代表人：×××，性别，出生年月，职务。

辩护人暨委托诉讼代理人：×××，……。

上诉人（一审被告人暨附带民事公益诉讼被告）：×××，住……。

辩护人暨委托诉讼代理人：×××，……。”

（6）本说明未列举的公诉机关抗诉、公益诉讼起诉人或者一审被告单位/被告人暨附带民事公益诉讼被告上诉的其他情形，首部表述方式参照以上样式。

4. 各方未对附带民事公益诉讼判决部分提出上诉的，写明：“宣判后，各方当事人未在法定期限内对附带民事公益诉讼判决部分提出上诉，本案附带民事公益诉讼判决部分已经发生法律效力。”

（三）事实部分

不在文书中概述上一级人民检察院的意见。

第四章
裁判文书相关规范

法院刑事裁判文书技术规范①

（一）文书字体。法院名称用字，一般应用2号老宋体字；文书名称，一般应用1号老宋体字；案号和正文一般应用3号仿宋体字。

（二）标点符号。一律用国家语言文字工作委员会1990年3月修订发布的《标点符号用法》。②

（三）数字。根据国家语言文字工作委员会、国家出版局、国家标准局、国家计量局、国务院办公厅秘书局、中宣部新闻局、出版局公布的《关于出版物上数字用法的试行规定》的规

---

① 本部分内容引自最高人民法院办公厅编的《法院刑事诉讼文书样式》（样本），人民法院出版社1999年版，“前言”中关于印制《法院刑事诉讼文书样式》（样本）的说明。

② 此文件已失效，目前使用的是中华人民共和国国家标准（GB/T 15834—2011）《标点符号用法》，由原国家质量监督检验检疫总局、国家标准化管理委员会2011年12月30日发布，2012年6月1日实施。

定和法院诉讼文书的特点，用汉字和阿拉伯数字表示。[①]

1. 用汉字表示的为：

（1）法院诉讼文书引用的法律条款项和判处的刑罚；

（2）判决书、裁定书的签发日期或者当庭宣判的日期；

（3）不是一组表示科学计量和具有统计意义数字中的一位数。如一律、一起、一笔帐、三个单位等；

（4）数字作为词素构成定型的词、词组、惯用语、缩略语的语句。如三角形、七上八下、一分为二、第一书记、某部二连三排四班等；

（5）邻近的两个数字并列连用，表示概数的词语。如二三米、三四天等，连用的两个数字之间不用顿号隔开。

2. 用阿拉伯数字表示的为：

（1）公历年代、年、月、日（除裁判文书尾部时间和引述原一、二审裁判文书时间外）和时刻。如 1998 年 11 月 1 日、下午 3 时 1 刻；

（2）记数与计量（包括正负整数、分数、小数、百分比）；

①案号。如（1998）×刑初字第 21 号；

②4 位和 4 位以上的数字，采用国际通行的三位分节法，节与节之间空半个阿拉伯数字的位置。

如 4321，写为 4 321；

③5 位以上的数字，尾数零多的，可以改写为以万、亿元作单位的数（千克、千米、千瓦、兆赫等法定计量单位中的词头不在此列）。如 345 000 000 元可以改写为 3.45 亿元或者 34500 万元人民币；

④一个用阿拉伯数字书写的多位数不能移行。

（四）两页以上判决书、裁定书等文本一律不盖骑缝章。

---

① 此处的《关于出版物上数字用法的试行规定》已失效，目前使用的是中华人民共和国国家标准（GB/T 15835—2011）《出版物上数字用法》，由原国家质量监督检验检疫总局、国家标准化管理委员会 2011 年 2 月 29 日发布，2011 年 11 月 1 日实施。

最高人民法院办公厅关于实施《法院刑事诉讼文书样式》若干问题的解答

法办〔2001〕155号

（2001年6月15日印发）

经最高人民法院审判委员会第1051次会议讨论通过的《法院刑事诉讼文书样式》（以下简称修订样式），自1999年7月1日施行以来，各地提出了一些问题。为正确理解和执行修订样式，现解答如下：

一、第一审刑事裁判文书

（一）首部

1. 问：对于当事人基本情况中的“出生年月日”与“出生地”，可否表述为“××××年××月××日出生于×××（地名）”？

答：为行文简洁，也可以采用这种合并的写法。

2. 问：对不愿供述或者无法确定其真实姓名、出生地等基本情况的被告人，如何表述？

答：参照刑事诉讼法第一百二十八条第二款关于“对于犯罪事实清楚，证据确实、充分的，也可以按其自报的姓名移送人民检察院审查起诉”的规定，可以按照被告人自报的姓名和出生地等情况表述，并用括号注明“自报”。

3. 问：被告人所受强制措施的情况，有的表述为“因本案于××××年××月××日被羁押”；有的表述为“因涉嫌××犯罪于××××年××月××日被羁押”；有的表述为“因涉嫌××于××××年××月××日被羁押”；还有的表述为：“因涉嫌犯××罪于××××年××月××日被羁押”，哪一种表述正确？

答：可以按最后一种方式表述，即“因涉嫌犯××罪于××××年××

月××日被刑事拘留、逮捕（或者被采取其他羁押措施）”。

4. 问：根据最高人民法院《关于严格执行审理期限制度的若干规定》，是否应当在案件由来和审理经过段，写明人民法院审查起诉后的立案日期和延期审理的情况？

答：为了客观反映公诉机关（或者自诉人）的起诉日期和人民法院审查起诉后的立案日期，便于当事人和有关部门监督、检查人民法院对案件审理期限制度的执行情况，体现审理案件的公开性和透明度，提高办案效率，应当在裁判文书中写明审理案件的起始日，即立案的日期。如公诉案件，可以在“×××人民检察院……于××××年××月××日向本院提起公诉”之后，续写：“本院于××××年××月××日立案，并依法组成合议庭……”。需要延长审限的，属于附带民事诉讼案件，应当写明：“经本院院长批准，延长审限两个月”；有刑事诉讼法第一百二十六条规定的情形之一的，[①] 则应当写明：“经×××高级人民法院批准（或者决定），再延长审限一个月。”[②]

5. 问：依法不公开审理的案件，应否在审理经过段写明不公开审理的理由？

答：为了体现审理程序的合法性，应当写明不公开审理的理由。可表述为：“本院依法组成合议庭，因本案涉及国家秘密（或者个人隐私，或者被告人系未成年人），不公开开庭审理了本案”。

6. 问：在案件由来和审理经过段，对指定管辖或者延期审理、简易程序转入普通程序等情形，应否具体表述？

答：应当具体表述，以客观反映案件的审理过程。

7. 问：刑法第九十八条规定的“告诉才处理”的案件，如果被害人因

---

① 此为 1996 年《刑事诉讼法》规定，已变更为 2018 年《刑事诉讼法》第 158 条。

② 此条表述方法系根据 1996 年《刑事诉讼法》相关规定设计。根据 2018 年《刑事诉讼法》第 208 条的规定，对于可能判处死刑的案件或者附带民事诉讼的案件，以及有该法第 158 条规定情形之一的，经上一级人民法院批准，可以延长三个月；因特殊情况还需要延长的，报请最高人民法院批准。因此，对于文书中延长审限事项，应当根据批准机关的不同，写明：“经×××中级（或×××高级或最高）人民法院批准，延长审限×个月。”

受强制、威胁无法告诉而由人民检察院起诉或者由被害人的近亲属代为告诉的，对“控方”的称谓应当如何表述?

答：由人民检察院直接起诉的，表述为“公诉机关”；由被害人的近亲属代为告诉的，表述为“自诉人”，但应当注明与被害人的关系。

8. 问：未成年人犯罪的案件，其法定代理人没有出庭的，是否还应当在首部当事人基本情况中列写“法定代理人”项?

答：应当列写。但在审理经过段出庭人员中，无须表述法定代理人未出庭的内容。

（二）事实和证据

9. 问：在表述控辩双方的意见和经审理查明的“事实和证据”部分时，如何做到“繁简适当”?

答：应当因案而异。原则上可以控辩双方有无争议为标准。即：控辩双方没有争议的事实，可以扼要概括，检察机关指控的证据可以用“检察机关提供了相应的证据”一句来概括。在“经审理查明”的事实和证据部分，则应当具体写明经法庭审理认定的事实和证据。在证据的表述上可以首先写明：“上述事实，有检察机关提交，并经法庭质证、认证的下列证据予以证明”。

控辩双方有争议的事实，则无论是“控辩意见”还是“经审理查明”的事实部分，都应当详细叙述，并对有争议的事实、证据进行具体的分析、认证，写明采信证据的理由。

10. 问：对被告人一人或者多人多次犯同种罪的，事实和证据可否归纳表述?

答：控辩双方没有争议并且经庭审查证属实的同种数罪，事实和证据部分可以按犯罪的时间、地点、手段、对象等归纳表述。

11. 问：修订样式要求在裁判文书中写明的“证据来源”的含意是什么?

答：主要指证据是由控辩双方的哪一方提供的。

12. 问：在表述证据时，对被告人供述、被害人陈述、证人证言等言词证据应当用第一人称还是第三人称？

答：原则上应当用第三人称，涉及到证明案件事实的关键言词，也可以使用第一人称。

13. 问：对隐私案件的被害人或者其他案件中不愿在裁判文书中透露真实姓名的证人，为保护其名誉和安全，可否只写姓不写名？

答：为了维护裁判文书的真实性和严肃性，在裁判文书中，应当写明证人的真实姓名；为了保护被害人的名誉，根据被害人的请求或者案件的具体情况，在裁判文书中，也可以只写姓、不写名，具体可以表述为“张某某”、“王某某”，但不宜表述为“张××”、“王××”。

14. 问：对自首或者立功或者累犯等情节，在裁判文书中应当如何表述？

答：按照修订样式的要求，对自首、立功等情节的认定应当写在事实部分，并写明确认自首、立功等情节成立的证据；对具有自首、立功等情节的被告人如何处罚的论述，则应当在理由部分进行表述。

对涉及累犯的情形，则应当在首部被告人的基本情况中写明其原判刑罚的情况和刑满释放的日期。

15. 问：对经审理确认指控的事实不清、证据不足而宣告无罪的案件，事实和证据部分应当如何表述？可否省略该部分而直接写“本院认为”？

答：不可以。对这类因证据不足不能认定被告人有罪的案件，应当在“经审理查明”的事实部分，针对指控的犯罪事实，通过对证据的具体分析、认证，写明“事实不清、证据不足”的具体内容，为判决理由作好铺垫。

16. 问：对检察机关指控被告人犯数罪，经法庭审理后认为被告人只构成一罪时，在事实和理由部分应当如何表述？

答：在控辩意见部分，对检察机关指控的数罪仍应当客观概述；在经审理查明的事实和证据部分，则应当因案而异进行表述。经法庭审理查明检察机关指控的犯罪事实成立，但只构成一罪的，或者按照法律规定指控的“数罪”本属一罪的（如惯犯、结合犯、牵连犯、连续犯等），不构成数罪的理由宜在“本院认为”中表述；如果经庭审查明，指控的“数罪”中，有的指控的犯罪成立，有的因证据不足，指控的犯罪不能成立，只构成一罪的，则指控的犯罪不成立的证据的分析，宜在“事实和证据”部分予以表述，并在理由部分加以论证。

17. 问：法庭经审理确认指控的犯罪事实成立，但控辩双方对犯罪性质的指控和辩护均不成立，被告人的行为构成他罪的，事实部分应当如何表述？

答：在指控的“犯罪事实”成立，只是指控的“犯罪性质”不当的情况下，应当据实表述经审理查明的事实和证据；在理由部分写明依法应当认定被告人的行为触犯了何种罪名的理由，以及控辩双方主张的罪名均不成立的理由。

（三）理由

18. 问：对检察机关在法院宣告判决前要求撤回起诉并经法院准许的，在刑事裁定书上应当如何引用法律依据？

答：应当引用最高人民法院《关于执行〈中华人民共和国刑事诉讼法〉若干问题的解释》第一百七十七条作为裁定的依据。①

19. 问：一份裁判文书涉及对多个被告人定罪处刑的法律条款，其中，既有相同的，又有不同的，在制作裁判文书时，应当分别引用对每个被告人适用的法律条款，还是应当综合引用对整个案件都适用的法律条款？

答：为了充分体现对被告人适用法律条文的准确性和增强援引法律条文的针对性，在共同犯罪案件中，对共同犯罪的各被告人所适用的法律条款，应当逐人分别引用。

（四）判决结果

20. 问：检察机关指控被告人犯数罪，经审理确认其中一罪因证据不足、指控犯罪不能成立的，判决结果部分是否予以表述？

答：只需在判决理由部分就证据不足、指控的犯罪不能成立予以充分论证即可，在判决结果中不再表述。

21. 问：对同一被告人既判处有期徒刑又并处罚金刑的，其刑期起止日

① 此为1998年《刑事诉讼法解释》，对应2021年《刑事诉讼法解释》第296条。

期和缴纳罚金的期限应当如何表述？

答：对同一被告人既被判处有期徒刑又并处罚金的，应当在判处的有期徒刑和罚金刑之后，分别用括号注明有期徒刑刑期起止的日期和缴纳罚金的期限。

22. 问：适用数罪并罚“先减后并”的案件，对前罪“余刑”从何日起算？在裁判文书中如何表述？

答：前罪“余刑”的起算日期，可以从犯新罪之日起算。判决结果的刑期起止日期可表述为：“刑期从判决执行之日起计算。判决执行以前先行羁押的，羁押一日折抵刑期一日，即自××××年××月××日（犯新罪之日）起至××××年××月××日止。”

（五）尾部

23. 问：刑事自诉案件准许撤诉的，刑事裁定书尾部是否可以不写明“如不服本裁定，可在接到裁定书的第二日起五日内，通过本院或者直接向×××人民法院提出上诉。书面上诉的，应提交上诉状正本一份，副本×份”的内容？

答：应当写明。虽然自诉人提出撤诉，人民法院裁定准许撤诉后，自诉人也可能不上诉，但是法律赋予当事人的诉讼权利应当依法保护，并应当在裁定书中予以明示。

二、第一审单位犯罪刑事判决书

24. 问：单位犯罪案件，检察机关起诉到法院后，单位被注销或者被宣告破产的，在裁判文书中如何表述？

答：在首部应当列被告单位的名称，并用括号注明单位已被有关部门注销或者被人民法院宣告破产；在事实部分应当简要写明单位被注销或者被宣告破产的情况；在理由部分应当阐明对被告单位终止审理的理由；在判决结果的第一项先写：“对被告单位××××终止审理”；第二项再写对被告人（即直接负责的主管人员和其他直接责任人员）作出的判决。

25. 问：被告单位犯罪后变更名称的，被告单位如何列，判决结果如何表述？

答：一般应当列变更后的单位名称，但需括注单位的原名称。在判决结果中，应当根据庭审查明的事实和法律的有关规定，对变更后的单位定罪判刑（判处罚金），或者宣告无罪。

三、第一审适用简易程序制作的刑事裁判文书

26. 问：人民法院决定或者检察机关建议或者同意适用简易程序的案件，是否应当在裁判文书的首部写明？

答：由于无论是人民法院决定适用简易程序，还是人民检察院建议或者同意适用简易程序，均另有书面材料附卷，故首部只要写明“本院依法适用简易程序，实行独任审判”即可。

27. 问：对适用简易程序审理的案件，在裁判文书中如何体现“简易”的特点？

答：由于适用简易程序的前提是“事实清楚、证据充分”，且在通常情况下，控辩双方对指控的事实和证据没有原则分歧。因此，在制作这种裁判文书时，对控辩主张的内容可以高度概括；对“经审理查明”的事实可以概述，对定案的证据可以不写；对判决理由则可以适当论述。

四、第一审刑事附带民事判决书

28. 问：对于既是刑事被告人又是附带民事诉讼被告人的，在“被告人”项之后，是否应当括注“附带民事诉讼被告人”？

答：刑事被告人同时为附带民事诉讼被告人时，在首部无需另括注“附带民事诉讼被告人”；如果不是同一个人，则需另列“附带民事诉讼被告人”。

29. 问：如果附带民事诉讼原告人系隐私（强奸等）案件的被害人，在首部的“附带民事诉讼原告人”项是否应当写出其真实姓名？在判决结果中对其赔偿问题又应当如何表述？

答：为了保护隐私案件被害人的名誉，在裁判文书中可以只写姓，不写名，即用“李某某”来代替，以避免产生副作用。在判决结果中应当表述为：“被告人（或者附带民事诉讼被告人）×××赔偿附带民事诉讼原告人李某某……（经济损失的具体数额）。”

30. 问：在刑事附带民事诉讼中，附带民事诉讼原告人众多的，在判决书首部是否应当将附带民事诉讼原告人全部列出？

答：一般应当全部列出。提起附带民事诉讼是法律赋予被害人的一项诉讼权利。只要被害人及其近亲属或者其法定代理人依法提起附带民事诉讼，都应当在判决书首部将他们一一列出，以体现对被害人合法诉讼权利的保护。但对于依照民事诉讼法的规定实行代表人制度的，则可以只列代表人及其委托代理人，并在裁判文书之后附上提起附带民事诉讼的原告人的名单。

31. 问：在附带民事诉讼中，对被告人未明确辩护人在民事诉讼中的代理权限，而辩护人针对附带民事部分发表的意见，裁判文书中是否要加以表述？

答：被告人如果没有委托辩护人同时担任民事诉讼代理人的，辩护人就无权就附带民事诉讼部分发表代理意见；已发表的也不能在裁判文书中表述。

32. 问：对成年（包括未成家但已成年）被告人的亲属自愿承担民事赔偿责任的刑事附带民事案件，在判决结果中可否表述为："由被告人父母在家庭共同财产中支付"？

答：不可以。由于被告人已成年，在判决结果中仍应表述为："被告人×××赔偿附带民事诉讼原告人×××……（写明受偿人的姓名、赔偿的金额和支付的日期）"。对于已由被告人的亲属自愿代为赔偿的，可以在裁判文书的事实部分予以表述。

33. 问：对刑事附带民事案件，在判决结果中，能否表述"免予赔偿"或者单独列项"驳回附带民事诉讼原告人的诉讼请求"？

答：经过审理，确认被告人的犯罪行为（或者违法行为）给被害人造成物质损失（包括已经遭受的实际损失和必然遭受的损失）的，理应承担民事赔偿责任，一般不能判决"免予赔偿"，以切实维护被害人的合法权益。依法判决后，在实际执行过程中，查明被告人确无财产可供执行的，则可以作出中止或者终结执行的裁定。如果判决确认被告人不应承担民事赔偿责任，不予赔偿的，按照修订样式的规定，在判决结果中应当表述为："被告人×

××不承担民事赔偿责任”，而不宜表述为：“驳回附带民事诉讼原告人的诉讼请求。”

34. 问：对公诉案件中附带民事诉讼部分调解结案的，应当如何制作刑事附带民事调解书？

答：对公诉的刑事附带民事诉讼案件，在判决宣告以前，经调解，双方当事人就经济损失的赔偿达成调解协议的，应当制作“刑事附带民事调解书”。制作时，可以参照一审自诉案件刑事附带民事调解书样式9及其说明。

35. 问：附带民事诉讼原告人撤诉的，应否单独就附带民事诉讼部分作出准予撤诉的裁定？继续审理的刑事诉讼部分是制作刑事判决书还是刑事附带民事判决书？

答：附带民事诉讼原告人撤诉的，人民法院应当单独作出准予撤诉的裁定。由于附带民事诉讼部分已撤诉，刑事诉讼部分审理终结后，则应当制作刑事判决书。

36. 问：刑事附带民事诉讼案件，刑事部分先判决，民事赔偿部分后处理的，使用何种裁判文书，能否使用同一案号？

答：根据刑事诉讼法第七十八条的规定，[①] 为了防止刑事案件的审判过分迟延，刑事部分先行判决的，应当制作刑事判决书；民事赔偿部分由同一审判组织继续审理、判决的，则应当制作刑事附带民事判决书，并在审理经过段写明刑事部分已先行判决，以便与本判决相衔接，并使用同一个案号。

五、未成年人犯罪刑事裁判文书

37. 问：判令未成年被告人的监护人（父母）承担民事赔偿责任的，在首部可否将其列为附带民事诉讼被告人？在判决结果中如何表述？

答：应当将依法对未成年被告人享有监护权的监护人列为“法定代理人暨附带民事诉讼被告人”，而不仅仅列为“法定代理人”或者“附带民事诉讼被告人”。在这种附带民事诉讼中，未成年被告人的监护人实际上具有双重诉讼地位和双重身份，他们既是未成年被告人的法定代理人，以维护被告

① 此为1996年《刑事诉讼法》规定，对应2018年《刑事诉讼法》第104条。

人的合法权益，又是附带民事诉讼的被告人，以承担民事赔偿责任。在判决结果中，则应当表述为："附带民事诉讼被告人×××赔偿附带民事诉讼原告人×××……（写明受偿人的姓名、赔偿的金额和支付的日期）。"

38. 问：如何规范未成年人犯罪刑事裁判文书的制作？

答：未成年人犯罪有其特殊性。制作未成年人犯罪刑事判决书应当坚持"教育、感化、挽救"的方针和"教育为主，惩罚为辅"的原则，并注意充分反映未成年人犯罪的特点。人民法院应当根据刑事诉讼法和最高人民法院《关于审理未成年人刑事案件的若干规定》，按照新补充的一审未成年人刑事案件适用普通程序用的刑事判决书样式及其说明的要求制作（参见补充样式2）。

六、第二审程序刑事裁判文书

39. 问：被告人和附带民事诉讼原告人均提起上诉的案件，对二审裁判文书的首部、事实和理由部分应当按何种顺序排列？

答：首部可以按先民事、后刑事的顺序排列，其他部分按先刑事、后民事的顺序排列。如果两个以上的附带民事诉讼原告人只有部分上诉的，对没有上诉的附带民事诉讼原告人，可以在"上诉人（原审附带民事诉讼原告人）"之后，再列"原审附带民事诉讼原告人"。

40. 问：对一审判处被告人死刑（包括死缓）而只有附带民事诉讼原告人提起上诉的案件，二审法院的裁判文书应当如何制作？能否在二审的同时一并对原判死刑（死缓）予以核准或者予以改判？

答：这实际涉及两个程序，是应当制作一份还是两份刑事裁判文书的问题。应当视二审和复核案件的不同情况而定。如果经高级法院（或者解放军军事法院）二审审理，对附带民事赔偿部分维持原判；经高级法院复核，刑事部分核准死刑（包括死缓），为了简便，可以只制作一份刑事附带民事裁定书，程序的代字用"终"字即可。如果经高级法院二审审理，对附带民事赔偿部分需要改判，或者刑事部分需要改判，则应当制作两份刑事裁判文书（一份刑事附带民事判决书，一份刑事裁定书；或者一份刑事附带民事裁定书，一份刑事判决书）。

41. 问：刑事附带民事诉讼中，一审判决后，如果刑事被告人不上诉，只是附带民事诉讼的当事人提出上诉的，二审裁判文书的首部是否还要表述“原公诉机关”？事实和证据部分是否应写明刑事部分内容？理由部分是否应写明“刑事部分已生效”？判决结果部分应否写明“维持刑事判决”？

答：在首部应当表述“原公诉机关”，并在审理经过段写明，在法定期限内未提出上诉、抗诉，原审判决的刑事部分在上诉、抗诉期满后即发生法律效力；在事实和证据部分主要应当写明由于被告人的犯罪行为给附带民事诉讼原告人造成的经济损失的事实及其证据；理由部分着重论证上诉人对附带民事部分提出的上诉理由是否成立；判决结果部分只需对附带民事部分作出裁判，不再涉及刑事部分。

42. 问：二审认定的事实和证据与一审没有出入，在二审刑事裁定书的事实和证据部分，应当详写一审还是二审认定的内容？如有出入时，又应当如何表述？

答：原则上应当因案而异。在一般情况下，如果二审认定的事实和证据与一审没有出入，且控辩双方对此也没有异议的，可以采取“此繁彼简”的方法，详述一审认定的事实和证据，对二审认定的事实和证据可以略述；如果二审认定的事实和证据与一审有出入，或者控辩双方对此有异议的，则应当侧重写明二审与一审有分歧的事实和证据，并针对控辩双方有异议的事实和证据进行分析、认证，写明是否采信的理由。如果根据案件的具体情况，认为采取“此简彼繁”的方法叙述比较适宜的，也可以略述一审，详述二审。总的要求是，繁简适当，避免一、二审之间事实部分不必要的重复。

43. 问：二审（复核）案件刑事裁判文书的理由部分是否应当引用实体法（如刑法）的条款？

答：应当区别不同情况予以援引。对裁定维持原判、发回重审或者核准一审判决的，可以只引用程序法的有关条文；撤销原判，予以改判的，或者一审引用法律条文错误的，则程序法、实体法的有关条文都应当引用，在顺序上，则应当先引用程序法，再引用实体法。[①] 但前述无论哪种情形，都应当在表述一审判决理由时，对一审判决适用的法律依据一并引用，这样才使二审（复核）裁判具有针对性。

44. 问：一审判处死缓的案件，检察机关抗诉后在二审期间又撤回抗诉并经法院审查同意的，二审法院应当制作一份还是两份裁判文书？

答：应当制作两份裁定书。一是制作准许撤回抗诉的刑事裁定书，二是制作核准死缓的刑事裁定书或者改判的刑事判决书。

七、死刑复核刑事裁判文书

45. 问：在共同犯罪的死刑复核案件中，既有判处死刑（死缓）的，又有判处无期徒刑、有期徒刑、拘役、管制等刑罚的，在制作复核死刑（死缓）的裁判文书时，是否还要写明原判无期徒刑和其他刑罚的被告人的基本情况？

答：根据最高人民法院《关于执行〈中华人民共和国刑事诉讼法〉若干问题的解释》第二百八十条的规定，在核准或者改判死刑的共同犯罪案件的裁判文书中，不需要写明原判无期徒刑、有期徒刑、拘役、管制等刑罚的被告人的基本情况。

46. 问：核准死刑缓期二年执行的裁判文书，是否需要写明死刑缓期二年执行期间的起止时间？

答：不需要。死刑缓期二年执行的期限，只是对死缓犯是否执行死刑的考验期限，且对该犯是否执行死刑尚属不确定状态。

47. 问：数罚并罚[②]案件，既有判处死刑（死缓），又有判处其他刑罚或者没收财产、罚金等财产附加刑的，在核准死刑的裁判文书中，裁判结果可否只表述“核准×××中级（或高级）人民法院（××××）×刑初（或终）字第××号以××罪判处被告人×××死刑（死缓），剥夺政治权利终

---

① 根据2009年最高人民法院《关于裁判文书引用法律、法规等规范性法律文件的规定》，应当先引用实体法，再引用程序法。

② 此处应为“数罪并罚”。

身的刑事判决”？

答：不可以。分别定罪量刑是数罪并罚的科学方法。人民法院核准死刑判决时，对数罪并罚案件而言，是在分别定罪量刑、然后决定执行刑罚的基础上进行的。因此，它不是只核准数罪中有死刑的判决，而是对原审法院整个判决（包括其他刑罚和没收财产、罚金财产附加刑）的核准。对犯一罪而被判处死刑并被判处财产附加刑的，也应当在裁判结果中一并写明。

八、再审刑事裁判文书

48. 问：上级人民法院按再审程序提审后，发现原一审判决认定事实不清，证据不足，决定发回重审的，文书样式是否可以参照二审发回重审的样式制作？

答：可以。这种裁判文书，在首部应当体现再审案件的特点；在理由和裁定结果部分可以参照二审发回重审的样式 16 及其说明的要求制作。

49. 问：对非因事实和证据方面的原因进行再审的案件，在制作裁判文书的“事实和证据”部分时，是详述原审认定的事实和证据，还是详述再审认定的事实和证据？

答：可以详述原审认定的事实和证据，略述再审认定的事实和证据。

50. 问：按《再审决定书》的制作要求，尾部均应写明“再审期间不停止原判决（裁定）的执行”。但对于死刑案件和已经执行完毕的案件，《再审决定书》的尾部应当如何表述？

答：再审期间不停止原判决、裁定的执行，是对一般案件来说的。对于死刑案件、已执行完毕的案件和原判宣告无罪、免于刑事处罚的案件，则可以在《再审决定书》的尾部一律不作上述表述。

51. 问：被判处死刑缓期二年执行的罪犯，在缓期二年执行期满后被减为有期徒刑，后又经再审将原判死缓改判为有期徒刑的，其刑期折抵在再审刑事判决书中应当如何表述？

答：刑期折抵的起始日仍应从被告人犯罪后被羁押之日起计算。

九、执行程序刑事裁判文书

52. 问：减刑刑事裁定书中是否应当写明执行机关提出的建议减刑的

幅度？

答：按照修订样式的要求，在裁定书中只需写明执行机关提出减刑建议书及其具体期日即可，不需写明建议减刑的幅度。

53. 问：发现本院已生效的减刑、假释裁定确有错误，依法应当纠正，但人民检察院未提出的，在裁定理由部分应当引用什么法律作为裁定的依据？

答：应当根据生效裁定是认定事实上还是适用法律上确有错误，分别援引刑事诉讼法第二百零四条第（一）项或者第（三）项、[①] 刑法第七十九条或者第八十二条的规定作为裁定的法律依据。

54. 问：对于执行机关提出的减刑、假释建议书，经合议庭审理，认为不符合减刑、假释条件的案件，人民法院应当以什么形式退卷？

答：应当以决定书的形式将案卷退回执行机关（参见补充样式5），并在决定书中简要写明不符合减刑、假释条件，不予减刑、假释的具体理由。

55. 问：减刑、假释刑事裁定书尾部是否需要写明“本裁定为终审裁定”？

答：不需要。减刑、假释是刑罚执行过程中的刑罚变更制度，而不是审级制度。因此，在裁定书尾部不须写：“本裁定为终审裁定。”但必须写明：“本裁定送达后即发生法律效力。”

十、其他

56. 问：对涉外刑事案件的被告人，人民法院决定限制其出境的，应当制作何种诉讼文书？

答：根据最高人民法院《关于执行〈中华人民共和国刑事诉讼法〉若干问题的解释》第三百二十二条、第三百二十三条的规定，[②] 对涉外刑事案件的被告人，人民法院决定限制其出境的，应当制作限制出境决定书。此决定书适用于人民法院认定的其他相关犯罪嫌疑人，并应另行具函，通报同级

① 此为1996年《刑事诉讼法》规定，对应2018年《刑事诉讼法》第253条。

② 此为1998年《刑事诉讼法解释》规定，对应2021年《刑事诉讼法解释》第487条。

公安机关或者国家安全机关（参见补充样式4）。

57. 问：对出庭的检察人员，有的表述为“出庭支持公诉”，有的表述为“出庭履行职务”，还有的表述为“出庭参加诉讼”，哪一种表述正确？

答：根据最高人民法院《关于执行〈中华人民共和国刑事诉讼法〉若干问题的解释》第一百二十九条和修订样式的规定，对出庭的检察人员，在第一审程序中，应当表述为“出庭支持公诉”；在第二审程序中，应当表述为“出庭履行职务”或者“出庭支持抗诉”；在再审程序中，应当根据适用的程序不同，按照前述规定分别表述。

58. 问：对判处死刑的被告人，第一审宣判后、上诉期届满前死亡的，根据刑事诉讼法第十五条的规定，应当裁定终止审理。[①] 但此时一审已结束，二审和死刑复核程序还未启动，终止审理的裁定书应当由谁制作，应如何表述？

答：由于一审判决已经宣告，即一审程序已经结束，因此，终止审理的裁定书应当由上一级人民法院制作；上一级人民法院可以参照修订样式41的样式制作刑事裁定书，并对有关部分作相应的改动。

59. 问：人民法院同意人民检察院的建议决定延期审理的，应当采用什么形式？

答：根据最高人民法院《关于执行〈中华人民共和国刑事诉讼法〉若干问题的解释》第一百五十七条的规定，人民法院应当制作延期审理决定书（参见补充样式3）。[②]

60. 问：修订样式规定了裁判文书的字体、字号，而现在使用的微机字体有的与样式的规定不符，怎样处理？

答：字号大小应严格执行修订样式的规定。但由于不同微机（软件）对字体的设定不完全统一，因此，可以将文书的字体作适当变通，但务必做到庄重、美观、清晰。

---

① 此为1996年《刑事诉讼法》规定，对应2018年《刑事诉讼法》第16条。

② 此为1998年《刑事诉讼法解释》规定，对应2021年《刑事诉讼法解释》第274条。

最高人民法院关于加强和规范裁判文书释法说理的指导意见

法发〔2018〕10号
（2018年6月1日印发）

为进一步加强和规范人民法院裁判文书释法说理工作，提高释法说理水平和裁判文书质量，结合审判工作实际，提出如下指导意见。

一、裁判文书释法说理的目的是通过阐明裁判结论的形成过程和正当性理由，提高裁判的可接受性，实现法律效果和社会效果的有机统一；其主要价值体现在增强裁判行为公正度、透明度，规范审判权行使，提升司法公信力和司法权威，发挥裁判的定分止争和价值引领作用，弘扬社会主义核心价值观，努力让人民群众在每一个司法案件中感受到公平正义，切实维护诉讼当事人合法权益，促进社会和谐稳定。

二、裁判文书释法说理，**要阐明事理**，说明裁判所认定的案件事实及其根据和理由，展示案件事实认定的客观性、公正性和准确性；**要释明法理**，说明裁判所依据的法律规范以及适用法律规范的理由；**要讲明情理**，体现法理情相协调，符合社会主流价值观；**要讲究文理**，语言规范，表达准确，逻辑清晰，合理运用说理技巧，增强说理效果。

三、裁判文书释法说理，要立场正确、内容合法、程序正当，符合社会主义核心价值观的精神和要求；要围绕证据审查判断、事实认定、法律适用进行说理，反映推理过程，做到层次分明；要针对诉讼主张和诉讼争点、结合庭审情况进行说理，做到有的放矢；要根据案件社会影响、审判程序、诉讼阶段等不同情况进行繁简适度的说理，简案略说，繁案精说，力求恰到好处。

四、裁判文书中对证据的认定，应当结合诉讼各方举证质证以及法庭调查核实证据等情况，根据证据规则，运用逻辑推理和经验法则，必要时使用推定和司法认知等方法，围绕证据的关联性、合法性和真实性进行全面、客观、公正的审查判断，阐明证据采纳和采信的理由。

五、刑事被告人及其辩护人提出排除非法证据申请的，裁判文书应当说明是否对证据收集的合法性进行调查、证据是否排除及其理由。民事、行政案件涉及举证责任分配或者证明标准争议的，裁判文书应当说明理由。

六、裁判文书应当结合庭审举证、质证、法庭辩论以及法庭调查核实证据等情况，重点针对裁判认定的事实或者事实争点进行释法说理。依据间接证据认定事实时，应当围绕间接证据之间是否存在印证关系、是否能够形成完整的证明体系等进行说理。采用推定方法认定事实时，应当说明推定启动的原因、反驳的事实和理由，阐释裁断的形成过程。

七、诉讼各方对案件法律适用无争议且法律含义不需要阐明的，裁判文书应当集中围绕裁判内容和尺度进行释法说理。诉讼各方对案件法律适用存有争议或者法律含义需要阐明的，法官应当逐项回应法律争议焦点并说明理由。法律适用存在法律规范竞合或者冲突的，裁判文书应当说明选择的理由。民事案件没有明确的法律规定作为裁判直接依据的，法官应当首先寻找最相类似的法律规定作出裁判；如果没有最相类似的法律规定，法官可以依据习惯、法律原则、立法目的等作出裁判，并合理运用法律方法对裁判依据进行充分论证和说理。法官行使自由裁量权处理案件时，应当坚持合法、合理、公正和审慎的原则，充分论证运用自由裁量权的依据，并阐明自由裁量所考虑的相关因素。

八、下列案件裁判文书，应当强化释法说理：疑难、复杂案件；诉讼各方争议较大的案件；社会关注度较高、影响较大的案件；宣告无罪、判处法定刑以下刑罚、判处死刑的案件；行政诉讼中对被诉行政行为所依据的规范性文件一并进行审查的案件；判决变更行政行为的案件；新类型或者可能成为指导性案例的案件；抗诉案件；二审改判或者发回重审的案件；重审案件；再审案件；其他需要强化说理的案件。

九、下列案件裁判文书，可以简化释法说理：适用民事简易程序、小额诉讼程序审理的案件；适用民事特别程序、督促程序及公示催告程序审理的案件；适用刑事速裁程序、简易程序审理的案件；当事人达成和解协议的轻微刑事案件；适用行政简易程序审理的案件；适用普通程序审理但是诉讼各方争议不大的案件；其他适宜简化说理的案件。

十、二审或者再审裁判文书应当针对上诉、抗诉、申请再审的主张和理由强化释法说理。二审或者再审裁判文书认定的事实与一审或者原审不同的，或者认为一审、原审认定事实不清、适用法律错误的，应当在查清事实、纠正法律适用错误的基础上进行有针对性的说理；针对一审或者原审已经详尽阐述理由且诉讼各方无争议或者无新证据、新理由的事项，可以简化释法说理。

十一、制作裁判文书应当遵循《人民法院民事裁判文书制作规范》《民事申请再审诉讼文书样式》《涉外商事海事裁判文书写作规范》《人民法院破产程序法律文书样式（试行）》《民事简易程序诉讼文书样式（试行）》《人民法院刑事诉讼文书样式》《行政诉讼文书样式（试行）》《人民法院国家赔偿案件文书样式》等规定的技术规范标准，但是可以根据案件情况合理调整事实认定和说理部分的体例结构。

十二、裁判文书引用规范性法律文件进行释法说理，应当适用《最高人民法院关于裁判文书引用法律、法规等规范性法律文件的规定》等相关规定，准确、完整地写明规范性法律文件的名称、条款项序号；需要加注引号引用条文内容的，应当表述准确和完整。

十三、除依据法律法规、司法解释的规定外，法官可以运用下列论据论证裁判理由，以提高裁判结论的正当性和可接受性：最高人民法院发布的指导性案例；最高人民法院发布的非司法解释类审判业务规范性文件；公理、情理、经验法则、交易惯例、民间规约、职业伦理；立法说明等立法材料；采取历史、体系、比较等法律解释方法时使用的材料；法理及通行学术观点；与法律、司法解释等规范性法律文件不相冲突的其他论据。

十四、为便于释法说理，裁判文书可以选择采用下列适当的表达方式：案情复杂的，采用列明裁判要点的方式；案件事实或数额计算复杂的，采用附表的方式；裁判内容用附图的方式更容易表达清楚的，采用附图的方式；证据过多的，采用附录的方式呈现构成证据链的全案证据或证据目录；采用其他附件方式。

十五、裁判文书行文应当规范、准确、清楚、朴实、庄重、凝炼，一般不得使用方言、俚语、土语、生僻词语、古旧词语、外语；特殊情形必须使用的，应当注明实际含义。裁判文书释法说理应当避免使用主观臆断的表达方式、不恰当的修辞方法和学术化的写作风格，不得使用贬损人格尊严、具有强烈感情色彩、明显有违常识常理常情的用语，不能未经分析论证而直接使用“没有事实及法律依据，本院不予支持”之类的表述作为结论性论断。

十六、各级人民法院应当定期收集、整理和汇编辖区内法院具有指导意义的优秀裁判文书，充分发挥典型案例释法说理的引导、规范和教育功能。

十七、人民法院应当将裁判文书的制作和释法说理作为考核法官业务能力和审判质效的必备内容，确立为法官业绩考核的重要指标，纳入法官业绩档案。

十八、最高人民法院建立符合裁判文书释法说理规律的统一裁判文书质量评估体系和评价机制，定期组织裁判文书释法说理评查活动，评选发布全国性的优秀裁判文书，通报批评瑕疵裁判文书，并作为监督指导地方各级人民法院审判工作的重要内容。

十九、地方各级人民法院应当将裁判文书释法说理作为裁判文书质量评查的重要内容，纳入年度常规性工作之中，推动建立第三方开展裁判文书质量评价活动。

二十、各级人民法院可以根据本指导意见，结合实际制定刑事、民事、行政、国家赔偿、执行等裁判文书释法说理的实施细则。

二十一、本指导意见自2018年6月13日起施行。

最高人民法院
关于深入推进社会主义核心价值观融入裁判文书的释法说理的指导意见

法〔2021〕21号

（2021年1月19日印发）

为深入贯彻落实中共中央关于进一步把社会主义核心价值观融入法治建设的工作要求，正确贯彻实施民法典，充分发挥司法裁判在国家治理、社会治理中的规则引领和价值导向作用，进一步增强司法裁判的公信力和权威性，努力实现富强、民主、文明、和谐的价值目标，努力追求自由、平等、公正、法治的价值取向，努力践行爱国、敬业、诚信、友善的价值准则，结合审判工作实际，现提出如下意见。

一、深入推进社会主义核心价值观融入裁判文书释法说理，应当坚持以下基本原则：

（一）法治与德治相结合。以习近平新时代中国特色社会主义思想为指导，贯彻落实习近平法治思想，忠于宪法法律，将法律评价与道德评价有机结合，深入阐释法律法规所体现的国家价值目标、社会价值取向和公民价值准则，实现法治和德治相辅相成、相得益彰。

（二）以人民为中心。裁判文书释法说理应积极回应人民群众对公正司法的新要求和新期待，准确阐明事理，详细释明法理，积极讲明情理，力求讲究文理，不断提升人民群众对司法裁判的满意度，以司法公正引领社会公平正义。

（三）政治效果、法律效果和社会效果的有机统一。立足时代、国情、文化，综合考量法、理、情等因素，加强社会主义核心价值观的导向作用，不断提升司法裁判的法律认同、社会认同和情理认同。

二、各级人民法院应当深入推进社会主义核心价值观融入裁判文书释法说理，将社会主义核心价值观作为理解立法目的和法律原则的重要指引，作为检验自由裁量权是否合理行使的重要标准，确保准确认定事实，正确适用法律。对于裁判结果有价值引领导向、行为规范意义的案件，法官应当强化运用社会主义核心价值观释法说理，切实发挥司法裁判在国家治理、社会治理中的规范、评价、教育、引领等功能，以公正裁判树立行为规则，培育和弘扬社会主义核心价值观。

三、各级人民法院应当坚持以事实为根据，以法律为准绳。在释法说理时，应当针对争议焦点，根据庭审举证、质证、法庭辩论以及法律调查等情况，结合社会主义核心价值观，重点说明裁判事实认定和法律适用的过程和理由。

四、下列案件的裁判文书，应当强化运用社会主义核心价值观释法说理：

（一）涉及国家利益、重大公共利益，社会广泛关注的案件；

（二）涉及疫情防控、抢险救灾、英烈保护、见义勇为、正当防卫、紧急避险、助人为乐等，可能引发社会道德评价的案件；

（三）涉及老年人、妇女、儿童、残疾人等弱势群体以及特殊群体保护，诉讼各方存在较大争议且可能引发社会广泛关注的案件；

（四）涉及公序良俗、风俗习惯、权利平等、民族宗教等，诉讼各方存在较大争议且可能引发社会广泛关注的案件；

（五）涉及新情况、新问题，需要对法律规定、司法政策等进行深入阐释，引领社会风尚、树立价值导向的案件；

（六）其他应当强化运用社会主义核心价值观释法说理的案件。

五、有规范性法律文件作为裁判依据的，法官应当结合案情，先行释明规范性法律文件的相关规定，再结合法律原意，运用社会主义核心价值观进一步明晰法律内涵、阐明立法目的、论述裁判理由。

六、民商事案件无规范性法律文件作为裁判直接依据的，除了可以适用习惯以外，法官还应当以社会主义核心价值观为指引，以最相类似的法律规定作为裁判依据；如无最相类似的法律规定，法官应当根据立法精神、立法目的和法律原则等作出司法裁判，并在裁判文书中充分运用社会主义核心价值观阐述裁判依据和裁判理由。

七、案件涉及多种价值取向的，法官应当依据立法精神、法律原则、法律规定以及社会主义核心价值观进行判断、权衡和选择，确定适用于个案的价值取向，并在裁判文书中详细阐明依据及其理由。

八、刑事诉讼中的公诉人、当事人、辩护人、诉讼代理人和民事、行政诉讼中的当事人、诉讼代理人等在诉讼文书中或在庭审中援引社会主义核心价值观作为诉辩理由的，人民法院一般应当采用口头反馈、庭审释明等方式予以回应；**属于本意见第四条规定的案件的，人民法院应当在裁判文书中明确予以回应。**

九、深入推进社会主义核心价值观融入裁判文书释法说理应当正确运用解释方法：

（一）运用文义解释的方法，准确解读法律规定所蕴含的社会主义核心价值观的精神内涵，充分说明社会主义核心价值观在个案中的内在要求和具体语境。

（二）运用体系解释的方法，将法律规定与中国特色社会主义法律体系、社会主义核心价值体系联系起来，全面系统分析法律规定的内涵，正确理解和适用法律。

（三）运用目的解释的方法，以社会发展方向及立法目的为出发点，发挥目的解释的价值作用，使释法说理与立法目的、法律精神保持一致。

（四）运用历史解释的方法，结合现阶段社会发展水平，合理判断、有效平衡司法裁判的政治效果、法律效果和社会效果，推动社会稳定、可持续发展。

十、裁判文书释法说理应当使用简洁明快、通俗易懂的语言，讲求繁简得当，丰富修辞论证，提升语言表达和释法说理的接受度和认可度。

十一、人民法院应当探索建立强化运用社会主义核心价值观释法说理的案件识别机制，立案部门、审判部门以及院长、庭长等应当加强对案件诉讼主体、诉讼请求等要素的审查，及时识别强化运用社会主义核心价值观释法说理的重点案件，并与审判权力制约监督机制有机衔接。

十二、人民法院应当认真落实《最高人民法院关于统一法律适用加强类案检索的指导意见（试行）》《最高人民法院关于完善统一法律适用标准工作机制的意见》等相关要求，统一法律适用，确保同类案件运用社会主义核心价值观释法说理的一致性。

十三、对于本意见第四条规定的案件，根据审判管理相关规定，需要提交专业法官会议或审判委员会讨论的，法官应当重点说明运用社会主义核心价值观释法说理的意见。

十四、各级人民法院应当定期组织开展法官业务培训，将业务培训与贯彻实施民法典结合起来，坚持学习法律知识、业务技能与社会主义核心价值观并重，增强法官运用社会主义核心价值观释法说理的积极性和自觉性，不断提升法官释法说理的能力水平。

十五、人民法院通过中国裁判文书网、“法信”平台、12368 诉讼服务热线、中国应用法学数字化服务系统、院长信箱等途径，认真收集、倾听社会公众对裁判文书的意见建议，探索运用大数据进行统筹分析，最大程度了解社会公众对裁判文书的反馈意见，并采取措施加以改进。

十六、人民法院应当充分发挥优秀裁判文书的示范引领作用，完善优秀裁判文书考评激励机制，积极组织开展“运用社会主义核心价值观释法说理优秀裁判文书”评选工作，评选结果应当作为法官业绩考评的重要参考。

十七、最高人民法院、各高级人民法院应当定期收集、整理和汇编运用社会主义核心价值观释法说理的典型案例，加强宣传教育工作，进一步带动人民群众将法治精神融入社会生活，培育和营造自觉践行社会主义核心价值观的法治环境。

十八、各高级人民法院可以根据本意见，结合工作实际，制定刑事、民事、行政、国家赔偿、执行等裁判文书释法说理的实施细则，报最高人民法院备案。

十九、本意见自 2021 年 3 月 1 日起施行。

最高人民法院
关于裁判文书引用法律、法规等规范性法律文件的规定

法释〔2009〕14号

（2009年11月4日起施行）

为进一步规范裁判文书引用法律、法规等规范性法律文件的工作，提高裁判质量，确保司法统一，维护法律权威，根据《中华人民共和国立法法》等法律规定，制定本规定。

第一条　人民法院的裁判文书应当依法引用相关法律、法规等规范性法律文件作为裁判依据。引用时应当准确完整写明规范性法律文件的名称、条款序号，需要引用具体条文的，应当整条引用。

第二条　并列引用多个规范性法律文件的，引用顺序如下：法律及法律解释、行政法规、地方性法规、自治条例或者单行条例、司法解释。同时引用两部以上法律的，应当先引用基本法律，后引用其他法律。引用包括实体法和程序法的，先引用实体法，后引用程序法。

第三条　刑事裁判文书应当引用法律、法律解释或者司法解释。刑事附带民事诉讼裁判文书引用规范性法律文件，同时适用本规定第四条规定。

第四条　民事裁判文书应当引用法律、法律解释或者司法解释。对于应当适用的行政法规、地方性法规或者自治条例和单行条例，可以直接引用。

第五条　行政裁判文书应当引用法律、法律解释、行政法规或者司法解释。对于应当适用的地方性法规、自治条例和单行条例、国务院或者国务院授权的部门公布的行政法规解释或者行政规章，可以直接引用。

第六条　对于本规定第三条、第四条、第五条规定之外的规范性文件，根据审理案件的需要，经审查认定为合法有效的，可以作为裁判说理的依据。

第七条　人民法院制作裁判文书确需引用的规范性法律文件之间存在冲

突，根据立法法等有关法律规定无法选择适用的，应当依法提请有决定权的机关做出裁决，不得自行在裁判文书中认定相关规范性法律文件的效力。

第八条 本院以前发布的司法解释与本规定不一致的，以本规定为准。

最高人民法院
关于在裁判文书中如何表述修正前后刑法条文的批复

法释〔2012〕7号

（2012年6月1日起施行）

一、根据案件情况，裁判文书引用1997年3月14日第八届全国人民代表大会第五次会议修订的刑法条文，应当根据具体情况分别表述：

（一）有关刑法条文在修订的刑法施行后未经修正，或者经过修正，但引用的是现行有效条文，表述为"《中华人民共和国刑法》第××条"。

（二）有关刑法条文经过修正，引用修正前的条文，表述为"1997年修订的《中华人民共和国刑法》第××条"。

（三）有关刑法条文经两次以上修正，引用经修正、且为最后一次修正前的条文，表述为"经××××年《中华人民共和国刑法修正案（×）》修正的《中华人民共和国刑法》第××条"。

二、根据案件情况，裁判文书引用1997年3月14日第八届全国人民代表大会第五次会议修订前的刑法条文，应当表述为"1979年《中华人民共和国刑法》第××条"。

三、根据案件情况，裁判文书引用有关单行刑法条文，应当直接引用相应该条例、补充规定或者决定的具体条款。

四、《最高人民法院关于在裁判文书中如何引用修订前、后刑法名称的通知》（法〔1997〕192号）、《最高人民法院关于在裁判文书中如何引用刑法修正案的批复》（法释〔2007〕7号）不再适用。